保育士
完全合格
問題集 2023年版

保育士試験対策委員会 著

【保育士試験】基礎知識のまとめ

　ここでは、知っておくと便利な基礎知識をまとめています。国内、海外の保育の歴史や、統計データ等をおさえておくことが筆記試験合格への近道です！

● 保育の歴史

　法律名や人物の業績については複数の科目で幅広く問われます。また、出来事の年度の順番を問う問題も出題されていますから、しっかりと整理しておきましょう。

○ 日本における保育・福祉の歴史

年度	事項
1710年	・貝原益軒が『和俗童子訓』を記す
1805年	・広瀬淡窓が咸宜園を開く
1838年	・緒方洪庵が適々斎塾（適塾）を開く
1856年	・吉田松陰が松下村塾を開く
1874（明治7）年	・恤救規則（日本初の福祉の法律とされている）
1876（明治9）年	・東京女子師範学校附属幼稚園が設立される
1880（明治13）年	・愛珠幼稚園が大阪に設立される
1887（明治20）年	・石井十次が岡山孤児院を設立
1889（明治22）年	・アメリカ人宣教師ハウが頌栄幼稚園を設立
1890（明治23）年	・赤沢鍾美が新潟静修学校を設立
1891（明治24）年	・石井亮一が滝乃川学園を設立
1899（明治32）年	・留岡幸助が東京の巣鴨に家庭学校を設立 ・幼稚園保育及設備規程
1900（明治33）年	・野口幽香・森島峰が二葉幼稚園を設立
1909（明治42）年	・石井十次が愛染橋保育所を設立
1916（大正5）年	・二葉幼稚園が二葉保育園へ名称を変更する
1918（大正7）年	・鈴木三重吉が『赤い鳥』を刊行
1926（大正15）年	・幼稚園令
1946（昭和21）年	・日本国憲法の公布 ・糸賀一雄が近江学園を設立
1947（昭和22）年	・児童福祉法 ・教育基本法 ・学校教育法
1948（昭和23）年	・保育要領 ・児童福祉施設の設備及び運営に関する基準が厚生労働省令として制定 ・民生委員法 ・里親等家庭養育運営要綱
1949（昭和24）年	・身体障害者福祉法
1950（昭和25）年	・新生活保護法
1951（昭和26）年	・児童憲章
1958（昭和33）年	・国民健康保険法
1960（昭和35）年	・精神薄弱者福祉法（現在の知的障害者福祉法）
1961（昭和36）年	・児童扶養手当法
1963（昭和38）年	・老人福祉法 ・糸賀一雄がびわこ学園を設立
1964（昭和39）年	・母子福祉法（現在の母子及び父子並びに寡婦福祉法） ・特別児童扶養手当法等の支給に関する法律
1965（昭和40）年	・保育所保育指針が作成される（6領域の保育内容が示される） ・母子保健法
1970（昭和45）年	・障害者基本法
1971（昭和46）年	・児童手当法
1983（昭和58）年	・少年による刑法犯の検挙数が戦後最高となる（約32万人）

基礎知識のまとめ

年度	事項
1990（平成2）年	・福祉関係八法改正（老人福祉法等の一部を改正する法律） ・保育所保育指針改定（5領域の保育内容が示される）
1994（平成6）年	・児童の権利に関する条約（日本が批准） ・エンゼルプラン（少子化対策のための子育て支援策）
1999（平成11）年	・新エンゼルプラン
2000（平成12）年	・健康日本21が開始される ・児童虐待の防止等に関する法律 ・食生活指針 ・保育所保育指針改定（乳幼児の最善の利益の考慮等が追加される）
2001（平成13）年	・配偶者からの暴力の防止及び被害者の保護等に関する法律
2002（平成14）年	・少子化対策プラスワン（父親の育児参加等への支援）
2003（平成15）年	・次世代育成支援対策推進法 ・保育士が名称独占の国家資格となる
2004（平成16）年	・発達障害者支援法 ・子ども・子育て応援プラン（チルドレン・ファーストの考え方）
2005（平成17）年	・食事バランスガイド
2006（平成18）年	・障害者自立支援法
2007（平成19）年	・放課後子ども教室推進事業（文部科学省の推進する事業） ・放課後児童クラブガイドラインの設定
2008（平成20）年	・保育所保育指針改定（法的拘束力を持った指針となる） ・ファミリーホームの開始
2010（平成22）年	・子ども・子育てビジョン ・児童福祉施設における食事の提供ガイド（厚生労働省が作成）
2011（平成23）年	・障害者基本法
2012（平成24）年	・障害者虐待防止法 ・子ども・子育て関連3法が施行される
2013（平成25）年	・障害者総合支援法（障害者自立支援法を改正）
2014（平成26）年	・放課後子ども総合プラン（厚生労働省と文部科学省の一体的な事業）
2015（平成27）年	・子ども・子育て支援新制度が本格的に開始
2016（平成28）年	・障害者差別解消法 ・児童福祉法改正（原理の明確化、児童相談所の体制強化など）
2017（平成29）年	・保育所保育指針改定（平成30年4月施行） ・幼稚園教育要領改定（平成30年4月施行）
2019（令和元）年	・児童虐待の防止等に関する法律、児童福祉法の改正（保護者がしつけに際して体罰を加えることを禁止など）
2022（令和4）年	・こども家庭庁設置法（令和5年4月施行） ・こども基本法（令和5年4月施行）

●児童福祉法における用語と年齢の定義

用語	定義
児童	**満18歳**に満たない者
乳児	**満1歳**に満たない者
幼児	**満1歳から小学校就学の始期**に達するまでの者
少年	**小学校就学の始期から満18歳**に達するまでの者
障害児	身体に障害のある児童または知的障害のある児童
妊産婦	妊娠中または出産後1年以内の女子
保護者	**親権を行う者**、未成年後見人その他の者で、**児童を現に監護する者**

障害児の福祉サービス利用と年齢

　障害児の場合にはさまざまな福祉サービス利用の対象となる年齢は20歳未満（特別児童扶養手当法）となっています。

iii

● 試験によく出る人名のまとめ

◯ 日本の人物

人名	業績
赤沢鍾美	新潟静修学校を設立すると同時に、子どもの保育を行うために常設託児所を開設した
石井十次	無制限主義を掲げ、日本初の児童養護施設「岡山孤児院」を創設した
石井亮一	知的障害児の養護と教育を行う「滝乃川学園」を創設した
留岡幸助	非行少年保護のため東京の巣鴨に家庭学校を設立した
野口幽香	貧しい家庭に向けて、四ツ谷に二葉幼稚園を開設した
高木憲次	整肢療護園を設立した。「療育」という言葉を作り出した
糸賀一雄	「近江学園」「びわこ学園」を設立。「この子らを世の光に」という言葉を残した
貝原益軒	江戸時代の儒学者で、特に『和俗童子訓』は日本最初の体系的な児童教育書とされている
片山潜	1897（明治30）年にセツルメントハウスであるキングスレー館を設立した
鈴木三重吉	唱歌を批判し、赤い鳥童謡運動を行った。雑誌『赤い鳥』を創刊した
倉橋惣三	「保育要領」作成にかかわった
松野クララ	東京女子師範学校附属幼稚園で保母の指導にあたり、フレーベルの理論を伝えた
東基吉	フレーベルの『人間の教育』等に基づいて、日本の恩物教育を批判した
橋詰良一	1922（大正11）年、大阪に「家なき幼稚園」を開設した
和田実	女子高等師範学校に勤務後、目白に幼稚園を創立し保母養成所を経営した

◯ 海外の人物

人名	業績
フレーベル	ドイツの教育家。著書『人間の教育』。世界最初の幼稚園設立。教育玩具を創作し恩物と名づけた
コメニウス	現在のチェコに生まれ、『大教授学』や『世界図絵』などを著した
コルチャック	ポーランドの医者。ユダヤ人の孤児院運営で、「児童の権利条約」に影響を与えた人物
シュタイナー	シュタイナー教育の創設者。ドイツに「自由ヴァルドルフ学校」を創設した
デューイ	哲学者、教育学者。経験主義、実験主義を教育の基本原理と考えた
ソクラテス	古代ギリシャの哲学者。自分が無知であることを自覚する「無知の知」を唱えた
ピアジェ	スイスの発達心理学者。知能の発達を4つに分ける発達段階説を唱えた
ペスタロッチ	スイスの教育家。『隠者の夕暮』を著した。ルソーの影響を受け、孤児・民衆教育の改善に貢献した
ボウルビィ	イギリスの児童精神科医。アタッチメント理論（愛着理論）を提唱した
モンテッソーリ	イタリアの医師。保育施設「子どもの家」で、教育法（モンテッソーリ教育）を完成させた
リッチモンド	ケースワーク論を確立し、ソーシャルワークの科学化を推進した
ルソー	スイス出身のフランスの啓蒙期の思想家。著書に『エミール』『人間不平等起源論』『社会契約論』等がある
ロック	イギリスの哲学者。経験が意識内容として観念を与えると考える白紙説を唱えた
ヴィゴツキー	旧ソビエト連邦の心理学者。教育を重視し、発達を社会的に共有された認知過程を内部化する過程と捉えた
ゲゼル	アメリカの心理学者。人間の発達は、生まれついた遺伝的なものが自律的に発現したものとする考えを唱えた
エレン・ケイ	スウェーデンの社会思想家。『児童の世紀』を著し、子どもが幸せに育つ社会の構築を主張した
オーウェン	イギリスの社会改革思想家。紡績工場支配人。児童労働に関する工場法を制定。性格形成新学院を開設した
エインズワース	アメリカの発達心理学者。母子関係に関する実験観察法であるストレンジ・シチュエーション法を開発した
J.アダムス	アメリカの社会事業家。シカゴに「ハルハウス」を設立。そこを中心にセツルメント運動を広めた
バーナード	イギリスに孤児院「バーナードホーム」創設。現在の小舎制につながる生活環境を整備した
アリス・ペティ・アダムス	アメリカ人宣教師。来日後は医療・社会福祉等に従事し、「岡山博愛会」を創設した
オーベルラン	牧師でありフランスに貧しい農家の幼児のための「幼児保護所」を創設した
エリクソン	発達心理学者。人生を8段階に区分し、それぞれの時期に発達課題があることを示した

基礎知識のまとめ

● 児童福祉の理念

○ 児童憲章：1951（昭和26）年制定

前文　・**児童は、人として尊ばれる。**
　　　　・**児童は、社会の一員として重んぜられる。**
　　　　・**児童は、よい環境のなかで育てられる。**

1　すべての児童は、心身ともに健やかにうまれ、育てられ、その生活を保障される。

2　すべての児童は、**家庭で、正しい愛情と知識と技術をもって育てられ、家庭に恵まれない児童には、これにかわる環境が与えられる。**

3　すべての児童は、適当な栄養と住居と被服が与えられ、また、疾病と災害からまもられる。（以下略）

○ 児童の権利に関する宣言：1959（昭和34）年採択

前文抜粋

　児童は、身体的及び精神的に未熟であるため、その出生の前後において、適当な法律上の保護を含めて、特別にこれを守り、かつ、世話することが必要である（中略）・・・・・
人類は児童に対し、最善のものを与える義務を負うものである。

○ 児童の権利に関する条約
　（通称：子どもの権利条約）：1989（平成元）年採択

第3条　児童の最善の利益（抜粋）
1　児童に関する**すべての措置**をとるに当たっては、公的若しくは私的な社会福祉施設、裁判所、行政当局又は立法機関のいずれによって行われるものであっても、**児童の最善の利益**が主として考慮されるものとする。

第12条　意見表明権（抜粋）
1　締約国は、**自己の意見を形成する**能力のある児童が**その児童に影響を及ぼすすべて**の事項について自由に**自己の意見を表明する権利**を確保する。この場合において、児童の意見は、その児童の**年齢及び成熟度**に従って相応に考慮されるものとする。

第13条　表現の自由（抜粋）
・児童は、**表現の自由についての権利**を有する。この権利には、口頭、手書き若しくは印刷、芸術の形態又は自ら選択する他の方法により、国境とのかかわりなく、あらゆる種類の情報及び考えを求め、受け及び伝える自由を含む。

○ 児童福祉法：1947（昭和22）年制定、2016（平成28）年改正

第1章　総則（抜粋）
第1条　**全て**児童は、**児童の権利に関する条約**の精神にのつとり、適切に養育されること、その**生活を保障**されること、**愛され、保護**されること、その心身の健やかな成長及び発達並びにその**自立が図られる**ことその他の福祉を**等しく保障される**権利を有する。

第2条　**全て国民**は、児童が良好な環境において生まれ、かつ、社会のあらゆる分野において、児童の年齢及び発達の程度に応じて、その意見が**尊重**され、その**最善の利益**が優先して考慮され、心身ともに健やかに育成されるよう努めなければならない。

2　児童の保護者は、児童を心身ともに健やかに育成することについて**第一義的責任**を負う。

3　**国及び地方公共団体**は、児童の保護者とともに、児童を心身ともに健やかに**育成する責任**を負う。

○ こども基本法：2022（令和4）年制定、2023（令和5）年施行

第1条　目的
この法律は、**日本国憲法**及び**児童の権利に関する条約**の精神にのっとり、次代の社会を担う全てのこどもが、生涯にわたる**人格形成**の基礎を築き、**自立した個人**としてひとしく健やかに成長することができ、心身の状況、**置かれている環境等**にかかわらず、その**権利の擁護**が図られ、将来にわたって幸福な生活を送ることができる社会の実現を目指して、**社会全体として**こども施策に取り組むことができるよう、こども施策に関し、基本理念をめ、**国の責務等**を明らかにし、及びこども施策の基本となる事項を定めるとともに、**こども政策推進会議**を設置すること等により、こども施策を総合的に推進することを目的とする。

● 少子化対策のこれまでの取り組み　内閣府

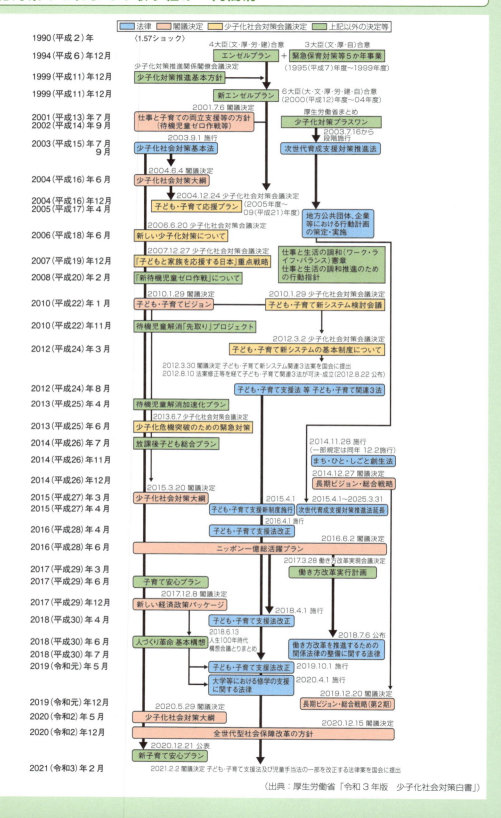

(出典：厚生労働省「令和3年版　少子化社会対策白書」)

基礎知識のまとめ

● 子ども・子育て支援新制度の概要

市町村主体

（認定こども園・幼稚園・保育所・小規模保育など共通の財政支援）　　　　　（地域の実情に応じた子育て支援）

施設型給付

認定こども園0〜5歳

幼保連携型
※幼保連携型については、認可・指導監督の一本化、学校及び
児童福祉施設としての法的位置づけを与える等、制度改善を実施

| 幼稚園型 | 保育所型 | 地方裁量型 |

| 幼稚園、3〜5歳 | 保育所 0〜5歳 |

※私立保育所については、児童福祉法第24条により市町村が保育の実施義務を担うことに基づく措置として、委託費を支弁

地域型保育給付

小規模保育・家庭的保育・居宅訪問型保育・事業所内保育

地域子ども・子育て支援事業

- ・利用者支援事業
- ・地域子育て支援拠点事業 ＊
- ・一時預かり事業 ＊
- ・乳児家庭全戸訪問事業 ＊
- ・養育支援訪問事業等 ＊
- ・子育て短期支援事業
- ・子育て援助活動支援事業 ＊
　（ファミリー・サポート・
　　センター事業）
- ・延長保育事業
- ・病児保育事業 ＊
- ・放課後児童クラブ ＊
- ・妊婦健診
- ・実費徴収に係る補足給付を
　行う事業
- ・多様な事業者の参入促進・
　能力活用事業

国主体
（仕事と子育ての両立支援）

仕事・子育て両立支援事業

- ・企業主導型保育事業
　⇒事業所内保育を主軸とした企業主導型の多様な就労形態に
　　対応した保育の拡大を支援（整備費、運営費の助成）

- ・ベビーシッター等利用者支援事業
　⇒残業や夜勤等の多様な働き方をしている労働者等が、低廉な価格で
　　ベビーシッター派遣サービスを利用できるよう支援

＊は児童福祉法の子育て支援事業としても規定されています。（出典：内閣府資料「子ども・子育て支援新制度について」）

● 地域子ども・子育て支援事業

① 利用者支援事業（新規）
子どもまたは保護者の身近な場所で教育、保育、子育てに関する情報提供及び必要に応じ相談・助言などを行うとともに、関係機関との連携調整等を実施する事業

② 地域子育て支援拠点事業
乳幼児及びその保護者が相互の交流を行う場所を開設し、子育てについての相談、情報の提供、助言その他の援助を行う事業

③ 妊婦健康診査
妊婦の健康の保持及び増進を図るため、妊婦に対する健康診査として、①健康状態の把握、②検査計測、③保健指導を実施するとともに、妊娠期間中の適時に必要に応じた医学的検査を実施する事業

④ 乳児家庭全戸訪問事業
生後4か月までの乳児のいるすべての家庭を訪問し、子育て支援に関する情報提供や養育環境等の把握を行う事業

⑤ 養育支援訪問事業
養育支援が特に必要な家庭に対して、その居宅を訪問し、養育に関する指導・助言等を行うことにより、当該家庭の適切な養育の実施を確保する事業

　・子どもを守る地域ネットワーク機能強化事業
　（その他要保護児童等の支援に資する事業）
　要保護児童対策地域協議会（子どもを守る地域ネットワーク）の機能強化を図るため、調整機関職員やネットワーク構成員（関係機関）の専門性強化と、ネットワーク機関間の連携強化を図る取り組みを実施する事業

⑥ 子育て短期支援事業
保護者の疾病等の理由により家庭において養育を受けることが一時的に困難となった児童について、児童養護施設に入所させ、必要な保護を行う事業（短期入所生活援助事業（ショートステイ事業）及び夜間養護等事業（トワイライトステイ事業））

⑦ ファミリー・サポート・センター事業（子育て援助活動支援事業）
乳幼児や小学生等の児童を有する子育て中の保護者を会員として、

児童の預り等の援助を受けることを希望する者と当該援助を行うことを希望する者との相互援助活動に関する連絡、調整を行う事業

⑧ 一時預かり事業
家庭において保育を受けることが一時的に困難となった乳幼児について、主として昼間において、認定こども園、幼稚園、保育所、地域子育て支援拠点その他の場所において、一時的に預かり、必要な保護を行う事業

⑨ 延長保育事業
保育認定を受けた子どもについて、通常の利用日及び利用時間以外の日及び時間において、認定こども園、保育所等において保育を実施する事業

⑩ 病児保育事業
病児について、病院・保育所等に付設された専用スペース等において、看護師等が一時的に保育等する事業

⑪ 放課後児童クラブ（放課後児童健全育成事業）
保護者が労働等により昼間家庭にいない小学校に就学している児童に対し、授業の終了後に小学校の余裕教室、児童館等を利用して適切な遊び及び生活の場を与えて、その健全な育成を図る事業

⑫ 実費徴収に係る補足給付を行う事業（新規）
保護者の世帯所得の状況等を勘案して、特定教育・保育施設に対して保護者が支払うべき日用品、文房具その他の教育・保育に必要な物品の購入に要する費用または行事への参加に要する費用等を助成する事業

⑬ 多様な主体が本制度に参入することを促進するための事業（新規）
特定教育・保育施設等への民間事業者の参入の促進に関する調査研究その他多様な事業者の能力を活用した特定教育・保育施設の設置または運営を促進するための事業

（出典：内閣府　子ども・子育て支援新制度施行準備室資料（2014（平成26）年7月））

vii

● 日本の合計特殊出生率の変遷

　出生率に関する出題は「子ども家庭福祉」や「子どもの保健」等の複数の科目で問われます。毎年更新されていますので日々のニュースでもチェックしておくようにしましょう。

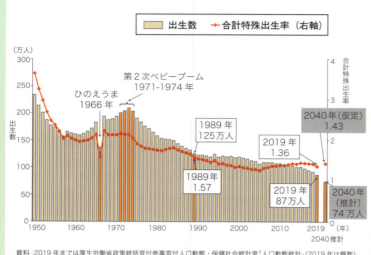

年度	出生率	出生数
2004（平成16）年	1.29	111万721人
2005（平成17）年	1.26	106万2,530人
（中略）		
2013（平成25）年	1.43	102万9,816人
2014（平成26）年	1.42	100万3,539人
2015（平成27）年	1.45	100万5,677人
2016（平成28）年	1.44	97万6,979人
2017（平成29）年	1.43	94万6,065人
2018（平成30）年	1.42	91万8,397人
2019（令和元）年	1.36	86万5,234人
2020（令和2）年	1.33	84万0,835人

（出典：厚生労働省ホームページより）

資料：2019年までは厚生労働省政策統括官付参事官付人口動態・保健社会統計室「人口動態統計」（2019年は概数）、2040年の出生数は国立社会保障・人口問題研究所「日本の将来推計人口（平成29年推計）」における出生中位・死亡中位仮定による推計値。

なお、「令和3年（2021）人口動態統計月報年計（概数）の概況」では、合計特殊出生率**1.30**、出生数**81万1,604人**と発表されている。

● 児童福祉の実施機関のまとめ

施設名（根拠法）	都道府県	指定都市	中核市	市（区）	町村
児童相談所（児童福祉法）	○	○	△	―	―
福祉事務所（社会福祉法）	○	○	○	○	△
保健所（地域保健法）	○	○	○	○※	―
市町村保健センター（地域保健法）	―	―	―	△	△

○：設置義務あり、△：任意で設置可能　※政令で定められた市または特別区では設置義務あり

● 里親制度（里親制度運営要綱による分類）児童福祉法第6条の4

対象	18歳未満の要保護児童（引き続き20歳まで可）
養育里親	要保護児童を養育する里親として認定を受けた者で、数か月以上数年間ないし長年にわたって里子を受託しケアする里親
専門里親	養育里親であって、**2年以内**の期間を定めて、児童虐待などによって心身に有害な影響を受けた児童、非行等の行動のあるもしくは恐れのある児童、障害のある児童に対し専門性を有していると認定された者が**2名**以内の里子を受託しケアする里親
養子縁組里親	養子縁組によって養親となることを希望し、里子を**養子**として養育する里親。なお、**里親手当**は支給されない
親族里親	要保護児童の三親等以内の親族が里親としての認定を受け養育する里親。この場合には「経済的に困窮していないこと」という里親の要件は適用されない。児童の養育費が支給される。なお、三親等以内でも**叔父伯母**には、養育里親制度を適用して里親手当が支給できる

基礎知識のまとめ

● 生活保護法の基本原理

国家責任の原理 （第1条）	国が生活に困窮するすべての国民に対し、その困窮の程度に応じ、必要な保護を行い、その**最低限度の生活**を保障するとともに、その**自立**を助長する。
無差別平等の原理 （第2条）	すべて国民は、この法律の定める要件を満たす限り、この法律による保護を、**無差別平等**に受けることができる。
健康で文化的な最低 生活保障の原理（第3条）	この法律により保障される**最低限度の生活**は、健康で**文化的**な生活水準を維持することができるものでなければならない。
保護の補足性の原理 （第4条）	保護は、生活に困窮する者が、その利用し得る資産、能力その他あらゆるものを、その**最低限度の生活**の維持のために活用することを要件として行われる。

● 生活保護の種類

生活**扶助**	衣食、光熱費等の日常生活費が支給される。**金銭**給付
教育**扶助**	義務教育を受けている子どもに必要な学用品や給食費などの費用等が支給される。**金銭**給付
住宅**扶助**	アパートを借りた場合の家賃、地代、転居費、住居の補修などの費用が支給される。**金銭**給付。なお、宿所提供施設などの現物支給の場合もある
介護**扶助**	介護保険による要介護者及び要支援者で保険料や利用の負担が困難な場合、介護保険と同じ介護サービスを支給する。**現物**給付
出産**扶助**	出産に必要な費用が支給される。**金銭**給付
生業**扶助**	生業費、技能習得費、就職支度金等の費用が支給される。**金銭**給付
葬祭**扶助**	葬祭ができない場合、葬祭に必要な費用が支給される。**金銭**給付を原則とする
医療**扶助**	入院、通院などの医療に必要な費用が支給される。**原則は現物**給付であるが、治療費や治療材料は**金銭**給付

● 児童相談所の虐待対応の流れ

① 一般市民、関係機関などから**虐待の通告**がされる。

② 通告を受けた児童相談所は受理会議を行い、必要な場合は調査を行う。

③ 緊急な対応が必要な場合、**立ち入り調査**を行うこともある。また、必要に応じて、子どもの**一時保護**、施設入所等の措置を行う。

④ 調査結果を基に、判定会議を行い、処遇を決定する。

⑤ 処遇には、**措置による指導**と、**措置によらない指導**がある。

措置による指導	在宅による**保護者指導**、**児童福祉施設入所**、**里親委託**、**親権喪失宣言請求**、その他関連機関における指導等。
措置によらない指導	在宅による**助言指導**、**継続的指導**、他機関へのあっせん等。

● 児童家庭福祉にかかわる専門職・実施者と関連の資格

専門職名	主に従事する機関、施設など	資格名	内容
保育士	保育所など児童福祉施設（助産所以外）	国家資格（名称独占）	保育・保護者支援
保育教諭	幼保連携型認定こども園	保育士と幼稚園教諭免許（名称独占）	教育・保育保護者支援
家庭的保育者	家庭的保育事業	自治体ごとの認定資格	保育
児童福祉司	児童相談所	任用資格	相談・指導
社会福祉士	児童相談所、福祉事務所、児童福祉施設等	国家資格（名称独占）	施設長相談・指導・生活支援など
児童指導員	ほとんどの児童福祉施設（保育所以外）	任用資格	児童の生活支援・指導
児童自立支援専門員	児童自立支援施設	任用資格	生活学習支援、職業指導
児童生活支援員	児童自立支援施設	任用資格	生活支援、自立支援
母子、父子自立支援員	福祉事務所	特になし	母子家庭、寡婦などの相談・指導
家庭相談員	家庭児童相談室	任用資格	児童に関する相談・助言・指導
民生委員・児童委員・主任児童委員	連携機関は児童相談所、福祉事務所など	厚生労働大臣の委嘱	地域の子どもの見守り、子育て相談・助言など
家庭支援専門相談員	児童養護施設	任用資格	保護者支援、子どもの早期家庭復帰支援、退所後の相談支援
個別対応職員	児童福祉施設（保育所を除く）	特になし	被虐待児童への個別対応、支援、保護者援助
心理療法担当職員	乳児院、児童養護施設、母子生活支援施設	任用資格	被虐待児童へのカウンセリング、心理治療
母子支援員	母子生活支援施設	任用資格	母親への就労支援、子育て相談・援助
児童発達支援管理責任者	放課後等デイサービス事業所、障害児施設、児童発達支援センター	研修後の認定資格	児童の療育指導、保護者の相談対応

● 原始反射の種類

名称	反射の内容
探索反射	口唇や口角を刺激すると刺激の方向に口と頭を向ける
吸啜反射	口の中に指や乳首を入れると吸い付く
モロー反射	頭を急に落としたり、大きな音で驚かすと、両上下肢を開いて、抱きつくような動作を行う
把握反射	掌や足の裏を指で押すと握るような動作をする
自動歩行	新生児の脇の下を支えて足底を台につけると、下肢を交互に曲げ伸ばして、歩行しているような動作をする
非対称性緊張性頸反射	あおむけに寝かせて頭を一方に向けると、向けた側の上下肢は伸展し、反対側の上下肢は屈曲する

● 粗大運動の発達時期

運動	時期※	運動の内容
首のすわり	4〜5か月未満	仰向けにし、両手を持って、引き起こしたとき、首がついてくる。
寝返り	6〜7か月未満	仰向けの状態から、自ら、うつぶせになることができる。
ひとりすわり	9〜10か月未満	両手をつかず、支えなしで1分以上座ることができる。
はいはい	9〜10か月未満	はって移動ができる。
つかまり立ち	11〜12か月未満	物につかまって立つことができる。
ひとり歩き	1年3〜4か月未満	立位の姿勢をとり、2〜3歩歩くことができる。

※90%以上の乳幼児が可能になる時期（「平成22年乳幼児身体発育調査」より）

基礎知識のまとめ

● 言葉の発達

1.	出生〜1か月	不快な状況に対して**泣く**という形で発声する時期
2.	2〜10か月	意味はないが、泣き声とは異なる、言葉に近い発声（**喃語**）をする時期
3.	1歳前後〜1歳半	**一語**の意味を持った言葉を話す時期
4.	1歳半〜2歳	**指さし**が始まり、ものと言葉の対応を学習していく時期
5.	2歳〜2歳半	**二語文**などを話し始め、知っている言葉を羅列し、語彙が急速に増えていく時期
6.	2歳半〜3歳	**多語文**で、まとまった内容を構成した話や質問などができるようになる時期
7.	3〜4歳	話し言葉が一通り**完成する**時期
8.	4〜5歳	言葉により**十分なコミュニケーション**や想像ができるようになる時期

● 乳幼児期の食べ方と食事の目安

○ 食べ方の目安

離乳初期 （生後5、6か月）	離乳中期 （生後7、8か月）	離乳後期 （生後9〜11か月）	離乳完了期 （生後12〜18か月）
・子どもの様子を見ながら1日1回1さじずつ始める ・母乳やミルクは飲みたいだけ与える	・1日2回食で、食事のリズムをつけていく ・いろいろな味や舌触りを楽しめるように食品の種類を増やしていく	・食事のリズムを大切に、1日3回食に進めていく ・共食を通じて食の楽しい体験を積み重ねる	・1日3回の食事のリズムを整える ・手づかみ食べにより自分で食べる楽しみを増やす

（出典：厚生労働省「授乳・離乳の支援ガイド」）

○ 食事の目安

		離乳初期 （生後5、6か月）	離乳中期 （生後7、8か月）	離乳後期 （生後9〜11か月）	離乳完了期 （生後12〜18か月）
調理形態		**なめらかにすりつぶした状態**	**舌でつぶせる固さ**	**歯ぐきでつぶせる固さ**	**歯ぐきで噛める固さ**
一回当たりの目安量	穀類	つぶしがゆから始める。すりつぶした野菜なども試してみる。慣れてきたら、つぶした豆腐・白身魚・卵黄等を試してみる	全粥50〜80g	全粥90〜軟飯80g	軟飯80〜ご飯80g
	野菜・果物		20〜30g	30〜40g	40〜50g
	魚 または肉 または豆腐または卵 または乳製品		10〜15g 10〜15g 30〜40g 卵黄1個〜**全卵**1/3個 50〜70g	15g 15g 45g 全卵1/2個 80g	15〜20g 15〜20g 50〜55g 全卵1/2〜2/3個 100g

（出典：厚生労働省「授乳・離乳の支援ガイド」）

● 幼児期の描画表現の発達過程

発達段階	別名	時期	描き方の特徴
なぐりがき期	錯画期・乱画期	1〜2歳半	無意識の表現。むやみにこすりつけるようにして描く。手の運動の発達により、点、縦線、横線、波線、渦巻き円形など次第に描線が変わる。この描線のことを、**なぐりがき（スクリブル）**という
象徴期	命名期・記号期・意味づけ期	2〜3歳半	渦巻きのように描いていた円から、**1つの円**を描けるようになる。描いたものに意味（名前）をつける
前図式期	カタログ期	3〜5歳	そのものらしい形が現れる。人物でも木でも一定の図式で表現され、頭に浮かぶままに羅列的断片的な空間概念で描く。からだを描かず頭から直接手足が出る**頭足人**がみられる
図式期	知的リアリズム期	4〜9歳	見えるものを描くのではなく、**知っていること**を描く（知的リアリズム）。次第にある目的を持って、あるいは実在のものとの関係において記憶を再生させ、**覚え書きのような図式**で表現する

xi

● 図式期の描画の特徴

表現名	別名	描き方の特徴
並列表現		花や人物を基底線の上に並べたように描く
アニミズム表現	擬人化表現	動物や太陽、花などを擬人化し目や口を描く
レントゲン表現	透視表現	車の中や家の中など見えないものを透けたように描く
拡大表現		自分の興味・関心のあるものを拡大して描く
展開表現	転倒式描法	道をはさんだ両側の家が倒れたように描くなど、ものを展開図のように描く
積み上げ式表現		遠近の表現をうまくできないので、ものを上に積み上げたように描いて遠くを表す
視点移動表現	多視点表現	横から見たところと上から見たところなど、多視点から見たものを一緒に描く
異時同存表現		時間の経過に合わせて異なる時間の場面を一緒に描く

● 絵画遊びの技法

名称	別名	説明
デカルコマニー	合わせ絵	二つ折りした紙の片方の面においた色を折り合わせて写しとる技法
ドリッピング	たらし絵・吹き流し	紙の上に多めの水で溶いた水彩絵の具をたっぷり落とし、紙面を傾けてたらしたり、直接口やストローで吹いて流したりする技法
スパッタリング	飛び散らし	絵の具の付いたブラシで網をこすり、霧吹きのような効果を出す技法（ブラッシングともいう）や、絵の具の付いた筆自体を振って散らす技法
バチック	はじき絵	クレヨンで線や絵を描き、その上から多めの水で溶いた水彩絵の具で彩色して下のクレヨンの絵を浮き上がらせる技法
フロッタージュ	こすりだし	ものの表面の凹凸の上に紙を置いて鉛筆、コンテ、クレヨンなどでこすり、写しとる技法
スクラッチ	ひっかき絵	下地にクレヨンの明るい色を塗って、その上に暗い色（クレヨンの黒）を重ねて塗り、画面を釘などの先の尖ったものでひっかいて描いて下地の色を出す技法
コラージュ	貼り絵	紙や布などを使ってつくる貼り絵
フィンガーペインティング	指絵の具	できた絵を重要視するのではなく自由に感触を楽しんだり、指で絵の具をなすりつける行為そのものを楽しむ造形遊びのひとつ。子どもの心が開放される
マーブリング	墨流し	水の表面に作った色模様を紙に写しとる技法
ステンシル		下絵を切りぬいた版を作り、その版の孔（穴）の形に絵の具やインクをタンポなどを使って刷りこみ、紙に写しとる技法
スタンピング	型押し	ものに直接絵の具やインクをつけて、紙に押し当てて型を写しとる技法
折り染め		障子紙などコーティングされていない、色水を吸いやすい紙を折って色水につける技法。角を揃えて規則正しく山折り谷折りするときれいな模様になる。乾いた紙に色水をつけるとはっきりした模様になり、あらかじめ紙を湿らせておくとぼかしの効果が出る

基礎知識のまとめ

● 奏法に関する記号

staccato (stacc.)	スタッカート	その音を短く切る
tenuto (ten.)	テヌート	その音の長さを十分に保って
アクセント	アクセント	その音を特に強く
フェルマータ	フェルマータ (fermata)	その音符や休符を程よくのばす
タイ	タイ（tie）	同じ高さの2つの音符をつなぐ
スラー	スラー（slur）	違う高さの2つ以上の音符をなめらかに
ブレス	ブレス	息つぎのしるし
前打音	前打音 アッポジャトゥーラ	音の前について軽くひっかけるように演奏する
トリル	トリル	と演奏する （その音とその2度上の音を速く反復）
ペダル	ペダル	𝓟𝓮𝓭. で右のペダルを踏む ✳ で足を離す
(glissando)	グリッサンド	2音間を滑るように弾く
アルペッジョ	アルペッジョ (arpeggio)	和音をずらして順に弾く 下から演奏 上から演奏
ポルタメント	ポルタメント (Portamento)	音をなめらかに移す

目 次 ||||||||||||||||||||||||||||||||||||||||||||||||||||||||||

基礎知識のまとめ ………………………………………………………… ii
本書の使い方 ……………………………………………………………… xvi
資格・試験について ……………………………………………………… xviii

1章 保育の心理学 　　1

①保育の心理学ー発達を捉える視点 ……………………………………… 2
②保育の心理学ー子どもの発達過程 ……………………………………… 4
③保育の心理学ー子どもの学びと保育 …………………………………… 8
④子ども家庭の心理学ー生涯発達 ………………………………………… 16
⑤子ども家庭支援の心理学ー家族・家庭の理解 ………………………… 28
⑥子ども家庭支援の心理学ー子育て家庭に関する現状と課題 ………… 30
⑦子ども家庭支援の心理学ー子どもの精神保健とその課題 …………… 32
⑧子どもの理解と援助 …………………………………………………… 36

2章 保育原理 　　49

①保育の意義及び目的 …………………………………………………… 50
②保育に関する法令及び制度 …………………………………………… 52
③保育所保育指針における保育の基本 ………………………………… 58
④乳児保育 ………………………………………………………………… 80
⑤保育の思想と歴史的変遷 ……………………………………………… 84
⑥保育の現状と課題 ……………………………………………………… 90
⑦障害児保育 ……………………………………………………………… 92
⑧子育て支援 ……………………………………………………………… 96

3章 子ども家庭福祉 　　105

①子ども家庭福祉の意義と歴史的変遷 ………………………………… 106
②子どもの人権擁護 ……………………………………………………… 110
③子ども家庭福祉の制度と実施体系 …………………………………… 112
④子ども家庭福祉の現状と課題 ………………………………………… 126
⑤子ども家庭福祉の動向と展望 ………………………………………… 154
⑥子ども家庭支援論 ……………………………………………………… 156

4章 社会福祉 　　161

①現代社会における社会福祉の意義と歴史 …………………………… 162
②社会福祉の制度と実施体系 …………………………………………… 172
③社会福祉における相談援助 …………………………………………… 188
④利用者保護にかかわる仕組み ………………………………………… 198
⑤社会福祉の動向と課題 ………………………………………………… 204

5章 教育原理 　　211

①教育の意義・目的、児童福祉等との関連性 ………………………… 212

②教育の思想と歴史的変遷 ······························· 216
③教育の制度 ······························· 222
④教育の実践 ······························· 226
⑤生涯学習社会における教育 ······························· 230

6章　社会的養護　　237

①社会的養護の歴史と意義 ······························· 238
②社会的養護の基本 ······························· 242
③社会的養護の制度と実施体系 ······························· 246
④社会的養護の内容と実際 ······························· 252
⑤社会的養護の現状と課題 ······························· 256

7章　子どもの保健　　263

①子どもの心身の健康と保健の意義 ······························· 264
②子どもの身体的発育・発達と保健 ······························· 266
③子どもの心身の健康状態とその把握 ······························· 280
④子どもの疾病の予防と適切な対応 ······························· 290
⑤子どもの健康と安全 ······························· 298
⑥保育における保健活動の計画および評価 ······························· 304

8章　子どもの食と栄養　　307

①子どもの健康と食生活の意義 ······························· 308
②栄養に関する基本的知識 ······························· 316
③子どもの発育・発達と食生活 ······························· 328
④食育の基本と内容 ······························· 338
⑤家庭や児童福祉施設における食事と栄養 ······························· 342
⑥特別な配慮を要する子どもの食と栄養 ······························· 346

9章　保育実習理論　　353

①保育所における保育と実習／保育者論 ······························· 354
②児童福祉施設における保育と実習 ······························· 360
③音楽に関する技術 ······························· 372
④造形に関する技術 ······························· 392
⑤言語に関する技術 ······························· 404

本試験問題　　413

2022年（前期）試験問題 ······························· 414
2022年（前期）試験正答・解説 ······························· 482

購入者特典データのご案内 ······························· 516

本書の使い方

本書では、「科目別問題」として試験科目別によく出る問題を掲載しているほか、巻末には「2022（令和4）年前期試験」をまるまる一回分収録しています。

■ 科目別問題

主に2012（平成24）年～2021（令和3）年試験の過去問題からよく出る問題や、一度に多くの知識を学べる問題を選びました。本書の問題を解いてわからない箇所が出てきたら、福祉教科書シリーズ『保育士 完全合格テキスト 2023年版』上下巻を確認することで、より効果的な学習ができます。

●頻出度

過去問題を分析し、出題頻度の高い順に★★★，★★☆，★☆☆の3段階で示しています。

●出題年度

出題された年度・問題番号を示しています。
なお、旧保育所保育指針（2018年3月31日まで）に基づく出題については新しい保育所保育指針（2018年4月1日施行）の内容に合わせて改題しています。
また、古い法制度・統計データに基づく出題についても基本的に2022年7月現在の内容に合わせて改題しています。

Q27 ★★★　次の文のうち、「保育所保育指針」第2章「保育の内容」の1「乳児保育に関わるねらい及び内容」の一部として、正しいものを〇、誤ったものを×とした場合の正しい組み合わせを一つ選びなさい。　　　令和2年（後期）問17

A 伸び伸びと体を動かし、はう、歩くなどの運動をしようとする。
B 食事、睡眠等の生活のリズムの感覚が芽生える。
C 周囲の子ども等への興味や関心が高まり、関わりをもとうとする。
D 身近な事象を見たり、考えたり、扱ったりする中で、物の性質や数量、文字などに対する感覚を豊かにする。

（組み合わせ）

	A	B	C	D
1	〇	〇	〇	×
2	〇	〇	×	×
3	×	〇	〇	×
4	×	×	〇	〇
5	×	×	×	〇

Q28 ★★★　次の文のうち、乳児保育に関する記述として、「保育所保育指針」に照らして、適切な記述を〇、不適切な記述を×とした場合の正しい組み合わせを一つ選びなさい。　　令和3年（前期）問11

A 乳児保育のねらい及び内容は、「健やかに伸び伸びと育つ」、「身近な人と気持ちが通じ合う」、「身近なものと関わり感性が育つ」といった3つの視点ごとに示されている。
B 指導計画は、一人一人の子どもの生育歴、心身の発達、活動の実態等に即して作成されるが、個別的な計画は必要に応じて作成する。
C 保育士等との信頼関係に支えられて生活を確立していくことが人と関わる基盤となることを考慮して、子どもの多様な感情を受け止め、温かく受容的・応答的に関わることが必要である。
D 全員が同じ生活のリズムで一日を過ごしていけるよう、午睡についても全員が同じ時間に入眠し、同じ時間に起床できるようにしなければならない。
E 玩具などは、音質、形、色、大きさなど子どもの発達状態に応じて適切なものを選び、その時々の子どもの興味や関心を踏まえるなど、遊びを通して感覚の発達が促されるものとなるように工夫する。

（組み合わせ）

	A	B	C	D	E
1	〇	〇	〇	×	〇
2	〇	×	〇	×	〇
3	〇	×	×	〇	〇
4	×	〇	〇	×	×
5	×	×	〇	〇	×

82

本書の使い方

■ 2022（令和4）年前期試験

巻末に本試験問題をまるまる一回分収録しています。福祉教科書シリーズ『保育士 完全合格テキスト 2023年版』などで学習を開始している場合は、「科目別問題」の前に挑戦して自分の今の実力と苦手な箇所を把握してから、「科目別問題」で苦手な箇所を集中的に取り組むとよいでしょう。また、「科目別問題」を終えた後に、本番前の腕試しとして時間を計って挑戦することもできます。

A 27　　　　　　　　　　　　　　　　　　正解　2

A ○ 乳児保育の3つの視点のうち「健やかに伸び伸びと育つ」のねらい②である。
B ○ 乳児保育の3つの視点のうち「健やかに伸び伸びと育つ」のねらい③である。
C × 設問の文章は、1歳以上3歳未満児の「人間関係」のねらい②である。「周囲の子どもへの興味や関心が高まり、関わろうとする」姿は、乳児より後、またすでに関わりが生まれて協同する姿に向かおうとする3歳以上児よりは前の姿であることがわかる。
D × 設問の文章は、3歳以上児の「環境」のねらい③である。物の「性質」や「数量」「文字」への関心は3歳以上児の姿であるが、5歳後半とされる「幼児期の終わりまでに育ってほしい姿」にも同様の内容があることも確認しておきたい。

2
保育原理

A 28　　　　　　　　　　　　　　　　　　正解　2

A ○ 乳児保育は設問にある「3つの視点」の通り、それぞれに「ねらい」「内容」などが設定されている。これが1歳以上では5領域となる。
B × 乳児保育に限らず、「指導計画の作成」にあたっては3歳未満児について個別的な計画が作成されることとなっている。「必要に応じて」という記載が誤りである。
C ○ もとより保育所保育においては「受容的・応答的な関わり」が求められるところであり、乳児保育においても例外ではない。「身近な人と気持ちが通じ合う」のねらいの前段にも「受容的・応答的な関わり」について記載がある。
D × 個別的な計画を作成することからもわかる通り、特に3歳未満児においては、心身の発育・発達が顕著な時期であると同時にその個人差も大きいため、一人ひとりの子どもの状態に即した保育ができるようにすることが必要である。
E ○ 個人差が大きいこの時期には、子どもの探索意欲を満たすためにも一人ひとりの子どもの興味を理解し、それに応じた適切な玩具を用意するなどの環境構成をしていくことが求められる。

> **加点のポイント**　◆ 乳児期の保育の内容「三つの視点」
> ア　身体的発達に関する視点「健やかに伸び伸びと育つ」
> ・健康な心と体を育て、自ら健康で安全な生活をつくり出す力の基盤を培う。
> イ　社会的発達に関する視点「身近な人と気持ちが通じ合う」
> ・受容的・応答的な関わりの下で、何かを伝えようとする意欲や身近な大人との信頼関係を育て、人と関わる力の基盤を培う。
> ウ　精神的発達に関する視点「身近なものと関わり感性が育つ」
> ・身近な環境に興味や好奇心をもって関わり、感じたことや考えたことを表現する力の基盤を培う。

83

● **正解**
各問題の答えを示しています。

● **赤シート**
○×や要点を赤シートで隠しながら確認できます。

● **「よく出るポイント」「加点のポイント」**
問題だけでは解説しきれなかった試験の頻出項目や、正解を導き、得点を確実なものにするために、暗記しておきたい事項や覚えるコツ等を説明しています。

xvii

資格・試験について

● 保育士について

○ 保育士とは

　保育士とは、専門的知識と技術をもって子どもの保育を行うと同時に、子どもの保護者の育児の相談や援助を行うことを仕事としている人のことをいいます。保育士の資格は児童福祉法で定められた国家資格で、資格を持っていない人が保育士を名乗ることはできません。

　女性が社会進出するのが当たり前になり、また子どもを育てる社会の支え合いの慣行がなくなってきつつある今日、保育の仕事は、その必要性が急速に高まっており、毎年数万人の人が資格を取得しています。また、保育所などで働いている保育士は約41万人にもなります。

○ 保育士の職場

　保育の仕事の場は圧倒的に保育所が多いのですが、保育所は一律ではなく、大きく認可保育所と認可外保育所があります。認可保育所は現在、約2万4,000か所あり、増えつつあります。認可保育所には公立と社会福祉法人立（私立）そして企業が経営しているものがあります。

　また病院や種々の福祉関係の施設でも保育士が働いています。法的には保育の対象は18歳未満の子どもです。最近は保育ママとして家庭的な保育の場で働く人も増えています。また、幼保連携型の認定子ども園を増やしていくことが国の方針になっていますので、認定子ども園で保育士を募集するところが増える可能性があります。幼稚園教諭免許と併有が条件ですが、2015（平成27）年からの10年間は特例で保育士資格だけでも働けます。

● 保育士になるには

○ 保育士試験による資格取得

　保育士の資格を手にするには2つの方法があります。ひとつは厚生労働大臣の指定する保育士を養成する学校（短大、大学など）やその他の施設（指定保育士養成施設）を卒業する方法です。もうひとつは保育士試験に合格する方法です。働いていたりすると前者は難しく、後者が有力な方法になります。2022（令和4）年は4月と10月に筆記試験の実施が予定されています。2023（令和5）年の実施予定については刊行時点では未定となっていますので、詳細は保育士養成協議会のホームページを確認してください。

　地域限定保育士試験は保育士試験と同じ実施機関、同じレベルの試験ですが、資格取得後3年間は受験した自治体のみで働くことができ、4年目以降は全国で働くことができるようになる資格です。

○ 受験資格

　保育士試験の受験資格は、受験しようとする人の最終学歴によって細かく規定されています。学歴だけでなく、年齢、職歴等も関係してきますので、受験しようとする人は全国保育士養成協議会のホームページをぜひ参照してください。

　http://hoyokyo.or.jp/exam/

　受験の際には、受験の申し込みをしなければなりません。受験申請書を取り寄せ、記入して郵送する必要がありますから、申請の締切日に注意してください。上記、保育士養成協議会のホームページを必ず参照してください。

資格・試験について

● 試験の実施方法

◯ 試験方法

　試験は、筆記試験と実技試験があり、筆記試験に合格した人だけが実技試験を受けることができます。実技試験に合格すると保育士の資格を得ることができます。

◯ 試験会場

　保育士試験：47都道府県、全国に会場が設けられます。筆記試験、実技試験とも同一都道府県での受験となります。

　地域限定保育士試験：実施する自治体のみに会場が設けられます。

◯ 筆記試験の出題形式

　マークシート方式です。選択肢の中から正解を一つ選ぶ方式です。「正しいもの（適切なもの）を一つ選ぶ」「誤っているもの（不適切なもの）を一つ選ぶ」「順番に並べた場合の正しいものを選ぶ」といった問われ方をします。

◯ 試験日と試験科目、問題数、試験時間

試験日	科目		試験時間
4月、10月の 2日間	1）	保育の心理学	60分
	2）	保育原理	60分
	3）	子ども家庭福祉	60分
	4）	社会福祉	60分
	5）	教育原理	30分
	6）	社会的養護	30分
	7）	子どもの保健	60分
	8）	子どもの食と栄養	60分
	9）	保育実習理論	60分

実技試験 ※幼稚園教諭免許所有者を除く、**筆記試験全科目合格者のみ行います。**		
7月、12月	音楽に関する技術 造形に関する技術 言語に関する技術	（幼稚園教諭免許所有者以外は、受験申請時に必ず2分野を選択する）

※2023（令和5）年保育士試験の実施予定は未定（2022年7月時点）

◯ 合格基準と配点

・合格基準

　各科目において、満点の**6割以上**を得点した者が合格となります。

※幼稚園教諭免許所有者は、「保育の心理学」・「教育原理」・「実技試験」に加え、幼稚園等における実務経験により「保育実習理論」が試験免除科目になります。
※社会福祉士、介護福祉士、精神保健福祉士の資格所有者は、「社会的養護」「子ども家庭福祉」「社会福祉」が試験免除科目になります。

◯ 過去の受験者数と合格者数

	平成29年	平成30年	平成31／令和元年	令和2年	令和3年
受験者数	6万2,555名	6万8,388名	7万7,076名	4万4,915名	8万3,175名
合格者数	1万3,511名	1万3,500名	1万8,330名	1万890名	1万6,600名
合格率	21.6%	19.7%	23.8%	24.2%	20.0%

※令和2年の前期試験については、新型コロナウイルス感染症の状況を踏まえ全都道府県において筆記試験が中止となったため、実技試験のみの実施状況となっています

本書内容に関するお問い合わせについて

このたびは翔泳社の書籍をお買い上げいただき、誠にありがとうございます。弊社では、読者の皆様からのお問い合わせに適切に対応させていただくため、以下のガイドラインへのご協力をお願い致しております。下記項目をお読みいただき、手順に従ってお問い合わせください。

●ご質問される前に

弊社Webサイトの「正誤表」をご参照ください。これまでに判明した正誤や追加情報を掲載しています。

正誤表　https://www.shoeisha.co.jp/book/errata/

●ご質問方法

弊社Webサイトの「刊行物Q&A」をご利用ください。

刊行物Q&A　https://www.shoeisha.co.jp/book/qa/

インターネットをご利用でない場合は、FAXまたは郵便にて、下記"翔泳社 愛読者サービスセンター"までお問い合わせください。
電話でのご質問は、お受けしておりません。

●回答について

回答は、ご質問いただいた手段によってご返事申し上げます。ご質問の内容によっては、回答に数日ないしはそれ以上の期間を要する場合があります。

●ご質問に際してのご注意

本書の対象を越えるもの、記述箇所を特定されないもの、また読者固有の環境に起因するご質問等にはお答えできませんので、予めご了承ください。

●郵便物送付先およびFAX番号

送付先住所　〒160-0006　東京都新宿区舟町5
FAX番号　　03-5362-3818
宛先　　　　（株）翔泳社 愛読者サービスセンター

●免責事項

※ 著者および出版社は、本書の使用による保育士試験の合格を保証するものではありません。

※ 本書の記載内容は、2022年7月現在の法令等に基づいています。

※ 本書の出版にあたっては正確な記述に努めましたが、著者および出版社のいずれも、本書の内容に対してなんらかの保証をするものではありません。

※ 本書に記載されたURL等は予告なく変更される場合があります。

※ 本書に記載されている会社名、製品名はそれぞれ各社の商標および登録商標です。

※ 本書では ™、®、© は割愛させていただいております。

保育の心理学

1

1章 保育の心理学

①保育の心理学ー発達を捉える視点

Q01 ★★★

次の文は、ブロンフェンブレンナー（Bronfenbrenner, U.）の生態学的システム論に関する記述である。A〜Dの記述に該当する用語を【語群】から選択した場合の正しい組み合わせを一つ選びなさい。

令和3年（前期）問17

A 子どもが直接所属している家庭、保育所、幼稚園などをいう。
B 子どもが属している家庭と保育所の関係、あるいは家庭と地域の関係などをいう。
C 親の職業や社会福祉サービスなどをいう。
D 日本文化や制度、法律、宗教などをいう。

【語群】

ア クロノシステム	エ マイクロシステム
イ メゾシステム	オ エクソシステム
ウ マクロシステム	

（組み合わせ）

	A	B	C	D
1	ア	イ	オ	ウ
2	イ	ア	エ	オ
3	イ	オ	ウ	ア
4	エ	イ	オ	ウ
5	エ	ウ	ア	イ

Q02 ★★☆

次の文は、子ども理解や発達観に関する記述である。適切な記述を○、不適切な記述を×とした場合の正しい組み合わせを一つ選びなさい。

平成30年（後期）問1

A 保育における子ども理解は、子どもの発達観に大きく影響されており、発達過程論から発達段階論へと転換されてきている。
B レイヴとウェンガー（Lave, J. & Wenger, E.）の正統的周辺参加論（1991）に基づくと、保育者の関わりや保育者と子どもとの関係が問われている。
C 行動主義理論においては、保育者が行動を変容させる技法を用いて、適切な行動を形成すると考えられている。
D 成熟主義理論では、子どもの生得的能力が自然に展開するので、保育者はできる限り関わりを控えるべきであるとしている。

（組み合わせ）

	A	B	C	D
1	○	○	○	○
2	○	×	○	×
3	×	○	○	×
4	×	○	×	○
5	×	×	×	×

A 01　　　　　　　　　　　　　　　　　　　　　　　　　　　正解　4

A　エ　**マイクロシステム**とは、子どもが直接所属している家庭、保育所、幼稚園などをいう。

B　イ　**メゾシステム**とは、子どもが属している家庭と保育所の関係、あるいは家庭と地域の関係などをいう。

C　オ　**エクソシステム**とは、子どもに間接的に影響を与える親の職業や社会福祉サービスなどの環境をいう。

D　ウ　**マクロシステム**とは、日本文化や制度、法律、宗教などの社会環境をいう。

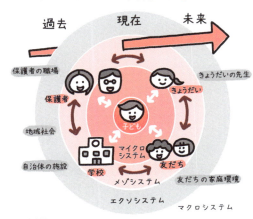

A 02　　　　　　　　　　　　　　　　　　　　　　　　　　　正解　3

A　×　保育における子ども理解は、**発達段階論**から**発達過程論**へと転換されてきている。発達段階論とは人の発達には年齢に応じたそれぞれの段階があるという考え方である。一方、発達過程論では人は環境に応じて発達するため、同じ年齢であっても発達のしかたに個性や多様性があるという考え方である。

B　○　**正統的周辺参加論**とは、初心者が社会的な実践共同体への**参加の度合いをだんだんと増していくこと**が学習であるととらえる考え方である。正統的とあるのは初心者であっても、最初からその共同体の正規のメンバーであるからである。そこでは、熟練者の仕事を少しずつ習得し、それにより**周辺**から**中心**かつ中核的な役割を果たすようになっていく。その過程を学習ととらえるのである。初心者＝子どもとして考えると社会的技能を習得していく場が学校や保育所であり、当然、そこでは保育者の関わりや保育者と子どもとの関係が問われることになる。

C　○　この問題の文脈では、対象に特定の刺激を与えると、その**刺激**に対して**行動**が引き起こされ、それを通じた**学習**によって**行動が変化**することを行動主義理論といっている。これを保育の場面に当てはめれば、例えば**適切な行為**をほめたり、適切でない行為には注意を与えたりすることで、適切な行為が形成される。

D　×　**成熟主義理論**においては、発達は**遺伝的に規定**されたプログラムが展開していく過程としてとらえられている。ただし、その場合でも成熟を待ってそこで適切な教育をすることが求められており、保育者の関わりや支援は必要である。

Q03 次の記述に該当する理論として正しいものを一つ選びなさい。

令和元年（後期）問4

ギブソン（Gibson, J.J.）が提唱した知覚理論であるが、より発展的に生態学的な立場から知覚の機能を論じている。それによれば、人は環境内にある情報を知覚し、それによって行動を調整していると考えている。例えば、いつも入り口が開いている部屋で保育をしていると、室外に出て行く子どもがみられるが、入り口を閉めておくと、室外へ出ていくことが少なくなる。このような子どもの行動は、環境によって適応的なものとなっている。

1　アニミズム論
2　生態学的システム論
3　自己実現論
4　アフォーダンス論
5　発生的認識論

②保育の心理学―子どもの発達過程

Q04 次の文は、ピアジェ（Piaget, J.）の理論についての記述である。（ A ）～（ E ）にあてはまる語句を【語群】から選択した場合の正しい組み合わせを一つ選びなさい。

平成27年（地域限定）問16

ピアジェ（Piaget, J.）は、子どもに例話を聞かせ、登場人物の二人の子どものうち、どちらが悪いかの答えとその理由から（ A ）の発達段階を提唱し、（ B ）から（ C ）へ移行すると唱えた。幼児期では、（ A ）をする時に（ D ）は考えず、物質的結果をもとに判断する。このような反応は幼児期の思考の特徴の一つである（ E ）の表れであるといえる。

【語群】

ア	道徳行為	イ	自律
ウ	脱中心化	エ	道徳判断
オ	原因や結果	カ	他律
キ	中心化	ク	動機や意図

（組み合わせ）

	A	B	C	D	E
1	ア	カ	イ	オ	キ
2	ア	カ	イ	ク	ウ
3	エ	イ	カ	オ	ウ
4	エ	イ	カ	ク	キ
5	エ	カ	イ	ク	キ

A 03　正解 4

1 ×　アニミズム論は、無生物にも人間と同じように生命があるという幼児期の思考の特徴を論じた、**ピアジェ**の理論である。
2 ×　生態学的システム論は、**ブロンフェンブレンナー**の理論である。人を取り巻く環境を重層的にとらえた理論であり、そうした環境には、**マイクロシステム**（家族や学校など直接関係するもの）、**マクロシステム**（文化などの社会環境）、**クロノシステム**（時間の影響・**経過**）などがある。
3 ×　自己実現論は、**マズロー**の理論である。なお、この理論は、欲求5段階説ともいわれ、自己実現欲求は**最も高次**の欲求にあたる。
4 ○　アフォーダンス論は、**ギブソン**が提唱した知覚理論である。
5 ×　発生的認識論は、**ピアジェ**の理論である。この理論では、子どもの発達の過程を**感覚運動期**（0〜2歳頃）、**前操作期**（2〜7歳頃）、**具体的操作期**（7〜12歳頃）、**形式的操作期**（12歳以降）の4つに分類している。

A 04　正解 5

ピアジェ（Piaget, J.）は、子どもに例話を聞かせ、登場人物の二人の子どものうち、どちらが悪いかの答えとその理由から（ A.**エ 道徳判断** ）の発達段階を提唱し、（ B.**カ 他律** ）から（ C.**イ 自律** ）へ移行すると唱えた。幼児期では、（ A.**エ 道徳判断** ）をする時に（ D.**ク 動機や意図** ）は考えず、物資的結果をもとに判断する。このような反応は幼児期の思考の特徴の一つである（ E.**キ 中心化** ）の表れであるといえる。

ピアジェは「道徳は他者への服従や賞罰といった**他律的**なものから、善悪の基準を内面化し自律的に正邪を判断する**自律的**なものへと発達していく」とした。中心化とは、幼児期にみられる、自分を中心に考える傾向であり、脱中心化とは他者の視点に立ち他者の立場から考えられるようになることをいう。ここでいうと、単なる物事の結果ではなく、対象者の立場に立ち、その動機や意図といった内面から考えていくことができるようになることである。幼児期から児童期にかけて、このような発達が起こるといわれている。
なお、道徳性の発達についての研究ではコールバーグ（Kohlberg, L.）も知られている。単なる服従や賞罰の結果で判断する「**前慣習的段階**」から、他者からの評価や秩序の維持が中心となる「**慣習的段階**」、社会契約的な考え方や普遍的な道徳原理をもとにする「**脱慣習的段階**」等の発達段階を仮定している。ピアジェの他律から自律へといった発達におおむね沿っているが、さらに複雑なモデルとなっている。

> **よく出るポイント　◆ピアジェの発達段階説**
> 前操作期では、論理的思考が苦手で**保存性の概念**が未発達である。例えば、右の図において、Bの容器の背の高さに注目してしまい、AよりもBの方が液体の量が多いと答えてしまう。前操作期にみられる**直観的思考**の特徴でもある。

A　B
どちらも同じ容量

次の文は、子どもの言語発達に関する記述である。適切なものを○、不適切なものを×とした場合の正しい組み合わせを一つ選びなさい。

令和3年（前期）問3

A 子どもは、時には「ワンワン」を犬だけでなく、ねこ、うま、うし、などのあらゆる四つ足動物に使ったり、大人の男性を「パパ」といったりするように、語を大人の語の適用範囲よりも広く使う。これを語の過大般用／語彙拡張（over-extention）という。

B 子どもは、時には自分のコップだけを「コップ」というなど、特定の文脈だけに限定された語の使用をする。これを語の過小般用／語彙縮小（over-restriction）という。

C 子どもが早期に獲得する語彙50語の中では、人や物のような目に見える具体物を表す名詞よりも、動きを表す動詞の方が獲得しやすい。

D 語彙爆発／語彙噴出（vocabulary spurt）とは、これまで少しずつ増えていた子どもの語彙が、ある時期に急増する現象をいう。

（組み合わせ）

	A	B	C	D
1	○	○	○	○
2	○	○	×	○
3	○	×	○	○
4	×	○	○	○
5	×	○	○	×

次の文は、乳幼児期の言葉の発達に関する記述である。下線部分の心理学用語が正しいものを○、誤ったものを×とした場合の正しい組み合わせを一つ選びなさい。

平成30年（後期）問2

A 機嫌のよいときに、喉の奥からやわらかい声を出すようになる。これを<u>喃語</u>という。大人に比べて喉は狭く舌を動かす範囲も狭いので、言葉を話すためには、喉や口腔機能などの発達も必要である。

B 1歳半を過ぎ、自発的に表現できる単語数が50語を超えた頃に、急激に語彙が増える。これを<u>語彙般化</u>という。

C 「ママ」は単語であるが、発話場面では状況に応じて「ママがいない」「ママのくつだ」のように、文と同じように様々な意味を相手に伝えている。これを<u>一語文</u>という。

D 1歳頃、<u>初語</u>という意味のある言葉を話し始める。これらは「マンマ」「ブーブー」など発音しやすい言葉で、身近な人やものに関わる名詞が多い。

（組み合わせ）

	A	B	C	D
1	○	○	○	×
2	○	○	×	○
3	×	○	×	×
4	×	×	○	○
5	×	×	×	○

A 05　　　　　　　　　　　　　　　　　　　　　　　　　正解　2

A ○　4本足の動物をすべて「ワンワン」と呼ぶなど、1つの語がいろいろな物事を指すことを**（過大汎用／語彙拡張）**という。

B ○　自分の家のイヌだけを「ワンワン」と呼ぶなど、その語の意味するものより狭く捉えてしまうことを**（過小汎用／語彙縮小）**という。

C ×　子どもが早期に獲得する語彙50語の中では、人や物のような目に見える具体物を示す**名詞**の方が動きを示す動詞よりも獲得しやすい。

D ○　子どもは1歳半を過ぎた頃から月に獲得する単語数が50語を超えるくらいに一気に増大するが、これを**（語彙噴出）**という。

A 06　　　　　　　　　　　　　　　　　　　　　　　　　正解　4

A ×　設問文は**クーイング**のことである。喃語とはクーイングに続いて現れるもので、繰り返しの多音節からなる音で、うれしいとか気に入らないなど、何らかの感情を伝えようという意図が含まれる。個人差もあるが、クーイングは2〜3か月頃、**喃語**は5〜6か月頃に現れる。

B ×　**語彙般化**とは、特定の言葉が表す対象が広がることであり、特定のものと結びついていた言葉、例えばいつも遊んでいる犬のぬいぐるみを「わんわん」と呼ぶようになった子どもが、同じような色で四つ足のぬいぐるみや絵を同じように「わんわん」と呼ぶようになるといったことである。語彙が増えることではないので設問は誤り。

C ○　**一語文**は単語であるが、設題文にあるように、そこでは状況に応じて何らかの**様々な意味**がこめられている。一語文はだいたい1歳前後で現れ、1歳半から2歳になると、実際に伝えたい意図を「ママ」「来た」、「ママ」「お靴」など単語を二つ並べて二語文で話し始める。

D ○　**初語**とは喃語に続いて現れる、意味のある単語である。母親を指す「マンマ」、犬を指す「わんわん」といった類である。1歳前後に現れる。その後、単語数は劇的に増加していく。

加点のポイント　◆三つ山課題

右のような場合において、**A**〜**D**それぞれの方向からどう見えるかを質問する。
自分を他者の立場においたり、他者の視点に立つことができない**自己中心性**から脱却していない4〜5歳では、自分と異なる視点（**A**に立っているのであれば**B**〜**D**からどのように見えるか）では誤答が多く、他者からの視点が理解できない。

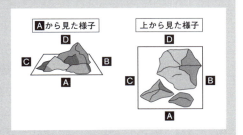

次の文は、ピアジェ（Piaget, J.）の発生的認識論に関する記述である。（ A ）〜（ D ）にあてはまる語句を【語群】から選択した場合の正しい組み合わせを一つ選びなさい。

令和３年（前期）問５

ピアジェの発生的認識論では、２〜７歳の子どもは（ A ）にあたる。この時期は（ B ）と（ C ）とに分けて考えられている。この説によれば（ B ）では、子どもは２頭のゾウを見て、そこから共通性を取り出しゾウというひとまとまりである類として捉えることは難しく、「ゾウの花子」「ゾウの太郎」というようにそれぞれ個として考える。（ C ）では、カテゴリーを伴う思考ができるようになり、徐々に複数の知覚情報によって理解できるようになる。例えば、大きさだけで理解していたことが、大きさと重さの２つから考えられるようになり、「大きいけれど軽い」などの判断が可能になる。しかし、その一方で、この時期の子どもの判断は見かけにより左右され、また他人の視点にたって物事を捉えて行動することが難しいことなどをピアジェは（ D ）と名づけた。

【語群】

ア	具体的操作期	オ	直観的思考
イ	前操作期	カ	論理的思考
ウ	感覚的思考	キ	自己中心性
エ	前概念的思考	ク	利己主義

（組み合わせ）

	A	B	C	D
1	ア	ウ	オ	ク
2	ア	ウ	カ	キ
3	ア	エ	オ	キ
4	イ	ウ	カ	ク
5	イ	エ	オ	キ

③保育の心理学ー子どもの学びと保育

次の文は、子どもの遊びに関する記述である。（ A ）〜（ D ）にあてはまる用語を【語群】から選択した場合の最も適切な組み合わせを一つ選びなさい。

令和２年（後期）問７

パーテン（Parten, M.B.）は、子どもの遊びの形態とその発達過程について、「何もしていない」「（ A ）」「（ B ）」「平行遊び」「連合遊び」「（ C ）」の順に、６つに分類した。そして、「（ B ）」は他者に関心が向いているので「（ A ）」より発達した形態であり、「連合遊び」は仲間とやりとりをして一緒に遊ぶが（ D ）されておらず、３〜４歳頃にみられるとした。
その後の遊びの形態とその発達過程の研究において、「（ A ）」は５歳児でも活動内容によってはみられることから、未熟な形態というより、子どもの選択であるとの考えが示されている。従って、保育士は一人一人の子どもの遊びを理解して対応することが大切である。

【語群】

ア	一人遊び	イ	仲間遊び
ウ	運動遊び	エ	組織化
オ	象徴遊び	カ	精緻化
キ	協同遊び	ク	傍観的行動

（組み合わせ）

	A	B	C	D
1	ア	オ	イ	カ
2	ア	ク	キ	エ
3	ウ	キ	イ	カ
4	ク	ア	キ	エ
5	ク	オ	イ	カ

A 07

正解 5

ピアジェの発生的認識論では、2～7歳の子どもは（ A.**イ 前操作期** ）にあたる。この時期は（ B.**エ 前概念的思考** ）と（ C.**オ 直観的思考** ）とに分けて考えられている。この説によれば（ B.**エ 前概念的思考** ）では、子どもは2頭のゾウを見て、そこから共通性を取り出しゾウというひとまとまりである類として捉えることは難しく、「ゾウの花子」「ゾウの太郎」というようにそれぞれ個として考える。（ C.**オ 直観的思考** ）では、カテゴリーを伴う思考ができるようになり、徐々に複数の知覚情報によって理解できるようになる。例えば、大きさだけで理解していたことが、大きさと重さの2つから考えられるようになり、「大きいけれど軽い」などの判断が可能になる。しかし、その一方で、この時期の子どもの判断は見かけにより左右され、また他人の視点にたって物事を捉えて行動することが難しいことなどをピアジェは（ D.**キ 自己中心性** ）と名づけた。

A イ ピアジェは、知的能力の発達を認知的な構造と認知操作の形式に基づいて4つの段階に分け、2～7歳を**前操作期**とした。

B エ 前操作期のなかでも、4歳頃までは、イメージや表象を用いて考えたり行動できる時期でごっこ遊びや見立て遊びがみられるようになる。この時期を**前概念的思考**という。

C オ 前操作期のなかでも、4歳以降は、ものの見かけの大きさや長さにとらわれて論理的な思考が苦手な時期である。これを**直観的思考**という。

D キ 他者の視点にたって物事を捉えて行動することが難しい幼児期の特徴を**自己中心性**というが、自己中心性から脱却していない4、5歳児は、三つ山課題（7ページの「加点のポイント」参照）が不正解となる。

A 08

正解 2

パーテン (Parten, M.B.) は、子どもの遊びの形態とその発達過程について、「何もしていない」「（ A.**ア 一人遊び** ）」「（ B.**ク 傍観的行動** ）」「平行遊び」「連合遊び」「（ C.**キ 協同遊び** ）」の順に、6つに分類した。そして、「（ B.**ク 傍観的行動** ）」は他者に関心が向いているので「（ A.**ア 一人遊び** ）」より発達した形態であり、「連合遊び」は仲間とやりとりをして一緒に遊ぶが（ D.**エ 組織化** ）されておらず、3～4歳頃にみられるとした。

その後の遊びの形態とその発達過程の研究において、「（ A.**ア 一人遊び** ）」は5歳児でも活動内容によってはみられることから、未熟な形態というより、子どもの選択であるとの考えが示されている。従って、保育士は一人一人の子どもの遊びを理解して対応することが大切である。

A ア 一人遊びは2、3歳頃に多くみられ、他の子どもがそばで遊んでいてもあまり関心を示さず一人で遊ぶことである。

B ク 傍観的行動は2、3歳頃にみられ、他者の遊びを観察している状況のことで、他者への関心の表れであると考えられる。

C キ 協同遊びは4、5歳頃に多くみられ、集団で共通の目的を持って、役割分担などをしながら遊ぶことである。

D エ 組織化は3、4歳頃にみられ、仲間と一緒に遊ぶが共通の目的や役割分担などの**組織化**がされていない遊び（**連合遊び**）である。

次の文は、心の理論をもっているかどうかを調べるための課題である。この課題について適切な記述を○、不適切な記述を×とした場合の正しい組み合わせを一つ選びなさい。

平成30年(前期)問8

M児とN児が部屋で一緒に遊んでいた。M児がボールをかごの中に入れた後、部屋から出ていった。M児が部屋にいない間に、N児がボールをかごの中から別の箱の中に移した。M児が部屋に戻ってきたとき、ボールを取り出すために、最初にどこを探すだろうか。

A 正答するには、他者が自分とは違う誤った信念（誤信念）をもつことが理解できる必要がある。
B 自閉スペクトラム症の幼児では、知的な遅れがなければ、定型発達児より早く正答する。
C 正答するには、他者の心の状態を推測することができる必要がある。
D 3歳になると、この質問に対してほとんどの子どもが正答することができる。

（組み合わせ）

	A	B	C	D
1	○	○	○	○
2	○	○	×	×
3	○	×	○	×
4	×	○	×	○
5	×	×	○	○

次の文は、生活や遊びを通した学びに関する記述である。【Ⅰ群】の記述と、【Ⅱ群】の用語を結びつけた場合の正しい組み合わせを一つ選びなさい。

令和元年(後期)問5

【Ⅰ群】

A 相手の行動を観察し、その人の意図、期待、信念、願望などを理解するようになると、相手の行動を説明したり、予測したりするようになる。
B 文化的に規定され、ステレオタイプ化された知識で、日常的なできごとを理解したり解釈したりできるようになる。
C 内発的動機づけを構成する要素で、自分の知らないことに興味をもったり、興味をもったものを深く探究したりしようとする。
D ある行動をすると、特定の環境変化が引き続いて生じることに気付いて、その行動を繰り返し行うようになる。

【Ⅱ群】

ア	帰属理論	イ	心の理論
ウ	モニタリング	エ	スクリプト
オ	知的リアリズム	カ	知的好奇心
キ	観察学習	ク	オペラント学習

（組み合わせ）

	A	B	C	D
1	ア	ウ	オ	キ
2	ア	エ	オ	ク
3	イ	ウ	カ	キ
4	イ	エ	オ	ク
5	イ	エ	カ	ク

A 09

正解 3

A ○ 社会性の発達に関する「**心の理論**」の問題である。他者には自分とは異なった考えや立場があるという認識である。設問文はいわゆる「**サリーとアン課題**」であり、これを正答するには、他者には自分とは違う誤った信念（誤信念）があることが理解できなければならない。

B × **自閉スペクトラム症**の児童では、定型発達児に比べると、この「サリーとアン課題」に正答するのは困難であるとされる。

C ○ N児がボールをかごから別の箱に移動させたが、M児はそれを知らないので、まだボールがかごの中にあると思っている。そのため、部屋に戻った時に箱ではなくかごの中を探す、というふうに、**他者の心の中をその立場になって推測する**ことができる必要がある。

D × 他者の立場ではなく**自分の視点を中心に物事を考える傾向**を**自己中心化**というが、それを脱却するのは**児童期に入る前後**とされる。3歳の時点では、ほとんどの子どもは正答することは難しいので誤りである。

A 10

正解 5

A イ **心の理論**とは、他者の心の動きを類推したり、他者が自分とは違う信念を持っていることを理解したりする機能のことである。心の理論が確立しているかどうかを調べるものとして**誤信念課題**（**サリーとアン課題**）が有名である。

B エ **スクリプト**とは、知識や経験のまとまりであるスキーマが連続して一連の構造を作ったものである。例えば、食事のスクリプトとは、「いただきますを言って、箸を持ってご飯やおかずを食べ、箸を置いて、ごちそうさまをする」という一連の流れをいう。

C カ **知的好奇心**とは、人が生まれつき持っている基本的欲求に含まれるもので、新奇な刺激を求める欲求である。内発的動機づけ（自発的な学習意欲）が生じるために不可欠な欲求である。

D ク **オペラント学習**とは、**スキナー**（Skinner, B.F.）によりオペラント条件付け（道具的条件づけ）を用いて明らかにされた学習様式で、学習者が自発的な行動を学習することである。

Q11 ★★

次の【事例】を読んで、【設問】に答えなさい。　平成27年（地域限定）問15

Xちゃんは「Xがよむ！」と言い、Yちゃんも「Yがよむ！」と言って二人で絵本を引っ張り合っているうちに、絵本が二つに裂けてしまい、びっくりして二人とも本を落とし泣き出した。そばにいたZちゃんが落とした本を拾い、セロテープで直し始めた。それを見たXちゃんとYちゃんは泣きやんで、Zちゃんと一緒に絵本を直し始めた。

【設問】
この【事例】における下線部のXちゃんとYちゃんの行動を説明する用語として、正しいものを一つ選びなさい。

1 協調学習
2 対連合学習
3 総合学習
4 モデリング
5 系列学習

Q12 ★★

次の文は、認知発達のメカニズムに関する記述である。【Ⅰ群】の人名及び用語と、【Ⅱ群】の内容を結びつけた場合の適切な組み合わせを一つ選びなさい。

平成30年（前期）問2

【Ⅰ群】
A ケーラーの洞察
B パブロフのレスポンデント条件付け
C バンデューラの観察学習
D スキナーのオペラント条件付け

【Ⅱ群】
ア レモンを思い浮かべただけで、唾液が出てきた。
イ 背伸びしても届かない所に置かれた玩具を取ろうとしていた子どもが、突然ひらめいたように、箱を踏み台として使った。
ウ 正義の味方が活躍するテレビ番組が放送された翌日には、クラスでヒーローごっこが、いつもより盛んに行われた。
エ ラジオ体操に参加するとスタンプがもらえるので、休まずに参加した。

（組み合わせ）
	A	B	C	D
1	ア	イ	ウ	エ
2	イ	ア	ウ	エ
3	イ	エ	ア	ウ
4	ウ	ア	イ	エ
5	ウ	エ	イ	ア

A 11

正解 4

1 ✕ 協調学習とは、一人ひとりの理解を尊重し、子ども同士が**お互いに教え合い学び合う**形態の学習のことである。

2 ✕ 対連合学習とは、2つの項目（文字、記号、絵など）を対にして学習することである。

3 ✕ 総合学習とは、子どもが自ら課題を見つけ、学び、考え、**主体的**に判断し、よりよく問題を解決する資質や能力を育てることなどをねらいとする学習で、2000（平成12）年より小学校以上の学校で制度化され段階的に開始された。

4 ○ この事例では、XちゃんとYちゃんの主張がぶつかり合い、その結果として絵本が破れるという思わしくない事態が発生している。しかし、Zちゃんはそれを受けて、絵本の修復という前向きで**創造的な解決**をしようとしている。このような意外な展開は、XちゃんとYちゃんにも新しい形の問題解決への気づきのきっかけとなったようである。このように、優れたモデルの存在により、よりよい発達段階へとうながされることもある。保育者は子ども同士でこういったよい方向への**模倣（モデリング）**が発生するように、環境を整える工夫をするとよい。

5 ✕ 系列学習とは、詩や文章の朗読や暗記、作業の手順などのように、**あらかじめ順序が定められている**学習材料をその順序にしたがって学習することである。

A 12

正解 2

A イ 洞察とは自分の置かれた状況や過去の**経験を統合**することによって**一気に認知の変化が起こり**、解答にたどりつく高度な学習の形態である。例えば、箱に上った経験や、その時に目線が高くなった感覚などが頭の中で統合され、箱を使えば玩具に手が届くということに気がつくということである。**ケーラー（Köhler, W.）**によって体系化された学習理論である。

B ア **レスポンデント条件づけ（古典的条件づけ）**とは**刺激**により誘発される**受動的な反応**である。過去にレモンを食べて酸っぱく感じ、唾液が分泌されるという経験をしたあとで、レモンの形を想像しただけで、唾液が分泌されるようになるといったことである。レモンの形状と唾液の分泌は本来無関係であり、後天的に形成された反応なので学習の形態の一つである。

C ウ **観察学習**とは社会的学習の一つであり、**他者からの影響**によって**思考や行動の形成および変容**が起こることである。テレビで見たヒーローの行動を実際にまねたり、お兄さんが行儀よくしていてほめられるのを見た弟が、同じように行儀よくするようになるといったことである。

D エ **オペラント条件づけ（道具的条件づけ）**とは**自発的な行動**を学習することである。レバーを押せばエサがもらえる装置に入れられたネズミが、エサという報酬を得るために自発的にレバーを押すようになるといったことである。設題ではスタンプが報酬になっており、それを手に入れるために自発的かつ積極的にラジオ体操に参加するようになったということである。

Q13 次の基本的生活習慣の形成に関する【Ⅰ群】の記述と【Ⅱ群】の用語を結びつけた場合の正しい組み合わせを一つ選びなさい。　平成30年（後期）問14

【Ⅰ群】

A 偶然にジャンパーのチャックを閉めることができた時を捉えて、保育者が「すごーい。できたね」とほめることを繰り返すと、じきに自分でジャンパーのチャックを閉めることができるようになった。

B 「靴下をはく」という行動を、足が入るように靴下を広げる、つま先を靴下の中に入れる、靴下をかかとまで引っ張る、靴下をかかとから上まで引き上げる、という動作に分ける。

C 立ったまま、ズボンをはこうとして、ズボンの片方に足を2本入れた。もう一度試したら前後逆になった。今度は床に座ってはいたら足が1本ずつ入り、はけた。

D トレーナーの後ろ前が分からないので、着る時には保育者が、そのまま頭と手を入れたら着られるような向きにトレーナーを床に置くことを繰り返すと、じきにトレーナーの前後が分かり、一人で着ることができるようになった。

【Ⅱ群】

ア 足場づくり
イ 強化
ウ 試行錯誤
エ 課題分析

（組み合わせ）

	A	B	C	D
1	ア	イ	ウ	エ
2	ア	ウ	エ	イ
3	イ	ア	ウ	エ
4	イ	エ	ア	ウ
5	イ	エ	ウ	ア

A 13　　　　　　　　　　　　　　　　　　　　　　　　正解 5

A　イ　**強化**とは条件づけにおいて、**刺激と反応の結びつきが強まること**であるが、ここではそのうちの**正の強化**の状況である。正の強化は、ある行動の後に快刺激が提示され、それによって行動が起こりやすくなることであるが、設題ではチャックを閉めるという行動のあとに、ほめるという快刺激を提示することで正の強化が起こり、**自発的**かつ**積極的**にチャックを閉めるようになったということである。

B　エ　**課題分析**は、人間の行動問題の分析と修正を目的とした**応用行動分析の技術**の一つであり、一連の動作や技術を指導する場合に前もって、それらがどのような動作によって構成されているかを**分解する作業**である。特定の動作や技術を教える際には、分解されたそれぞれの動作を一つひとつ順番に教えていき、それを一連の行動としてなめらかにできるように導き、例えば設題の「靴下をはく」といった行動を完成させる。

C　ウ　**試行錯誤**とは、**試行を積み重ねること**である。これによって問題の解決に至ることで成立する学習を試行錯誤学習という。お手本を示してそれを真似させる観察学習などに比べると失敗経験も多く効率がよいとはいえないが、自発的な試行で成功したときの達成感は高いともいえる。

D　ア　**足場づくり（足場かけ）**はヴィゴツキーの**発達の最近接領域**の理論に基づいており、保育者の支援により、一人では達成できない複雑な課題を達成させるために行う、援助者の**支援や方向づけ**のことである。例えば設問文のように「トレーナーの前後を間違えずに着ること」を達成させるために、保育者が床にそのまま着られるような向きにトレーナーを置く、といった支援である。これにより学習が成立すれば、保育者の支援がなくとも、子どもは**自発的**にトレーナーをその向きにして前後を間違えずに着ることができるようになる。このような状態にするために、保育者が徐々にトレーナーの向きに関する支援を減らしていくことを**足場はずし**という。

◆**学習方法について**

学習とは、「主体がある状況を繰り返し経験することによってもたらされたその状況に対する主体の行動、または行動ポテンシャルにおける変化」のことで、そのうち身体的な成熟や薬物による一時的影響を含まないものをいう。**古典的条件づけ**、**オペラント条件づけ**（道具的条件づけ）、試行錯誤学習、社会的学習、洞察学習等がある。特に出題頻度が高いのは社会的学習で、他者の行動を**模倣（モデリング）**する観察学習等はその代表的なものである。他者との比較とそれによる自己概念の形成過程など、やや専門的な内容も出題されている。それぞれの学習のメカニズムと、特に保育の場面での意義や問題点、事例などをおさえておくことである。

④子ども家庭の心理学－生涯発達

次の文は、ヒトの出生時の特徴についての記述である。（ A ）～（ E ）にあてはまる語句を【語群】から選択した場合の正しい組み合わせを一つ選びなさい。

令和元年（後期）問3

哺乳類は、生まれた時は未熟で自分の力で動きまわることのできない（ A ）のものと、生まれた時からすでに成熟していて自力で移動することのできる（ B ）の二つに分類することもできる。ヒトの場合は、胎児期から音声に反応して母親の声を聞き分けるなど、感覚や知覚の能力を有するが、運動能力が未発達な状態で生まれてくることから、（ C ）はこれを二次的（ A ）と呼び、（ D ）という考え方で説明した。つまり、人間は大脳の発達が著しいため、十分な成熟を待って出産することは体の大きさの問題から難しく、約（ E ）早く未熟な状態で生まれるといわれている。

【語群】

ア	ローレンツ (Lorenz, K.)		
イ	2年	ウ	離巣性
エ	生理的早産	オ	就巣性
カ	ポルトマン (Portmann, A.)	キ	放巣性
ク	ハーロウ (Harlow, H.F.)	ケ	帰巣性
コ	身体的早産	サ	1年

（組み合わせ）

	A	B	C	D	E
1	オ	ウ	ア	エ	イ
2	オ	ウ	カ	エ	サ
3	オ	キ	ア	コ	イ
4	ケ	ウ	ク	エ	サ
5	ケ	キ	カ	コ	サ

次の文は、乳児の身体・運動の発達に関する記述である。適切な記述を○、不適切な記述を×とした場合の正しい組み合わせを一つ選びなさい。

平成29年（前期）問5

A 乳児の運動機能の発達は、頭部から足部へ、身体の中心部から末梢へ、粗大運動から微細運動へという方向性と順序がある。

B 一般的に、平均体重は2,900～3,000g前後、平均身長は49cm前後で生まれるが、生後1年で体重は約3倍、身長は約1.5倍になる。

C 生後8か月頃になると、物と物を打ち合わせる、物を容器に入れる、小さい積木を高く積みあげることができるようになる。

D 手に触れたものを握ろうとする把握反射が新生児にみられ、生後3か月になると指さしが出現する。

（組み合わせ）

	A	B	C	D
1	○	○	○	×
2	○	○	×	×
3	○	×	○	×
4	×	○	○	○
5	×	×	×	○

A 14

正解 2

哺乳類は、生まれた時は未熟で自分の力で動きまわることのできない（ A.**オ 就巣性** ）のものと、生まれた時からすでに成熟していて自力で移動することのできる（ B.**ウ 離巣性** ）の二つに分類することもできる。ヒトの場合は、胎児期から音声に反応して母親の声を聞き分けるなど、感覚や知覚の能力を有するが、運動能力が未発達な状態で生まれてくることから、（ C.**カ ポルトマン（Portmann, A.）** ）はこれを二次的（ A.**オ 就巣性** ）と呼び、（ D.**エ 生理的早産** ）という考え方で説明した。つまり、人間は大脳の発達が著しいため、十分な成熟を待って出産することは体の大きさの問題から難しく、約（ E.**サ 1年** ）早く未熟な状態で生まれるといわれている。

A オ　就巣性とは、妊娠期間が比較的短く脳が未熟で生まれてくる、多数の子どもが一度に生まれる、未成熟の状態である、などの特徴を持つ哺乳類の分類である。一般的には、ネズミやウサギなどの比較的下等な哺乳動物がこれに該当するが、高等哺乳動物であるヒトもこれに含まれる。

B ウ　離巣性とは、比較的長い妊娠期間を経て脳が発達した状態で生まれ、子どもがすぐに親と同じ行動がとれるなどの特徴を持つ哺乳類の分類である。ウマやサルなど比較的高等な哺乳動物がこれに該当する。

C カ　ポルトマン（Portmann, A.）は、二足歩行により産道が狭まった、大脳の発達によって頭が大きく進化した、などを理由に未熟な状態で生まれてくることから、ヒトは高等哺乳動物ではあるが離巣性に属さないと考え、**二次的就巣性**と分類した。

D エ　ヒトが生理的には未発達な状態で生まれてくることを**生理的早産**という。ポルトマン（Portmann, A.）による概念である。

E サ　人間の乳児は、本来、妊娠21か月程度で誕生すべきところが、**平均10か月**で生まれてくるため、約**1年**早く未熟な状態で生まれると考えられる。

A 15

正解 2

A ○　乳児期の運動発達は**中枢神経系の成熟と関係**しており、基本的に問題文にあるような方向性と順序で進展してゆく。

B ○　なお、脳の重さは大人が1,250～1,450gほどであるが、誕生時には400gほどである。重量は誕生後に急激に増加し、4～5歳で大人の脳の重量の90％ほどにまで達する。ただし、脳細胞の数自体が増加するわけではない。

C ×　発達には差があるので一概にはいえないが、物と物を打ち合わせることができるようになるのは1歳前後から、また、物を容器に入れたり、積み木を積み上げることができるのは、1歳を過ぎた頃からであり、1歳半くらいにはほぼできるようになる。よって、いずれも生後8か月ではまだ難しいといえる。

D ×　**把握反射**は新生児にみられ、遅くとも生後6か月くらいには消失する。よって、問題文の前半は正しい。しかし、**指さし**は生後9～10か月頃からみられる場合が多い。よって、3か月ではまだ難しいといえる。

次の文は、学童期以降の仲間関係に関する記述である。（ A ）～（ E ）にあてはまる語句を【語群】から選択した場合の正しい組み合わせを一つ選びなさい。

令和3年（前期）問10

小学生の中・高学年に形成される（　A　）の高い仲間集団は（　B　）と呼ばれる。（　B　）は、一緒に同じ活動に熱中することで得られる一体感や充実感を活力源とする集団である。一方、中学生頃の女児にしばしばみられる（　C　）は、お互いの感覚が同じであり「分かり合っている」ことを確認し、誇示する仲間集団である。（　C　）が（　B　）と異なるのは、単に同じ活動を共に行うだけでなく、共通の趣味や話題を核とした密接な関わりをもつ点にある。だが、どちらも（　D　）な性質をもつことは共通した特徴である。
しかし、現代では、遊び場の減少や（　E　）の進行、ゲームなどの遊び方の変化により、こうした仲間集団のあり方が変化しているといわれる。

【語群】

| ア | 凝集性 | イ | ギャング・グループ | ウ | 拡散性 | エ | チャム・グループ |
| オ | 親和的 | カ | ピア・グループ | キ | 少子化 | ク | 排他的 | ケ | 高齢化 |

（組み合わせ）

	A	B	C	D	E
1	ア	イ	エ	ク	キ
2	ア	イ	カ	オ	ケ
3	ア	イ	カ	ク	キ
4	ウ	エ	イ	ク	キ
5	ウ	カ	エ	オ	ケ

次の文は、トマス（Thomas, A.）とチェス（Chess, S.）の気質（temperament）に関する記述である。適切な記述を○、不適切な記述を×とした場合の正しい組み合わせを一つ選びなさい。

平成29年（後期）問7

A 気質（temperament）の特性を、活動水準、体内リズムの周期性、順応性、気分等の9つに分類した。

B 「扱いにくい子（difficult child）」は、生活リズムが不規則で環境への適応が難しいとされているが、母親はその子育てを負担に感じることはない、としている。

C 気質的特性に基づいて子どもは活動を選択し、自分の生活環境を形成する、と考えている。

D 「出だしの遅い子（slow-to-warm-up child）」は、新しい状況や人に対して回避的に反応し、慣れるのも遅く、機嫌が悪いことが多い、としている。

（組み合わせ）

	A	B	C	D
1	○	○	○	×
2	○	○	×	×
3	○	×	○	×
4	×	○	×	○
5	×	×	○	○

A 16

正解 1

小学生の中・高学年に形成される（ A.**ア 凝集性** ）の高い仲間集団は（ B.**イ ギャング・グループ** ）と呼ばれる。（ B.**イ ギャング・グループ** ）は、一緒に同じ活動に熱中することで得られる一体感や充実感を活力源とする集団である。一方、中学生頃の女児にしばしばみられる（ C.**エ チャム・グループ** ）は、お互いの感覚が同じであり「分かり合っている」ことを確認し、誇示する仲間集団である。（ C.**エ チャム・グループ** ）が（ B.**イ ギャング・グループ** ）と異なるのは、単に同じ活動を共に行うだけでなく、共通の趣味や話題を核とした密接な関わりをもつ点にある。だが、どちらも（ D.**ク 排他的** ）な性質をもつことは共通した特徴である。

しかし、現代では、遊び場の減少や（ E.**キ 少子化**）の進行、ゲームなどの遊び方の変化により、こうした仲間集団のあり方が変化しているといわれる。

A ア 特定の相手に限定した友人関係を形成することを集団の**凝集性**という。

B イ 小学校の中・高学年の特に男児が形成する固定化した集団を**ギャング・グループ**という。

C エ 小学校高学年から中学生頃の女子に見られ、同一の行動を好み異質なものを排除する傾向のある集団を**チャム・グループ**という。

D ク ギャング・グループもチャム・グループも異質なものを受け入れないという**排他的**な性質がある。

E キ 2000（平成12）年には約119万人だった出生数が、2021（令和3）年には約81万人まで減少するなど、現代社会においては、**少子化**の進行により、仲間集団での遊びが減少するなど影響が見られる。

A 17

正解 3

A ○ 気質の特性を①活動水準、②接近／回避、③（体内リズムの）周期性、④順応性、⑤反応閾値、⑥反応の強度、⑦気分の質、⑧気の散りやすさ、⑨注意の範囲と持続性の9つに分類した。そしてそれらをさらにまとめて、気質のタイプの3類型、すなわち「**扱いやすい子（easy child）**」「**出だしの遅い子（slow-to-warm-up child）**」「**扱いにくい子（difficult child）**」に分類した。

B × 「**扱いにくい子（difficult child）**」は寝起きや排泄、空腹状況などの生理的周期が不規則であったり、環境の変化に慣れるのが遅いといった特徴がある。そのため、対応する際に予測が立てにくかったり、子どもを満足させにくかったりする。その結果、親が扱いにくいという感覚を持ちやすくなる。

C ○ このような気質的特性に基づき、子どもは活動を選択し、自分の生活環境を形成する。ただし、親の個人特性の敏感性の度合いによって、子どもの反応への対応の正確さや適切さが異なるので、「**扱いやすい子（easy child）**」であっても結局は関係が不安定になり、その後の個人特性の形成に好ましくない影響を与えることもあり得る。

D × 「**出だしの遅い子（slow-to-warm-up child）**」は行動開始に時間がかかり、新しい状況への順応が悪いという特徴がある。こうした子も親にとっては手のかかる子ということになるが、やがてゆっくりと接近、順応していく。

次の文は、人の生涯発達に関する記述である。適切な記述を○、不適切な記述を×とした場合の正しい組み合わせを一つ選びなさい。

平成28年（前期）問2

A 人の生涯発達は、遺伝的要因と環境的要因との相互作用によって促される。
B 人の生涯発達における文化の影響は、乳児期において最も大きい。
C 人の生涯発達とは、上昇的変化の過程を意味する。
D 人の生涯発達は、個人的に重要な意味をもつ出来事の影響を受ける。

（組み合わせ）

	A	B	C	D
1	○	○	○	○
2	○	○	×	○
3	○	×	×	○
4	×	○	×	×
5	×	×	○	×

次の文は、アタッチメント（愛着）についての記述である。適切なものを○、不適切なものを×とした場合の正しい組み合わせを一つ選びなさい。

平成31年（前期）問8

A アタッチメント（愛着）とは、自らが「安全であるという感覚」を確保しようとする個体の本性に基づいて、危機的状況あるいは潜在的な危機に備え、特定の対象への接近・接触を求め維持しようとする傾向と定義される。
B 愛着の個人差を測定するために、エインズワース（Ainsworth, M.D.S.）が考案したのがサークル・オブ・セキュリティ（安心感（安全感の環））であった。
C エインズワースによれば、養育者への子どものアタッチメント（愛着）は3つの型に分類される。A型は抵抗（アンビバレント）型、B型は安定型、C型は回避型であった。

（組み合わせ）

	A	B	C
1	○	○	○
2	○	○	×
3	○	×	×
4	×	○	○
5	×	×	○

加点のポイント ◆原始反射の種類

新生児には外部からの刺激にとっさに反応する生まれながらの機能が備わっているが、これを原始反射という。生命を維持するための基本的な動作や、進化上の痕跡のようなものもある。通常は生育につれて消失するが、次の発達への足がかりになるものもあると考えられている。**把握反射**（ものに掴まろうとする）、**モロー反射**（落下時に腕を開いて抱え込む）、**歩行反射**（脇を持ち上げると、歩くような真似をする）、**吸啜反射**（唇に触れたものに吸い付く）、**共鳴反射**（大人の表情などを真似する）、**バビンスキー反射**（足裏の刺激で足指を開く）等の種類がある。詳細は、科目「子どもの保健」（271ページ）を参照。

A 18

正解 3

A ○ 発達において遺伝的要因と環境的要因はいずれも重要であるが、一般的にはそれらの**相互作用によって促されている**と考えられる。

B × 文化の影響は生涯にわたって重要であるが、一般的には乳児期よりも、**幼児期**以降、児童期、青年期、成人期になるにつれて顕著になっていく。

C × 生涯発達においては、特に成人期以降にみられる肉体の衰えや精神活動の停滞、低下等の**下降的変化の過程**も重要な意味を持つ。

D ○ 生涯発達においては、単に遺伝的要因が展開するのみでなく、環境、特にその**個人に特有の重要な意味を持つライフイベント**、例えば、就学、就職、結婚、転居、親しい人の死、災害といったものも影響する。

A 19

正解 3

A ○ **アタッチメント（愛着）**の定義として正しい。実際に起こっている危機あるいは予想される危機に対して、安全基地としての対象に接近・接触することで安心する。**アタッチメント**の対象は特定の個人であることが多く、通常は親や保育者などである。

B × **エインズワース**（Ainsworth, M.D.S.）が考案した愛着を測定するための方法は**ストレンジ・シチュエーション法**である。サークル・オブ・セキュリティ（安心感（安全感）の環）は**アタッチメント（愛着）**を基盤とした健全な親子関係を育むための子育てプログラムであり、エインズワースが考案したものではない。

C × **エインズワース**（Ainsworth, M.D.S.）が**ストレンジ・シチュエーション法**で見いだした愛着の型は、Ａ型が回避型、Ｂ型が安定型、Ｃ型が抵抗／葛藤（アンビバレント）型であり、Ａ型、Ｃ型は愛着形成が不安定であるとされている。なお、後に別の研究者によって、反応に一貫性がみられないタイプが見出され、これをＤ型：無秩序型とする場合もある。

✎ **よく出るポイント** ◆ **ボウルビィの愛着理論**

ボウルビィは非行少年の研究から、子どもは社会的、精神的発達を正常に行うために、少なくとも一定の養育者と親密な関係を維持しなければならず、それが欠如すると、社会的・心理的な問題を抱える可能性があるとする理論を打ち立てた。これが愛着理論といわれるもので、愛着の発達段階には第一段階（**人物を特定しない働きかけ**）、第二段階（**差別的な社会的反応**）、第三段階（真の愛着（**アタッチメント**）形成）、第四段階（**目標修正的協調性**）の四つがあるとした。四段階を経て、初めて特定の人物（特に母親など）がいなくても情緒的な安定を保ち、他者とも安定的な人間関係が築けるようになる。愛着の形成が阻害されている状態は、いわゆる**母性剥奪**（マターナル・デプリベーション）といわれ、虐待や育児放棄等で起こる。

Q20 次の文は、アタッチメント（愛着）についての記述である。（ A ）〜（ D ）にあてはまる語句を【語群】から選択した場合の最も適切な組み合わせを一つ選びなさい。

平成26年 問6

（ A ）によれば、乳幼児は（ B ）とアタッチメント（愛着）を形成するようになる。養育者に限らず、乳幼児に（ C ）に関わる人は（ B ）になり得る。（ B ）との間に形成されたアタッチメント（愛着）は、他の人との関係性の基盤となる（ D ）を形成していく。

【語群】

ア	特定の人	イ	エインズワース（Ainsworth, M.D.S.）
ウ	見知らぬ人	エ	ボウルビィ（Bowlby, J.）
オ	応答的	カ	内的ワーキングモデル
キ	個別的	ク	外的ワーキングモデル

（組み合わせ）

	A	B	C	D
1	イ	ア	オ	カ
2	イ	ウ	オ	ク
3	イ	ウ	キ	ク
4	エ	ア	オ	カ
5	エ	ア	キ	ク

Q21 次の下線部（ a ）〜（ d ）に関連の深い用語を【語群】から選択した場合の正しい組み合わせを一つ選びなさい。

平成28年（後期）問10

乳児は手をしゃぶったり、（ a ）手を握ったままかざして見つめたり、また、声を発するといった行動をしばしば繰り返し行う。乳児期半ばでは、（ b ）興味や関心のあるものに手を伸ばす行動がみられる。また、手にもった物を振り動かすなど、（ c ）物を介して同じ行動を繰り返すようになる。さらに、1歳頃になると、（ d ）ほしい物を手に入れるために様々なことをしてみるようになる。

【語群】

ア	ハンドリガード	イ	ハンドサッキング
ウ	第3次循環反応	エ	第2次循環反応
オ	試行錯誤	カ	暗中模索
キ	クーイング	ク	リーチング

（組み合わせ）

	a	b	c	d
1	ア	キ	ウ	オ
2	ア	ク	ウ	カ
3	ア	ク	エ	オ
4	イ	キ	ウ	オ
5	イ	キ	エ	カ

A 20

正解 4

（ A.**エ ボウルビィ（Bowlby, J.）**）によれば、乳幼児は（ B.**ア 特定の人**）とアタッチメント（愛着）を形成するようになる。養育者に限らず、乳幼児に（ C.**オ 応答的**）に関わる人は（ B.**ア 特定の人**）になり得る。（ B.**ア 特定の人**）との間に形成されたアタッチメント（愛着）は、他の人との関係性の基盤となる（ D.**カ 内的ワーキングモデル**）を形成していく。

愛着の理論を確立したボウルビィ（Bowlby, J.）は、愛着とは特定の対象に対する**特別な情緒的結びつき**であるとした。愛着の対象は通常は母親であるが、その子どもの感情や生理的欲求に対して応答的に対応する人物であれば、母親以外の者がなる場合もある。内的ワーキングモデルとは、**養育者との関係の中で形成される認知の枠組み**であり、子どもの対人状況や世界とのかかわり方の基盤となる。

A 21

正解 3

乳児は手をしゃぶったり、（ a.**ア ハンドリガード**）手を握ったままかざして見つめたり、また、声を発するといった行動をしばしば繰り返し行う。乳児期半ばでは、（ b.**クリーチング**）興味や関心のあるものに手を伸ばす行動がみられる。また、手にもった物を振り動かすなど、（ c.**エ 第２次循環反応**）物を介して同じ行動を繰り返すようになる。さらに、１歳頃になると、（ d.**オ 試行錯誤**）ほしい物を手に入れるために様々なことをしてみるようになる。

a ア ハンドリガード。リガードとは「じっと見る（regard）」の意味であり、ハンドリガードとは、乳児が自分の手の方に顔を向け、その手の動きなどをずっと見つめる行動のことである。これは目の前の運動と自分との**関係性を直接的に感じながら認識を深める行動**とされている。同様の意味で足を見つめる**フットリガード**もある。

b ク リーチング。目の前の興味や関心のある対象（玩具や人の顔など）に手を伸ばし触れようとする行動をリーチングという。生後４、５か月くらいで現れる。対象と自分との**関係性の認識や意思表示の発達**と関係した行動である。

c エ 第２次循環反応。循環反応とは、「吸う」「たたく」「引っ張る」といった感覚運動的活動の反復のことで、それによってある種の学習が行われている。第１次循環反応は、生後３、４か月までで、「ハンドサッキング（指吸い）」のように自分の身体に限定されたものであり、第２次循環反応は、紐を引っ張ったり手に持った物を振り動かすなどの行動で、**物との関係において自分と手の協応**が成立するようになる。

d オ 試行錯誤。１歳頃になると、ほしい物を手に入れるために、手を叩いたり、泣いてみたり、声を上げたりと、さまざまなことをしてみるようになる。また、物を落とす行為を反復する場合なども、**試行錯誤**的に音の響きの違いを楽しんだり、転がっていく方向を見定めたりというように、能動的・実験的なかかわりをみせるようになる。これは第３次循環反応という。

次の文は、乳幼児が日常保育のなかでしばしば示す行動である。A～Dの子どもの行動の基盤にある社会的発達に関する用語を【語群】から選択した場合の最も適切な組み合わせを一つ選びなさい。 平成27年（地域限定）問13

A 一人の乳児が泣きだしたところ、同室にいる他の乳児も泣き始める。
B 生後7～8か月頃の乳児が、初対面の人に出会い泣いて母親にしがみついている。
C 仲間との共通の目的をもって、協力したり、役割分担をしたりしながら遊んでいる。
D 1歳を過ぎて、何でも自分でやりたがり、大人が制止すると激しく拒否することが続いている。

【語群】

ア 共感	イ 情動伝染
ウ 連合遊び	エ 人見知り
オ 協同遊び	カ 第一（次）反抗期
キ 分離不安	ク 第二（次）反抗期

（組み合わせ）

	A	B	C	D
1	ア	エ	ウ	カ
2	ア	キ	ウ	ク
3	イ	エ	ウ	ク
4	イ	エ	オ	カ
5	イ	キ	オ	カ

次の文は、乳幼児が日常示す行動である。A～Dの行動の基盤となる発達心理学の用語として、あてはまる語句を【語群】から選択した場合の最も適切な組み合わせを一つ選びなさい。 平成28年（前期）問16

A 見慣れた人と見知らぬ人とを区別することができるようになり、見知らぬ人が関わろうとすると、顔をそむけたり、泣き叫んだりする。
B 保育者がほほえみかけたり、口を大きく開けたりしてみせると、乳児も同じような表情をする。
C 保育者が向かい合ってボールをゆっくり転がして近づけると、ボールを押し返すような動作を繰り返し楽しむ。
D 保育者が子どもに絵本を読んであげている時に、絵本に描かれたりんごの絵を見て子どもが食べるふりをする。

【語群】

ア 社会的不安	イ 8か月不安
ウ 共鳴動作	エ 共同注意
オ ターンテイキング	カ メンタルローテーション
キ 社会的模倣	ク 表象機能

（組み合わせ）

	A	B	C	D
1	ア	ウ	オ	キ
2	ア	ウ	カ	ク
3	ア	エ	カ	キ
4	イ	ウ	オ	ク
5	イ	エ	カ	キ

A 22

正解 4

A イ 情動伝染。最初の乳児の感情が周囲の乳児に伝染することによってこのような現象が起こる。脳に備わっている他人の感情を模倣し共感しようとする働きに由来するものと考えられている。情動伝染自体は**成人**にも起こり得る。

B エ 人見知り。生後8か月くらいになると、特定の人物に対してのみ安心感を抱き、逆に見知らぬ人に対しては警戒感や不安感等を感じるようになる。いわゆる人見知りの状態で、**8か月不安**等ともいわれる。**愛着が順調に形成されている**証拠である。

C オ 協同遊び。集団で共通の目的があり、役割分担等がある遊びを協同遊びという。同じ遊びをしながら交流がない並行遊びや、全体的なまとまりに欠ける連合遊び等に比べて、一般的には**発達的に高度**なものとされる。

D カ 第一（次）反抗期。幼児期に自主性や自律性が育ってくると、一見、反抗的な態度とみえるような言動をするようになる。一方、青年期に自我が確立して、親からの依存から脱却しようとする過程でも親や社会に対して反抗的・忌避的な態度が現れる。これが**第二（次）反抗期**である。

A 23

正解 4

A イ 8か月不安は、特定の人物との愛着関係が育ってきて、見慣れた人に対して肯定的に反応する反面、見知らぬ人には警戒感や不安感を感じるようになる。いわゆる**人見知り**の状態で、生後8か月頃からみられるようになる。

B ウ 共鳴動作は、大人の動作に対して同調的・共鳴的に反応するもので、例えば、大人が舌を出すと乳児も舌を出すといった反応である。乳児にみられるものは**反射的な動作**であると考えられているが、次第に意図的・意識的な模倣に取って代わられ消失する。

C オ ターンテイキングは、他者との交流の中で、**自分からの働きかけと待ち受けを交互にこなすこと**である。コミュニケーションの基本であり、設問文のような動作的なものの他に、言葉のやり取りや、遊び等の役割交代等も含む。**乳児期**にその萌芽が現れる。

D ク 表象機能は、イメージ化の機能であり、実際には存在しないものを、それが実在するように感覚的・知覚的に頭の中に再現する働きのことである。**幼児期**に言葉の発達とともに急速に発達し、これを用いて見立てやふりをする「**ごっこ遊び**」等として現れる。

✏️ **よく出るポイント** ◆ **エリクソンの発達課題**

乳児期が**基本的信頼感**（愛着）、幼児期の前期が**自律性**、幼児期の後期が**自主性**、児童期が**勤勉性**、青年期が**同一性**となっている。それに基づいて、例えば乳児期であればしっかりとした愛着が形成されること、幼児期の前期であれば身の周りのことが自分でしっかりできること、幼児期の後期であれば自発的に活動できること、児童期であれば生活習慣を含めて勉強やスポーツの実践を着実に積み重ねていけること、青年期であれば満足で納得のいく進学や職業選択ができること、といったことが中心的な課題であるので、それを踏まえた援助が求められる。

次のA～Dのうち、成人期・高齢期の特徴に関する記述として、適切なものを〇、不適切なものを×とした場合の正しい組み合わせを一つ選びなさい。

令和元年（後期）問11

A 成人期では、子どもの巣立ちや老親介護などを通して心理的変化に直面しやすく、時として人生の転機となり、アイデンティティの再構築がみられることがある。

B 知能には、加齢の影響を受けやすいものと受けにくいものがあり、結晶性知能は成人期以降減衰するが流動性知能は高齢期でも低下しにくい。

C 身体機能は、加齢に伴い程度の差はあるものの少しずつ低下する。聴覚では母音、低音域の音、ゆっくりしたテンポでの聞き取りづらさを感じる人が多くなる。

D 高齢期には、加齢による変化に対処しながら自分の特徴を最大限に活かすなど、幸福に年齢を重ねることをサクセスフル・エイジングと呼ぶ。

（組み合わせ）

	A	B	C	D
1	〇	〇	〇	×
2	〇	×	〇	〇
3	〇	×	×	〇
4	×	〇	×	〇
5	×	〇	〇	×

次の文は、青年期に関する記述である。（ A ）～（ D ）にあてはまる語句を【語群】から選択した場合の正しい組み合わせを一つ選びなさい。

令和3年（後期）問10

青年期は、家族以外の人との親密な関係を深めていく中で、青年は（ A ）の確立という新たな課題に直面する。エリクソン（Erikson, E.H.）は、青年期が、大人としての責任と義務を問われずに、自由に何かに打ち込み、挫折し、さらにまた何かを探し求めるといった経験、あるいは、様々な危機を経ることが重要であるとして、この期間を（ B ）期間であると考えた。

その後、マーシア（Marcia, J.E.）は、（ A ）の状態を4つの類型に分けて考える（ C ）を提唱した。この4類型の中の一つである（ D ）は、これまでに危機を経験していることはなく、自分の目標と親との目標の間に不協和がなく、どんな体験も、幼児期以来の信念を補強するだけになっているという、融通のきかなさが特徴的である。

【語群】

ア	アイデンティティ	イ	モラトリアム
ウ	アイデンティティ・ステイタス	エ	早期完了
オ	モダリティ	カ	達成
キ	拡散	ク	アイデンティティ・クライシス

（組み合わせ）

	A	B	C	D
1	ア	イ	ウ	エ
2	ア	イ	エ	カ
3	ア	オ	ク	カ
4	ウ	イ	エ	キ
5	ウ	オ	ク	エ

26

A 24

正解 3

A ○ 成人期では、子どもの巣立ちや老親介護などを通して心理的変化に直面しやすく、時として人生の転機となり、**アイデンティティの再構築**がみられることがある。

B × 成人期以降減衰するのは**流動性知能**、高齢期でも低下しにくいのは**結晶性知能**である。

C × 加齢に伴い、**高音域**の音が聞き取りづらくなり、それに伴い**子音**が聞き取りづらくなる。なお、速いテンポよりも、ゆっくりしたテンポの方が**高齢者にとっては**聞き取りやすい。

D ○ 高齢期には、加齢による変化に対処しながら自分の特徴を最大限に活かすなど、幸福に年齢を重ねることを**サクセスフル・エイジング**と呼ぶ。

A 25

正解 1

青年期は、家族以外の人との親密な関係を深めていく中で、青年は（ A.**ア アイデンティティ** ）の確立という新たな課題に直面する。エリクソン（Erikson, E.H.）は、青年期が、大人としての責任と義務を問われずに、自由に何かに打ち込み、挫折し、さらにまた何かを探し求めるといった経験、あるいは、様々な危機を経ることが重要であるとして、この期間を（ B.**イ モラトリアム** ）期間であると考えた。

その後、マーシア（Marcia, J.E.）は、（ A.**ア アイデンティティ** ）の状態を４つの類型に分けて考える（ C.**ウ アイデンティティ・ステイタス** ）を提唱した。この４類型の中の一つである（ D.**エ 早期完了** ）は、これまでに危機を経験していることはなく、自分の目標と親との目標の間に不協和がなく、どんな体験も、幼児期以来の信念を補強するだけになっているという、融通のきかなさが特徴的である。

A ア アイデンティティとは、自分は何者であり、何をすべきかという個人の心の中に保持される概念であり、同一性といわれることもある。エリクソンは、アイデンティティの確立が青年期の発達課題であるとしている。

B イ モラトリアムとは、自己同一性を確立し、社会に出て独り立ちすることを一時的に猶予されている状態を意味する。

C ウ マーシャは、アイデンティティの状態をアイデンティティ達成、早期完了（権威受容）、モラトリアム、アイデンティティ拡散の４類型に分けて考える**アイデンティティ・ステイタス**を提唱した。

D エ 早期完了は、権威受容ともいい、これまで危機を経験していることはなく、親の価値観や社会通念を受動的に受け入れ、一見自己同一性を獲得しているように見える状態のことである。

⑤子ども家庭支援の心理学ー家族・家庭の理解

次の【図】は、「少子化社会対策白書（平成30年版）」（内閣府）における、「6歳未満の子供を持つ夫婦の家事・育児関連時間（1日当たり・国際比較）」である。以下の【設問】に答えなさい。

令和2年（後期）問18

図　6歳未満の子供を持つ夫婦の家事・育児関連時間（1日当たり・国際比較）

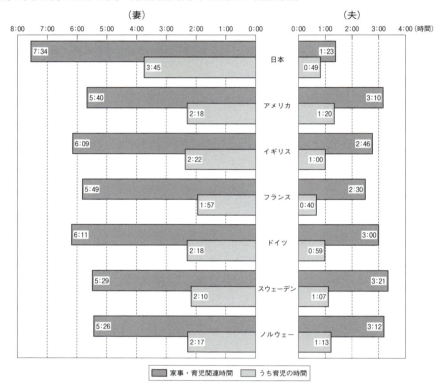

（備考）1. Eurostat "How Europeans Spend Their Time Everyday Life of Women and Men"（2004）、Bureau of Labor Statistics of the U.S. "American Time Use Survey"（2016）及び総務省「社会生活基本調査」（2016年）より作成。
2. 日本の数値は、「夫婦と子供の世帯」に限定した夫と妻の1日当たりの「家事」、「介護・看護」、「育児」及び「買い物」の合計時間（週全体）である。
資料：内閣府資料

【設問】

次のA～Dのうち、【図】を説明する文として適切なものを○、不適切なものを×とした場合の正しい組み合わせを一つ選びなさい。

A 日本の夫の家事・育児関連時間は1日あたり83分であり、図中7か国の中で最も低い水準であるが、そのうち育児の時間の占める割合は最も多い。

B 妻と夫の育児の時間の合計が、一番長いのは日本であり、一番短いのはスウェーデンである。

C 妻と夫の家事・育児関連時間の合計が、一番長いのは日本であり、次に長いのはドイツである。

D 夫の育児の時間が最も長いのは、アメリカである。妻の育児の時間が最も長いのは、日本である。

（組み合わせ）

	A	B	C	D
1	○	○	×	×
2	○	×	○	×
3	○	×	×	○
4	×	○	○	×
5	×	○	×	○

A 26

正解 3

本問のような問題は、事前の知識を必要とせず、図やグラフを冷静に読み解けば解答できる問題が多い。見たことがない統計データであっても、落ち着いて問題に取り組むことが大切である。

A ○ **日本の夫**の家事・育児関連時間は１日あたり83分であり、図中７か国の中で最も低い水準であるが、そのうち育児の時間の占める割合は49分と**半分以上を占めており**最も多い。

B × 妻と夫の育児の時間の合計が、一番長いのは日本で、一番短いのはスウェーデンというのは間違いで、**フランス**である。

C × 妻と夫の家事・育児関連時間の合計が、一番長いのは日本であり、次に長いのはドイツであるというのは間違いで、**一番長いのはドイツの９時間11分、次いで日本の８時間57分**である。

D ○ **夫の育児の時間**が最も長いのは、**アメリカ**である。**妻の育児の時間**が最も長いのは、**日本**である。

✏️ **よく出るポイント** ◆ **ことばの発達**

ことばの発達は個人差も大きいが、おおむね下記のような過程で発達していく。

新生児期	明確な反応はないが、話しかけのタイミングやリズムに合わせて身体を動かす相互同期性がみられる
２〜３か月頃	クーイングが始まる
５〜６か月頃	喃語がみられる
10か月頃	簡単な言葉を介したコミュニケーションがみられる
１歳頃	一語の意味のあることばが出る
１歳６か月頃	二語文で話し始める
２歳６か月頃	名詞と動詞を組み合わせて３〜４語で文章を構成し話し始める
３歳以降	語彙が急速に増え、日常会話に支障のない程度のやり取りができるようになる

⑥ 子ども家庭支援の心理学ー子育て家庭に関する現状と課題

Q27 次の文は、児童虐待についての記述である。適切な記述を〇、不適切な記述を×とした場合の正しい組み合わせを一つ選びなさい。

平成29年（前期）問19

A 被虐待体験は、心的外傷とはなり得ない。
B 被虐待体験は、社会・情緒的問題を生むが、脳に器質的・機能的な影響を与えない。
C 発達障害は、虐待を受ける危険因子の一つである。
D 一般に被虐待児への支援は、多機関による連携が求められる。

（組み合わせ）
	A	B	C	D
1	〇	〇	〇	〇
2	〇	×	×	〇
3	×	〇	〇	×
4	×	×	〇	〇
5	×	×	×	〇

Q28 次の【事例】を読んで、【設問】に答えなさい。

平成30年（前期）問17

【事例】
1歳11か月の男児。1週間前から保育所に入所した。入所前は、母親が自宅で養育していた。入所初日からためらいもなく、どの職員にも接近してベタベタと身体的接触をし、職員室についていくなどの行動が目立った。その行動特徴は、入所1週間一貫して観察された。この男児には、こだわり行動や言葉の遅れはなく、相互的に保育士と遊ぶことはできた。

【設問】
この子どもと家族に対して保育士として行うべき対応について、適切な記述を〇、不適切な記述を×とした場合の正しい組み合わせを一つ選びなさい。

A 初めての入所であるため、多くの大人に接近し状況に適応しようとしていると捉え、この男児を温かく見守る。
B 人見知りが少ないことを、他の子どもに比べて成長が早いと、肯定的に母親に伝える。
C お迎えの時の母親に対する男児の行動などをよく観察する。
D 児童相談所などの虐待通報機関に通報を行うかを保育所全体で検討する。

（組み合わせ）
	A	B	C	D
1	〇	〇	〇	〇
2	〇	〇	×	〇
3	〇	×	〇	×
4	×	〇	×	×
5	×	×	〇	〇

A 27

正解 4

A × 被虐待体験は子どもにとって強烈なショックをもたらすできごとであり、生命の危険を感じる体験であることも多い。よって、当然、大きなストレス源となり、心的外傷となり得る。それにより **PTSD（心的外傷後ストレス障害）**の原因となることも多い。

B × 被虐待体験は社会・情緒的問題のみならず、脳に器質的・機能的な影響を及ぼす場合もある。近年の研究によれば、虐待によって、前頭前野や視覚野など脳の特定の部位が萎縮ないし拡大し、これが**情報処理能力や認知能力、感情の制御などに影響**すると考えられる。

C ○ 発達障害と虐待が必ずしも関係しているわけではない。ただし、保護者のストレス等により、虐待の危険因子になるということはあり得る。

D ○ 虐待への支援は、児童相談所をはじめとして、児童家庭支援センター、子ども家庭支援センター、保健所、保健相談所、発達障害者支援センター、警察、福祉事務所、保育所、学校、教育委員会、医師、心理カウンセラーに至るまで多機関および多様な職種による連携が求められる。

A 28

正解 5

A × 初めての場所は子どもにとって不安で対処の難しい状況であるが、**反応性愛着障害**にみられる**脱抑制的な傾向**（誰に対してもなれなれしい行動をとる）など気になる部分がある。受容的で温かい目で見守る態度は必要だが、虐待などの事態の可能性を考える必要がある。

B × この年齢であれば、**アタッチメント（愛着）の形成**ができているはずなので、子どもの脱抑制的な傾向を気にする必要がある。よって、子どもを賞賛したり、母親に肯定的な態度を伝えることはあり得ない。

C ○ まずは、送り迎えの時などに母親の話をよく聞き、**子どもの様子**や母親の**子どもへの接し方**を**観察**することが大切である。

D ○ 継続的に注意深く観察を続け、必要であれば**外部機関への通報**を含めた連携の可能性を保育所内で検討する。気になる点がある時は、**常に最悪の可能性を考慮**して動くことが大切である。

次の文は、ペアレントトレーニングに関する記述である。（ A ）～（ C ）にあてはまる語句を【語群】から選択した場合の正しい組み合わせを一つ選びなさい。

平成30年(後期) 問17

ペアレントトレーニングとは、応用行動分析学や（ A ）の考え方を基礎にして、養育者が（ B ）に関するより適切なスキルを獲得するためのプログラムである。（ C ）やモデリングやホームワークといった積極的なワークから構成される。

【語群】

ア	音楽療法	イ	行動療法
ウ	子育て	エ	学習
オ	コミュニケーション	カ	ロールプレイ

（組み合わせ）

	A	B	C
1	ア	イ	カ
2	ア	ウ	オ
3	イ	ウ	カ
4	イ	エ	カ
5	ウ	エ	オ

⑦子ども家庭支援の心理学ー子どもの精神保健とその課題

次の文は、子どもの疾患に関する記述である。適切な記述を○、不適切な記述を×とした場合の正しい組み合わせを一つ選びなさい。

平成23年精神 問3

A 話の速度が速く流暢さを欠き、反復や口ごもりのないものの、話の明瞭さを損なうほどのものを吃音という。
B 選択性緘黙症は、特定の話題になると黙ってしまうのが特徴である。
C 夜驚症は、てんかんの一種である。
D 重症で多発性の運動チックと音声チックをともなうものをド・ラ・トゥレット症候群という。

（組み合わせ）

	A	B	C	D
1	○	○	○	×
2	○	×	○	○
3	×	○	○	○
4	×	○	×	○
5	×	×	×	○

A 29　正解 3

- A　イ　**行動療法**とは学習理論（行動理論）を基礎とする数多くの行動変容技法の総称であるが、近年では**認知療法と統合**され、認知行動療法とほとんど同義のものとして使用されることも多い。認知行動療法は認知（物のとらえ方、考え方）と行動を変化させることにより、クライエントの直面している問題や困難、症状を改善していく技法である。ペアレントトレーニングでは子育てに関する問題について、この方法を応用している。
- B　ウ　ペアレントトレーニングは養育者が子どもとのよりよいかかわり方を学びながら、日常の子育ての困りごとを解消し、子どもの**発達促進**や**行動改善**を目指すプログラムである。この文脈で空欄に入るのは当然、「**子育て**」である。
- C　カ　ペアレントトレーニングは、**講義**の他に、現実に起こる場面を想定して支援者と参加者がそれぞれ役を演じ、疑似体験を通じて実際の場面で適切な対応ができるようにする**ロールプレイ**、支援者の対応を見ながら望ましい対応を学ぶ**モデリング**、学んだことを実際に家庭で試してみる**ホームワーク**といったセッションから構成されている。

A 30　正解 5

- A　×　吃音とは言葉が円滑に話せない障害であり、流暢さの点のみでなく、**言葉の反復**や、**言葉の始まり**の延伸、無音の状態がしばらく続く口ごもり等、さまざまな形態がある。
- B　×　選択性緘黙症は、以前は場面緘黙症ともいわれ、特定の話題でなく、**特定の場面（状況）で黙ること**が特徴である。例えば、家庭内では普通に話しているが、学校では言葉が出ない等である。
- C　×　夜驚症は睡眠時驚愕症ともいわれ、**幼児から小学校低学年位**までにみられる。睡眠時に突然起きだして、恐怖の感情を示しながら叫び声をあげるといった症状を示す。**睡眠中枢が未成熟なため**に起こるといわれているが、脳機能に器質的な異常があるために起こるてんかんとは基本的に異なる。
- D　○　ド・ラ・トゥレット症候群は音声や行動の**チック症状**を主体とし、慢性的な症状を示す場合がある。脳内伝達物質の異常等、生物学的要因が大きいとされ、**薬物治療**等が行われる。

◆子どもの障害について

子どもの障害については頻出事項であるが、かなり専門的な内容も含まれるので、代表的な障害について、その症状、対処法、事例などを勉強しておくことが必要である。発達障害としては、**知的障害**、**限局性学習症（学習障害）**、**注意欠如・多動症（AD/HD）**、自閉スペクトラム症等が出題される。また、子どもに多い障害として、**心的外傷後ストレス障害（PTSD）**、各種の睡眠障害（悪夢、夜驚症等）、**チック障害**、吃音症、場面緘黙症、強迫性障害、分離不安障害等がある。青年期以降にみられる**摂食障害**、解離性障害、統合失調症、**うつ病**等も出題頻度は低いがおさえておこう。愛着の問題に起因する事象や**虐待**との関連も重要である。

次の文は、分離不安障害に関する記述である。適切な記述を○、不適切な記述を×とした場合の正しい組み合わせを一つ選びなさい。

平成27年 問17

A 症状の一つとして、分離に関する悪夢を繰り返す。
B 症状の一つとして、愛着をもっている人からの分離の際に、胃痛、頭痛などの身体症状を繰り返す。
C 歩きはじめの子どもや就学前の子どもが、愛着をもっている人から実際に別れたり、その恐れがあったりすることに対して不安を示す場合はすべて分離不安障害と診断する。
D 症状の一つとして、無感情がある。

（組み合わせ）

	A	B	C	D
1	○	○	○	○
2	○	○	×	○
3	×	○	×	×
4	×	×	○	○
5	×	×	×	×

次の【事例】を読んで、【設問】に答えなさい。

平成26年 問17

【事例】
5歳の男児。家族3人で自動車旅行中に交通事故に遭った。本児と父親は一命をとりとめたが、本児の隣に座っていた母親は亡くなった。事故の後しばらくは口数が少なくなったものの、一週間程度で元の様子に戻った。しかし、事故後2か月ほど経った頃から、何の前触れもなく突然激しく泣き出したり、何をしていてもうわの空であることが多くなった。夜には何度も目を覚まし、泣くようにもなった。

【設問】
この子どもで最も疑われる精神医学的問題を一つ選びなさい。

1 強迫性障害
2 パニック障害
3 外傷後ストレス障害
4 多動性障害
5 反応性愛着障害

34

A 31

正解 **2**

A ○ 分離を主題とした悪夢を繰り返し見ることは、**分離不安障害**の診断基準の一つである。

B ○ 愛着をもっている重要な人物から分離される、または、予測される時に、頭痛や胃痛、嘔気や嘔吐等の**身体症状**が繰り返し起こることは、分離不安障害の診断基準の一つである。

C × 生後6か月から3歳までの乳幼児には**一般的にみられる状態**であるので、病的なものとみなすべきではない。適度に不安を感じることはむしろ**愛着の形成が良好である**証拠でもある。そうした一般的な発達過程でみられる分離不安よりも著しく過剰な不安感や苦痛があり、それが一定年齢を過ぎても継続する状態が分離不安障害とされている。

D ○ 無感情であることは正式な診断基準にはないが、子どもが**非常に大きな心理的苦痛や不安を抱えている**場合、周囲からの働きかけに適切に反応できず、無感情の状態になることは十分に考えられる。

A 32

正解 **3**

外傷後ストレス障害は、**心的外傷後ストレス障害（PTSD）**とも呼ばれる。強烈なショックを受けたり、生命の危険にさらされるような出来事（**心的外傷**）がストレスの原因となり、心身に支障を来し、社会生活にも影響を及ぼす。原因となった経験がはっきり思い出されたり、悪夢として現れたりする（**再体験**）。また、出来事に関することを意識的・無意識的に避けたり、感情や感覚が麻痺したりする（**回避**）。また、神経が異常に高ぶり、不眠やイライラ感、突然の感情の爆発といった症状として表れる（**過覚醒**）。

1の強迫性障害は、自分でも不合理だと思いながら**何回も特定の動作を繰り返す**、何かに対する**こだわりが取れない**ことである。**2**のパニック障害は予期しない動悸、発汗、呼吸困難等が**強い不安**とともに起こることで、その予期不安から**外出への不安**や広場恐怖等日常生活への支障が生じてくる。**4**の多動性障害はじっとしていることが苦手で、衝動的な行動をすることであり、社会場面で支障が生じてくる。注意欠如も伴うことが多く、**注意欠如・多動症（AD/HD）**とほぼ同義と考えてよい。**5**の反応性愛着障害は虐待等、保護者との関係の歪みに基づいた子どもの行動障害の一つで、視線を合わせずに抱きついたり、養育者に反抗し避けたり、逆に過度に近づこうとするなど不安定な行動を示す。

⑧子どもの理解と援助

次の文は、保育所における保育士の日常的な保育姿勢に関する記述である。（ A ）～（ D ）にあてはまる語句を【語群】から選択した場合の最も適切な組み合わせを一つ選びなさい。

平成26年 問12

- 保育士は、日誌やビデオ等の記録をもとに、日々の保育を振り返り自己評価とともに同僚同士での（ A ）を行うことが大切である。
- 保育士は、保育経験を通して子どもの発達と（ B ）、そして保育内容についての複合的な知識を、習得し蓄積していく。
- ショーン（Schön, D.A.）によると、保育者は一定の技能を身につけている必要があることから技術的熟達者であると同時に、複雑な状況を判断しながら保育を行うことから（ C ）でもある。
- 保育士の視点として、一人のなかでの変化を（ D ）にみることも大切である。

【語群】

ア	第三者評価	イ	生育歴
ウ	相互評価	エ	保育方法
オ	形成的	カ	専門的実践家
キ	絶対的	ク	反省的実践家

（組み合わせ）

	A	B	C	D
1	ア	イ	ク	キ
2	ア	エ	カ	オ
3	ウ	イ	カ	キ
4	ウ	エ	カ	キ
5	ウ	エ	ク	オ

次の文は、保育所と小学校との連携に関する記述である。適切な記述を○、不適切な記述を×とした場合の正しい組み合わせを一つ選びなさい。

平成27年（地域限定）問12

A 子どもの生活や発達の連続性を踏まえ、幼児期の育ちを活かして小学校生活に移行することが連携の主な目的である。
B 就学準備教育として、文字や数の練習などをできる限り幼児期に進めておく必要がある。
C 幼児が小学校の施設を体験することにより、入学後の生活をイメージすることができる。
D 保育士と小学校教員の情報交換・共有は、発達の連続性をふまえたそれぞれの環境の充実につながる。

（組み合わせ）

	A	B	C	D
1	○	○	○	○
2	○	○	×	×
3	○	×	○	○
4	×	○	○	×
5	×	×	×	○

A 33

正解 5

- 保育士は、日誌やビデオ等の記録をもとに、日々の保育を振り返り自己評価とともに同僚同士での（ A.**ウ 相互評価** ）を行うことが大切である。
- 保育士は、保育経験を通して子どもの発達と（ B.**エ 保育方法** ）、そして保育内容についての複合的な知識を、習得し経験していく。
- ショーン（Schön, D.A.）によると、保育者は一定の技能を身につけている必要があることから技術的熟達者であると同時に、複雑な状況を判断しながら保育を行うことから（ C.**ク 反省的実践家** ）でもある。
- 保育士の視点として、一人の中での変化を（ D.**オ 形成的** ）にみることも大切である。

保育士は日々の記録をきちんと取り、自身で振り返るのみでなく、同僚やスーパーバイザー等も含めて**相互に評価し合うこと**も重要である。一人だけだと偏った視点に陥ったり、重要で有益な情報を見逃すこともある。また、保育者は専門的な知識や技能に関して十分に熟達していなければならないが、子どもの保育に関しては絶対ということはなく、日々新しい価値観や保育の知見・技能等も生み出されているので、自身の保育について批判的・反省的にみていく視点も重要である。 また、保育の成果を何か絶対的なものとしてとらえるのではなく、これまでの保育がどの程度効果があったか、どこが十分でなく、どういった点が課題になっているか、といったように形成的にみていく必要がある。

A 34

正解 3

A ○ 小学校に入学すると、本格的な集団生活や学科教育が始まるので、子どもによってはそこで壁に突き当たることもある。それを避けるために、保育所では芽生えてきた**他者とのコミュニケーション能力**を育て、いろいろなものへの**関心や興味の心**を大切にすべきである。

B ✕ 文字や数等は小学校の学科教育として重要な要素であるが、保育所で前もって練習し進めておく必要はない。保育所はその**前提となる能力や資質を養う場**であればよい。

C ○ 幼児が小学校の校舎や校庭を見学したり、先生の話を聞いたりして、**小学校生活のイメージを形作っておくこと**は、その後の適応的でスムーズな移行においてプラスになり得る。

D ○ 一般的に、**他機関や他職種の職員同士の連携は、受益者としての利用者にもプラスになることが多い。**そのため、保育所の保育士と小学校の教員との連携も、子どもにとってプラスになり得る。

Q35 次の文は、子どもに用いられる心理検査に関する記述である。検査名とその説明として適切な記述を○、不適切な記述を×とした場合の正しい組み合わせを一つ選びなさい。

平成29年(後期)問18

A 新版K式発達検査は、子どもの発達の水準や偏りを「姿勢・運動」、「認知・適応」、「言語・社会」の3領域から評価する。
B WPPSI知能診断検査は、言語性IQ、動作性IQ、全検査IQの3種類のIQが測定できる。
C P-Fスタディは、欲求不満状況に対する反応傾向に基づいて、被験者のパーソナリティを評価する検査である。
D バウムテストは、被験者に樹木を描かせて、被験者の感情、情緒の状態を評価するのに有効である。

(組み合わせ)

	A	B	C	D
1	○	○	○	○
2	○	○	○	×
3	○	○	×	○
4	×	×	○	×
5	×	×	×	×

Q36 次の文は、環境の捉え方についての記述である。このような捉え方を提唱した人物として正しいものを一つ選びなさい。

平成27年(地域限定)問7

環境が子どもに意味を提供していると考え、子どもが環境に関わることは、「子どもが環境に埋め込まれた意味を見出しながら行為すること」と捉えられる。例えば、保育において子どもが移動する場所を物理的に狭くしたり、低くしたりすることで、ゆっくりとした移動が引き出されることになる。こうした環境との相互作用のなかで、子どもは発達していくのである。

1 キャンポス (Campos, J.J.)
2 ギブソン (Gibson, J.J.)
3 トレヴァーセン (Trevarthen, C.)
4 パーテン (Parten, M.B.)
5 セルマン (Selman, R.L.)

A 35

正解 1

1 保育の心理学

A ○ 新版K式発達検査は、代表的な発達検査であり、遠城寺式乳幼児発達検査などとともに、実施式のもので、発達指数を計ることができる。「姿勢・運動」「認知・適応」「言語・社会」の３領域で評価し、それぞれに年齢に応じた課題が設定されており、その**通過状況**に応じて判定し、**現在の発達状況**を測定する。

B ○ WPPSI知能診断検査はウェクスラー知能検査の幼児版であり、**言語性IQ、動作性IQ、全検査IQ**の３種類を測定する。最新版はWPPSI-Ⅲ（ウイプシ・スリー）であり、全検査IQに加えて、**言語理解指標、知覚推理指標、処理速度指標、語彙総合得点**などを検討する。ウェクスラー知能検査には他に児童用のWISC-Ⅳ（ウィスク・フォー）、成人用のWAIS-Ⅳ（ウェイス・フォー）がある。こちらも最新版では全検査IQに加えて、**言語理解指標、知覚推理指標、処理速度指標、ワーキングメモリー指標**などを検討する。

C ○ P-Fスタディは**絵画欲求不満検査**といわれ、投影法の一種である。自我阻害場面と超自我阻害場面の２種類の欲求不満が喚起される状況が24場面用意されている。漫画の吹き出しのような部分に、当該人がどのように答えると思うかを記入し、その反応傾向により被験者のパーソナリティを把握する。「児童用」「青年用」「成人用」がある。

D ○ バウムテストは投影法のうち、**描画法**といわれる技法で、被験者に「実のなる木」を描いてもらう。これにより、被験者の感情や情緒、現在の課題やパーソナリティなどを把握する。被験者の無意識の部分が現れやすいとされる。描画法には他に、家と木と人を描く「HTP法」、星と波を描く「星と波テスト」、川や山や田を描く「風景構成法」などがある。

A 36

正解 2

私たちは環境をとらえる時に、そこから特定の行動を促進させたり、制限したりするような特徴を読み取っている。例えば、柔らかそうな芝生があればそこから寝転がるという行動が引き出され、硬い段差のあるコンクリートがあればそこから腰掛けるという行動が引き出される、といった具合である。環境のこのような性質を、ギブソン（Gibson, J.J.）は**アフォーダンス**と呼んだ。この考え方を応用すれば、環境をうまく工夫することによって、子どもの特定の行動を引き出すことができる。また、子どもはそういった環境との相互作用の中で自分の行動をうまく調整し発達していく。

1のキャンポスは幼児期の感情的コミュニケーションや感情の認知等の**社会的感情の発達**についての研究で有名である。**3**のトレヴァーセンは**間主観性（相互主観性）**の概念で知られる。**4**のパーテンは**遊びの分類**と段階的発達の問題で頻出である。**5**のセルマンは他人の気持ちや立場を推測する能力である**役割取得能力**の概念で知られる。

平成28年（後期）問19

【事例】
F君（5歳、男児）は、市内の児童精神科クリニックで、自閉スペクトラム症の診断を受けている。保育所では最近、他児をたたき、怪我をさせてしまうことがある。先日も、迎えにきた母親と一緒にいたF君は、そばにいたG君を押して泣かせてしまった。G君の母親もその場に居合わせ、保育士もそれを見ていた。F君の母親はF君の行動を見ても無関心で、G君やG君の母親に謝罪をせずに、そのまま帰宅してしまった。F君の母親は、最近、他の母親から孤立していることが多い。

【設問】
次のうち、保育士の対応として適切なものを〇、不適切なものを×とした場合の正しい組み合わせを一つ選びなさい。

A F君の母親と個別に話をする機会を設ける。
B F君の体にあざがないか、身なりが清潔かどうかなどを確認する。
C F君の母親も自閉スペクトラム症だと考え、母親に精神科への受診を強く勧める。
D G君の母親に、F君は自閉スペクトラム症なので、F君とF君の母親を許すように伝える。

（組み合わせ）

	A	B	C	D
1	〇	〇	〇	〇
2	〇	〇	×	×
3	〇	×	〇	〇
4	×	×	〇	〇
5	×	×	×	×

次の文は、保育士の望ましい保育姿勢に関する記述である。（ A ）～（ D ）にあてはまる語句を【語群】から選択した場合の最も適切な組み合わせを一つ選びなさい。

平成27年（地域限定）問11

・保育士は、子どもの（ A ）を重視し、自らの意志を持って能動的に関わるように配慮する。
・保育士は、各時期の発達過程の特徴、発達の（ B ）、発達の相互連関を理解することが大切である。
・保育士は、仲間関係をつなぎ、（ C ）を大切にして、集団での活動を豊かにする。
・保育士は、課題達成を確実にするために、発達支援の一つとして（ D ）こともある。

【語群】

ア	可塑性	イ	子ども相互の関係
ウ	順序性や方向性	エ	幼児性
オ	主体性	カ	親子関係
キ	スモールステップに分ける		
ク	包括的に相対化する		

（組み合わせ）

	A	B	C	D
1	エ	ア	カ	キ
2	エ	ウ	イ	キ
3	オ	ア	イ	ク
4	オ	ウ	イ	キ
5	オ	ウ	カ	ク

A 37　正解 2

- A ○　F君本人やG君、G君の保護者とは別個に、F君の母親と話す機会を設けるのは適切な対応である。ここで家庭でのF君の様子とともに、**保護者としての養育態度**などもみることができる。
- B ○　F君の行動は何らかの虐待のストレスに起因する可能性があり、F君に対する無関心もある種のネグレクトが表面化したものかもしれない。短絡的な予想は避けるべきであるが、**常に可能性**を考慮しつつ注意を払った方がよい。
- C ×　F君の母親が自閉スペクトラム症（自閉症スペクトラム障害）だとはこの時点では断定できない。仮にその可能性があったとしても、ただちに受診を勧めることは適切な対応とはいえない。母親を含めた対応は、まず面接をした上で、あらためて方向性を考えていくべきことである。
- D ×　F君が自閉スペクトラム症であることの理解は周囲の人間に必要であるが、この時点でただちにG君の母親に許容を求める必要はない。まずはF君の母親と面接をし、**状況を把握**した上で、母親どうしの人間関係も含めて対応を考えていくべきである。

A 38　正解 4

- ・保育士は、子どもの（ A．**オ 主体性** ）を重視し、自らの意志を持って能動的に関わるように配慮する。
- ・保育士は、各時期の発達過程の特徴、発達の（ B．**ウ 順序性や方向性** ）、発達の相互連関を理解することが大切である。
- ・保育士は、仲間関係をつなぎ、（ C．**イ 子ども相互の関係** ）を大切にして、集団での活動を豊かにする。
- ・保育士は、課題達成を確実にするために、発達支援の一つとして（ D．**キ スモールステップに分ける** ）こともある。

保育士の基本的な立場として、**子どもの主体性を尊重し重視する**ということがある。ともすると、一方的に指示を与えたり、力ずくで矯正しようとしがちだが、むしろ保育士は子ども自身の考えや自発的な成長をうながす立場に徹した方がよい。また、子ども同士の関係にもむやみに介入せず、彼らの**気持ちを尊重**し、それに基づき関係を自らつないでいけるような支援をすべきである。ただ、課題が困難な場合には、いきなり課題に取り組ませるのではなく、それを比較的容易な**いくつかの段階**（スモールステップ）に分けて、子どもの達成を容易にするような工夫も考えられる。

◆子ども同士のいざこざ

いざこざは子ども本人にとっては不愉快な体験であるし、保育者にとっても扱いが難しく、煩わしく思える問題でもある。しかし、いざこざは他者とのかかわりの中で当然起こってくる体験でもあるので、前向きにとらえ、発達における一つの契機として理解し支援していくことが必要である。

次の文は、巡回相談に関する記述である。下線部分が正しいものを○、誤ったものを×とした場合の正しい組み合わせを一つ選びなさい。　平成31年（前期）問14

A 巡回相談は、外部機関の子どもの発達に関する専門家である相談員が保育所等を訪問し、保育を支援するための相談活動である。園を訪れた相談員が支援を必要とする子どもと取り巻く保育状況について<u>アセスメント</u>を行い、そのあとに保育士とケースカンファレンスを行う形式が多い。

B 保育士と相談員と協働しての保育の<u>振り返り</u>は、支援を必要とする子どもの行動を深く理解することにつながる。さらに園全体で子ども理解を共有することによって、その子どもと保育士との関わりが意味あるものへと発展していく。

C 相談員は、保育士が直面している問題を把握し、具体的な支援につなげる手立てを保育士と共に考える。このように保育と発達という異なる領域の専門家同士が互いの立場を尊重しながら自由で対等な話し合いを通して保育上の問題解決にあたることは<u>発達臨床カウンセリング</u>と呼ばれる。

（組み合わせ）

	A	B	C
1	○	○	○
2	○	○	×
3	○	×	○
4	×	○	×
5	×	×	○

次のうち、観察法についての記述として、適切なものを○、不適切なものを×とした場合の正しい組み合わせを一つ選びなさい。

令和3年（前期）問8

A 観察法は、構造化の程度によって構造化観察、半構造化観察、非構造化観察の3種類に分類される。
B 観察者が存在することによる影響をできるだけ避けようとする場合、傍観的観察を行う。
C 参与観察は、人の生活の場で対象となる人たちと関わりながら、観察することをいう。
D 現場に解決すべき課題があると気づいたとき、当事者たちの生活や社会をよくするために観察し、実践研究を進めていくことをアクションリサーチという。

（組み合わせ）

	A	B	C	D
1	○	○	○	×
2	○	×	○	×
3	○	×	×	○
4	×	○	○	○
5	×	○	×	×

A 39

正解 2

A ○ 巡回相談の一つの機能が**アセスメント**である。具体的には支援を必要とする子どもの障害や問題の種類、程度、内容などを判定し、必要な援助や資源などについての評価を行う。なお、巡回相談の専門相談員は医師、児童指導員、保育士、臨床心理士、作業療法士、言語聴覚士、また大学で関連の課程を修めた者などで**発達障害**に関する知識を有する者が担当する場合が多い。

B ○ 巡回相談支援では、保育所等の一般的な子育て支援機関を巡回したり、子育て支援センターの機能を持つ施設で相談会を開いたりすることによって、保護者や親を通して間接的に**子ども支援**に関わることになる。**振り返り**もその重要な要素である。相談員と協働して振り返ることにより、保育士だけでは気づかないことに気づくことができる。

C × 発達臨床カウンセリングとは、対話や会話を通して**クライエント**が困っている発達に関する問題を解決していく心理学的・臨床心理学的な援助のことをいう。他職種、他領域の専門家が連携して話し合い、問題解決にあたる営みは**ケースカンファレンス**、あるいは**保育カンファレンス**というべきである。

A 40

正解 4

A × **面接法**についての記載である。面接法は構造化の程度によって構造化面接、半構造化面接、非構造化面接の3種類に分類される。例えば、構造化面接法では、事前に用意した質問の内容や順番を変えずに面接を行うのに対して、非構造化面接法では、質問内容を準備せずに面接を行う。観察法の説明文ではない。

B ○ 観察者が存在することによる影響をできるだけ避けようとする場合、**傍観的観察**を行うというのは正しい。

C ○ **参与観察**とは、人の生活の場で対象となる人たちと関わりながら、観察する観察法である。

D ○ 現場に解決すべき課題があると気づいたとき、当事者たちの生活や社会をよくするために観察し、実践研究を進めていくことを**アクションリサーチ**という。なお、アクションリサーチは、当事者と協働して行われるため、このときの観察法は参与観察に分類される。

次の文は、子どもの他者との関わりについての記述である。（ A ）～（ D ）にあてはまる語句を【語群】から選択した場合の最も適切な組み合わせを一つ選びなさい。

平成27年 問7

日常、保育士が子どもに「なぜそれをしてはいけないか」を説明することによって、子どもは自分の行為が相手の気持ちにどのように影響するかがわかるようになる。このような経験によって、子どもは相手の（ A ）に気づき、相手の気持ちに寄り添うことができる（ B ）が育つ。また、相手の立場に立って考えることができる（ C ）も育つと言われている。これらが他者を思いやる（ D ）行動を育むことにつながる。

【語群】

ア	感情	イ	能力
ウ	共感性	エ	自尊感情
オ	役割取得能力	カ	自己調整能力
キ	合理的	ク	向社会的

（組み合わせ）

	A	B	C	D
1	ア	ウ	オ	キ
2	ア	ウ	オ	ク
3	ア	エ	カ	ク
4	イ	ウ	オ	キ
5	イ	エ	カ	キ

次の【事例】を読んで、【設問】に答えなさい。

平成31年（前期）問20

【事例】
Zちゃん（1歳半、男児）は、1か月前に保育所に入所した。入所以来園への行きしぶりが続いた。ある日登園中に雷が鳴るのを聞いて以来、全く園に行けなくなった。

【設問】
考えられる事項として適切な記述を○、不適切な記述を×とした場合の組み合わせを一つ選びなさい。

A Zちゃんは、場所見知りがあるのかもしれない。
B Zちゃんは、分離不安があるのかもしれない。
C Zちゃんは、感覚過敏があるのかもしれない。
D Zちゃんは、雷を経験したことにより、トラウマ反応を起こしたのかもしれない。

（組み合わせ）

	A	B	C	D
1	○	○	○	○
2	○	○	×	×
3	○	×	○	○
4	×	×	○	○
5	×	×	×	×

A 41

正解 2

日常、保育士が子どもに「なぜそれをしてはいけないか」を説明することによって、子どもは自分の行為が相手の気持ちにどのように影響するかがわかるようになる。このような経験によって、子どもは相手の（ A.**ア　感情** ）に気づき、相手の気持ちに寄り添うことができる（ B.**ウ　共感性** ）が育つ。また、相手の立場に立って考えることができる（ C.**オ　役割取得能力** ）も育つと言われている。これらが他者を思いやる（ D.**ク　向社会的** ）行動を育むことにつながる。

共感性の発達についての保育士の支援に関する設問である。他者に関しての能力的な側面の認知は比較的たやすいが、感情についての認知は**心の中の問題**であるだけに困難を伴う場合もある。よって、自身の行動が相手の感情にどのように影響するかということに関して、保育士の側から説明することも時には必要である。それによって、子どもは相手の感情に関しての気づきを得て、それに寄り添えるようになる。さらに、相手の気持ちを自分のことのように考え、相手の立場に立ったり、その気持ちを推測したりすることができるようになる。**セルマン**（Selman, R.L.）はこれを**役割取得能力**と呼んだ。この能力が備わってくると、さらには、相手が嫌がったり不快になるようなことはできるだけせず、相手が喜んだり相手のためになったりする行動を積極的に行うようになる。このような行動を一般的に**向社会的行動**という。

A 42

正解 1

A ○ 不適応の原因は様々なものが考えられ、またそれらが複合していることも考えられるので、表面的にとらえず、よく見極めることが重要である。例えば、入所してからまだ１か月ということを考えると、もともと保育所という未知の場所に対する**場所見知り**があり、それがある日、雷をきっかけに表面化した可能性はある。

B ○ 親など特定の養育者からの**分離不安**があり、保育所で養育者から離れることにストレスを感じており、それがある日、雷をきっかけに表面化した可能性はある。

C ○ 保育所は他者が多くいるので、様々な感覚刺激に取り囲まれる状況である。もしＺちゃんが**感覚過敏**であるならば、保育所で過ごすことは本人にとってもともとストレスであったはずである。そして、ある日、雷という強い刺激がきっかけで、とうとう園に行けなくなった可能性はある。

D ○ 保育所への行きしぶり自体は他の原因かもしれないが、直接的に行けなくなったのは、雷が非常に大きな脅威となり、それが**トラウマ反応**を起こしたことが原因である可能性はある。

次の文は、ヴィゴツキー（Vygotsky, L.S.）の発達理論に関する記述である。（ A ）〜（ E ）にあてはまる語句を【語群】から選択した場合の正しい組み合わせを一つ選びなさい。

平成24年（発達）問1

子どもの認知発達は、2つのレベルで行われる。1つは、（ A ）の発達レベルで、他者の助力なしに、自力で遂行可能な能力のレベルである。もう1つは、（ B ）な発達レベルで、大人や仲間の援助を受け入れて問題解決が可能となる能力のレベルである。この2つのレベルの間の領域を（ C ）という。認知発達は、コミュニケーションを基盤とした（ D ）から、（ E ）した機能への移行過程である。

【語群】

ア	過去	イ	外面化
ウ	顕在的	エ	精神外機能
オ	発達の最近接領域	カ	発達の最接近領域
キ	現在	ク	潜在的
ケ	内面化	コ	精神間機能

（組み合わせ）

	A	B	C	D	E
1	ア	ウ	オ	エ	イ
2	ア	ク	カ	エ	ケ
3	キ	ウ	カ	エ	イ
4	キ	ク	オ	コ	ケ
5	キ	ク	カ	コ	イ

次の文は、保育所での生活習慣の形成に関する記述である。適切な記述を〇、不適切な記述を×とした場合の正しい組み合わせを一つ選びなさい。

平成30年（前期）問14

A 生活習慣を身に付けるために、家庭との連携は不可欠であり、食事、排泄、睡眠について連絡帳などで情報交換を行う。

B 3歳以上の幼児クラスでは、午睡をするか、午睡の時間を遊んで過ごすかを幼児自身が選ぶようにする必要がある。

C 子どもの生活リズムの個人差を配慮するためには、ランチルームや午睡室などを設置しなければならない。

D 子どもが主体性を身につけるようになると、自分で判断するようになり、一旦、できるようになった基本的生活習慣行動をしなくなることもある。

（組み合わせ）

	A	B	C	D
1	〇	〇	〇	〇
2	〇	〇	×	×
3	〇	×	×	〇
4	×	〇	〇	×
5	×	×	〇	×

A 43

正解 4

子どもの認知発達は、2つのレベルで行われる。1つは、（ A.**キ 現在** ）の発達レベルで、他者の助力なしに、自力で遂行可能な能力のレベルである。もう1つは、（ B.**ク 潜在的** ）な発達のレベルで、大人や仲間の援助を受け入れて問題解決が可能となる能力のレベルである。この2つのレベルの間の領域を（ C.**オ 発達の最近接領域** ）という。認知発達は、コミュニケーションを基盤とした（ D.**コ 精神間機能** ）から、（ E.**ケ 内面化** ）した機能への移行過程である。

ヴィゴツキー（Vygotsky, L.S.）は、自分で**解決できる**水準である現在の発達レベルと、自分では**解決できない**将来の発達レベルである潜在的な発達レベルの間に、教育が問題とすべき発達レベルがあるとし、これを「**発達の最近接領域**」と呼んだ。そして、教育はこの「発達の最近接領域」に働きかけるべきであるとした。このように考えると、子どもの認知発達は、他者とのコミュニケーションを基盤とした精神間の機能が**内面化**する過程であるととらえられる。

A 44

正解 3

A ○ 保育所と家庭の連携は必須であり、**連絡帳**などを使い連絡を密に取っておく必要がある。

B × 自由意志や主体性は尊重されるべきであるが、生活習慣の形成と身体的な休養という観点からは、ある程度**一律で一定のリズム**を取り入れるべきである。

C × 個人差にはある程度配慮する必要があるが、部屋の設置など物理的な側面は必須というわけではない。実際に「児童福祉施設の設備及び運営に関する基準」でもランチルームや午睡室に関する規定はない。

D ○ **主体性の発達**によって、時には**生活習慣からの逸脱や反抗**という形を取ることがある。

よく出るポイント ◆ **エリクソンの発達段階説**

ライフサイクルのそれぞれの段階に発達課題があるとする生涯発達の理論である。発達に関して社会的な側面を重視しているところに特徴がある。

1.	乳児期 （0〜1歳頃）	【基本的信頼対不信】➡母親の愛情に基づいた養育により他人への信頼感を持つようになるが、不適切な養育をされると、不信感を持つようになる
2.	幼児期前期 （1〜3歳頃）	【自律性対恥・疑惑】➡心身の機能の発達により、自身の身の周りのことを自分で行う自律心を持つようになるが、過度の批判や制限により差恥心や自分の適正さに対する疑惑の感覚を持つこともある
3.	幼児期後期 （3〜6歳頃）	【自発性対罪悪感】➡自発的な知的活動・運動活動により自由や自発性の感覚が生まれるが、周囲が不適切に対応した場合は罪悪感が生まれる
4.	児童期 （6〜12歳頃）	【勤勉性対劣等感】➡規則の遵守、秩序の維持などによる勤勉性が生まれるが、結果につながらないと劣等感を持つこともある
5.	青年期 （12〜20歳頃）	【同一性対同一性拡散】➡他者と異なる一貫した自分自身の同一性（アイデンティティ）の確立と受容がなされる。同一性を発達させることができないと、自分は何者なのか混乱したり、社会的に受容されない役割を作り上げる
6.	成人初期 （20〜30歳頃）	【親密対孤立】➡家族以外の他者に対する性的、情緒的、道徳的親密感を確立する。それがなされない場合は、人間関係から孤独感が生じることがある
7.	成人期 （30〜65歳頃）	【世代性（生殖性）対自己陶酔（自己惑溺、自己耽溺、自己吸収）】➡個人的なことから、家族や社会、次世代へと関心が広がっていく。こうした社会的なものへの志向が発達しないと、自分の物的所有物や身体的健康だけに関心を持つようになり停滞に陥る

2

保育原理

2章 保育原理

①保育の意義及び目的

Q01 ★★★

次の文は、保育所における保育に関する記述である。適切な記述を〇、不適切な記述を×とした場合の正しい組み合わせを一つ選びなさい。　平成31年（前期）問1

A 保育所は、保育所における環境を通して、養護及び教育を一体的に行うことを特性としている。

B 保育における養護とは、子どもの生命の保持と情緒の安定を図るために主として看護師が行う治療や処置である。

C 保育における養護とは、そのための一定の時間を設けて、そこで行う援助や関わりである。

D 保育における養護とは、子どもの生命の保持と情緒の安定を図るために保護者に対する指導を行うことである。

E 保育所では、保育全体を通じて、養護に関するねらいや内容を踏まえた保育が展開されなければならない。

（組み合わせ）

	A	B	C	D	E
1	〇	〇	〇	×	〇
2	〇	〇	×	〇	×
3	〇	×	×	×	〇
4	×	〇	×	×	×
5	×	×	〇	〇	〇

Q02 ★★★

次の文は、「保育所保育指針」第1章「総則」の（2）「保育の目標」の一部である。（ A ）～（ E ）にあてはまる語句の正しい組み合わせを一つ選びなさい。　平成31年（前期）問2

・十分に（ A ）の行き届いた環境の下に、くつろいだ雰囲気の中で子どもの様々な欲求を満たし、生命の保持及び情緒の安定を図ること。

・（ B ）、（ C ）など生活に必要な基本的な習慣や態度を養い、心身の（ B ）の基礎を培うこと。

・生命、自然及び（ D ）の事象についての興味や関心を育て、それらに対する豊かな（ E ）や思考力の芽生えを培うこと。

（組み合わせ）

	A	B	C	D	E
1	養護	健康	安全	社会	心情
2	配慮	運動	食事	科学	感性
3	養護	運動	安全	科学	感性
4	配慮	健康	食事	社会	心情
5	養護	健康	食事	科学	心情

A 01

正解 3

A ○ 保育所保育において、**養護と教育の一体性**は基本の一つである。その具体的な内容は「保育士等が子どもを一人の人間として尊重し、その命を守り、**情緒の安定**を図りつつ、**乳幼児期にふさわしい経験**が積み重ねられていくよう丁寧に援助すること」であり、養護と教育は切り離して**個別に展開されるものではない**ことを覚えておく必要がある。

B × 保育所における養護が「生命の保持」と「情緒の安定」を図るために行われるものであることは間違いないが、それは「保育所保育指針」第1章「総則」2（1）において「保育士等」が行う援助や関わりであるとされ、保育所が子どもにとって**安心**して過ごせる**生活の場所**となるようにすることである。

C × Aの説明で述べたように、保育所における**養護と教育は一体的に展開される**ものであり、個別に取り出して、時間を区切って行われるようなものではない。

D × Bの解説を参照。保育士等が環境を整え、子ども**一人ひとりの心身の状態などに応じて**適切に対応することが求められる。保護者に対する指導を示しているわけではない。

E ○ 「保育所保育指針」第1章2（1）「養護の理念」において、「保育所における**保育全体を通じて**、養護に関するねらい及び内容を踏まえた保育が展開されなければならない」とされている。

A 02

正解 1

・十分に（ A.**養護** ）の行き届いた環境の下に、くつろいだ雰囲気の中で子どもの様々な欲求を満たし、生命の保持及び情緒の安定を図ること。

・（ B.**健康** ）、（ C.**安全** ）など生活に必要な基本的な習慣や態度を養い、心身の（ B.**健康** ）の基礎を培うこと。

・生命、自然及び（ D.**社会** ）の事象についての興味や関心を育て、それらに対する豊かな（ E.**心情** ）や思考力の芽生えを培うこと。

A 文章中の「生命の保持」と「情緒の安定」は養護の内容である。保育所保育指針解説によれば、養護は「**保育所保育の基盤**」であり、「個別的な援助や関わりだけでなく、**保育の環境の要件**」でなければならないとされる。

B B、Cは健康に関する内容だが、ここに「安全」も入ることに気を付ける。

C Bの解説を参照。なお本文の該当箇所「保育の目標」は（ア）～（カ）からなり、（ア）が養護、（イ）～（カ）が健康、人間関係、環境、言葉、表現の5領域にそれぞれ相当する。

D 環境に関する内容だが、自然的環境の他、社会も環境としてとらえられる。

E 「感性」は表現領域で用いられる。ここでは「心情」が正解。

次の文は、「保育所保育指針」に通底する保育の考え方に関する記述である。適切な記述を○、不適切な記述を×とした場合の正しい組み合わせを一つ選びなさい。

令和元年（後期）問1

A 乳児期から、月齢・年齢の標準的な子どもの姿をもとに集団的な一斉保育を大切にする。
B 保育の環境として、保育士や子どもなどの人的環境よりも、施設や遊具などの物的環境がより重要であると考える。
C 保育の方法として、子どもが自発的・意欲的に関われるような環境を構成して、子どもの主体的な活動を大切にする。
D 子どもの状況や発達過程を踏まえ、保育所における環境を通して、養護及び教育を一体的に行うことを特性としている。

（組み合わせ）

	A	B	C	D
1	○	○	○	×
2	○	○	×	×
3	×	○	○	×
4	×	×	○	○
5	×	×	×	○

②保育に関する法令及び制度

次の文は、「保育所保育指針」の告示に関する記述である。（ A ）〜（ D ）にあてはまる語句の正しい組み合わせを一つ選びなさい。

平成28年（後期）問18

・「児童福祉施設の設備及び運営に関する基準」（昭和23年厚生省令第63号）第35条では、保育所における保育は、養護及び教育を（ A ）的に行うことをその特性とし、その内容については、（ B ）が定める指針に従うとされている。
・大臣の告示として出された「保育所保育指針」は、（ C ）を有する基準としての性格を明確にしている。これは、各保育所は「保育所保育指針」に規定されていることを踏まえて保育を実施しなければならないということであり、「保育所保育指針」に規定されている事項の具体の適用については、遵守しなければならないもの、（ D ）が課されるもの、基本原則にとどめ各保育所の創意や裁量を許容するものなどを区別して規定している。

（組み合わせ）

	A	B	C	D
1	計画	文部科学大臣	拘束性	罰則
2	総合	厚生労働大臣	安全性	都道府県への報告
3	統合	厚生労働大臣	構造性	都道府県の監査
4	系統	文部科学大臣	柔軟性	達成義務
5	一体	厚生労働大臣	規範性	努力義務

A 03

正解 **4**

A ✕ 一人ひとりの**心身の状態や家庭生活の状況**などを踏まえて、**個別**に丁寧に対応していくことが重要であるとされている。一人ひとりの育ちから、次第に集団への関わりが生まれていく。

B ✕ 保育の環境は「人、物、場が相互に関連し合ってつくり出されていくもの」とされており、物的環境だけではなく、人的環境も重要である。

C ○ 保育所保育指針第1章1（3）「保育の方法」オにこの記載がある。子どもが**自発的**に環境に関わり、活動を展開することから子どもの育ちが生まれていく。

D ○ 保育所保育指針第1章1（1）「保育所の役割」イにこの記載がある。子どもの状況等を踏まえること、環境を通した保育、**養護と教育の一体性**は保育の基本となる。

A 04

正解 **5**

・「児童福祉施設の設備及び運営に関する基準」（昭和23年厚生省令第63号）第35条では、保育所における保育は、養護及び教育を（ A.**一体** ）的に行うことをその特性とし、その内容については、（ B.**厚生労働大臣** ）が定める指針に従うとされている。

・大臣の告示として出された「保育所保育指針」は、（ C.**規範性** ）を有する基準としての性格を明確にしている。これは、各保育所は「保育所保育指針」に規定されていることを踏まえて保育を実施しなければならないということであり、「保育所保育指針」に規定されている事項の具体の適用については、遵守しなければならないもの、（ D.**努力義務** ）が課されるもの、基本原則にとどめ各保育所の創意や裁量を許容するものなどを区別して規定している。

Aの**養護及び教育を一体的に行う**、という文言は保育所保育指針にもみられる（第1章1（1）保育所の役割イ、第1章2（1）養護の理念など）。また児童福祉関係の所管が厚生労働省であることを踏まえれば、Bは難しくない。**大臣の告示には一般に法的規範性があるもの**とされ、Cはそれに関して保育所保育指針の規範性に言及している。Cまでで正解は可能だが、保育所保育指針にはところどころ「努めるようにする」という努力義務がみられることも覚えておこう。

🖊 **よく出るポイント** ◆ **保育のキーワード：「一体的」に行われる保育**

保育所保育指針では、「養護に関わるねらい及び内容」は第1章「総則」2に「養護に関する基本的事項」として位置付けられている。「保育所における保育は、養護及び教育を一体的に行う」ことは保育の原則の一つといってよい。第2章「保育の内容」におけるそれぞれの「基本的事項」において「養護における『生命の保持』及び『情緒の安定』にかかわる保育内容と、一体となって展開されるものである」とされており、また同章の「保育の実施にかかわる配慮事項」では養護的内容への言及が多くみられる。

次の文は、わが国の保育行政に関する記述である。適切な記述を○、不適切な記述を×とした場合の正しい組み合わせを一つ選びなさい。

平成29年（前期）問20

A 「児童福祉施設の設備及び運営に関する基準」（昭和23年厚生省令第63号）第36条では、「保育所の長は、常に入所している乳幼児の保護者と密接な連絡をとり、保育の内容等につき、その保護者の理解及び協力を得るよう努めなければならない」とされている。

B 保育士資格について、「保育士でない者は、保育士又はこれに紛らわしい名称を使用してはならない」とされており、これは名称独占資格と呼ばれている。

C 「保育所保育指針」に用いられている「子どもの最善の利益」は、1989（平成元）年に国連で採択され、日本政府が1994（平成6）年に批准した「児童の権利に関する条約」の理念に基づいている。

D 「児童福祉法」においては、「児童福祉施設の職員は、常に自己研鑽に励み、法に定めるそれぞれの施設の目的を達成するために必要な知識及び技能の修得、維持及び向上に努めなければならない」とされている。

（組み合わせ）

	A	B	C	D
1	○	○	○	○
2	○	○	○	×
3	○	×	×	○
4	×	○	○	×
5	×	×	×	○

次の文のうち、「子ども・子育て支援新制度」による地域型保育事業に含まれる事業についての記述として、適切な記述を○、不適切な記述を×とした場合の正しい組み合わせを一つ選びなさい。

令和元年（後期）問19

A 「小規模保育事業」とは、保育を必要とする乳児・幼児であって満3歳未満のものの保育を、利用定員が6人から19人までの施設で行う事業である。

B 「家庭的保育事業」とは、保育を必要とする乳児・幼児であって満3歳未満のものの保育を、家庭的保育者の居宅等において行う事業であり、利用定員は10人以下である。

C 「居宅訪問型保育事業」とは、保育を必要とする乳児・幼児であって満3歳未満のものの保育を、乳児・幼児の居宅において家庭的保育者により行う事業である。

D 「事業所内保育事業」とは、事業主がその雇用する労働者の監護する乳児・幼児及びその他の乳児・幼児の保育を、自ら設置する施設又は事業主が委託した施設において行う事業である。

（組み合わせ）

	A	B	C	D
1	○	○	×	×
2	○	×	○	○
3	○	×	×	×
4	×	○	×	○
5	×	×	○	×

A 05

正解 **2**

A ○ 保育所保育指針の第1章「総則」1「保育所保育に関する基本原則」（5）保育所の社会的責任等においても保育内容の説明や、**保護者の意向を汲んだ保育**について述べられている。

B ○ 保育士とは専門性に裏付けられた資格であり、**保育士でないものはこの名称やこれと紛らわしい名称を名乗ることはできない**（名称独占資格）。ただし同様の業務に従事することはできる。

C ○ 「児童の権利に関する条約」第3条には「児童に関するすべての措置をとるに当たっては …（中略）… **児童の最善の利益**が主として考慮されるものとする」との一文がある。

D × 設問にある条文は、児童福祉法ではなく、「児童福祉施設の設備及び運営に関する基準」の第7条の2にみられる条文である。なお同2項においては、施設による職員の資質の向上のための**研修機会の確保**について述べられている。

A 06

正解 **2**

A ○ **設問文の通りである**。なお、小規模保育事業や家庭的保育事業では、一部の例外を除き、保育を受けていた子どもが3歳となる場合には、**認可保育園等での保育**が原則となる。

B × 家庭的保育事業は定員**5名以下**である。

C ○ 設問文の通りである。なお、対象児童は、**障害・疾病があり集団保育が困難**である場合や、離島などで居宅訪問型保育事業以外の地域保育事業が受けられない場合などの制限がある。

D ○ **企業等**が労働者のために設置する保育事業であり、外部の保育事業者に委託して行うこともある。

次の文は、「児童福祉施設の設備及び運営に関する基準」（昭和23年厚生省令第63号）に関する記述である。（ A ）～（ D ）にあてはまる数値および語句の正しい組み合わせを一つ選びなさい。

令和3年（前期）問4

- 「児童福祉施設の設備及び運営に関する基準」第33条によれば、保育所における保育士の数は、満1歳以上満3歳未満の幼児おおむね（ A ）人につき1人以上とされている。
- 「児童福祉施設の設備及び運営に関する基準」第34条によれば、保育所における保育時間は、1日につき（ B ）時間を原則とするとされている。
- 「児童福祉施設の設備及び運営に関する基準」第36条によれば、保育所の長は、常に入所している乳幼児の保護者と密接な連絡をとり、（ C ）等につき、その保護者の理解及び協力を得るよう努めなければならないとされている。
- 「児童福祉施設の設備及び運営に関する基準」第6条では、児童福祉施設において、非常災害に対する具体的計画を立てるとともに、避難及び消火に対する訓練は、少なくとも毎月（ D ）回は行わなければならないとされている。

（組み合わせ）

	A	B	C	D
1	3	8	保育の内容	2
2	3	11	保護者の支援	2
3	3	8	保育の内容	1
4	6	11	保護者の支援	2
5	6	8	保育の内容	1

次の文は、「保育所保育指針」（厚生労働省告示第117号平成29年3月31日）第3章「健康及び安全」の4「災害への備え」に関する記述である。適切な記述を○、不適切な記述を×とした場合の正しい組み合わせを一つ選びなさい。

平成30年（後期）問18

A 「災害への備え」に関する内容は「施設・設備等の安全確保」、「災害発生時の対応体制及び避難への備え」、「地域の関係機関等との連携」の全3項目で構成されている。
B 災害の発生時に、保護者等への連絡及び子どもの引渡しを円滑に行うため、日頃から保護者との密接な連携に努め、連絡体制や引渡し方法等について確認をしておくこと。
C 避難訓練は、少なくとも6か月に1回定期的に実施するなど、必要な対応を図ること。
D 防火設備、避難経路等の安全性が確保されるよう、定期的にこれらの安全点検を行うこと。
E 避難訓練については、地域の関係機関や保護者との連携の下に行うなど工夫すること。

（組み合わせ）

	A	B	C	D	E
1	○	○	○	×	○
2	○	○	×	○	○
3	×	○	○	○	○
4	×	×	○	×	×
5	×	×	×	○	×

A 07

正解 5

・「児童福祉施設の設備及び運営に関する基準」第33条によれば、保育所における保育士の数は、満１歳以上満３歳未満の幼児おおむね（ A . **6** ）人につき１人以上とされている。

・「児童福祉施設の設備及び運営に関する基準」第34条によれば、保育所における保育時間は、１日につき（ B . **8** ）時間を原則とするとされている。

・「児童福祉施設の設備及び運営に関する基準」第36条によれば、保育所の長は、常に入所している乳幼児の保護者と密接な連絡をとり、（ C . **保育の内容** ）等につき、その保護者の理解及び協力を得るよう努めなければならないとされている。

・「児童福祉施設の設備及び運営に関する基準」第６条では、児童福祉施設において、非常災害に対する具体的計画を立てるとともに、避難及び消火に対する訓練は、少なくとも毎月（D . **1** ）回は行わなければならないとされている。

子どもの年齢に応じた保育士の配置については、ぜひ覚えておきたいところである。保育所における保育士の数は、**乳児おおむね３人、１歳～３歳未満児６人、３歳～４歳未満児20人、4歳以上児30人**につき、それぞれ１人以上の保育士が必要となる。

また、保育標準時間は８時間を基準としている。保育所では保育の内容についても、保護者の理解を得ることが**努力義務**となっている。なお、避難訓練等は**毎月１回以上**行われなければならない。

A 08

正解 2

A ○ ちなみに保育所保育指針第３章全体は、1「**子どもの健康支援**」2「**食育の推進**」3「**環境及び衛生管理並びに安全管理**」4「**災害への備え**」の４節から成り立っている。

B ○ 保育所保育指針第３章４（2）「災害発生時の対応体制及び避難への備え」のウに定められている内容である。具体的には**入所時や保護者会等での確認・周知など**がその内容となる。

C × **避難訓練**については「児童福祉施設の設備及び運営に関する基準」第６条に定めがあり、その第２項において「避難及び消火に対する訓練は、少なくとも**毎月１回**は、これを行わなければならない」と定められている。

D ○ 消防法、児童福祉施設の設備及び運営に関する基準等を根拠に、保育所保育指針第３章４「災害への備え」（1）の冒頭、アがこの内容である。定期的な安全点検が求められているが、「保育所保育指針解説」では**職員**が施設周辺を実際に歩き、**危険個所の確認等**を行うことが求められている。

E ○ 保育所保育指針第３章４（3）「地域の関係機関等との連携」のイに定められた内容である。「保育所保育指針解説」では、**保護者と災害時の対応の認識を共有**したり、**災害発生時の連絡方法**を実際に試みたりすること、子どもの**引渡しの訓練**を行うことなどが示されている。

③保育所保育指針における保育の基本

Q09 次の文のうち、「保育所保育指針」第2章「保育の内容」の2「1歳以上3歳未満の保育に関わるねらい及び内容」(3)に記載されている「保育の実施に関わる配慮事項」の一部として適切な記述を○、不適切な記述を×とした場合の正しい組み合わせを一つ選びなさい。 平成29年（前期）問11改

A 特に感染症にかかりやすい時期であるので、体の状態、機嫌、食欲などの日常の状態の観察を十分に行うとともに、適切な判断に基づく保健的な対応を心がけること。

B 探索活動が十分できるように、事故防止に努めながら活動しやすい環境を整え、主に指先を使う細かな遊びを取り入れること。

C 自我が形成される重要な時期であることに鑑み、保育士との一対一の関わりのみを重要視すること。

D 情緒の安定を図りながら、子どもの自発的な活動を尊重するとともに促していくこと。

（組み合わせ）

	A	B	C	D
1	○	○	×	○
2	○	×	×	○
3	○	×	×	×
4	×	○	×	○
5	×	×	○	○

Q10 次の文は、「保育所保育指針」第2章「保育の内容」の4「保育の実施に関して留意すべき事項」(2)「小学校との連携」の一部である。次の文の（ a ）～（ d ）の下線部分が正しい記述を○、誤った記述を×とした場合の正しい組み合わせを一つ選びなさい。 平成31年（前期）問15

・ 保育所においては、保育所保育が、小学校以降の生活や学習の基盤の育成につながることに配慮し、幼児期に（ a ）<u>育ってほしい姿</u>を通じて、（ b ）<u>創造的な思考</u>や（ c ）<u>主体的な生活態度</u>などの基礎を培うようにすること。

・ 子どもに関する（ d ）<u>情報共有</u>に関して、保育所に入所している子どもの就学に際し、市町村の支援の下に、子どもの育ちを支えるための資料が保育所から小学校へ送付されるようにすること。

（組み合わせ）

	a	b	c	d
1	○	○	×	○
2	○	×	○	×
3	×	○	○	○
4	×	○	×	×
5	×	×	○	×

A 09　正解 2

- A ○　3歳未満児に対する配慮事項という点を考慮すれば、体の抵抗力がまだ十分ではなく**感染症**にかかりやすいという内容を選ぶのは難しくはない。
- B ×　前半は正しい文章であるが、後半の「指先を使う細かな遊び」が誤りである。3歳未満児は、例えば保育所保育指針の5領域である「健康」の内容③や、「表現」の内容④にあるように、**全身を使う遊び**を楽しむ時期である。
- C ×　自我が形成されていく重要な時期であることに間違いはないが、その気持ちを受け止めるために、1対1の関わりではなく、子どもの**自発的な活動**を尊重することが配慮事項として挙げられる。
- D ○　子どもの気持ちが安定し、保育士に気づいたことやできたことを伝える姿を認めることが、子どもの自発的な活動を支えることとなる。そのためにも子どもの気持ちを十分に受け止め、触れ合いや語りかけを多くし、情緒の安定を図ることが必要である。

A 10　正解 3

- a ×　「幼児期の終わりまでに育ってほしい姿」は、その姿を通して保育所と小学校教諭が**子どもの育ちへの理解を共有する**ためのものであって、その姿を通じて思考や生活態度が育まれるものではない。なお、こちらには「ふさわしい生活」が入る。
- b ○　創造的な思考の基礎として、子どもが出合ういろいろな事柄に対して、試行錯誤しながら工夫して自分の発想を実現できるようにすることが重要である。
- c ○　主体的な生活態度としては、物事に積極的に取り組み、そこから自分なりに生活を作っていくことができ、さらに自分を向上させる意欲が生まれることが基本となる。
- d ○　情報共有のための資料としては、**保育所児童保育要録**がある。保育要録は「子どもの最善の利益を考慮し、保育所から小学校へ子どもの可能性を受け渡していくもの」であるから、養護及び教育の視点を踏まえ、一人ひとりの**子どもの良さや全体像が伝わるよう**、柔軟に記述される必要がある。

◆保育所児童保育要録とは

保育所児童保育要録は保育所入所のすべての子どもについて記録され、「保育所での子どもの育ちをそれ以降の**生活**や**学び**へとつなげていく」ために、「**子どもの最善の利益**を考慮し、**保育所から小学校**へ子どもの可能性を受け渡していくもの」であるとされる。一人ひとりの子どものよさを認め、全体像を記していくとともに、**保護者の思い**を踏まえることも重要であるとされている。当然のことながら個人情報としてその取り扱いには注意を要する。

 次の文のうち、「保育所保育指針」第2章「保育の内容」の2「1歳以上3歳未満児の保育に関わるねらい及び内容」に関する記述として、不適切な記述を一つ選びなさい。

令和3年（後期）問16

1 この時期の発達の特徴を踏まえ、保育の「ねらい」及び「内容」については5つの領域ごとに示されている。
2 一人一人の発育に応じて、体を動かす機会を十分に確保し、自ら体を動かそうとする意欲が育つようにする。
3 ゆったりとした雰囲気の中で食べる喜びや楽しさを味わい、進んで食べようとする気持ちが育つようにする。
4 思い通りにいかない場合等の子どもの不安定な感情の表出については、保育士等が受容的に受け止めるとともに、そうした気持ちから立ち直る経験へとつなげていけるように援助する。
5 数量や文字などに関しては、日常生活の中で子ども自身の必要感に基づく体験を大切にし、数量や文字などに関する興味や関心、感覚が養われるようにする。

◆ 保育所保育指針改正（平成30年4月施行）のポイント

保育所保育指針（平成30年4月施行）では、幼稚園教育要領や認定こども園教育・保育要領と共通して、育みたい資質・能力が新設された（第1章4（1））。以下の資質・能力は3つの柱としてよく理解しておこう。

（1）育みたい資質・能力
ア 保育所においては、生涯にわたる生きる力の基礎を培うため、1の（2）に示す保育の目標を踏まえ、次に掲げる資質・能力を一体的に育むように努めるものとする。
　（ア）豊かな体験を通じて、感じたり、気付いたり、分かったり、できるようになったりする「知識及び技能の基礎」
　（イ）気付いたことや、できるようになったことなどを使い、考えたり、試したり、工夫したり、表現したりする「思考力、判断力、表現力等の基礎」
　（ウ）心情、意欲、態度が育つ中で、よりよい生活を営もうとする「学びに向かう力、人間性等」
イ アに示す資質・能力は、第2章に示すねらい及び内容に基づく保育活動全体によって育むものである。

A 11

正解 5

1 ○ 乳児については「**3つの視点**」だが、1歳以上3歳未満児と、3歳以上児については「**5領域**」で記載されている。

2 ○ 「自ら体を動かそうとする意欲が育つように」との文言がすべての年代の「内容の取扱い」でみられるが、その前の文言が、乳児は「**発育に応じて**、遊びの中で体を動かす機会を十分に確保し」、1歳以上3歳未満児は「**一人一人の発育に応じて**、体を動かす機会を十分に確保し」、3歳以上児は「**十分に体を動かす**気持ちよさを体験し」とそれぞれ少しずつ異なる。

3 ○ 上記2と同じく「進んで食べようとする気持ちが育つようにする」は共通。その前の文言が、乳児は「**和やかな雰囲気の中で**食べる喜びや楽しさを味わい」、1歳以上3歳未満児は「**ゆったりとした雰囲気の中で**食べる喜びや楽しさを味わい」、3歳以上児は「**食の大切さに気付き**」とそれぞれ少しずつ異なる。

4 ○ 1歳以上3歳未満児の「人間関係」の内容の取扱いにある文言。この時期の子どもに対しては、「**十分に時間**をかけて**受容的**に受け止めるとともに、子どもなりに取り組んでいる**姿を認めたり**、時には一緒に行動しながら励ましたりすることが大切」とされる。

5 × **数量や文字**などについては、**3歳以上児**の保育内容、および「幼児期の終わりまでに育ってほしい姿」にみられる。設問は3歳以上児の内容の取扱いの文章である。

よく出るポイント ◆ 育みたい資質・能力

「幼児教育を行う施設として共有すべき事項の育みたい資質・能力」は、保育所保育指針、幼児教育要領、幼保連携型認定こども園教育・保育要領に共通して記載されているものである。

保育所保育指針解説（厚生労働省）には、「実際の指導場面においては、「知識及び技能の基礎」「思考力、判断力、表現力等の基礎」「学びに向かう力、人間性等」を**個別に取り出して**指導するのではなく、**遊びを通した総合的**な指導の中で**一体的**に育むよう努めることが重要である」と記載されている。

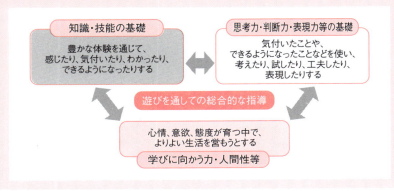

Q12 次の文のうち、「保育所保育指針」第1章「総則」の4「幼児教育を行う施設として共有すべき事項」に関する記述として、適切な記述を〇、不適切な記述を×とした場合の正しい組み合わせを一つ選びなさい。

令和3年（後期）問3

A 育みたい資質・能力として、「知識及び技能の基礎」「思考力、判断力、表現力等の基礎」「学びに向かう力、人間性等」が示されている。

B 育みたい資質・能力は、保育のねらい及び内容に基づいた個別の活動によって育むものである。

C 「幼児期の終わりまでに育ってほしい姿」は、保育活動全体を通して資質・能力が育まれている子どもの小学校就学時の具体的な姿である。

D 「幼児期の終わりまでに育ってほしい姿」は、特に卒園を迎える年度の後半に見られるようになることから、5歳児クラスの保育の到達目標として掲げ、指導する内容である。

（組み合わせ）

	A	B	C	D
1	〇	〇	×	×
2	〇	×	〇	×
3	〇	×	×	〇
4	×	〇	〇	×
5	×	×	〇	〇

Q13 次の図は、「保育所保育指針」第1章「総則」(2)「幼児期の終わりまでに育ってほしい姿」の一部を図に表したものである。図中の（ A ）～（ C ）にあてはまる語句の正しい組み合わせを一つ選びなさい。

令和3年（前期）問2

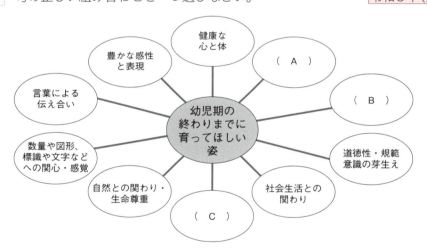

（組み合わせ）

	A	B	C
1	自立心	協調性	探求心の芽生え
2	自立心	協同性	思考力の芽生え
3	自律心	協同性	思考力の芽生え
4	自律心	協調性	思考力の芽生え
5	自立心	協同性	探求心の芽生え

A 12　　正解 2

- A ○ 「知識及び技能の基礎」「思考力、判断力、表現力等の基礎」「学びに向かう力、人間性等」の３つが、**幼児期に基礎**を置きその後の学校教育につながる学びの柱として位置づけられている。
- B ✕ 個別の活動によって、一つ一つを取り出して指導するものではない。幼児期の指導はあくまで**総合的**に行われるものである。
- C ○ 「幼児期の終わりまでに育ってほしい姿」は、**保育活動全体**を通して育まれるものである。
- D ✕ 「幼児期の終わりまでに育ってほしい姿」は到達目標ではなく、**方向目標**であるといわれる。個別の姿に到達させるように指導するものではないことに特に注意したい。

A 13　　正解 2

- A **自立心**
- B **協同性**
- C **思考力の芽生え**

「保育所保育指針」の「幼児教育を行う施設として共有すべき事項」の（１）「育みたい資質・能力」および（２）「幼児期の終わりまでに育ってほしい姿」については、**5領域**およびその「ねらい」との関連を踏まえながら覚えておきたい。

よく出るポイント　◆幼児期の終わりまでに育ってほしい姿（10の姿）

最近では、2021（令和３）年前期試験でも出題されているので、保育所保育指針を読み込んで、記載内容を確実に覚えておこう。また、「10の姿」は必ず達成しなければいけないような強制性があるものではない、ということもおさえておきたい。

Q14 ★★★ 次の【Ⅰ群】は、ある保育所の園だよりに示された保育の目標である。「保育所保育指針」（厚生労働省告示第117号平成29年3月31日）第2章「保育の内容」に照らし、【Ⅰ群】の記述と【Ⅱ群】の項目を結び付けた場合の正しい組み合わせを一つ選びなさい。

平成30年（後期）問4

【Ⅰ群】

A ・保育所の生活の仕方を知り、自分たちで生活の場を整えながら見通しをもって行動する。
 ・友達のよさに気付き、一緒に活動する楽しさを味わう。
B ・一人一人の生活のリズムに応じて、安心して十分に午睡をする。
 ・生活や遊びの中で、身近な人の存在に気付き、親しみの気持ちを表す。
C ・身の回りを清潔に保つ心地よさを感じ、その習慣が少しずつ身に付く。
 ・保育者に助けられながら、他の子どもとの関わり方を少しずつ身に付ける。

【Ⅱ群】

ア 乳児保育に関わるねらい及び内容
イ 1歳以上3歳未満児の保育に関わるねらい及び内容
ウ 3歳以上児の保育に関するねらい及び内容

（組み合わせ）

	A	B	C
1	ア	イ	ウ
2	ア	ウ	イ
3	イ	ウ	ア
4	ウ	ア	イ
5	ウ	イ	ア

◆ 保育所保育指針解説における「ねらい」と「内容」の関係

「ねらい」は、「保育所保育指針」第1章の1の（2）に示された保育の目標をより具体化したものであり、子どもが保育所において、安定した生活を送り、充実した活動ができるように、保育を通じて育みたい資質・能力を、子どもの生活する姿からとらえたものである。
「内容」は、「ねらい」を達成するために、以下の2点を示したものである。
① 子どもの生活やその状況に応じて保育士等が適切に行う事項
② 保育士等が援助して子どもが環境に関わって経験する事項

A 14

正解 4

A ウ 例えば5領域「健康」の「ねらい」に着目すると、1歳以上3歳未満児の「ねらい」では、「③健康、安全な生活に必要な**習慣に気づき、自分でしてみようとする気持ち**が育つ」に対して、3歳以上児の「ねらい」では「③健康、安全な生活に必要な習慣や**態度を身に付け、見通しをもって**行動する」とある。見通しをもって自立的に行動することは、3歳以上児のねらいとなる。また友だちと一緒に活動する（並行遊び等から協同遊び等への移行など）姿も、3歳以上児にみられる。

B ア 乳児においては「**生活のリズムの感覚が芽生える**」時期であり、午睡も保育の内容に含まれる。「乳児保育にかかわるねらい及び内容」の「内容」④を参照。

C イ 1歳以上3歳未満児の「健康」の内容⑤にあるように、この時期の子どもは清潔であることに心地よさを感じ、その**習慣が身についていく時期**である。また、Ⅰ群Aにみられるように一緒に活動するまでには至っていないが、それに向けて他の子どもとの関わりが出てくる時期である（「人間関係の内容」④）。

加点のポイント ◆保育の「ねらい」

乳児保育から、3歳以上児までの「ねらい」を追って、育ちの様子を確認してみよう。

視点・領域	乳児保育	1歳以上3歳未満児	3歳以上児
体の育ちを中心に	① 身体感覚が育ち、快適な環境に心地よさを感じる。 ② 伸び伸びと体を動かし、はう、歩くなどの運動をしようとする。 ③ 食事、睡眠等の生活のリズムの感覚が芽生える。	① 明るく伸び伸びと生活し、自分から体を動かすことを楽しむ。 ② 自分の体を十分に動かし、様々な動きをしようとする。 ③ 健康、安全な生活に必要な習慣に気付き、自分でしてみようとする気持ちが育つ。	① 明るく伸び伸びと行動し、充実感を味わう。 ② 自分の体を十分に動かし、進んで運動しようとする。 ③ 健康、安全な生活に必要な習慣や態度を身に付け、見通しをもって行動する。
人との関わりを中心に	① 安心できる関係の下で、身近な人と共に過ごす喜びを感じる。 ② 体の動きや表情、発声等により、保育士等と気持ちを通わせようとする。 ③ 身近な人と親しみ、関わりを深め、愛情や信頼感が芽生える。	① 保育所での生活を楽しみ、身近な人と関わる心地よさを感じる。 ② 周囲の子ども等への興味や関心が高まり、関わりをもとうとする。 ③ 保育所の生活の仕方に慣れ、きまりの大切さに気付く。	① 保育所の生活を楽しみ、自分の力で行動することの充実感を味わう。 ② 身近な人と親しみ、関わりを深め、工夫したり、協力したりして一緒に活動する楽しさを味わい、愛情や信頼感をもつ。 ③ 社会生活における望ましい習慣や態度を身に付ける。
物との関わりを中心に	① 身の回りのものに親しみ、様々なものに興味や関心をもつ。 ② 見る、触れる、探索するなど、身近な環境に自分から関わろうとする。 ③ 身体の諸感覚による認識が豊かになり、表情や手足、体の動き等で表現する。	① 身近な環境に親しみ、触れ合う中で、様々なものに興味や関心をもつ。 ② 様々なものに関わる中で、発見を楽しんだり、考えたりしようとする。 ③ 見る、聞く、触るなどの経験を通して、感覚の働きを豊かにする。	① 身近な環境に親しみ、自然と触れ合う中で様々な事象に興味や関心をもつ。 ② 身近な環境に自分から関わり、発見を楽しんだり、考えたりし、それを生活に取り入れようとする。 ③ 身近な事象を見たり、考えたり、扱ったりする中で、物の性質や数量、文字などに対する感覚を豊かにする。

Q15 次の【事例】を読んで、【設問】に答えなさい。　　　令和２年（後期）問８

【事例】
N保育所の４歳児クラスで、外遊びから戻ってきた子どもたちが、麦茶を飲もうと列に並び始めた。S児、Y児が順番に並んでいった。先頭のS児が後方に並んでいたM児に呼ばれ少しだけ列の横に動いた。S児がその場を離れると予想したのか、前に並びたいという気持ちが働いたのか、Y児が先頭に並ぼうと前に出た。S児が「やめて。僕が一番なんだから」と強く言うが、Y児は譲らず、２人がつかみ合いになった。担当保育士がやってきて、「どうしたの？」と言いながら間に入った。近くにいた子どもたちがじっとその様子を見ていた。担当保育士は、保育室の隅に２人を連れていきそれぞれに状況や理由を聴き始めた。先ほどから２人のいざこざの様子を見ていたM児がそばにやってきて、「あのね、私がSちゃんに…」といざこざになった理由を説明し始めた。

【設問】
担当保育士の子どもへの対応として、「保育所保育指針」第１章「総則」の１「保育所保育に関する基本原則」、３「保育の計画及び評価」及び第２章「保育の内容」の３「３歳以上児の保育に関するねらい及び内容」に照らして、適切な記述を○、不適切な記述を×とした場合の正しい組み合わせを一つ選びなさい。

A 最も重要なことは、２人のいざこざの理由を当事者のそれぞれが自分で説明することなので、自分のこと（列に並んで麦茶を飲むこと）に専念するようM児をその場から遠ざける。

B 当事者それぞれが状況や理由を言葉で主張しあうことも大切だが、クラスの子どもが友達のいざこざに関心をもち、解決のプロセスに参加するように援助する。

C いざこざは、当事者が一番わかっていることなので、他の子どもが野次馬的な感情で参加することはいけないことだと、このような機会をとらえて全体に指導する。

D ４歳児クラスとして規範意識の育ちを促す良い機会なので、周囲の子どもと一緒にどうしたらよいかを考える。

E M児は自分がS児に呼びかけた結果、トラブルになったことで責任を感じているのかもしれない。M児の気持ちも配慮しながら、いざこざに対する援助をする。

（組み合わせ）
	A	B	C	D	E
1	○	○	○	×	×
2	○	○	×	×	○
3	×	○	×	○	○
4	×	×	○	○	×
5	×	×	×	×	○

A 15

正解 3

A × 人間関係について経験を通しながら学んでいく幼児期においては、このような機会をとらえて、当事者だけではなくまわりの子どもも人との関わりを指導していくことが必要である。保育士等やまわりの子どもたちとの話し合いなどを通して、自他の気持ちや欲求が異なることに気づくきっかけとなる。

B ○ Aの解説と同じく、保育士等や仲間との話し合いは、他者の気持ちや欲求を知る機会にもなる。

C × 野次馬的な感情で参加はすることはもちろん望ましくないが、子どもたちが自分たちのクラスで起こっていることに関心をもつことは大切である。ほかの子どもも解決のプロセスに参加することで、トラブルの当事者も他者の考えを知ることができ、周囲の子どももこのようないざこざをきっかけに人とのかかわりを考える機会となる。

D ○ 道徳性や規範意識が育ち始める時期でもあり、適切な関わりといえる。

E ○ M児へのこのような配慮を含め、S児、Y児といった当事者だけに問題を限定せず、周囲の子どもたちを含めて考えていくことが求められる。

次の保育所での【事例】を読んで、【設問】に答えなさい。

令和3年（前期）問16

【事例】
進級したばかりの5歳児クラスでは、ときどきクラス全員でドッジボールを行っていた。積極的にボールをキャッチして投げる子どももいるが、普段からまったくボール遊びに興味を示さない子どももいた。
保育士は「5歳児クラスでは、例年、秋になるとドッジボールが盛り上がりを見せるようになる。その時のために、今から投げられたボールを受け取る練習をしておけば、みんなが自信を持てるようになる。」と考えた。そこで、早速、登園後の好きな遊びを行う時間に、ドッジボールでボールに触りたがらない子ども3人を誘って、ボールを受け取る練習を始めた。そこでは、保育士も一緒に加わって、相手の投げたボールを受け取ると隣の子どもに投げ、その子どもがまた次の子どもに向かって投げることを順番に繰り返していた。参加している子どもたちの動きは緩慢で、表情もあまり楽しそうではなかった。

【設問】
この事例における保育士のボールに触りたがらない子どもたちへの対応や考え方として、「保育所保育指針」第1章「総則」、第2章「保育の内容」に照らして、適切な記述を○、不適切な記述を×とした場合の正しい組み合わせを一つ選びなさい。

A 保育士の援助として、これからの活動計画を見通した適切な援助である。特に、ボール遊びを苦手とする子どもに対しては、積極的に誘い、早めに練習させておくことが必要である。
B 子どもが何かに取り組むには、子どもなりの必要感や「〜したい」と思う気持ちが大切である。そのため、子ども自身が意欲をもつ前から早めに練習させておくという方法は適切ではない。
C ボールの受け取りをしている子どもたちの動きや表情から、子どもたちが積極的に参加していないことや楽しんでいない様子を理解し、保育士の見通しを保留して活動を変更する対応が必要である。

（組み合わせ）
	A	B	C
1	○	○	×
2	○	×	○
3	×	○	○
4	×	×	○
5	×	×	×

A 16

正解 3

A × 子どもの**興味・関心**を重視することは重要であり、子どもの**主体性**を尊重し、特定の運動の指導に偏らないことも求められていることから、適切な指導とはいえない。

B ○ 子どもが**意欲的**に活動に取り組めるようにするためにも、子どもの「～したい」という気持ちに基づいた活動は重要である。

C ○ 保育士には**柔軟な対応**が求められており、計画通りに遂行することだけが保育ではない。子どもの様子を理解し、気持ちを受け止めて、時には**計画を変更**したり、**環境を再構成**するなどの対応も必要である。

よく出るポイント ◆ **保育のキーワード「子どもの主体性」とは**

「**子どもが（保育の）主体である**」という考えは保育所保育指針の基本的なもので、保育全般の理解において欠かせないものである。新しい保育所保育指針でも「保育全般に関わる配慮事項」として「子ども自らが周囲に働きかけ、試行錯誤しつつ自分の力で行う活動を見守りながら、適切に援助すること」とされている。

Q17 次の文は、「保育所保育指針」第1章「総則」の(4)「保育の環境」の一部である。(A)～(F)にあてはまる語句の正しい組み合わせを一つ選びなさい。

平成30年(前期) 問11

- 子ども自らが環境に関わり、(A)に活動し、様々な経験を積んでいくことができるよう配慮すること。
- 子どもの活動が豊かに展開されるよう、保育所の設備や環境を整え、保育所の(B)環境や(C)の確保などに努めること。
- 保育室は、温かな親しみと(D)となるとともに、生き生きと活動できる場となるように配慮すること。
- 子どもが(E)を育てていくため、子ども自らが周囲の(F)と関わっていくことができる環境を整えること。

(組み合わせ)

	A	B	C	D	E	F
1	自発的	保健的	安全	くつろぎの場	人と関わる力	子どもや大人
2	意欲的	保健的	安全	くつろぎの場	生きる力	社会や文化
3	自発的	衛生的	人材	安心できる場	生きる力	子どもや大人
4	意欲的	衛生的	人材	くつろぎの場	人と関わる力	社会や文化
5	自発的	保健的	安全	安心できる場	人と関わる力	社会や文化

A 17　　　　　　　　　　　　　　　　　　　　　　　　正解 1

- 子ども自らが環境に関わり、（ A.**自発的** ）に活動し、様々な経験を積んでいくことができるよう配慮すること。
- 子どもの活動が豊かに展開されるよう、保育所の設備や環境を整え、保育所の（ B.**保健的** ）環境や（ C.**安全** ）の確保などに努めること。
- 保育室は、温かな親しみと（ D.**くつろぎの場** ）となるとともに、生き生きと活動できる場となるように配慮すること。
- 子どもが（ E.**人と関わる力** ）を育てていくため、子ども自らが周囲の（ F.**子どもや大人** ）と関わっていくことができる環境を整えること。

Aは子どもの**主体的活動**を重視する保育所保育の基本的な内容である。先にある「子ども自らが」につながる部分である。
Bは保育所保育指針では総則の（4）イに「子どもの活動が豊かに展開されるよう、保育所の設備や環境を整え、保育所の保健的環境や安全の確保などに努めること」と記載されている。解説には同様の説明として「衛生」が用いられているので、この部分だけでは判断は難しい。
Cについては、まずは上記Bの解説を参照。活動が豊かに展開されるためには、子どもが**安全な環境で安心して過ごせる環境**を確保する必要がある。
Dは後段の「生き生きと活動できる場」と対照して考えると、「活動」と「くつろぎ」ということの対比で考えらえる。
Eの「人と関わる力」と選択肢Fの「子どもや大人」との組み合わせで考えると理解しやすい。保育においては子どもがかかわる自分以外の人も「**人的環境**」と考えられる。
Fについて、人的環境としてまず考えられるのは、保育所でともに過ごす「友だち」となる同年齢の子どもたちや、異年齢の子どもたちである。そして**保育者**をはじめとする大人も、**子どもの環境**として大きな影響を与える。

よく出るポイント　◆環境を通した保育とは
環境を通した保育は、保育の根幹をなす重要事項である。環境とは「保育士等や子どもなどの**人的環境**、設備や遊具などの**物的環境**、そして、**自然や社会の事象**など」である。子どもがこれらの環境に自ら関わりさまざまな経験をしていくことが必要で、保育士の役割の一つは、この環境を**魅力的**かつ**安全**なものとして構成していくことである。

加点のポイント　◆まちがえやすい保育内容
保育の内容の5領域については、必ず保育所保育指針の原文を読んで内容を確認しておくこと。例えば、人間関係には他者との関係だけではなく、**自立**等の内容が含まれること、充実して遊ぶ、という内容が**健康領域**に含まれる等、どの領域か判断しにくい内容もみられる。

次の【事例】を読んで、【設問】に答えなさい。

令和2年（後期）問7

【事例】
M保育所の1歳児クラスに通うK君（1歳8か月）は、ごはんやうどんなどの主食は好きでよく食べるが、野菜やお肉などのおかずはなかなか食べない。また、自分で食べるときもあるが、「ママ！（やって）」と食べさせてもらうことを求めることが多い。K君の保護者は、K君に主食だけではなくおかずもしっかりと食べられるようになってほしい、また自分で食べるようになってほしいと思っている。しかし、なかなかそうならないK君に保護者はあせりを感じている。そこで連絡帳にK君の家庭での食事の様子を記入し、担当保育士にアドバイスを求めてきた。
保育所でもK君は食事の際、ごはんなどはスプーンを持って上手に食べるが、おかずになると手をひざの上において自分で食べようとしないことが続いている。保育士が声をかけると、自分でスプーンを持っておかずを食べる日もあり、担当保育士はK君を励ましながら食事を進めている。担当保育士から相談を受けた栄養士は、K君の食事の様子を最近よく見ている。

【設問】
担当保育士がK君の保護者の連絡帳に記入する内容として、「保育所保育指針」第3章「健康及び安全」の2「食育の推進」及び第4章「子育て支援」に照らして、適切な記述を○、不適切な記述を×とした場合の正しい組み合わせを一つ選びなさい。

A 保育所でのK君の食事に対する担当保育士の対応の様子を伝え、食べることを楽しむことが大切なので、あせらずにやっていきましょうと伝える。
B 食事は早くからの自立への援助が大切であるため、何でも自分でスプーンなどを持って食べるように保育所での指導を強めていきますと伝える。
C 子どもの食事は、保育所よりも保護者が指導することが大切なので、家庭でしっかりと指導してくださいと伝える。
D 保護者が希望するならば、栄養士も交えて一緒に相談しましょうと伝える。

（組み合わせ）
　　A　B　C　D
1　○　○　○　×
2　○　○　×　○
3　○　×　×　○
4　×　×　○　○
5　×　×　○　×

A 18

正解 3

2

保育原理

A ○ 食育には「**豊かな人間性を育み**」「**生きる力を身に付け**」ること、また「**健康増進**」のためと多様な目的が課されているが、幼児期においてはまず「**食べることを楽しみ**」「**食事を楽しみ合う子どもに成長していくこと**」が期待されている。

B × まずは**食べることを楽しむこと**が大切であるが、強制するような指導はかえって楽しむことや、食に対する意欲をそぐことにつながりかねない。

C × 家庭での保護者の関わりも大切であると考えられるが、保育所においても**食育の推進**が定められ、**保育内容「健康」**領域にも食育に関する内容が定められていることから、保育所の役割であることはいうまでもない。

D ○ **栄養士**が配置されている場合には、栄養士が**食育の計画**や実践においてその**専門性**を発揮することが期待される。このような役割は「保育所における子育て支援に関する基本的事項」でも期待されている内容である。

加点の ポイント ◆ **子どもの遊びの発達について**

心理学者のパーテンは社会性からみた遊びの発達について説明したが、ビューラーは、子どもの心理的発達からみた遊びの段階について唱え、子ども遊びは「**感覚遊び**（ものに触れたり、跳んだり走ったりなど）→**想像的遊び**（模倣遊び、ごっこ遊び）→**受容的遊び**（絵本を見る、話や音楽を聞くなど）→**構成的遊び**（素材を用いて何かを作るなど）」という順に発達していくとした。

73

Q19 次の文のうち、3歳以上児の保育の内容の取扱いに関する記述として、「保育所保育指針」に照らして、適切な記述を○、不適切な記述を×とした場合の正しい組み合わせを一つ選びなさい。

令和3年（前期）問14

A 自然の中で伸び伸びと体を動かして遊ぶことにより、体の諸機能の発達が促されることに留意し、子どもの興味や関心が戸外にも向くようにする。
B 一人一人を生かした集団を形成しながら人と関わる力を育てていくようにする。
C 子どもが自分の思いを言葉で伝え、他の子どもと言葉による伝え合いができるように、状況に関わらず保育士は仲立ちしないようにする。
D 子どもが日常生活の中で、文字などを使いながら思ったことや考えたことを伝える喜びや楽しさを味わいながら、同時に文字を書けるように指導する。
E 子どもの表現は、率直であり、直接的であるので、内容の面でも方法の面でも素朴に見えるときは、大人が考えるような形式を整えた表現方法を助言する。

（組み合わせ）

	A	B	C	D	E
1	○	○	○	○	×
2	○	○	×	×	×
3	○	×	○	×	○
4	×	○	×	×	×
5	×	×	○	○	○

 Q20 次の文は、「保育所保育指針」第1章「総則」1（3）「保育の方法」の一部である。（ A ）～（ G ）にあてはまる語句の正しい組み合わせを一つ選びなさい。

平成28年（前期）問1改

・一人一人の子どもの状況や家庭及び地域社会での生活の（ A ）を把握するとともに、子どもが（ B ）と信頼感を持って活動できるよう、子どもの（ C ）としての思いや願いを（ D ）こと。

・子どもが自発的・（ E ）に関われるような環境を構成し、子どもの（ C ）的な活動や子ども相互の関わりを大切にすること。特に、乳幼児期にふさわしい（ F ）が得られるように、生活や遊びを通して（ G ）に保育すること。

（組み合わせ）

	A	B	C	D	E	F	G
1	課題	安心感	主体	促す	積極的	援助	計画的
2	実態	満足感	個人	促す	意欲的	援助	総合的
3	実態	安心感	主体	受け止める	意欲的	体験	総合的
4	実態	満足感	個人	受け止める	積極的	体験	計画的
5	課題	安心感	主体	受け止める	意欲的	援助	総合的

A 19

正解 2

A ○ 3歳以上児の「健康」の内容の取扱い③に記載がある。子どもは**魅力的な環境**に出合うことで、生き生きと活動を展開することができる。なお、子どもの主体的な活動を大切にするようにし、特定の運動に偏った指導を行うことのないようにしなければならない、とされている。

B ○ 「人間関係」の内容の取扱い②に記載がある。一人ひとりの子どもが育つうえで、集団が一人ひとりの子どもにとって**安心して**十分に**自己を発揮**できる場になっていなければならない。

C × 子ども同士がいざこざや葛藤などの体験の中で、相手の**気持ちに気づいて**いくことも大切であるが、いざこざや言葉のやり取りが激しかったり、長い間続いたりしている場合には仲立ちをすることも大切となる。

D × 文字や数字などについては、関わりが生まれ、**関心**をもち、触れていく中で理解する手がかりを得ていくことが幼児期の姿であり、使うことや指導することは求められていない。

E × 子どもの表現が素朴であることはその通りだが、保育士等はそれを受容し、意欲を受け止めて、子どもが表現を楽しむことができるようにすることが求められている。

A 20

正解 3

・一人一人の子どもの状況や家庭及び地域社会での生活の（ A.**実態** ）を把握するとともに、子どもが（ B.**安心感** ）と信頼感を持って活動できるよう、子どもの（ C.**主体** ）としての思いや願いを（ D.**受け止める** ）こと。

・子どもが自発的・（ E.**意欲的** ）に関われるような環境を構成し、子どもの（ C.**主体**）的な活動や子ども相互の関わりを大切にすること。特に、乳幼児期にふさわしい（ F.**体験** ）が得られるように、生活や遊びを通して（ G.**総合的** ）に保育すること。

保育の基本として、子どもの実態を把握しておくことは欠かせない。そして保育所は家庭との生活の**連続性**に基づき、子どもが**安心して過ごせる場所**であることが求められる。子どもは生きる**主体**として、思いや願いを受け止められるべき存在である。また、保育者の役割として、子どもが自ら環境にかかわろうとする意欲を持てるように配慮し、環境を構成することが求められる。

次の文のうち、「保育所保育指針」第1章「総則」1（2）「保育の目標」の一部として適切な記述を○、不適切な記述を×とした場合の正しい組み合わせを一つ選びなさい。
平成28年（後期）問1改

A　人との関わりの中で、人に対する愛情と信頼感、そして人権を大切にする心を育てるとともに、自主、自立及び協調の態度を養い、道徳性の芽生えを培うこと。

B　十分に養護の行き届いた環境の下に、生命の保持に特化して保育すること。

C　入所する子どもの保護者に対し、その意向を受け止め、子どもと保護者の安定した関係に配慮し、保育所の特性や保育士等の専門性を生かして、その援助に当たらなければならない。

D　子どもがその生活時間の大半を過ごす場であるため、くつろいだ雰囲気の中で子どもの様々な欲求を満たすとともに、就学に向けての教科教育を進めること。

E　子どもが現在を最も良く生き、望ましい未来をつくり出す力の基礎を培うために、子ども一人一人の状況よりも集団行動と規律に配慮して保育すること。

（組み合わせ）

	A	B	C	D	E
1	○	○	×	○	×
2	○	○	×	×	○
3	○	×	○	○	×
4	○	×	○	×	×
5	×	○	○	×	○

次の文は、「保育所保育指針」（厚生労働省告示第117号平成29年3月31日）第1章「総則」の3（1）「全体的な計画の作成」の一部である。（ A ）〜（ E ）にあてはまる語句の正しい組み合わせを一つ選びなさい。
平成30年（後期）問3

・保育所は、（中略）保育の目標を達成するために、各保育所の保育の方針や目標に基づき、子どもの発達過程を踏まえて、保育の内容が組織的・計画的に構成され、保育所の（ A ）を通して、（ B ）に展開されるよう、（ C ）を作成しなければならない。

・（ C ）は、保育所保育の全体像を包括的に示すものとし、これに基づく（ D ）、保健計画、食育計画等を通じて、各保育所が（ E ）して保育できるよう、作成されなければならない。

（組み合わせ）

	A	B	C	D	E
1	生活の全体	総合的	全体的な計画	指導計画	創意工夫
2	教育活動	緻密	全体的な計画	人的配置	安心
3	教育活動	緻密	全体的な計画	指導計画	安心
4	生活の全体	総合的	保育課程	人的配置	創意工夫
5	生活の全体	総合的	保育課程	指導計画	創意工夫

A 21　正解 4

- A ○　保育所保育指針の第1章1（2）「保育の目標」アの（ウ）と同一の文である。
- B ×　保育所保育指針における「養護」では「**生命の保持**」とならんで、「**情緒の安定**」がもう一つの大きなポイントである。よって「生命の保持に特化して」とはならない。
- C ○　保育所保育指針の第1章1（2）イの文章である。保育所は**保護者の意向を踏まえて**、専門性を生かした保育を行っていく必要がある。
- D ×　保育所では教科教育は保育の内容に含まれない。就学に向けての接続は重要であるが、それは教科教育という意味ではない。
- E ×　幼児期において重要であるのは、一人ひとりの子どもの状況や**発達過程**を踏まえ、一人ひとりに応じた**適切な関わり**を持つことである。

A 22　正解 1

- 保育所は、（中略）保育の目標を達成するために、各保育所の保育の方針や目標に基づき、子どもの発達過程を踏まえて、保育の内容が組織的・計画的に構成され、保育所の（ A.**生活の全体** ）を通して、（ B.**総合的** ）に展開されるよう、（ C.**全体的な計画** ）を作成しなければならない。
- （ C.**全体的な計画** ）は、保育所保育の全体像を包括的に示すものとし、これに基づく（ D.**指導計画** ）、保健計画、食育計画等を通じて、各保育所が（ E.**創意工夫** ）して保育できるよう、作成されなければならない。

2017（平成29）年度改定の保育所保育指針では第1章「総則」の3（1）において「**全体的な計画の作成**」が義務付けられた。「全体的な計画」は、**各種法令等**とそれぞれの**園の方針や実情**に合わせた形で作成され、「入所から就学に至る在籍期間の全体にわたって、保育の目標を達成するために、どのような道筋」をたどって保育が行われるかを示すものである。いわば、その保育所がどのような保育を行っているのかを最も端的に表すものであるといえる。

またこの計画は、子どもたちが「それぞれの時期の生活や遊びの中で」どのように育ち、援助が必要になるのかを明らかにする目的で構成されるもので、これらは保育所における「**生活の全体**」を通して「**総合的**」に展開されるものであるとされる。

この全体的な計画に基づいて**指導計画・保健計画**や**食育計画**が作成・展開されるものであり、各保育所が地域の実情なども含め、**創意工夫**して保育を行っていくものとされる。

◆ 3歳以上児の保育計画について

集団での遊びが活発になり、**友達との関わり**が増える3歳以上児では、集団において「一人ひとりの子どもの主体性が重視されてこそ**集団の育ち**があるという点を十分に認識した上で（指導計画を）作成することが重要」であるとされる（保育所保育指針解説より）。また子どもの「いま」を重視して計画を作成することが重要である一方で、就学後の生活も見通すことが求められる。

Q23 次の文は、保育所における指導計画とその展開に関する記述である。「保育所保育指針」第1章「総則」の3「保育の計画及び評価」に照らして、適切な記述を○、不適切な記述を×とした場合の正しい組み合わせを一つ選びなさい。

令和元年（後期）問13

A 保育士等は、保育の過程を記録し、これらを踏まえ、指導計画に基づく保育内容の見直しを行い、改善を図る必要がある。

B 保育の過程の記録は、子どもの生活や遊びの姿に視点をあてた記録ではなく、保育士等の行った保育に視点をあて、ねらいや内容が適切であったか否かを記録することが重要である。

C 保育士等は計画通りに保育を展開することが重要なので、そのための保育技術を身に付けなければならない。

D 子どもに対する保育士等の援助には、場や生活の流れを調整するなどのように、直接子どもに関わらないで子ども自身の活動の展開を促す援助もある。

（組み合わせ）
	A	B	C	D
1	○	○	○	×
2	○	○	×	○
3	○	×	×	○
4	×	×	○	×
5	×	×	×	○

Q24 次の文のうち、「保育所保育指針」第1章「総則」3「保育の計画及び評価」の一部として、下線部分が正しいものを○、誤ったものを×とした場合の正しい組み合わせを一つ選びなさい。

令和3年（前期）問7

A 全体的な計画は、保育所保育の全体像を包括的に示すものとし、これに基づく<u>指導計画、環境計画、食育計画</u>等を通じて、各保育所が創意工夫して保育できるよう、作成されなければならない。

B 指導計画においては、保育所の生活における子どもの発達過程を見通し、<u>生活の連続性、季節の変化</u>などを考慮し、子どもの実態に即した具体的なねらい及び内容を設定すること。

C 保育士等は、子どもの実態や子どもを取り巻く状況の変化などに即して保育の過程を記録するとともに、これらを踏まえ、<u>指導計画に基づく保育の内容</u>の見直しを行い、改善を図ること。

D 保育士等による自己評価に当たっては、子どもの活動内容やその結果だけでなく、<u>子どもの心の育ちや意欲、取り組む過程</u>などにも十分配慮するよう留意すること。

（組み合わせ）
	A	B	C	D
1	○	○	×	×
2	○	×	○	×
3	×	○	○	○
4	×	○	×	○
5	×	×	×	○

A 23

正解 3

A ○ 保育所保育指針第1章3（3）エにある通り、**保育の過程を記録**し、**保育の見直し**を行うことが求められている。この記録を通して客観的に自分の**保育を見直し**、保育中に気付かなかったことなどを発見していくことができる。

B × 保育所保育指針解説では、「記録をする際には、**子ども**に焦点を当てて、生活や遊びの時の様子を思い返してみる視点と、一日の保育やある期間の保育について、保育士等が自分の設定した**ねらい**や**内容・環境の構成・関わり**などが**適切であったか**といったことを見直してみる視点がある」とされている。保育の過程の記録は、保育者の保育のことだけではなく、**子どもをとらえ直す**機会ともなる。

C × 保育所保育指針解説第1章3（3）エには「子どもの**実態**や子どもを取り巻く**状況の変化**などに即して**保育の内容の見直し**を行う」と記載がある。保育者はねらいにもとづいて環境を構成していくが、偶発的に子どもが活動を展開することもあり、そのような場合には、計画通りに保育を展開することにこだわらず、**子どもの気付き・発想・工夫**を大切にしながら、子どもと共に**環境を再構成**していくことが大切である。

D ○ 指導計画の展開においては遊び等の環境を整え、「子どもが望ましい方向に向かって**自ら活動を展開**できるよう必要な援助を行うこと」が求められている。

A 24

正解 3

A × 環境計画ではなく、**保健計画**が正しい。「全体的な計画の作成」のウに本文がある。

B ○ 保育所に通園することで発生する家庭生活と園生活とを接続する**連続性**や、**季節の変化**や**行事**との関連性なども考慮して計画が作成される必要がある。

C ○ 計画は作成して実施すれば終わりというものではなく、常にさらに良い計画へと向上させる必要がある。そのためには保育を**記録**し、**振り返り**を行って改善していくことが求められる。

D ○ **自己評価**のなかで子どもの様子を捉える際には「発達には**個人差**があること、できることとできないことだけではなく、子どもの**心の動き**や物事に対する意欲など内面の育ちを捉えること」が大切であり、「子どもが何をしていたのかということやその結果のみでなく、どのようにして**興味や関心**をもち、取り組んできたのか、その**過程を理解**すること」が保育の質の向上のために必要である。

次の文は、保育所における小学校との連携に関する記述である。「保育所保育指針」第２章「保育の内容」の（２）「小学校との連携」に照らして、適切な記述を○、不適切な記述を×とした場合の正しい組み合わせを一つ選びなさい。

令和元年（後期）問15

A 保育所に入所している子どもが就学する際の子どもの情報に関しては、「幼児期の終わりまでに育ってほしい姿」を中心に保護者から直接情報を得て小学校に説明できるようにすることが大切である。

B 小学校では、「幼児期の終わりまでに育ってほしい姿」を踏まえた指導を工夫することによって、幼児期の保育を通して育まれた資質・能力を踏まえて教育活動を実施し、子どもが主体的に自己を発揮しながら学びに向かうことが可能となるようにすることが求められている。

C 保育所保育と小学校教育の円滑な接続を図るため、「幼児期の終わりまでに育ってほしい姿」をテーマにするなどして、小学校の教師との意見交換や合同の研究会や研修会の機会を設けることが大切である。

D 保育所保育を小学校以降の生活や学習の基盤の育成につなげていくための有効で確かな方法の一つは、「幼児期の終わりまでに育ってほしい姿」を到達目標にして小学校教育の先取りをすることである。

（組み合わせ）

	A	B	C	D
1	○	○	×	○
2	○	×	○	×
3	×	○	○	×
4	×	○	×	○
5	×	×	○	○

④乳児保育

次の文は、「保育所保育指針」第２章「保育の内容」の１「乳児保育に関わるねらい及び内容」の一部である。（ Ａ ）～（ Ｄ ）にあてはまる語句の正しい組み合わせを一つ選びなさい。

令和２年（後期）問15

・乳児は（ Ａ ）への抵抗力が弱く、心身の機能の未熟さに伴う（ Ａ ）の発生が多いことから、一人一人の発育及び発達状態や健康状態についての適切な判断に基づく（ Ｂ ）な対応を行うこと。

・一人一人の子どもの（ Ｃ ）の違いに留意しつつ、欲求を適切に満たし、特定の保育士が（ Ｄ ）に関わるように努めること。

（組み合わせ）

	A	B	C	D
1	疾病	保健的	生育歴	応答的
2	感染症	医療的	性格	指導的
3	疾病	医療的	生育歴	指導的
4	感染症	保健的	生育歴	指導的
5	疾病	医療的	性格	応答的

A 25

正解 3

A × 「**幼児期の終わりまでに育ってほしい姿**」を用いて連携することは適切であるが、「保護者から直接情報を得て」が間違い。保護者から情報を得ることもあるが、**園での子どもの様子**などから子どもの姿を説明する。

B ○ 保育所保育指針には直接の記載はないが、小学校以降も「**主体的・対話的で深い学び**」が求められる。小学校学習指導要領（総則編）「4　学校段階等間の接続」（1）参照。

C ○ 「小学校との連携」イにこの記載がある。なお、「連携」の具体的な中身として、**意見交換**や**合同の研究会や研修会**があり、さらに保育所保育指針解説では、**保育参観**や**授業参観**が挙げられている。

D × 「幼児期の終わりまでに育ってほしい姿」の基本的な理解として、「**到達目標」ではなく、「方向目標」であること**は覚えておきたい。この姿は、到達しなければならない目標ではなく、それぞれの子どもにおいて、違った形でみえてくるものである。

A 26

正解 1

・乳児は（　A.**疾病**　）への抵抗力が弱く、心身の機能の未熟さに伴う（　A.**疾病**　）の発生が多いことから、一人一人の発育及び発達状態や健康状態についての適切な判断に基づく（　B.**保健的**　）な対応を行うこと。

・一人一人の子どもの（　C.**生育歴**　）の違いに留意しつつ、欲求を適切に満たし、特定の保育士が（　D.**応答的**　）に関わるように努めること。

A　疾病：乳児期（生後～1歳まで）であるので、感染症はもとより、疾病全般に対しての抵抗力がまだ弱い時期である。

B　保健的：保育所には嘱託医が必要ではあるが、多くの場合常駐しているわけではなく、医療的な行為はできない。保健的な対応となる。

C　生育歴：生育歴はその子どものこれまでの生まれ、育ってきたことに関する情報であり、医療的、心理学的情報などが含まれる。また乳児期にははっきりした性格が現れているわけではない。

D　応答的：保育所保育全体に通じていえることであるが、保育士は子どもに受容的・応答的に関わることが求められる。指導的に関わる場面もあるが、特に乳児では適切な関わり方とはいえない。

次の文のうち、「保育所保育指針」第2章「保育の内容」の1「乳児保育に関わるねらい及び内容」の一部として、正しいものを○、誤ったものを×とした場合の正しい組み合わせを一つ選びなさい。　令和2年（後期）問17

A 伸び伸びと体を動かし、はう、歩くなどの運動をしようとする。
B 食事、睡眠等の生活のリズムの感覚が芽生える。
C 周囲の子ども等への興味や関心が高まり、関わりをもとうとする。
D 身近な事象を見たり、考えたり、扱ったりする中で、物の性質や数量、文字などに対する感覚を豊かにする。

（組み合わせ）

	A	B	C	D
1	○	○	○	×
2	○	○	×	×
3	×	○	○	×
4	×	×	○	○
5	×	×	×	○

 次の文のうち、乳児保育に関する記述として、「保育所保育指針」に照らして、適切な記述を○、不適切な記述を×とした場合の正しい組み合わせを一つ選びなさい。　令和3年（前期）問11

A 乳児保育のねらい及び内容は、「健やかに伸び伸びと育つ」、「身近な人と気持ちが通じ合う」、「身近なものと関わり感性が育つ」といった3つの視点ごとに示されている。
B 指導計画は、一人一人の子どもの生育歴、心身の発達、活動の実態等に即して作成されるが、個別的な計画は必要に応じて作成する。
C 保育士等との信頼関係に支えられて生活を確立していくことが人と関わる基盤となることを考慮して、子どもの多様な感情を受け止め、温かく受容的・応答的に関わることが必要である。
D 全員が同じ生活のリズムで一日を過ごしていけるよう、午睡についても全員が同じ時間に入眠し、同じ時間に起床できるようにしなければならない。
E 玩具などは、音質、形、色、大きさなど子どもの発達状態に応じて適切なものを選び、その時々の子どもの興味や関心を踏まえるなど、遊びを通して感覚の発達が促されるものとなるように工夫する。

（組み合わせ）

	A	B	C	D	E
1	○	○	○	×	○
2	○	×	○	×	○
3	○	×	×	○	○
4	×	○	○	×	×
5	×	○	×	○	×

A 27

正解 2

A ○ 乳児保育の三つの視点のうち「**健やかに伸び伸びと育つ**」のねらい②である。

B ○ 乳児保育の三つの視点のうち「**健やかに伸び伸びと育つ**」のねらい③である。

C × 設問の文章は、1歳以上3歳未満児の「人間関係」のねらい②である。「**周囲の子どもへの興味や関心が高まり**、関わろうとする」姿は、乳児より後、またすでに関わりが生まれて**協同する姿**に向かおうとする3歳以上児よりは前の姿であることがわかる。

D × 設問の文章は、3歳以上児の「環境」のねらい③である。**物の「性質」や「数量」「文字」への関心は3歳以上児**の姿であるが、5歳後半とされる「幼児期の終わりまでに育ってほしい姿」にも同様の内容があることも確認しておきたい。

A 28

正解 2

A ○ 乳児保育は設問にある「**3つの視点**」の通り、それぞれに「ねらい」「内容」などが設定されている。これが1歳以上では**5領域**となる。

B × 乳児保育に限らず、「指導計画の作成」にあたっては3歳未満児について**個別的な計画**が作成されることとなっている。「必要に応じて」という記載が誤りである。

C ○ もとより保育所保育においては「**受容的・応答的な関わり**」が求められるところであり、乳児保育においても例外ではない。「身近な人と気持ちが通じ合う」のねらいの前段にも「受容的・応答的な関わり」について記載がある。

D × 個別的な計画を作成することからもわかる通り、特に3歳未満児においては、**心身の発育・発達が顕著な時期**であると同時にその**個人差**も大きいため、**一人ひとりの子どもの状態**に即した保育ができるようにすることが必要である。

E ○ 個人差が大きいこの時期には、子どもの**探索意欲**を満たすためにも一人ひとりの**子どもの興味**を理解し、それに応じた適切な玩具を用意するなどの環境構成をしていくことが求められる。

加点のポイント ◆ **乳児期の保育の内容「三つの視点」**

ア **身体的**発達に関する視点「**健やかに伸び伸びと育つ**」
・健康な心と体を育て、自ら健康で安全な生活をつくり出す力の基盤を培う。

イ **社会的**発達に関する視点「**身近な人と気持ちが通じ合う**」
・受容的・応答的な関わりの下で、何かを伝えようとする意欲や身近な大人との信頼関係を育て、人と関わる力の基盤を培う。

ウ **精神的**発達に関する視点「**身近なものと関わり感性が育つ**」
・身近な環境に興味や好奇心をもって関わり、感じたことや考えたことを表現する力の基盤を培う。

⑤ 保育の思想と歴史的変遷

次の文は、わが国の保育の歴史についての記述である。（ A ）〜（ D ）にあてはまる語句の正しい組み合わせを一つ選びなさい。

平成29年（後期）問14

わが国の保育の歴史において、大正時代は海外の思想も含めて様々な保育が紹介され、実践された時代であった。たとえば、河野清丸らによって（ A ）の教育法や教具が紹介された。大阪では、（ B ）が「家なき幼稚園」と称する園舎を持たない形態で野外保育を始めたり、（ C ）がリトミック運動を始めたりしたのもこの頃である。このような新しい時代の自由主義的な機運の中で、大正15年には（ D ）が公布された。

（組み合わせ）

	A	B	C	D
1	シュタイナー（Steiner, R.）	東基吉	土川五郎	保育要領
2	モンテッソーリ（Montessori, M.）	橋詰良一	小林宗作	幼稚園令
3	シュタイナー（Steiner, R.）	橋詰良一	西條八十	幼稚園設置基準
4	モンテッソーリ（Montessori, M.）	東基吉	土川五郎	幼稚園設置基準
5	フレーベル（Fröbel, F. W.）	赤沢鍾美	小林宗作	幼稚園令

次の【Ⅰ群】の記述と、【Ⅱ群】の人名を結びつけた場合の正しい組み合わせを一つ選びなさい。

令和3年（前期）問19

【Ⅰ群】

A 『学校と社会』（1899年）を著し、フレーベル（Fröbel, F.W.）の遊びを重んじる精神を評価しながらもその象徴主義を批判し、現実的な生活における子どもの自発的な活動の必要性を主張した。

B 『新社会観』（1813年）を著し、人間の性格は環境に根差すものであり、環境を改善すれば人間はより良く形成されるとする人間観を描いた。

C アメリカの婦人宣教師として、1889年に頌栄幼稚園を開設し、頌栄保姆伝習所の初代所長に就任した。

【Ⅱ群】

ア デューイ（Dewey, J.）
イ オーエン（Owen, R.）
ウ ハウ（Howe, A.L.）
エ マクミラン（McMillan, M.）

（組み合わせ）

	A	B	C
1	ア	イ	ウ
2	ア	ウ	エ
3	イ	ア	ウ
4	イ	エ	ア
5	エ	イ	ウ

A 29

正解 2

2
保育原理

わが国の保育の歴史において、大正時代は海外の思想も含めて様々な保育が紹介され、実践された時代であった。たとえば、河野清丸らによって（ A.**モンテッソーリ（Montessori, M.）** ）の教育法や教具が紹介された。大阪では、（ B.**橋詰良一** ）が「家なき幼稚園」と称する園舎を持たない形態で野外保育を始めたり、（ C.**小林宗作** ）がリトミック運動を始めたりしたのもこの頃である。このような新しい時代の自由主義的な機運の中で、大正15年には（ D.**幼稚園令** ）が公布された。

もともと医師であり、障害を持った子どもの治療にあたっていたモンテッソーリは、その方法が幼児の教育にも活用できると考え、数々の感覚教育のための教具を考案した。それらは河野清丸、倉橋惣三らによって日本でも広められた。よって、**A**は、モンテッソーリである。**B**の橋詰良一は、1922（大正11）年、大阪市郊外の池田に「家なき幼稚園」を作り、露天保育を実践した。その後、十三や宝塚でも同様の保育を展開した。**C**の小林宗作は、スイスのダルクローズが生み出したリトミックを、本人に師事して学び、日本で初めて取り入れた。**D**の幼稚園令は、日本で初めての幼稚園に関する法令であり、学制発布後50年以上の歳月を経てようやく出されたものである。

A 30

正解 1

- **A ア** 『**学校と社会**』はデューイの著作。設問文の通り同書のなかでフレーベルの保育について論じている。
- **B イ** 本文の内容はオーエンに関するものである。イギリスの工場経営者で、**性格形成学院**を設立した。
- **C ウ** 日本に**キリスト教保育**を持ちこんだ人物の一人として、ハウがいる。**頌栄幼稚園**とともに覚えておきたい。

✏️ **よく出るポイント** ◆フレーベルについて

19世紀のドイツの教育者であるフレーベル（Fröbel,F.W.）は、**幼稚園**の創始者として知られる。その教育思想は「**遊戯**」によって子どものあらゆる善が育つとしたものであり、命令や規則、干渉による教育を排除しようとした。また子どもの心身発達に役立てる道具として**恩物**（Gabe）を考案した。

Q31 次の【Ⅰ群】の記述と、【Ⅱ群】の施設名を結びつけた場合の正しい組み合わせを一つ選びなさい。

令和3年（前期）問5

【Ⅰ群】
A 野口幽香と森島峰が寄付を募って、1900（明治33）年に設立された。
B 園舎を持たない幼稚園で、1922（大正11）年に橋詰良一によってはじめられた。
C 日本の最初の官立「幼稚園」で、1876（明治9）年に開設された。

【Ⅱ群】
ア 東京女子師範学校附属幼稚園
イ 二葉幼稚園
ウ 愛珠幼稚園
エ 家なき幼稚園

（組み合わせ）

	A	B	C
1	ア	イ	ウ
2	ア	イ	エ
3	イ	ウ	ア
4	イ	エ	ア
5	ウ	エ	イ

Q32 次の【Ⅰ群】の記述と【Ⅱ群】の語句を結びつけた場合の正しい組み合わせを一つ選びなさい。

令和2年（後期）問18

【Ⅰ群】
A 1899（明治32）年、文部省令として公布され、幼稚園の保育目的、編制、保育内容などに関して国として最初の基準を定めた。
B 1926（大正15）年、日本の幼稚園に関する最初の単独の勅令として公布された。
C 1948（昭和23）年に文部省から出された幼児教育の手引書で、幼稚園のみならず保育所や子どもを育てる母親を対象とする幅広い手引書となった。
D 1951（昭和26）年5月5日、「日本国憲法」の精神にしたがい、すべての児童の権利を保障し、幸福を図るために制定された。

【Ⅱ群】
ア 保育要領
イ 幼稚園保育及設備規程
ウ 児童憲章
エ 幼稚園令

（組み合わせ）

	A	B	C	D
1	ア	イ	ウ	エ
2	ア	ウ	エ	イ
3	イ	ア	ウ	エ
4	イ	エ	ア	ウ
5	ウ	エ	ア	イ

A 31

正解 4

A イ 野口幽香と森島峰によって設立されたのは二葉幼稚園。のちに幼稚園の基準に合致しなくなり、1916（大正5）年に二葉保育園となった。

B エ 橋詰良一は「家なき幼稚園」を創始した。文字通り園舎を持たない幼稚園であった。

C ア 1876（明治9）年に開設された東京女子師範学校附属幼稚園は、最初の官立幼稚園でフレーベルの方法を取り入れた。初代の園長職に相当する役職に、関信三がつき、松野クララの指導の元、豊田芙雄、近藤はまが保育を行った。

A 32

正解 4

A イ 1899（明治32）年に公布された「幼稚園保育及設備規程」は、幼稚園に関する単独の規程（勅令としては、Bの幼稚園令が最初）としては最も古いものである。保育は満3歳からとされ、一日の保育時間は5時間以内とされていた。

B エ 幼稚園に関する内容はそれまで小学校令などで規定されていた。その後、学制発布（1872（明治5）年）後50年以上の歳月をかけて、ようやく幼稚園単独の勅令として幼稚園令が出された。

C ア 戦後に「幼児教育の手引き」という副題で出された「保育要領」には、幼児期の発達や幼児の生活、保育内容としての保育12項目などが取り上げられている。家庭と幼稚園についても言及されており、幼稚園だけでなく、保育所、家庭も対象とした手引書であった。

D ウ 児童憲章は1951（昭和26）年に日本独自のものとして制定された。命の尊厳など子どもの権利を守ることを目指したものである。国際条約である「児童の権利に関する条約」（1979年（国際児童年）提案、1989年に国連で採択、日本は1994年に批准）と区別して覚えたい。

✎ よく出るポイント ◆ 日本における保育成立の歴史

日本における本格的な幼児教育の開始は、明治9（1876）年に設立された東京女子師範学校附属幼稚園であるが、ここには上中流階級の子どもが多く通っていた。やがて貧民幼稚園の必要性が唱えられ、野口幽香、森島峰によって二葉幼稚園が設立された。同園では貧しい家庭や、その子どものための無償保育、幼稚園の規定より長時間の保育などを行い、やがて保育時間などにおいて幼稚園の法規制から逸脱することから、保育園へと変化していくこととなった。

1916（大正5）年に、二葉幼稚園が文部省管轄の幼稚園から内務省管轄の純救済事業である保育園へと転換した他にも、新潟では子守学校であった赤沢鍾美の新潟静修学校が守孤扶独幼稚児保護会という保育事業として展開していく。また石井十次の岡山孤児院附属愛染橋保育所の設立、その影響を受けた倉敷さつき会の若竹の園（会社の保育所を地域に開放）、孤児院附属の保育園、会社の託児施設、また農繁期託児所等が保育所のルーツとなっていく。しかしこれらの保育施設と幼稚園との一元化、一体化を岡弘毅が唱えたが実現されなかった。

次の文のうち、「保育所保育指針」第5章「職員の資質向上」の一部として、正しいものを○、誤ったものを×とした場合の正しい組み合わせを一つ選びなさい。

令和3年（前期）問10

A 子どもの最善の利益を考慮し、人権に配慮した保育を行うためには、職員一人一人の倫理観、人間性並びに保育所職員としての職務及び責任の理解と自覚が基盤となる。

B 施設長は、保育所の保育課程や、各職員の職位等を踏まえて、体系的・計画的な研修機会を確保するとともに、職員の勤務体制の工夫等により、職員が計画的に外部研修に参加し、その専門性の向上が図られるよう努めなければならない。

C 職員が日々の保育実践を通じて、必要な知識及び技術の修得、維持及び向上を図るとともに、保育の課題等への共通理解や協働性を高め、保育所全体としての保育の質の向上を図っていくためには、日常的に職員同士が主体的に学び合う姿勢と環境が重要であり、職場内での研修の充実が図られなければならない。

D 保育所においては、当該保育所における保育の課題や各職員のキャリアパス等も見据えて、初任者から管理職員までの職位や職務内容等を踏まえた体系的な研修計画を作成しなければならない。

（組み合わせ）
	A	B	C	D
1	○	○	○	×
2	○	○	×	×
3	○	×	○	○
4	×	○	×	○
5	×	×	○	○

次の【Ⅰ群】の記述と、【Ⅱ群】の人名を結びつけた場合の正しい組み合わせを一つ選びなさい。

平成31年（前期）問8

【Ⅰ群】

A スイスの心理学者で、子どもと大人の思考構造の違いを研究し、子どもの思考の特徴として、自己中心性に基づく見方や考え方をあげた。

B アメリカの哲学者、教育思想家で、主著『学校と社会』（1899年）において、子どもを中心とする教育への変革の必要性をコペルニクスにたとえて主張した。

C アメリカの婦人宣教師で、神戸の頌栄幼稚園、頌栄保姆伝習所の創立者となり、フレーベル保育理論の普及に力を注いだ。

D アメリカの進歩主義的保育を代表する指導者で、形式化したフレーベル主義を批判し、のちに自身の名前が付けられる大型積み木を考案した。

【Ⅱ群】

ア ピアジェ (Piaget, J.)
イ デューイ (Dewey, J.)
ウ ハウ (Howe, A.L.)
エ ヒル (Hill, P.S.)
オ エリクソン (Erikson, E.H.)

（組み合わせ）
	A	B	C	D
1	ア	イ	ウ	エ
2	ア	イ	エ	ウ
3	ア	ウ	エ	オ
4	オ	イ	ウ	エ
5	オ	ウ	エ	ア

A 33

正解 3

A ○ 保育は職員一人ひとりの**人間性**が問われる仕事であり、職員の**倫理観**、**人間性**、**職務と責任の理解と自覚**が必要となる。

B × 現在の保育所保育指針では「保育課程」という文言は用いられておらず、「**全体的な計画**」となる。またここでは「**各職員の研修の必要性**」を踏まえて、体系的・計画的な研修機会を確保することが求められる。

C ○ 保育士等の研修には外部の研修、職場内での研修があるが、外部の研修に参加するには保育から離れる一定の時間が必要で、かつ同時に多くの職員を派遣することも難しい。保育現場での保育の質の向上のためには、どの職員も**主体的に参加**できる職場内での研修機会の充実が求められる。

D ○ それぞれの保育士が**ライフステージ**に合わせて研修を受け、かつ保育所全体の質の向上のために、職員自身の学ぶ意欲が高まるように職員とともに研修計画を**組織的**に作る必要がある。

A 34

正解 1

A ア この説明文はピアジェの内容である。ピアジェはスイスの心理学者である。子どもと環境の相互作用で認識が得られるとし、子ども特有の世界の見方としての**自己中心性**などに言及した。

B イ 『学校と社会』はジョン・デューイの主著である。**プラグマティズム**の思想家で、**アメリカ進歩主義教育運動**の一翼を担った。

C ウ ハウは神戸にフレーベルの理論に基づいた**頌栄幼稚園**を開いたアメリカの女性宣教師である。のちにJKU(Kindergarten Union of Japan)を創設した。

D エ ヒルは**アメリカ進歩主義教育運動**の研究者の一人。その「**大型積み木**」はフレーベルの形式化した恩物批判から生まれた。

📝 **よく出るポイント** ◆ 法令による保育内容の変遷

年	名称	特徴
1899(明治32)年	幼稚園保育及設備規程	遊戯、唱歌、談話、手技
1926(大正15)年	幼稚園令	遊戯、唱歌、観察、談話、手技等
1948(昭和23)年	保育要領	見学、自由遊び、健康保育等の12項目
1956(昭和31)年	幼稚園教育要領	健康、社会、自然、言語、音楽リズム、絵画制作
2008(平成20)年	保育所保育指針改正(告示化)	養護(生命の保持、情緒の安定)と教育(5領域)
2017(平成29)年	保育所保育指針改正	乳児、1〜3歳児、3歳以上児のそれぞれの保育内容を明記

⑥ 保育の現状と課題

Q35 ★★☆

次の文のうち、諸外国の幼児教育・保育に関する記述として、適切な記述を○、不適切な記述を×とした場合の正しい組み合わせを一つ選びなさい。

令和2年(後期)問19

A 「ラーニング・ストーリー」は、子どもたちの育ちや経験を観察し、写真や文章などの記録を通して理解しようとする方法であり、自らも保育者であったマーガレット・カー(Carr, M.)を中心にニュージーランドで開発された。

B 1965年に、スウェーデンで開始された「ヘッド・スタート計画」は、主に福祉的な視点から、貧困家庭の子どもたちに適切な教育を与えて小学校入学後の学習効果を高めることを意図した包括的プログラムである。

C イタリアのレッジョ・エミリア市では、第二次世界大戦後、ローリス・マラグッツィ(Malaguzzi, L.)のリーダーシップのもと、独創的な保育の取り組みが進められてきた。

（組み合わせ）

	A	B	C
1	○	○	○
2	○	○	×
3	○	×	○
4	×	○	×
5	×	×	×

Q36 ★★☆

次の文は、保育をめぐる世界の動向に関する記述である。適切な記述を○、不適切な記述を×とした場合の正しい組み合わせを一つ選びなさい。

平成28年(後期)問7

A OECD（経済協力開発機構）は、2001（平成13）年より継続的に"Starting Strong"を刊行し、経済効果や将来投資の実証を踏まえながら、就学前の教育・保育のあり方について提言を行っている。

B 「児童の権利に関する条約」は、イギリスからの提案を元に1989（平成元）年に国際連合で採択され、20歳未満の児童が有する権利について包括的・網羅的に規定する条約となった。

C 2006（平成18）年に国際連合で採択され、わが国が2014（平成26）年に批准した「障害者の権利に関する条約」は、障害者の人権及び基本的自由の享有を確保し、障害者の固有の尊厳の尊重を促進することを目的として、障害者の権利の実現のための措置等について定めている。

（組み合わせ）

	A	B	C
1	○	○	×
2	○	×	○
3	○	×	×
4	×	○	×
5	×	×	○

A 35

正解 3

A ○ ニュージーランドで幼児期の子どものアセスメント方法として開発された「**ラーニング・ストーリー**」は、ニュージーランドの保育のナショナル・カリキュラム（日本の保育所保育指針など、国が定めた保育の基準）である「**テ・ファリキ**」の作成者の一人でもある**マーガレット・カー**によって開発された。**子どもの肯定的な姿**をとらえていく点を特徴としている。

B × **ヘッド・スタート計画**は、1965年のアメリカ、ジョンソン大統領の時代に貧困撲滅のために始められたものであり、アメリカの恵まれない環境にある子どもたちのための**保育や教育、医療、福祉を包括したプログラム**である。

C ○ イタリアの**レッジョ・エミリア市**の保育は**ローリス・マラグッツィ**を理論的指導者として始められた。**プロジェクト型の保育**と、その中での**アート活動**などを取り入れた保育、その保育を記録して実践に活用する**ドキュメンテーション**がよく知られている。

A 36

正解 2

A ○ OECD（経済協力開発機構：先進国間の意見交換をもとに、①経済成長、②貿易自由化、③途上国支援の3つを成し遂げるための機関）は保育に関してStarting Strong（人生の始まりこそ力強く）という提言を出している。2021（令和3）年7月現在では**Starting Strong VI**まで出されている。

B × 「**児童の権利に関する条約**」は**ポーランド**が提案したものであり、この条約における児童とは18歳未満とされる。なお日本は批准しているが、**アメリカは批准していない**ことに留意しておこう。

C ○ 「**障害者の権利に関する条約**」は、2006（平成18）年に国連総会で採択され、2007（平成19）年に発効、日本は2007年に署名し、2014（平成26）年に批准した。なおこの条約の目的等については、問題文の通りである。

よく出るポイント ◆ヨーロッパ・アメリカの保育・教育史上の重要人物のまとめ

人物名	国名	著作や業績	覚えておくべき事項
コメニウス（1592-1670年）	チェコ	『大教授学』	パン・ソフィア（汎知）、直観、自然法則
ロック（1632-1704年）	イギリス	『教育に関する考察』	人間は白紙（タブラ・ラサ）で生まれる
ルソー（1712-1778年）	フランス	『エミール』	自然主義、人間は教育によって作られる
オーベルラン（1740-1826年）	フランス	編物学校	フランスの牧師、保育所を設立
ペスタロッチ（1746-1827年）	スイス	『隠者の夕暮』	直観教授、自発活動、生活主義、開発主義
オーウェン（1771-1858年）	イギリス	性格形成学院	1816年に幼児学校と初等学校を作る
イタール（1774-1838年）	フランス	『アヴェロンの野生児』	知的障害児教育の新分野を開拓
ヘルバルト（1776-1841年）	ドイツ	『一般教育学』	明瞭・連合・系統・方法の四段階の教授法
フレーベル（1782-1852年）	ドイツ	『幼稚園教育学』	子どもの本性にある神性の自己発展
エレン・ケイ（1849-1926年）	スウェーデン	『児童の世紀』	教育は児童の生命の自然的発展の助成
デューイ（1859-1952年）	アメリカ	『学校と社会』	プラグマティズム
シュタイナー（1861-1925年）	ドイツ	『神智学』	人智主義的教育。自律的人間形成
モンテッソーリ（1870-1952年）	イタリア	『子どもの発見』	児童の家、感覚教具、知的障害児
ブルーナー（1915-2016年）	アメリカ	『思考の研究』	年齢にとらわれた発達観を否定した

次の文は、日本の保育の現状と課題に関する記述である。適切な記述を○、不適切な記述を×とした場合の正しい組み合わせを一つ選びなさい。

平成30年(前期) 問20

A 外国籍の子どもを保育所に受け入れて保育する際には、国籍や文化の違いを認め、互いの文化を理解し、それぞれの持つ文化の多様性を尊重する多文化共生の視点が求められる。

B 小学校教育との連携は、主に学童保育の問題が中心的課題であり、保育と小学校以上の教育とは異質な面が多いため、学習面での連続性は考えず保育の独自性を追求することが今後の課題である。

C 就学に向けて、保育所の子どもと小学校の児童との交流、職員同士の交流、情報共有や相互理解など小学校との積極的な連携を図ることが求められている。

(組み合わせ)

	A	B	C
1	○	○	×
2	○	×	○
3	×	○	○
4	×	○	×
5	×	×	○

⑦障害児保育

次の保育所での【事例】を読んで、【設問】に答えなさい。

平成30年(後期) 問17

【事例】
5歳児クラスでは、誕生日を迎えた子どもの保護者も一緒に誕生会に参加する。誕生日を迎えた子どもは自分の保護者が保育所に来てくれるその日をとても楽しみに待っている。また、クラス全体の前に出て自分が好きなものや将来の夢などを話し、友達が聞いてくれるのを楽しみにしている。Ｋ児は知的な遅れを伴う重度のダウン症で、4歳になってようやく座ることができるようになった。まだ自分で立って歩いたり会話したりすることは難しい。みんなの前で話すことが困難なＫ児の誕生会の日がやってきた。

【設問】
「保育所保育指針」（厚生労働省告示第117号平成29年3月31日）第1章「総則」に照らし、Ｋ児やクラスの子どもたちへの担当保育士の対応として不適切な記述を一つ選びなさい。

1 担当保育士は、Ｋ児の保育所での普段の様子や、好きなものや遊びについて話した。
2 担当保育士は、事前に母親からＫ児の家庭での様子や最近の変化などについて聴き取っておき、Ｋ児の代わりに話した。
3 みんなの前で話すことがＫ児には困難なので、そのような場面はあえて作らず、さりげなく次のプログラムに移って誕生会を終えた。
4 担当保育士は、Ｋ児を後ろから抱きかかえる母親と一緒に立ち、Ｋ児の気持ちを母親が代弁してクラスのみんなに伝えた。
5 担当保育士がＫ児を膝の上に抱きかかえると、クラスの友達が次々とＫ児について知っていることを話し出し、担当保育士はそれを見守った。

A 37

正解 2

A ○ 保育所保育指針第1章「総則」1の（5）「保育所の社会的責任」において、子どもの人権と人格の尊重が謳われている。そこでは国籍や文化の違いを認め、互いに尊重する心を育てることが必要とされている。

B × 現保育指針においては、第1章の最後に「幼児教育を行う施設として共有すべき事項」として、いわゆる「3つの柱」と「10の姿」が示された。保育所においても**小学校以降の子どもの発達を見通し**ながら保育を展開することが求められている。

C ○ 設問文の通り。**職員間の交流や情報共有**、保育所と小学校がお互いの施設での**子どもの生活**や**カリキュラム**について知り合うことは重要である。

A 38

正解 3

保育所保育指針の第1章「総則」では障害のある子どもについて「一人一人の子どもの発達過程や障害の状態を把握し、適切な環境の下で、障害のある子どもが**他の子どもとの生活を通して共に成長できるよう**」に指導計画を立てることが述べられている。

もちろん、保護者との緊密な連携が前提となるが、保育所保育指針解説では「**子どもたちが共に過ごす経験**は、将来的に障害の有無等によって分け隔てられることなく、**相互に人格と個性を尊重し合いながら共生する社会**の基盤になると考えられる」と述べられており、自分で表現することが難しいＫ児の様子を、Ｋ児に代わって保育者や母親、また他の子どもが紹介することは、Ｋ児に「相互に人格と個性を尊重し合う」経験を積むことができるようにという意図がうかがえる。一方で、そのような経験をさせようとしない選択肢**3**のような対応は不適切であるといえる。

他の子どもの保護者もいることから、プライバシーへの配慮も考えられるが、先に述べたようにＫ児の保護者の意向も十分に踏まえたうえで「**他の子どもの保護者**に対しても、**子どもが互いに育ち合う姿**を通して、**障害等についての理解**が深まるようにするとともに、地域で共に生きる意識をもつことができるように配慮する」（保育所保育指針解説）ことも重要である。

✏ よく出るポイント ◆ レッジョ・エミリアの保育

レッジョ・エミリア（北イタリアの小都市）の幼児教育は、ピアジェの理論等を学んだ**ローレス・マラグッツィ**の思想による。子どもの**自由な発想を重視した**その保育は、ペダゴジスタ（教師）とアトリエリスタ（芸術教師）によって支えられ、子どもとのやり取りから生まれるプロジェクトを展開させていくものである。

次の文は、障害児保育についての記述である。「保育所保育指針」第1章「総則」の3「保育の計画及び評価」(2)「指導計画の作成」に照らして適切な記述を○、不適切な記述を×とした場合の正しい組み合わせを一つ選びなさい。

令和2年（後期）問14

A 保育所は、全ての子どもが、日々の生活や遊びを通して共に育ち合う場であるため、一人一人の子どもが安心して生活できる保育環境となるよう、障害や様々な発達上の課題など、状況に応じて適切に配慮する必要がある。

B 保育所では、障害のある子どもを含め、全ての子どもが自己を十分に発揮できるよう見通しをもって保育することが重要であり、障害のある子どもの指導計画はクラス等の指導計画に含めて作成するため、個別の計画を作成する必要はない。

C 障害や発達上の課題のある子どもの理解と援助は、子どもの保護者や家庭との連携が大切であり、連携を通して保護者が保育所を信頼し、子どもについての共通理解の下に協力し合う関係を形成する。

D 障害のある子どもの保育にあたっては、専門的な知識や経験を有する地域の児童発達支援センターや児童発達支援を行う医療機関などの関係機関と連携し、互いの専門性を生かしながら、子どもの発達に資するよう取り組んでいくことが必要である。

（組み合わせ）

	A	B	C	D
1	○	○	○	×
2	○	○	×	○
3	○	×	○	○
4	×	○	×	×
5	×	×	○	×

次の文は、「保育所保育指針」第1章「総則」の3「保育の計画及び評価」(2)「指導計画の作成」の一部である。（ A ）～（ E ）にあてはまる語句を【語群】から選択した場合の正しい組み合わせを一つ選びなさい。

令和元年（後期）問14

障害のある子どもの保育については、一人一人の子どもの（ A ）や障害の状態を把握し、適切な（ B ）の下で、障害のある子どもが他の子どもとの生活を通して共に成長できるよう、（ C ）計画の中に位置付けること。また、子どもの状況に応じた保育を実施する観点から、家庭や関係機関と連携した（ D ）のための計画を（ E ）作成するなど適切な対応を図ること。

【語群】

ア	発達段階	イ	環境	ウ	柔軟に
エ	支援	オ	計画	カ	指導
キ	発達過程	ク	個別に	ケ	保育

（組み合わせ）

	A	B	C	D	E
1	ア	イ	ケ	エ	ク
2	ア	オ	カ	ケ	ウ
3	ア	ケ	エ	カ	ウ
4	キ	イ	カ	エ	ク
5	キ	オ	エ	カ	ク

A 39

正解 3

A ○ 保育所は「**全ての子ども**」が「**共に育ち合う**」場であることから、**一人ひとりの子ども**が安心して生活できなければならないし、また障害のある子どもに対しても**適切な配慮**が求められる。

B ✕ 障害のある子どもの保育については「**指導計画の中に位置付けられる**」とともに、「支援のための計画を**個別に作成するなど適切な対応**を図る」とされている。

C ○ 「指導計画の作成」のキの解説においては「障害や発達上の課題のある子どもの理解と援助は、子どもの保護者や家庭との**連携が何よりも大切**」であるとされている。保護者が悩みや不安を持つことも想定されることから、それらを理解し、連携を通して保護者に**保育所を信頼してもらう**ように協力し合う関係を形成することが求められる。

D ○ 児童発達支援センター（**福祉型・医療型**がある）等や児童発達支援を行う医療機関は障害のある子どもの保育について専門性を有している。それらの**機関とも連携**し、話し合いなどを通じて互いの**計画や内容**について**理解を深め**ていくことが求められる。

A 40

正解 4

障害のある子どもの保育については、一人一人の子どもの（ A.**キ 発達過程** ）や障害の状態を把握し、適切な（ B.**イ 環境** ）の下で、障害のある子どもが他の子どもとの生活を通して共に成長できるよう、（ C.**カ 指導** ）計画の中に位置付けること。また、子どもの状況に応じた保育を実施する観点から、家庭や関係機関と連携した（ D.**エ 支援** ）のための計画を（ E.**ク 個別に** ）作成するなど適切な対応を図ること。

A **発達過程**：発達段階ではなく、**発達過程**という言葉が用いられることに注意。区切りのある「段階」という文言は適さない。

B **環境**：保育所保育においては**環境を通した保育**が基本である。

C **指導**：**指導計画**に位置づけることが必要。保育における指導という言葉は、指示だけでなく、**援助や承認など**幅広い意味を含む。

D **支援**：障害がある子どもに対して、家庭や**児童発達支援センター**等の関係機関と**連携**して必要な支援を行う。

E **個別に**：障害のある子どもの保育については、**全体の指導計画**の中に位置づけていくとともに、**個別の指導計画**を作成するなど適切な対応を取る必要がある。

⑧ 子育て支援

 次の【事例】を読んで、【設問】に答えなさい。　　　令和3年（後期）問8

★★★

【事例】
S保育所の園庭開放日のことである。あまり見かけない親子が園庭の砂場で遊んでいた。見ると親子は他の親子との交流はしておらず、また親子での会話もほとんどなく子どもはただ黙々とシャベルで砂をバケツに入れている。遠くからしばらくその様子を見ていた保育士が、親子に近づき「こんにちは。今日は良いお天気になりましたね。お住まいはお近くですか？ お子さんは何歳？」と母親ににこやかに話かけた。すると母親は「息子は1歳半です。私は散歩が趣味でよく隣町やさらに遠くまで歩いています。子どもの歩行訓練のためにも散歩はとても良いと聞いているので、午前中はずっと二人で自宅から遠方まで散歩をしていて、今日はたまたまこの前を通りかかっただけです」とあまり表情を変えることなく答えた。話を聞きながら子どもの遊びに関わっていた保育士は、子どもにも話しかけたが応答はなく、やはり表情は硬い印象を受けた。

【設問】
保育士のその後の対応として、「保育所保育指針」第4章「子育て支援」に照らし、適切な記述を○、不適切な記述を×とした場合の正しい組み合わせを一つ選びなさい。

A 母親に保育所のパンフレットを渡し、相談があったら保育所に電話をするように伝える。
B 家庭で育児されている子どものため、その場では丁寧に対応するが、生活状況や家庭環境などは個人情報なので触れないようにし、今後の来園については特に言及しないでおく。
C 次回の園庭開放日も来園するように誘い、親子との関係を築き、家庭における子育ての状況を把握することを心がける。
D その後の関わりのなかで母親の困りごとなど相談の希望がある場合に備えて、親子の住む地域を管轄する保健センターや子育て支援センターを紹介できるように調べておく。

（組み合わせ）

	A	B	C	D
1	○	○	○	×
2	○	○	×	○
3	○	×	○	○
4	×	○	○	○
5	×	×	○	×

A 41

正解 3

本設問ではまず設問の母と子どもの様子から想定される状況を推測しておく必要があるだろう。他の親子と距離を取り、親子の間でも会話が見られないこと、また表情の硬さなどから、母親が周囲に関わったり相談したりできない状況で子育てを行っていること、それにより育児疲れなどがあるかもしれない、ということが考えられる。一方で母親は子育てについて無関心ではなく、子育ての情報収集などは積極的に行っている様子がわかる。

A ○ 地域の保護者等に対する子育て支援では保護者が**参加しやすい雰囲気**づくりを心がけることが大切であり、「気軽に訪れ、**相談**することができる保育所が身近にある」と保護者が理解していることが大切である。母親側からいつでも連絡できるようにしておくという点で、パンフレットを渡しておくのはよい。

B × 個人情報への配慮はもちろん必要であるが、母親が「聞いてくれるきっかけがあれば話したい」という状況であることも考えられ、今後も来園しやすい状況をつくっておくことは大切である。保育所保育指針の「**地域に開かれた子育て支援**」における「地域の保護者等に対して、保育所保育の専門性を生かした子育て支援を**積極的**に行うよう努める」ことにも反する。

C ○ 上記Bの反対の対応であり、保育所側は受け入れる状況にあることを伝えておくとよい。

D ○ 保育所保育指針の子育て支援では「保護者に対する子育て支援における**地域の関係機関等**との**連携及び協働**を図り、保育所全体の体制構築に努める」ことが定められている。今後、母親が悩みを打ち明けて保育所を頼ることがあった場合に準備しておくことで、即座の対応が可能になる。保育者が子育て支援の期待に応えるためには、具体的な対応方法をとる必要がある。

加点の ポイント ◆**フィンランドの子育て支援制度**

フィンランドには、母子保健サービスや、出産前後のケア、福祉の紹介などを総合的に行う「**ネウボラ**」という制度がある。また出産時には子育てスターターキットか、現金のどちらかが給付される。フィンランドは4歳以上児でも保育者と子どもの比率が1人：7人であり、北欧の保育は総じて保育者1人あたりの子ども数が少なく抑えられている。

次の保育所での【事例】を読んで、【設問】に答えなさい。

平成28年（後期）問12改

【事例】
園庭には大きな築山があり、そのまわりでは毎日のようにどろんこ遊びが繰り広げられている。遊んだ後に子どもたちは足を洗ったり着替えをするが、子どもたちが持ち帰る衣類の泥汚れについて、一部の保護者が困っていることが担任の保育士に伝わってきた。

【設問】
「保育所保育指針」第４章「子育て支援」に照らし、保育所の保護者への対応として適切な記述を○、不適切な記述を×とした場合の正しい組み合わせを一つ選びなさい。

A 保護者会等の機会にどろんこ遊びについて保育所の方針を説明し、保護者から意見を聞く。
B 一部の保護者の意見なので、そのままどろんこ遊びを続ける。
C どろんこ遊びでの生き生きとした子どもたちの様子を伝え、保護者の理解を求める。

（組み合わせ）

	A	B	C
1	○	○	○
2	○	○	×
3	○	×	○
4	×	○	○
5	×	×	○

A 42　　　　　　　　　　　　　　　　　　　　　　　　正解　3

どろんこ遊びは、保育のさまざまなねらいが達成されていく重要な保育実践の一つであり、その後に子どもが自らの**身体を清潔に保つ**機会も与えられ（健康）、何より子ども自身が大好きな遊びの一つである。

しかしながら一部の保護者とはいえ、**保護者の意向を無視して保育を行うことは望ましくなく**（保育所保育指針第1章1（3）「保育の方法」カ）、保育所は**その保育（どろんこ遊び）の意図の説明**などを通じて、**保護者との相互理解**を図るよう努める（保育所保育指針第4章2（1）「保護者との相互理解」ア）ことが求められる（「児童福祉施設の設備及び運営に関する基準」第36条も参照のこと）。

◆保護者との関係

今回の解説で紹介した下記の条文は以下のとおりである。目を通しておこう。

■「保育所保育指針」第1章1（3）「保育の方法」カ
一人一人の保護者の**状況**やその**意向**を理解、**受容**し、それぞれの**親子関係**や家庭生活等に配慮しながら、**様々な機会**をとらえ、適切に援助すること。

■「保育所保育指針」第4章2（1）「保護者との相互理解」
ア　日常の保育に関連した**様々な機会**を活用し子どもの日々の様子の**伝達や収集**、**保育所保育の意図**の説明などを通じて、保護者との相互理解を図るよう努めること。
イ　保育の活動に対する保護者の**積極的な参加**は、保護者の子育てを**自ら実践する力**の向上に寄与することから、これを促すこと。

■「児童福祉施設の設備及び運営に関する基準」第36条
保育所の長は、常に入所している乳幼児の保護者と**密接な連絡**をとり、保育の内容等につき、その保護者の**理解及び協力**を得るよう努めなければならない。

次の【事例】を読んで、【設問】に答えなさい。

令和元年（後期）問 8

【事例】
Kちゃん（生後 7 か月）は、家庭では保護者がおんぶ紐でおんぶをしたまま昼寝をする習慣がある。保育所に入所後は、担当保育士が保護者に家庭での昼寝の様子を聞き、家庭での入眠方法を踏襲し保育士がおんぶをして午睡をしていた。Kちゃんは入所後 1 か月が経過したが布団ではなかなか眠れず、ウトウトしてもすぐに目を覚ましては泣いてしまい、十分に睡眠がとれない日々が続いている。

【設問】
担当保育士の今後の対応として、「保育所保育指針」第 1 章「総則」、第 2 章「保育の内容」、第 4 章「子育て支援」に照らし、適切な記述を○、不適切な記述を×とした場合の正しい組み合わせを一つ選びなさい。

A 担当保育士との信頼関係を築けるようにKちゃんが泣いたら応答し、担当保育士との関わりがKちゃんにとって安心で心地よいものとなることをまず心がける。

B いずれ保育所の睡眠環境に慣れて眠るようになるとの見通しから、今後もしばらく担当保育士がおんぶして寝かせるようにしていく。

C 保護者に保育所でのKちゃんの状況を伝え、家庭でも保育所の環境を想定して、睡眠導入時から布団で寝られるようにするためにおんぶ紐の使用をやめるように話す。

D なるべく早く保育所の睡眠環境に慣れて眠れるように、泣いても極力応答せずにKちゃん自身が入眠リズムをつくっていくことを心がける。

（組み合わせ）

	A	B	C	D
1	○	○	×	×
2	○	×	○	○
3	○	×	×	○
4	×	○	○	×
5	×	×	○	×

A 43

正解 1

A ○ 保育における養護においては、「情緒の安定」のねらいにおいて、「**安定感をもって過ごせる**」ことが挙げられている。Kちゃんにとっては、まず園生活で落ち着いて過ごせるようになることが重要であると考えられる。

B ○ Aの解説と同じく、当面はKちゃんが落ち着いて寝つくことができる対応が必要であると考えられる。

C × 仮におんぶ紐の使用をやめ、Kちゃんの寝つきが悪くなれば、Kちゃんにとって落ち着かない状況になるのに加えて、そのような子どもの様子をみる保護者にとっても不安を増す結果となる。

D × 保育所の睡眠環境に慣れることよりも、Kちゃんが落ち着いて過ごせる環境を作ることが優先される必要がある。

加点のポイント ◆さまざまな保育事業の定義

児童福祉法第6条の3

放課後児童健全育成事業	小学校に就学している児童であって、その保護者が労働等により昼間家庭にいないものに、授業の終了後に児童厚生施設等の施設を利用して適切な遊び及び生活の場を与えて、その健全な育成を図る事業
地域子育て支援拠点事業	乳児又は幼児及びその保護者が相互の交流を行う場所を開設し、子育てについての相談、情報の提供、助言その他の援助を行う事業
小規模住居型児童養育事業	保護者のない児童又は保護者に監護させることが不適当であると認められる児童の養育に関し相当の経験を有する者（中略）の住居において養育を行う事業
家庭的保育事業 ※地域の事情によっては3歳以上も可	家庭において必要な保育を受けることが困難である乳児又は幼児であつて満三歳未満のものについて、家庭的保育者の居宅その他の場所において、家庭的保育者による保育を行う事業（利用定員が五人以下であるものに限る）
小規模保育事業 ※地域の事情によっては3歳以上も可	保育を必要とする乳児・幼児であつて満三歳未満のものについて、保育することを目的とする施設（利用定員が六人以上十九人以下）において、保育を行う事業

児童福祉法第7条

この法律で、児童福祉施設とは、助産施設、乳児院、母子生活支援施設、保育所、幼保連携型認定こども園、児童厚生施設、児童養護施設、障害児入所施設、児童発達支援センター、児童心理治療施設、児童自立支援施設及び児童家庭支援センターとする。

Q44 次の保育所での【事例】を読んで、【設問】に答えなさい。　平成31年（前期）問18

【事例】
4月に入所してきた5歳児クラスのＹ児は、製作遊びや絵を描くことに戸惑いや自信のなさがみられる。Ｙ児は入所当初から着替えなどが自分一人でできないので、保護者には生活習慣面の自立が課題であることを話していた。しかし、母親は「Ｙちゃん、こう言うのよ」「Ｙちゃん、次はこうするのよ」などＹ児の判断と行動を先回りする傾向があった。Ｙ児は母親と離れた保育所の生活で、保育士や友だちの援助のもとに少しずつ自分で自分のことができるようになり、課題活動に取り組もうとする意欲も出てきた。

ある朝、空き箱製作のためにＹ児は家から空き箱をたくさん持ってきた。担当保育士は感謝し、Ｙ児に大・中・小の大きさ別にして段ボール箱に入れるように伝えた。Ｙ児は分類を始めたが、大きい箱か小さい箱か自分で決められず何度も保育士に聞きにくる。段ボール箱が一杯になりあふれそうになると、Ｙ児はどうしてよいかわからず戸惑っていた。その様子を見ていた母親は、急いで保育室に入ってＹ児の代わりに自分で分類作業をし始めた。

【設問】
「保育所保育指針」第1章「総則」の1「保育所保育に関する基本原則」、第4章「子育て支援」に照らし、保育士の対応として適切な記述を○、不適切な記述を×とした場合の正しい組み合わせを一つ選びなさい。

A 入所するまで家庭でどのような生活を送ってきたのか、なぜ母親が先回りをするような接し方をするのかを理解しながら、子どもが自分で自分のことをしようとすることの大切さなど、保育所が育てようとしている内容について母親に伝える。

B 母親に「もう5歳なのだから、手伝ってはいけません。手伝っているといつまでも自立できません」と厳しく伝え、すぐに保育室から出るように促す。

C Ｙ児に対して「もう5歳なのだから、手伝ってもらってはいけない」ことを知らせ、Ｙ児自身が母親に対して「手伝わないでほしい」と言わなければならないと伝える。

D 箱を自ら分類しようとする母親にさりげなく話しかけてその場から離し、Ｙ児が戸惑いながらも自分で分類しようとする姿に目を向け、一緒にそのことを待ち、喜びあうようにする。

E 保育士も母親の分類作業に参加しながら、Ｙ児を誘い、Ｙ児が自分で分類し始める姿に母親が気付くようにしていく。

（組み合わせ）
	A	B	C	D	E
1	○	○	○	×	×
2	○	×	○	×	○
3	○	×	×	○	○
4	×	○	○	×	×
5	×	×	×	○	○

A 44

正解 3

A ○ 子育て支援は、**保護者の気持ちを受け止め**つつ行われるものでなければならない。保育所の側では母親を理解しつつ、母親と連携し、**子どもの育ちを喜び合う**ことが必要である。

B × 上記の観点からすると、一方的に母親を子どもと引き離すことは、かえって母親の不安を引き起こすことにつながりかねない。

C × Bと同様に、無理に引き離すことは母子ともに不安な状況に置くことになりかねない。

D ○ 子どもが自分で挑戦しようとする姿に母親が気付くように関わり、子どもの育つ姿を喜び合うことが求められる。

E ○ Dと同様の関わりであると考えられる。

◆**アプローチカリキュラムとスタートカリキュラム**

■**アプローチカリキュラム**
幼児期の終わりに小学校への就学に向けて、幼稚園や保育所、認定こども園で編成され実施されるカリキュラムのこと。

■**スタートカリキュラム**
小学校において、幼児期から**小学校就学へと円滑に移行するため**、小学校教師等によって作成されるカリキュラム。

MEMO

3

子ども家庭福祉

3章 子ども家庭福祉

①子ども家庭福祉の意義と歴史的変遷

Q 01 次の組み合わせのうち、児童福祉の歴史的な「事項」と深く関わりのある「人物」として正しい組み合わせを一つ選びなさい。　平成24年 問3

（組み合わせ）
1　エリザベス救貧法　――　バーナード (Barnard, T.J.)
2　二葉幼稚園　――　池上雪枝
3　家庭学校　――　高瀬真卿
4　私立静修学校　――　赤沢鍾美
5　博愛社　――　野口幽香

Q 02 次の組み合わせのうち、「用語」とそれに関わりの深い「人物」として正しい組み合わせを一つ選びなさい。　平成27年 問1

（組み合わせ）
1　アタッチメント理論　――　オーエン (Owen, R.)
2　整肢療護園　――　高木　憲次
3　福田会育児院　――　留岡　幸助
4　東京家庭学校　――　石井　亮一
5　ハルハウス　――　ボウルビィ (Bowlby, J.)

よく出るポイント ◆ 日本の児童福祉の歴史上の人物・施設名

年代	施設名	人物	施設の概要
6世紀末〜7世紀前半	悲田院	聖徳太子	孤児を収容した救護施設
1883（明治16）年	感化院	池上雪枝	大阪府の自宅に設立した。現在の児童自立支援施設
1885（明治18）年	予備感化院	高瀬真卿	現在の児童自立支援施設
1887（明治20）年	岡山孤児院	石井十次	現在の児童養護施設
1890（明治23）年	新潟静修学校・託児所	赤沢鍾美	現在の保育所にあたる施設
1891（明治24）年	滝乃川学園	石井亮一	現在の福祉型障害児入所施設
1899（明治32）年	家庭学校	留岡幸助	現在の児童自立支援施設
1900（明治33）年	二葉幼稚園（後の二葉保育園）	野口幽香、森島峰	現在の保育所
1942（昭和17）年	整肢療護園	高木憲次	現在の医療型障害児入所施設
1946（昭和21）年	近江学園	糸賀一雄	現在の福祉型障害児入所施設
1963（昭和38）年	びわこ学園	糸賀一雄	現在の医療型障害児入所施設

A 01

正解 **4**

1 × エリザベス救貧法は、**イギリス**において制定された救貧法である。初期救貧法を代表するもので、貧困者への**就労の強制**や浮浪者の**整理**を目的とした。バーナード（Barnard, T.J.）は、イギリスの孤児院「**バーナードホーム**」を設立した人物である。

2 × 二葉幼稚園は、**野口幽香・森島峰**が開設した。池上雪枝は、大阪に**神道祈祷所**を設け、その一方で自宅に池上感化院を設立し、非行少年を保護し更生する活動を行った。

3 × 家庭学校は、**留岡幸助**が東京の巣鴨に設立した。非行少年の保護と更生を行った。高瀬真卿は、わが国最初の**予備感化院**（後の東京感化院）を創設した人物である。

4 ○ 私立静修学校は赤沢鍾美が開設した。**新潟市**の私立静修学校に通う貧困児童についてくる幼児を、赤沢の妻が保育し、労働等で保育に欠ける幼児も保育するように託児所を開設した。

5 × 博愛社は野口幽香ではなく、**佐野常民**が設立した。傷病者救護を目的として組織した団体であり、1887（明治20）年に**日本赤十字社**と改称された。

A 02

正解 **2**

1 × アタッチメント理論（愛着理論）は、**ボウルビィ（Bowlby, J.）** の理論である。オーウェン（Owen, R.）は工場経営者であり、子どもの人権と学習の権利を保障すべく、低年齢の子どもの雇用や長時間労働の禁止、学習機会の保障を盛り込んだ工場法の制定を要求し活動した。紡績工場内に**性格形成（新）学院**を創設した。

2 ○ 高木憲次は、肢体不自由児の**療育**を行い「**肢体不自由児の父**」と呼ばれた。

3 × 福田会育児院は、東京に窮民、救済施設として設立され、貧窮孤児の保護と養育を行った。新居日薩が創設した。留岡幸助は、非行少年を保護し更生させるために東京の巣鴨に**家庭学校**を設立した。

4 × 東京家庭学校は、**留岡幸助**が巣鴨に設立した。石井亮一は、知的障害児の療育を行うために**滝乃川学園**を設立した。

5 × ハルハウスは、**J.アダムズ**がアメリカの**シカゴ**に設立した施設である。J.アダムズはハルハウスを中心に**セツルメント運動**をアメリカに広げた。ハルハウスは保育の場、集会所であり、シェルターの機能も備えられていた。また、料理・裁縫など移民に必要な技術や知識を教える学校の役割もあった。ボウルビィ（Bowlby, J.）は**愛着理論**を提唱した人物で、精神科医である。

✎ よく出るポイント ◆ **海外の児童福祉にかかわる人物①**

人名	主な業績
アリス・ペティ・アダムズ	1891（明治24）年に、アメリカ人宣教師として来日。医療・社会福祉に従事し「岡山博愛会」を創設
セオドア・ルーズベルト	1909年に、「第一回ホワイトハウス会議」で保護が必要な子どもの里親家庭への委託を主張

3

子ども家庭福祉

次の文は、「民法」の一部である。（ A ）～（ D ）にあてはまる語句の正しい組み合わせを一つ選びなさい。　平成31年（前期）問5

第818条　成年に達しない子は、父母の（ A ）に服する。
第820条　（ A ）を行う者は、子の（ B ）のために子の（ C ）をする（ D ）を有し、義務を負う。
第821条　子は、（ A ）を行う者が指定した場所に、その居所を定めなければならない。
第822条　（ A ）を行う者は、第820条の規定による（ C ）に必要な範囲内でその子を懲戒することができる。

（組み合わせ）

	A	B	C	D
1	監護	利益	保護及び養育	責任
2	監護	懲戒	監護及び教育	権利
3	養育	保護	監護及び教育	責任
4	親権	利益	監護及び教育	権利
5	親権	懲戒	保護及び養育	責任

次の【Ⅰ群】の児童家庭福祉の理念や思想に大きな影響を与えた人物と【Ⅱ群】の業績を結びつけた場合の正しい組み合わせを一つ選びなさい。　平成25年 問2

【Ⅰ群】
A　ルソー（Rousseau, J.-J.）
B　フレーベル（Fröbel, F. W.）
C　オーウェン（Owen, R.）
D　エレン・ケイ（Key, E.）
E　コルチャック（Korczak, J.）

【Ⅱ群】
ア　イギリスで、児童労働を規制する工場法の制定に努力した。
イ　ポーランド生まれのユダヤ人で、孤児院を開いた。
ウ　『社会契約論』や『エミール』を著した思想家。
エ　『児童の世紀』の著者。
オ　ドイツの教育実践家で幼稚園の創設者。

（組み合わせ）

	A	B	C	D	E
1	イ	ウ	オ	エ	ア
2	ウ	ア	イ	オ	エ
3	ウ	オ	ア	エ	イ
4	ウ	オ	イ	エ	ア
5	エ	オ	ウ	ア	イ

A 03

正解 4

第818条　成年に達しない子は、父母の（ A.**親権** ）に服する。

第820条　（ A.**親権** ）を行う者は、子の（ B.**利益** ）のために子の（ C.**監護及び教育** ）をする（ D.**権利** ）を有し、義務を負う。

第821条　子は、（ A.**親権** ）を行う者が指定した場所に、その居所を定めなければならない。

第822条　（ A.**親権** ）を行う者は、第820条の規定による（ C.**監護及び教育** ）に必要な範囲内でその子を懲戒することができる。

なお、子どもが保護者から虐待を受けている場合など、親権者に親権を行使させることが適切ではない場合は、児童福祉法の規定により、**児童相談所長**が家庭裁判所に**親権喪失審判請求**を行うことができる。

A 04

正解 3

A **ウ** ルソーは、『社会契約論』や『エミール』を著した**フランス**の思想家である。『**エミール**』では知性偏重の教育を批判した。『**社会契約論**』では人民主権論を展開し、フランス革命に大きな影響を与えている。

B **オ** フレーベルは、ドイツの教育実践家、幼稚園の創設者で、**恩物**は、フレーベルの創案による幼児用の教育的遊具である。また、『**人間の教育**』の著者である。

C **ア** オーウェンは、イギリスで児童労働を規制する工場法の制定のために努力した。「**性格形成（新）学院**」を創設した。

D **エ** エレン・ケイは『**児童の世紀**』の著者で、子どもの主体的な学びを大事にする教育思想「**子ども中心主義**」を主張した。

E **イ** コルチャックはポーランド生まれのユダヤ人で、孤児院を開いた。孤児院の子どもと一緒にナチスドイツの収容所に送られ、非業の死を遂げている。**児童の権利に関する条約**の内容に大きな影響を与えた人物で、子どもの権利を尊重した。医師であり教育者である。

よく出るポイント ◆ 海外の児童福祉にかかわる人物②

人名	主な業績
ルソー	スイス生まれ。フランスの啓蒙期の思想家。著書『エミール』『人間不平等起源論』『社会契約論』
エレン・ケイ	スウェーデンの社会思想家。著書『児童の世紀』。子どもが幸せに育つ社会の構築を主張
ヤヌシュ・コルチャック	ポーランドの小児科医。ユダヤ人の孤児院運営。「児童の権利条約」に影響を与えた人物
トーマス・ジョン・バーナード	1870年にイギリスに孤児院「バーナードホーム」創設。現在の小舎制につながる生活環境を整備
ロバート・オーエン	イギリスの社会改革思想家。紡績工場支配人。児童労働に関する工場法を制定。性格形成新学院を開設

3 子ども家庭福祉

②子どもの人権擁護

次の文は、子どもの権利に関する記述である。誤ったものを一つ選びなさい。

平成26年 問1改

1 国際連盟は、1924年に「児童の権利に関するジュネーブ宣言」を採択した。
2 国際連合は、1959年に「児童の権利に関する宣言」を採択し、その20年後を国際児童年とし、さらにその10年後に「児童の権利に関する条約」を採択した。
3 2017年7月現在、アメリカ合衆国は「児童の権利に関する条約」を批准していない国の一つである。
4 国際連合は、第二次世界大戦後に「世界人権宣言」を採択し、その後の「児童の権利に関する宣言」の採択などを経て、「国際人権規約」を採択した。
5 国際連合は、「児童の権利に関する宣言」を採択する8年前に「児童憲章」を採択した。

次の文は、「児童の権利に関する条約」に関する記述である。適切な記述を○、不適切な記述を×とした場合の正しい組み合わせを一つ選びなさい。

平成27年（地域限定）問7

A 児童に関するすべての措置をとるに当たっては、児童の最善の利益が主として考慮されることが規定されている。
B 児童とは、締約国の義務教育を終えるまでの年齢とされている。
C 「児童の権利に関する条約」は、1994年に国際連合で採択された。
D 前文には、家族が、社会の基礎的な集団として、並びに家族のすべての構成員、特に、児童の成長及び福祉のための自然な環境として、社会においてその責任を十分に引き受けることができるよう必要な保護及び援助を与えられるべきであることが述べられている。

（組み合わせ）

	A	B	C	D
1	○	○	○	×
2	○	○	×	○
3	○	×	×	○
4	×	○	○	×
5	×	×	○	○

よく出るポイント ◆ 子どもの権利に関する国際的な動き

1922（大正11）年	世界児童憲章
1924（大正13）年	児童の権利に関する宣言（ジュネーブ宣言）
1948（昭和23）年	世界人権宣言
1959（昭和34）年	児童の権利に関する宣言
1979（昭和54）年	国際児童年
1989（平成元）年	児童の権利に関する条約（子どもの権利条約）
1994（平成6）年	児童の権利に関する条約（子どもの権利条約）批准　（日本）

A 05

正解 5

1 ○ 国際連盟は、1924年に「児童の権利に関するジュネーブ宣言」を採択し、子どもの健全な発達の保障と人権を守るために「**保護**」の考え方を宣言に盛り込んだ。

2 ○ 「児童の権利に関する宣言」の前文で「人類は、児童に対し、**最善のものを与える**義務を負う」と述べられ、**子どもの人権擁護に関する理念**が、児童の権利に関する宣言、国際児童年、児童の権利に関する条約を通して引き継がれていった。

3 ○ アメリカ合衆国は「児童の権利に関する条約」に**批准していない**が、将来的に「批准」する意思があることを示す「**署名**」は行っている。

4 ○ **1966（昭和41）**年に採択された「国際人権規約」は**世界人権宣言**の内容を基礎として、これを条約化したものであり、人権諸条約の中で最も基本的かつ包括的なものである。

5 ✕ 「児童憲章」は、国際連合ではなく、**日本**で**1951（昭和26）**年5月5日の子どもの日に、すべての子どもの幸福を図るために制定された。なお「児童の権利に関する宣言」は、「児童憲章」制定の8年後の**1959**年に国際連合が採択した。

A 06

正解 3

A ○ 「児童の権利に関する条約」の第3条第1項では、「児童に関するすべての措置をとるに当たっては、公的若しくは私的な**社会福祉施設**、**裁判所**、行政当局又は立法機関のいずれによって行われるものであっても、児童の**最善の利益**が主として考慮されるものとする」と規定されている。

B ✕ 本条約における児童とは**18**歳未満のすべての者をいう。ただし、当該児童で、その者に適用される法律により、より早く成年に達したものを除く。

C ✕ 「児童の権利に関する条約」は、**1989（平成元）**年に国際連合で採択された。日本は、**1994（平成6）**年に「児童の権利に関する条約」を**批准**している。

D ○ 前文において「児童は**特別な保護**及び**援助**についての権利を享有することができることを宣明したことを想起し、家族が、社会の基礎的な集団として、並びに家族のすべての構成員、特に、児童の成長及び福祉のための自然な環境として、社会においてその責任を十分に引き受けることができるよう必要な保護及び援助を与えられるべきである」ことが記されている。

よく出るポイント ◆ **海外の児童福祉にかかわる人物③**

人名	主な業績
フレーベル	ドイツの教育家。著書『人間の教育』。世界最初の幼稚園設立。教育玩具を創作し恩物と名づけた
マリア・モンテッソーリ	イタリアの医師。保育施設「子どもの家」で、教育法（モンテッソーリ教育）を完成させる
J. アダムズ	アメリカのシカゴに「ハルハウス」を設立。そこを中心にセツルメント運動を広める
ボウルビィ	イギリスの児童精神科医。アタッチメント理論（愛着理論）を提唱した
ペスタロッチ	スイスの教育家。ルソーの影響を受け、孤児・民衆教育の改善に貢献。著書『隠者の夕暮』
オーベルラン	ドイツの牧師。フランスに貧しい農家の幼児のための「幼児保護所」を創設

③子ども家庭福祉の制度と実施体系

次の文は、児童福祉制度に関する記述である。正しいものを一つ選びなさい。

平成28年（後期）問6

1 「子ども・子育て支援法」は、保健・福祉・医療・教育・住宅・生活・安全など子どもや子育てに関する全ての施策を包含した総合的な法律で、平成22年度から全面施行された。
2 「子ども・子育て支援法」は、社会保障の中における子育て支援の比重を高める取り組みの一環で、所得税がその財源となっている。
3 「児童福祉法」は、福祉の本来的役割である子どもの貧困対策も包含し、子どもの貧困対策計画の策定根拠となっている。
4 「国及び地方公共団体は、児童の保護者とともに、児童を心身ともに健やかに育成する責任を負う」という条文は、「次世代育成支援対策推進法」の第1条である。
5 「児童福祉法」は、わが国で現在施行されている法律のうち、「福祉」の名を冠した最も古い法律である。

次のうち、法律における「児童」の年齢区分に関する記述として、適切な記述を○、不適切な記述を×とした場合の正しい組み合わせを一つ選びなさい。

令和3年（後期）問1

A 「児童手当法」で定められる「児童」とは、18歳未満の者である。
B 「児童買春、児童ポルノに係る行為等の規制及び処罰並びに児童の保護等に関する法律」で定められる「児童」とは、18歳未満の者を指す。
C 「母子及び父子並びに寡婦福祉法」で定められる「児童」とは、20歳未満の者である。

（組み合わせ）

	A	B	C
1	○	○	×
2	○	×	○
3	×	○	○
4	×	×	○
5	×	×	×

A 07

正解 5

1 × 子ども・子育て支援法は、2012（平成24）年に制定された。子ども・子育て関連3法（「子ども・子育て支援法」「認定こども園法の一部改正」「子ども・子育て支援法及び認定こども園法の一部改正の施行に伴う関係法律の整備等に関する法律」）に基づく。子ども・子育て関連3法の大部分は、2013（平成25）年4月から施行されているが、新制度のスタートは、2015（平成27）年4月からとなっている。また、子ども・子育て支援法は、**保護者の子育て支援に対する法律**であり、問題文の説明にあるような住宅・生活・安全等も含めた子育てに関するすべての施策を包含した総合的な法律ではない。

2 × 子ども・子育て支援法の財源は、**消費税率引き上げ**による、国および地方の恒久財源の確保を前提としている。所得税ではない。

3 × 児童福祉法の条文には貧困対策の内容は包含されていない。子どもの貧困対策については、2013（平成25）年に制定された**「子どもの貧困対策の推進に関する法律」**に規定されている。施行は2014（平成26）年1月である。

4 × 条文の内容は改正前の児童福祉法の第2条第3項の内容である。児童福祉法の第1条から第3条までは法律全体を通しての**理念**が示されており、おさえておく必要がある（160ページを参照）。

5 ○ 「児童福祉法」は、わが国で現在施行されている法律のうち、「福祉」の名を冠した最も古い法律であり、**1947（昭和22）年**に制定されている。次に、身体障害者福祉法が1949（昭和24）年に制定された。

A 08

正解 3

A × 「児童手当法」で定められる「児童」は、**18歳に達する日以後の最初の3月31日までの間にある者**を指しているため間違いである。ただし、支給対象は「**15歳**に達する日以後の最初の3月31日までの間にある児童（施設入所等児童を除く）」である点に注意する。

B ○ 「児童買春、児童ポルノに係る行為等の規制及び処罰並びに児童の保護等に関する法律」で定められる「児童」は、**18歳未満**の者である。

C ○ 「母子及び父子並びに寡婦福祉法」で定められる「児童」は**20歳未満**の者である。

なお、「児童福祉法」で定められる児童は、満18歳に満たない者をいい、児童を以下のように分けている。

1	乳児	**満1歳**に満たない者
2	幼児	**満1歳**から、**小学校就学の始期**に達するまでの者
3	**少年**	小学校就学の始期から、満18歳に達するまでの者

その他、「児童扶養手当法」の児童は、18歳に達する日以後の最初の3月31日までの間にある者、また「特別児童扶養手当法」では、20歳未満となっており、法律や制度によって対象となる年齢が異なることにも留意する必要がある。

次の文は、児童福祉に関連する法律についての記述である。（ A ）〜（ D ）にあてはまる語句を【語群】から選択した場合の正しい組み合わせを一つ選びなさい。

平成26年 問3改

- （ A ）法。この法律は、父母その他の保護者が子育てについての第一義的責任を有するという基本的認識の下に、児童を養育している者に（ A ）を支給することにより、家庭等における生活の安定に寄与するとともに、次代の社会を担う児童の健やかな成長に資することを目的とする。
- （ B ）。第1条において、「全て児童は、児童の権利に関する条約の精神にのつとり、適切に養育されること、その生活を保障されること、愛され、保護されること、その心身の健やかな成長及び発達並びにその自立が図られることその他の福祉を等しく保障される権利を有する。」と児童福祉の理念が述べられている。
- （ C ）。この法律は、母子家庭等及び寡婦の福祉に関する原理を明らかにするとともに、母子家庭等及び寡婦に対し、その生活の安定と向上のために必要な措置を講じ、もって母子家庭等及び寡婦の福祉を図ることを目的とする。
- （ D ）等の支給に関する法律。この法律は、精神又は身体に障害を有する児童について（ D ）を支給し、精神又は身体に重度の障害を有する児童に障害児福祉手当を支給するとともに、精神又は身体に著しく重度の障害を有する者に特別障害者手当を支給することにより、これらの者の福祉の増進を図ることを目的とする。

【語群】

ア	児童扶養手当	イ	少子化社会対策基本法
ウ	児童手当	エ	母子及び寡婦福祉法※
オ	母子保健法	カ	児童福祉法
キ	特別児童扶養手当		

（組み合わせ）

	A	B	C	D
1	ア	イ	エ	キ
2	ア	カ	エ	ウ
3	ウ	イ	オ	キ
4	ウ	カ	エ	キ
5	キ	カ	オ	ア

※母子及び寡婦福祉法は、2014（平成26）年に母子及び父子並びに寡婦福祉法に改称

A 09

正解 4

・（ A.**ウ 児童手当** ）法。この法律は、父母その他の保護者が子育てについての第一義的責任を有する基本的認識の下に、児童を養育している者に（ A.**ウ 児童手当** ）を支給することにより、家庭等における生活の安定に寄与するとともに、次代の社会を担う児童の健やかな成長に資することを目的とする。

・（ B.**カ 児童福祉法** ）。設問文のとおり第1条において児童福祉の理念が述べられている。

・（ C.**エ 母子及び寡婦福祉法** ）。この法律は、母子家庭等及び寡婦の福祉に関する原理を明らかにするとともに、母子家庭等及び寡婦に対し、その生活の安定と向上のために必要な措置を講じ、もって母子家庭等及び寡婦の福祉を図ることを目的とする。

・（ D.**キ 特別児童扶養手当** ）等の支給に関する法律。この法律は、精神又は身体に障害を有する児童について（ D.**キ 特別児童扶養手当** ）を支給し、精神又は身体に重度の障害を有する児童に障害児福祉手当を支給するとともに、精神又は身体に著しく重度の障害を有する者に特別障害者手当を支給することにより、これらの者の福祉の増進を図ることを目的とする。

Aの児童手当法は、**1971（昭和46）**年に制定された。児童の養育に対する現金給付が目的である。

Bの児童福祉法は、**1947（昭和22）**年に制定された。法律の対象児童は**すべての児童**であったが、制定当初は戦後であり**戦災孤児**の救済が大きな社会の課題であり、彼らの救済に児童福祉法は活用された。

Cは、1964（昭和39）年に**母子福祉法**として制定され、1981（昭和56）年に**母子及び寡婦福祉法**へ、2014（平成26）年に**母子及び父子並びに寡婦福祉法**へと名称変更となっている。

Dの特別児童扶養手当等の支給に関する法律において「障害児」とは、「**20歳未満**であって、所定の障害等級に該当する程度の障害の状態にある者」とされている。**1964（昭和39）**年に制定された。なお、児童福祉法での「障害児」の年齢についての定義は**18歳未満**である。

次の文は、放課後児童健全育成事業に関する記述である。適切な記述を一つ選びなさい。

平成31年（前期）問11

1 1つの支援の単位を構成する児童の数は、おおむね50人以下とする。
2 特別支援学校の小学部の児童は、本事業ではなく放課後等デイサービス事業を利用することとする。
3 本事業の実施主体は、市町村（特別区及び一部事務組合を含む。）とする。
4 放課後児童支援員は、保育士資格や教員免許取得者でなければならない。
5 対象児童は、保護者が労働等により昼間家庭にいない小学校低学年までとする。

次の【Ⅰ群】の種別と【Ⅱ群】の里親の委託児童数及び児童福祉施設の現員（令和3年3月末現在、厚生労働省家庭福祉課）を結びつけた場合の正しい組み合わせを一つ選びなさい。

平成31年（前期）問15改

【Ⅰ群】

A 里親委託（ファミリーホームを除く）
B 乳児院
C 児童心理治療施設
D 児童養護施設

【Ⅱ群】

ア 2,472人
イ 6,019人
ウ 23,631人
エ 1,321人

（組み合わせ）

	A	B	C	D
1	ア	イ	エ	ウ
2	イ	ア	エ	ウ
3	イ	エ	ア	ウ
4	エ	ア	ウ	イ
5	エ	ウ	ア	イ

◆児童福祉六法

児童福祉六法とは、下記にある法律を指す。

法律	制定年	目的、対象等
①児童福祉法	1947（昭和22）年	すべての子どもたちを対象に、子どもたちの健やかな心身の成長を目的としている法律
②児童扶養手当法	1961（昭和36）年	ひとり親家庭で子どもを育成している家庭生活の安定と自立促進のための手当を支給することを目的とした法律
③特別児童扶養手当等の支給に関する法律	1964（昭和39）年	精神または身体に障害のある子ども（20歳未満）へ福祉増進のための手当を支給することを目的とした法律
④母子及び父子並びに寡婦福祉法＊	1964（昭和39）年	母子家庭、父子家庭及び寡婦の生活の安定と向上、自立支援のための法律
⑤母子保健法	1965（昭和40）年	母性並びに乳児及び幼児の健康の保持及び増進を図るための法律。母子保健の原理、母性並びに乳児及び幼児に対する保健指導、健康診査、医療その他の措置を講じ、国民保健の向上に寄与することを目的としている
⑥児童手当法	1971（昭和46）年	児童を養育している者に児童手当を支給し、家庭等における生活の安定、次代の社会を担う児童の健やかな成長に資することを目的としている

＊2014（平成26）年に現在の名称に改称

A 10　　正解 3

1 ✕ 「放課後児童健全育成事業の設備及び運営に関する基準」では、支援の単位は、**放課後児童健全育成事業**における支援であって、その提供が同時に一又は複数の利用者に対して一体的に行われるものをいい、支援の単位を構成する児童の数は、**おおむね40人以下**とするとなっている。

2 ✕ 「放課後児童健全育成事業実施要綱」では、放課後児童健全育成事業の対象児童は、児童福祉法第6条の3第2項及び基準に基づき、保護者が労働等により昼間家庭にいない小学校に就学している児童とし、その他に**特別支援学校の小学部の児童**も加えることができるとされている。なお、「保護者が労働等」には、**保護者の疾病や介護・看護、障害**なども対象となることが明記されている。

3 〇 「放課後児童健全育成事業実施要綱」では、事業の実施主体は、**市町村（特別区及び一部事務組合を含む。）**としている。ただし、市町村が適切と認めた者に**委託等**を行うことができるものとすると記されている。

4 ✕ 「放課後児童健全育成事業の設備及び運営に関する基準」では、放課後児童支援員は、同基準の第10条第3項に当該するものであって、**都道府県知事等が行う研修を修了したもの**でなければならないとされている。

5 ✕ 「児童福祉法」では、対象児童は、「**小学校に就学している児童**であって、その保護者が労働等により昼間家庭にいないもの」とされている。小学校低学年までという規定はない。

A 11　　正解 2

A イ　**里親委託**（ファミリーホームを除く）は、6,019人（2021（令和3）年3月現在）になる。**ファミリーホーム**の委託児童数は2021（令和3）年3月現在、**1,688人**である。

B ア　**乳児院**は、2,472人（2021（令和3）年3月現在）になる。

C エ　**児童心理治療施設**は、1,321人（2021（令和3）年3月現在）になる。

D ウ　**児童養護施設**は、2万3,631人（2021（令和3）年3月現在）になる。

◆放課後児童支援員の条件

放課後児童支援員は以下の3つに該当するものでなければならない（「放課後児童健全育成事業の設備及び運営に関する基準」第10条第3項より）。
・保育士、社会福祉士、幼稚園、小学校、中学校、義務教育学校、高等学校又は中等教育学校の教諭となる資格を有する者、学校教育法の規定による大学において、社会福祉学、心理学、教育学、社会学、芸術学若しくは体育学を専修する学科又はこれらに相当する課程を修めて卒業した者、高等学校卒業者等であり、かつ、二年以上放課後児童健全育成事業に類似する事業に従事したもの
・都道府県知事が行う研修を修了したもの
・市町村長が適当と認めたもの

次の文は、「配偶者からの暴力の防止及び被害者の保護等に関する法律」の前文の一部である。（ A ）・（ B ）にあてはまる語句の正しい組み合わせを一つ選びなさい。

令和元年（後期）問7

我が国においては、日本国憲法に個人の尊重と法の下の平等がうたわれ、（ A ）と（ B ）に向けた取組が行われている。

ところが、配偶者からの暴力は、犯罪となる行為をも含む重大な人権侵害であるにもかかわらず、被害者の救済が必ずしも十分に行われてこなかった。また、配偶者からの暴力の被害者は、多くの場合女性であり、経済的自立が困難である女性に対して配偶者が暴力を加えることは、個人の尊厳を害し、（ B ）の妨げとなっている。

（組み合わせ）

	A	B
1	虐待の防止	社会福祉の推進
2	虐待の防止	民主主義の実現
3	人権の擁護	男女平等の実現
4	人権の擁護	社会福祉の推進
5	生存権の保障	男女平等の実現

◆こども基本法とこども家庭庁

2022（令和4）年に「**こども基本法**」と「**こども家庭庁設置法**」が成立した。「こども基本法」では、次の6点が基本理念として謳われている。施行は2023（令和5）年4月であり、2023（令和5）年の後期試験を受ける場合は試験範囲に含まれるので、以下の内容を押さえておきたい。

1) こどもの**基本的人権の尊重と差別の禁止**
2) **適切な養育と生活の保障**、愛され保護されること、成長や発達、自立などの権利や**教育の機会**が保障されること
3) **意見を表明したり**社会的活動に参画したりする機会が確保されること
4) こどもの意見を尊重し、**最善の利益を優先して考慮されること**
5) こどもの養育は**父母その他の保護者が第一義的責任を持ち**、家庭での養育が難しい場合は、できる限り同様の養育環境を確保することにより**心身ともに健やかに育成されること**
6) 子育てに伴う喜びを実感できる社会環境の整備をすること

また、「こども家庭庁設置法」では、こどもの最善の利益を第一に考え、こどもの権利を保障し、こどもを誰一人取り残さず、健やかな成長を社会全体で後押しするために、**こどもまんなか社会**の実現に向けた「こども家庭庁」の設置が明記された。

A 12

正解 3

我が国においては、日本国憲法に個人の尊重と法の下の平等がうたわれ、（ A.**人権の擁護** ）と（ B.**男女平等の実現** ）に向けた取組が行われている。

ところが、配偶者からの暴力は、犯罪となる行為をも含む重大な人権侵害であるにもかかわらず、被害者の救済が必ずしも十分に行われてこなかった。また、配偶者からの暴力の被害者は、多くの場合女性であり、経済的自立が困難である女性に対して配偶者が暴力を加えることは、個人の尊厳を害し、（ B.**男女平等の実現** ）の妨げとなっている。

近年頻出している法律なので、前文以外も理解しておきたい。第1条では「配偶者からの暴力」の定義などについて規定されており、第2条では、「**国及び地方公共団体**は、配偶者からの暴力を防止するとともに、**被害者の自立**を支援することを含め、その適切な保護を図る責務を有する」と規定されている。

✎ よく出るポイント ◆ 児童福祉に関する法制度

年度	法律	目的、対象等
1947（昭和22）年	児童福祉法	児童の福祉の向上
1956（昭和31）年	売春防止法	売春助長行為の禁止、売春を行うおそれのある女子の補導、保護更生
1961（昭和36）年	児童扶養手当法	ひとり親家庭の子ども
1964（昭和39）年	特別児童扶養手当法（略称）	精神または身体に障害がある子ども（20歳未満）
	母子福祉法（現在の母子及び父子並びに寡婦福祉法）	母子家庭、父子家庭、寡婦の生活の安定
1965（昭和40）年	母子保健法	母性並びに乳児及び幼児の健康の保持及び増進
1971（昭和46）年	児童手当法	子どもを養育している者の家庭生活の安定と次代の社会を担う児童の成長。中学校修了までの国内に住所を有する子どもが対象で、所得制限が設けられている
1999（平成11）年	児童買春、児童ポルノに係る行為等の規制及び処罰並びに児童の保護等に関する法律	子どもへの性的搾取・権利侵害の禁止
2000（平成12）年	児童虐待の防止等に関する法律	子どもへの虐待の予防と禁止
2001（平成13）年	配偶者からの暴力の防止及び被害者の保護等に関する法律	配偶者からの暴力防止、被害者保護
2003（平成15）年	次世代育成支援対策推進法	次世代の育成対策
	少子化社会対策基本法	少子化問題への対策
2004（平成16）年	発達障害者支援法	発達障害者の自立と社会参加支援、発達障害児の早期発見と発達支援
2009（平成21）年	子ども・若者育成支援推進法	子ども・若者をめぐる環境の悪化、ひきこもり、不登校、発達障害等への対応。子ども・若者の育成支援の施策の推進
2012（平成24）年	子ども・子育て関連3法	子ども・子育て支援新制度
2013（平成25）年	子どもの貧困対策の推進に関する法律	貧困状況にある子どもたちが健やかに育成される環境の整備、教育の機会均等
	いじめ防止対策推進法	児童の尊厳を保持するため、いじめの防止・早期発見・対策に対する国、地方公共団体の責務を規定
2018（平成30）年	成育医療等基本法（略称）	成育過程にある者及びその保護者並びに妊産婦に対し必要な成育医療等を切れ目なく提供するための施策の推進

3

子ども家庭福祉

119

Q13 次の【Ⅰ群】の施設名と【Ⅱ群】の説明を結びつけた場合の正しい組み合わせを一つ選びなさい。

平成26年 問4改

【Ⅰ群】

A 福祉型障害児入所施設
B 福祉型児童発達支援センター
C 児童自立支援施設
D 児童心理治療施設（旧：情緒障害児短期治療施設）
E 母子生活支援施設

【Ⅱ群】

ア 軽度の情緒障害を有する児童を、短期間、入所させ、又は保護者の下から通わせて、その情緒障害を治し、あわせて退所した者について相談その他の援助を行うことを目的とする施設である。

イ 障害児を入所させて、保護、日常生活の指導及び独立自活に必要な知識技能を付与することを目的とする施設である。

ウ 障害児を日々保護者の下から通わせて、日常生活における基本的動作の指導、独立自活に必要な知識技能の付与又は集団生活への適応のための訓練を提供することを目的とする施設である。

エ 配偶者のない女子又はこれに準ずる事情にある女子及びその者の監護すべき児童を入所させて、これらの者を保護するとともに、これらの者の自立の促進のためにその生活を支援し、あわせて退所した者について相談その他の援助を行うことを目的とする施設である。

オ 不良行為をなし、又はなすおそれのある児童及び家庭環境その他の環境上の理由により生活指導等を要する児童を入所させ、又は保護者の下から通わせて、個々の児童の状況に応じて必要な指導を行い、その自立を支援し、あわせて退所した者について相談その他の援助を行うことを目的とする施設である。

（組み合わせ）

	A	B	C	D	E
1	イ	ウ	オ	ア	エ
2	イ	ウ	オ	エ	ア
3	ウ	イ	オ	ア	エ
4	ウ	イ	オ	エ	ア
5	オ	ウ	イ	ア	エ

A 13

正解 1

A イ 福祉型障害児入所施設は、障害児を入所させて、保護、**日常生活**の指導及び**独立自活**に必要な知識技能を付与することを目的としている。また、**医療型障害児入所施設**は、上記内容の他**治療**が含まれている。

B ウ 児童発達支援センターは**通所型**の施設になるため、障害児を日々保護者の下から通わせて、支援を提供することを目的としている。障害児入所施設と同様に**福祉型**と**医療型**に分かれている。

C オ 児童自立支援施設は、不良行為をなし、またはなすおそれのある児童へ生活指導・自立支援を行う施設である。**1997（平成9）**年の児童福祉法改正で**教護院**から**児童自立支援施設**に改称された。

D ア 児童心理治療施設は、子どもに対する総合的な**心理療育**（心理治療、教育、生活指導、学校との連携）と家族への**子育て支援**ができる施設である。

E エ 母子生活支援施設は、**1998（平成10）**年の児童福祉法改正により「**母子寮**」から現在の名称に改称された。母子の**生活支援**と**自立支援**を行う施設であり、緊急一時保護事業も行っている。

加点のポイント ◆児童福祉施設の種類

施設名	特徴
①助産施設	経済的理由により入院、助産を受けられない妊産婦を入所させ、助産を受けさせる施設
②乳児院	乳児を入院させて養育し、退所した者について相談、援助を行う施設
③母子生活支援施設	配偶者のない女子等、その者の児童を入所、保護して、自立支援や生活支援を行う施設
④保育所	保育を必要とする乳児、幼児を保護者の下から通わせて保育を行う施設
⑤幼保連携型認定こども園	満3歳以上の幼児の教育と、保育を必要とする乳児、幼児の保育を一体的に行う施設
⑥児童厚生施設	児童遊園、児童館等、児童に健全な遊びを与えて、健康増進、情操を豊かにする施設
⑦児童養護施設	保護者のない児童、被虐待児童等、環境上養護を要する児童を入所させて、養護する施設
⑧障害児入所施設（福祉型・医療型）	障害児を入所させて支援を行う施設
⑨児童発達支援センター（福祉型・医療型）	障害児を保護者の下から通わせて、支援を行う施設
⑩児童心理治療施設	家庭環境、学校における交友関係等の理由により、社会生活への適応が困難になった児童を入所・通所させて心理治療や生活指導を行う施設
⑪児童自立支援施設	不良行為をなし、またはなすおそれのある児童等を入所、通所させて指導や自立支援を行う施設
⑫児童家庭支援センター	児童に関する家庭等からの相談について、助言、援助を総合的に行う施設

次の文は、児童家庭福祉における実施機関についての記述である。正しいものを一つ選びなさい。　平成27年（地域限定）問13

1 児童相談所が設置されているのは、都道府県と政令指定都市に限られる。
2 国、都道府県、市町村はそれぞれで児童福祉審議会を設置しなければならない。
3 平成2年の「児童虐待の防止等に関する法律」の制定に伴い、市町村は児童家庭相談の一義的な相談機関と位置づけられるようになった。
4 乳児家庭全戸訪問事業や養育支援訪問事業などを行う実施主体は、市町村である。
5 市町村は児童虐待に対する相談が寄せられた場合、48時間以内に立入調査を行うこととされている。

次の文は、「児童福祉施設の設備及び運営に関する基準」（昭和23年厚生省令第63号）第23条の一部である。（ A ）～（ C ）にあてはまる語句の正しい組み合わせを一つ選びなさい。　平成27年（地域限定）問11

第23条
　乳児院における養育は、乳幼児の心身及び社会性の健全な発達を促進し、その（ A ）の形成に資することとなるものでなければならない。
　　2　養育の内容は、乳幼児の年齢及び発達の段階に応じて必要な授乳、食事、排泄、沐浴、入浴、外気浴、睡眠、遊び及び運動のほか、健康状態の把握、第12条第1項に規定する健康診断及び必要に応じ行う感染症等の（ B ）を含むものとする。
　　3　乳児院における家庭環境の調整は、乳幼児の家庭の状況に応じ、親子関係の（ C ）等が図られるように行わなければならない。

（組み合わせ）

	A	B	C
1	身体	治療	改善
2	身体	治療	再構築
3	人格	治療	改善
4	人格	予防処置	改善
5	人格	予防処置	再構築

◆児童虐待防止対策におけるルールの徹底について
虐待による子ども死亡事件が後を絶たないことから、子どもの安全確認ができない場合の対応徹底の通知「児童虐待防止対策におけるルールの徹底について」が2019（令和元）年に厚生労働省より発出されている。通知には「虐待通告受理後、原則48時間以内に児童相談所や関係機関において、直接子どもの様子を確認するなど安全確認を実施する」ことが明記されている。

A 14

正解 4

1 × 児童相談所は、都道府県、政令指定都市及び**児童相談所設置市**に設置される。2017（平成29）年施行の改正児童福祉法により、政令で定める特別区についても政令による指定を受けて児童相談所を設置することができる。また、政府は、中核市・特別区が児童相談所を設置できるよう、改正法の施行後5年を目途に必要な支援をする。

2 × 都道府県、指定都市には設置が義務付けられているが、市町村においては任意設置となっている。なお、国には設置義務はない。

3 × 2004（平成16）年の**児童福祉法改正**により市町村が一義的な相談機関として位置づけられている。児童虐待の防止等に関する法律の規定ではない。

4 ○ 乳児家庭全戸訪問事業や養育支援訪問事業などを行う実施主体は、市町村（特別区及び一部事務組合を含む）である。事業の実施主体は市町村であるが、**事業の委託**も行っており、委託に関する詳細については**乳児家庭全戸訪問事業ガイドライン**と、**養育支援訪問事業ガイドライン**に記載されている。

5 × 48時間以内に立入調査をすることとは規定されていない。**児童相談所運営指針**において「安全確認は、児童相談所職員又は児童相談所が依頼した者により、子どもを直接目視することにより行うことを基本とし、（中略）通告受理後、各自治体ごとに定めた所定時間内に実施することとする。当該所定時間は、各自治体ごとに、地域の実情に応じて設定することとするが、迅速な対応を確保する観点から、『48時間以内とする』ことが**望ましい**」とされている。

A 15

正解 5

第23条

　乳児院における養育は、乳幼児の心身及び社会性の健全な発達を促進し、その（ A.**人格** ）の形成に資することとなるものでなければならない。

　　2　養育の内容は、乳幼児の年齢及び発達の段階に応じて必要な授乳、食事、排泄、沐浴、入浴、外気浴、睡眠、遊び及び運動の他、健康状態の把握、第12条第1項に規定する健康診断及び必要に応じ行う感染症等の（ B.**予防処置** ）を含むものとする。

　　3　乳児院における家庭環境の調整は、乳幼児の家庭の状況に応じ、親子関係の（ C.**再構築** ）等が図られるように行わなければならない。

「児童福祉施設の設備及び運営に関する基準」の問題は頻出している。乳児院の養育に関する内容は確認しておく必要がある。配置人数は以下の通りになる。

看護師の数は、乳児及び**満2歳**に満たない幼児に対して、おおむね**1.6**人につき1人以上の配置である。満2歳以上満3歳に満たない幼児に対しては、おおむね**2**人につき1人以上の配置、満3歳以上の幼児に対して、おおむね**4**人につき1人以上の配置となっている。看護師は保育士または児童指導員をもってこれに代えることができるが、乳幼児10人の乳児院には、看護師が**2**人以上の配置となる。乳幼児が10人を超える場合は、おおむね10人増すごとに、さらに1人以上追加という形で、看護師を置かなければならない。

Q16 次の文は、児童家庭福祉の専門職及び実施者に関する記述である。法令、通知等に照らして適切な記述を○、不適切な記述を×とした場合の正しい組み合わせを一つ選びなさい。 　平成26年 問7改

A 家庭支援専門相談員はファミリーソーシャルワーカーともいい、乳児院、児童養護施設、児童心理治療施設、児童自立支援施設、児童相談所に配置されることとなっている。

B 家庭相談員は、都道府県または市町村の福祉事務所に設置される家庭児童相談室に配置される職員である。

C 児童指導員は、児童養護施設、福祉型障害児入所施設、医療型障害児入所施設、福祉型児童発達支援センター、医療型児童発達支援センター、児童心理治療施設に配置しなければならない。

D 児童福祉司は、児童相談所に配置が義務づけられており、児童の保護や福祉に関する相談に応じ、専門的技術に基づいて必要な指導を行う。

（組み合わせ）

	A	B	C	D
1	○	○	×	×
2	○	×	×	×
3	×	○	○	○
4	×	○	×	○
5	×	×	○	○

Q17 次の文は、「児童福祉法」第14条第2項の一部である。（　）にあてはまるものとして正しいものを一つ選びなさい。　令和3年（後期）問9

（　　　）は、その担当区域内における児童に関し、必要な事項につき、その担当区域を管轄する児童相談所長又は市町村長にその状況を通知し、併せて意見を述べなければならない。

1 保健師
2 民生委員
3 主任児童委員
4 専門里親
5 児童福祉司

A 16

正解 3

A ✕ 家庭支援専門相談員（ファミリーソーシャルワーカー）は、児童相談所への配置はされていない。**乳児院、児童養護施設、児童心理治療施設、児童自立支援施設**に配置されている。

B ○ 家庭相談員は、都道府県または市町村の**福祉事務所**に設置される**家庭児童相談室**に配置され、子どもを育てる上でいろいろな問題を抱えている**親**に対し、助言や指導を行う。

C ○ **児童福祉施設の設備及び運営に関する基準**には児童指導員を児童養護施設、福祉型障害児入所施設、医療型障害児入所施設、福祉型児童発達支援センター、医療型児童発達支援センター、児童心理治療施設に配置することが義務付けられている。

D ○ 児童福祉司は**児童相談所**に配置が義務付けられている。**児童福祉法**施行令第3条で、各児童相談所の管轄地域の人口3万人に1人以上（児童福祉法改正　2019（平成31）年4月1日施行）を配置することを基本として規定されている。全国平均より虐待対応の発生率が高い場合には、業務量（児童虐待相談対応件数）に応じて上乗せを行うこととして政令に規定されている。

A 17

正解 5

1 ✕ 「保健師」は保健師の名称を用いて保健指導を行う国家資格である。地域社会や人々の健康維持、病気の予防のため、**乳幼児**の**健康診査**や**母子相談**、また窓口や電話相談への対応だけでなく、**乳児全戸家庭訪問事業**や**養育支援訪問事業**を行っている。

2 ✕ 「民生委員」は**厚生労働大臣**から委嘱された非常勤の地方公務員である。地域住民の相談に乗ったり、社会福祉の制度やサービスの情報提供をしたりするなど、地域福祉の担い手として**ボランティア**で活動している。任期は3年である。

3 ✕ 「主任児童委員」は**民生委員（児童委員）**の中から厚生労働大臣によって指名され、児童の福祉に関する機関と児童委員との連絡調整や児童委員の活動に対する援助及び協力を行っている。

4 ✕ 「専門里親」は、児童虐待等の行為により心身に有害な影響を受けた児童や非行等の問題を有する児童、身体障害、知的障害または精神障害がある児童等、**専門的ケア**を必要とする児童を養育する里親である。

5 ○ 「児童福祉司」の業務は、説明文の通りである。また、子どもや保護者から子どもの福祉に関する相談に応じ、必要に応じた支援や指導を行う。**児童相談所**に配置されている。

加点の ポイント ◆ **児童虐待防止対策の強化**

「児童虐待防止対策体制総合強化プラン」（2018（平成30）年12月18日児童虐待防止対策に関する関係府省庁連絡会議決定）が取りまとめられ、児童福祉司の配置標準の見直しで、2017（平成29）年度の約3,240人から2022（令和4）年度までに全国で2,020人程度増員が示された。児童相談所の管轄区域の人口を4万人から3万人に見直すことが明記されている。

④子ども家庭福祉の現状と課題

次の【Ⅰ群】の次世代育成支援対策に関する事項と【Ⅱ群】の記述を結びつけた場合の正しい組み合わせを一つ選びなさい。

平成27年(地域限定) 問15

【Ⅰ群】
A 次世代育成支援対策推進法
B エンゼルプラン
C 次世代育成支援対策推進センター
D 市町村行動計画
E 少子化対策プラスワン

【Ⅱ群】
ア 地域における子育ての支援、母性並びに乳児及び幼児の健康の確保及び増進、子どもの心身の健やかな成長に資する教育環境の整備、子どもを育成する家庭に適した良質な住宅及び良好な居住環境の確保、職業生活と家庭生活との両立の推進その他の次世代育成支援対策の実施に関するもの。
イ 「夫婦出生力の低下」という新たな現象を踏まえ、少子化の流れを変えるため、少子化対策推進基本方針の下で、もう一段の少子化対策を推進。「子育てと仕事の両立支援」が中心であった従前の対策に加え、「男性を含めた働き方の見直し」など4つの柱に沿った対策を総合的かつ計画的に推進するものとして、平成14年にまとめられた。
ウ 平成15年に公布され、次世代育成支援対策を迅速かつ重点的に推進し、もって次代の社会を担う子どもが健やかに生まれ、かつ、育成される社会の形成に資することを目的とするもの。
エ 一般事業主行動計画の策定及び実施に関し、一般事業主その他の関係者に対し、雇用環境の整備に関する相談その他の援助の業務を行うもの。
オ 平成6年に策定され、今後10年間に取り組むべき基本的方向と重点施策を定めたもの。正式な名称は、「今後の子育て支援のための施策の基本的方向について」である。

(組み合わせ)

	A	B	C	D	E
1	ア	イ	エ	オ	ウ
2	ウ	ア	エ	イ	オ
3	ウ	イ	エ	ア	オ
4	ウ	オ	エ	ア	イ
5	エ	オ	ウ	ア	イ

A 18

正解 4

A ウ 次世代育成支援対策推進法は、10年間の時限立法であったが、**2014（平成26）年**に一部改正され、2025（令和7）年までさらに10年間延長されている。基本理念では、次世代育成支援対策は、保護者が子育てについての**第一義的な責任**を有するという基本的認識の下に、家庭その他の場において、子育ての意義についての理解が深められ、かつ、子育てに伴う**喜び**が実感されるように配慮して行われなければならないとされている。

B オ エンゼルプランは1989（平成元）年の人口動態統計において、合計特殊出生率が**1.57**になったことから策定された。これを**1.57ショック**という。

C エ 次世代育成支援対策推進センターとは、次世代育成支援対策推進法によって事業主が策定することとされている「**一般事業主行動計画**」の策定・実施を支援するための、事業主の団体や連合団体を指す。同センターは**厚生労働大臣**に指定される。また、地域別や業種別の団体等、一定の要件を満たすものを、団体の申請に基づき指定すると規定されている。

D ア 市町村行動計画は、市町村が行動計画策定指針に即して、5年ごとに当該市町村の事務及び事業に関し、5年を1期として計画を策定する。

E イ 少子化対策プラスワンは、厚生労働省が総合少子化対策として提示したものである。子どもの**看護**のための休暇制度、子どもの養育を理由にした**勤務時間短縮**等の措置導入の促進にも重点が置かれている。

加点のポイント ◆日本の少子化対策・子育て支援策、法律等のまとめ

名称	施行年度等
エンゼルプラン	1994（平成6）年
新エンゼルプラン	1999（平成11）年
少子化対策プラスワン	2002（平成14）年
少子化社会対策基本法	2003（平成15）年
次世代育成支援対策推進法	2003（平成15）年
子ども・子育て応援プラン	2004（平成16）年
「子どもと家族を応援する日本」重点戦略	2007（平成19）年
子ども・子育てビジョン	2010（平成22）年
子ども・子育て関連3法	2012（平成24）年
次世代育成支援対策推進法の延長	2014（平成26）年
子ども・子育て支援新制度	2015（平成27）年
ニッポン一億総活躍プラン	2016（平成28）年
働き方改革実行計画	2017（平成29）年
子育て安心プラン	2017（平成29）年
新しい経済政策パッケージ	2017（平成29）年
新子育て安心プラン	2020（令和2）年

次の【Ⅰ群】の少子化対策に関する名称と、【Ⅱ群】の内容を結び付けた場合の正しい組み合わせを一つ選びなさい。

平成30年（後期）問2

【Ⅰ群】
A ニッポン一億総活躍プラン
B 子ども・子育て応援プラン
C エンゼルプラン

【Ⅱ群】
ア 「少子化社会対策大綱」に盛り込まれた施策の効果的な推進を図るため、国が地方公共団体や企業等とともに計画的に取り組む必要がある事項について、2005（平成17）年度から2009（平成21）年度までの5年間に講ずる具体的な施策内容と目標を掲げた。
イ 1999（平成11）年の「少子化対策推進基本方針」とこれに基づく重点施策の具体的な実施計画であり、「重点的に推進すべき少子化対策の具体的実施計画について」として策定された。
ウ 「希望出生率1.8」の実現に向け、多様な保育サービスの充実、働き方改革の推進、希望する教育を受けることを阻む制約の克服等の対応策を掲げた。
エ 1990（平成2）年の「1.57ショック」を契機に、仕事と子育ての両立支援など子どもを生み育てやすい環境づくりに向けて、基本的方向と重点施策を定めた。

（組み合わせ）
```
    A   B   C
1   ア  イ  ウ
2   イ  ア  エ
3   イ  エ  ア
4   ウ  ア  エ
5   ウ  エ  イ
```

A 19

正解 **4**

A ウ ニッポン一億総活躍プランでは、夢をつむぐ子育て支援を行い「**希望出生率1.8**」の実現に向けて、多様な保育サービスの充実（保育の受け皿の拡充・保育士の処遇改善）、働き方改革推進（同一労働同一賃金の実現など非正規雇用（我が国労働者の約4割）の待遇改善・長時間労働の改善）、希望する教育を受けることを阻む制約の克服（奨学金・教育相談機能の強化・地域未来塾の整備）が挙げられている。

B ア 少子化社会対策大綱の具体的実施計画（**子ども・子育て応援プラン**）は、少子化社会対策基本法の趣旨や少子化社会対策大綱の内容に加えて、次世代育成支援対策推進法に基づき、市町村と都道府県、従業員301人以上の企業等に対して次世代育成支援に関する**行動計画の策定**等が義務付けられたことと関連づけて策定された。2005（平成17）年度から2009（平成21）年度までの5年間に講ずる具体的な施策内容と目標を掲げている。「従業員301人以上の企業等に対して次世代育成支援に関する行動計画の策定等が義務付けられた」という記載は、子ども・子育て応援プラン策定時のものであり、現在は**従業員101人以上**の企業等に対して次世代育成支援に関する行動計画の策定等が義務付けられている。

C エ 「今後の子育て支援のための施策の基本的方向について（エンゼルプラン）」とは、1990（平成2）年の「**1.57ショック**」すなわち合計特殊出生率が1989（平成元）年に1.58を下回る1.57という過去最低の数値を記録したことから、1994（平成6）年に（文部・厚生・労働・建設省の4大臣合意により）策定された。これにより少子化対策が推進された。

イ の説明は、新エンゼルプランの内容である。1999（平成11）年、「少子化対策推進基本方針」（少子化対策推進関係閣僚会議決定）と、この方針に基づく重点施策の具体的実施計画として「重点的に推進すべき少子化対策の具体的実施計画について」（新エンゼルプラン）（大蔵、文部、厚生、労働、建設、自治の6大臣合意）が策定された。

加点のポイント ◆若者支援に関する組織・施設

①**ひきこもり地域支援センター**：引きこもりに関する専門的第一次相談窓口として、都道府県、指定都市に設置されている。厚生労働省が整備を推進している。

②**地域若者サポートステーション**：厚生労働省が委託した全国の若者支援の実績やノウハウがあるNPO法人、株式会社等により実施されている「身近に相談できる機関」であり、就労支援を行っている。全ての都道府県に必ず設置されている。働くことに悩みを抱えている15歳から49歳までの若者支援を行う。

③**子ども・若者支援地域協議会**：内閣府は、各地域の実情に応じて段階的に子ども・若者育成支援推進法第19条第1項に規定する「子ども・若者支援地域協議会」の設置を促進している。子ども・若者支援地域協議会は、子ども・若者への支援が適切に行われるよう、必要な知見を有する相談員（ユースアドバイザー）を養成することを目的の一つとしている。

次の文は、「次世代育成支援対策推進法」に関する記述である。適切な記述を○、不適切な記述を×とした場合の正しい組み合わせを一つ選びなさい。

平成27年 問7

A 本法に基づく子どもや子育て家庭のための計画は、自治体が策定する行動計画と事業主が策定する行動計画の2つに大別され、さらに自治体が策定する行動計画は市町村行動計画と都道府県行動計画に、事業主が策定する行動計画は一般事業主行動計画と特定事業主行動計画に分けられる。

B 一般事業主行動計画は3年を1期として策定するようになっているが、同様に市町村は、行動計画策定指針に即して3年を1期として市町村行動計画を策定することとされている。

C 地方公共団体、事業主、住民その他の次世代育成支援対策の推進を図るための活動を行う者は、地域における次世代育成支援対策の推進に関し必要となるべき措置について協議するため、次世代育成支援対策地域協議会を組織することができる。

D 一般事業主で、常時雇用する労働者の数が100人を超えるものは、行動計画策定指針に即して、一般事業主行動計画を策定し、厚生労働省令で定めるところにより、厚生労働大臣にその旨を届け出なければならない。

（組み合わせ）

	A	B	C	D
1	○	○	○	×
2	○	○	×	○
3	○	×	○	○
4	×	○	○	○
5	×	○	○	×

次の文のうち、放課後児童対策に関する記述として適切な記述を○、不適切な記述を×とした場合の正しい組み合わせを一つ選びなさい。

令和3年（前期）問3

A 「放課後児童健全育成事業」とは、小学校に就学している児童であって、保護者が労働等により昼間家庭にいないものに、授業の終了後に児童厚生施設等の施設を利用して適切な遊び及び生活の場を与えて、その健全な育成を図る事業をいう。

B 2014（平成26）年に、文部科学省と厚生労働省が共同で「放課後子ども総合プラン」を策定した。

C 「新・放課後子ども総合プラン」では、放課後児童クラブと保育所を一体的に、または連携して実施することを目指している。

（組み合わせ）

	A	B	C
1	○	○	○
2	○	○	×
3	○	×	○
4	×	○	×
5	×	×	○

A 20

正解 3

A ○ 次世代育成支援対策推進法では、次世代育成支援対策に関し、基本理念を定めて、国、地方公共団体、事業主、**国民の責務**を明らかにしている。また「行動計画策定指針」では、地方公共団体及び事業主の「行動計画の策定」について定められている。事業主が策定する行動計画の中にある**特定事業主**とは、「国及び地方公共団体の機関、それらの長又はそれらの職員で政令で定めるもの」と規定されている。

B × 一般事業主行動計画は、策定するように定められているが、３年を１期として策定するという規定はない。市町村は、行動計画策定指針に即して**５**年を１期として市町村行動計画を策定することとされている。また、都道府県行動計画も、**５**年を１期として策定することとされている。

C ○ 次世代育成支援対策地域協議会の主な活動は、行動計画の実施状況の把握、点検及び見直し、**子育て支援に関するさまざまな問題提起や具体的提案**である。子育て支援に関する関係者及び関係機関相互の連絡調整等も行う。

D ○ 一般事業主で、常時雇用する労働者の数が**100人を超える**（101人以上）ものは、**一般事業主行動計画**を策定し厚生労働大臣に届け出なければならない（**義務**）。なお、一般事業主で、常時雇用する労働者の数が100人以下のものは、行動計画策定指針に即して、一般事業主行動計画を策定し、厚生労働省令で定めるところにより、**厚生労働大臣**にその旨を届け出るよう努めなければならない（**努力義務**）。一般事業主行動計画においては、計画期間、次世代育成支援対策の実施により達成しようとする目標、実施しようとする次世代育成支援対策の内容及びその実施時期を定めなくてはならない。

A 21

正解 2

A ○ 説明文は児童福祉法第６条の３第２項の**放課後児童健全育成事業**（放課後児童クラブ）の説明である。放課後児童健全育成事業の設置状況は全国で２万6,925か所である（2021（令和３）年５月１日現在）。

B ○ 「放課後子ども総合プラン」は、共働き家庭等の「小１の壁」を打破するとともに次代を担う人材を育成するため、すべての就学児童が放課後を安心・安全に過ごし、多様な体験・活動を行うことができるよう、総合的な放課後対策に取り組むことを目的に策定された。

C × 「新・放課後子ども総合プラン」では、**放課後児童クラブと放課後子ども教室**の２つの事業を**一体的**にまたは連携して実施し、うち小学校内で**一体型として１万か所以上**で実施することを目指している。

次の文は、保育の事業に関する記述である。正しいものを一つ選びなさい。

平成27年 問19

1 保育の質の確保の観点から、預かり保育を幼稚園が実施することは認められていない。
2 夜間保育事業は国の施策に盛り込まれておらず、そのため夜間保育はベビーホテルのみが行っている。
3 保育所に勤務する保育士は、乳児、幼児等の保育に関する相談に応じ、及び助言を行うために必要な知識及び技能の修得、維持及び向上に努めなければならない。
4 低年齢児の保育需要の増大に対応するため、ベビーシッター事業が「児童福祉法」に法定化されている。
5 認定こども園は、基本的に幼児教育を行う場であって、保育を行うことができない。

 次のうち、「子ども・子育て支援法」における地域子ども・子育て支援事業を構成する事業として、誤ったものを一つ選びなさい。

平成30年（後期）問6

1 多様な事業者の参入促進・能力活用事業
2 放課後児童健全育成事業
3 児童館事業
4 妊婦健康診査
5 利用者支援事業

A 22

正解 3

1 × 幼稚園の預かり保育については、**一時預かり事業**として取り扱われる。預かり保育に対しては私学助成等により財政支援が行われている。

2 × 夜間保育は**11時間**の開所が可能となり、おおむね11時から22時頃までの夜間保育事業が行われている。入所定員は、**20名以上**とすることと規定されている。夜間保育所を行う保育所は、夜間保育のみを行う夜間保育専門の保育所及び既存の施設（保育所、乳児院、母子生活支援施設等）に併設された保育所を原則としている。ベビーホテルのみが実施しているわけではない。

3 ○ **児童福祉法**第48条の4第2項に規定されている。「保育所に勤務する保育士は、乳児、幼児等の保育に関する**相談**に応じ、及び**助言**を行うために必要な知識及び技能の修得、維持及び向上に努めなければならない」。

4 × **ベビーシッター事業**は児童福祉法において法定化されていない。

5 × 認定こども園とは、**幼稚園**の機能と**保育所**の機能の両方を合わせて持つ単一の施設で小学校就学前の子どもの教育・保育・子育て支援を一体的に提供する施設である。

A 23

正解 3

1 ○ 多様な事業者の参入促進・能力活用事業とは、新規参入事業者に対する相談・助言等の巡回支援や、私学助成（幼稚園特別支援教育経費）や障害児保育事業の対象とならない特別な支援が必要な子どもを認定こども園で受け入れるための職員の確保を促進するための事業である。

2 ○ 放課後児童健全育成事業（放課後児童クラブ）とは、保護者が**労働等**により**昼間家庭**にいない**小学校**に就学している児童に対し、授業の終了後等に小学校の余裕教室や児童館等において適切な遊び及び生活の場を与えて、その健全な育成を図る事業のことである。

3 × 児童館事業は地域子ども・子育て支援事業を構成する事業に含まれない。児童館は**児童福祉施設**である。児童福祉法第40条による屋内型の児童厚生施設（他に屋外型の児童遊園あり）であり、子どもに健全な遊びを提供して、その心身の健康を増進し情操を豊かにすることを目的としている。

4 ○ 妊婦の健康の保持及び増進を図るため、妊婦に対する健康診査として、①健康状態の把握、②検査計測、③保健指導を実施するとともに、妊娠期間中の適時に必要に応じた医学的検査を実施する事業である。

5 ○ 利用者支援事業とは、子どもや保護者の身近な場所で、教育・保育施設や地域の子育て支援事業等の利用について**情報収集・提供**を行うとともに、それらの利用にあたっての**相談**に応じ、必要な助言を行い、関係機関等との**連絡調整等**を実施する事業のことである。

Q24 次の文は、地域子育て支援拠点事業に関する記述である。不適切な記述を一つ選びなさい。

平成29年（後期）問10

1 本事業は、一般型・特定型・連携型の３種類の形態がある。
2 本事業には、利用したくても利用できない家庭に対して訪問支援等を行うことで地域とのつながりを継続的に持たせる取り組みも含まれている。
3 本事業の実施場所としては、空き店舗、小児科医院等の医療施設なども含まれている。
4 本事業は、「児童福祉法」に基づいた事業である。
5 本事業は、乳児又は幼児及びその保護者が相互の交流を行う場所を開設し、子育てについての相談、情報の提供、助言その他の援助を行う事業をいう。

Q25 次の文は、「家庭的保育事業等の設備及び運営に関する基準」（平成26年厚生労働省令第61号）における家庭的保育事業に関する記述である。適切な記述を○、不適切な記述を×とした場合の正しい組み合わせを一つ選びなさい。

平成27年（地域限定）問18

A 家庭的保育者が一人で保育する乳幼児の数は、５人以下とされている。
B 家庭的保育事業者は、連携施設の確保が著しく困難であると市町村が認める場合を除き、利用乳幼児が集団保育を体験する機会を設定するために、連携協力を行う保育所、幼稚園又は認定こども園を適切に確保しなければならない。
C 家庭的保育者の居宅において家庭的保育を実施する場合は、専用の部屋を設ける必要はない。
D 家庭的保育事業における保育時間は、１日につき８時間を原則とし、乳幼児の保護者の労働時間その他家庭の状況等を考慮して、市町村が判断するとされている。
E 家庭的保育事業者等は、地域社会との交流及び連携を図り、利用乳幼児の保護者及び地域社会に対し、運営の内容を適切に説明するよう努めなければならないとされている。

（組み合わせ）

	A	B	C	D	E
1	○	○	×	○	×
2	○	×	×	×	○
3	×	○	○	×	○
4	×	○	×	×	○
5	×	×	○	○	×

加点のポイント ◆地域子ども・子育て支援事業のまとめ（子ども子育て新制度）

・利用者支援事業
・一時預かり事業 ★
・養育支援訪問事業 ★
・子育て援助活動支援事業（ファミリー・サポート・センター事業）★
・延長保育事業
・放課後児童健全育成事業 ★
・実費徴収に係る補足給付を行う事業
・多様な事業者の参入促進・能力活用事業

・地域子育て支援拠点事業 ★
・乳児家庭全戸訪問事業 ★
・子育て短期支援事業 ★

[医療にかかわるもの]
・病児保育事業 ★
・妊婦健診

★児童福祉法でも規定されている

A 24

正解 1

1 × 地域子育て支援拠点事業は、一般型、連携型の2種類の形態になるので誤り。

2 ○ 地域支援の内容に、「本事業を利用したくても利用できない家庭に対して訪問支援等を行うことで地域とのつながりを継続的に持たせる取組」についての規定があるので正しい。

3 ○ 地域子育て支援拠点事業の「一般型」では、公共施設、空き店舗、公民館、保育所等の児童福祉施設、小児科医院等の医療施設などが子育て親子が集う場として適した場所と規定されている。

4 ○ 地域子育て支援拠点事業は、児童福祉法に基づいた事業であり、正しい。**児童福祉法第6条の3第6項**に基づき、**市町村**が実施する事業に位置付けられている。

5 ○ 基本事業として、①子育て親子の交流の場の提供と交流の促進、②子育て等に関する相談、援助の実施、③地域の子育て関連情報の提供、④子育て及び子育て支援に関する講習等の実施（月1回以上）が規定されているので正しい。

A 25

正解 4

A × 家庭的保育者1人が保育することができる乳幼児の数は、**3**人以下とされている。ただし、**家庭的保育者**が、家庭的保育補助者とともに保育する場合には、5人以下とされている。

B ○ 「家庭的保育事業等の設備及び運営に関する基準」第**6**条において保育所等との連携が規定されている。

C × 家庭的保育者の居宅において家庭的保育を実施する場合は、専用の部屋を設ける必要がある。同基準第**22**条第1号に「**乳幼児の保育を行う専用の部屋を設けること**」と規定されている。

D × 家庭的保育事業における保育時間は、市町村が判断して**決めてはいない**。同基準第24条に「家庭的保育事業における保育時間は、1日につき8時間を原則とし、乳幼児の保護者の労働時間その他家庭の状況等を考慮して、**家庭的保育事業を行う者**（次条及び第二十六条において「**家庭的保育事業者**」という）が定めるものとする」と規定されている。

E ○ 同基準第**5**条第2項で「家庭的保育事業者等は、地域社会との交流及び連携を図り、利用乳幼児の保護者及び地域社会に対し、運営の内容を適切に説明するよう努めなければならない」とされている。子どもの**健全な育成**のために、地域社会や保育所等との連携は重要になっている。

次の文のうち、利用者支援事業に関する記述として適切な記述を○、不適切な記述を×とした場合の正しい組み合わせを一つ選びなさい。

令和3年（前期）問17

A 利用者支援事業は「児童福祉法」に規定する地域子ども・子育て支援事業の1類型であり、子どもまたはその保護者の身近な場所で、教育・保育・保健その他の子育て支援の情報提供及び必要に応じ相談・助言等を行うとともに、関係機関との連絡調整等を実施する事業である。

B 「利用者支援事業実施要綱」（令和2年3月27日　内閣府・文部科学省・厚生労働省）によると、利用者支援事業の特定型とは、子ども及びその保護者等が、教育・保育施設や地域の子育て支援事業等を円滑に利用できるよう、身近な場所において、当事者目線の寄り添い型の支援を実施することを目的としている。

C 「利用者支援事業実施要綱」（令和2年3月27日　内閣府・文部科学省・厚生労働省）によると、利用者支援事業に従事する者は、子どもの最善の利益を実現させる観点から、子ども及びその保護者等、または妊娠している方への対応に十分配慮するとともに、正当な理由なく、その業務上知り得た利用者又はその家族の秘密を漏らしてはならないとされている。

（組み合わせ）

	A	B	C
1	○	○	○
2	○	○	×
3	○	×	○
4	×	○	×
5	×	×	○

A 26　　　　　　　　　　　　　　　　　　　　　　　　正解 5

- **A ×** 利用者支援事業は「子ども・子育て支援法」第59条第1項に基づいた事業である。実施主体は市区町村であるが、**市区町村**が認めた者へ**委託**することも可能である。
- **B ×** 説明文は、基本型の内容であり、**特定型**の目的は「待機児童の解消等を図るため、行政が地域連携の機能を果たすことを前提に主として保育に関する施設や事業を円滑に利用できるよう支援を実施する」ことである。その他、**母子保健型**がある。
- **C ○** Cの文章は**正しい**。さらに、同じく守秘義務が課せられた地域子育て支援拠点や市町村の職員などと情報交換や共有し、連携を図ることも留意する点である。

なお、2015（平成27）年度からは、妊娠期から子育て期にわたるまでの様々なニーズに対して総合的相談支援を提供するワンストップ拠点（**子育て世代包括支援センター**）を立ち上げ、保健師、助産師、ソーシャルワーカー等のコーディネーターが**すべての妊産婦等**に対して、**切れ目のない支援**の実施を図っている。子育て世代包括支援センターは、「**少子化社会対策大綱**」でも取組の強化が図られている。

◆利用者支援事業の3つの事業類型

【基本型】

- ○「基本型」は、「利用者支援」と「地域連携」の2つの柱で構成している。

【利用者支援】
地域子育て支援拠点等の身近な場所で、
- ○ 子育て家庭等から日常的に相談を受け、個別のニーズ等を把握
- ○ 子育て支援に関する情報の収集・提供
- ○ 子育て支援事業や保育所等の利用に当たっての助言・支援
  → 当事者の目線に立った、寄り添い型の支援

【地域連携】
- ○ より効果的に利用者が必要とする支援につながるよう、地域の関係機関との連絡調整、連携・協働の体制づくり
- ○ 地域に展開する子育て支援資源の育成
- ○ 地域で必要な社会資源の開発等
  → 地域における、子育て支援のネットワークに基づく支援

《職員配置》専任職員（利用者支援専門員）を1名以上配置
※子ども・子育て支援に関する事業（地域子育て支援拠点事業など）の一定の実務経験を有する者で、子育て支援員基本研修及び専門研修（地域子育て支援コース）の「利用者支援事業（基本型）」の研修を修了した者等

【特定型（いわゆる「保育コンシェルジュ」）】
- ○ 主として市区町村の窓口で、子育て家庭等から保育サービスに関する相談に応じ、地域における保育所や各種の保育サービスに関する情報提供や利用に向けての支援などを行う

《職員配置》専任職員（利用者支援専門員）を1名以上配置
※子育て支援員基本研修及び専門研修（地域子育て支援コース）の「利用者支援事業（特定型）」の研修を修了している者が望ましい

【母子保健型】
- ○ 主として市町村保健センター等で、保健師等の専門職が、妊娠期から子育て期にわたるまでの母子保健や育児に関する妊産婦等からの様々な相談に応じ、その状況を継続的に把握し、支援を必要とする者が利用できる母子保健サービス等の情報提供を行うとともに、関係機関と協力して支援プランの策定などを行う

《職員配置》母子保健に関する専門知識を有する保健師、助産師等を1名以上配置

（出典：厚生労働省資料「利用者支援事業とは」）

Q27 次の文は、市区町村子ども家庭総合支援拠点に関する記述である。適切な記述を○、不適切な記述を×とした場合の正しい組み合わせを一つ選びなさい。

平成30年（後期）問17

A 実施主体は市区町村（一部事務組合を含む。以下同じ。）とする。ただし、市区町村が適切かつ確実に業務を行うことができると認めた社会福祉法人等にその一部を委託することができる。

B 複数の地方自治体が共同で設置することは認められていない。

C すべての子どもとその家庭及び妊産婦等を対象として、コミュニティを基盤にしたソーシャルワークの機能を担う。

D 原則として、子ども家庭支援員、心理担当支援員、虐待対応専門員の職務を行う職員を置く。

（組み合わせ）

	A	B	C	D
1	○	○	○	×
2	○	○	×	○
3	○	×	○	○
4	×	○	○	○
5	×	×	○	○

Q28 次の少年非行に関する記述のうち、<u>不適切な記述</u>の組み合わせを一つ選びなさい。

令和2年（後期）問15

A 触法少年とは、刑罰法令に触れる行為をした12歳未満の者である。

B ぐ犯少年とは、犯罪行為をした14歳以上20歳未満の者である。

C 少年鑑別所は、家庭裁判所の求めに応じて、鑑別を行う。

D 2005（平成17）年以降、触法少年及びぐ犯少年の補導人数は、いずれも減少傾向にある。

（組み合わせ）

1　A　B
2　A　C
3　B　C
4　B　D
5　C　D

A 27

正解 3

A ○ 実施主体は市区町村であるが、社会福祉法人等への一部委託を行うことができる。委託先の選定にあたっては、支援拠点が子どもとその家庭及び妊産婦等の個人情報を取り扱うことになるため、徹底した情報の管理や知り得た内容を外部に漏らすことがないように守秘義務の徹底等を図る体制が整備されている委託先を選定する。

B × 市区町村子ども家庭総合支援拠点は、小規模な市区町村においては、**複数の地方自治体**が**共同**で設置することも可能となっている。

C ○ 市区町村（支援拠点）は、管内に所在する**すべての子どもとその家庭（里親及び養子縁組を含む）及び妊産婦等**を対象としている。また、コミュニティを基盤にしたソーシャルワークの機能を担い、子どもとその家庭及び妊産婦等を対象として、その福祉に関し必要な支援に係る業務全般を行う。

D ○ 支援拠点には、原則として、①**子ども家庭支援員**、②**心理担当支援員**、③**虐待対応専門員**の職務を行う職員を置くものとし、必要に応じて、④安全確認対応職員、⑤事務処理対応職員を置くことができる。

A 28

正解 1

A × 触法少年とは、刑罰法令に触れる行為をした**14歳未満**の者である。

B × ぐ犯少年とは、**犯罪を犯してはいない**が、「保護者の正当な監督に服しない性癖のあること」「正当の理由がなく家庭に寄り附かないこと」「犯罪性のある人若しくは不道徳な人と交際し、又はいかがわしい場所に出入すること」「自己又は他人の徳性を害する行為をする性癖のあること」といった**犯罪を犯すおそれのある**少年のこという。

C ○ 少年鑑別所は、**家庭裁判所**の求めに応じ鑑別対象者の鑑別を行う。また少年鑑別所に収容される者等に対して**健全な育成**のための支援を含む観護処遇を行うことや地域社会における**非行及び犯罪の防止に関する援助**を行うことを業務とする施設である。

D ○ 触法少年、ぐ犯少年の補導人数は減少傾向にある。

少年法に関する問題は近年頻出している。2022（令和4）年4月1日に成人年齢が18歳に引き下げられたのに合わせて、少年法の一部改正が施行となった。少年の定義を**20歳に満たない者**と引き続き定義し、18～19歳に少年法が変わらず適用されるとする一方で、18～19歳の少年は**「特定少年」**と位置づけられ、20歳以上、17歳以下とは異なる新たな処分や手続きが設定されていることを確認しておきたい。具体的には、全件が**家庭裁判所に送致**されるのは改正前と同様だが、原則として**検察官へ逆送される対象事件**が拡大し、逆送決定後は原則として**20歳以上の者と同様**に扱われることになる。

次の文は、「令和3年度子供・若者白書」における、子ども・若者を地域で支える担い手に関する記述である。不適切な記述を一つ選びなさい。

平成30年（後期）問3改

1 保護司は、法務大臣から委嘱された非常勤の国家公務員である。
2 厚生労働省は、様々な人権問題に対処するため、幅広い世代・分野の出身者に人権擁護委員を委嘱している。
3 児童委員は、厚生労働大臣から委嘱され、2019（令和元）年度末時点において、全国で約23万人である。
4 主任児童委員は、関係機関と児童委員との連絡調整や児童委員の活動に対する援助と協力を行っている。
5 内閣府は、地方公共団体が委嘱している少年補導委員の活動に対して、補導・相談の効果的な進め方などの情報共有を行っている。

次の文のうち、「母子保健法」の一部として誤った記述を一つ選びなさい。

令和元年（後期）問9

1 市町村は、すべての妊産婦若しくはその配偶者又は乳児若しくは幼児の保護者に対して、医師、歯科医師について保健指導を受けることを命令しなければならない。
2 市町村長は、（中略）当該乳児が新生児であつて、育児上必要があると認めるときは、医師、保健師、助産師又はその他の職員をして当該新生児の保護者を訪問させ、必要な指導を行わせるものとする。
3 市町村は、（中略）厚生労働省令の定めるところにより、健康診査を行わなければならない。
4 市町村は、妊娠の届出をした者に対して、母子健康手帳を交付しなければならない。
5 市町村は、妊産婦が（中略）妊娠又は出産に支障を及ぼすおそれがある疾病につき医師又は歯科医師の診療を受けるために必要な援助を与えるように努めなければならない。

A 29

正解 2

1 ○ 保護司は、「保護司法」に定めるところにより、**法務大臣**から委嘱された非常勤の国家公務員である。保護観察官と協働して、**保護観察、生活環境の調整**、地域社会における**犯罪予防活動**にあたる。2021（令和3）年1月1日現在、全国で約**4万6,000人**の保護司が法務大臣の定めた保護区ごとに配属され、それぞれの地域で活動している。

2 × 厚生労働省ではなく、**法務大臣**が正しい。2021（令和3）年1月1日現在、全国に**約1万4,000人**の人権擁護委員がおり、子どもや若者に関する人権問題に対処している。

3 ○ 児童委員は、子どもと妊産婦の生活の保護・援助・指導を行うが、**民生委員**も兼ねており、必ずしも児童福祉の専門的知識を持つわけではないので、研修の実施によりその知識の習得に努めている。また、関係機関などと連携して活動を行う。

4 ○ 主任児童委員は、**児童委員**の中から約**2万人**が指名され、児童福祉に関する事項を主に担当している。研修により児童に関する専門的知識の習得に努めている。民生（児童）委員の2019（令和元）年12月1日現在の定数は、**23万9,682人**（主任児童委員：**2万1,974人**）となっている。民生委員は児童委員も兼ねている。

5 ○ 内閣府は、地方公共団体が委嘱している少年補導委員の活動に関して、青少年センター関係者が集まる会議・会合等の機会を活用して、情報共有を図っている。2020（令和2）年4月1日現在、全国に**約5万人**いる。

A 30

正解 1

1 × 市町村は、保健指導を受けることを「命令」しなければならないではなく、「**勧奨**」しなければならないと規定されている。また、医師、歯科医師のみでなく、助産師もしくは保健師についても同様である。

2 ○ 育児上必要があると認められる場合、市町村長は新生児の保護者に対して母子保健に関する**訪問指導**を行わせることができる。

3 ○ 「市町村は、厚生労働省令の定めるところにより、健康診査を行わなければならない」と規定されている。なお、法律上で定められている健康診査は1歳6か月児検診と3歳児検診である。「**満1歳6か月を超え満2歳**に達しない幼児、**満3歳を超え満4歳**に達しない幼児」と規定されている。

4 ○ 「市町村は、妊娠の届出をした者に対して、**母子健康手帳**を交付しなければならない」と規定されている。なお、妊産婦は、健康診査または保健指導を受けたときは、その都度、母子健康手帳に必要な事項の**記録**を受けなければならないと規定されている。

5 ○ 第17条第2項の内容になる。第17条では、「妊娠又は出産に支障を及ぼすおそれがある疾病にかかつている疑いのある者については、**医師又は歯科医師の診療を受けることを勧奨**する」とも規定されているので、併せて確認したい。

次の文は、「児童虐待の防止等に関する法律」第１条の一部である。（ A ）〜（ C ）にあてはまる語句の正しい組み合わせを一つ選びなさい。

令和３年（前期）問13

児童虐待が児童の（ A ）を著しく侵害し、その心身の成長及び人格の形成に重大な影響を与えるとともに、我が国における将来の世代の育成にも懸念を及ぼすことにかんがみ、児童に対する虐待の禁止、児童虐待の予防及び（ B ）その他の児童虐待の防止に関する国及び地方公共団体の責務、児童虐待を受けた児童の（ C ）及び自立の支援のための措置等を定めることにより、児童虐待の防止等に関する施策を促進し、もって児童の権利利益の擁護に資することを目的とする。

（組み合わせ）

	A	B	C
1	人権	早期発見	保護
2	人権	保護	治療
3	発達	早期発見	治療
4	発達	治療	保護
5	発達	保護	治療

次の文は、児童虐待等に関する記述である。正しいものを〇、誤ったものを×とした場合の正しい組み合わせを一つ選びなさい。

平成26年 問11改

A 平成12年に施行された「児童虐待の防止等に関する法律」の児童虐待の定義としては、身体的虐待、性的虐待、保護の怠慢・拒否、心理的虐待の４つが示されている。

B 全国の児童相談所に寄せられる児童虐待相談対応件数は、統計開始時の平成２年度は約1,000件であったが、令和２年度では200,000件を超える数値となっている。

C 教員や保育士、保健師など業務上子どもに深く関わる専門職は、「児童虐待を受けたと思われる児童」を発見しても、虐待の事実の確認ができていない段階では秘密漏示罪やその他の守秘義務に関する法律の規定があることから通告はできない。

D 要保護児童対策地域協議会は、平成16年の「児童福祉法」改正で法定化され、「要保護児童対策地域協議会設置・運営指針」では、代表者会議、実務者会議、個別ケース検討会議など三層構造を想定している。

E 平成24年に施行された「民法等の一部を改正する法律」により、これまでなかった親権喪失の制度が新設された。

（組み合わせ）

	A	B	C	D	E
1	〇	〇	×	〇	〇
2	〇	〇	×	〇	×
3	〇	×	×	×	〇
4	×	〇	〇	×	×
5	×	×	〇	〇	〇

A 31

正解 **1**

児童虐待が児童の（A .**人権**　）を著しく侵害し、その心身の成長及び人格の形成に重大な影響を与えるとともに、我が国における将来の世代の育成にも懸念を及ぼすことにかんがみ、児童に対する虐待の禁止、児童虐待の予防及び（ B .**早期発見**　）その他の児童虐待の防止に関する国及び地方公共団体の責務、児童虐待を受けた児童の（ C .**保護**　）及び自立の支援のための措置等を定めることにより、児童虐待の防止等に関する施策を促進し、もって児童の権利利益の擁護に資することを目的とする。

「児童虐待の防止等に関する法律」第1条の一部である。児童虐待防止強化を図るため、2020（令和2）年より児童の親権者はしつけに際して、体罰を加えてはならないことが規定された。また、これは**児童相談所長**、**児童福祉施設の長**、**小規模住居型児童養育事業を行う者**または**里親**も同様である。
2020（令和2）年度の児童虐待相談対応件数は、**20万5,044件**であり、過去最多の件数であった。主な増加要因は、**心理的虐待**の増加と警察等からの通告の増加が考えられる。相談内容別件数は、心理的虐待が59.2％、身体的虐待が24.4％、ネグレクトが15.3％、性的虐待が1.1％である。

A 32

正解 **2**

A ○ 2000（平成12）年に施行された「児童虐待の防止等に関する法律」（児童虐待防止法）の定義では、身体的虐待、性的虐待、保護の怠慢・拒否、心理的虐待の4つの類型が示されている。なお子どもがドメスティック・バイオレンス（DV・家庭内暴力）を目撃することも**心理的虐待**に含まれている。

B ○ 児童虐待相談対応件数（厚生労働省）は、1990（平成2）年度は**1,101**件、2012（平成24）年度は**66,701件**、2020（令和2）年度は**20万5,044件**となっている。

C ✕ 「児童虐待を**発見しやすい立場**にあることを自覚し、児童虐待の**早期発見**に努めなければならない」という規定はあるが、虐待の事実確認ができていない場合において通告ができないという規定はない。

D ○ 要保護児童対策地域協議会は代表者会議、実務者会議、個別ケース検討会議など三層構造を想定しており、要保護児童の**適切な保護**を図るために必要な情報の交換を行うとともに、要保護児童等に対する**支援の内容に関する協議**を行うものとされている。

E ✕ 親権喪失の制度は、以前から設けられており、親権を**一時的に停止させる**という制度が「民法等の一部を改正する法律」により2012（平成24）年に施行された。

Q33 次の文は、社会的養護に関係する施設等の説明である。誤ったものを一つ選びなさい。

平成26年 問12改

1 児童養護施設は令和3年3月現在、全国に約600か所近く設置されている。
2 児童家庭支援センターは平成9年の「児童福祉法」改正により創設された児童福祉施設であり、地域の児童やその家庭への相談支援を行うことを目的としている。
3 児童自立支援施設には児童自立支援専門員と児童生活支援員のほか、個別対応職員や、家庭支援専門相談員、その他の職員が配置されており、令和2年10月現在、全国で約60か所設置されている。
4 里親への委託児童は4人を超えることはできないが、小規模住居型児童養育事業の定員は5人または6人である。
5 乳児院は、乳児を入院させて養育する施設であるため、1歳児になると児童養護施設へ措置することが規定されている。

A 33

正解 5

1 ○ 児童養護施設は令和3年3月末現在、全国に**612**か所設置されている。

2 ○ 児童家庭支援センターは、**1997（平成9）**年の「児童福祉法」改正により創設された児童福祉施設である。2020（令和2）年4月1日現在、全国に**134**か所設置されている。

3 ○ 児童自立支援施設には、児童自立支援専門員、児童生活支援員、個別対応職員、家庭支援専門相談員の他に、心理療法が必要な児童10人以上に心理療法を行う場合に**心理療法担当職員**が必置となっている。令和2年10月1日現在、全国に**58**か所設置されている。

4 ○ 里親への委託児童は4人を超えることはできないが、小規模住居型児童養育事業（ファミリーホーム）の定員は5人または6人となっており、**小規模グループケア**を実施している。養育里親が同時に養育する委託児童は4人（委託児童及び当該委託児童以外の児童の人数の合計は6人）と人数の限度がある。

5 × 乳児院は、「乳児（保健上、安定した生活環境の確保その他の理由により特に必要のある場合には、**幼児**を含む）を入院させて、これを養育する」と**児童福祉法**に規定されているので、1歳児になると児童養護施設に措置することは定められていない。令和3年3月末現在、全国に145か所設置されている。

よく出るポイント ◆ **社会的養護に関する施設**

施設	乳児院	児童養護施設	児童心理治療施設	児童自立支援施設	母子生活支援施設	自立援助ホーム
対象児童	乳児（特に必要な場合は、幼児を含む）	保護者のない児童、虐待されている児童その他環境上養護を要する児童（特に必要な場合は、乳児を含む）	家庭環境、学校における交友関係その他の環境上の理由により社会生活への適応が困難となった児童	不良行為をなし、又はなすおそれのある児童及び家庭環境その他の環境上の理由により生活指導等を要する児童	配偶者のない女子又はこれに準ずる事情にある女子及びその者の監護すべき児童	義務教育を終了した児童であって、児童養護施設等を退所した児童等
施設数	145か所	612か所	53か所	58か所	217か所	217か所
定員	3,853人	30,782人	2,018人	3,445人	4,533世帯	1,409人
現員	2,472人	23,631人	1,321人	1,145人	3,266世帯 児童5,440人	718人
職員総数	5,453人	20,001人	1,560人	1,818人	2,102人	885人

小規模グループケア	2,073か所
地域小規模児童養護施設	494か所

※里親数、ファミリーホームホーム数、委託児童数、乳児院・児童養護施設・児童心理治療施設・母子生活支援施設の施設数・定員・現員は福祉行政報告例から家庭福祉課にて作成（令和3年3月末現在）
※児童自立支援施設・自立援助ホームの施設数・定員・現員、小規模グループケア、地域小規模児童養護施設のか所数は家庭福祉課調べ（令和2年10月1日現在）
※職員数（自立援助ホームを除く）は、社会福祉施設等調査報告（令和2年10月1日現在）
※自立援助ホームの定員、現員（令和3年3月31日現在）及び職員数（令和2年3月1日現在）は家庭福祉課調べ
※児童自立支援施設は、国立2施設を含む

出典：厚生労働省「社会的養育の推進に向けて」2022年

Q34 次の文のうち、児童虐待とその防止に関する記述として<u>不適切な</u>記述を一つ選びなさい。

令和元年（後期）問11

1 「児童虐待の防止等に関する法律」では、児童虐待を受けたと思われる児童を発見した者は、速やかに市町村、福祉事務所もしくは児童相談所へ通告することに努めなければならないとされる。

2 「児童虐待の防止等に関する法律」では、学校及び児童福祉施設は、児童及び保護者に対して、児童虐待の防止のための教育または啓発に努めなければならないこととされる。

3 「子ども虐待による死亡事例等の検証結果等について（第12次報告）」によると、心中以外の虐待死では、0歳児死亡が最も多く、実母が抱える妊娠期・周産期の問題として「望まない妊娠／計画していない妊娠」、「妊婦検診未受診」が高い割合を占めていた。

4 毎年11月を「児童虐待防止推進月間」と位置付け、関係府省庁や、地方公共団体、関係団体等が連携した集中的な広報・啓発活動を実施している。

5 児童虐待を受けたと思われる子どもを見つけた時などに、ためらわずに児童相談所に通告・相談ができるように、児童相談所全国共通ダイヤル番号「189（いちはやく）」を運用している。

◆2019（令和元）年6月の児童虐待防止法の改正のポイント

■「しつけ」を理由とした体罰の禁止
・親権者は、児童のしつけに際して体罰を加えてはならないこととする。児童福祉施設の長等についても同様とする。
※民法上の懲戒権の在り方について、施行後2年を目途に検討を加え、必要な措置を講ずるものとする。

■児童相談所の体制強化
・都道府県は、一時保護等の介入的対応を行う職員と保護者支援を行う職員を分ける等の措置を講ずるものとする。

■関係機関間の連携強化
・学校、教育委員会、児童福祉施設等の職員は、正当な理由なく、その職務上知り得た児童に関する秘密を漏らしてはならないこととする。

A 34

正解 1

1 × 市町村、福祉事務所もしくは児童相談所へ通告することに努めなければならないではなく、通告しなければならない。つまり努力義務ではなく、**義務**である。

2 ○ 「児童虐待の防止等に関する法律」では、学校及び児童福祉施設は、児童及び保護者に対して、児童虐待の防止のための**教育または啓発**に努めなければならないこととされており、また、「学校、児童福祉施設、病院、都道府県警察、婦人相談所、教育委員会、配偶者暴力相談支援センターその他児童の福祉に業務上関係のある団体及び学校の教職員、児童福祉施設の職員、医師、歯科医師、保健師、助産師、看護師、弁護士、警察官、婦人相談員その他児童の福祉に職務上関係のある者は、児童虐待を発見しやすい立場にあることを自覚し、**児虐待の早期発見**に努めなければならない」と規定されていることも併せて覚えておく必要がある。

3 ○ 「子ども虐待による死亡事例等の検証結果等について（第12次報告）」によると、心中以外の虐待死（51例・54人）の中で、「0歳」は22例・22人（**40.7%**）であった（0歳のうち月齢0か月児が7例・7人（31.8%））。第1次〜第15次報告では**ネグレクト**よりも**身体的虐待**の人数・割合が多かったが、第16次報告ではネグレクトが身体的虐待の人数・割合を上回った。

4 ○ 毎年11月を「**児童虐待防止推進月間**」と位置付け、関係府省庁や、地方公共団体、関係団体等が連携して、集中的な広報・啓発活動を実施しており、学校・家庭・地域・社会全般に対して虐待防止への理解と協力を呼びかけている。「児童虐待防止推進月間」標語の公募やポスター・リーフレットの作製・全国配布を行っている。

5 ○ 虐待を受けたと思われる子どもについて、児童相談所に通告・相談をするための児童相談所全国共通ダイヤル番号「**189（いちはやく）**」は、子どもたちや保護者のSOSの声をいちはやくキャッチするため、2019（令和元）年より、通話料を無料化している。「189」は、2015（平成27）年より開始されたサービスである。

よく出るポイント ◆ **児童相談所の虐待対応の流れ**

①一般市民、関係機関などから**虐待の通告**がされる。
②通告を受けた児童相談所は受理会議を行い、必要な場合は調査を行う。
③緊急な対応が必要な場合、**立ち入り調査**を行うこともある。また、必要に応じて、子どもの**一時保護**、施設入所等の措置を行う。
④調査結果を基に、判定会議を行い、処遇を決定する。
⑤処遇には、**措置による指導**と、**措置によらない指導**がある。

措置による指導	在宅による**保護者指導**、**児童福祉施設入所**、**里親委託**、**親権喪失宣言請求**、その他関連機関における指導等。
措置によらない指導	在宅による**助言指導**、**継続的指導**、他機関へのあっせん等。

Q35 次の文は、家庭的養護に関する記述である。不適切な記述を一つ選びなさい。

平成25年 問11

1 虐待などの理由で、家庭で適切に養育されなかった子どもに対しては、家庭的な環境の下で愛着関係を形成しつつ養育を行うことが重要である。
2 社会的養護を必要とする子どもの代替的養護を検討する際は、原則として、家庭養護（里親、ファミリーホーム）を優先することが望ましい。
3 児童養護施設等での施設養護の場合、施設の小規模化や、地域分散化により、できる限り家庭的な養育環境にしていく必要がある。
4 里親の孤立化防止などの里親支援をするために、市町村に里親支援専門相談員が置かれている。
5 地域小規模児童養護施設等を、賃貸物件を活用して運営する場合は、賃借料の一部を措置費に算定できる。

Q36 次の文は、「児童養護施設入所児童等調査結果（平成30年2月1日現在）」（厚生労働省）についての記述である。誤ったものを一つ選びなさい。

平成27年 問2改

1 里親、ファミリーホーム委託児童及び乳児院、児童養護施設入所児童の総数は、約40,000人であった。
2 児童養護施設入所児童のうち、約35％が「障害等あり」であった。
3 被虐待経験の有無について「虐待経験あり」は、里親委託児で約40％、児童養護施設児で約65％であった。
4 委託（入所）経路としては、里親、児童養護施設、児童心理治療施設（旧：情緒障害児短期治療施設）、児童自立支援施設、乳児院、ファミリーホーム、自立援助ホームのすべてにおいて「家庭から」の割合が最も多い。
5 里親の年齢は、里父、里母共に50歳未満が半数以上を占める。

A 35
正解 4

1 ○ **心理的なケア**も含めて、きめ細かいケアが求められており、できる限り家庭的な環境と小規模な生活単位で、愛着関係の形成と治療的な援助を行うことが必要になる。

2 ○ 国連の「**児童の代替的養護に関する指針**」においても、特に**3歳未満**の児童の代替的養護は家庭を基本とした環境で提供されるべきとされている。

3 ○ 施設における**小規模グループケア**の推進、**地域小規模児童養護施設**（**グループホーム**）の推進が進められている。

4 × 市町村には里親支援専門相談員の配置はなく、**児童養護施設**及び**乳児院**に配置されている。

5 ○ 社会的養護が必要な子どもを、地域社会の中でより家庭的な環境で養育・保護することができるよう、既存の建物の**賃借料の助成（月額10万円）**や**施設整備費の支給**が行われており、小規模グループケア（ユニット化）、地域小規模児童養護施設（グループホーム）等の運営を支援している。

A 36
正解 5

1 ○ 里親、ファミリーホーム委託児童及び乳児院、児童養護施設入所児童の総数は、約40,000人であり、**増加傾向**にある。また、保護者のない児童、被虐待児など家庭環境上養護を必要とする児童などに対し、公的な責任として、社会的に養護を行っているが、対象児童は**約45,000**人となっている（2019（平成31）年3月末現在）。

2 ○ 児童養護施設入所児童のうち、36.7%が「障害等あり」であった。乳児院入所児童を除き、2008（平成20）年の調査より増えている。また、ファミリーホーム児と、児童心理治療施設児の「障害等あり」の割合は、それぞれ**46.5**%、**84.2**%となっている。

3 ○ 被虐待経験の有無について「虐待経験あり」は、里親委託児で38.4%、児童養護施設児で65.6%であった。乳児院児で**40.9**%、母子生活支援施設児で**57.7**%、ファミリーホーム児**53.0**%となっている。

4 ○ 委託（入所）経路としては、どの施設も「家庭から」の割合が最も多い。里親委託児は**42.5**%、児童養護施設児は**62.1**%が「家庭から」であった。

5 × 里親の年齢は、50歳未満ではなく、50歳以上が多い。里父の年齢は「**60歳以上**」（31.9%）が最も多く、里母の年齢は「**50歳代**」（32.6%）が最も多い。里父・里母ともに50歳代と60歳以上を合計すると50%を超えている。

次の文は、里親に関する記述である。（ A ）〜（ D ）にあてはまる語句を【語群】から選択した場合の正しい組み合わせを一つ選びなさい。

平成29年（前期）問13

里親は、都道府県知事、指定都市の市長、児童相談所設置市の市長が認定し、（ A ）が社会的養護を必要とする児童を里親に委託する。里親の種類は、養育里親、専門里親、養子縁組を希望する里親、（ B ）がある。社会的養護ではないが、（ C ）上の親子関係を結ぶものとして（ D ）や特別養子縁組がある。

【語群】

ア	養子縁組	イ	児童福祉法
ウ	ファミリーホーム	エ	家庭児童相談室
オ	児童相談所	カ	親族里親
キ	民法	ク	家庭養育

（組み合わせ）

	A	B	C	D
1	エ	ウ	イ	カ
2	エ	ウ	キ	ア
3	エ	カ	イ	ア
4	オ	カ	キ	ア
5	オ	ク	キ	カ

A 37

正解 4

里親は、都道府県知事、指定都市の市長、児童相談所設置市の市長が認定し、（ A.**オ 児童相談所** ）が社会的養護を必要とする児童を里親に委託する。里親の種類は、養育里親、専門里親、養子縁組を希望する里親、（ B.**カ 親族里親** ）がある。社会的養護ではないが、（ C.**キ 民法** ）上の親子関係を結ぶものとして（ D.**ア 養子縁組** ）や特別養子縁組がある。

A 児童相談所は、社会的養護を必要とする児童を里親に委託している。また、里親支援についても、児童相談所の業務として**児童福祉法**で位置付けられている。

B 里親の種類は４種類ある。対象児童は、養育里親の場合は、**要保護児童**。専門里親の場合は、**被虐待児、障害児、非行等の問題を有する児童**。養子縁組を希望する里親の場合は、要保護児童。親族里親の場合は、当該親族里親に**扶養義務のある児童**。これは、児童の両親その他当該児童を監護する者が死亡、行方不明、拘禁、入院等の状態で、養育が期待できない状況に置かれている児童を指す。

C 養子縁組は児童福祉法ではなく、**民法**で規定されている。養子縁組は、行政機関である児童相談所により里親制度の中で実施される場合と、民間の養子縁組団体（養子縁組を斡旋する事業を行う者）によって実施される場合がある。

D 養子縁組には**普通養子縁組**と**特別養子縁組**がある。普通養子縁組の場合は、養子の年齢に制限はなく、親子関係は実親・養親ともに存在する。特別養子縁組の場合は、養子の年齢は原則15歳未満であり、実親との親子関係は消滅する。また、特別養子縁組の場合は、家庭裁判所の審判によって成立する。

加点のポイント ◆ 主な発達障害の特徴

自閉スペクトラム症（自閉症スペクトラム障害）	コミュニケーション能力、社会性に関連する脳の領域に関する発達障害の総称（自閉症やアスペルガー症候群も自閉スペクトラム障害に含まれる）
自閉症	脳機能の障害。社会性の発達障害、コミュニケーション障害、活動と興味の偏り等がある
アスペルガー症候群（ASD）	言葉の不自由さ、その場の雰囲気を理解しにくい、規則性へのこだわり等がある
限局性学習症（学習障害（LD））	読み、書き、計算などの特定の能力取得について困難を伴う障害
注意欠如・多動症（AD/HD）	年齢、発達に不釣り合いな注意力、衝動性、多動性を特徴とする行動の障害

次のうち、「子供の貧困対策に関する大綱」（内閣府）の一部として、<u>不適切な記述</u>を一つ選びなさい。

令和3年（後期）問16

1 目指すべき社会を実現するためには、子育てや貧困を家庭のみの責任とするのではなく、地域や社会全体で課題を解決するという意識を強く持ち、子供のことを第一に考えた適切な支援を包括的かつ早期に講じていく必要がある。
2 子供の貧困対策を進めるに当たっては、子供の心身の健全な成長を確保するため、親の妊娠・出産期から、生活困窮を含めた家庭内の課題を早期に把握した上で、適切な支援へつないでいく必要がある。
3 生まれた地域によって子供の将来が異なることのないよう、地方公共団体は計画を策定しなければならない。
4 学校を地域に開かれたプラットフォームと位置付けて、スクールソーシャルワーカーが機能する体制づくりを進める。
5 ひとり親のみならず、ふたり親世帯についても、生活が困難な状態にある世帯については、親の状況に合ったきめ細かな就労支援を進めていく。

次の文は、「令和元年度子供の貧困の状況と子供の貧困対策の実施状況」（内閣府）についての記述である。<u>不適切な記述</u>を一つ選びなさい。

平成29年（後期）問4改

1 生活保護世帯に属する子供の大学等への進学率は、全世帯と比較し30％以上低かった。
2 子供の相対的貧困率は10％を超えていた。
3 全世帯での相対的貧困率は約16％であるのに対し、子供がいる現役世帯のうち大人が一人の場合の相対的貧困率は80％を超えていた。
4 ひとり親家庭の親の就業率は、父子家庭・母子家庭ともに80％以上であった。
5 生活保護世帯に属する子供の高等学校等中退率は、10％に満たなかった。

A 38

正解 3

1 ○ 生活保護受給者が増加していることから、生活保護世帯の子どもが大人になって再び生活保護を受給するという「**貧困の連鎖**」を解消するために、地域や社会全体で課題を解決し、すべての子どもが夢や希望を持てる社会を目指すことが示されている。

2 ○ 母子保健サービスや保育施設、学校における支援、地域での子育て支援、居場所の提供・学習支援、若者の就業支援、保護者の就労・生活支援等が**切れ目なく、早期に**提供されるよう、関連機関の情報共有や連携の促進を図ることが示されている。

3 × 地方公共団体が、生まれた地域によって子どもの将来が異なることのないような計画を策定するのは望ましいが、**義務ではない**。

4 ○ スクールソーシャルワーカーだけでなく、**ケースワーカー**、**医療機関**、**児童相談所**、**要保護児童対策地域協議会**や**放課後児童クラブ**と教育委員会・学校等との連携強化を図ることも示されている。

5 ○ 親の就労支援として、**キャリアプランの再設計**、**リカレント教育**、**キャリアコンサルティング**を定期的に受けられる仕組みの普及に取り組むことも示されている。

A 39

正解 3

1 ○ 全世帯と比較し30%以上低かったという記述は正しい。生活保護世帯に属する子どもの大学等進学率をみると、子どもの貧困対策に関する大綱（2019（令和元）年）では**36.4%**であった。全世帯の直近値は**72.9%**（平成30年度子供の貧困の状況及び子供の貧困対策の実施状況）となっており、生活保護世帯より30%以上進学率が高いことがわかる。

2 ○ 子どもの相対的貧困率は10%を超えており正しい。子どもの貧困対策に関する大綱掲載時は**16.3%**（平成25年国民生活基礎調査）であった。直近値（平成30年国民生活基礎調査）は**13.5%**となっている。

3 × 子どもがいる現役世帯のうち大人が一人の場合の相対的貧困率は、80%を超えてはいない。直近値（平成30年国民生活基礎調査）では**48.1%**となっている。

4 ○ ひとり親家庭の親の就業率は父子家庭・母子家庭ともに80%以上であり、正しい。直近値（平成28年度全国ひとり親世帯等調査）では、父子家庭**88.1%**、母子家庭**80.8%**となっている。

5 ○ 生活保護世帯に属する子どもの高等学校等中退率は10%に満たないため正しい。直近値（厚生労働省社会・援護局保護課調べ：2019（令和元）年）では**4.3%**となっている。

次の文のうち、障害児のための福祉サービスについての記述として、適切な記述を○、不適切な記述を×とした場合の正しい組み合わせを一つ選びなさい。

令和元年（後期）問13

A 児童発達支援とは、日常生活における基本的な動作の指導、知識技能の付与、集団生活への適応訓練その他の厚生労働省令で定める便宜を供与することである。
B 放課後等デイサービスとは、授業の終了後または休業日に、生活能力の向上のために必要な訓練、社会との交流の促進その他の便宜を供与する事業で、障害児入所支援の一つである。
C 福祉型障害児入所施設とは、障害児を入所させて、保護、日常生活の指導及び独立自活に必要な知識技能の付与を行う施設である。
D 保育所等訪問支援では、幼稚園や認定こども園などの教育施設は対象外である。

（組み合わせ）
	A	B	C	D
1	○	○	○	×
2	○	×	○	○
3	○	×	○	×
4	×	×	○	○
5	×	×	×	○

⑤子ども家庭福祉の動向と展望

次の文のうち、要保護児童対策地域協議会に関する記述として、適切な記述を○、不適切な記述を×とした場合の正しい組み合わせを一つ選びなさい。

令和2年（後期）問16

A 協議の対象には、要保護児童だけでなく、保護者の養育を支援することが特に必要と認められる児童とその保護者も含まれる。
B 地方公共団体は、要保護児童対策地域協議会を必ず設置しなければならない。
C 複数の市町村による共同設置が可能である。
D 要保護児童対策地域協議会の構成員は正当な理由がなく、協議会の職務に関して知り得た秘密を漏らしてはならない。

（組み合わせ）
	A	B	C	D
1	○	○	○	×
2	○	○	×	○
3	○	×	○	○
4	×	○	○	○
5	×	×	○	○

A 40 　　　　　　　　　　　　　　　　　　　　　　　　　　　正解 3

A ○ 児童発達支援では、日常生活における**基本的な動作の指導**、**知識技能の付与**、集団生活への**適応訓練**などを行う。「児童発達支援」は、大別すると「発達支援（本人支援及び移行支援）」「**家族支援**」及び「**地域支援**」からなる。「**移行支援**」とは、障害の有無にかかわらず、全ての子どもがともに成長できるよう、可能な限り、地域の保育、教育等の支援を受けられるようにし、かつ同年代の子どもとの仲間作りができるよう手助けしていくことである。

B ✕ 放課後等デイサービスとは、対象児童の授業の**終了後または休業日**に、生活能力の向上のために必要な訓練、社会との交流促進などを行う事業で、「障害児入所支援」ではなく、「**障害児通所支援**」の一つである。

C ○ 「**福祉型障害児入所施設**」とは、障害児を入所させて、保護、日常生活の指導及び独立自活に必要な知識技能の付与を行う施設である。「**医療型障害児入所施設**」は、福祉型障害児入所施設の福祉サービスに加え、治療を行う施設である。

D ✕ 保育所等訪問支援は、幼稚園や認定こども園などの教育施設は対象外ではない。訪問先機関は、保育所、幼稚園、認定こども園、学校、放課後児童クラブ等になる。2012（平成24）年施行の改正児童福祉法により創設された支援であり、障害児が通う当該施設を**訪問**し、当該施設における障害児以外の児童との集団生活への適応のための**専門的な支援**その他の便宜を供与することを目的としている。

A 41 　　　　　　　　　　　　　　　　　　　　　　　　　　　正解 3

A ○ 児童福祉法で要保護児童対策地域協議会の支援対象者は、**要保護児童**、**要支援児童及びその保護者**、**特定妊婦**と定められている。なお、2016（平成28）年の児童福祉法の一部改正により、協議会の支援対象は「**18歳以上20歳未満の延長者**及び保護延長者（以下「延長者等」）を含めるとともに、その**保護者**についても、延長者等の**親権を行う者**、**未成年後見人その他の者で**、**延長者等を現に監護する者**を含める」とされた。

B ✕ 児童福祉法第25条の2第1項において、「要保護児童対策地域協議会を置くように努めなければならない」とされており、**努力義務**になっている。そのため義務ではない。なお、**99**％以上の市町村に設置されている。

C ○ 協議会は、「基本的には住民に身近な市町村が設置主体となると考えられるが、地域の実情に応じて複数の市町村が共同で設置することも考えられる」そのため、「複数の市町村による共同設置については、一部事務組合や広域連合を設けることなく、事実上**共同で設置する**ことも可能である」とされている。

D ○ 構成員は、地域協議会の職務に関し知り得た秘密を漏らしてはならない義務があるため、地域協議会の構成員以外の者と連携を図る際には、この**守秘義務**との関係に留意した対応が必要である。守秘義務に違反した場合は罰金が処される場合もある。

次の文は、諸外国の児童家庭福祉に関する記述である。適切な記述を〇、不適切な記述を×とした場合の正しい組み合わせを一つ選びなさい。 平成25年 問20

A フランスでは、公的な保育施設の整備が進んでおり、家庭的な保育に行政が支援を行うような取り組みはほとんど見られない。
B アメリカ合衆国では、社会的養護の下で暮らす子どもたちの最善の利益保障のため、パーマネンシーを重視している。
C オーストリアで誕生した、家庭的な環境の中で要保護児童の養護を展開する「SOS子どもの村（SOS Children's Villages）」は、日本を含む世界各地でその活動を展開している。
D 家庭訪問型の子育て支援は、日本固有のものではなく、欧米諸国でも展開されている。

（組み合わせ）
	A	B	C	D
1	〇	〇	〇	〇
2	〇	〇	×	×
3	×	〇	〇	〇
4	×	×	〇	〇
5	×	×	×	×

⑥子ども家庭支援論

 次の【事例】を読んで、【設問】に答えなさい。 平成31年（前期）問19

【事例】
保育所で5歳児クラスに在籍するM君は、好き嫌いが非常に多いため、給食を残すことが多い。M君の母親はM君の偏食が気になり、「どうしたら他の子どもたちのように、好き嫌いせずに食べるようになるのでしょうか」と担当のN保育士に相談をした。

【設問】
次の文のうち、N保育士の対応として、適切な記述を〇、不適切な記述を×とした場合の正しい組み合わせを一つ選びなさい。

A 「ご両親が、好き嫌いを許したりしているのがいけないと思います。好き嫌いせず食べるように、家庭でも取り組んでください」と伝える。
B 「M君の偏食が心配なのですね。どうすればよいか一緒に考えましょう」と共感する。
C 「確かに好き嫌いは多いですが、去年に比べると食べられるものが増えてきていますよ」とM君の成長の様子を伝える。
D 「保育所でM君がよく食べている料理の一覧をお渡ししますので、よろしければ参考にしてはいかがでしょうか」と提案する。

（組み合わせ）
	A	B	C	D
1	〇	〇	〇	〇
2	〇	〇	〇	×
3	×	〇	〇	〇
4	×	×	〇	〇
5	×	×	×	〇

A 42

正解 3

3
子ども家庭福祉

A ✕ フランスでは、公的な保育施設の整備が進んでいるが、**家庭的な保育に行政が支援を行うような取り組みも活発である**。例えば、認定保育ママの活用は約50万人と、集団託児所を利用する約13万人と比較すると多い（海外情勢白書　世界の厚生労働2004）。認定保育ママを利用する親への給付も行われている。

B ○ アメリカ合衆国では、パーマネンシーを重視しているが、それを実践する**パーマネンシー・プランニング**（**永続的援助計画**）では、すべての子どもに、恒久的な安定した生活環境を実現することを目的としている。パーマネンシー・プランニングは、アメリカの**連邦法の制度**である。

C ○ 「SOS子どもの村（SOS Children's Villages）」は、第二次世界大戦後のオーストリアで誕生した。日本を含む世界各地でその活動を展開しており、2021（令和3）年7月現在、世界**135**の国と地域で活動している。

D ○ 家庭訪問型の子育て支援は、日本固有のものではなく、欧米諸国でも展開されている。例えば、家庭訪問型の子育て支援ボランティア活動の**ホームスタート**は、**イギリス**で1973年に始まり、2021（令和3）年7月現在、世界22か国で行われている。

A 43

正解 3

A ✕ 「好き嫌いを許したりしているのがいけないと思います」と両親を責めるような内容を伝えている部分は適切ではなく、家庭でのM君の食事をとる際の状況やどのような食べ物には興味があるのか、苦手なものは何かなどM君の**家庭での食事についての情報を聞くこと**を保育士は行う必要がある。

B ○ 「偏食が心配なのですね」と**母親の話を傾聴**し、「どうすればよいか一緒に考えましょう」と**共感し、寄り添う姿勢**をみせている。

C ○ 「去年に比べると食べられるものが増えてきていますよ」と**子どもの成長の様子**を伝え、偏食に困っている**母親を励まし、子育てに向き合えるようにアプローチ**している。

D ○ 「保育所でM君がよく食べている料理の一覧をお渡しします」と、**M君の食に対する情報を提供**している。「よろしければ参考にしてはいかがでしょうか」と保育士の意見を押し付けずに、提案している。指導しがちになるところを提案という形で、**母親の気持ちを尊重する援助**を行っている。

次の【事例】を読んで、【設問】に答えなさい。　　　　　　　平成27年 問13

【事例】
母親Xさんは、2年前に離婚し、4歳になるYちゃんと2歳のZ君を保育所に預けて働いている。1年前から、Z君が「パパがね」と話すことがあった。保育士が、Z君に「えっ？　パパがどうしたの？」と尋ねても首を振ってそれ以上答えない。YちゃんもZ君も極端な偏食がみられ、他児と比較して虫歯も多かった。しばらくして、保育士がZ君の腕にアザを見つけた。そばにいたXさんにアザができた理由を尋ねると、「急に道路に飛び出したから腕を引っ張って止めた」と答えていた。数日後、保育士がZ君の太ももに新たな薄いアザを見つけた。保育所に迎えにきたXさんに新たなアザができた理由を尋ねると、「Zはもともと活発で最近自宅内でも走り回りあちこちぶつけて怪我をしている」と話した。

【設問】
次の文のうち、保育所の対応として適切な記述を○、不適切な記述を×とした場合の正しい組み合わせを一つ選びなさい。

A　個人情報保護の観点から児童相談所には虐待の疑いについて通告しなかった。
B　Z君のアザに関して、Xさんが明確に経緯を説明していると判断し、家族関係に関する情報は収集しなかった。
C　YちゃんやZ君の虫歯が他児に比較してかなり多いこと、Z君のアザが複数回確認されていることから、虐待が疑われたため児童相談所に通告した。
D　偏食は、Yちゃん、Z君の「好き嫌い」であり、虫歯もそれが理由と思われたため、保育所の給食の時間に対応し、家庭での食生活や生活リズムなどの情報は収集しなかった。

（組み合わせ）
	A	B	C	D
1	○	○	×	×
2	○	×	×	×
3	×	○	×	○
4	×	×	○	○
5	×	×	○	×

A 44

正解 **5**

A × 個人情報保護も重要であるが、複数回確認できるアザや他児と比較しての虫歯の多さ、また「パパがね」と話すことがあっても、保育士がそのことについて尋ねたことに首を振りそれ以上答えない様子など、虐待が疑われる要素があるため、**通告は必要**である。

B × Xさんが Z 君のアザに対して、明確に経緯を説明しているとは判断はできず、Z 君が「パパがね」と家族に関係する発言もしているので、**家族に関係する情報は収集するべき**である。一緒に生活をしている世帯の構成メンバーが変化している可能性もある。

C ○ **虐待が疑われる要件が含まれている**ため、通告が必要である。

D × 偏食が起こる背景はさまざまで、**ネグレクト**等で食事の内容がバランスよく整えられていないというケースも考えられる。また、多数の虫歯は偏食からくるものばかりではなく、歯磨きなどが毎日きちんと行われない場合にも発生する。**家庭での食生活や生活リズム**等の情報は収集する必要がある。

加点のポイント ◆児童家庭福祉にかかわる専門職についてのまとめ

児童指導員	児童福祉施設において、子どもの自立支援、生活指導を行う
母子支援員	母子生活支援施設で、利用者（母子）が自立できるように生活支援、指導を行う
少年指導員	母子生活支援施設において、子どもの健全育成のための支援を行う
児童自立支援専門員	児童自立支援施設において、子どもの自立支援を行う
児童生活支援員	児童自立支援施設において、子どもの生活支援を行う
放課後児童支援員	放課後児童クラブ（学童保育）の指導員。遊びの指導・見守り、子どもの健全育成をうながす
利用者支援専門員	地域の子育て支援事業等の利用に関するコーディネートを行う
児童福祉司	児童相談所に配置。子どもの保護や子どもの福祉に関する相談、指導等を行う
児童心理司	児童相談所に配置。判定業務、一時保護中の子どもの心理療法、心理面からの援助方針策定等を行う
母子・父子自立支援員	福祉事務所に配置。母子・父子家庭、寡婦への自立に関する情報提供、相談援助等を行う
家庭相談員	福祉事務所の家庭児童相談室に配置。家庭・子どもに関する相談、指導等を行う
家庭支援専門相談員	児童養護施設、乳児院等に入所している子どもと家族の関係調整を行う
里親支援専門相談員	児童養護施設、乳児院に配置。里親支援、施設の入所児童の里親委託の推進等を行う
個別対応職員	児童養護施設等に配置。生活場面の個別対応を通して、被虐待児等の対応を行う
心理療法担当職員	児童養護施設等に配置。心理療法が必要な乳幼児、保護者に対して心理療法的ケアを行う

◆児童福祉法の改正（平成28年6月）に伴う「理念の明確化」について

■改正のポイント
①児童福祉法は1947（昭和22）年に制定されているが、それ以降、理念に関する部分が改正されたのは2016（平成28）年の改正において初めてであった。
②日本が「児童の権利に関する条約」を批准したのは1994（平成6）年であるが、その条約の精神を児童福祉法の理念に含めたことは、子どもの権利をいかに守るかということを強く示したことを意味している。子どもの最善の利益の優先、子どもの意見の尊重等、児童の権利条約で述べられている「子どもが権利の主体である」という部分を重視している内容となっている。

■改正前と改正後、どのように変更されたか
　今回の改正では、児童福祉法の条文の中に、児童の権利に関する条約の中で記されているキーワードが使われている。
　第1条に、「児童の権利に関する条約の精神にのっとり」と明記され、児童の権利に関する条約を基本理念として位置づけられていることがわかる。また「（中略）…権利を有する」と記載されており、子どもが権利の主体であることが示されている。
　第2条では、「児童の年齢及び発達の程度に応じて、その意見が尊重され、その最善の利益が優先して考慮され」と記述されており、子どもの意見の尊重、子どもの最善の利益の優先を重視していることがわかる。

■（参考）改正後の児童福祉法の条文
第一章　総則
　第一条　全て児童は、児童の権利に関する条約の精神にのっとり、適切に養育されること、その生活を保障されること、愛され、保護されること、その心身の健やかな成長及び発達並びにその自立が図られることその他の福祉を等しく保障される権利を有する。
　第二条　全て国民は、児童が良好な環境において生まれ、かつ、社会のあらゆる分野において、児童の年齢及び発達の程度に応じて、その意見が尊重され、その最善の利益が優先して考慮され、心身ともに健やかに育成されるよう努めなければならない。
　　○2　児童の保護者は、児童を心身ともに健やかに育成することについて第一義的責任を負う。
　　○3　国及び地方公共団体は、児童の保護者とともに、児童を心身ともに健やかに育成する責任を負う。

■（参考）改正前の児童福祉法の条文
第一章　総則
　第一条　すべて国民は、児童が心身ともに健やかに生まれ、且つ、育成されるよう努めなければならない。
　　2　すべて児童は、ひとしくその生活を保障され、愛護されなければならない。
　第二条　国及び地方公共団体は、児童の保護者とともに、児童を心身ともに健やかに育成する責任を負う。

4

社会福祉

4章 社会福祉

①現代社会における社会福祉の意義と歴史

Q01 次のA～Dは、障害者福祉制度に関する法律である。A～Dの法律を制定の古い順に並べた場合の正しい組み合わせを一つ選びなさい。　平成30年（後期）問2

A 「精神薄弱者福祉法」（現「知的障害者福祉法」）
B 「身体障害者福祉法」
C 「発達障害者支援法」
D 「障害者虐待の防止、障害者の養護者に対する支援等に関する法律」

（組み合わせ）
1　A→C→B→D
2　B→A→C→D
3　B→D→A→C
4　C→D→A→B
5　D→C→B→A

Q02 次の文のうち、2000（平成12）年の「社会福祉法」の成立前後に関連する社会福祉体制の見直しに関する記述として、適切な記述を○、不適切な記述を×とした場合の正しい組み合わせを一つ選びなさい。　令和3年（前期）問3

A 保育所および母子生活支援施設の措置制度が廃止された。
B 介護保険制度が導入された。
C 子どもの権利の明確化、社会的養護の大幅見直しを含む「社会的養育ビジョン」が示された。
D 社会福祉の供給主体が、地方公共団体、社会福祉法人中心から、特定非営利活動法人や企業など民間へも拡大することが進められた。

（組み合わせ）

	A	B	C	D
1	○	○	○	○
2	○	○	○	×
3	○	○	×	○
4	○	×	○	○
5	×	○	○	○

A 01

正解 2

A 「精神薄弱者福祉法」（現在の知的障害者福祉法）は、**1960（昭和35）年**に制定された。

B 「身体障害者福祉法」は、**1949（昭和24）年**に制定された。

C 「発達障害者支援法」は、**2004（平成16）年**に制定された。

D 「障害者虐待の防止、障害者の養護者に対する支援等に関する法律」は、**2011（平成23）年**に制定された。

よって、**B→A→C→D**の順となり、選択肢**2**が正解となる。

A 02

正解 3

A ○ 保育所及び母子生活支援施設は児童福祉法改正により**措置制度**から**利用契約制度**に変更された。

B ○ 高齢者の介護を社会全体で支え合う仕組みとして、介護保険制度が創設され、1997（平成9）年に介護保険法が成立し、2000（平成12）年に施行された。

C × 社会的養育ビジョンは2017（平成29）年に示されている。

D ○ 社会福祉の供給主体は特定非営利活動法人や企業など**民間へ拡大**している。

📝 **よく出るポイント** ◆ **日本の社会福祉が成立したポイントをおさえておこう**

戦後に**日本国憲法**の公布に伴って、（旧）生活保護法が制定され、その後、**児童福祉法**、**身体障害者福祉法**、新たな生活保護法が制定され社会福祉三法となった。これによって、国家の責任において社会福祉が推進されることとなった。その後、**知的障害者福祉法**、老人福祉法、母子及び寡婦福祉法（現：母子及び父子並びに寡婦福祉法）が制定され**福祉六法**となった。

次の文は、イギリスの福祉政策等である。年代の古い順に並べた場合の正しい組み合わせを一つ選びなさい。

令和3年（後期）問4

A 『社会保険および関連サービス』（通称『ベヴァリッジ報告：Beveridge Report』）の提出
B 慈善組織（化）協会（COS）の設立
C 「救貧法」（Poor Law）の制定

（組み合わせ）
1　A→C→B
2　B→A→C
3　B→C→A
4　C→A→B
5　C→B→A

次の文は、社会福祉の基本理念に関する記述である。適切な記述を○、不適切な記述を×とした場合の正しい組み合わせを一つ選びなさい。

平成29年（後期）問2

A 北欧に起源をもつノーマライゼーション（normalization）の思想は、わが国の社会福祉分野の共通基礎理念として位置付けられることが多い。
B ユニバーサルデザイン（universal design）という考え方のひとつに、どのような人にとっても役立つように使えるということが挙げられている。
C QOL（Quality of Life）という言葉が社会福祉分野で使われるようになったのは、わが国では、「障害者の日常生活及び社会生活を総合的に支援するための法律」が制定されてからのことである。
D ソーシャルインクルージョン（social inclusion）とは、カナダ及びオーストラリア地域で普及してきた理念であり、「社会的包括」あるいは「社会的包摂」等と訳されることがある。

（組み合わせ）

	A	B	C	D
1	○	○	×	○
2	○	○	×	×
3	○	×	○	○
4	×	○	○	○
5	×	×	○	×

よく出るポイント ◆ 戦前の日本における社会福祉の歴史

日本では、近代以前の福祉事業は慈善・救済事業によって担われてきた。1874（明治7）年に**恤救規則**が制定されている。この恤救規則で対応することができない人たちのために、**石井十次**（岡山孤児院）、**石井亮一**（滝乃川学園）などによって社会福祉施設の原型が作られている。社会事業の成立期では、その推進者の1人である大阪府知事の林市蔵、小河滋次郎らによって**方面委員制度**（現在の民生委員制度の始まりの一つ）が考案された。1929（昭和4）年には恤救規則にかわり**救護法**が制定（施行は1932（昭和7）年）されている。

A 03　　　　　　　　　　　　　　　　　　　　　　　　　　正解 5

Aの『社会保険および関連サービス』（通称『ベヴァリッジ報告：Beveridge Report』）の提出は**1942年**である。

Bの慈善組織（化）協会（COS）の設立は**1869年**である。

Cの「救貧法」（Poor Law）の制定は**1601年**である。

以上より、**C→B→A**となる。

A 04　　　　　　　　　　　　　　　　　　　　　　　　　　正解 2

A ○ **ノーマライゼーション**を提唱したのはデンマークのニルス・エリク・バンク-ミケルセン（N. E. Bank-Mikkelsem）である。日本の社会福祉分野の共通基礎理念に位置づけられている。

B ○ **ユニバーサルデザイン**は、障害をもつ人も・もたない人も区別なく、すべての人にとって使いやすい形状や機能が配慮された造形、設計とされている。よって、どのような人にとっても役に立つデザインといってよい。

C × **QOL**は一人ひとりの人生の質や社会的にみた生活の質とされている。社会福祉分野では**介護保険法が制定**された2000年頃から使われている。

D × 社会福祉用語辞典によると、**ソーシャルインクルージョン**は1980年代にヨーロッパで社会問題となった外国籍労働者への社会的排除に対する施策で導入された概念とされている。カナダ、オーストラリアで普及した理念ではない。

よく出るポイント　◆ 海外における社会福祉の歴史

社会福祉は、文化的、宗教的な背景をもとに福祉事業として慈善・救済事業や地域共同体などによる相互扶助が展開されてきた。社会福祉の制度や実践はイギリスのCOS（慈善組織協会）や**セツルメント活動**に始まりを見ることができる。また、イギリスでは1601年にエリザベス救貧法が制定され、全国的に統一された救貧行政を実施し、労働力を基準に①有能貧民、②無能力貧民、③児童の3つに区分し①については強制労働を課した。**1834**年に新救貧法が制定され、救済水準を全国一律として劣等処遇の原則が定められた。その後、**1886**年にはチャールズ・ブースがロンドンで貧困調査を行い市民の3分の1が貧困線以下の生活をしていることを明らかにした。1942年には「社会保険と関連サービス」（ベヴァリッジ報告）が提出された。

次の文のうち、社会福祉におけるノーマライゼーションの理念に関する記述として、適切な記述を○、不適切な記述を×とした場合の正しい組み合わせを一つ選びなさい。　令和元年（後期）問1

A ノーマライゼーションとは、国民に対して最低限度の生活を保障することを意味し、「入所施設での生活を、より普通の生活に近づける」という考え方から始まった。
B ノーマライゼーションの考え方は、障害者福祉分野に限らず社会福祉分野全般の理念として使用されるようになっている。
C ノーマライゼーションの理念が国際的な場で初めて表明されたのは、1994年のサラマンカ声明（スペインのサラマンカで開催された「特別ニーズ教育世界会議」で採択された声明）である。
D ノーマライゼーションの理念とは、北欧の国から提唱された、障害者を施設から健常者が暮らす「ノーマルな社会」に戻すことである。

（組み合わせ）
　　A　B　C　D
1　○　○　○　×
2　×　○　×　×
3　×　×　○　×
4　×　×　×　○
5　×　×　×　×

 次の文は、社会福祉の概念等に関する記述である。適切な記述を○、不適切な記述を×とした場合の正しい組み合わせを一つ選びなさい。　平成30年（後期）問1

A 「社会福祉法」第1条（目的）では、「福祉サービスの利用者の利益の保護及び地域における社会福祉（地域福祉）の推進を図る」ことが、定められている。
B 「児童福祉法」第1条（児童福祉の理念）では、「全て児童は、児童憲章の精神にのっとり、適切に養育されること」が、定められている。
C 「老人福祉法」第4条（老人福祉増進の責務）では、「国及び地方公共団体は、老人の福祉を増進する責務を有する」ことが、定められている。
D 「発達障害者支援法」の支援の対象は、発達障害児を含まず、18歳以上の発達障害がある者と定められている。

（組み合わせ）
　　A　B　C　D
1　○　○　○　×
2　○　○　×　○
3　○　×　○　×
4　×　○　×　○
5　×　×　○　○

A 05 正解 2

- A × **最低限度の生活の保障**を意味するのは、ナショナルミニマムである。
- B ○ 歴史的には**障害者福祉**の分野から始まり、現在では社会福祉領域全般に広がっており、日本の社会福祉政策の理念としても定着している。
- C × サラマンカ声明ではなく、「**完全参加と平等**」をテーマとした1981年の国際障害者年でノーマライゼーションの理念が広く表明された。
- D × ノーマライゼーションの理念とは障害者を施設から解放することや、障害を軽減することではなく、障害があっても、地域社会でありのままの姿で生活できる社会環境を整えることである。

A 06 正解 3

- A ○ 設問文の通り、社会福祉法の目的として、利用者の利益の保護とともに**地域福祉**の推進が記されている。
- B × 児童福祉法の理念は「**児童の権利に関する条約**の精神」にのっとっていると明記されている。
- C ○ 設問文の通り、国と地方公共団体には老人の福祉を増進する**義務**がある。
- D × 発達障害者支援法第2条第2項では、「『発達障害児』とは、発達障害者のうち十八歳未満のものをいう」と示されている。よって、発達障害児も含む。

◆児童の権利についての考え方の変遷

「児童の権利に関する宣言」では、児童の人権について一定の考え方が示され、児童は特別な保護を受ける存在とされた。あくまでも保護の対象であり、児童の**能動的な権利**の主張までを規定しているものではなく受動的な権利といえる。その後、時代の変遷とともに、児童の権利については見直され「児童の権利に関する条約」では、第12条「**意見表明権**」の他、第13条「**表現の自由についての権利**」、第23条「**障害児の権利**」、第28条「**教育への権利**」等で児童の主体的な権利を保障している。

次の文は、障害児施策に関する記述である。適切な記述を○、不適切な記述を×とした場合の正しい組み合わせを一つ選びなさい。

平成28年（前期）問9

A 児童発達支援センターなどの児童発達支援を行う施設の利用に際しては、障害児支援利用計画が必要である。
B 障害児通所支援の根拠法は、「障害者の日常生活及び社会生活を総合的に支援するための法律」（障害者総合支援法）である。
C 障害児入所施設の根拠法は、「児童福祉法」である。
D 障害児相談支援の根拠法は、「児童福祉法」である。

（組み合わせ）

	A	B	C	D
1	○	○	○	○
2	○	○	×	○
3	○	×	○	○
4	×	○	×	○
5	×	×	○	×

次の文は、「子ども・子育て支援法」の利用者支援事業に関する平成27年版「厚生労働白書」の記述の一部である。（ A ）～（ C ）にあてはまる正しい組み合わせを一つ選びなさい。

平成29年（前期）問5

利用者支援事業とは、（ A ）の身近な場所で、教育・保育施設や地域の子育て支援事業等の利用について（ B ）を行うとともに、それらの利用に当たっての相談に応じ、必要な助言を行い、関係機関等との（ C ）を実施する事業である。

（組み合わせ）

	A	B	C
1	乳児や保護者	広報活動	役割分担等
2	子どもや地域社会	資料配布	相互連絡等
3	地域住民	利用状況調査	切磋琢磨等
4	子どもや保護者	情報収集	連絡調整等
5	乳幼児や少年	利用支援	有機的連携等

A 07
正解 3

A ○ 児童福祉法第6条の2の2第8項で児童発達支援を利用する際には、**障害児支援利用計画**を作成することが必要とされている。

B × 障害児通所支援については、**児童福祉法**第6条の2の2第1項で「障害児通所支援とは、**児童発達支援**、医療型児童発達支援、放課後等デイサービス、居宅訪問型児童発達支援及び保育所等訪問支援をいい、障害児通所支援事業とは、**障害児通所支援を行う事業**をいう」と示されている。

C ○ 障害児入所施設は**児童福祉法**第7条で「児童福祉施設とは、助産施設、乳児院、母子生活支援施設、保育所、幼保連携型認定こども園、児童厚生施設、児童養護施設、**障害児入所施設**、児童発達支援センター、児童心理治療施設、児童自立支援施設及び児童家庭支援センターとする」と示されている。

D ○ 障害児相談支援は**児童福祉法**第6条の2の2第7項で「**障害児相談支援**とは、障害児支援利用援助及び継続障害児支援利用援助を行うことをいい、**障害児相談支援事業**とは、障害児相談支援を行う事業をいう」と示されている。

A 08
正解 4

利用者支援事業とは、（ A.**子どもや保護者** ）の身近な場所で、教育・保育施設や地域の子育て支援事業等の利用について（ B.**情報収集** ）を行うとともに、それらの利用に当たっての相談に応じ、必要な助言を行い、関係機関等との（ C.**連絡調整等** ）を実施する事業である。

子ども・子育て支援法第2条（基本理念）では、「子ども・子育て支援は、父母その他の保護者が子育てについての第一義的責任を有するという基本的認識の下に、家庭、学校、地域、職域その他の社会のあらゆる分野における全ての構成員が、各々の役割を果たすとともに、相互に協力して行われなければならない」と示されている。

よく出るポイント ◆子ども・子育て支援法に位置づけられた「地域子ども・子育て支援事業」

利用者支援事業	子育て家庭や妊産婦が、教育・保育施設や地域子ども・子育て支援事業、保健・医療・福祉等の関係機関を円滑に利用できるよう、身近な場所での相談や情報提供、助言等必要な支援をするとともに、関係機関との連絡調整、連携・協働の体制づくり等を行う。
地域子育て支援拠点事業	子育て家庭等の負担感・不安感を軽減するため、子育て親子が気軽に集い、交流することができ、子育てに関する相談・援助を行う場の提供や、地域の子育て関連情報の提供、子育て及び子育て支援に関する講習を行う。
一時預かり事業	家庭において保育を受けることが一時的に困難となった乳幼児について、主として昼間において、認定こども園、幼稚園、保育所、地域子育て支援拠点その他の場所において、一時的に預かり、必要な保護を行う。
ファミリー・サポート・センター事業	乳幼児や小学生等の児童を有する子育て中の保護者を会員として、児童の預かり等の援助を受けることを希望する者と当該援助を行うことを希望する者との相互援助活動に関する連絡、調整を行う。
子育て短期支援事業	保護者の疾病等の理由により家庭において養育を受けることが一時的に困難となった児童について、児童養護施設等に入所させ、必要な保護を行う。

次の文のうち、適切な記述を○、不適切な記述を×とした場合の正しい組み合わせを一つ選びなさい。

平成30年（後期）問11

A 「児童福祉法」によると、保育士は、専門的知識及び技術をもって、児童の保育及び児童の保護者に対する保育に関する指導を行う者である。

B 児童養護施設等の入所施設において、児童と保護者が接する機会が乏しい場合、親子関係の再構築を目指すために、意図的に面会などの機会を設けたり、電話など通信による接点を持たせるなどの支援を行うことがある。

C 保育士が子育て支援を行う際には、保護者の自己決定を尊重して行われる。

D 保育相談支援の基本の１つとして、地域の社会資源の活用と関係機関との連携・協力を行うことがある。

（組み合わせ）

	A	B	C	D
1	○	○	○	○
2	○	○	×	×
3	○	×	×	○
4	×	○	○	○
5	×	×	○	×

次の文は、福祉サービス利用援助事業（日常生活自立支援事業）についての記述である。適切な記述を○、不適切な記述を×とした場合の正しい組み合わせを一つ選びなさい。

平成30年（前期）問17

A サービスの利用料は、原則として利用者が負担する。

B 利用者が申請することは可能である。

C 利用者は、原則として65歳以上の者である。

D 実施主体は、本事業の実施状況を運営適正化委員会に定期的に報告することとされている。

（組み合わせ）

	A	B	C	D
1	○	○	○	×
2	○	○	×	○
3	○	×	○	○
4	×	○	×	×
5	×	×	○	○

A 09　　　　正解　1

A ○　児童福祉法第18条の４で「保育士の名称を用いて、専門的知識及び技術をもつて、児童の保育及び**児童の保護者**に対する保育に関する指導を行うことを業とする者をいう」と示されている。

B ○　児童養護施設では**親子関係の再構築**への支援が求められている。その際の支援のあり方として、意図的な面会や電話などの通信による接点を持たせることは望ましい。

C ○　保育士の子育て支援では、ケースワークの原則でもある**バイスティックの７つの原則**にもあるように、保護者の**自己決定**を尊重することが必要である。

D ○　保育相談支援の基本として、社会資源の活用、関係機関との連携・協力が必要である。

自己評価及び第三者評価の実施義務が課せられているのは、**児童養護施設**、**乳児院**、母子生活支援施設、児童心理治療施設、児童自立支援施設である。なお、保育所については、「児童福祉施設の設備及び運営に関する基準」では自己評価は義務、第三者評価は努力義務（第36条の２）とされている。

A 10　　　　正解　2

A ○　利用料は原則、**利用者**が支払う。また、福祉サービス利用援助事業は、利用者の利益の保護を図る仕組みの一環として、**第二種社会福祉事業**に規定されている。

B ○　**利用者が申請する**ことは可能である。なお、この事業の対象者は、「判断能力が不十分ではあるが、本事業の契約の内容について判断し得る能力がある方」である。

C ×　社会福祉法第２条第３項第12号に**福祉サービス利用援助事業**は精神上の理由により日常生活を営むのに支障がある者に対してのサービスであることが示されている。65歳以上とはなっていない。

D ○　実施主体は事業の実施状況を**運営適正化委員会**に定期的に報告することが求められる。

◆ **社会福祉事業について** よく出るポイント

第一種社会福祉事業	**利用者への影響が大きい**ため、経営安定を通じた利用者の保護の必要性が高い事業（主として入所施設サービス）。経営主体は、行政及び社会福祉法人が原則。施設を設置して第一種社会福祉事業を経営しようとする時は、都道府県知事等への届け出が必要である。救護施設、更正施設等（生活保護法に規定）、**乳児院**、**児童養護施設**、**母子生活支援施設**、**障害児入所施設**等（児童福祉法に規定）、養護老人ホーム、特別養護老人ホーム等（老人福祉法に規定）等がある
第二種社会福祉事業	**比較的利用者への影響が小さい**ため、公的規制の必要性が低い事業（主として在宅サービス）。経営主体に制限はなく、すべての主体が届け出ることで事業経営ができる。**児童福祉法**に規定するものとして、障害児通所支援事業、放課後児童健全育成事業、保育所、児童家庭支援センター、障害児相談支援事業、また、就学前の子どもに関する教育、保育等の総合的な提供の推進に関する法律に規定する事業として、幼保連携型認定こども園を経営する事業等がある

②社会福祉の制度と実施体系

Q 11 ★★☆ 次のセンター名と支援の内容の組み合わせのうち、<u>誤ったもの</u>を一つ選びなさい。

平成31年（前期）問7

1 医療型児童発達支援センター ——— 医療的ケアが必要な子どもへの支援

2 地域包括支援センター ————— 介護等を要する高齢者への支援

3 地域活動支援センター ————— 障害者に対する社会参加等の支援

4 基幹相談支援センター ————— 生活困窮者に対する支援

5 配偶者暴力相談支援センター ——— 暴力被害女性に対する支援

Q 12 ★★☆ 次の文は、社会福祉施策とその根拠法について示している。適切な記述を○、不適切な記述を×とした場合の正しい組み合わせを一つ選びなさい。

平成29年（前期）問8

（施策）　　　　　　　　　　　（根拠法）

A 後期高齢者医療 ——— 「高齢者の医療の確保に関する法律」

B 要介護認定 ——— 「老人福祉法」

C 幼児に対する保健指導 ——— 「母子保健法」

D 特定健康診査 ——— 「高齢者の医療の確保に関する法律」

（組み合わせ）

	A	B	C	D
1	○	○	○	×
2	○	○	×	○
3	○	×	○	○
4	×	○	×	×
5	×	×	○	○

A 11

正解 4

1 ○ 医療型児童発達支援センターは上肢、下肢または体幹の**機能の障害のある児童**に対する児童発達支援及び治療を行う。また、日常生活における基本的な動作の指導、知識技能の付与、集団生活への適応訓練などを行う福祉型児童発達支援センターもある。

2 ○ 地域包括支援センターは**介護保険法**に規定され「地域住民の心身の健康の保持及び生活の安定のために必要な援助を行うことにより、その保健医療の向上及び福祉の増進を包括的に支援することを目的とする施設」とされている。

3 ○ 地域活動支援センターは、**障害者総合支援法第5条第27項**に規定される施設で、障害のある人を対象として創作的活動・生産活動・社会との交流促進などの機会を提供する。

4 × 基幹相談支援センターは、**障害者総合支援法**に規定され、身体障害者、知的障害者、精神障害者の相談を総合的に行う施設である。

5 ○ 配偶者暴力相談支援センターは、**配偶者暴力防止法（DV防止法）**に規定される施設である。各都道府県が設置する婦人相談所や男女共同参画センター、児童相談所、福祉事務所などが、配偶者暴力相談支援センターの機能を果たしている。

A 12

正解 3

A ○ 後期高齢者医療制度は「**高齢者の医療の確保に関する法律**」を根拠法としている。同法第47条に後期高齢者医療について示されている。

B × 要介護認定は**介護保険法**を根拠法としている。同法第19条では「介護給付を受けようとする被保険者は、要介護者に該当すること及びその該当する要介護状態区分について、**市町村**の認定（以下「要介護認定」という。）を受けなければならない」と示されている。

C ○ 幼児に対する保健指導は**母子保健法**を根拠法としている。同法第1条で「この法律は、母性並びに乳児及び幼児の健康の保持及び増進を図るため、母子保健に関する原理を明らかにするとともに、母性並びに乳児及び幼児に対する保健指導、健康診査、医療その他の措置を講じ、もつて国民保健の向上に寄与することを目的とする」と示されている。

D ○ 特定健康診査は「**高齢者の医療の確保に関する法律**」を根拠法としている。同法第18条に特定健康診査等基本指針が示されている。

Q13 次のうち、「社会福祉法」に定められているものを○、定められていないものを×とした場合の正しい組み合わせを一つ選びなさい。

平成31年（前期）問4

A 社会福祉協議会
B 障害者差別解消支援地域協議会
C 共同募金会

（組み合わせ）

	A	B	C
1	○	○	○
2	○	○	×
3	○	×	○
4	×	○	○
5	×	×	×

Q14 次の文のうち、社会福祉の各法の年齢の定義に関する記述として、適切な記述を○、不適切な記述を×とした場合の正しい組み合わせを一つ選びなさい。

令和2年（後期）問6

A 「児童福祉法」における「少年」とは、12歳以上18歳未満の者である。
B 「児童福祉法」における「障害児」とは、20歳未満の者である。
C 「母子及び父子並びに寡婦福祉法」における「寡婦」とは、65歳未満の者である。
D 「介護保険法」における「第一号被保険者」とは、65歳以上の者である。

（組み合わせ）

	A	B	C	D
1	○	○	×	×
2	○	×	○	×
3	×	○	×	○
4	×	×	○	×
5	×	×	×	○

◆成年年齢18歳へ引き下げ

2018（平成30）年6月13日、民法の成年年齢を20歳から18歳に引き下げること等を内容とする民法の一部を改正する法律が成立し、2022（令和4）年4月1日から施行された。これにより、成年になると、親の同意がなくてもローンを組む、一人暮らしの部屋を借りるなどができる。また、飲酒や喫煙、ギャンブル（競馬の馬券を買うなど）はこれまでと変わらず20歳にならないとできない。さらに、女性が結婚できる最低年齢は16歳から18歳に引き上げられ、結婚できるのは男女ともに18歳以上となる。

A 13

正解 3

A ○ 社会福祉協議会は、社会福祉法に基づき、**全国社会福祉協議会、都道府県社会福祉協議会、市町村社会福祉協議会**、地区社会福祉協議会がある。

B × **障害者差別解消支援地域協議会**は「障害を理由とする差別の解消の推進に関する法律」（障害者差別解消法）第17条に規定されている。

C ○ 共同募金会は、**社会福祉法第113条**に規定されている。なお、共同募金は第一種社会福祉事業である。

A 14

正解 5

A × 児童福祉法における少年とは、小学校就学始期から18歳に達するまでの者をいう。また、同法では、1歳に満たない者を乳児、1歳から小学校の始期に達するまでの者を幼児と定義している。

B × 児童福祉法における**障害児は、18歳に満たない者**をいう。

C × 母子及び父子並びに寡婦福祉法における寡婦とは、**配偶者のない女子で、かつて配偶者のない女子として児童を扶養していた者**である。年齢の規定はない。

D ○ 介護保険法において、第一号被保険者は**65歳以上の者**、第二号被保険者は**40歳以上65歳未満の医療保険加入者**と定められている。

加点のポイント ◆ 法律ごとの年齢の定義のまとめ

児童福祉法	児童を満18歳に満たない者と定義し、次のように分けている。乳児→**満1歳に満たない者**、幼児→満1歳から、**小学校就学の始期**に達するまでの者、少年→小学校就学の始期から、満**18**歳に達するまでの者。
母子保健法	乳児→**1**歳に満たない者、幼児→満1歳から小学校就学の始期に達するまでの者、新生児→出生後**28**日を経過しない乳児、未熟児→身体の発育が未熟のまま出生した乳児であって、正常児が出生時に有する諸機能を得るに至るまでの者。
少年法	少年とは**20**歳に満たない者をいい、成人とは満20歳以上の者をいう。なお、民法改正による成人年齢の引き下げにともない、少年法も改正され、2022（令和4）年4月1日より18歳以上20歳未満の者は**特定少年**とされた。18歳未満の犯罪少年と同様、全例、家庭裁判所に送致されるが、検察官へ逆送される犯罪の範囲が**1年以上の懲役・禁錮に当たる事件**に広がった。
母子及び父子並びに寡婦福祉法	児童とは**20**歳に満たない者。
児童扶養手当法	児童とは、**18**歳に達する日以後の最初の3月31日までの間にある者又は20歳未満で政令で定める程度の障害の状態にある者。
こども基本法	「こども」とは、**心身の発達の過程**にある者をいう。

次の文は、子どもの貧困問題への対応に関する記述である。適切な記述を○、不適切な記述を×とした場合の正しい組み合わせを一つ選びなさい。

平成30年（前期）問4

A 「生活困窮者自立支援法」は、生活困窮世帯の子どもやその保護者に対して包括的な支援を行う自立相談支援事業を規定している。

B 「生活困窮者自立支援法」は、生活困窮者である子どもに対する学習支援事業を都道府県等の任意事業としている。

C 「生活困窮者自立支援法」は、経済的に厳しい状況におかれたひとり親家庭等に対して一時的に家事援助、保育等のサービスが必要になった際に、家庭生活支援員を派遣するなどの日常生活支援事業を規定している。

D 「母子及び父子並びに寡婦福祉法」は、ひとり親家庭の子どもの生活の向上を図るための事業として、生活に関する相談に応じ、又は学習に関する支援を行うことができると規定している。

（組み合わせ）

	A	B	C	D
1	○	○	○	×
2	○	○	×	○
3	○	×	○	○
4	×	○	×	○
5	×	×	○	×

よく出るポイント　◆ 生活保護法の基本原理

国家責任の原理 （第1条）	日本国憲法第25条の理念に基づき、国が生活に困窮するすべての国民に対し、その困窮の程度に応じ、必要な保護を行い、その最低限度の生活を保障するとともに、その自立を助長する。
無差別平等の原理 （第2条）	すべて国民は、この法律の定める要件を満たす限り、この法律による保護を、無差別平等に受けることができる。
健康的で文化的な最低生活保障の原理 （第3条）	この法律により保障される最低限度の生活は、健康で文化的な生活水準を維持することができるものでなければならない。
保護の補足性の原理 （第4条）	保護は、生活に困窮する者が、その利用し得る資産、能力その他あらゆるものを、その最低限度の生活の維持のために活用することを要件として行われる。

A 15

正解 2

A ○ 生活困窮者自立支援法第3条第2項に**生活困窮者自立相談支援事業**の定義が示されている。

B ○ 生活困窮者自立支援法第7条第2項で、都道府県は生活困窮者である子どもに対し**子どもの学習・生活支援事業**を行うことができる、としている。なお、**生活困窮者自立相談支援事業**と**生活困窮者住居確保給付金の支給**は都道府県の義務として定められている。

C × **日常生活支援事業**は母子及び父子並びに寡婦福祉法に規定されるものである。

D ○ 母子及び父子並びに寡婦福祉法第31条の5（**母子家庭生活向上事業**）、及び31条の11（**父子家庭生活向上事業**）に規定されている。

よく出るポイント ◆ **生活保護の種類**

生活扶助	衣食、光熱費等の日常生活費が支給される。**金銭**給付。
教育扶助	義務教育を受けている子どもに必要な学用品や給食費などの費用等が支給される。**金銭**給付。
住宅扶助	アパートを借りた場合の家賃、地代、転居費、住居の補修などの費用が支給される。**金銭**給付。なお、宿所提供施設などの現物支給の場合もある。
介護扶助	介護保険による要介護者及び要支援者で保険料や利用の負担が困難な場合、介護保険と同じ介護サービスを支給する。**現物**給付。
出産扶助	出産に必要な費用が支給される。**金銭**給付。
生業扶助	生業費、技能習得費、就職支度金等の費用が支給される。**金銭**給付。
葬祭扶助	葬祭ができない場合、葬祭に必要な費用が支給される。**金銭**給付を原則とする。
医療扶助	入院、通院などの医療に必要な費用が支給される。**原則は現物**給付であるが、治療費や治療材料は**金銭**給付。

Q16 次の文のうち、適切な記述を○、不適切な記述を×とした場合の正しい組み合わせを一つ選びなさい。　　令和元年（後期）問4

A 「保育所保育指針」では、保護者の苦情などへの対応に関する規定はない。
B 児童福祉施設の長は、入所中の児童等で親権を行う者、未成年後見人のない者に対し、一部都道府県知事の許可を得て、親権を行うことができる。
C 福祉専門職としての保育士は、子どもや保護者が抱える問題やニーズを代弁（アドボカシー）して支援していくことが求められている。
D 「児童の権利に関する条約」では、「児童の最善の利益」という言葉を規定している。

（組み合わせ）

	A	B	C	D
1	○	○	×	○
2	○	×	×	×
3	×	○	○	○
4	×	×	○	○
5	×	×	○	×

Q17 次の文は、社会福祉の事業に関する記述である。適切な記述を○、不適切な記述を×とした場合の正しい組み合わせを一つ選びなさい。　　平成28年（前期）問3

A 少年院を仮退院した後の保護を行う更生保護事業は、社会福祉事業に含まれる。
B 生活協同組合が組合員のために行う事業は、社会福祉事業に含まれる。
C 近隣地域における住民の生活の改善及び向上を図るための隣保事業は、社会福祉事業に含まれる。
D 生計困難者のために、無料又は低額な料金で診療を行う事業は、社会福祉事業に含まれる。

（組み合わせ）

	A	B	C	D
1	○	○	×	×
2	○	×	○	×
3	○	×	×	○
4	×	○	×	×
5	×	×	○	○

A 16

正解 3

A ✕ 「保育所保育指針」第1章「総則」1（5）「**保育所の社会的責任**」ウでは「保育所は、入所する子ども等の個人情報を適切に取り扱うとともに、保護者の苦情などに対し、その解決を図るよう努めなければならない」と示されている。

B ○ 「児童福祉法」第47条に「児童福祉施設の長は、入所中の児童等で親権を行う者又は未成年後見人のないものに対し、親権を行う者又は**未成年後見人**があるに至るまでの間、親権を行う」と示されている。

C ○ 保育士には子どもや保護者への支援が求められる。その場合、子ども・保護者が抱える問題やニーズの代弁など**ソーシャルワークの機能**を用いた支援も有効であるとされている。

D ○ 「児童の権利に関する条約」第3条に示されている。

A 17

正解 5

A ✕ 更生保護事業は**更生保護事業法**を根拠法としている。社会福祉法による社会福祉事業の対象ではない。更生保護事業法第1条に目的、第2条に定義が示されている。

B ✕ 生活協同組合が行う事業は**消費生活協同組合法**に基づく事業であり、よって社会福祉事業ではない。消費生活協同組合法第1条では「国民の自発的な生活協同組織の発達を図り、もつて**国民生活**の安定と生活文化の向上を期することを目的とする」と示されている。

C ○ 隣保事業は社会福祉法第2条第3項11号に「隣保事業（隣保館等の施設を設け、**無料又は低額な料金**でこれを利用させることその他その近隣地域における住民の生活の改善及び向上を図るための各種の事業を行うものをいう）」と示されている。

D ○ **社会福祉法**第2条第3項9号で「**生計困難者**のために、無料又は低額な料金で診療を行う事業」が規定されている。

Q18 ★★★

次の文は、「社会福祉法」で定められているサービス提供者による情報提供に関する記述である。適切な記述を○、不適切な記述を×とした場合の正しい組み合わせを一つ選びなさい。　平成28年（前期）問17

A 社会福祉事業経営者に対して、経営する社会福祉事業に関する情報の提供を行うよう努めなければならないと定められている。

B 社会福祉事業経営者に対して、利用申請時における利用契約内容等に関する説明を行うよう努めなければならないと定められている。

C 社会福祉事業経営者に対して、児童福祉施設を利用した場合のみ、利用契約成立時の書面（重要事項説明書）の交付をしなければならないと定められている。

D 社会福祉事業経営者に対して、情報通信の技術を利用する方法で、提供する福祉サービスについての広告等を行う際には、原則として市町村に届け出を行わなければならないと定められている。

（組み合わせ）

	A	B	C	D
1	○	○	×	×
2	○	×	○	○
3	○	×	○	×
4	×	○	×	○
5	×	×	○	○

Q19 ★★★

次の文のうち、生活保護制度に関する記述として、適切な記述を○、不適切な記述を×とした場合の正しい組み合わせを一つ選びなさい。　令和3年（後期）問8

A 小学校の学校給食費は、扶助の対象外である。

B 要介護者に対する介護は、扶助の対象外である。

C 救護施設は、医療を必要とする要保護者に対して、医療の給付を行うことを目的としている。

D 宿所提供施設は、住居のない要保護者の世帯を対象としている。

（組み合わせ）

	A	B	C	D
1	○	○	×	×
2	○	×	×	○
3	×	○	×	×
4	×	×	○	○
5	×	×	×	○

A 18

正解 1

A ○ 社会福祉法第75条では「**社会福祉事業の経営者**は、福祉サービスを利用しようとする者が、適切かつ円滑にこれを利用することができるように、その経営する社会福祉事業に関し**情報の提供**を行うよう努めなければならない」と示されている。

B ○ 社会福祉法第76条では、「社会福祉事業の経営者は、その提供する福祉サービスの利用を希望する者からの申込みがあつた場合には、その者に対し、当該福祉サービスを利用するための契約の内容及びその履行に関する事項について**説明するよう努めなければならない**」と示されている。

C × 社会福祉法第77条で「社会福祉事業の経営者は、**福祉サービスを利用するための契約**（厚生労働省令で定めるものを除く。）が成立したときは、その利用者に対し、遅滞なく、次に掲げる事項を記載した書面を交付しなければならない」と示している。児童福祉施設利用の場合のみではない。

D × 社会福祉法第79条で「社会福祉事業の経営者は、その提供する福祉サービスについて広告をするときは、広告された福祉サービスの内容その他の厚生労働省令で定める事項について、著しく事実に相違する表示をし、又は実際のものよりも著しく優良であり、若しくは有利であると人を誤認させるような表示をしてはならない」と示されているが、広告等において原則、市町村への届け出義務はない。

A 19

正解 5

A × 小学校の**学校給食費**は、生活保護の**教育扶助**の対象となる。

B × 要介護者に対する介護は、生活保護の**介護扶助**の対象となる。

C × **救護施設**は、身体上または精神上著しい障害があるために日常生活を営むことが困難な者に生活扶助を行う施設である。

D ○ **宿所提供施設**は、住宅のない要保護者の世帯に対して、生活保護の住居扶助を行う施設である。なお、類似の施設に社会福祉法に基づく**無料低額宿泊所**がある。この施設は、生活困窮者が無料、または低額で一時的に滞在できるものである。

次の文のうち、生活保護制度に関する記述として、適切な記述を○、不適切な記述を×とした場合の正しい組み合わせを一つ選びなさい。

令和3年（前期）問7

A 原則として、保護は、個人ではなく世帯を単位としてその要否及び程度を定める。
B 原則として、保護は、「民法」に定める扶養義務者の扶養に優先して行われる。
C 原則として、保護は、他の法律による扶助に優先して行われる。
D 原則として、保護は、要保護者、その扶養義務者又はその他の同居の親族による申請がなくても開始することができる。

（組み合わせ）
	A	B	C	D
1	○	○	×	×
2	○	×	×	×
3	×	○	×	×
4	×	×	○	○
5	×	×	×	○

次の文は、国民年金制度に関する記述である。適切な記述を○、不適切な記述を×とした場合の正しい組み合わせを一つ選びなさい。

平成31年（前期）問5

A 保険料の支払い期間は、20歳から70歳未満である。（任意加入被保険者を除く）
B 20歳以上の大学生は、本来は保険料を支払う義務を負うが、学生納付特例制度によって、在学期間の納付が免除される。
C 遺族基礎年金は、子どもの有無に関わらずに支給される。
D 障害者が障害年金を受給するためには、原則として事前の保険料拠出を必要とするが、国民年金に加入する20歳前に障害を持った場合はこの限りではない。

（組み合わせ）
	A	B	C	D
1	○	○	○	○
2	○	○	×	○
3	○	×	○	×
4	×	○	○	×
5	×	×	×	○

A 20

正解 2

A ○ 生活保護制度の原側として**世帯単位の原則**があり、生活保護費の支給も世帯単位で行われる。

B × 生活保護制度の原理に**保護の補足性の原理**があり、「保護は、生活に困窮する者が、その利用し得る資産、能力その他あらゆるものを、その最低限度の生活の維持のために活用することを要件として行われる」とされている。そのため、原則として民法上の親族等の扶養義務者から援助を受けることができる場合は、**扶養義務者の援助が優先**される。

C × 他の**制度、法律によって給付**が受けられる場合はそれらが**優先**される。

D × 生活保護制度の原則として**申請保護の原則**がある。**要保護者、その扶養義務者、同居の親族などの申請**に基づいて行われる。

A 21

正解 5

A × 保険料支払い期間は**原則20歳から60歳未満**である。

B × 学生については、**申請**により在学中の保険料の納付が猶予される「**学生納付特例制度**」が設けられている。免除される制度ではない。

C × 遺族基礎年金は、死亡した者によって生計を維持されていた、**子がある配偶者と子に支給**される。

D ○ **障害基礎年金**については、20歳前や、60歳以上65歳未満（年金制度に加入していない期間）でも受給できる。

加点のポイント ◆障害年金の受給要件

障害年金の受給には以下の3つの要件を満たす必要があるが、**20歳前**に障害をもった場合は①と②について、**60歳以上65歳未満**の間に障害をもった場合は①について例外的な扱いとなり、障害年金を受給することができる。

①**初診日要件**：その病気やケガで初めて医療機関を受診した日が国民年金または厚生年金保険の被保険者期間中であること

②**保険料納付要件**：加入期間の2/3以上は保険料を納めているか、直近1年間に滞納期間がないこと

③**障害状態該当要件**：国で定めた障害等級に該当する障害であること

次の文は、所得保障についての記述である。適切な記述を○、不適切な記述を×とした場合の正しい組み合わせを一つ選びなさい。　平成28年(後期)問11

A 育児休業の際に支給される育児休業給付金は、「健康保険法」に定められている。
B 国家公務員の常勤職員は、厚生年金保険の被保険者である。
C 老齢基礎年金は、租税のみを財源としている。
D 労働者災害補償保険は、通勤途上における負傷も保険給付の対象としている。
E 雇用保険では、厚生労働大臣が指定する、雇用の安定及び就職の促進を図るために必要な職業に関する教育訓練も保険給付の対象としている。

(組み合わせ)

	A	B	C	D	E
1	○	○	×	○	×
2	○	×	○	○	×
3	○	×	○	×	○
4	×	○	○	×	×
5	×	○	×	○	○

加点のポイント ◆社会福祉関連法令のまとめ

介護保険法	2020(令和2)年改正 2021(令和3)年施行の介護保険法のポイント ・地域包括支援センターの役割強化(世代や属性を問わない相談窓口の創設、交流の場の確保など) ・認知症対策の強化(支援体制の整備、予防のための調査研究の推進、地域住民との共生、他分野との連携など) ・医療、介護データ基盤の整備 ・介護人材確保、業務効率化に向けた取り組みの強化 ・社会福祉連携推進法人の創設
障害を理由とする差別の解消の推進に関する法律(障害者差別解消法)	国連の「障害者の権利に関する条約」の締結に向けた国内法制度の整備の一環として、全ての国民が、障害の有無によって分け隔てられることなく、相互に人格と個性を尊重し合いながら共生する社会の実現に向け、障害を理由とする差別の解消を推進することを目的として、2013(平成25)年6月、「障害を理由とする差別の解消の推進に関する法律」(いわゆる「障害者差別解消法」)が制定され、2016(平成28)年4月1日から施行された。同法では「不当な差別的取扱の禁止」「合理的配慮の提供」について明記されている
児童福祉法	・2019(令和元)年6月の主な改正内容 ①親権者は、児童のしつけに際して体罰を加えてはならない ②児童福祉施設の長等についても同様
配偶者からの暴力の防止及び被害者の保護等に関する法律(DV防止法)	・2013(平成25)年改正公布、2014(平成26)年施行 「生活の本拠を共にする交際(婚姻関係における共同生活に類する共同生活を営んでいないものを除く。)をする関係にある相手からの暴力及びその被害者について、この法律を準用するとなった」としている ・2020(令和2)年4月1日施行 DV保護などの連携、協力すべき関係機関として児童相談所が法文上明確化された
子どもの貧困対策の推進に関する法律	2019(令和元)年6月改正公布のポイント ・目的規定の充実①子どもの「将来」だけでなく「現在」に向けた対策であること。②貧困解消に向けて、児童の権利条約の精神に則り推進すること ・基本理念の充実① 子どもの年齢等に応じて、その意見が尊重され、その最善の利益が優先考慮され、健やかに育成されること、② 各施策を子どもの状況に応じ包括的かつ早期に講ずること。③ 貧困の背景に様々な社会的要因があることを踏まえること

A 22

正解 5

A ✕ 育児休業給付金の根拠法は健康保険法ではなく**雇用保険法**（第61条の7）である。

B ○ 国家公務員の常勤職員は厚生年金保険の被保険者である。

C ✕ 老齢基礎年金の財源は、**国庫負担2分の1**、**保険料等2分の1**である。

D ○ 労働者災害補償保険は、通勤途上の負傷も保険給付の対象となる（労働者災害補償保険法第1条）。

E ○ 雇用保険では失業等給付として、教育訓練給付がある（雇用保険法第10条）。

4

社会福祉

加点のポイント

◆社会福祉法の要点

社会福祉法は、日本の社会福祉の中心となる法律である。福祉サービスの基本理念や原則、社会福祉事業の範囲、社会福祉の実施体制・組織について規定されている。また、福祉サービス事業の適正な運営等に関する事柄として、苦情解決や人材確保などが示されている。

第1条（目的）	福祉サービスの利用者の**利益の保護**及び地域における社会福祉（以下「地域福祉」という。）の推進を図るとともに、社会福祉事業の公明かつ適正な実施の確保及び社会福祉を目的とする事業の健全な発達を図り、もつて社会福祉の増進に資することを目的とする
第2条（定義）	この法律において「社会福祉事業」とは、**第一種社会福祉事業**及び**第二種社会福祉事業**をいう
第3条（福祉サービスの基本的理念）	福祉サービスは、**個人の尊厳の保持**を旨とし、その内容は、福祉サービスの利用者が心身ともに健やかに育成され、又はその有する能力に応じ自立した**日常生活**を営むことができるように支援するものとして、良質かつ適切なものでなければならない
第60条（経営主体）	社会福祉事業のうち、第一種社会福祉事業は、**国、地方公共団体又は社会福祉法人**が経営することを原則とする
第75条（情報の提供）	社会福祉事業の経営者は、福祉サービス（社会福祉事業において提供されるものに限る。以下この節及び次節において同じ。）を利用しようとする者が、適切かつ円滑にこれを利用することができるように、その経営する社会福祉事業に関し**情報の提供**を行うよう努めなければならない
第82条（社会福祉事業の経営者による苦情の解決）	社会福祉事業の経営者は、常に、その提供する福祉サービスについて、利用者等からの苦情の**適切な解決**に努めなければならない
第89条（基本指針）	**厚生労働大臣**は、社会福祉事業の適正な実施を確保し、社会福祉事業その他の政令で定める社会福祉を目的とする事業（以下この章において「社会福祉事業等」という。）の健全な発達を図るため、社会福祉事業に従事する者（以下この章において「社会福祉事業従事者」という。）の確保及び国民の社会福祉に関する活動への参加の促進を図るための措置に関する基本的な指針（以下「基本指針」という。）を定めなければならない

次の文は、社会保険制度に関する記述である。適切な記述を〇、不適切な記述を×とした場合の正しい組み合わせを一つ選びなさい。
平成30年（前期）問9

A 企業に勤めているWさんは、通勤途上で転倒し負傷したため、労働者災害補償制度に必要な保険給付の申請を行った。
B 大学を卒業後、銀行に約15年間勤めていたXさんは、銀行を退職して、長年の夢であった花屋を開業したため、国民健康保険に加入する手続きを行った。
C 企業に約10年間勤めていたZさんは、会社の都合により退職し、雇用保険から基本手当の給付を受けながら、新たな職場を探している。

（組み合わせ）
　　A　B　C
1　〇　〇　〇
2　〇　〇　×
3　〇　×　〇
4　×　〇　×
5　×　×　×

次の文のうち、相談援助の方法・技術に関する記述として、適切な記述を〇、不適切な記述を×とした場合の正しい組み合わせを一つ選びなさい。
令和3年（後期）問13

A スーパービジョンとは、指導者であるスーパーバイジーから、指導を受けるスーパーバイザーに行う専門職を養成する過程である。
B コンサルテーションとは、異なる専門性をもつ複数の専門職者が、特定の問題について検討し、よりよい援助のあり方について話し合う過程をいう。
C コミュニティワークは、地域社会に共通する福祉ニーズや課題の解決を図るために、地域の診断、社会サービス・資源の開発、地域組織のコーディネートなど、住民組織や専門機関などの活動を支援する援助技術である。

（組み合わせ）
　　A　B　C
1　〇　〇　〇
2　〇　×　〇
3　〇　×　×
4　×　〇　〇
5　×　×　〇

A 23　　　　　　　　　　　　　　　　　　　　　　　　　　　　　正解　1

- **A** ○　通勤途上の負傷も**労働者災害補償制度**の範囲である。
- **B** ○　銀行を退職したことで健康保険から**国民健康保険**に加入する必要がある。
- **C** ○　企業を退職した場合、労働者の生活及び雇用の安定と就職の促進のために、「失業された方や教育訓練を受けられる方等」に対して、**失業等給付**が支給される。

A 24　　　　　　　　　　　　　　　　　　　　　　　　　　　　　正解　4

- **A** ×　指導者側が**スーパーバイザー**、指導を受ける側が**スーパーバイジー**である。
- **B** ○　設問文の内容は**正しい**。専門職を**コンサルタント**、援助を受ける側を**コンサルティー**と呼ぶ。
- **C** ○　設問文の内容は**正しい**。**地域社会の課題や問題解決に取り組む**ことである。**子育て相談やネットワークづくり**などもコミュニティワークの一つである。

◆失業等給付

失業等給付は労働者が失業した場合や雇用継続が困難になった場合に、必要な給付を行い、生活及び雇用の安定を図る給付である。以下の4種類に分けられる。

求職者給付	被保険者が離職し、失業状態にある場合に失業者の生活の安定を図ることなどを目的として支給される給付である。
就職促進給付	失業者が再就職することを援助、促進することを目的とする給付である。
教育訓練給付	働く人の主体的な能力開発の取り組みを支援し、雇用の安定と再就職の促進を目的とする給付である。
雇用継続給付	働く人の職業生活の円滑な継続を援助、促進することを目的とする給付である。

◆公的年金制度の仕組み

- ◆公的年金制度は、加齢などによる稼得能力の減退・喪失に備えるための社会保険。（防貧機能）
- ◆**現役世代は全て国民年金の被保険者**となり、高齢期となれば、基礎年金の給付を受ける。（1階部分）
- ◆民間サラリーマンや公務員等は、これに加え、**厚生年金保険に加入し、基礎年金の上乗せ**として報酬比例年金の給付を受ける。（2階部分）

③社会福祉における相談援助

次の文は、保育所が保護者支援を行う際の基本姿勢に関する記述である。適切な記述を○、不適切な記述を×とした場合の正しい組み合わせを一つ選びなさい。

平成27年（地域限定）問4

A 子育ての相談にあたっては、保護者の話を頭から否定せずに、気持ちを受け止める姿勢を常に持つべきである。
B 保護者に対する保育に関する指導が適切に行われるように、常に助言者・指導者としての姿勢を保護者に示し、助言によって保護者を導かなければならない。
C 保護者の良きパートナーとなるべきなので、保護者に対する保育に関する指導は行わないほうが良い。
D 保育士の主な仕事は、毎日、児童の保護や世話をすることであるから、保護者支援は施設長などの一部の者が担当すればよい。

（組み合わせ）
	A	B	C	D
1	○	×	×	○
2	○	×	×	×
3	×	○	○	×
4	×	○	×	○
5	×	×	○	×

次の文は、相談援助の展開過程の中の「ケースの発見」に関する記述である。最も不適切な記述を一つ選びなさい。

平成28年（後期）問17

1 ケースの発見の契機は、直接の来談、電話での受付、メールによる相談、訪問相談等、様々である。
2 利用者の能力や態度が相談援助の展開過程を左右することもある。
3 接近困難なクライエントが地域にいる場合、援助者は利用者の来訪を待つ姿勢が必要である。
4 地域の関係機関等と日頃から連携を強め、ケースの早期の発見に努めることも必要である。
5 利用者と援助者との好ましい信頼関係を構築することも重要なテーマである。

A 25

正解 2

A ○ 保護者支援の基本姿勢として**受容**と**共感**がある。相手を否定的にとらえるのではなく、相手の背景に目を向けて気持ちを受け止めることが必要である。

B × 助言・指導といった対応ではなく、保護者に寄り添い支えるといった対応が望ましい。保護者を変えるのではなく、**保護者が自分で変わろうとする力**を引き出すことが重要である。

C × **適切な保護者への保育指導**は必要である。特に子育てが初めてなど、子育ての知識が未熟な場合は、保護者のニーズを適切にとらえ保育指導を行うことも大切である。

D × 保育所保育指針では、第4章に「子育て支援」が設けられている。また、第1章「総則」では保育所の役割として「保育士は、児童福祉法第18条の4の規定を踏まえ、保育所の役割及び機能が適切に発揮されるように、倫理観に裏付けられた専門的知識、技術及び判断をもって、子どもを保育するとともに、子どもの保護者に対する保育に関する指導を行うものであり、その職責を遂行するための専門性の向上に絶えず努めなければならない」と示され、保護者支援は施設長だけでなく保育士が担うべき役割の一つである。

A 26

正解 3

1 ○ ケースの発見の契機は、設問の通りさまざまな場面が想定される。

2 ○ 利用者の能力や態度は相談援助の展開過程を左右する。

3 × 接近困難なクライエントが地域にいる場合は、利用者の来訪を待つだけでなく、援助者が積極的に出向くといった**アウトリーチ**も必要である。

4 ○ 地域の関係機関とは日頃から連携を図っておくことがケース発見につながりやすい。

5 ○ 援助の進展には、利用者と援助者の関係が影響を及ぼすので好ましい信頼関係の構築は重要である。

Q27 次の文は、福祉サービスを必要とする地域住民に対するアセスメントに関する記述である。適切な記述を○、不適切な記述を×とした場合の正しい組み合わせを一つ選びなさい。

平成31年（前期）問11

A アセスメントは、利用者のニーズの全体像をまとめることが目的であり、利用者が利用できる社会資源の評価は行わない。
B アセスメントにおいて、利用者の身体的状況、精神的状況の把握を行う必要がある。
C アセスメントにおいて、家族関係の把握を行う必要がある。
D アセスメントにおいて、必要不可欠な情報収集のみを行うため、近所付き合いのない利用者については、近隣住民同士の人間関係の把握は行わない。

（組み合わせ）

	A	B	C	D
1	○	○	○	×
2	○	○	×	○
3	○	×	○	×
4	×	○	○	×
5	×	×	×	○

Q28 次の文は、保育所が保護者支援を行う際の実際場面に関する記述である。適切な記述を○、不適切な記述を×とした場合の正しい組み合わせを一つ選びなさい。

平成28年（前期）問4

A 子どもへの虐待が疑われたので、保護者の了解を得ずに児童相談所に通告した。
B 子どもの障害が疑われたので、保護者の了解を得ずに、嘱託医に診察してもらった。
C 障害児保育を実施している保育所において、熟練した保育士が担当しているので、特に専門機関の助言を受けることはない。
D 保育士は、保護者に対する相談・助言を行う際には、必要に応じてより専門性の高い知識・技術を有する専門家などによるコンサルテーションやスーパーバイザーによるスーパービジョンを活用することがある。

（組み合わせ）

	A	B	C	D
1	○	×	×	○
2	○	×	×	×
3	×	○	○	×
4	×	○	×	○
5	×	×	○	×

A 27

正解 4

A × アセスメントは**利用者のニーズ**をまとめて利用者が利用できる社会資源の評価を行う。

B ○ 身体的、精神的状況の把握を含めて、**生活課題や問題を明らかにする**こともアセスメントの目的である。

C ○ 家族関係を把握するためには**ジェノグラム（家族関係図）**を利用することも有効である。

D × 利用者の生活環境の把握では、**地域生活、地域での人間関係**を把握することも重要である。

A 28

正解 1

A ○ 児童虐待の防止等に関する法律第6条では「児童虐待を受けたと思われる児童を発見した者は、速やかに、これを**市町村**、**都道府県**の設置する福祉事務所若しくは児童相談所又は児童委員を介して市町村、都道府県の設置する福祉事務所若しくは児童相談所に通告しなければならない」と示されている。

B × たとえ子どもに障害が疑われたとしても、**保護者に相談もなく、嘱託医の診断を受けること**はできない。保護者と信頼関係を構築し、保護者と相談しながら、その後の対応を考える必要がある。

C × 障害児保育の担当者が熟練した保育士であっても、**専門機関と協働**して保育、療育に取り組むことが必要である。特に、治療が必要な場合などは、専門的な支援が必要とされる。

D ○ ソーシャルワークの専門技術として、必要に応じて専門職の**コンサルテーション**や**スーパービジョン**を受けることが望ましい。

加点の ポイント

◆ 国際生活機能分類（ICF）とは

世界保健機関（WHO）は障害理解の概念として提唱した国際障害分類（ICIDH）を改め、2001年から国際生活機能分類（ICF）となった。ICFは人間の生活機能と障害に関する状況を記述することを目的とした分類であり、「健康状態や変調・病気」について、「**心身機能・身体構造**」「**活動**」「**参加**」の3つのレベルからとらえ、同時に3つのレベルは相互に影響を与えるとしている。また、背景因子である「**環境因子**」「**個人因子**」との間で相互作用があるとしている。

令和元年（後期）問12

【事例】
H保育士が勤務するS保育所には、最近、休みがちになっているK君（4歳、男児）がいる。10日ぶりにK君が登園したが、いつもと違って元気がなく、午睡の着替えの際に背中や腹部にうっすらとあざが数か所見つかった。H保育士はK君が午睡から目覚めた後に、あざについて「ここどうしたの？」と尋ねると、K君は「転んだ」と返答した。H保育士は虐待ではないかと思った。

【設問】
次のうち、この段階におけるH保育士の対応として、適切な記述を○、不適切な記述を×とした場合の正しい組み合わせを一つ選びなさい。

A 「先生には何を言っても大丈夫だよ。」とK君に笑顔で対応する。
B 同僚の保育士、主任保育士に報告・相談する。
C 迎えに来た母親に虐待の有無を尋ね、あざの原因について追求する。
D あざの状態について詳細に記録に残す。

（組み合わせ）

	A	B	C	D
1	○	○	×	○
2	○	○	×	×
3	○	×	○	○
4	○	×	×	○
5	×	×	○	○

加点のポイント

◆ 相談援助技術のまとめ

直接援助技術	個別援助技術（ケースワーク）、集団援助技術（グループワーク）
間接援助技術	地域援助技術（コミュニティワーク）、社会活動法（ソーシャル・アクション）、社会福祉計画法（ソーシャル・プランニング）、社会福祉調査法（ソーシャルワーク・リサーチ）、社会福祉運営管理（ソーシャル・アドミニストレーション）等
関連援助技術	ケアマネジメント、スーパービジョン、カウンセリング、コンサルテーション、ネットワーク等

A 29

正解 1

A ○ K君の気持ちを和らげ、思いが伝えられるようにする適切な配慮である。

B ○ 組織で対応するためにも情報を共有することは必要である。虐待の疑いがある場合、**情報共有**することは**守秘義務違反**には当たらないと解釈できる。

C × 母親に虐待の有無を聞くのではなく、まずは、母親が悩みや生活問題など、保育士に何でも**相談できる環境**を作っていくことが大切である。

D ○ **状況を記録**することは必要である。

加点のポイント ◆相談援助（ソーシャルワーク）の過程についての用語説明

アウトリーチ	自分から支援を求めない利用者に対して、相談機関から専門家が直接出向いて対面し利用者がニーズを出すことができるように支援すること。
アセスメント	利用者が抱える問題や課題を評価すること。問題や課題分析として支援計画（プランニング）を作成するために行われる。
プランニング	アセスメントで明らかになった問題や課題を解決するための支援計画（プランニング）のこと。
モニタリング	支援計画（プランニング）に照らし状況把握を行い、現在のサービスや支援が適切に行われているか観察・把握すること。

Q30 ★★★ 次の文のうち、グループワークの過程に関する記述として、適切な記述を○、不適切な記述を×とした場合の正しい組み合わせを一つ選びなさい。

令和3年（前期）問15

A 準備期とは、利用者がグループに溶け込むために利用者同士の接触、交流をうながす働きかけをし、相互作用を活性化していく時期である。
B 開始期とは、グループの目的を明確にし、具体的な援助計画を立て、その支援ができる環境を整える時期である。
C 作業期とは、グループの主体的な展開を重視し、利用者と少し距離を保ちながら側面的に援助していく時期である。
D 終結期とは、利用者自身、自らが自己の目標を評価し、同時に支援者の行う援助を振り返って評価する時期である。

（組み合わせ）
	A	B	C	D
1	○	○	×	×
2	○	×	○	×
3	○	×	×	○
4	×	○	×	○
5	×	×	○	○

Q31 ★★ 次の文は、保育所における保護者と保育士の面談の記録に関する記述である。適切な記述を○、不適切な記述を×とした場合の正しい組み合わせを一つ選びなさい。

平成28年（前期）問16

A 要約記録は、保育士が面談の内容を要約するので、保育士による取捨選択がある。
B 逐語記録は、保育士が面談内容を聞いたとおりにつづったものであり、保育士の恣意的な解釈は入らない。
C ケース記録（経過記録）は、利用者の語ったとおり漏れがないようにつづったものである。
D ケース会議に提出されるケース概要は、氏名、生年月日、家族構成、収入などのフェイスシートのことである。

（組み合わせ）
	A	B	C	D
1	○	○	○	×
2	○	○	×	×
3	○	×	○	○
4	×	○	○	○
5	×	×	×	○

A 30

正解 5

A × 準備期とは、グループ活動を開始する準備を始め、**援助者とメンバーがはじめて顔を合わせる前段階**である。設問文は、開始期の説明である。

B × 開始期とは、最初の顔合わせから**グループとして活動を開始するまでの段階**である。設問文は、準備期の説明である。

C ○ 設問文の内容は、グループが本格的に**目標達成のための活動を行う段階**であり、作業期に該当する。

D ○ 設問文の内容は、グループ援助の**終わりの段階**であり、終結期に該当する。

A 31

正解 2

A ○ 要約記録とは、相談援助の過程（面接場面など）で話された内容の要点をまとめた記録である。設問文にある通り、保育士が面接場面で話された内容の**要点を取捨選択**する必要がある。

B ○ 設問文は**逐語記録**の説明である。相談面接等で話された内容を一言一句漏らさず記録することである。録音して重要な部分の文字起こしをしたり、非言語部分の表情なども記録する。保育士の恣意的な解釈は入らない。

C × 設問文は逐語記録の説明である。ケース記録は、**支援内容を正確に記録**したものである。それにより、職員間での情報の共有、支援内容の証拠、支援計画への反映、利用者、保護者とのコミュニケーションツール等にもなる。

D × 設問文はケース会議におけるケース概要の一部であるフェイスシートのみをケース概要としている。ケース概要とは、フェイスシートを含めて、**具体的な検討事項の内容**、アセスメントなど、ケース会議で必要とされる情報の一覧である。

よく出るポイント ◆ バイスティックの７つの原則

個別化	利用者を個人としてとらえる。似たような問題であっても同じ問題としてとらえない
意図的な感情表出	利用者の感情表出が自由にできるようにすること。抑圧したり、否定したりすることなく、利用者の心のままを表現してもらう
統制された情緒の関与	支援者自身が利用者の感情や状況に入り込み過ぎないようにすること。支援者が利用者を理解し、自身の感情をコントロールして対応する
受容	利用者の状況を受け止めること。利用者のあるがままを見つめることである
非審判的態度	利用者の問題行動や思考に対して批判したり、善悪を判断しない。善悪の判断は本人ができるように支援することも必要である
自己決定	利用者の問題や課題を解決するための行動は利用者自らが決定する。支援者が利用者に問題解決のための行動などを命令したりすることはなく、利用者自らが判断し行動するように支援する
秘密保持	利用者の個人情報、相談内容は絶対に他者に漏らしてはならない。情報漏洩は利用者との信頼関係を壊すと同時に利用者に不利益を生じさせることがある

Q32 ★★★

次のうち、「援助技術アプローチ」と、その説明の組み合わせとして、適切なものを○、不適切なものを×とした場合の正しい組み合わせを一つ選びなさい。

令和2年（後期）問13

〈援助技術アプローチ〉　　　　　　〈援助技術アプローチの説明〉
A 心理社会的アプローチ　　　――　診断主義の流れをくむアプローチである。
B 機能的アプローチ　　　　　――　利用者の潜在的可能性を前提に社会的機能を高めることで問題解決を図るアプローチである。
C 課題中心アプローチ　　　　――　「いま」「ここ」に焦点を当てたアプローチである。
D エンパワメントアプローチ　――　社会的に無力状態に置かれている利用者の潜在的能力に気づき対処することで問題解決することを目的としたアプローチである。

（組み合わせ）

	A	B	C	D
1	○	○	○	○
2	○	○	○	×
3	○	○	×	○
4	○	×	○	○
5	×	○	○	○

Q33 ★★★

次の文は、相談援助（ソーシャルワーク）の生活モデルに関する記述である。適切な記述を○、不適切な記述を×とした場合の正しい組み合わせを一つ選びなさい。

平成30年（前期）問10

A 生活モデルには、エコロジカル（生態学）アプローチが含まれている。
B 生活モデルは、生活全体の中で問題をとらえ、人と環境の相互作用に焦点を当てることを特徴とする。
C 生活モデルを生み出したのは、リッチモンド（Richmond, M.E.）のソーシャルケースワーク理論である。
D 生活モデルでは、利用者のニーズを充足するために既存の社会資源を活用するだけでなく、利用者を取り巻く環境への適応力を強める援助をも行う。

（組み合わせ）

	A	B	C	D
1	○	○	○	○
2	○	○	×	○
3	○	×	○	×
4	×	○	○	×
5	×	○	×	○

A 32
正解 **1**

A ○ 心理社会的アプローチは**診断主義の流れをくむアプローチ**で、ホリスによって広められた。

B ○ 機能的アプローチは利用者の**意志や潜在的可能性**などで問題解決できるように援助するアプローチである。

C ○ 課題中心アプローチは**利用者自身が問題を解決する**ため、「いま、ここ」に焦点を当て、課題の解決を目指すアプローチである。

D ○ エンパワメントアプローチは利用者が自らの**潜在能力に気づいて対処する**ことにより問題解決を図るアプローチである。

A 33
正解 **2**

A ○ 生活モデルは人と環境との相互作用に焦点を当てるアプローチであり、**生態学（エコロジカル）視点**が重要である。

B ○ 設問の通り、**生活モデル**は人と環境の相互作用に焦点を当て、クライエントの持っている力を引き出し（エンパワメント）、生活課題や問題を改善する試みである。

C × リッチモンドはケースワークの母と呼ばれている。生活モデルは、ジャーメインとギッターマンがこの**生態学的視点**を基礎理論として開発した。

D ○ 生活モデルは**資源を活用**しながら、環境を変えるために働きかけたり、適応したりしつつ、問題を解決していく技術である。

④利用者保護にかかわる仕組み

次の文のうち、児童養護施設入所児童が職員から虐待を受けた場合の児童の権利擁護に関する記述として、適切な記述を○、不適切な記述を×とした場合の正しい組み合わせを一つ選びなさい。

令和2年（後期）問15

A 虐待を受けた児童は、「社会福祉法」に苦情の解決に関する規定があり、苦情を申し立てることができる。
B 虐待を受けた児童は、都道府県社会福祉協議会に設置された運営適正化委員会に申し立てることができる。
C 虐待を受けた児童は、その旨を児童相談所、都道府県の行政機関または都道府県児童福祉審議会に届け出ることができる。

（組み合わせ）

	A	B	C
1	○	○	○
2	○	○	×
3	○	×	×
4	×	○	○
5	×	○	×

次の文は、「児童福祉施設の設備及び運営に関する基準」（昭和23年厚生省令第63号）に規定された児童福祉施設の自己評価に関する記述である。適切な記述を○、不適切な記述を×とした場合の正しい組み合わせを一つ選びなさい。

平成30年（前期）問15

A 母子生活支援施設における自己評価の実施は、努力義務である。
B 児童心理治療施設における自己評価の実施は、努力義務である。
C 児童自立支援施設における自己評価の実施は、義務である。

（組み合わせ）

	A	B	C
1	○	○	○
2	○	○	×
3	○	×	○
4	×	×	○
5	×	×	×

A 34

正解 1

A ○ 社会福祉法第82条に、社会福祉事業の経営者には、利用者等からの**苦情の解決**に努める義務があることが示されている。そのため、児童養護施設の入所児童についても、虐待を受けた場合は申し立てることができる。

B ○ 運営適正化委員会には福祉サービス利用者の苦情などを適切に解決し**利用者の権利を擁護する**目的があるため、虐待を申し立てることができる。

C ○ 施設内で虐待を受けた場合は**児童相談所、都道府県の行政機関等**に届けることができる。

A 35

正解 4

A × 母子生活支援施設における自己評価及び第三者評価は**義務**である。児童福祉施設の設備及び運営に関する基準第29条の３に示されている。

B × 児童心理治療施設における自己評価及び第三者評価は**義務**である。児童福祉施設の設備及び運営に関する基準第76条の２に示されている。

C ○ 児童自立支援施設における自己評価及び第三者評価は**義務**であり、児童福祉施設の設備及び運営に関する基準第84条の３に示されている。

自己評価及び第三者評価の実施義務が課せられているのは、**児童養護施設**、**乳児院**、母子生活支援施設、児童心理治療施設、児童自立支援施設である。なお、保育所については、「児童福祉施設の設備及び運営に関する基準」で自己評価は義務、第三者評価は努力義務（第36条の２）とされている。

加点のポイント ◆**福祉六法とその成立年**

● 福祉三法

生活保護法（旧）	1946（昭和21）年
生活保護法（新）	1950（昭和25）年
児童福祉法	1947（昭和22）年
身体障害者福祉法	1949（昭和24）年

● 福祉六法（上記の「福祉三法」とあわせて）

精神薄弱者福祉法（現在の知的障害者福祉法）	1960（昭和35）年
老人福祉法	1963（昭和38）年
母子福祉法（現在の母子及び父子並びに寡婦福祉法）	1964（昭和39）年

次の文のうち、福祉サービス利用援助事業（日常生活自立支援事業）に関する記述として、適切な記述を○、不適切な記述を×とした場合の正しい組み合わせを一つ選びなさい。

令和3年（前期）問17

A 判断能力が不十分な認知症高齢者のみを対象としている。
B 事業の実施主体は、地域包括支援センター及び福祉事務所とされている。
C 事業の具体的な援助内容は、日常的金銭管理サービスのみである。
D 全国社会福祉協議会によると、事業開始から2017（平成29）年度まで、実利用者数は漸次増加傾向にあるとされている。

（組み合わせ）

	A	B	C	D
1	○	○	○	×
2	○	○	×	×
3	○	×	○	○
4	×	○	×	○
5	×	×	×	○

次の文は、福祉サービスの評価に関する記述である。適切な記述を○、不適切な記述を×とした場合の正しい組み合わせを一つ選びなさい。

平成31年（前期）問14

A 乳児院は、5か年度毎に1回、第三者評価を受審しなければならない。
B 母子生活支援施設は、毎年度、自己評価を行わなければならない。
C 児童心理治療施設は、3か年度毎に1回、第三者評価を受審しなければならない。
D 児童自立支援施設は、3か年度毎に1回、自己評価を行わなければならない。

（組み合わせ）

	A	B	C	D
1	○	○	○	×
2	○	○	×	○
3	○	×	×	○
4	×	○	×	×
5	×	×	×	○

A 36

正解 5

A × 判断能力が不十分な方として、認知症高齢者、知的障害者、精神障害者など、意思表示を本人のみでは適切に行うことが困難な方が対象となっている。

B × 実施主体は**都道府県・指定都市社会福祉協議会**である。

C × 援助内容は、日常的金銭管理サービスだけでなく、**福祉サービスや苦情解決制度の利用援助**などがある。

D ○ 全国社会福祉協議会によると、実利用者数は漸次増加しているが、1年間の新規契約件数は、2016（平成28）年度以降減少傾向にあり、終了件数の増加と相まって実利用者の伸びは鈍化している。

A 37

正解 4

社会的養護関連施設（**乳児院、児童養護施設、児童自立支援施設、児童心理治療施設、母子生活支援施設**）においては、「児童福祉施設の設備及び運営に関する基準」により、第三者評価の受審及びその結果の公表が**義務づけられて**いる。ただし、受審回数等は明記されていない。しかし、平成30年3月30日「社会的養護関係施設における第三者評価及び自己評価の実施について」（厚生労働省）の通知（以下、「第三者評価通知」と略）により社会的養護関係施設は、第三者評価を平成30年度から始まる**3か年度毎に1回以上受審し**、その結果の公表をしなければならない、かつ、自己評価については**毎年行う義務**があることが示されている。また、以下の解説は受審と結果の公表の義務については上述の法律条文に示され、受審と結果の公表及び自己評価の回数は第三者評価通知に示されていることを踏まえている。

A × 乳児院は「児童福祉施設の設備及び運営に関する基準」第24条の3で第三者評価の受審と結果の公表について示されている。また、第三者評価通知では**3年に1回以上**、受審し公表するとなっている。

B ○ 母子生活支援施設は、「児童福祉施設の設備及び運営に関する基準」第29条の3により自己評価を行うことが義務とされている。また、第三者評価通知では、第三者評価の評価基準に沿って**毎年度**自己評価を行わなければならないと示されている。

C ○ 児童心理治療施設は、「児童福祉施設の設備及び運営に関する基準」第76条の2で第三者評価は受審と結果の公表について示されている。また、第三者評価通知では**3年に1回以上**、受審し公表するとなっている。

D × 児童自立支援施設は、「児童福祉施設の設備及び運営に関する基準」第84条の3により自己評価を行うことが義務とされている。また、第三者評価通知では、第三者評価の評価基準に沿って**毎年度**自己評価を行わなければならないと示されている。

次の文は、社会福祉における利用者支援等に関する記述である。適切な記述を○、不適切な記述を×とした場合の正しい組み合わせを一つ選びなさい。

平成28年（前期）問14

A ノーマライゼーション
── ホームレスや外国人労働者などを排除する社会にあって、このような人たちへの支援や雇用への参加の促進を目標とする政策理念である。

B アカウンタビリティ
── 福祉サービスに関して、サービス提供者や国、地方公共団体等が、利用者あるいは国民に対して説明する責任をいう。

C WAM NET（ワムネット）
── 福祉・保健・医療の総合情報サイトのことで、サービス提供者のサービスやその第三者評価が公表されている。

D 情報リテラシー
── 福祉サービス利用者が情報を利用したり活用したりする能力のことで、それを高める支援が求められている。

（組み合わせ）

	A	B	C	D
1	○	○	○	×
2	○	×	×	○
3	×	○	○	○
4	×	○	×	○
5	×	×	○	×

Q39

次の文のうち、福祉サービスにおける苦情解決の仕組みに関する記述として、適切な記述を○、不適切な記述を×とした場合の正しい組み合わせを一つ選びなさい。

令和3年（後期）問17

A 「児童福祉法」で定められている児童福祉施設では、「児童福祉施設の設備及び運営に関する基準」（昭和23年厚生省令第63号）の中で、苦情を受け付けるための必要な措置を講じなければならないと定められている。

B 「介護保険法」で定められている養護老人ホームでは、「養護老人ホームの設備及び運営に関する基準」（昭和41年厚生省令第19号）の中で、苦情を受け付けるための必要な措置を講じなければならないと定められている。

C 「社会福祉法」では、市町村の区域内において、運営適正化委員会を市町村社会福祉協議会に置くことが定められている。

（組み合わせ）

	A	B	C
1	○	○	×
2	○	×	○
3	○	×	×
4	×	○	×
5	×	×	○

A 38

正解 3

A × ノーマライゼーションの理念はデンマークの**バンク・ミケルセン**によって提唱されたといわれている。障害の有無にかかわらず、人として尊重されること、生活のあり方を障害の有無によって差別されないこと。そして、障害があっても、障害のない人々と**同じ条件で生活することができるように**環境整備を目指す理念である。

B ○ 設問文の通り、福祉サービス利用者あるいは国民に対する説明責任をいう。福祉サービスは措置から利用契約へと転換してきた。これにより、利用者との契約に際しては、適切な説明が必要であり、**事業者と利用者が合意**した上でのサービス契約を締結する必要がある。

C ○ 設問文は**WAM NET**（**ワムネット**）の説明である。福祉・保健・医療関連の情報を総合的に提供するサイトであることが、ワムネットのホームページに記されている。また、障害者福祉、高齢者福祉、児童福祉等の福祉サービス第三者評価情報を提供している。

D ○ 情報リテラシーとは、インターネット等の情報を**自分の目的のために適切に収集し活用する能力**をいう。高齢者や障害者が情報弱者とならないよう支援する取り組みが課題とされている。

A 39

正解 3

A ○ 保育所を含む児童福祉施設では、苦情を受け付けるための必要な措置を講じることが**義務**として課されている。また、乳児院、児童養護施設、障害児入所施設、児童発達支援センター、児童心理治療施設及び児童自立支援施設では、苦情の解決にあたって**施設の職員以外の者**を関与させなければならないとされている。

B × 養護老人ホームは、**老人福祉法**において規定されており、苦情を受け付けるための必要な措置を講じることが**義務**として課せられている。

C × 都道府県の区域内において、**運営適正委員会**を都道府県社会福祉協議会に置くことが「**社会福祉法**」で規定されている。

⑤ 社会福祉の動向と課題

Q40 ★★

次のうち、地域福祉を推進するための拠点の名称と、その根拠となる法律名の組み合わせとして、適切なものを○、不適切なものを×とした場合の正しい組み合わせを一つ選びなさい。　　　令和２年（後期）問20

〈地域福祉を推進するための拠点の名称〉　〈法律名〉
A 児童家庭支援センター　　　　　　　──「児童福祉法」
B 母子健康包括支援センター　　　　　──「母子保健法」
C 市町村障害者虐待防止センター　　　──「児童虐待の防止等に関する法律」
D 地域包括支援センター　　　　　　　──「介護保険法」

（組み合わせ）

	A	B	C	D
1	○	○	○	×
2	○	○	×	○
3	○	×	○	×
4	×	○	×	○
5	×	×	○	○

Q41 ★

次の文は、「令和元年国民生活基礎調査の概況」（厚生労働省）に関する記述である。適切な記述を○、不適切な記述を×とした場合の正しい組み合わせを一つ選びなさい。　　　平成29年（後期）問19改

A 平均世帯人員は、３人未満である。
B 児童のいる世帯は、全世帯の３割未満である。
C 児童のいる世帯のうち、核家族は８割以上を占めている。
D 三世代世帯は、夫婦のみの世帯よりも多い。

（組み合わせ）

	A	B	C	D
1	○	○	○	×
2	○	○	×	×
3	×	○	○	○
4	×	○	×	○
5	×	×	○	×

A 40　　正解 2

1 ○　児童家庭支援センターは、児童福祉法第44条の2に基づく児童福祉施設の一つであり、**地域の児童の福祉に関する問題について助言・援助を行う**施設である。
2 ○　母子健康包括支援センターは、**母子保健法**第22条に基づくものである。なお、**子育て世代包括支援センター**とも呼ばれており、妊娠期から子育て期にわたって**切れ目のない支援**を行う施設である。
3 ×　市町村障害者虐待防止センターは、**障害者の虐待の防止、障害者の養護者に対する支援等に関する法律（障害者虐待防止法）**第32条に基づくものである。
4 ○　地域包括支援センターは、**介護保険法**第115条の46に基づくものである。高齢者などが要介護状態となっても住み慣れた地域で自分らしい暮らしを人生の最後まで続けることができることを目指した**地域包括ケアシステム**の中心となる施設である。

A 41　　正解 1

A ○　平均世帯人員は、下降傾向にあり令和元年では**2.39人**となっている。
B ○　児童のいる世帯は1,122万1千世帯で全世帯の**21.7％**となっており、児童が「1人」いる世帯は525万世帯、「2人」いる世帯は452万3千世帯となっている。
C ○　児童のいる世帯の世帯構造をみると、核家族世帯が**82.5％**で、三世代世帯が**13.3％**、その他の世帯が4.3％となっている。
D ×　夫婦のみの世帯は1,263万9千世帯であり、三世代世帯は262万7千世帯である。夫婦のみの世帯が三世代世帯よりも多い。

◆ 日本の人口について

日本の人口について　総務省「人口推計（2021（令和3）年10月1日現在）」では、総人口は1億2,550万2千人で、前年に比べ64万4千人（-0.51％）の減少となり、減少幅は比較可能な1950年以降過去最大となっている。自然増減は60万9千人の減少で、15年連続の自然減少となり、減少幅は拡大している。

Q42 次の文のうち、少子高齢社会に関する記述として、適切な記述を〇、不適切な記述を×とした場合の正しい組み合わせを一つ選びなさい。　令和3年（後期）問18

★★★

A 日本における2016（平成28）年の出生数は100万人を割った。

B 第二次世界大戦後、増加が続いていた日本の総人口は、2005（平成17）年に戦後初めて前年を下回り、2011（平成23）年以後は減少を続けている。

C 「2019年　国民生活基礎調査の概況」（厚生労働省）によると、日本の世帯の動向について、世帯構造別にみた65歳以上の者のいる世帯で、2019（令和元）年時点では、夫婦のみの世帯より単独世帯の方が多い。

D 「令和元年（2019）人口動態統計月報年計（概数）の概況」（厚生労働省）によると、日本では、昭和50年代後半から75歳以上の高齢者の死亡数が増加しており、2012（平成24）年からは全死亡数の7割を超えている。

（組み合わせ）

	A	B	C	D
1	〇	〇	×	〇
2	〇	×	〇	〇
3	〇	×	〇	×
4	×	〇	〇	〇
5	×	〇	×	〇

A **42**

正解 **1**

A ○ 2016（平成28）年人口動態統計（確定数）の概況によると、出生数は97万6,978人で、前年の100万5,677人より2万8,699人減少したと示されている。なお、出生数はその後も減少傾向にあり、2020（令和2）年では**84万835人**となっている。

B ○ 出生数の低下に加え、高齢人口の増加による死亡者数の増加により、設問文の通り、2011（平成23）年以降は総人口の減少が続いている。

C ✕ 65歳以上の者のいる世帯は2,558万4千世帯で、世帯構造をみると、夫婦のみの世帯が32.3%、単独世帯が28.8%となっており、夫婦のみの世帯ほうが多い。

D ○ 少子高齢化や医療技術の進展等による平均寿命の延伸により、全死亡数における、いわゆる後期高齢者の割合が増加している。

4

社会福祉

✎ よく出るポイント ◆ 少子高齢化、子育て支援に関する主な施策

放課後子ども総合プランの策定（2014（平成26）年7月〜）	「**小1の壁**」を打破するためには、児童が放課後等を安全・安心に過ごすことができる**居場所についても整備**を進めていく。
新たな少子化社会対策大綱の策定と推進（2015（平成27）年3月〜）	従来の少子化対策の枠組みを超えて、新たに結婚の支援を加え、①**子育て支援策**の一層の充実、②**若い年齢での結婚・出産**の希望の実現、③**多子世帯へ**の一層の配慮、④男女の**働き方改革**、⑤**地域の実情に即した取組強化**の5つの重点課題を設けている。
子ども・子育て支援新制度の施行（2015（平成27）年4月〜）	2012（平成24）年に成立した**子ども・子育て関連3法**に基づく**子ども・子育て支援新制度**について、2015（平成27）年4月1日から本格施行された。
子ども・子育て本部の設置（2015（平成27）年4月〜）	子ども・子育て本部の主な業務は、①子ども・子育て支援のための**基本的な政策・少子化の進展への対処**にかかわる**企画立案・総合調整**、②**子ども・子育て支援法に基づく事務**、③**認定こども園法に基づく事務**などである。
一億総活躍社会の実現に向けた取組（2015（平成27）年11月〜）	一億総活躍国民会議において、「**希望出生率1.8**」の実現を目標とすること等を盛り込んだ「一億総活躍社会の実現に向けて緊急に実施すべき対策−成長と分配の好循環の形成に向けて−」が取りまとめられた。
子育て安心プラン（2017（平成29）年6月〜）	①保育の受け皿の拡大、②保育人材確保、③保護者への「寄り添う支援」の普及促進、④保育の受け皿拡大と車の両輪の「保育の質の確保」、⑤持続可能な保育制度の確立、⑥保育と連携した「働き方改革」の6つが主な支援の内容である。
新しい経済政策パッケージ（2017（平成29）年12月〜）	少子高齢化、子育て支援に関する内容では、①幼児教育の無償化、②待機児童の解消、③介護人材の処遇改善、④これらの施策を実現するための安定財源、④財政健全化との関連などがある。
子ども・子育て支援法（2019（令和元）年5月〜）	子育てを行う家庭の経済的負担の軽減を図るため、市町村の確認を受けた幼児期の教育及び保育等を行う施設等（特別支援学校の幼稚部、認可外保育施設、病児保育事業等）の利用に関する給付制度が創設された。
児童福祉法（2019（令和元）年改正、2020（令和2）年施行）	児童の権利擁護では、親や親権者等、児童の親権を行う者は、児童のしつけに際して、体罰を加えること、教育の範囲を超えた行為により児童を懲戒してはならない、となっている。

次の文は、児童家庭福祉分野の苦情解決制度に関する記述である。適切な記述を〇、不適切な記述を×とした場合の正しい組み合わせを一つ選びなさい。

平成28年（前期）問15

A 児童福祉施設における苦情解決制度は、児童福祉施設が実施すべき制度として、「児童虐待の防止等に関する法律」（児童虐待防止法）に定められている。

B 「児童福祉施設の設備及び運営に関する基準」（昭和23年厚生省令第63号）では、児童福祉施設は、社会福祉法に規定する運営適正化委員会が行う調査にできる限り協力しなければならないと定められている。

C 「保育所保育指針」では、保護者からの苦情の解決を図るように努めなければならないと定められている。

D 「児童虐待の防止等に関する法律」（児童虐待防止法）では、児童福祉施設における虐待に関する相談窓口機関として、特別に児童相談所、福祉事務所および児童家庭支援センターをあげている。

（組み合わせ）

	A	B	C	D
1	〇	〇	×	×
2	〇	×	〇	〇
3	〇	×	×	〇
4	×	〇	〇	×
5	×	×	〇	〇

次の文は、国際生活機能分類（ICF）に関する記述である。適切な記述を〇、不適切な記述を×とした場合の正しい組み合わせを一つ選びなさい。

平成28年（前期）問8

A 疾病に関する国際分類である。
B 各構成要素の間には相互作用がある。
C 教育分野での活用は想定していない。
D 生活機能とは、「活動」「参加」のみを指す。

（組み合わせ）

	A	B	C	D
1	〇	×	〇	×
2	〇	×	×	〇
3	×	〇	〇	×
4	×	〇	×	×
5	×	×	×	〇

A 43

正解 4

A × 児童福祉施設における苦情解決制度は、「**児童福祉施設の設備及び運営に関する基準**」第14条の3（苦情への対応）に「児童福祉施設は、その行つた援助に関する入所している者又はその保護者等からの苦情に迅速かつ適切に対応するために、**苦情を受け付けるための窓口を設置する**等の必要な措置を講じなければならない」と示されている。また、社会福祉法第82条（社会福祉事業の経営者による苦情の解決）においても、社会福祉事業の経営者の責務として苦情解決に適切に取り組むことが示されている。

B ○ 「児童福祉施設の設備及び運営に関する基準」第14条の3第4項で「児童福祉施設は、社会福祉法第83条に規定する運営適正化委員会が行う同法第85条第1項の規定による**調査にできる限り協力しなければならない**」と示されている。

C ○ 保育所保育指針第1章「総則」1「保育所保育に関する基本原則」（5）「保育所の社会的責任」で、「保育所は、入所する子ども等の個人情報を適切に取り扱うとともに、保護者の苦情などに対し、その解決を図るよう努めなければならない」と示されている。

D × 「児童虐待の防止等に関する法律」では、児童福祉施設における**虐待に関する相談窓口機関**の条文は記載されていない。

A 44

正解 4

A × ICFは疾病ではなく**障害**に関する国際的な分類である。これまで、世界保健機関（WHO）が1980（昭和55）年に「国際疾病分類（ICD）」の補助として発表した「WHO国際障害分類（ICIDH）」が用いられてきたが、WHOは**2001（平成13）年**5月の第54回総会において、ICIDHの改訂版としてICFを採択した。

B ○ ICFは、人間の生活機能と障害を「**心身機能・身体構造**」「**活動**」「**参加**」の3つの要素からとらえている。また、背景因子として、「**環境因子**」「**個人因子**」から構成された、さまざまな構成要素間に相互作用があるという考え方である。

C × 教育分野においてもICFの考え方が重要となる。日本では、**特別支援学校学習指導要領解説書**でICFについて障害のとらえ方と自立活動について、ICFの考え方が広く浸透しつつあることを踏まえ、今後の自立活動の指導において十分考慮することが求められる、などと記載されている。

D × 生活機能とは「心身機能・身体構造」「活動」「**参加**」を指す。その他に「環境因子」と「個人因子」が**背景因子**として示されている。

◆民法における親権喪失について（要点）

（親権喪失の審判）
第834条　父又は母による虐待又は悪意の遺棄があるときその他父又は母による親権の行使が著しく困難又は不適当であることにより子の利益を著しく害するときは、家庭裁判所は、子、その親族、未成年後見人、未成年後見監督人又は検察官の請求により、その父又は母について、親権喪失の審判をすることができる。ただし、2年以内にその原因が消滅する見込みがあるときは、この限りでない。

（親権停止の審判）
第834条の2　父又は母による親権の行使が困難又は不適当であることにより子の利益を害するときは、家庭裁判所は、子、その親族、未成年後見人、未成年後見監督人又は検察官の請求により、その父又は母について、親権停止の審判をすることができる。
2　家庭裁判所は、親権停止の審判をするときは、その原因が消滅するまでに要すると見込まれる期間、子の心身の状態及び生活の状況その他一切の事情を考慮して、2年を超えない範囲内で、親権を停止する期間を定める。

（管理権喪失の審判）
第835条　父又は母による管理権の行使が困難又は不適当であることにより子の利益を害するときは、家庭裁判所は、子、その親族、未成年後見人、未成年後見監督人又は検察官の請求により、その父又は母について、管理権喪失の審判をすることができる。

5

教育原理

5章 教育原理

①教育の意義・目的、児童福祉等との関連性

Q01 次の文は、「日本国憲法」の一部である。（ A ）～（ C ）にあてはまる語句の正しい組み合わせを一つ選びなさい。　平成27年 問3

すべて国民は、（ A ）として尊重される。生命、（ B ）及び幸福追求に対する国民の権利については、（ C ）に反しない限り、立法その他の国政の上で、最大の尊重を必要とする。

（組み合わせ）

	A	B	C
1	人間	自由	公共の福祉
2	人間	財産	法の下の平等
3	個人	自由	公共の福祉
4	個人	財産	法の下の平等
5	個人	自由	法の下の平等

Q02 次の文は、「教育基本法」の一部である。誤ったものを一つ選びなさい。　平成27年 問1

1 国及び地方公共団体は、障害のある者が、その障害の状態に応じ、十分な教育を受けられるよう、教育上必要な支援を講じなければならない。
2 義務教育として行われる普通教育は、各個人の有する能力を伸ばしつつ社会において自立的に生きる基礎を培い、また、国家及び社会の形成者として必要とされる基本的な資質を養うことを目的として行われるものとする。
3 法律に定める学校の教員は、自己の崇高な使命を深く自覚し、絶えず研究と修養に励み、その職責の遂行に努めなければならない。
4 学校は、児童生徒一人一人の教育について第一義的責任を有するものであって、生活のために必要な習慣を身に付けさせるとともに、自立心を育成し、心身の調和のとれた発達を図るよう努めるものとする。
5 幼児期の教育は、生涯にわたる人格形成の基礎を培う重要なものであることにかんがみ、国及び地方公共団体は、幼児の健やかな成長に資する良好な環境の整備その他適当な方法によって、その振興に努めなければならない。

A 01

正解 3

すべて国民は、（ A.**個人** ）として尊重される。生命、（ B.**自由** ）及び幸福追求に対する国民の権利については、（ C.**公共の福祉** ）に反しない限り、立法その他の国政の上で、最大の尊重を必要とする。

上記は、**日本国憲法第13条**（個人の尊重、生命・自由・幸福追求の権利の尊重）である。日本国憲法については、教育基本法ほど出題されることはないが、第23条（**学問の自由**）や第25条（**生存権、国の生存権保障義務**）、第26条（**教育を受ける権利**）等、教育に関係する条文については丁寧に確認すること。

A 02

正解 4

1 ○ 教育基本法**第4条**（**教育の機会均等**）第2項において、「国及び地方公共団体は、障害のある者が、その障害の状態に応じ、**十分な教育**を受けられるよう、教育上**必要な支援**を講じなければならない」と定められている。

2 ○ 教育基本法**第5条**（**義務教育**）第2項において、「義務教育として行われる**普通教育**は、各個人の有する能力を伸ばしつつ社会において自立的に生きる基礎を培い、また、国家及び社会の形成者として必要とされる**基本的な資質**を養うことを目的として行われるものとする」と定められている。

3 ○ 教育基本法**第9条**（**教員**）において、「法律に定める学校の教員は、自己の崇高な使命を深く自覚し、絶えず**研究と修養**に励み、その**職責の遂行**に努めなければならない」と定められている。併せて「教育職員免許法」（本章の215ページ、A04を参照）や「**教育公務員特例法**」（第21条・研修）等もおさえておきたい。

4 × 教育基本法**第10条**（**家庭教育**）において、「学校は、児童生徒一人一人の教育について……」ではなく、「**父母その他の保護者**は、子の教育について**第一義的責任**を有するものであって、生活のために**必要な習慣**を身に付けさせるとともに、自立心を育成し、心身の**調和**のとれた発達を図るよう努めるものとする」と定められている。

5 ○ 教育基本法**第11条**（**幼児期の教育**）において、「幼児期の教育は、生涯にわたる**人格形成**の基礎を培う重要なものであることにかんがみ、国及び地方公共団体は、幼児の健やかな成長に資する**良好な環境**の整備その他適当な方法によって、その振興に努めなければならない」と定められている。

次の文は、「教育基本法」第3条の条文である。（ A ）～（ C ）にあてはまる語句の正しい組み合わせを一つ選びなさい。

平成30年（前期）問1

国民一人一人が、自己の（ A ）を磨き、豊かな人生を送ることができるよう、その生涯にわたって、あらゆる（ B ）に、あらゆる場所において学習することができ、その成果を適切に生かすことのできる（ C ）の実現が図られなければならない。

（組み合わせ）

	A	B	C
1	人間性	機会	社会
2	人格	時期	社会
3	人格	機会	環境
4	人間性	時期	環境
5	人格	機会	社会

次の文は、教育職員免許状に関する記述である。（ A ）～（ C ）にあてはまる語句を【語群】から選択した場合の正しい組み合わせを一つ選びなさい。

平成29年（後期）問6

教育職員の免許状には、大学や短期大学等で教職課程の単位を満たしたのちに都道府県教育委員会に申請して得ることができる（ A ）免許状、社会的経験を有する者に教育職員検定を経て授与される（ B ）免許状、そして（ A ）免許状を有する者を採用することができない場合に限り、教育職員検定を経て授与される（ C ）免許状がある。

【語群】

ア	代用	イ	特任	ウ	臨時
エ	特別	オ	一般	カ	普通

（組み合わせ）

	A	B	C
1	オ	イ	ア
2	オ	イ	ウ
3	オ	エ	ア
4	カ	エ	ア
5	カ	エ	ウ

次の文は、「学校教育法」の一部である。（ A ）～（ C ）にあてはまる語句の正しい組み合わせを一つ選びなさい。

平成27年（地域限定）問2

幼稚園は、義務教育及びその後の教育の（ A ）を培うものとして、幼児を（ B ）し、幼児の健やかな成長のために適当な（ C ）を与えて、その心身の発達を助長することを目的とする。

（組み合わせ）

	A	B	C
1	基本	教育	環境
2	基礎	保育	刺激
3	基礎	教育	環境
4	基本	保育	刺激
5	基礎	保育	環境

A 03
正解 5

国民一人一人が、自己の（ A.**人格** ）を磨き、豊かな人生を送ることができるよう、その生涯にわたって、あらゆる（ B.**機会** ）に、あらゆる場所において学習することができ、その成果を適切に生かすことのできる（ C.**社会** ）の実現が図られなければならない。

人格：自己の「人間性」ではなく「人格」を磨くことが正解である。「教育基本法」第3条では、「自己の人間性」ではなく「自己の人格を磨き、豊かな人生を送ることができる」ことを目的として生涯学習の理念が定められている。
機会：あらゆる「時期」ではなく、あらゆる「機会」が正解である。
社会：「環境」の実現ではなく、「社会」の実現が正解である。

A 04
正解 5

教育職員の免許状には、大学や短期大学等で教職課程の単位を満たしたのちに都道府県教育委員会に申請して得ることができる（ A.**カ 普通** ）免許状、社会的経験を有する者に教育職員検定を経て授与される（ B.**エ 特別** ）免許状、そして（ A.**カ 普通** ）免許状を有する者を採用することができない場合に限り、教育職員検定を経て授与される（ C.**ウ 臨時** ）免許状がある。

教育職員にかかわる主要な法令としては、「**教育職員免許法**」や「**教育公務員特例法**」などをあげることができる。特に「教育職員免許法」では、「教育職員」の定義（第2条）、教育職員免許状の種類（第4条）や授与される条件等（第5条）、**教育職員検定**（第6条）、教育職員免許状の効力（有効年限）や**免許状更新講習**（第9条）等について定められており、出題の可能性があるので丁寧に確認すること。

A 05
正解 5

幼稚園は、義務教育及びその後の教育の（ A.**基礎** ）を培うものとして、幼児を（ B.**保育** ）し、幼児の健やかな成長のために適当な（ C.**環境** ）を与えて、その心身の発達を助長することを目的とする。

上記の条文は、**学校教育法**第22条（幼稚園の目的）である。「学校教育法」については、「教育基本法」ほど出題されることはないが、幼稚園関係の条文（特に第3章）については、丁寧に読み込むことが大切である。

②教育の思想と歴史的変遷

Q06 次のA～Cは、日本の教育についての記述である。これらを年代の古い順に並べた場合の正しい組み合わせを一つ選びなさい。　平成27年（地域限定）問8

A 「国民学校令」が公布され、小学校の名称が「国民学校」と改められた。
B 「学制」により、全国を8大学区、各大学区を32中学区、各中学区を210小学区に分け、1小学区に1つの小学校を設置することを原則とした。
C 内閣制度が発足し、森有礼が初代文部大臣に就任した。

（組み合わせ）
1 A→C→B
2 B→A→C
3 B→C→A
4 C→A→B
5 C→B→A

Q07 次のA～Cは、日本の教育についての記述である。これらを年代の古い順に並べた場合の正しい組み合わせを一つ選びなさい。　平成28年（後期）問6

A 鈴木三重吉が『赤い鳥』を創刊した。
B 東京女子師範学校附属幼稚園が創設された。
C 「教育ニ関スル勅語」（教育勅語）が発布された。

（組み合わせ）
1 A→B→C
2 A→C→B
3 B→A→C
4 B→C→A
5 C→A→B

よく出るポイント ◆ **日本国憲法や教育基本法等の頻出箇所**

日本国憲法、教育基本法、学校教育法に関して過去5年間の出題傾向を整理してみると、必ずいずれかの法律に関する問題が出題されている。

日本国憲法	1946（昭和21）年制定	日本の法体系上で最高の位置を占めており、国民主権、平和主義、基本的人権の尊重の3つを基本原理としている。教育に関して直接関係する条項として、「学問の自由」（第23条）、「教育を受ける権利」（第26条）がある
教育基本法	1947（昭和22）年制定	教育の目的及び理念、教育の実施に関する基本的な条項を定めるとともに、国及び地方公共団体の責務が明示されている。2006（平成18）年に改正され、新しく「生涯学習の理念」「大学」「私立学校」「教員」「家庭教育」「学校、家庭及び地域住民等の相互連携協力」「教育振興基本計画」に関する条文が追加された
学校教育法	1947（昭和22）年公布	「教育基本法」と同時に公布され、合計9年間の義務教育（六・三制）が実現した。幼稚園や家庭支援にかかわる条項は、第1条、第22条、第23条、第24条等がある

A 06

正解 3

Aの国民学校令が公布されたのは**1941（昭和16）**年、Bの学制が頒布されたのは**1872（明治5）**年、Cの森有礼が初代文部大臣に就任したのは**1885（明治18）**年であることから、年代の古い順に並べると、正答は**3（B→C→A）**となる。

1941（昭和16）年4月から、戦前の小学校が**国民学校**と改称され、その国民学校に関する基本的な制度を定めた勅令が国民学校令である。国民学校令は、1947（昭和22）年の「**学校教育法**」が施行されたことにより廃止された。学制は1872（明治5）年に頒布され、日本の近代教育制度の出発点となった法令である。「**学制布告書**」と称される序文と109章からなる本文によって構成されている。森有礼（1847年～1889年）は薩摩藩出身で、イギリス、アメリカ等で学び、1868年に帰国してからは主に外交官として活躍した。1885（明治18）年の伊藤博文内閣の**文部大臣**（初代）に就任した。1886（明治19）年には「**小学校令**」「**中学校令**」「**帝国大学令**」「**師範学校令**」を制定し、以後の学校制度の基本型を確立した。

A 07

正解 4

Aの鈴木三重吉が『**赤い鳥**』を創刊したのは1918（大正7）年、Bの**東京女子師範学校附属幼稚園**が創設されたのは1876（明治9）年、Cの「**教育ニ関スル勅語**」（教育勅語）が渙発されたのは1890（明治23）年であることから、年代の古い順に並べると、正答は**4（B→C→A）**となる。

東京女子師範学校附属幼稚園は、1876（明治9）年11月に東京女子師範学校内に設置された最初の官立幼稚園であり、初代監事に関信三、主席保姆に松野クララが就任し、フレーベル主義による幼児教育が行われた。1878（明治11）年には保姆練習科が設置され保育者養成を開始、1890（明治23）年には女子高等師範学校附属幼稚園、1908（明治41）年には**東京女子高等師範学校附属幼稚園**と改称された。

「**教育ニ関スル勅語**」（教育勅語）は、1890（明治23）年10月に、明治天皇が文部大臣（現：文部科学大臣）芳川顕正に下付した勅語であり、戦前日本の教育の基本理念が明示されたものである。教育勅語の理念を補完するために「戊申詔書」「国民精神作興ニ関スル詔書」「青少年学徒ニ賜ハリタル勅語」等が出された。1948（昭和23）年6月の衆参両議院においてこれらの**排除及び失効**が議決された。

鈴木三重吉（1882年～1936年）は広島市出身で、東京大学卒業後、教職に就きながら「小鳥の巣」などの作品を発表し、1916（大正5）年には童話集『湖水の女』や『世界童話集』（全21編）の刊行、1918（大正7）年には**雑誌『赤い鳥』**を創刊した。

次のア〜ウの図は、日本の教育制度を示したものである。年代を古い順に並べた場合の正しい組み合わせを一つ選びなさい。

令和元年(後期) 問7

ア

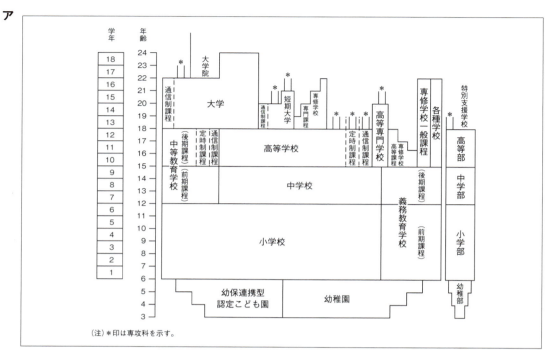

(注)＊印は専攻科を示す。

イ

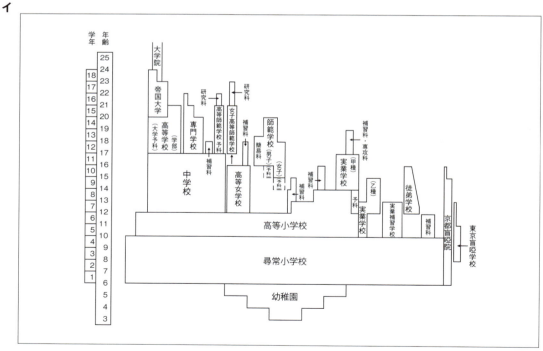

ウ

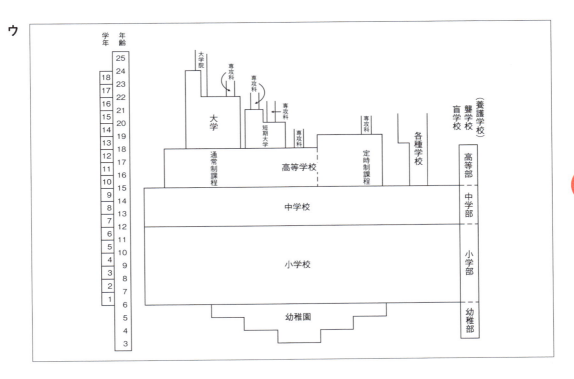

（組み合わせ）
1　ア→イ→ウ
2　ア→ウ→イ
3　イ→ア→ウ
4　イ→ウ→ア
5　ウ→イ→ア

A 08

正解　4

- **ア** アとウについては、「幼稚園」「小学校」「中学校」など、現代と同じ名称があること、そして、6～15歳まではすべての人が教育を受ける義務教育になっていることから、戦後日本の教育制度であることがわかる。その中で、アについては、2006（平成18）年に創設された**幼保連携型認定こども園**や、2016（平成28）年に創設された**義務教育学校**があることから、ウよりも最近の教育制度を示した図であることがわかる。
- **イ** 「尋常小学校」「高等小学校」をはじめ「師範学校」や「帝国大学」等があることから、戦前日本の教育制度（学校系統図）であることがわかる。なお、6～12歳を対象とする学校に着目すると、**尋常小学校**（一部、高等小学校）という名称がみられるのは、1941（昭和16）年の**国民学校令**が公布されるまでで、その後、第二次世界大戦中は**国民学校**という名称になった。戦後は、小学校となった。
- **ウ** アで解説したとおり、アよりも古い戦後日本の教育制度（学校系統図）である。

以上より、**イ→ウ→ア**の順となる。

次の文は、昭和16～22年にかけて保育者として働いていた女性が当時を思い出して書いた文の一部である。（　　）に入る人物を一つ選びなさい。

令和3年（前期）問6

「生活教材」という言葉は、この時代の私は、はっきりつかんでいない。というのは、当時の保育五項目や視聴覚に関する内容が、この欄に記されている、それぐらいの理解の仕方であった。
（　　）先生が、保育教材を科学的に選び配列するようにとおっしゃって、保育を科学的にと力説なさっておられたのは、保育問題研究会始まって以来の事だったのに、それもわかってはいなかった。

鈴木とく『戦中保育私記』

1　関信三
2　倉橋惣三
3　城戸幡太郎
4　澤柳政太郎
5　中江藤樹

次の記述にあてはまる人物として、正しいものを一つ選びなさい。

令和3年（前期）問7

ドイツの哲学者、教育学者。カントの後任としてケーニヒスベルク大学で哲学などの講座を受け持つ。教育の課題とは道徳的品性の陶冶であるとし、多方面への興味を喚起することが必要だと考え「教育（訓育）的教授」という概念を提示した。また、教授の過程は興味の概念に対応しており、「形式的段階」と呼ばれるようになった。この「形式的段階」概念は弟子たちに引き継がれ、「予備・提示・比較・総合・応用」の5段階へと改変された。

1　ヘルバルト（Herbart, J.F.）
2　ペスタロッチ（Pestalozzi, J.H.）
3　キルパトリック（Kilpatrick, W.H.）
4　デューイ（Dewey, J.）
5　コメニウス（Comenius, J.A.）

◆ 江戸時代の教育機関

手習塾（寺子屋）	江戸時代に普及した初等教育機関で、手習所とも称される。庶民や武士の子どもたちを主な対象とし、**読み・書き・算術**の基礎教育を授けた。幕末までに全国で5万～6万以上の手習塾（寺子屋）が開業していたとされ、**往来物**や習字手本を用いた個別指導が実施されていた
私塾	民間人が設置した中等・高等教育機関で、江戸時代から明治初期にかけて主に専門教育が行われていた。江戸時代には約1,500か所にわたって設置されていたとされ、幕府の昌平坂学問所等も私塾が母体であった。代表的な私塾としては、江戸幕府儒者の林家による林家塾、緒方洪庵の**適塾**、吉田松陰の**松下村塾**、広瀬淡窓の**咸宜園**、福澤諭吉の**慶應義塾**等をあげることができる

220

A 09

正解 **3**

1 × **関信三**は、**東京女子高等師範学校**創設時に英語教師として着任し、初代監事として同附属幼稚園の開設に**松野クララ**らとともに携わり、日本で最初の幼稚園経営に関与した人物である。主著に『幼稚園記』『幼稚園創立法』『幼稚園法二十遊嬉』がある。

2 ○ **倉橋惣三**は、1917（大正6）年に東京女子高等師範学校教授、同附属幼稚園主事を兼任し、充実した子どもの生活を目指す「**誘導保育**」を主張した。保育所保育指針の原型となる「**保育要領**」の作成にも関与した。

3 × **城戸幡太郎**は、日本における集団主義保育の理論的指導者であり、1936（昭和11）年に「**保育問題研究会**」を結成し、研究者と保育者との協同による実践的研究を推進した人物である。戦後は、「**教育刷新委員会**」委員などとして活躍した。

4 × **澤柳政太郎**は、明治期・大正期の文部官僚であり、教育学者。明治期は文部省の官僚として、「小学校令」の改正等に携わり、1911（明治44）年には**東北帝国大学**の初代総長として、初めて女性に入学を許可した。大正期には「**成城小学校**」を創設し、大正新教育運動に影響を与えた。

5 × **中江藤樹**は、江戸時代の陽明学者。近江（現在の滋賀県）に私塾（**藤樹書院**）をひらいた。

A 10

正解 **1**

1 × **ヘルバルト**は、ドイツの教育学者で、「教育学」を実践科学として最初に基礎づけた人物である。子どもの認識段階に関心をもち、のちに「**四段階教授法**」（明瞭→連合→系統→方法という四段階による教授段階論）を主張した。

2 × **ペスタロッチ**は、ルソーの思想を継承したスイスの教育思想家であり、「**生活が陶冶する**」という名言で知られている。主著に『**隠者の夕暮**』（1780年）がある。

3 ○ **キルパトリック**は、デューイの経験主義に基づき、実践的な作業を通して問題解決をしていく「**プロジェクト・メソッド**」（目的設定→計画立案→実行→判断・評価の4段階からなる）を主張した人物である。

4 × **デューイ**は、**経験主義**、実験主義を教育の基本原理と考えており、戦前日本の大正自由教育の時代だけでなく、今日の生活科や総合的な学習の時間にも影響を与えている。主著に『**学校と社会**』『**民主主義と教育**』などがある。

5 × **コメニウス**は、**直感教授**の原理（知識は感覚から始まるという考え方）を具体化した人物で、主著『**世界図絵**』は世界で初めて絵入りの子ども向け教科書だといわれている。

Q11

次の【Ⅰ群】の記述と、【Ⅱ群】の人物を結び付けた場合の正しい組み合わせを一つ選びなさい。　　令和元年（後期）問5

【Ⅰ群】
A 『脱学校の社会』（1977年）で、学校制度を通じて「教えられ、学ばされる」ことにより、「自ら学ぶ」など、学習していく動機を持てなくなる様子を「学校化」として批判的に分析した。
B 『被抑圧者の教育学』（1979年）で、学校を通じて子どもに知識が一方的に授けられる様子を「銀行型教育」と批判し、これに代わって教育では「対話」が重視されるべきだとした。

【Ⅱ群】
ア　イリイチ (Illich, I.)
イ　フレイレ (Freire, P.)
ウ　フレネ (Freinet, C.)

（組み合わせ）

	A	B
1	ア	イ
2	ア	ウ
3	イ	ア
4	イ	ウ
5	ウ	イ

③教育の制度

Q12

次の文は、「教育基本法」第9条の一部である。（　A　）・（　B　）にあてはまる語句の正しい組み合わせを一つ選びなさい。　　平成31年（前期）問1

法律に定める学校の教員は、自己の崇高な使命を深く自覚し、絶えず研究と（　A　）に励み、その（　B　）の遂行に努めなければならない。
前項の教員については、その使命と（　B　）の重要性にかんがみ、その身分は尊重され、待遇の適正が期せられるとともに、養成と研修の充実が図られなければならない。

（組み合わせ）

	A	B
1	研鑽	任務
2	研鑽	職責
3	修養	職責
4	修養	職務
5	修養	任務

A 11　　　　　　　　　　　　　　　　　　　　　　正解 1

A ア 『脱学校の社会』を執筆したのは、**イリイチ**である。彼は、学校制度を通じて「教えられ、学ばされる」ことにより、学習していく動機を持てなくなる様子を「学校化」として批判的に分析した。「**脱学校（化）**」という語はイリイチの造語であり、このような学校の解体が必要であると主張した。

B イ 『被抑圧者の教育学』を執筆したのは、**フレイレ**である。フレイレはブラジルの教育学者であり、学校で子どもに知識が一方的に授けられる様子を「**銀行型**教育」と批判し、これに対してコミュニケーション（対話）を重視する問題提起型学習が重視されるべきであると主張した。

フレネは、フランスの小学校教師であり、1935年に南フランスのニース近郊のヴァンスに**フレネ小学校**（私立小学校）を設立した人物である。教科書中心の授業を批判し、小学校に印刷機を導入し、子どもたちの作文や実験・観察などの成果を印刷して教科書とし、子どもたちの自主的な学習を推進した。

A 12　　　　　　　　　　　　　　　　　　　　　　正解 3

法律に定める学校の教員は、自己の崇高な使命を深く自覚し、絶えず研究と（ A.**修養** ）に励み、その（ B.**職責** ）の遂行に努めなければならない。

前項の教員については、その使命と（ B.**職責** ）の重要性にかんがみ、その身分は尊重され、待遇の適正が期せられるとともに、養成と研修の充実が図られなければならない。

「**教育基本法**」は、1947（昭和22）年に公布・施行され、教育の基本的な理念や目的を明示した法律である。「教育基本法」第9条（教員）では、教員は「自己の崇高な使命を深く自覚し、絶えず**研究**と**修養**に励み、その**職責**の遂行に努めなければならない」と述べている。教員という仕事は教員免許状を取得すれば完成するものではなく、絶えず「理論」と「実践」とを往還し「**反省的実践家**」としての力量形成を続けていくこと＝「**学び続ける教員像**」が求められている。関連して、「教育職員免許法」や「教育公務員特例法」第21条（研修）なども確認しておこう。

✏️ よく出るポイント ◆ 学校教育法のまとめ

「学校教育法」は、1947（昭和22）年3月に「教育基本法」と同時に公布され、「日本国憲法」や「教育基本法」に示された理念を具現化した基本的・包括的な法律である。「学校教育法」により、六・三・三制の単線型学校体系が敷かれ、新制中学校（3年制）も含めた9年間にわたる**義務教育**が実現した。「学校教育法」第1条に定められた学校は、「**幼稚園**、小学校、中学校、**義務教育学校**、高等学校、中等教育学校、特別支援学校、大学及び高等専門学校」であり、これらは「**一条校**」と称される。「学校教育法」は成立以来、たびたび改正されてきており、近年の主な改正をあげると、義務教育学校（**小中一貫教育**制度）の導入（2015）、「教育基本法」改正に伴う大幅な改正（2007）、特別支援教育の推進（2006）、高校から大学への飛び入学制度（2001）、中等教育学校（**中高一貫教育**制度）の導入（1998）等がある。

5

教育原理

Q13 次の文のうち、「幼稚園教育要領」第1章「総則」第4「指導計画の作成と幼児理解に基づいた評価」の一部として、下線部分が正しいものを〇、誤ったものを×とした場合の正しい組み合わせを一つ選びなさい。　令和3年（前期）問3

A 長期的に発達を見通した年、学期、月などにわたる長期の指導計画やこれとの関連を保ちながらより具体的な幼児の生活に即した週、日などの短期の指導計画を作成し、適切な指導が行われるようにすること。

B 幼児が様々な人やものとの関わりを通して、多様な体験をし、心身の調和のとれた発達を促すようにしていくこと。その際、幼児の発達を促進するため教師が中心となって活動を促し、幼児がより高度な学びを実現していくようにすること。

C 言語に関する能力の発達と思考力等の発達が関連していることを踏まえ、幼稚園生活全体を通して、より高度な言語環境を整え、小学校教育との円滑な接続を見据えた言語活動の促進を図ること。

D 行事の指導に当たっては、幼稚園生活の自然の流れの中で生活に変化や潤いを与え、幼児が困難を乗り越えられるようにすること。なお、それぞれの行事については、教師や保護者等に喜びの感情が沸き起こるようなものにすること。

（組み合わせ）

	A	B	C	D
1	〇	〇	〇	〇
2	〇	×	〇	×
3	〇	×	×	×
4	×	〇	×	〇
5	×	×	〇	×

Q14 次の文のうち、幼稚園教育の目標に関する「学校教育法」第23条の一部として誤ったものを一つ選びなさい。　平成26年 問2

1 健康、安全で幸福な生活のために必要な基本的な習慣を養い、身体諸機能の調和的発達を図ること。

2 集団生活を通じて、喜んでこれに参加する態度を養うとともに家族や身近な人への信頼感を深め、自主、自律及び協同の精神並びに規範意識の芽生えを養うこと。

3 身近な社会生活、生命及び自然に対する興味を養い、それらに対する正しい理解と態度及び思考力の芽生えを養うこと。

4 読書に親しませ、生活に必要な国語を正しく理解し、使用する基礎的な能力を養うこと。

5 音楽、身体による表現、造形等に親しむことを通じて、豊かな感性と表現力の芽生えを養うこと。

A 13

正解 3

A ○ 「幼稚園教育要領」第1章「総則」第4の3「指導計画の作成上の留意事項」（1）において、「長期的に発達を見通した年、学期、月などにわたる長期の指導計画やこれとの関連を保ちながらより具体的な幼児の生活に即した週、日などの短期の指導計画を作成し、適切な指導が行われるようにすること」と述べられている。

B × 「幼稚園教育要領」第1章「総則」第4の3「指導計画の作成上の留意事項」（2）において、「**幼児の発達に即して主体的・対話的で深い学びが実現する**ようにするとともに、心を動かされる体験が次の活動を生み出すことを考慮し、**一つ一つの体験が相互に結び付き、幼稚園生活が充実するようにすること**」と述べられている。「高度な学びの実現」よりも上記のようなことが求められている。

C × 「幼稚園教育要領」第1章「総則」第4の3「指導計画の作成上の留意事項」（3）において、「**幼児の発達を踏まえた言語環境を整え、言語活動の充実を図る**こと」と述べられている。「より高度な言語環境を整え」という部分が誤りである。

D × 「幼稚園教育要領」第1章「総則」第4の3「指導計画の作成上の留意事項」（5）において、「**幼児が主体的に楽しく活動できるようにする**こと。なお、それぞれの行事についてはその**教育的価値を十分検討し、適切なものを精選し、幼児の負担にならないようにする**こと」と述べられている。教師や保護者等よりも、幼児が主体的に楽しく活動できることが求められている。

A 14

正解 4

1 ○ 「学校教育法」**第23条**において、幼稚園教育の目標の一つとして「健康、安全で幸福な生活のために必要な基本的な習慣を養い、身体諸機能の**調和的発達**を図ること」が掲げられている。

2 ○ 「学校教育法」第23条において、幼稚園教育の目標の一つとして「集団生活を通じて、喜んでこれに参加する態度を養うとともに家庭や身近な人への**信頼感**を深め、自主、自律及び協同の精神並びに**規範意識**の芽生えを養うこと」が掲げられている。

3 ○ 「学校教育法」第23条において、幼稚園教育の目標の一つとして「身近な社会生活、生命及び自然に対する**興味**を養い、それらに対する正しい理解と態度及び**思考力**の芽生えを養うこと」が掲げられている。

4 × 「読書に親しませ、生活に必要な国語を正しく理解し、使用する基礎的な能力を養うこと」は、**学校教育法第21条（義務教育の目標）**の一つとして掲げられているものである。

5 ○ 「学校教育法」第23条において、幼稚園教育の目標の一つとして「音楽、身体による表現、造形等に親しむことを通じて、豊かな**感性**と**表現力**の芽生えを養うこと」が掲げられている。

次の文は、幼稚園における学校評価に関する記述である。不適切な記述を一つ選びなさい。　平成30年（後期）問9

1. 学校評価の形態として、自己評価、学校関係者評価、第三者評価の３つが考えられる。
2. 教職員による自己評価を行うが、その結果を公表する義務はない。
3. 幼稚園において、幼児がより良い教育活動を享受できるよう、学校運営の改善と発展を目指し、教育の水準の保証と向上を図ることが重要である。
4. 学校評価の結果を踏まえ、各学校が自らその改善に取り組むとともに、評価の結果を学校の設置者等に報告することにより課題意識を共有することが重要である。
5. 学校評価の実施そのものが自己目的化してしまわないよう、地域の実情も踏まえた実効性のある学校評価を実施していくことが何よりも重要である。

④教育の実践

次の【Ⅰ群】の記述と【Ⅱ群】の語句を結びつけた場合の正しい組み合わせを一つ選びなさい。　平成27年 問8

【Ⅰ群】
A 個人の興味関心が尊重できるが、習得する知識や技能に偏りができることがある。
B 系統的に教えることができるため、既習事項の把握を行いながら、効率的に多くのことを学ぶことができる。
C 体験学習や問題解決学習が多く取り入れられる。

【Ⅱ群】
ア 教科カリキュラム
イ 経験カリキュラム

（組み合わせ）

	A	B	C
1	ア	ア	イ
2	ア	イ	ア
3	イ	ア	ア
4	イ	ア	イ
5	イ	イ	イ

A 15

正解 **2**

1 ○ **文部科学省「幼稚園における学校評価ガイドライン」**（平成23年改訂版）によれば、学校評価の形態は、**自己評価、学校関係者評価、第三者評価**の3つが考えられている。
　　自己評価とは、各学校の教職員が行う評価である。
　　学校関係者評価とは、保護者、地域住民等の学校関係者などにより構成された評価委員会等が、自己評価の結果を評価することを基本として行われるもの。
　　第三者評価とは、学校とその設置者が実施者となり、学校運営に関する外部の専門家を中心とした評価者により、自己評価や学校関係者評価の実施状況を踏まえつつ、教育活動その他の学校運営の状況について専門的視点から行う評価である。

2 × 「学校教育法施行規則」**第66条（学校運営自己評価と結果公表義務、幼稚園は第39条により準用）**により公表することが義務付けられている。また、文部科学省「幼稚園における学校評価ガイドライン」（平成23年改訂版）によれば、自己評価の「評価結果を公表することにより、学校運営の質に対する説明責任を果たし、保護者との連携協力を推進することができる」とされている。

3 ○ 文部科学省「幼稚園における学校評価ガイドライン」（平成23年改訂版）において、「幼稚園において、幼児がより良い教育活動を享受できるよう、学校運営の改善と発展を目指し、教育の水準の保証と向上を図ることが重要である」ことが述べられている。

4 ○ 文部科学省「幼稚園における学校評価ガイドライン」（平成23年改訂版）において、「学校評価の結果を踏まえ、各学校が自らその改善に取り組むとともに、評価の結果を学校の設置者等に報告することにより課題意識を共有することが重要である」と述べられている。

5 ○ 文部科学省「幼稚園における学校評価ガイドライン」（平成23年改訂版）において、「学校評価の実施そのものが自己目的化してしまわないよう、地域の実情も踏まえた実効性のある学校評価を実施していくことが何よりも重要である」ことが述べられている。

A 16

正解 **4**

Bが「**教科カリキュラム**」の説明で、AとCが「**経験カリキュラム**」の説明である。「教科カリキュラム」は、知識や技能を**系統的**に教えることに適したカリキュラムであり、既習事項の把握を行いながら、**効率的**に多くのことを学ぶことができるが、知識偏重及び受動的な**暗記学習**になる傾向がある。「経験カリキュラム」は、子ども達の興味や関心から出発・尊重し、**体験学習**や**問題解決型**の学習を多く取り入れることができるが、習得する**知識**や**技能**に偏りができる、教育評価が曖昧である等の短所がある。

次の文は、ある学習の方法に関する記述である。（ A ）・（ B ）にあてはまる語句の正しい組み合わせを一つ選びなさい。

平成28年（前期）問7

（ A ）は、発見学習に対して、その効率の悪さに異を唱え、文化の継承として知識をそのまま受け容れて身につけることが大切であると主張した。そのためには機械的に知識を覚えさせるのではなく、新しい学習内容を学習者が既に所有している知識と関連づけて、その意味や重要性を理解できる形で提示すれば、新しい知識の定着がよくなるとして、（ B ）を提唱した。学習内容を理解しやすく方向づけるためにあらかじめ与える情報を、先行オーガナイザーという。

（組み合わせ）

	A	B
1	スキナー (Skinner, B.F.)	プログラム学習
2	ヘルバルト (Herbart, J.F.)	四段階教授法
3	ブルーム (Bloom, B.S.)	完全習得学習
4	オーズベル (Ausubel, D.P.)	有意味受容学習
5	キルパトリック (Kilpatrick, W.H.)	プロジェクト・メソッド

次の記述にあてはまる人物として、正しいものを一つ選びなさい。

平成27年（地域限定）問6

アメリカの行動主義心理学者。動物が箱内部のレバーを押すと餌が出る実験装置を開発し、オペラント条件づけの実験を行った。この装置を用いて彼は実験的行動分析という学問分野を確立し、人間の行動の分析と修正を目的とした応用行動分析という臨床手法の基礎を築いた。また、学習者がなるべく誤りをしないで目標に到達できるように学習内容を細かいステップに分割するスモールステップの原理などを特色とするプログラム学習という教育方法を提唱したことでも知られる。

1 デューイ (Dewey, J.)
2 スキナー (Skinner, B.F.)
3 ブルーム (Bloom, B.S.)
4 ブルーナー (Bruner, J.S.)
5 キルパトリック (Kilpatrick, W.H.)

A 17

正解 4

（ A.**オーズベル** ）は、発見学習に対して、その効率の悪さに異を唱え、文化の継承として知識をそのまま受け容れて身につけることが大切であると主張した。そのためには機械的に知識を覚えさせるのではなく、新しい学習内容を学習者が既に所有している知識と関連づけて、その意味や重要性を理解できる形で提示すれば、新しい知識の定着がよくなるとして、（ B.**有意味受容学習** ）を提唱した。学習内容を理解しやすく方向づけるためにあらかじめ与える情報を、先行オーガナイザーという。

スキナーが提唱した**プログラム学習**とは、学習内容を小さな段階に分け、学習者のレベルに応じた個別の学習プログラムを組むことである。ヘルバルトが提唱した**四段階教授法**とは、子どもが認識に至る段階を「**明瞭→連合→系統→方法**」の四段階に区別したものである。ブルームによる完全習得学習とは、個々の子どもの学習状況を把握し適切な判断を行うために**診断的評価**、**形成的評価**、**総括的評価**の必要性を提唱したものである。キルパトリックによるプロジェクト・メソッドとは、**デューイ**の経験主義にもとづき実践的な作業を通して問題解決を図る方法である。

A 18

正解 2

1 × デューイは、**問題解決学習**（学習者自らの生活経験から問題を発見し、実践的に解決する作業を通して知識を習得していく学習）を提唱した人物であり、主著として『**学校と社会**』がある。

2 ○ スキナーは、アメリカの**行動主義心理学者**であり、**プログラム学習**（学習内容を小さな段階に分け、学習者のレベルに応じた個別の学習プログラム）を提唱した人物である。

3 × ブルームは、アメリカの**教育心理学者**であり、教育目標の分類学にもとづく**完全習得学習**を提唱した人物である。

4 × ブルーナーは、**発見学習**（直観や想像力を働かせ、知識の構造を自ら発見する過程、またそのような学習を通して学習の仕方を発見するもの）を提唱した人物である。

5 × キルパトリックは、**デューイ**の経験主義にもとづいて、**プロジェクト・メソッド**（実践的な作業を通して問題解決をしていく4段階による学習方法）を提唱した人物である。

加点のポイント ◆**主な学習方法のまとめ**

左記 Q17 にあげられた学習方法以外の代表的なものとしては、**ソクラテス**の産婆術、ペスタロッチの**直観教授法**、**ツィラー**による五段階教授法、ラインによる五段階教授法、デューイの**問題解決学習**、シュタイナーによる**シュタイナー教育**、モンテッソーリによる**モンテッソーリ法**、モリソンによるモリソン・プラン、パーカーストによる**ドルトン・プラン**、ブルーナーによる**発見学習**等をあげることができる。

5

教育原理

⑤生涯学習社会における教育

次の文の（　）にあてはまる語句として、最も適切なものを一つ選びなさい。

平成26年 問10

「（　　）のための教育」を国際的な立場から推進することを提唱したのは日本政府である。2002年9月に開催された（　　）に関する世界首脳会議（ヨハネスブルグ・サミット）での日本の提案に基づき、同年12月の第57回国連総会において、2005年から2014年までの10年を「国連（　　）のための教育の10年」とし、ユネスコをその主導機関とするとの決議が採択された。

国内実施計画では、「（　　）のための教育」の目指すべきは、「地球的視野で考え、様々な課題を自らの問題として捉え、身近なところから取り組み、持続可能な社会づくりの担い手となる」よう個々人を育成し、意識と行動を変革することとされている。また、人格の発達や、自律心、判断力、責任感などの人間性を育むという観点、個々人が他人、社会、自然環境との関係性の中で生きており、「関わり」、「つながり」を尊重できる個人を育むという観点が必要であるとされている。

1　経済成長
2　持続可能な開発
3　世界平和
4　循環型社会
5　人権尊重

◆SDGs

2015年9月、ニューヨーク国連本部で開催された「国連持続可能な開発サミット」で、「我々の世界を変革する：持続可能な開発のための2030アジェンダ」が採択された。そのアジェンダは、「人間、地球及び繁栄のための行動計画として宣言および目標」を掲げており、その目標が「**持続可能な開発目標（Sustainable Development Goals：SDGs）**」で、17の目標と169のターゲットから構成されている。SDGsは、2000年に採択され、2000年から2015年まで取り組んできた「**ミレニアム開発目標（MDGs）**」（8の目標と21のターゲット、60の指標）の後継にあたる。2030年までにSDGsを達成するために、2020年1月にはSDGs達成のための「**行動の10年**」がスタートした。

A 19　　正解 2

「（ **持続可能な開発** ）のための教育」を国際的な立場から推進することを提唱したのは日本政府である。2002年9月に開催された（ **持続可能な開発** ）に関する世界首脳会議（ヨハネスブルグ・サミット）での日本の提案に基づき、同年12月の第57回国連総会において、2005年から2014年までの10年を「国連（ **持続可能な開発** ）のための教育の10年」とし、ユネスコをその主導機関とするとの決議が採択された。

国内実施計画では、「（ **持続可能な開発** ）のための教育」の目指すべきは、「地球的視野で考え、様々な課題を自らの問題として捉え、身近なところから取り組み、持続可能な社会づくりの担い手となる」よう個々人を育成し、意識と行動を変革することとされている。また、人格の発達や、自律心、判断力、責任感などの人間性を育むという観点、個々人が他人、社会、自然環境との関係性の中で生きており、「関わり」、「つながり」を尊重できる個人を育むという観点が必要であるとされている。

持続可能な開発のための教育（**ESD**：Education for Sustainable Development）とは、現代社会における課題を**自らの問題**としてとらえ、身近なところから取り組むことにより課題の解決につながる新しい**価値観**や行動を生み出すことにより、持続可能な社会を創造していくことを目指す学習や活動である。

よく出るポイント ◆ **生涯教育・生涯学習の歴史**

年	概　要
1965（昭和40）年	ユネスコ成人教育推進国際会議で、**ポール・ラングラン**が「**生涯教育論**」を提唱した
1973（昭和48）年	OECDが「リカレント教育」を提唱した
1981（昭和56）年	中央教育審議会答申「生涯教育について」が提出された
1986（昭和61）年	臨時教育審議会答申で「生涯学習体系への移行」が打ち出される
1990（平成2）年	・中央教育審議会答申「生涯学習の基盤整備について」 ・「生涯学習の振興のための施策の推進体制等の整備に関する法律（**生涯学習振興法**）」が制定される ・文部省に「**生涯学習審議会**」が設置される
1992（平成4）年	生涯学習審議会答申「今後の社会の動向に対応した生涯学習の振興方策について」
1996（平成8）年	生涯学習審議会答申「地域における生涯学習機会の充実方策について」
1998（平成10）年	生涯学習審議会答申「社会の変化に対応した今後の社会教育行政の在り方について」
1999（平成11）年	生涯学習審議会答申「学習の成果を幅広く生かす〜生涯学習の成果を生かすための方策について〜」「**生活体験・自然体験**が日本の子どもの心をはぐくむ」
2006（平成18）年	教育基本法に新たに「**生涯学習の理念**」が盛り込まれる
2008（平成20）年	中央教育審議会答申「新しい時代を切り開く生涯学習の振興方策について〜知の循環型社会の構築を目指して〜」

Q20 次の文は、『生徒指導提要』(文部科学省、平成22年)の中の「第1章、第1節、2 生徒指導の課題」の一部である。(A)～(C)にあてはまる語句の正しい組み合わせを一つ選びなさい。

平成28年(前期) 問9

学校教育は、(A)での活動や生活を基本とするものであり、学級や学校での児童生徒相互の人間関係の在り方は、児童生徒の健全な成長と深くかかわっています。児童生徒一人一人が(B)をもち、共感的な人間関係をはぐくみ、(C)の場を豊かにもち、自己実現を図っていける望ましい人間関係づくりは極めて重要です。人間関係づくりは教科指導やそれ以外の学校生活のあらゆる場面で行う必要があります。自他の個性を尊重し、互いの身になって考え、相手のよさを見付けようと努める集団、互いに協力し合い、よりよい人間関係を主体的に形成していこうとする人間関係づくりとこれを基盤とした豊かな集団生活が営まれる学級や学校の教育的環境を形成することは、生徒指導の充実の基盤であり、かつ生徒指導の重要な目標の一つでもあります。

(組み合わせ)

	A	B	C
1	個人	連帯感	自己決定
2	個人	存在感	自己選択
3	集団	存在感	自己決定
4	集団	連帯感	自己選択
5	集団	連帯感	自己決定

Q21 文部科学省は、学校現場の参考に資するよう、「体罰の禁止及び児童生徒理解に基づく指導の徹底について(通知)」(平成25年3月)の別紙として、「学校教育法第11条に規定する児童生徒の懲戒・体罰等に関する参考事例」を示した。そこにおいて、「認められる懲戒(通常、懲戒権の範囲内と判断されると考えられる行為)(ただし肉体的苦痛を伴わないものに限る。)」とされているものを〇、「体罰(通常、体罰と判断されると考えられる行為)」とされているものを×とした場合の正しい組み合わせを一つ選びなさい。

平成27年(地域限定) 問10

A 立ち歩きの多い児童生徒を叱って席につかせる。
B 放課後に児童を教室に残留させ、児童がトイレに行きたいと訴えたが、一切、室外に出ることを許さない。
C 宿題を忘れた児童に対して、教室の後方で正座で授業を受けるよう言い、児童が苦痛を訴えたが、そのままの姿勢を保持させた。

(組み合わせ)

	A	B	C
1	〇	〇	〇
2	〇	×	〇
3	〇	×	×
4	×	〇	〇
5	×	×	×

A 20

正解 3

学校教育は、（ A.**集団** ）での活動や生活を基本とするものであり、学級や学校での児童生徒相互の人間関係の在り方は、児童生徒の健全な成長と深くかかわっています。児童生徒一人一人が（ B.**存在感** ）をもち、共感的な人間関係をはぐくみ、（ C.**自己決定** ）の場を豊かにもち、自己実現を図っていける望ましい人間関係づくりは極めて重要です。人間関係づくりは教科指導やそれ以外の学校生活のあらゆる場面で行う必要があります。自他の個性を尊重し、互いの身になって考え、相手のよさを見付けようと努める集団、互いに協力し合い、よりよい人間関係を主体的に形成していこうとする人間関係づくりとこれを基盤とした豊かな集団生活が営まれる学級や学校の教育的環境を形成することは、生徒指導の充実の基盤であり、かつ生徒指導の重要な目標の一つでもある。

『生徒指導提要』は、**2010（平成22）**年3月に文部科学省が「小学校段階から高等学校段階までの生徒指導の理論・考え方や実際の指導方法等について、時代の変化に即して網羅的にまとめた基本書」（まえがき）であり、約30年ぶりに改訂された。これまでは、1965（昭和40）年に刊行された**『生徒指導の手びき』**と、1981（昭和56）年に刊行された**『生徒指導の手引（改訂版）』**があり、中学校・高等学校を前提に記述されてきたが、『生徒指導提要』において「生徒指導」は**小学校**から始まることが明示されている。

A 21

正解 3

A ○ 文部科学省「学校教育法第11条に規定する児童生徒の懲戒・体罰等に関する参考事例」として、「立ち歩きの多い児童生徒を叱って席につかせる」ことは、「**認められる懲戒（通常、懲戒権の範囲内と判断されると考えられる行為）（ただし肉体的苦痛を伴わないものに限る。）**」とされている。

B ✕ 「放課後に児童を教室に残留させ、児童がトイレに行きたいと訴えたが、一切、室外に出ることを許さない」ことは、「**体罰（通常、体罰と判断されると考えられる行為）**」に該当する。この他、体罰に該当する行為については、文部科学省「学校教育法第11条に規定する児童生徒の懲戒・体罰等に関する参考事例」を確認するとよい。

C ✕ 「宿題を忘れた児童に対して、教室の後方で正座で授業を受けるように言い、**児童が苦痛を訴えた**が、そのままの姿勢を保持させた」ことは、「体罰（通常、体罰と判断されると考えられる行為）」に該当する。

次のA〜Cのうち、「特別支援教育の推進について（通知）」（平成19年　文部科学省）の一部として、下線部分が正しいものを〇、誤ったものを×とした場合の正しい組み合わせを一つ選びなさい。

令和元年（後期）問10

A 特別支援教育は、これまでの特殊教育の対象の障害だけでなく、知的な遅れのない発達障害も含めて、特別な支援を必要とする幼児児童生徒が在籍する全ての学校において実施されるものである。

B 特別支援教育は、障害のある幼児児童生徒への教育にとどまらず、障害の有無やその他の個々の違いを認識しつつ様々な人々が生き生きと活躍できる共生社会の形成の基礎となるものであり、我が国の現在及び将来の社会にとって重要な意味を持っている。

C 特別な支援が必要と考えられる幼児児童生徒については、担任一人が責任をもって保護者の理解を得ることができるよう慎重に説明を行い、学校や家庭で必要な支援や配慮について、保護者と連携して検討を進めること。

（組み合わせ）

	A	B	C
1	〇	〇	〇
2	〇	〇	×
3	〇	×	〇
4	×	〇	×
5	×	×	〇

◆インクルーシブ教育

日本も批准している「障害者の権利に関する条約」第24条に「障害者を包容するあらゆる段階の教育制度」として記載されている。具体的には、障害のある者と障害のない者がともに学ぶ仕組みであり、自己の生活する地域において初等中等教育の機会が与えられること、個人に必要な「合理的配慮」が提供されることなどとされている。

A 22

正解 2

A ○ 「特別支援教育の推進について（通知）」（平成19年　文部科学省）において、「特別支援教育は、これまでの特殊教育の対象の障害だけでなく、**知的な遅れのない発達障害**も含めて、特別な支援を必要とする幼児児童生徒が在籍する**全ての学校**において実施されるもの」と述べられている。

B ○ 「特別支援教育の推進について（通知）」（平成19年　文部科学省）において、「特別支援教育は、障害のある幼児児童生徒への教育にとどまらず、障害の有無やその他の個々の違いを認識しつつ**様々な人々**が生き生きと活躍できる**共生社会の形成の基礎**となるものであり、我が国の現在及び将来の社会にとって重要な意味を持っている」と述べられている。

C × 「担任一人が責任をもって」ではなく、「特別な支援が必要と考えられる幼児児童生徒については、**特別支援教育コーディネーター等**と検討を行った上で、保護者の理解を得ることができるよう慎重に説明を行い、学校や家庭で必要な支援や配慮について、保護者と連携して検討を進めること」とされている。

5

教育原理

🖊 **よく出るポイント** ◆ **特別支援教育をめぐる動向**

2003（平成15）年	文部科学省・特別支援教育の在り方に関する調査研究協力者会議による「今後の特別支援教育の在り方について（最終報告）」
2004（平成16）年	文部科学省「小・中学校における LD（**学習障害**）、AD/HD（**注意欠陥／多動性障害**）、高機能自閉症の児童生徒への教育支援体制の整備のためのガイドライン（試案）」
2005（平成17）年	中央教育審議会の答申「特別支援教育を推進するための制度の在り方について」
2006（平成18）年	「学校教育法施行規則」の一部が改正され通級による指導の対象に自閉症・LD・AD/HDを追加
2007（平成19）年	「**特殊教育**」が「**特別支援教育**」へと転換。文部科学省「特別支援教育の推進について（通知）」
2012（平成24）年	中央教育審議会「**共生社会の形成に向けたインクルーシブ教育システム構築のための特別支援教育の推進（報告）**」
2013（平成25）年	「**学校教育法施行令**」の一部が改正され就学先を決定する仕組みが改正

235

◆ 明治以降の日本の教育史

年	主な出来事
1872（明治5）年	福沢諭吉が学問のすゝめを刊行 学制頒布
1879（明治12）年	学制が廃止され教育令公布
1880（明治13）年	「改正教育令」公布
1885（明治18）年	森有礼が初代文部大臣に就任
1886（明治19）年	教育令が廃止され、「帝国大学令」「師範学校令」「小学校令」「中学校令」が公布
1890（明治23）年	教育ニ関スル勅語（教育勅語）渙発
1918（大正7）年	鈴木三重吉が赤い鳥刊行
1926（大正15）年	日本初の幼稚園を規定した法令幼稚園令公付
1941（昭和16）年	国民学校令公付、小学校が国民学校に改称
1946（昭和21）年	日本国憲法公布、教育刷新委員会設置
1947（昭和22）年	教育基本法、学校教育法公布

◆ 戦後の日本の教育史

年	主な出来事
1946（昭和21）年	「日本国憲法」公布、教育刷新委員会の設置
1947（昭和22）年	「教育基本法」「学校教育法」等の制定、「学習指導要領」（試案）
1956（昭和31）年	「地方教育行政の組織および運営に関する法律」成立（教育委員・任命制）
1958（昭和33）年	「学校教育法施行規則」改正、「学習指導要領」改訂（試案削除、告示化）
1961（昭和36）年	全国一斉学力テスト実施
1968（昭和43）年	「学習指導要領」改訂（理科・数学の高度化、最低から標準授業時数へ）
1971（昭和46）年	中教審答申「今後における学校教育の総合的な拡充整備のための基本的施策について」（四六答申、第三の教育改革）
1977（昭和52）年	「学習指導要領」改訂（ゆとりと充実）
1984（昭和59）年	臨時教育審議会設置
1986（昭和61）年	中野富士見中学校いじめ自殺事件
1989（平成元）年	「学習指導要領」改訂（臨教審路線、「新しい学力観」）
1990（平成2）年	共通一次学力試験にかわり大学入試センター試験開始
1994（平成6）年	西尾市東部中学校いじめ自殺事件
1997（平成9）年	神戸連続児童殺傷事件
1998（平成10）年	「学習指導要領」改訂（ゆとり、生きる力、総合的な学習の時間）
2000（平成12）年	教育改革国民会議設置、「学校教育法施行規則」改正（学校評議員制度等）
2002（平成14）年	中教審答申「今後の教員免許制度の在り方について」（教員免許更新制） 文部科学省「心のノート」配布、完全学校週五日制実施
2003（平成15）年	「学習指導要領」一部改訂（ゆとり教育から学力向上路線へ）
2004（平成16）年	国立大学法人化
2006（平成18）年	教育再生会議設置、「教育基本法」改正
2007（平成19）年	43年ぶりに全国一斉学力テスト実施
2010（平成22）年	文部科学省『生徒指導提要』
2013（平成25）年	教育再生実行会議設置、「いじめ防止対策推進法」公布

6

社会的養護

6章 社会的養護

①社会的養護の歴史と意義

Q01 次の文は、ある児童福祉施設の設立に携わった人物の著書である。この人物として正しいものを一つ選びなさい。　平成29年（後期）問1

私たちのねがいは、重症な障害をもったこの子たちも、立派な生産者であるということを、認めあえる社会をつくろうということである。「この子らに世の光を」あててやろうというあわれみの政策を求めているのではなく、この子らが自ら輝く素材そのものであるから、いよいよみがきをかけて輝かそうというのである。「この子らを世の光に」である。この子らが、うまれながらにしてもっている人格発達の権利を徹底的に保障せねばならぬということなのである。

1　高木憲次
2　野口幽香
3　留岡幸助
4　堀文次
5　糸賀一雄

よく出るポイント　◆ 社会的養護の運営指針・ガイドライン

運営指針やガイドラインからよく出題されるので、これらの運営指針やガイドラインを確認しておこう。

乳児院運営指針　2012（平成24）年制定
児童養護施設運営指針　2012（平成24）年制定
母子生活支援施設運営指針　2012（平成24）年制定
情緒障害児短期治療施設※運営指針　2012（平成24）年制定
児童自立支援施設運営指針　2012（平成24）年制定
里親及びファミリーホーム養育指針　2012（平成24）年制定
自立援助ホーム運営指針　2015（平成27）年制定
児童館ガイドライン　2011（平成23）年制定　2018（平成30）年見直し
里親委託ガイドライン　2011（平成23）年制定　2021（令和3）年見直し

※現在の児童心理治療施設

A 01

正解 5

1 × **高木憲次**は我が国の**肢体不自由児療育事業の始祖**、**リハビリテーションの父**ともいわれている。1928（昭和3）年頃に、「奇形・不具」と呼ばれていた障害を「**肢体不自由**」に改め、1942（昭和17）年に我が国でリハビリテーションを実践する施設「**整肢療護園**」を開設し、治療と教育を合わせた「**療育**」という言葉を創り広めた。

2 × **野口幽香**は、1900（明治33）年、華族女学校付属幼稚園の教師であった同僚の**森島峰**とともに、貧民の子どもの保育を行う**二葉幼稚園（現在は二葉保育園）**を東京の新宿に創立し、フレーベルの保育・教育理念を基本にして**今日の保育所の先駆的な実践**を行った人物である。二葉保育園は母子家庭、孤児等困難を抱えた子ども家庭への取り組みをその後展開している。

3 × **留岡幸助**は、非行少年の自立には、罰を与えることではなく「**子どもは、救うべきもの、導くべきもの、教うべきもの、愛すべきもの**」という児童観に基づき、1899（明治32）年に東京の巣鴨に**家庭学校**を創立し、「家庭にして学校、学校にして家庭、愛と智がいっぱいにあふれた環境」での**生活教育**を掲げ、「能く（よく）働き、能く食べ、能く眠らしめる」という**三能主義**のもとに**個性を重視した人格形成**のために非行少年の教育を実践した人物である。現在の北海道家庭学校、東京家庭学校に引き継がれている。

4 × **堀文次**は、児童養護施設**東京都立石神井学園**の施設長であった1950（昭和25）年に発行された雑誌「社会事業」に、我が国で初めて**ホスピタリズム**に関する、**欧米での研究を紹介した**人物である。「養護理論確立への試み〜ホスピタリズム」という論文は、1950年代にわが国でのいわゆる「**ホスピタリズム論争**」を引き起こし、施設の在り方に大きな影響を与えたことで知られている。

5 ○ 糸賀一雄は、滋賀県の公務員として勤め、障害児や障害者の福祉について取り組む。1946（昭和21）年に**近江学園**を創設し、全国に先駆けて障害児の福祉と教育を実践した。「**障害者福祉の父**」とも言われる人物である。**重度の知的障害がある子どもたちとの生活実践**の中から「この子らを世の光に」の思想が考えられた。1965（昭和40）年に「**この子らを世の光に―近江学園二十年の願い**」、1968（昭和43）年には「**福祉の思想**」の著書がある。

> **加点の**
> **ポイント** ◆ **ホスピタリズムとボウルビィ報告**
>
> ホスピタリズムは「**施設病**」などと訳され、長期間福祉施設や病院、刑務所などで社会から隔絶された生活を過ごすことにより生じる、社会への不適応症状及び心身の障害のことである。イギリスの児童精神科医**ボウルビィ**が1951年に提出した報告書「**乳幼児の精神衛生**」では、母性喪失の養育は子どもに深刻な発達上の障害をもたらすとされ、我が国の**ホスピタリズム論争**の根拠となった。

次の文は、平成28年6月に改正された「児童福祉法」に関する記述である。適切な記述を○、不適切な記述を×とした場合の正しい組み合わせを一つ選びなさい。

平成30年（前期）問3

A 国・地方公共団体は、家庭における養育が困難あるいは適当でない児童について、社会性を身につけさせるために、家庭における養育環境よりも集団で生活をおくれる環境で養育することを優先するとした。

B 都道府県（児童相談所）の業務として、里親の開拓から児童の自立支援までの一貫した里親支援を位置付けた。

C 養子縁組里親を法定化するとともに、都道府県（児童相談所）の業務として、養子縁組に関する相談・支援を位置付けた。

D 自立援助ホームを20歳になる前まで利用している大学等就学中の者について、22歳の年度末までの間、利用を継続できることとした。

（組み合わせ）

	A	B	C	D
1	○	○	○	○
2	○	○	×	×
3	○	×	×	○
4	×	○	○	○
5	×	×	○	×

次の文は、わが国の社会的養護の歴史に関する記述である。適切な記述を○、不適切な記述を×とした場合の正しい組み合わせを一つ選びなさい。

平成26年 問2

A 明治期の福田会育児院や岡山孤児院は、仏教やキリスト教の宗教関係者によって開設された。

B 1900（明治33）年の「感化法」の制定により、感化院が制度として規定された。

C 児童に軽業、見せ物、物売りなどをさせることを禁止する「児童虐待防止法」が1933（昭和8）年に制定された。

D 1947（昭和22）年の「児童福祉法」制定時に規定された児童福祉施設は、保育所、養護施設、虚弱児施設、教護院の4種別であった。

（組み合わせ）

	A	B	C	D
1	○	○	○	×
2	○	○	×	○
3	○	×	×	○
4	×	○	○	○
5	×	×	○	×

A 02

正解 4

A × この法改正では、第３条の２において、家庭における養育が困難あるいは適当でない児童については**家庭と同様**の養育環境において継続的に養育することを優先すると明記された。

B ○ この法改正で第11条第１項第２号において、都道府県（児童相談所）の役割を詳細に明記し、里親の**普及・啓発**、相談援助、里親支援、児童の養育計画の作成などを位置付けた。

C ○ この法改正で、第６条の４に、これまで里親制度運営要綱で定められていた里親の種類を明記して法定化した。また、第11条では養子縁組里親への相談・支援を都道府県の役割として位置付けた。

D ○ 以前は第６条の３「児童自立生活援助事業」の項に「義務教育を終了した児童又は児童以外の二十歳に満たない者」を対象と記載されていたが、この法改正で新たに文章を追加し、**高校や大学に就学中**の者については**満22歳の年度末**まで利用できることを明記した。

A 03

正解 1

A ○ 福田会育児院は、東京において**臨済宗**の僧侶である**今川貞山**が中心になって1879（明治12）年に設立された。岡山孤児院は、**キリスト教**の教えにより岡山で石井十次が**1887（明治20）**年に設立している。

B ○ 不良少年を保護する感化院は、**1883（明治16）**年に大阪で池上雪枝が、1885（明治18）年には東京で**高瀬真卿**が設立している。また、1899（明治32）年には**留岡幸助**が東京家庭学校を設立している。これらが1900（明治33）年に全国の道府県に設置を定める感化法を成立させる力になった。

C ○ 1929（昭和４）年の世界大恐慌や東北地方の大飢饉などにより、特に東北３県で子どもが身売りされる等の問題が多発し、1933（昭和８）年に**児童虐待防止法**が制定された。後に児童福祉法の成立により廃止されたが、禁止事項として法第34条に内容は引き継がれている。なお、児童虐待の社会問題化を受けて、2000（平成12）年に再び児童虐待防止法（児童虐待の防止等に関する法律）が制定された。

D × 児童福祉法の制定時に、**虚弱児施設**は規定されていなかった。また、制定当初の児童福祉施設は９種類で、問題文の３種類の他に、乳児院、児童厚生施設、**助産施設**、精神薄弱児施設、**母子寮**、療育施設があった。

②社会的養護の基本

Q04 次の文のうち、「児童養護施設運営指針」(平成24年3月　厚生労働省)において示されている「社会的養護の原理」に関する記述として最も適切な記述を一つ選びなさい。　令和元年(後期) 問8

1 社会的養護は、できる限り特定の養育者による一貫性のある養育が望まれる。
2 社会的養護における養育は、つらい体験をした過去を現在、そして将来の人生と切り離すことを目指して行われる。
3 社会的養護における養育は、効果的な専門職の配置ができるよう、大規模な施設において行う必要がある。
4 社会的養護における支援は、子どもと緊密な関係を結ぶ必要があるので、他機関の専門職との連携は行わない。
5 社会的養護は、措置または委託解除までにすべての支援を終結し、自立させる必要がある。

Q05 次の文は、児童養護施設における養育・支援の基本的な考え方に関する記述である。適切な記述を○、不適切な記述を×とした場合の正しい組み合わせを一つ選びなさい。　平成27年(地域限定) 問4

A 入所前の家庭生活において、適切な食生活が営まれておらず、発達段階に応じた食習慣や食事のマナーが身についていない子どもが少なくないため、食事の場面は何よりもしつけを重視し、生活指導の場として活用する必要がある。
B 清潔で、体に合い、季節にあった衣服を提供することで、子ども自身が気候や生活場面に応じた選択や、着替えや衣類の整理、保管等ができるような衣習慣を習得し、あわせて衣服を通じて適切に自己表現できるように支援する。
C 子どもを取り巻く住環境は安全が確保されていることを前提に、施設建物の内外装、設備、庭の樹木、居室やリビングの家庭的雰囲気作りの配慮により、大切にされているというメッセージを子ども自身が感じられるようにする。
D ネグレクト環境にあった子どもの場合、清潔さや身だしなみへの配慮に欠けることがあるため、年齢不相応であっても、まずは子ども自身がここちよさを体験できるように、歯磨きのできない子どもには仕上げを、髪がぼさぼさの子には整髪をしてあげるなどして、自ら気付いてできるように根気強い支援が必要である。

(組み合わせ)

	A	B	C	D
1	○	○	○	×
2	○	○	×	×
3	○	×	×	○
4	×	○	○	○
5	×	×	○	×

A 04

正解 1

1 ○ 「**児童養護施設運営指針**」の第 1 部の 2（2）⑤「継続的支援と連携アプローチ」に関する内容で記述の通りである。

2 × 選択肢 1 と同様に⑤「継続的支援と連携アプローチ」に「社会的養護における養育は、『**人とのかかわり**をもとにした営み』である。子どもが歩んできた過去と現在、将来をより良くつなぐために、一人一人の子どもに用意される社会的養護の過程は、『**つながりのある道すじ**』として子ども自身にも理解されるようなものであることが必要である」と書かれている。

3 × ①「家庭的養護と個別化」に「社会的養護を必要とする子どもたちに『**あたりまえの生活**』を保障していくことが重要であり、社会的養護を地域から切り離して行ったり、子どもの生活の場を大規模な施設養護としてしまうのではなく、できるだけ家庭あるいは家庭的な環境で養育する『**家庭的養護**』と、個々の子どもの育みを丁寧にきめ細かく進めていく『**個別化**』が必要である」と書かれている。

4 × ⑤「継続的支援と連携アプローチ」に「児童相談所等の行政機関、各種の施設、里親等の様々な社会的養護の担い手が、それぞれの専門性を発揮しながら、巧みに連携し合って、一人一人の子どもの社会的自立や親子の支援を目指していく社会的養護の連携アプローチが求められる」と書かれている。

5 × ⑥「ライフサイクルを見通した支援」に「社会的養護の下で育った子どもたちが社会に出てからの暮らしを見通した支援を行うとともに、入所や委託を終えた後も**長くかかわり**を持ち続け、**帰属意識**を持つことができる存在になっていくことが重要である」と書かれている。

A 05

正解 4

A × 児童養護施設運営指針では、「食事は団らんの場でもあり、**おいしく楽しみながら食事ができるように工夫する**」とされている。何よりもしつけや生活指導の場として優先する考えは間違いである。

B ○ 児童養護施設運営指針の「衣生活」では、「衣服は、清潔で体に合い、**季節にあったもの**を提供する」、「衣習慣を習得し、衣服を通じて適切に**自己表現**ができるよう支援する」とある。

C ○ 児童養護施設運営指針では、「**居室等施設全体がきれいに整美されている**ようにする」、「そこに暮らす子どもが**大切にされている**というメッセージを（子ども自身が）感じられるようにする」とある。

D ○ 社会的養護の原理には、「**回復をめざした支援**」がある。ネグレクトなど被虐待環境に置かれていた児童の回復には、子どもが心地よさを感じ、自ら気付いてできるように根気強い支援が必要となっている。

次の文は、乳児院に関する記述である。適切な記述を○、不適切な記述を×とした場合の正しい組み合わせを一つ選びなさい。

令和2年（後期）問5

A 乳児院は、保育所等訪問支援事業の訪問対象の施設である。
B 乳児院の長は、施設の所在する地域の住民につき、児童の養育に関する相談に応じ、及び助言を行うよう努めなければならない。
C 乳児院は、「児童福祉法」に定める「乳児」のみを対象とした施設である。
D 「児童養護施設入所児童等調査結果（平成30年2月1日現在）」（令和2年1月　厚生労働省）によると、被虐待経験のある乳児院入所児が受けた虐待の種類は、「ネグレクト」が最も多い。

（組み合わせ）

	A	B	C	D
1	○	○	×	○
2	○	○	×	×
3	○	×	○	×
4	×	○	×	○
5	×	×	○	×

次の文は、親権に関する記述である。不適切な記述を一つ選びなさい。

平成31年（前期）問3

1 親権者等は、児童相談所長や児童福祉施設の施設長、里親等による監護措置を、不当に妨げてはならない。
2 児童相談所長は、親権喪失、親権停止及び管理権喪失の審判について家庭裁判所への請求権を有する。
3 里親等委託中及び一時保護中の児童に親権者等がいない場合には、市町村長が親権を代行する。
4 子の親族及び検察官のほか、子、未成年後見人及び未成年後見監督人も、親権の喪失等について、家庭裁判所への請求権を有する。
5 家庭裁判所は、「父又は母による親権の行使が困難又は不適当であることにより子の利益を害するとき」に、2年以内の期間を定めて親権停止の審判をすることができる。

A 06

正解 1

A ○ **保育所等訪問支援事業**は、2018（平成30）年の児童福祉法改正から訪問先に児童養護施設と乳児院が加わった。

B ○ 設問文の通りである。なお、児童福祉法の第48条の2では、**乳児院**だけでなく、**母子生活支援施設、児童養護施設、児童心理治療施設及び児童自立支援施設**の長についても、地域の住民の児童の養育に関する相談に応じ、助言を行うよう努めなければならないと記載されている。

C × 2004（平成16）年の児童福祉法改正により、「**乳児（保健上、安定した生活環境の確保その他の理由により特に必要のある場合には、幼児を含む。）**」と変更となったため、乳児院は乳児のみを対象とした施設という記述は誤りである。

D ○ 被虐待経験のある乳児院入所児が受けた虐待の種類は、**ネグレクト、身体的虐待**の順に多い。

A 07

正解 3

1 ○ 児童福祉法第33条の2及び第47条に明記されており、適切な記述である。

2 ○ 児童福祉法第33条の7に明記されており、適切な記述である。

3 × 児童福祉法第33条の2には、一時保護中の児童で**親権を行う者**がいない場合の措置が定められており、親権を行う者が決まるまで**児童相談所長**が親権を行うことになっている。また、児童福祉法第47条には、里親に委託された子どもの場合の親権は**児童相談所長**が行うと定められており、この記述は不適切である。なお同法同条には、児童福祉施設入所児童で親権を行う者のない場合は**施設の長**が親権を行うこともあわせて定められている。

4 ○ **親権喪失の請求**は、2012（平成24）年の民法第834条の改正により、**子ども本人**も親権の停止、親権喪失の請求ができるようになった。そのため、この記述は適切である。

5 ○ 同じく、民法改正により、家庭裁判所は2年以内の期間を定めて親権を停止できることとなった。そのため、適切な記述である。

よく出るポイント ◆**児童福祉施設の設備及び運営に関する基準（総則）**

・児童福祉法第45条にもとづく厚生労働省令で定める基準（以下、「設備運営基準」という）で、最低基準について定めたもの

・第1条：**都道府県が条例で定める基準**について、**従うべき基準、参酌すべき基準**を指定し、そして、**厚生労働大臣**は、設備運営基準を**常に向上させる**よう努めるものとすると定めている。

・第2条：「**都道府県が条例で定める基準**」を「**最低基準**」としている。国の定めたものは「設備運営基準」である。都道府県知事の監督に属する児童福祉施設に入所している者が、**明るくて、衛生的な**環境において、**素養**があり、かつ、適切な**訓練を受けた職員**の指導により、**心身ともに健やか**にして、社会に**適応するように育成される**ことを**保障する**ものとする。

・第3条：「**都道府県は、最低基準を常に向上させる**よう努めるものとする」

・第4条：「**児童福祉施設**は、最低基準を**超えて**、常に、その設備及び運営を**向上させなければならない。**」「最低基準を超えて、設備を有し、又は運営している児童福祉施設においては、**最低基準を理由として、**その設備及び運営を**低下させてはならない**」

次の文のうち、「児童養護施設運営指針」(平成24年3月　厚生労働省)において示されている「権利擁護」に関する記述として最も不適切な記述を一つ選びなさい。

　　令和元年(後期) 問3

1 子ども自身の出生や生い立ち、家族の状況については、義務教育終了後に開示する。
2 入所時においては、子どものそれまでの生活とのつながりを重視し、そこから分離されることに伴う不安を理解し受けとめ、不安の解消を図る。
3 子どもが相談したり意見を述べたりしたい時に、相談方法や相談相手を選択できる環境を整備し、子どもに伝えるための取り組みを行う。
4 いかなる場合においても、体罰や子どもの人格を辱めるような行為を行わないよう徹底する。
5 様々な生活体験や多くの人たちとのふれあいを通して、他者への心づかいや他者の立場に配慮する心が育まれるよう支援する。

③社会的養護の制度と実施体系

次の文は、里親制度に関する記述である。適切な記述を○、不適切な記述を×とした場合の正しい組み合わせを一つ選びなさい。

　　令和2年(後期) 問3

A 「社会的養育の推進に向けて」(平成31年1月　厚生労働省)によると、平成30年3月末の里親及び小規模住居型児童養育事業(ファミリーホーム)への社会的養護を利用する児童全体に占める委託率は約4割である。
B 小規模住居型児童養育事業(ファミリーホーム)は、「社会福祉法」に定める第一種社会福祉事業である。
C 都道府県知事は、児童を里親に委託する措置をとった場合には、児童福祉司、知的障害者福祉司、社会福祉主事のうち一人を指定して、里親の家庭を訪問して、必要な指導をさせなければならない。

(組み合わせ)

	A	B	C
1	○	×	○
2	○	×	×
3	×	○	○
4	×	○	×
5	×	×	○

A 08

正解 1

「児童養護施設運営指針」第Ⅱ部「各論」の４「権利擁護」に書かれていることを問う問題である。不適切なものは**選択肢1**である。「子どもが自己の生い立ちを知ることは、自己形成の視点から重要であり、**子どもの発達等に応じて、可能な限り事実**を伝える」と書かれており、義務教育終了後に開示するとはどこにも書かれていない。

A 09

正解 5

A × 里親及び小規模住居型児童養育事業（ファミリーホーム）への委託率は、2018（平成30）年３月末時点で**19.7%であり約２割**となっている。

B × 小規模住居型児童養育事業（ファミリーホーム）は、**第二種社会福祉事業**である。

C ○ 設問文にあるように、里親の家庭へ訪問指導を行うことが義務付けられている。なお、家庭を訪問する職種として、**里親支援専門相談員**が入っていないことに気をつけたい。里親支援専門相談員は、里親を指導するのではなく、ともに子どもの育ちを考える里親への寄り添い支援を行う。

6

社会的養護

✏️ **よく出るポイント** ◆ **児童福祉施設の設備及び運営に関する基準第５条（児童福祉施設の一般原則）**

1．児童福祉施設は、入所している者の**人権**に**十分配慮**するとともに、一人ひとりの**人格**を**尊重**して、その運営を行わなくてはならない。

2．児童福祉施設は、**地域社会**との**交流**及び**連携**を図り、児童の保護者及び地域社会に対し、当該児童福祉施設の**運営の内容**を適切に**説明するよう**努めなければならない。

3．児童福祉施設は、その運営の内容について、自ら**評価**を行い、その結果を**公表**するよう努めなければならない。

4．児童福祉施設には、法で定めるそれぞれの**施設の目的**を**達成する**ために必要な設備を設けなければならない。

5．児童福祉施設の構造設備は、**採光**、**換気**等入所している者の**保健衛生**及びこれらの者に対する**危害防止**に十分な配慮を払って設けられなければならない。

Q10 次のうち、社会的養護に関わる専門職等とその職種が必置と定められている施設・機関の組み合わせとして、正しいものを一つ選びなさい。　令和3年（後期）問7

1　児童委員　────────────　福祉事務所
2　児童福祉司　───────────　児童相談所
3　個別対応職員　──────────　児童家庭支援センター
4　支援コーディネーター　──────　児童相談所の一時保護所
5　里親支援専門相談員　───────　児童自立支援施設

Q11 次の文は、「里親委託ガイドライン」（厚生労働省）の一部である。（ A ）～（ D ）にあてはまる語句の正しい組み合わせを一つ選びなさい。　平成30年（後期）問4

家族は、社会の基本的集団であり、家族を基本とした家庭は子どもの成長、福祉及び保護にとって最も自然な環境である。このため、保護者による養育が不十分又は養育を受けることが望めない（ A ）のすべての子どもの（ B ）は、（ C ）が望ましく、養子縁組里親を含む（ D ）を原則として検討する。特に、乳幼児は安定した家族の関係の中で、愛着関係の基礎を作る時期であり、子どもが安心できる、温かく安定した家庭で養育されることが大切である。

（組み合わせ）

	A	B	C	D
1	社会的養育	補完的養護	家庭養護	里親委託
2	社会的養護	代替的養護	家庭養護	里親委託
3	社会的養育	代替的養護	家庭的養護	里親委託
4	社会的養護	補完的養護	家庭的養護	特別養子縁組
5	社会的養育	代替的養護	家庭養護	特別養子縁組

A 10

正解 2

1 ✕ 児童委員は、児童福祉法に基づき、地域に配置されている民間の奉仕者である。地域の子どもたちを見守り、相談・調整等を担う。特定の施設には属しておらず、福祉事務所の職員ではない。

2 ○ 児童福祉司は、**児童相談所**に配置される職員である。

3 ✕ 個別対応職員は、**乳児院、母子生活支援施設、児童養護施設、児童心理治療施設、児童自立支援施設**に配置されている。

4 ✕ 支援コーディネーターは、**社会的養護自立支援事業**にて配置が示されている。里親委託や児童養護施設の入所年齢を終えた後も継続して自立支援を行うため、支援コーディネーターは、本人や支援に携わってきた人による会議を実施し、**継続支援計画**を作成する。

5 ✕ 里親支援専門相談員は、**乳児院**と**児童養護施設**に配置されている。

A 11

正解 2

家族は、社会の基本的集団であり、家族を基本とした家庭は子どもの成長、福祉及び保護にとって最も自然な環境である。このため、保護者による養育が不十分又は養育を受けることが望めない（ A.**社会的養護** ）のすべての子どもの（ B.**代替的養護** ）は、（ C.**家庭養護** ）が望ましく、養子縁組里親を含む（ D.**里親委託** ）を原則として検討する。特に、乳幼児は安定した家族の関係の中で、愛着関係の基礎を作る時期であり、子どもが安心できる、温かく安定した家庭で養育されることが大切である。

里親委託ガイドラインは、2016（平成28）年の児童福祉法改正を受けて、翌年に一部改正されている。里親委託の原則を定めた項目であるが、2017（平成29）年の改正前は、「里親委託を優先して検討することを原則」としていたが、改正後は「養子縁組里親を含む里親委託を**原則**として検討する」となっている。

次の文は、近年の里親制度に関する記述である。適切な記述を○、不適切な記述を×とした場合の正しい組み合わせを一つ選びなさい。　平成26年 問6

A 養育里親は、25歳以上の成人であれば特に要件はなく、里親研修を受けることで認定される。
B 親族里親として養育する場合であっても、児童の委託者として適当であるとする都道府県知事の認定が必要である。
C 専門里親は、委託児童の養育に専念できることが要件となっている。
D 専門里親は、児童養護施設等で児童指導員として2年以上従事し、かつ、市町村長の認定を受けることが要件となっている。

（組み合わせ）
	A	B	C	D
1	○	○	○	×
2	○	○	×	○
3	×	○	○	×
4	×	×	×	○
5	×	×	×	×

次のうち、「児童福祉施設の設備及び運営に関する基準」（昭和23年厚生省令第63号）において、児童自立支援計画の策定が義務づけられている施設として、正しい組み合わせを一つ選びなさい。　令和3年（後期）問4

A 乳児院
B 児童厚生施設
C 児童家庭支援センター
D 児童心理治療施設

（組み合わせ）
1　A　B
2　A　C
3　A　D
4　B　C
5　C　D

A 12

正解 3

A × 養育里親の条件は、**里親制度運営要綱**で定められている。設問文の「特に要件はなく」とあるのは間違いである。要保護児童の養育についての条件には、理解、熱意、愛情、**経済的に困窮していないこと**、**欠格事由に該当していないこと**等がある。

B ○ 親族里親は、**阪神淡路大震災の後に、親族が養育している場合に養育費を支給する制度**として加えられた。養育費を受け取る対象として里親としての認定を受ける必要がある。

C ○ 専門里親は、**虐待を受けた児童**や**障害のある児童**、**非行等のある児童**を専門的に養育する里親で、里親手当は月に141,000円が支給され、養育に専念することになっている。

D × 専門里親の要件は、「専門里親研修を修了していること」、「委託児童の養育に専念できること」のほか、①養育里親として**3年以上**の経験、②児童福祉事業で**3年以上**の経験、③**都道府県知事**が①又は②に該当する者と同等以上の能力を有すると認めた者であることなどである。

A 13

正解 3

児童自立支援計画の策定が義務づけられている施設は、**乳児院**、**母子生活支援施設**、**児童養護施設**、**児童心理治療施設**、**児童自立支援施設**である。よって、正解は**3**である。

これらの施設は入所後の観察を経て、子どもと保護者のニーズを探り（アセスメント）、児童自立支援計画を策定する。児童自立支援計画は、**生活支援計画**、**家庭支援計画**、**地域支援計画**の3つで構成されている。

加点のポイント ◆**里親委託優先の意義**

里親委託ガイドラインの里親委託優先の原則では、里親家庭に委託することにより子どもが獲得できる大切なことについて次の3点を挙げている。

①特定の大人との**愛着関係**の下で養育されることにより、自己の存在を受け入れられているという安心感の中で、**自己肯定感**を育むとともに、人との関係において不可欠な**基本的信頼感**を獲得することになる。

②里親家庭において、適切な家庭生活を体験する中で、家族それぞれのライフサイクルにおけるありようを学び、将来、**家庭生活**を築く上でモデルとすることが期待できる。

③家庭生活の中で人との適切な関係の取り方を学んだり、身近な地域社会の中で、必要な**社会性**を養うとともに、豊かな生活体験を通じて**生活技術**を獲得することができる。

Q14 次の文のうち、平成28年6月に改正された「児童福祉法」を受けて厚生労働省から示された、家庭と同様の環境における養育の推進に関する記述として適切な記述を一つ選びなさい。

令和元年（後期）問2

1 「家庭と同様の養育環境」には、里親がある。
2 「家庭と同様の養育環境」には、地域小規模児童養護施設（グループホーム）がある。
3 「家庭と同様の養育環境」には、小規模グループケアがある。
4 「できる限り良好な家庭的環境」には、特別養子縁組を含む養子縁組がある。
5 「できる限り良好な家庭的環境」には、小規模住居型児童養育事業（ファミリーホーム）がある。

④社会的養護の内容と実際

 Q15 次の文は、「里親及びファミリーホーム養育指針」（平成24年3月　厚生労働省）に示された家庭養護のあり方の基本に関する記述である。適切な記述を〇、不適切な記述を×とした場合の正しい組み合わせを一つ選びなさい。

平成29年（後期）問6

A 一定一律の役割、当番、日課、規則を養育者が作り、それらを子ども達に厳守させることは、子どもたちに安心・安定した家庭生活を提供できることになる。
B 地域の普通の家庭で暮らすことで、子どもたちは養育者自身の地域との関係や社会生活に触れ、生活のあり方を地域との関係の中で学ぶことができる。
C 養育者はこれまで築き上げてきた独自の子育て観を優先することが大切であるため、他者からの助言に耳を傾けることは、これまでの養育に対して自信を失うことになるため避けた方がよい。
D 里親とファミリーホームが社会的養護としての責任を果たすためには、外からの支援を受けることが大前提である。

（組み合わせ）

	A	B	C	D
1	〇	〇	〇	×
2	〇	×	〇	×
3	×	〇	〇	×
4	×	〇	×	〇
5	×	×	×	〇

A 14

正解 1

1 ○ 2016（平成28）年に「児童福祉法」が改正され、家庭と同様の環境における養育の推進に関して議論する場として「**新たな社会的養育の在り方に関する検討会**」が設置された。この問題はその検討会でまとめられた**新しい社会的養育ビジョン**に示されていることに関する問題である。ビジョンの中では、里親と養子縁組は、**家庭と同様の養育環境**と分類されている。

2 × 地域小規模児童養護施設（グループホーム）は、**できる限り良好な家庭的環境**とビジョンに示されている。

3 × 小規模グループケアは、**できる限り良好な家庭的環境**である。

4 × 特別養子縁組を含む養子縁組は、**家庭と同様の養育環境**である。

5 × 小規模住居型児童養育事業（ファミリーホーム）は、**家庭と同様の養育環境**である。細かくいえば、その養育者が里親登録を受けている場合に限り、「家庭と同様の養育環境」の一形態とみなすべきであると示されている。

A 15

正解 4

A × 養育指針5の（1）の④生活の柔軟性では、最初に「**コミュニケーションに基づき、状況に応じて生活を柔軟に営む**こと」を定め、そして「一定一律の役割、当番、日課、規則、行事、献立表は、**家庭になじまない**」「家庭にも**ルール**はあるが…（中略）…**暮らしの中**で行われる柔軟なものである」としている。「日課や規則、献立表が機械的に運用されると…（中略）…自ら考えて行動する姿勢や、大切にされているという思いを育むことができない」としている。

B ○ 養育指針5の（1）の⑤地域社会に存在では、「地域社会の中で**ごく普通の居住場所で**生活すること」「地域に点在する家庭で暮らすことは…（中略）…子どもを**精神的に安定**させる」という記述とともに、出題された文章が定められている。

C × 養育指針5の（2）の①社会的養護の担い手としてでは、「里親及びファミリーホームにおける家庭養護とは、**私的な場で行われる社会的かつ公的な養育**である」ことを明記して、養育者に必要なことを定めているが、その中に、「養育者は**独自の子育て観を優先せず**、自らの養育のあり方を振り返るために、他者からの**助言に耳を傾ける謙虚さ**が必要である」ことが定められている。

D ○ 養育指針6の①支援の必要性では、「里親とファミリーホームは地域に点在する独立した養育である。このため、**閉鎖的で孤立的な養育となるリスク**がある」ことを明記し、「社会的養護としての責任を果たすためには、**外からの支援を受けることが大前提**である。家庭の中に『**風通しの良い部分**』を作っておく必要がある」としている。

次の文は、児童心理治療施設（旧：情緒障害児短期治療施設）に関する記述である。適切な記述を○、不適切な記述を×とした場合の正しい組み合わせを一つ選びなさい。

平成28年（前期）問10改

A 心理的困難や苦しみを抱え日常生活の多岐にわたり生きづらさを感じて、心理治療を必要とする子どもたちを入所又は通所させて治療を行う施設である。

B 「児童養護施設入所児童等調査結果（平成30年2月1日現在）」（厚生労働省）によると、入所している児童の約8割が虐待経験を有していた。

C 「児童養護施設入所児童等調査結果（平成30年2月1日現在）」（厚生労働省）によると、児童の平均在所期間は、約6か月であった。

D 「児童養護施設入所児童等調査結果（平成30年2月1日現在）」（厚生労働省）によると、入所している児童のうち、小学生が約8割、中学生が約1割、その他が約1割であった。

（組み合わせ）

	A	B	C	D
1	○	○	○	×
2	○	○	×	×
3	○	×	×	×
4	×	○	○	○
5	×	×	○	○

次の文は、「社会的養護自立支援事業」に関する記述である。適切な記述を一つ選びなさい。

平成31年（前期）問7

1 この事業が対象とする年齢は、年度末の時点で26歳までの者である。
2 対象となる者は、里親等への委託や、児童養護施設等への入所措置の経験がない在宅で生活している者を含んでいる。
3 実施主体は、市町村に限定されている。
4 継続支援計画は、原則措置解除後に作成することとされている。
5 この事業を行う際には、生活相談支援担当職員を配置することとされている。

A 16

正解 2

A ○ **情緒障害児短期治療施設運営指針**では、「**施設の役割と理念**」において、児童心理治療施設の対象となるのは、「心理的困難や苦しみを抱え日常生活の多岐にわたり生きづらさを感じて心理治療を必要とする子どもたち」としている。

B ○ 児童心理治療施設の児童が最も高く**78.1**％である。その他の施設では、児童自立支援施設は**64.5**％、児童養護施設では**65.6**％、乳児院では**40.9**％となっている。

C × 児童心理治療施設における児童の平均在所期間は**2.2**年である。また、その他の施設の平均在所期間は、児童養護施設は**5.2**年、児童自立支援施設は**1.1**年、乳児院は**1.4**年となっている。

D × 就学状況別の結果では、中学生が最も多く、**47.0**％である。次に、小学校高学年の**35.1**％、小学校低学年の**12.1**％である。

A 17

正解 5

1 × 社会的養護自立支援事業実施要綱では、「**原則22歳に達する日の属する年度の末日まで**」と定められており不適切である。

2 × 社会的養護自立支援事業実施要綱では、対象を「児童養護施設等への施設入所措置を受けていた者で18歳（措置延長の場合は20歳）到達により措置解除された者」と定められており不適切である。里親への委託を解除された者も対象である。

3 × 社会的養護自立支援事業実施要綱で実施主体は、**都道府県、指定都市、児童相談所設置市**と定めており、不適切である。

4 × 社会的養護自立支援事業実施要綱には「**原則措置解除前に継続支援計画を作成すること**」と定めており不適切である。

5 ○ 社会的養護自立支援事業実施要綱では、この事業の生活相談において、「**生活相談支援担当職員を配置すること**」と定められており、適切な記述である。なお、この事業は2017（平成29）年4月から実施されている。

加点のポイント

◆ **里親制度の種類**

里親制度の対象となるのは**18歳未満**の要保護児童（引き続き**20歳**まで可）である。

養育里親	：要保護児童を養育する里親として認定を受けた者で、数か月以上数年間ないし長年にわたって里子を受託しケアする里親
専門里親	：養育里親であって、**2年**以内の期間を定めて延長可、児童虐待等によって心身に有害な影響を受けた児童、非行等の行動のあるもしくは恐れのある児童、障害のある児童に対し**専門性**を有していると認定された者が**2名**以内の里子を受託しケアする里親
養子縁組里親	：養子縁組によって養親となることを希望し、里子を養子として養育する里親
親族里親	：要保護児童の三親等以内の親族が里親としての認定を受け養育する里親。この場合には「**経済的に困窮**していないこと」という里親の要件は適用されない。児童の養育費が支給される。なお、三親等以内でも**扶養義務**のない親族（おじ、おば等）には、養育里親制度を適用して**里親手当**が支給される

⑤社会的養護の現状と課題

 次の【事例】を読んで、【設問】に答えなさい。

令和２年（後期）問９

【事例】
児童養護施設に勤務するＪ保育士（25歳、男性）は、実父からの激しい身体的虐待が原因で入所したＫ君（17歳、男児）を担当している。ある日、職員不在の場面でＫ君が同じ施設に入所している同室のＬ君（16歳、男児）の携帯電話を無理矢理に取り上げ、使い始めた。取り返そうとしたＬ君に対して押し倒し、３回蹴飛ばした。Ｌ君は悲痛な表情でＪ保育士に事情を伝えに来た。すぐにＪ保育士はＫ君とＫ君の自室で２人で話をすることにした。Ｊ保育士の注意に対してＫ君は悪びれる様子もなく、「あいつ、うざいんだよ。職員に言いつけやがって。今度殺してやる。」と話した。日頃から他児に対して暴力を振るうことが多かったＫ君に対してＪ保育士は腹を立て、Ｋ君の胸ぐらをつかみ、「自分がしていることを分かっているのか。反省しろ。」と怒鳴った。その後、罰としてＫ君にその日の夕食を与えないこととした。

【設問】
Ｊ保育士のこの対応の説明として、適切な記述の組み合わせを一つ選びなさい。

A 「民法」により親権者の懲戒権は認められており、時には子どもの行動を正すために、胸ぐらをつかみ、怒鳴ったり、食事を与えない程度であればしつけとして認められている。

B Ｋ君の行動は実父からの虐待が要因として考えられるため、Ｊ保育士のこうした対応は暴力を肯定することにつながるとともに、フラッシュバックを生じさせる可能性がある。

C Ｋ君の行動は実父からの虐待が要因として考えられるため、Ｊ保育士はＫ君の暴力を肯定するべきであった。

D Ｊ保育士のこの対応は、被措置児童等虐待にあたる可能性があるため、Ｋ君を含めこの状況を発見した者は児童相談所等に通告することとされている。

（組み合わせ）
1　Ａ　Ｂ
2　Ａ　Ｃ
3　Ａ　Ｄ
4　Ｂ　Ｄ
5　Ｃ　Ｄ

 次の文のうち、児童養護施設における第三者評価および自己評価に関する記述として適切なものを一つ選びなさい。

令和元年（後期）問９

1　第三者評価の受審が義務づけられている。
2　第三者評価は、４か年度毎に１回以上受審しなければならない。
3　自己評価の結果の公表は任意である。
4　自己評価は、２か年度毎に１回行わなければならない。
5　第三者評価における利用者調査の実施は任意である。

A 18

正解 4

A ✗ 民法では、第820条「親権を行う者は、子の利益のために子の監護及び教育をする権利を有し、義務を負う」、第822条「親権を行う者は、第820条の規定による監護及び教育に必要な範囲内でその子を懲戒することができる」と親権者の懲戒権が認められている。しかし2019（令和元）年「児童虐待防止対策の強化を図るための児童福祉法等の一部を改正する法律」で、「児童の親権を行う者は、児童のしつけに際して、体罰を加えることその他民法第820条の規定による監護及び教育に必要な範囲を超える行為により当該児童を懲戒してはならないこと」が明文化された。したがって、胸ぐらをつかむ、怒鳴る、食事を与えないなどは懲戒権の行使を超える行為であるため誤り。

B ◯ 記述の通りであり、入所児童が養育されてきた背景を考慮した支援という点でもJ保育士の対応はよいものではない。

C ✗ どのような背景があったとしても、K君の暴力は肯定されるべきではないため誤り。

D ◯ 児童福祉法第33条の12に規定されている通り、児童虐待を受けたと思われる児童を発見した場合は児童相談所等への通告義務があり、今回のケースはそれに該当する。

A 19

正解 1

1 ◯ 社会的養護関係施設（乳児院、児童養護施設、児童自立支援施設、児童心理治療施設、母子生活支援施設）については、**「3か年度毎に1回以上第三者評価を受審し、その結果を公表しなければならない」**と定められている。

2 ✗ 3か年度に1回以上受審しなければならない。

3 ✗ 自己評価の結果は**公表しなければならない**。

4 ✗ 自己評価は**毎年度行わなければならない**。

5 ✗ 利用者調査の実施は**行わなければならない**。

次の【事例】を読んで、【設問】に答えなさい。

令和元年（後期）問10

【事例】
児童養護施設に勤めるXさん（保育士）は、Y君（6歳）を担当している。Y君は、年下のZ君（3歳）が楽しそうに積み木を組み立てていると、それをわざと壊したりする。こういった場面が最近とても頻繁にみられるので、Xさんは、Y君を注意することが多くなっている。そこでXさんは主任保育士に相談をした。すると、主任保育士からは、Y君の得意なことを活かした支援をするようにと指導を受けた。

【設問】
主任保育士からの指導の内容を表す最も適切な語句を一つ選びなさい。
1　スティグマ
2　パーマネンシー
3　社会的包摂
4　多様性
5　ストレングス

次の文は、入所型の児童福祉施設の運営管理に関する記述である。適切な記述を○、不適切な記述を×とした場合の正しい組み合わせを一つ選びなさい。

平成28年（後期）問10

A 入所児童等に関する情報管理の一環として、児童福祉施設の職員は、退職した職員を除き、利用者である子どもや家族の業務上知り得た秘密を漏らしてはならないという秘密保持義務がある。
B 入所児童の健康管理の一環として、入所児童に対し、入所時の健康診断、少なくとも1年に2回の定期健康診断及び臨時の健康診断を、「学校保健安全法」に規定する健康診断に準じて行わなければならない。
C 児童福祉施設の職員の健康管理の一環として、定期的に健康診断を行うとともに、特に入所児童の食事を調理する者に対して綿密な注意を払わなければならない。
D 職員の人事管理の一環として、必要に応じて精神科医などに相談できる窓口を施設内外に確保するなど、職員のメンタルヘルスに留意する。

（組み合わせ）

	A	B	C	D
1	○	○	○	×
2	○	×	○	○
3	×	○	○	○
4	×	○	×	×
5	×	×	×	○

A 20

正解 5

1 × **スティグマ**とは、個人の持つ特性や属性によって、ネガティブなレッテルを貼り、差別や偏見の対象とすることである。

2 × 社会的養護における**パーマネンシー**とは、家庭環境を奪われてしまった子どもが、恒久的な安定した家庭のような環境の中で成長できるように配慮することを指す。

3 × **社会的包摂**とは、**ソーシャル・インクルージョン**のことで、すべての人々が、社会の一員として社会に参加することを保障する概念である。

4 × **多様性**とは、価値観、文化、思考、性別、年齢、人種等の異なるさまざまな人間が存在することである。

5 ○ **ストレングス**とは、その人が潜在的に持っている力や強みのことで、Y君の得意なことを活かした支援をするようにという指導の内容と一致する。

A 21

正解 3

A × 「児童福祉施設の設備及び運営に関する基準」第14条の2には、「児童福祉施設の職員は、**正当な理由がなく** …(中略)… **秘密**を漏らしてはならない」「児童福祉施設は、職員であった者が …(中略)… 秘密を漏らすことがないよう、必要な措置を講じなければならない」と規定されており、「退職した職員を除き」は間違っているため不適切である。

B ○ 「児童福祉施設の設備及び運営に関する基準」第12条第1項に、選択肢Bの記述が明記されており正しい。

C ○ 「児童福祉施設の設備及び運営に関する基準」第12条第4項に、職員の健康診断について定められており正しい。

D ○ 社会的養護の施設では職員の定着が課題となっており、困難を抱えた関わりの難しい児童への支援の中で職員の**メンタルヘルスの留意**は極めて重要となっている。義務とされているわけではないが、スーパーバイザーや**心理職**、場合によっては**精神科医**等に職員が相談できる体制を整えることが重要で常に留意するという認識は適切である。

次の【事例】を読んで、【設問】に答えなさい。　平成30年（前期）問10

【事例】
Mちゃん（1歳2か月、女児）は母親と2人暮らしで、母親が夜、家を空けることが頻繁にあったため、半年前に児童相談所で一時保護された。児童相談所は母親による虐待（ネグレクト）と判断し、乳児院への措置が決定された。母親は、Mちゃんの入所後一度も面会に来なかったが、ある日突然施設を訪れ、Mちゃんを引き取りたいと乳児院に申し出た。

【設問】
この乳児院の家庭支援専門相談員が最初に行うべき対応として、最も適切な記述を一つ選びなさい。

1　虐待を理由に入所した子どもは、法律上、家庭に帰すことができないという規定があることを母親に伝える。
2　親権を有する母親の意思を尊重し、家庭引き取りの手続きを行う。
3　引き取りに関する話は、児童相談所の児童福祉司が担当すべき事柄であり、乳児院は関与してはいけないため、児童相談所に行くように勧める。
4　母娘2人での生活は困難と判断し、母子生活支援施設の利用を勧める。
5　母親が引き取りを希望する理由や母親の生活の状況について、母親の気持ちに寄り添いながら話を聴く。

A 22

正解 5

1 × 家庭支援専門相談員の役割には、親の立場を理解して**親の子どもへのかかわり**を改善できるように支援することがある。法律上家庭に帰せないことを伝えるのではなく、母親が施設に来たこの機会を活かして**母親との関係づくり**を行えるように対応することがまず大切である。よって、最初に行う対応ではなく不適切である。

2 × 親権者であっても、虐待を理由とした施設入所であること、入所以来一度も面会に来なかったことから、家庭引き取りの手続きを行うのは不適切である。もちろん、手続きを取っても児童相談所が認めないことは明白である。よって、不適切である。

3 × 引き取りに関する話は、施設も関与して児童相談所と連携して進めていくものである。施設の家庭支援専門相談員は親の気持ちなどを丁寧に聞いて**親を支援**する役割がある。話もせずに児童相談所に行くように勧めるのは不適切である。

4 × 母子が一緒に生活することが現状で適切かどうかの**検討**もなく、**母親の現状**も十分な把握をしないまま、独断で母子生活支援施設の利用を勧めることは極めて不適切である。母子の再統合は虐待環境の改善等を十分に確認し、母親が適切な養育ができるまで支援を整えてから、関係機関とも相談して検討していくことが大切であり、現時点ですべき支援ではない。

5 ○ 母親が施設に来たことを喜び、まずは母親と信頼関係を築くことが必要である。そのために、母親が経験してきた困難や今の気持ちに寄り添うことが求められる対応である。

◆**虐待から子どもを守る上での親権の制限**

虐待を受けた児童の保護のために、以前の民法による親権の規定では、問題のある場合の**親権の剥奪**は明記されているものの、「親権の一時停止」規定がなく、施設入所後も親権がさまざまな問題となっていた。そこで、施設入所の場合に親権の停止等が柔軟に行えることが必要であるとして、2011（平成23）年に民法が改正され、裁判所への**児童相談所**の申し立てにより**2年間**の親権の**一時停止**が可能となった。

よく出るポイント ◆ **社会的養護の原理**

家庭的養護と個別化

- 適切な養育環境で、安心できる養育者によって、一人ひとりの個別的な状況を十分に考慮
- 愛され大切にされていると感じることができ、将来に希望が持てる生活の保障
- 「当たり前の生活」を保障していく、できるだけ家庭あるいは家庭的な環境で養育する「家庭的養護」と、個々の子どもの育みを丁寧に進めていく「個別化」

発達の保障と自立支援

- 未来の人生を作り出す基礎となるよう、子ども期の健全な心身の発達の保障
- 愛着や基本的な信頼関係の形成を基盤として、自立に向けた生きる力の形成、健やかな身体的、精神的、社会的発達の保障
- 自立や自己実現を目指して、子どもの主体的な活動を大切にし、さまざまな生活体験を通して自立した社会生活に必要な力を形成

回復をめざした支援

- 虐待体験や分離体験等による悪影響からの癒しや回復を目指した専門的ケアや心理的ケアなどの治療的な支援
- 安心感を持てる場所で、大切にされる体験を積み重ね、信頼関係や自己肯定感（自尊心）を取り戻していける支援

家族との連携・協働

- 子どもや親の問題状況の解決や緩和を目指して、それに的確に対応するため、親とともに、親を支えながら、あるいは親に代わって、子どもの発達や養育を保障していく包括的な取り組み

継続的支援と連携アプローチ

- 始まりからアフターケアまでの継続した支援と、できる限り特定の養育者による一貫性のある養育
- 児童相談所等の行政機関、施設、里親等の社会的養護の担い手が、専門性を発揮して巧みに連携し合ってのアプローチ
- 支援の一貫性、継続性、連続性というトータルなプロセスの確保
- 一人ひとりの子どもに用意される社会的養護は「つながりのある道すじ」として子ども自身に理解されるアプローチ

ライフサイクルを見通した支援

- 社会に出てからの暮らしを見通した支援、長く関わりを持ち続け帰属意識を持つことができる存在になる
- 子どもが親になっていくという、世代間で繰り返されていく子育てのサイクルへの支援
- 貧困や虐待の世代間連鎖を断ち切っていけるような支援

7

子どもの保健

7章 子どもの保健

①子どもの心身の健康と保健の意義

Q01

健康の定義は、世界保健機関（WHO）憲章（1948年）の前文に述べられている。1951年の官報記載の日本語訳は次のとおりである。（ A ）～（ C ）にあてはまる語句の正しい組み合わせを一つ選びなさい。

令和3年（後期）問2

健康とは、（ A ）肉体的、（ B ）および社会的福祉の状態であり、単に疾病または（ C ）の存在しないことではない。

（組み合わせ）
	A	B	C
1	一体的な	心理的	病弱
2	完全な	精神的	機能不全
3	一体的な	心理的	機能不全
4	完全な	精神的	病弱
5	一体的な	精神的	機能不全

Q02

次の文は、わが国の子どもの健康とその統計に関する記述である。適切な記述を〇、不適切な記述を×とした場合の正しい組み合わせを一つ選びなさい。

平成27年（地域限定）問19

A 出生率の高い都道府県は、主に大都市とその周辺である。
B 健康指標のうち人口動態統計は、個別の健康状態を評価するために用いる。
C 乳幼児身体発育曲線は、文部科学省が10年ごとに行う乳幼児身体発育調査の結果をもとに作成している。
D 合計特殊出生率は、実際の値から得たものではなく、推計値である。
E 周産期とは、妊娠満22週から出生後7日未満までの期間のことである。

（組み合わせ）
	A	B	C	D	E
1	〇	〇	〇	〇	〇
2	〇	×	×	〇	×
3	×	〇	〇	〇	×
4	×	×	×	〇	〇
5	×	×	×	×	×

A 01

正解 4

健康とは、（ **完全な** ）肉体的、（ **精神的** ）および社会的福祉の状態であり、単に疾病または（ **病弱** ）の存在しないことではない。

健康というと、一般的には心身が病気に侵されたり、弱ったりしていないことをイメージするが、そこに**社会的健康**（他人や社会と建設的な良い関係を築けること）も含まれることに注意するとよい。

A 02

正解 4

A × 出生率は**大都市**では低くなる。

B × 人口動態統計は、個々の健康状態の評価ではなく、**地域の保健活動**の基礎資料として用いられる。

C × 乳幼児の身体発育曲線は、乳幼児身体発育調査をもとに**厚生労働省**が作成する。

D ○ 合計特殊出生率は、**15**歳から**49**歳までの女性の年齢別出生率を合計したもので、一人の女性が仮にその年次の年齢別出生率で一生の間に産むとした時の子ども数に相当し、推計値である。

E ○ 周産期とは**出産前後の期間**のことで、出産となる可能性がある妊娠22週から出産後1週までのことである。

よく出るポイント ◆ 日本の出生率と出生数

わが国の出生数は、第二次世界大戦後の1947〜1949年頃にベビーブームがあり、その時出生した子が親となって、1971〜1974年に第二次ベビーブームとなったが、その後減少が続いている。人口1,000に対する出生数である出生率は、2019年は7.0で、1947年の4分の1となった。また、出生数より死亡数の方が上回るようになり、2011年以降は人口減少が続いている。一人の女性が一生の間に出産する子どもの予測数である**合計特殊出生率**は、2005年に**1.25**まで下がったが、その後増加と減少を繰り返し、2021年は1.30となっているが、先進国の中では低い状態が続いている。全体の人口が増加になるためには、合計特殊出生率は2.07〜2.08となることが必要で、将来の人口の年齢構成に影響する。

次の文は、熱中症予防についての記述である。適切な記述を一つ選びなさい。
令和元年（後期）問2

1 熱中症予防には、気温、湿度、日射・輻射、気流を加味した暑さ指数が参考になる。
2 熱中症は子どもでは起こりにくい。
3 熱中症は室内では起こらない。
4 喉が乾いてから水分補給をすると、熱中症予防の効果がある。
5 水の中では汗をかかないため、プール遊びで熱中症は起こらない。

②子どもの身体的発育・発達と保健

次の文は、子どもに関する用語についての記述である。適切な記述を一つ選びなさい。
平成27年（地域限定）問17

1 正期産児とは、在胎40週から42週の分娩で生まれた児をいう。
2 早期産児とは、在胎37週未満の分娩で生まれた児をいう。
3 低出生体重児とは、生下時体重2,000g未満の児をいう。
4 胎齢10週未満を胎芽という。
5 妊娠20週未満の妊娠の中絶を流産という。

次の文は、子どもの年月齢による区分についての記述である。誤ったものを一つ選びなさい。
平成24年 問4

1 新生児とは、出生後28日未満をいう。
2 乳児とは、出生後1年未満（新生児期を含む）をいう。
3 幼児とは、出生後1年以上小学校就学前をいう。
4 学童とは、主として小学生をいう。
5 思春期とは、12歳以上16歳未満をいう。

A 03
正解 1

1 ○ 暑さ指数は環境省の「熱中症予防情報サイト」でも公開されているもので、熱中症予防の参考になる。なお日射・輻射とは、太陽、または、日光によって暖められた物質から出る赤外線のことである。

2 × 成人に比べて体重あたりの体表面積の割合が大きく脱水しやすい、体温調節機能が未熟であることなどから、子どもは熱中症を起こしやすい。

3 × 実際に、高齢者を中心に、エアコンをかけず室内で熱中症になっている人が毎年存在する。特に昼寝時や室内遊びでエアコンを使わないと熱中症になることがある。

4 × 熱中症を予防するためには、喉が乾く前に水分補給することが重要である。

5 × 水温や外気温が高い場合は、プールや水遊びでも熱中症は起こる。

A 04
正解 2

1 × 正期産は、在胎（妊娠）**37**週から**42**週未満の出産である。

2 ○ 早期産児とは、在胎37週未満の分娩で生まれた児をいう。また、**過期産児**とは、在胎42週以降に生まれた児のことである。

3 × 低出生体重児とは、生下時体重**2,500g**未満の児である。

4 × **胎芽**とは胎齢ではなく、妊娠10週未満のことである。

5 × 流産とは妊娠**22**週未満に起こった自然妊娠中絶のことをいう。

A 05
正解 5

1 ○ 設問文の内容は正しい。生まれて1か月までの子どもは、保温や、哺乳量が適切か等の配慮が必要である。

2 ○ 乳児とは、**1歳未満の子ども**のことである。

3 ○ 幼児とは、満1歳以降**小学校就学前**の子どものことをいう。

4 ○ 「学童」は主に小学生で、中学生は「**生徒**」という。

5 × 思春期はおよそ11歳頃から18歳頃までだが、**個人差がある**。

よく出るポイント ◆ **発育期の区分**

生後の子どもの発育区分は以下の通りである。

- 新生児：生後**28日未満**
- 乳児：生後**1歳未満**（新生児期を含む）
- 幼児：満1歳以降、**小学校就学前**まで
- 学童：**小学校**就学後、卒業まで
- 生徒：**中学校**就学後、卒業まで

「**小児**」は15歳まで。「**青年**」は20歳までを扱う。

なお、児童福祉法では満18歳未満を「児童」とし、小学校就学後満18歳までを「少年」としている。

次の文は、子どもの身体のバランスに関する記述である。（ A ）～（ E ）にあてはまる語句の正しい組み合わせを一つ選びなさい。

平成27年 問16

子どもの身体のバランスは、成人と異なる。成人は一般に（ A ）頭身といわれるが、これは頭部を1としたときに（ B ）全体がいくつになるかを指している。これに対し、子どもは、新生児期が（ C ）頭身、2～4歳児が（ D ）頭身など、成人に比べて頭部の占める割合が高い。そのため低年齢の子どもほど頭部が重く、その頭部を支える体幹や上肢・下肢が小さいため、（ E ）が安定せず転倒しやすい。

（組み合わせ）

	A	B	C	D	E
1	8	体重	3	4	歩行
2	6	身長	4	5	精神
3	7～8	身長	4	5	歩行
4	8	体重	5	6	体重
5	7～8	身長	3	4	精神

次のA～Dは、子どもの身体発育とその評価に関する記述である。適切な記述を○、不適切な記述を×とした場合の正しい組み合わせを一つ選びなさい。

令和元年（後期）問5

A 乳幼児身体発育調査における身長の計測は、2歳未満の乳幼児では仰向けに寝た状態で、2歳以上の幼児では立った状態で行われる。
B 胸囲はその大小によっていろいろな病気を発見することができる重要な指標である。
C 乳幼児のカウプ指数は、「体重g/（身長cm）^{2}×10」で計算される。
D 乳児の体重は、健康状態に問題がなければ、出生後少しずつ増加し減少することはない。

（組み合わせ）

	A	B	C	D
1	○	○	○	○
2	○	×	○	×
3	○	×	×	○
4	×	○	○	×
5	×	×	○	○

A 06　　　　正解　3

子どもの身体のバランスは、成人と異なる。成人は一般に（ A．**7〜8**　）頭身といわれるが、これは頭部を1としたときに（ B．**身長**　）全体がいくつになるかを指している。これに対し、子どもは、新生児期が（ C．**4**　）頭身、2〜4歳児が（ D．**5**　）頭身など、成人に比べて頭部の占める割合が高い。そのため低年齢の子どもほど頭部が重く、その頭部を支える体幹や上肢・下肢が小さいため、（ E．**歩行**　）が安定せず転倒しやすい。

子どもは身体の中で**頭部**が占める割合が高いため、転倒による頭や上半身の怪我が多くなる。転倒した時の頭部打撲を予防するため、乳幼児が活動する場所にある角張ったものにクッションをつける等の安全対策が大切である。

A 07　　　　正解　2

- A ○　身長の測定の仕方は、2歳未満児と2歳以上児で異なる。
- B ×　胸囲は、体重、身長、頭囲と比べると情報量は少ない。
- C ○　カウプ指数の計算の仕方は正しい。単位を変更すると、体重（kg）/ 身長（m）^{2} となる。
- D ×　乳児の体重は生まれてすぐの時期は、**生理的体重減少**で1週間ほど減少することがある。

加点のポイント　◆乳児死亡率の変遷

日本の乳児死亡率は、この60年で20分の1に減少し、2017（平成29）年は出生千に対し約1.9で、世界でトップクラスの低さである。この死亡率改善に対し、第1子出生の母親の年齢の上昇が続いており、これが出生数の減少と関連していると考えられる。今後は、出生率上昇のためには子育て支援のための施策を一層考えていくことが必要になっている。（下図　厚生労働省「我が国の人口動態」）

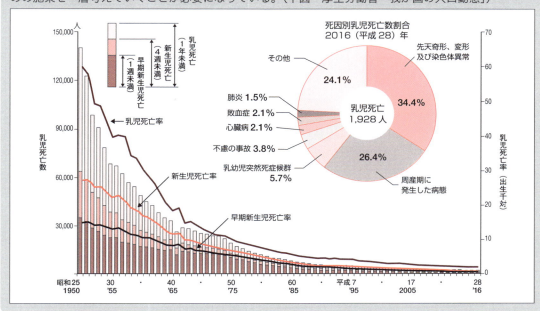

Q08 新生児に普通に見られる反射運動で、ある時期になると消えていくものを原始反射というが、次に示す反射と、その発現から消失時期の組み合わせで<u>不適切な</u>ものを一つ選びなさい。

令和2年（後期）問7

〈原始反射〉 〈発現〜消失時期〉

1 大きな音でびっくりしたときや落ちると感じたときに起こる。腕は伸び、さらに抱きしめるような動きがある（モロー反射） ── 出生時 〜 4か月ごろ

2 頰や口のまわりを指で触れるとそちらに顔を向けて探し、口を開けたりする反射（探索反射） ── 出生時 〜 4か月ごろ

3 口唇に触れると乳を吸う動作をする（吸啜反射） ── 出生時 〜 12か月ごろ

4 背臥位のときに頭部を右もしくは左の方向（一つの方向）に向けると、顔の向いた側の手足は伸びて、反対側の手足は曲がっている姿勢（フェンシングの姿勢）をとる（緊張性頸反射） ── 出生時 〜 5か月ごろ

5 足の裏をペンなどで刺激すると、足の指は背屈し扇状にひろがる（バビンスキー反射） ── 出生時 〜 24か月ごろ

Q09 次のうち、適切な記述を○、不適切な記述を×とした場合の正しい組み合わせを一つ選びなさい。

令和3年（後期）問3

A カウプ指数は身長と腹囲の相対的な関係を示す指標である。

B 母子健康手帳には、身体発育のかたよりを評価する基準の一つとして、体重、身長、頭囲それぞれの3パーセンタイルと97パーセンタイル曲線が図示されている。

C 新生児期の生理的体重減少においては通常、出生体重の15％程度減少する。

D モロー反射は出生時にみられるが、発達が進むとともに消失する。

（組み合わせ）

	A	B	C	D
1	○	○	×	×
2	○	×	○	×
3	○	×	×	○
4	×	○	○	×
5	×	○	×	○

加点のポイント ◆ 幼児期運動指針とは

子どもの体力の現状について、基本的な運動能力の低下が指摘されたことを受け、文部科学省で、平成19年度から21年度に幼児期に獲得しておくことが望ましい基本的な動き、生活習慣及び運動習慣を身に付けるための効果的な取組などについての実践研究を行った。これをもとに、「幼児期運動指針」をまとめ、幼児期に必要な**多様な動きの獲得**や**体力・運動能力等を向上させること**を目指している。幼児期は、運動発達の特性にあわせて、生涯にわたって必要な多くの運動の基となる多様な動きを幅広く獲得する非常に大切な時期である。動きの獲得には、「**動きの多様化**」と「**動きの洗練化**」の二つの方向性があり、経験しておきたい遊び（動き）を例示している。幼児期における運動については、適切に構成された環境の下で、幼児が自発的に取り組むさまざまな遊びを中心に体を動かすことを通して、幼児が自分たちで考え工夫し挑戦できるような指導が求められるとしている。また、多様な動きが経験できるようにさまざまな遊びを取り入れること、楽しく体を動かす時間を確保すること、発達の特性に応じた遊びを提供することを重視して、推進するようにとしている。

A 08

正解 3

1 ○ モロー反射が消えると**首が座って**、自分の意思で首を動かせるようになる。

2 ○ 探索反射が消えると、自分の意思で振り向くことができるようになる。

3 × 吸啜反射は出生時から生後3～4か月ごろにみられる。吸啜反射が消えると、自分の意思で口唇や舌を動かすことができるようになり、**離乳開始**の目安にもなる。

4 ○ 緊張性頸反射は、**寝返り**ができるようになると消失する。

5 ○ バビンスキー反射は、**2歳頃**までみられる。

A 09

正解 5

A × カウプ指数は身長と**体重**が関係し、栄養状態を示す指標である。

B ○ 母子健康手帳には、体重、身長、頭囲の発育成長曲線が掲載されており、**パーセンタイル曲線**では、発育の偏りは、3パーセンタイル値未満か97パーセンタイル値を超えている場合である。

C × 新生児期の**生理的体重減少**は、5～10%で、それを超えると病的である。

D ○ モロー反射は**原始反射**の一つで、通常生後3か月で消失する。

📝 **よく出るポイント** ◆ **原始反射**

刺激に反応して起こる新生児特有の反射を**原始反射**といい、これは本人の意思とは無関係に出るもので、通常生後3か月頃（遅くても生後6か月まで）には消失する。消失が遅い時には、運動発達障害を起こしている場合がある。

探索反射	モロー反射	吸啜反射
口唇や口角を刺激すると刺激の方向に口と頭を向ける	頭を急に落としたり、大きな音で驚かすと、両上下肢を開いて、抱きつくような動作を行う	口の中に指や乳首を入れると吸い付く
把握反射	**自動歩行反射**	**非対称性緊張性頸反射**
手のひらや足の裏を指で押すと握るような動作をする	新生児の脇の下を支えて足底を台につけると、下肢を交互に曲げ伸ばして、歩行しているような動作をする	あおむけに寝かせて頭を一方に向けると、向けた側の上下肢は伸展し、反対側の上下肢は屈曲する

7

子どもの保健

Q10 次の文は、「教育・保育施設等における事故防止及び事故発生時の対応のためのガイドライン【事故防止のための取組み】〜施設・事業者向け〜」（平成28年3月 内閣府）における「プール活動・水遊びの際に注意すべきポイント」に関する記述である。不適切な記述を一つ選びなさい。　平成31年（前期）問17

1　監視者は監視に専念する。
2　監視エリア全域をくまなく監視する。
3　動かない子どもや不自然な動きをしている子どもを見つける。
4　十分な監視体制の確保ができない場合は、プール活動の時間を短くして実施する。
5　時間的余裕をもってプール活動を行う。

Q11 次の文は、「幼児期運動指針」（平成24年　文部科学省）の4「幼児期の運動の在り方」の一部である。（　A　）〜（　E　）にあてはまる語句の正しい組み合わせを一つ選びなさい。　平成28年（前期）問5

幼児期は、生涯にわたって必要な多くの運動の基となる多様な動きを幅広く獲得する非常に大切な時期である。動きの獲得には、「動きの（　A　）」と「動きの（　B　）」の二つの方向性がある。
「動きの（　A　）」とは、年齢とともに獲得する動きが増大することである。幼児期において獲得しておきたい基本的な動きには、立つ、座る、寝ころぶ、起きる、回る、転がる、渡る、ぶら下がるなどの「体の（　C　）動き」、歩く、走る、はねる、跳ぶ、登る、下りる、這（は）う、よける、すべるなどの「体を（　D　）動き」、持つ、運ぶ、投げる、捕る、転がす、蹴る、積む、こぐ、掘る、押す、引くなどの「用具などを（　E　）動き」が挙げられる。通常、これらは、体を動かす遊びや生活経験などを通して、易しい動きから難しい動きへ、一つの動きから類似した動きへと、多様な動きを獲得していくことになる。
「動きの（　B　）」とは、年齢とともに基本的な動きの運動の仕方（動作様式）がうまくなっていくことである。幼児期の初期（3歳から4歳ごろ）では、動きに「力み」や「ぎこちなさ」が見られるが、適切な運動経験を積むことによって、年齢とともに無駄な動きや過剰な動きが減少して動きが滑らかになり、目的に合った合理的な動きができるようになる。

（組み合わせ）

	A	B	C	D	E
1	多様化	本格化	なめらかな	支える	操作する
2	洗練化	多様化	バランスをとる	操作する	支える
3	本格化	洗練化	なめらかな	移動する	支える
4	多様化	洗練化	バランスをとる	移動する	操作する
5	本格化	多様化	強い	操作する	移動する

A 10

正解 4

1 ○ 監視者は、保育はせずに監視に専念する。

2 ○ **監視エリア**をくまなく見ることが、大切である。

3 ○ 動かなくなったり、沈んでいることもあるので、注意する。

4 × 十分な監視体制がない時は、プール活動を中止する。

5 ○ あわただしい時には、事故が起こりやすいので注意する。

A 11

正解 4

幼児期は、生涯にわたって必要な多くの運動の基となる多様な動きを幅広く獲得する非常に大切な時期である。動きの獲得には、「動きの（ A.**多様化** ）」と「動きの（ B.**洗練化** ）」の２つの方向性がある。

「動きの（ A.**多様化** ）」とは、年齢とともに獲得する動きが増大することである。幼児期において獲得しておきたい基本的な動きには、立つ、座る、寝ころぶ、起きる、回る、転がる、渡る、ぶら下がるなどの「体の（ C.**バランスをとる** ）動き」、歩く、走る、はねる、跳ぶ、登る、下りる、這う、よける、すべるなどの「体を（ D.**移動する** ）動き」、持つ、運ぶ、投げる、捕る、転がす、蹴る、積む、こぐ、掘る、押す、引くなどの「用具などを（ E.**操作する** ）動き」が挙げられる。通常、これらは、体を動かす遊びや生活経験などを通して、易しい動きから難しい動きへ、一つの動きから類似した動きへと、多様な動きを獲得していくことになる。

「動きの（ B.**洗練化** ）」とは、年齢とともに基本的な動きの運動の仕方（動作様式）がうまくなっていくことである。幼児期の初期（３歳から４歳ごろ）では、動きに「力み」や「ぎこちなさ」が見られるが、適切な運動経験を積むことによって、年齢とともに無駄な動きや過剰な動きが減少して動きが滑らかになり、目的に合った合理的な動きができるようになる。

文部科学省の幼児期運動指針は、子どもの**基本的な運動能力**の低下が指摘されていることに対し、幼児期に獲得しておくことが望ましい**基本的な動き**、**生活習慣**及び**運動習慣**を身に付けるための効果的な取組などについての指針をまとめたものである。

よく出るポイント ◆ **粗大運動の発達時期**

運動	時期*	運動の内容
首のすわり	4〜5か月未満	仰向けにし、両手を持って、引き起こした時、首がついてくる。
寝返り	6〜7か月未満	仰向けの状態から、自ら、うつぶせになることができる。
ひとりすわり	9〜10か月未満	両手をつかず、1分以上座ることができる。
はいはい	9〜10か月未満	両腕で体を支えて進む動作ができる。
つかまり立ち	11〜12か月未満	物につかまって立つことができる。
ひとり歩き	1年3〜4か月未満	立位の姿勢をとり、歩くことができる。

*90％以上の乳幼児が可能になる時期（「平成22年乳幼児身体発育調査報告書」より）

次の【事例】を読んで、【設問】に答えなさい。

令和2年（後期）問14

【事例】
自閉スペクトラム症と診断されている5歳のSくん。保育所で制作の時間に突然保育室を飛び出してしまった。担当保育士が後を追いかけると、水場のところでびしょ濡れになってひとりで遊んでいた。

【設問】
担当保育士による、Sくんに対する配慮として適切なものを○、不適切なものを×とした場合の正しい組み合わせを一つ選びなさい。

A あまりに楽しそうに遊んでいたので、制作は中止にして、みんなで一緒に遊ぶことにした。
B 今、何をする時間なのかがわかっていなかった可能性を考え、Sくんがわかるように絵を使って教えるようにした。
C 水遊び以外にSくんが興味を持てる電車やくるまを制作に取り入れる工夫をした。
D 今は制作の時間であることを口頭で強く伝えた。

（組み合わせ）
	A	B	C	D
1	○	○	○	○
2	○	○	×	×
3	○	×	○	○
4	×	○	○	×
5	×	×	×	×

次の文は、「保育所におけるアレルギー対応ガイドライン2019年改訂版」（厚生労働省）の「保育所におけるアレルギー疾患生活管理指導表」（生活管理指導表）に関する記述である。適切な記述を一つ選びなさい。

平成28年（後期）問18改

1 保護者は、入園面接時に生活管理指導表を提出しなければならない。
2 生活管理指導表は、保育所で新たに配慮が必要と思われた時は次年度の始めに保護者から提出してもらう。
3 生活管理指導表の記載は、アレルギー専門医が行う。
4 生活管理指導表をもとに、主治医が保育所での生活全般について具体的な指示をする。
5 生活管理指導表は、アレルギー疾患と診断された園児が、保育所の生活において特別な配慮や管理が必要となった場合に限って作成する。

次の文は、おおむね3歳の子どもの生理機能に関する記述である。誤ったものを一つ選びなさい。

平成28年（前期）問18

1 体温は大人より高めのことが多く、36.0℃～37.4℃は正常範囲である。
2 安静時の呼吸数は、毎分20～30回は正常範囲である。
3 安静時の脈拍数は、毎分80～100回は正常範囲である。
4 単位体重あたりのからだの水分量は、大人より少ない。
5 一日の尿量は、大人より少ない。

A 12

正解 4

A × 他の子どもの活動を変更させることは好ましくない。集団のルールに従えなくなる可能性があるため、行ってはならない。

B ○ 言葉だけで伝えるよりも図示する方がわかりやすいことが多い。

C ○ 集団に参加しやすくなるように工夫することは大切である。

D × 厳しく伝えることで、パニックになることがあるため、不適切である。

A 13

正解 5

1 × 生活管理指導表は、**集団生活で配慮が必要な時**のみ提出する。

2 × 提出時期は、診断を受けて配慮が必要になった時からである。

3 × 記載は、**主治医**が行う。緊急時の連絡先を確認する。

4 × 主治医が記載した生活管理指導表をもとに、保護者と協議し、施設長、保健師、保育士、調理師などの関係する職員が生活全般をどのようにするか決定する。

5 ○ アレルギー疾患の生活管理指導表は、特別な配慮や管理が必要になった時に、保護者から主治医に作成を依頼し、提出してもらう。

A 14

正解 4

1 ○ 体温は、子どもの方が大人より高めのことが多く、発熱と判断するのは、**37.5℃以上**か、平熱より**1℃**以上高い時である。

2 ○ 呼吸数は、大人の毎分12〜20回に比べ子どもの方が**多い**。

3 ○ 脈拍数は、大人の毎分60〜85回に比べ子どもの方が**多い**。

4 × 子どもの単位体重あたりの体の水分量は、大人より多く、**脱水症**になりやすい。

5 ○ **単位体重あたりの尿量**は子どもの方が大人より多いが、全体としては子どもの方が少ない。

加点のポイント

◆ 子どもの体温調節

子どもは、成人と比べ体重あたりの**体表面積**が広いため、環境温度に左右されやすいので、体温調節に気を付ける必要がある。新生児は、**低体温になりやすい**ため、保温が大切だが、2か月以降の乳児では、**着せ過ぎによるうつ熱**で、体温が**上昇**することもある。また、子どもは**新陳代謝**が盛んで産生熱が多いため、**平熱が成人より高い**ことが多く、平熱より1℃以上上昇した時に発熱かもしれないと考える。日内変動もあるので、発熱の判断では注意が必要である。

7

子どもの保健

乳幼児が長時間にわたり集団で生活する保育所では感染症対策に留意が必要である。次のA～Eの記述のうち、感染症対策として適切な記述を○、不適切な記述を×とした場合の正しい組み合わせを一つ選びなさい。 令和元年（後期）問19

A 感染症で欠席した園児が再び登園して差し支えないかどうかの判断は、保護者が行うのが望ましい。
B 飛沫感染は、感染者の飛沫が飛び散る範囲である周囲2メートルで起こりやすい。
C 感染者は症状がなくても感染源となりうる。
D 皮膚に傷があるときは、皮膚のバリア機能が働かずそこから感染が起こる場合がある。
E 感染症が発生し、感染者が10名以上になったので、近くの医療機関に報告し指示を求めた。

（組み合わせ）

	A	B	C	D	E
1	○	○	○	×	×
2	○	○	×	×	○
3	○	×	○	×	○
4	×	○	○	○	×
5	×	○	×	○	○

 次の文は、感染予防のために用いる消毒薬に関する記述である。適切な記述を一つ選びなさい。 平成31年（前期）問16

1 消毒用アルコールは多種類の病原体に効果があるため、よく用いられる。原液を2倍に薄めて使う。
2 消毒用アルコールは手指や、遊具、便器、トイレのドアノブなどに用いるが、ゴム製品や合成樹脂製品（おもちゃなど）は浸け置きして消毒する。
3 逆性石鹸は、ウイルスにも効果があるため、手指を含めて室内にある物品を消毒するのに用いる。
4 次亜塩素酸ナトリウムは、ノロウイルスを含めて多くのウイルス、細菌、一部の真菌に効果があるが、金属には使えない。
5 次亜塩素酸ナトリウムで消毒する時は、市販の漂白剤（塩素濃度約6％）を30倍に希釈して用いる。

A 15
正解 4

A × 感染症で欠席した園児が再び登園する時は、主治医の判断で、**登園許可書**か**治癒証明書**を提出してもらう。もしくは、それがない場合は保育士が判断する。

B ○ 飛沫感染を起こさないように人との距離を保ち、密にならないことが大切である。

C ○ 感染していても症状が出ない**不顕性感染**（ふけんせいかんせん）の場合は、症状がなくても感染源となる。

D ○ 通常は、病原体が皮膚に触れただけでは感染せず、病原体がついた指で目や鼻の**粘膜**や、口に触れることで感染が成立することが多い。皮膚からの感染症は、皮膚のバリア機能が働かない時に起きる。

E × 感染者が大勢出た時には、**保健所**に報告して指示を求める。

A 16
正解 4

1 × 消毒用アルコールは、最適な濃度に調製されているので薄めずに使用する。なお、多種類の病原体に効果があるが、食中毒の原因となる**ノロウイルス**には効果がない。

2 × 消毒用アルコールは、一部のゴム製品やプラスチック製品に長時間触れると、それらを**変質**させる可能性があるため、浸け置きでは用いない。

3 × 逆性石鹸は大部分のウイルスには効果がなく、こちらの記載は不適切である。

4 ○ 次亜塩素酸ナトリウムで消毒すると、金属は**腐食**する。

5 × 拭き取りや浸け置きでは、市販の漂白剤（塩素濃度 6 ％）を 300 倍に希釈して **0.02%（200ppm）** で使用する。また、嘔吐物や排泄物が付着した箇所の拭き取りや浸つけ置きでは、60 倍に希釈して **0.1%（1,000ppm）** で使用する。

🐣 加点のポイント ◆設備・備品の消毒方法についてのまとめ

手指	流水、薬用石鹸で手洗い後、手指専用消毒液で消毒する
衣類	洗濯後、次亜塩素酸ナトリウム6％を0.02％になるように希釈して30分浸す（洗えるものを消毒する場合は、洗浄後に0.02％の次亜塩素酸ナトリウム液に浸す。洗えないものを消毒する場合は、汚れを拭き取ったあと、0.05～0.1％次亜塩素酸ナトリウムを浸したペーパータオルなどで拭く）
ぬいぐるみ	定期的に衣類と同様に洗濯、消毒する。日光消毒も併用する
哺乳瓶、歯ブラシ	洗った後、0.02％（200ppm）の次亜塩素酸ナトリウムでの浸け置きを行うか、良く乾燥させる
おもちゃ、ドアノブ	おもちゃやドアノブは消毒用エタノールで拭く
トイレ	逆性石鹸または、消毒用エタノールで拭く

Q17 次の文は、乳幼児の排泄のケアに関する記述である。（ A ）～（ E ）にあてはまる語句の正しい組み合わせを一つ選びなさい。　平成27年（地域限定）問16

排泄とは摂取した食べ物の残りかすや老廃物を体外に出すことをいう。尿は（ A ）でつくられ、膀胱に溜められる。また、（ B ）で栄養分を吸収された食べ物は大腸で（ C ）が吸収されて便となる。

乳児期は無意識の反射により尿の排泄をしているが、2～3歳頃になると膀胱に尿が溜まったという刺激が脳に伝わるようになり、自分の意志で排尿の調節ができるようになる。

大腸に便が溜まって便意がおきると、自分の意志では動かせない（ D ）が弛緩する。通常は、その後、自分の意志で動かすことができる（ E ）を用いて便を排泄するが、乳児期から1歳の子どもでは排便機能は未熟で、排便が自分の意志で自由に行えるようになるのは、排尿と同じく2～3歳頃である。

（組み合わせ）

	A	B	C	D	E
1	肝臓	胃	塩分	内肛門括約筋	外肛門括約筋
2	腎臓	小腸	塩分	内肛門括約筋	外肛門括約筋
3	膀胱	十二指腸	水分	外肛門括約筋	内肛門括約筋
4	腎臓	小腸	水分	内肛門括約筋	外肛門括約筋
5	肝臓	小腸	糖分	外肛門括約筋	内肛門括約筋

加点のポイント ◆ 感染経路と感染予防策

名称	感染が成立する経路	代表的な疾患と感染予防策
飛沫感染	感染している人が**咳やくしゃみ、会話**をした際に、病原体が含まれた小さな水滴（飛沫）が口から飛び、これを近くにいる人が吸い込むことで感染する。飛沫が飛び散る範囲は**1～2m**	・**インフルエンザ**や**百日咳**、**新型コロナウイルス感染症**などの呼吸器症状を起こす疾患に多くみられる ・感染している者から**2m**以上離れることや感染者が**マスク**の着用などの咳エチケットを確実に実施する ・症状がみられる子どもには、登園を控えてもらい、保育所内で急に発病した場合には医務室等の別室で保育する
空気感染	感染者の口から飛び出した飛沫が乾燥しても病原体が感染性を保ったまま空気の流れによって拡散し、感染を引き起こす。飛沫感染と異なり、感染は空調が共通の部屋間等も含めた**空間内の全域**に及ぶ	・保育所内で気を付けるべき疾患は、**麻疹**、**水痘**及び**結核**であり、感染力が強く隔離のみでは対策が難しい場合も多く保健所と連携して対応を行う。また、予防接種が非常に重要である

（つづく）

A 17

正解 4

排泄とは摂取した食べ物の残りかすや老廃物を体外に出すことをいう。尿は（ A.**腎臓** ）でつくられ、膀胱に溜められる。また、（ B.**小腸** ）で栄養分を吸収された食べ物は大腸で（ C.**水分** ）が吸収されて便となる。

乳児期は無意識の反射により尿の排泄をしているが、2〜3歳頃になると膀胱に尿が溜まったという刺激が脳に伝わるようになり、自分の意志で排尿の調節ができるようになる。

大腸に便が溜まって便意がおきると、自分の意志では動かせない（ D.**内肛門括約筋** ）が弛緩する。通常は、その後、自分の意志で動かすことができる（ E.**外肛門括約筋** ）を用いて便を排泄するが、乳児期から1歳の子どもでは排便機能は未熟で、排便が自分の意志で自由に行えるようになるのは、排尿と同じく2〜3歳頃である。

自分の意志で排泄をコントロールできない時には、おむつを用いるが、**大脳**の発達で自分の意志で外肛門括約筋や外尿道括約筋を調整できるようになったら、**トイレトレーニング**を行うとよい。

7

子どもの保健

名称	感染が成立する経路	代表的な疾患と感染予防策
経口感染	**病原体を含んだ食物や水分**を口にすることによって、病原体が消化管に達して感染が成立する	・保育所内で気を付けるべき疾患は、**ノロウイルス感染症**、**腸管出血性大腸菌**などの食中毒、**ロタウイルス感染症**など ・食事を提供する際には、調理中・調理後の温度管理に気を付ける ・感染の可能性のある、嘔吐物・下痢等の処理を適切に行う
接触感染	**病原体の付着した手**で口、鼻または眼をさわることや、**傷のある皮膚**から病原体が侵入することで感染が成立する。体の表面に病原体が付着しただけでは感染しない	・飛沫感染や経口感染を起こす疾患の多くや、ダニなどの皮膚感染症を起こす疾患でみられる ・最も重要な対策は**手洗い**等により手指を清潔に保つこと。使用中に不潔になりやすい固形石けんよりも**液体石けん**の使用が望ましい ・**タオルの共用をせず**に手洗いの時にはペーパータオルを使用することが望ましい ・飛沫感染予防でマスクをしている場合は、**マスク表面**を触らないように注意する

厚生労働省「保育所における感染症対策ガイドライン（2018 年改訂版）を参考に作成

③子どもの心身の健康状態とその把握

次のうち、感染症名と「学校保健安全法施行規則」に定められる出席停止期間の組み合わせとして、適切なものを○、不適切なものを×とした場合の正しい組み合わせを一つ選びなさい。

令和2年（後期）問17

A 麻しん ―――――― 解熱した後3日を経過するまで
B 流行性耳下腺炎 ―― 耳下腺、顎下腺又は舌下腺の腫脹が発現した後3日を経過し、かつ、全身症状が良好になるまで
C 風しん ―――――― 発しんが消失するまで
D 水痘 ――――――― すべての発しんが消失するまで
E 咽頭結膜熱 ――――― 主要症状が消退した後2日を経過するまで

（組み合わせ）

	A	B	C	D	E
1	○	○	○	×	×
2	○	×	○	×	○
3	×	○	○	×	○
4	×	×	○	×	○
5	×	×	×	○	○

次のうち、日本において小児が接種可能な定期接種の種類として適切な組み合わせを一つ選びなさい。

令和元年（後期）問17

A BCG、麻しん・風しん混合（MR）、水痘
B 流行性耳下腺炎、ロタウイルス、水痘
C インフルエンザ、肺炎球菌（13価結合型）、B型肝炎
D インフルエンザ菌b型（Hib）感染症、不活化ポリオ（IPV）、日本脳炎

（組み合わせ）
1　A　B
2　A　C
3　A　D
4　B　C
5　C　D

◆ **新型コロナウイルス感染症（COVID-19）**

2019（令和元）年より集団発生し、パンデミック（全世界的流行）となった感染症で、重症肺炎となると致命率が高くなる。感染経路は飛沫感染が主で接触感染もある。潜伏期間は1〜14日間で、**無症状感染**が8割と多く、発熱、呼吸器症状、頭痛、倦怠感で消化器症状や味覚・嗅覚障害があることもある。予防は、**手洗い**、**手指消毒**、手が触れるところの消毒、定期的**換気**をすることで、マスクの着用は飛沫感染の予防となるが、**熱中症**のリスクがあるので、2歳以下や運動時は控える。

A 18
正解 2

A ○ 麻疹の出席停止期間は、**解熱後3日**を経過するまでである。

B × 流行性耳下腺炎の出席停止期間は、**症状発現後5日以上**を経過するまででかつ全身状態が良好になるまでである。

C ○ 風疹の出席停止期間は**発疹が消失**するまでである。

D × 水痘の出席停止期間は、**全ての発疹が痂皮化する**までである。なお、痂皮化とはかさぶた状になることをいう。

E ○ 咽頭結膜熱の出席停止期間は、発熱、眼瞼結膜の発赤などの**主要症状が改善してから2日**経過するまでである。

A 19
正解 3

A ○ **水痘**も定期接種の対象となった。

B × **流行性耳下腺炎**は定期接種の対象ではない。

C × **インフルエンザ**は定期接種の対象ではない。

D ○ 不活化ポリオワクチンは、定期接種である**4種混合ワクチン**に含まれている。なお、4種混合ワクチンは、**ジフテリア**、**百日咳**、**破傷風**、**ポリオ**に対するワクチンで、いずれも不活化ワクチンである。

7

子どもの保健

よく出るポイント ◆ **子どもがかかる主な疾病**

子どもでは、免疫の発達途上であるため、特に**集団生活**をし始めた時には、感染症にかかることが多い。子どもがかかりやすい感染症の中には、発熱の経過や発疹の性状で診断できる疾患もある。麻疹（はしか）、風疹（三日ばしか）、突発性発疹、水痘（水ぼうそう）、手足口病は発疹の出現時期、性状、出現場所に特徴があるウイルス感染症である。発疹のない流行性耳下腺炎（おたふくかぜ）、インフルエンザ、咽頭結膜熱（プール熱）、ヘルパンギーナは痛みの部位、症状に特徴がある**ウイルス感染症**である。また、苺舌がある溶連菌感染症、特徴的な咳がある百日咳などの**細菌性感染症**では、適切な抗生剤の投与が必要となる。感染症には**潜伏期間**があるので、接触してからの時期に注意する。

Q20 次の【Ⅰ群】の感染症名と【Ⅱ群】の症状を結びつけた場合の正しい組み合わせを一つ選びなさい。

平成30年(後期) 問7

【Ⅰ群】
A 水痘
B 麻しん
C 咽頭結膜熱
D 手足口病

【Ⅱ群】
ア 高熱、扁桃腺炎、結膜炎が主な症状である。
イ 発しんが顔や頭部に出現し、やがて全身へと拡大する。発しんは、斑点状の赤い丘しんから始まり、水疱(水ぶくれ)となり、最後は痂皮(かさぶた)となる。これら各段階の発しんが混在するのが特徴である。
ウ 口腔粘膜と手足の末端に水疱性発しんが生じる。また、発熱とのどの痛みを伴う水疱(水ぶくれ)が口腔内にでき、唾液が増え、手足の末端、おしり等に水疱(水ぶくれ)が生じる。
エ 発症初期には、高熱、咳、鼻水、結膜充血、目やに等の症状がみられる。発熱は一時期下降傾向を示すが、再び上昇し、この頃には口の中に白いぶつぶつ(コプリック斑)がみられる。

(組み合わせ)
	A	B	C	D
1	ア	イ	エ	ウ
2	ア	エ	イ	ウ
3	イ	ウ	エ	ア
4	イ	エ	ア	ウ
5	ウ	エ	ア	イ

Q21 次の文は、子どものアトピー性皮膚炎に関する記述である。適切な記述を一つ選びなさい。

平成29年(前期) 問9

1 アトピー性皮膚炎の原因は、食物アレルギーである。
2 アトピー性皮膚炎をもつ子どもは、一般的に気管支喘息を合併しているので、運動をさせる時には特別な注意を払う。
3 アトピー性皮膚炎をもつ子どもは、プールで悪化するため、参加させない。
4 アトピー性皮膚炎をもつ子どもは、自律神経系のバランスを欠くため、乾布摩擦を励行する。
5 アトピー性皮膚炎は、皮膚にかゆみのある湿疹が出たり、治ったりを繰り返す疾患である。

A 20
正解 4

A イ 水痘（水ぼうそう）の発疹の特徴は、**さまざまな段階**の発疹が**同時**にみられることで、全身どこにでも発疹が出現する。

B エ 麻疹（はしか）では、発疹が出る直前に**コプリック斑**を認める。

C ア 咽頭結膜熱（プール熱）は、**アデノウイルス**が原因である。

D ウ 手足口病は、手、足、口腔に水疱を認めるが、時に**臀部**にも認める。

A 21
正解 5

1 × 食物だけでなく、動物、ほこり、寒冷などさまざまな原因がある。

2 × アトピー性皮膚炎を持つ子どもに気管支喘息が合併するとは限らず、合併していなければ、特別な注意を払う必要はない。

3 × プールに含まれる塩素で悪化する子どもには、しっかりシャワーを浴びさせる。日焼けで悪化する子どもには、日光で日焼けしないように日陰で休ませるなど、**個別に対策**を考えて参加させる。

4 × アトピー性皮膚炎の場合は、皮膚の症状を悪化させることがあるので、乾布摩擦は行わない。

5 ○ アトピー性皮膚炎では、環境や原因物質の影響で症状が変化するので、かゆみで掻いたり、皮膚感染症で悪化しないように、**日常のケア**が大切である。

✎ よく出るポイント ◆アレルギーとは

アレルギーとは**免疫反応**の一種で、免疫反応が人体に不利に働いた場合に症状が出現する。人体に不利な作用を起こす原因となるものを**アレルゲン**といい、遺伝的体質や環境により影響を受ける。年齢、季節により症状が変化し、いろいろなアレルギー疾患を繰り返す。アレルギーの種類には、ある特定の食品を食べると、食べた後に嘔吐、下痢などの腹部症状やじんましん等の皮膚症状が出る**食物アレルギー**、乳幼児期に湿疹から始まり、皮膚がかさかさになり、かゆみを伴うようになる**アトピー性皮膚炎**、気管支の平滑筋が収縮し、気道が狭窄することにより、呼気性の呼吸困難となる**気管支喘息**、鼻水などの症状の**アレルギー性鼻炎**や目がかゆくなる等のアレルギー性結膜炎を起こす**花粉症**等がある。アレルギー反応のうち、最も重症で、急速に広がるじんましん、口腔、咽頭のアレルギー性腫脹、喘鳴、呼吸障害、血圧低下等の一連の症状を認める**アナフィラキシー**が疑われる時には、急いで救急病院に連れて行くことが必要で、過去にアナフィラキシーを起こしたことがある場合には、緊急時に筋注できるアドレナリン自己注射製剤（**エピペン**）を使用しなければならないこともある。

Q22 次の文は、「保育所におけるアレルギー対応ガイドライン（2019年改訂版）」（厚生労働省）の中のアナフィラキシーに関する記述の一部である。（ A ）～（ D ）にあてはまる語句の正しい組み合わせを一つ選びなさい。　令和3年（後期）問8

（ A ）により、蕁麻疹などの皮膚症状、腹痛や嘔吐などの消化器症状、ゼーゼー、息苦しさなどの呼吸器症状等が、（ B ）同時にかつ急激に出現した（ C ）をアナフィラキシーという。その中でも、（ D ）が低下し意識レベルの低下や脱力等を来すような場合を、特にアナフィラキシーショックと呼び、直ちに対応しないと生命にかかわる重篤な状態を意味する。

（組み合わせ）

	A	B	C	D
1	液性免疫反応	複数	疾患	血圧
2	アレルギー反応	複数	状態	血圧
3	液性免疫反応	二つ	状態	脈拍
4	アレルギー反応	二つ	疾患	脈拍
5	アレルギー反応	複数	疾患	血圧

Q23 次の【事例】を読んで、【設問】に答えなさい。　平成26年 問11改

【事例】
言葉の遅れが認められた3歳の男児。

【設問】
次のうち、この子どもで疑われる精神医学的問題として正しいものを〇、誤ったものを×とした場合の正しい組み合わせを一つ選びなさい。

A 限局性学習症
B 表出性言語障害
C 反抗挑戦性障害
D 知的障害
E 自閉スペクトラム症

（組み合わせ）

	A	B	C	D	E
1	〇	〇	〇	×	×
2	〇	×	〇	×	×
3	〇	×	×	〇	〇
4	×	〇	〇	〇	×
5	×	〇	×	〇	〇

A 22

正解 2

（ A.**アレルギー反応** ）により、蕁麻疹などの皮膚症状、腹痛や嘔吐などの消化器症状、ゼーゼー、息苦しさなどの呼吸器症状等が、（ B.**複数** ）同時にかつ急激に出現した（ C.**状態** ）をアナフィラキシーという。

その中でも、（ D.**血圧** ）が低下し意識レベルの低下や脱力等を来すような場合を、特にアナフィラキシーショックと呼び、直ちに対応しないと生命にかかわる重篤な状態を意味する。

アナフィラキシーの対応は職員全員が押さえておく必要がある。

免疫反応は、抗体を中心とした**液性免疫**と、免疫細胞が異物等を直接的に攻撃する**細胞性免疫**に分けられる。アレルギーは、両方の免疫反応が原因になり得る。

なお、アナフィラキシーがみられた場合には、速やかに**エピペン**の自己注射や119番通報を行うが、子ども本人が**エピペン**を扱えない場合は、緊急的に本人に代わって**保育所の職員**が注射をしても構わないことが示されている。

A 23

正解 5

A × 限局性学習症では、**言葉の遅れ**はみられない。

B ○ 表出性言語障害では、言葉の理解はできても、場面によって**発語できない**ことがある。

C × 反抗挑戦性障害は**発達障害**に合併することはあるが、言葉の遅れがあるものではない。

D ○ 言葉の遅れで、知的障害に気が付くことがある。その場合、**聴力障害**がないことの確認が必要である。

E ○ 自閉スペクトラム症では、**意味のある発語**が遅れることがある。

次の文は、DSM-5の神経発達症群に関する記述である。適切な記述を○、不適切な記述を×とした場合の正しい組み合わせを一つ選びなさい。

平成29年（後期）問14

A 知的発達症の約80％は、染色体異常が原因である。
B 自閉スペクトラム症の症状には、「社会的コミュニケーションおよび対人的相互反応における持続的な欠陥」と「行動、興味、または活動の限定された反復的な様式」がある。
C 注意欠如・多動症の支援・治療として、ソーシャルスキル・トレーニングや親へのペアレント・トレーニング、薬物療法などが有効である。
D 限局性学習症とは、知的発達症に伴う学業不振のことである。
E 発達性協調運動症では、不器用さや運動技能の遂行における遅さと不正確さがみられる。

（組み合わせ）
	A	B	C	D	E
1	○	○	×	○	×
2	○	○	×	×	○
3	○	×	○	×	○
4	×	○	○	×	○
5	×	×	○	○	×

次の【事例】を読んで、【設問】に答えなさい。

平成30年（後期）問15

【事例】
Jくん（男児）は、多動と衝動コントロールの悪さがあり、保育所で他児とのトラブルが絶えない。先日も他児を意味もなく突き飛ばし、怪我をさせてしまった。来年度からは就学する予定である。

【設問】
Jくんに対する保育士の対応として、適切な記述を○、不適切な記述を×とした場合の正しい組み合わせを一つ選びなさい。

A 母親に現状を説明した上で、地域の就学相談を受けることを勧める。
B トラブルが起きた都度に、母親に連絡をして苦情を言う。
C 母親に現状を説明した上で、発達検査を受けるよう勧める。
D 母親に現状を説明した上で、家庭での状況を聞く。

（組み合わせ）
	A	B	C	D
1	○	○	○	○
2	○	○	×	×
3	○	×	○	○
4	×	×	○	○
5	×	×	×	×

A 24

正解 4

A ✕ 以前、知的障害とされていた知的発達症の原因はさまざまで、**染色体異常**の他に、**周産期障害**、**乳幼児期の病気の後遺症**などがあり、原因がわかるのは**全体の3分の2**くらいで、後は、原因不明である。

B ○ 下記の「加点のポイント」に記載しているように、設問文のとおりである。なお、自閉スペクトラム症は、自閉症、アスペルガー症候群、広汎性発達障害などがDSM-5で統合され連続体（スペクトラム）としてとらえられたものである。

C ○ 注意欠如・多動症は、**AD/HD** のことである。設問文の説明は正しい。

D ✕ 限局性学習症は、以前、学習障害といわれたもので、**知的発達症**は伴わない。

E ○ 発達性協調運動症の症状としては説明文のとおりであり、原因ははっきりしていないが、発達障害の併発が多い。

A 25

正解 3

A ○ AD/HDの子どもで、トラブルが多い時は、就学相談を受けるように勧める。

B ✕ 母親も悩んでいることが多いので、精神的に追いつめるような連絡はしない。

C ○ 発達検査を受けて、診断を受けると、通級を活用したり児童発達支援や放課後等デイサービスなどの障害福祉サービスを利用したりすることができ、家庭での対応の仕方の相談を受けることができる。

D ○ 家庭で困っていることがないかを聞いて、助言を行ったり支援センターにつなげたりするなど対応を一緒に考える。

加点の ポイント　◆ **発達障害の種類のまとめ**

発達障害者支援法では、発達障害は、「自閉症、アスペルガー症候群その他の広汎性発達障害、学習障害、注意欠陥多動性障害その他これに類する脳機能の障害であってその症状が通常低年齢において発現するものとして政令で定めるもの」としている。2014（平成26）年6月に改訂された日本精神神経学会の『DSM-5 病名・用語翻訳ガイドライン』では、自閉症、アスペルガー症候群、広汎性発達障害は自閉スペクトラム症で統一し、注意欠陥／多動性障害は、注意欠如・多動症に、学習障害は、限局性学習症と呼ぶことを推奨している。

※以下、「ガイドラインで提案されている病名／旧病名」で示す。

・**自閉症スペクトラム障害（自閉スペクトラム症）／広汎性発達障害**
従来、広汎性発達障害と呼ばれたものを含み、自閉症とアスペルガー症候群、その他の脳の機能性障害を含む。自閉症は、対人的関係障害、言語・コミュニケーション障害、常同的な反復がある。アスペルガー症候群では、言語の遅れ、知的発達の遅れはないが、社会的関係形成の困難さが認められる。高機能自閉症も知的障害はない

・**注意欠如・多動症／注意欠陥・多動性障害（AD/HD）**
年齢あるいは発達に不釣り合いな、多動性、不注意、衝動性で特徴づけられる発達障害

・**限局性学習症（SLD）／学習障害（LD）**
知的発達の遅れはないが、読む、書く、計算する、推論する能力のいずれかに困難がある状態

乳幼児突然死症候群（SIDS）については、毎年11月に厚生労働省による対策強化月間としてキャンペーンが行われている。次の文は令和2年10月23日発出の「11月は「乳幼児突然死症候群（SIDS）」の対策強化月間です」の記載に関するものである。（ A ）〜（ E ）にあてはまる語句の正しい組み合わせを一つ選びなさい。

令和3年（後期）問6

SIDS は、何の予兆や既往歴もないまま乳幼児が死にいたる、原因のわからない病気で、窒息などの事故とは異なります。令和元年には78名の乳幼児がSIDSで亡くなっており、乳児期の死亡原因としては（ A ）となっています。

SIDS は、（ B ）、（ C ）のどちらでも発症しますが、寝かせるときに（ B ）に寝かせたときの方がSIDSの発症率が高いということが研究者の調査からわかっています。

そのほか（ D ）で育てられている赤ちゃんの方がSIDSの発症率が低く、（ E ）はSIDS発症の大きな危険因子です。

（組み合わせ）

	A	B	C	D	E
1	第1位	うつぶせ	あおむけ	母乳	たばこ
2	第4位	よこむき	うつぶせ	人工乳	アルコール
3	第4位	うつぶせ	あおむけ	母乳	たばこ
4	第1位	よこむき	あおむけ	人工乳	たばこ
5	第1位	よこむき	うつぶせ	母乳	アルコール

次の文は、乳幼児突然死症候群（SIDS）に関する記述である。適切な記述を○、不適切な記述を×とした場合の正しい組み合わせを一つ選びなさい。

平成30年（後期）問9

A SIDS は激しく泣いた後、急に息が止まって起こる。
B 発症のリスクは、人工栄養の場合、母乳栄養に比べて高い。
C 3〜4歳の子どもに最も多い。
D 予防のため、毛布やタオルケットなどが顔にかからないように気を付ける。

（組み合わせ）

	A	B	C	D
1	○	○	×	×
2	○	×	×	○
3	×	○	×	○
4	×	×	○	×
5	×	×	×	○

A 26

正解 3

SIDSは、何の予兆や既往歴もないまま乳幼児が死にいたる、原因のわからない病気で、窒息などの事故とは異なります。令和元年には78名の乳幼児がSIDSで亡くなっており、乳児期の死亡原因としては（ A．**第4位** ）となっています。

SIDSは、（ B．**うつぶせ** ）、（ C．**あおむけ** ）のどちらでも発症しますが、寝かせるときに（ B．**うつぶせ** ）に寝かせたときの方がSIDS の発症率が高いということが研究者の調査からわかっています。

そのほか（ D．**母乳** ）で育てられている赤ちゃんの方がSIDS の発症率が低く、（ E．**たばこ** ）はSIDS発症の大きな危険因子です。

乳児の死因は先天奇形、呼吸障害、悪性新生物が上位3つで、SIDSが第4位である。なお、非母乳栄養の方が発症率が高く、家族の喫煙があると、発症率が高い。

A 27

正解 3

A ×　激しく泣いた後に、けいれんするのは、泣き入りひきつけである。

B ○　**人工栄養**の方が、**母乳栄養**より発症率が高い。

C ×　**0歳児**が最も多い。

D ○　寝ている時には、呼吸状態や顔色が見えるようにする。

よく出るポイント ◆ **子どもの体調不良時の症状とその対応①**

発熱	感染症になった時にしばしば認められる。子どもは、厚着やうつ熱でも発熱することがある。急に高熱になった時は、体を震わせる悪寒を認めることがある。その時は一時的に温める必要があるが、悪寒がおさまったら部屋を涼しくし、薄着にさせ、水分をこまめにとらせる
嘔吐	急な発熱時、胃腸炎になった時に認められる。発症してすぐに食事をしてしまうと、症状が悪化することがあるので、落ち着くまで、嘔吐してから1時間は経口摂取をさせない。再開する時は水分から少しずつ与える。頻回に嘔吐して、目が落ち窪んだり、皮膚のはりがなくなり唇が乾いたりして、尿の回数や量が減少するなど、脱水症が疑われる時には、医療機関を受診する
下痢	急性腸炎の時にしばしば認められる。白色便になった時には、ロタウイルス感染症を疑う。発症してすぐに食事をすると、症状が悪化することがあるので、しばらく落ち着くまで食事の内容に注意する。下痢が頻回だったり、腹痛を伴う時には、固形物をやめて水分だけにする。ミルクは薄めにしておなかの負担を減らす。おむつかぶれの予防も必要で、排便のたびに臀部をよく洗って、皮膚を乾かしてからおむつをつけるようにする

④子どもの疾病の予防と適切な対応

次の1～5は、子どもに何らかの症状があるときのケアについて述べたものである。適切なものを一つ選びなさい。

令和元年（後期）問8

1 せきがあるときは、安静になるように、仰向けで寝かせる。
2 下痢のときは、便の量や回数が多く、おしりがただれやすいので、排便のたびに石けんで充分に洗うのがよい。
3 けいれんを起こす子どもでは、よく眠れるように、部屋を暗くし部屋に誰も入らないようにする。
4 熱があるときは、寝ていて汗をかいても、静かに寝かせておくのがよい。
5 乳児では、表情がわかるくらいの明るさにして寝かせる。

次の文は、子どもの体調不良の症状とその対応に関する記述である。適切な記述を○、不適切な記述を×とした場合の正しい組み合わせを一つ選びなさい。

平成30年（後期）問10

A ウイルスが原因で下痢をしている場合、下痢がおさまれば便の中にウイルスは排出されなくなる。
B 発熱の場合、すぐに解熱薬を用いるのではなく、ひたい、首すじなどを冷やす。
C 頭を打った後に嘔吐をした場合、脳神経外科のある病院を受診する。
D 発しんでかゆみが強い時は、冷たいタオルで冷やすとよい。
E 嘔吐した場合、寝かせる時はあおむけにする。

（組み合わせ）

	A	B	C	D	E
1	○	○	×	×	○
2	○	×	○	○	×
3	×	○	○	○	×
4	×	○	×	○	○
5	×	×	○	○	○

A 28

正解 5

1 × 咳がひどい時は、**体を起こすか**、**上半身を高くして**寝かせると呼吸がしやすくなる。

2 × おむつかぶれにならないために、排便のたびに洗うことはよいが、毎回石鹸で洗うと、肌荒れを引き起こす可能性がある。

3 × 痙攣を起こす子どもは、寝ている時にも起こすことがあるので、**同じ部屋に大人がいる**ようにし、**観察しやすいくらいの明るさ**にする。

4 × 寝ていて汗をかいたら、服を着替えさせるか、タオルで拭いてあげるとよい。

5 ○ 寝ている時に呼吸をしているか定期的に観察する必要がある場合は、表情がわかるくらいの明るさにするとよい。

A 29

正解 3

A × 感染性の胃腸炎の場合、下痢がおさまってもしばらく**原因ウイルスが排出**されるので、便の始末では感染を広げないように配慮する。

B ○ 発熱時は、ぐったりして水分がとれない、基礎疾患があるという以外は、解熱剤を使わず、**首の周り**、**脇の下**、**股の付け根**などを冷やすとよい。

C ○ 頭部打撲で、顔色が悪かったり、嘔吐が続いたりする場合は、脳神経外科を受診するとよい。

D ○ かゆみがある発疹は、入浴後などの皮膚を温めた後に悪化する。まず、冷やして様子を見て、かゆみが改善しない時には、薬の塗布を考慮する。

E × 嘔吐した場合は、顔を横に向けて寝かせる。あおむけにしたまま嘔吐すると**窒息の危険**がある。

✏ よく出るポイント　◆ 子どもの体調不良時の症状とその対応②

咳	咳がひどい時は室内をなるべく加湿し、水分を飲ませて、寝ている時は体を起こして背中を軽く叩いて痰を出しやすくしてあげる。喘鳴がひどくなって水分がとれなくなったり、眠れなくなったりしたら医療機関を受診する
鼻水、鼻づまり	感染症による鼻炎やアレルギー性鼻炎で認められる。室内を十分加湿し、水分を多めにとらせて鼻水を出しやすくする。鼻水が多い時には、鼻水吸い器などを用いて鼻水を取る
発疹	麻疹、風疹、突発性発疹では特有の発疹が出る。水痘、手足口病では特有の水疱が出る。とびひなどの皮膚の感染症ではかくことで悪化する。アトピー性皮膚炎などで、かゆみがひどい時には、かきこわして皮膚を傷つけないように、かゆみ止めを塗ったり、冷やしたりする
ひきつけ（けいれん）	6歳までの幼児では、発熱時にひきつける熱性けいれんを起こすことがある。意識がなくなり、眼球が上転して手足が固くなりガタガタふるえる。大概は5分以内におさまる後遺症の心配がないものがほとんどである。口の中に何かを突っ込んだりすると、嘔吐を誘発して、気道をつまらせる危険がある。洋服をゆるめて、体と頭を横にして楽な姿勢にし、けいれんが何分続くかを測る。5分以上けいれんが続く時、何回もひきつけを繰り返す時、ひきつけ後に意識が戻らない時、ひきつけ後に手足の麻痺があるような時には病院に連れて行く

次の文は、慢性疾患や障害を持つ子どもの保育に関する記述である。（ A ）～（ E ）にあてはまる語句の正しい組み合わせを一つ選びなさい。

平成25年 問7

慢性疾患を持つ子どもは、長期の入院生活や通院をしなければならないことがしばしばあるが、（ A ）途上の子どもにとっては、（ B ）を受けるだけでなく、（ A ）を促す（ C ）や学習が欠かせない。その援助を行う場所として、病児保育、病棟保育、院内学級などが増えてきている。さらには、慢性疾患や障害を持つ子どもの家族の協力に対する配慮も大切で、（ D ）への支援や、（ E ）への配慮も必要になる。

（組み合わせ）

	A	B	C	D	E
1	発達	治療	遊び	保護者	きょうだい
2	成長	教育	体育	家族	保育士・教師
3	教育	保育	勉強	友人	家族
4	成長	治療	遊び	保護者	友人
5	発達	教育	勉強	きょうだい	母親

次の文は、乳幼児が感染性胃腸炎で嘔吐した場合の処理に関する記述である。最も適切な記述を一つ選びなさい。

平成28年（前期）問2

1 嘔吐物には感染症の原因となるウイルスが含まれている場合があるので取り扱いには注意する。
2 消毒には酸素系洗剤を薄めて使用する。
3 嘔吐物を処理するときは、においやウイルスなどが拡散しないように保育室のドアを閉めて密閉する。
4 処理後は、使用したエプロン・マスク・手袋などを消毒せず、すぐに洗濯する。
5 嘔吐した子どもが、からかわれたりしないように、すぐに日常保育に復帰させる。

A 30　正解 1

慢性疾患を持つ子どもは、長期の入院生活や通院をしなければならないことがしばしばあるが、（ A.**発達** ）途上の子どもにとっては、（ B.**治療** ）を受けるだけでなく、（ A.**発達** ）を促す（ C.**遊び** ）や学習が欠かせない。その援助を行う場所として、病児保育、病棟保育、院内学級などが増えてきている。さらには、慢性疾患や障害を持つ子どもの家族の協力に対する配慮も大切で、（ D.**保護者** ）への支援や、（ E.**きょうだい** ）への配慮も必要になる。

慢性疾患の子どもは、大人と違って病気の治療に専念するだけでなく、**発達**への配慮や**家族環境**への配慮も必要である。

A 31　正解 1

1 ○　他の子どもをその場から離し、**嘔吐物から感染が広がらない**ように注意する。
2 ×　消毒に用いられるのは、塩素系漂白剤である**次亜塩素酸ナトリウム**である。
3 ×　消毒に用いられる次亜塩素酸ナトリウムは揮発性であり塩素が発生するので窓を開け換気をする。
4 ×　処理後は、使い捨ての物は袋に密閉してから**廃棄する**。
5 ×　嘔吐した後には、体調がすぐに元には戻らず、再び吐くこともあるので、しばらく**別室で休ませて体調が回復したことを確認して**から、保育に復帰させる。

加点のポイント　◆吐物や下痢便の処理

次の文は、予防接種に関する記述である。適切な記述を〇、不適切な記述を×とした場合の正しい組み合わせを一つ選びなさい。　平成28年（後期）問19

A 予防接種とは、病原体やその産物を処理し、人体には害を与えないようにしながら免疫力を付与しようとするものである。
B 予防接種として実際に用いるものをワクチンという。
C ワクチンには、病原体を弱毒化して、体内で増殖はするものの発症はさせない生ワクチンがある。
D わが国では予防接種の制度上、定期接種をするものと任意接種であるものに分けられる。
E 乳幼児において、「予防接種法」で定められた予防接種は、義務接種である。

（組み合わせ）
	A	B	C	D	E
1	〇	〇	〇	〇	〇
2	〇	〇	〇	〇	×
3	〇	〇	×	〇	〇
4	〇	×	〇	×	〇
5	×	〇	〇	〇	〇

次の文は、わが国の予防接種制度に関する記述である。適切な記述を一つ選びなさい。　平成29年（後期）問1

1 水痘に対する予防接種は、平成27年10月から定期接種になった。
2 第１期の麻疹・風疹（MR）混合ワクチンは、１歳の誕生日を過ぎてから２歳になるまでに接種することが推奨される。
3 乳幼児へのインフルエンザワクチン接種は、定期接種である。
4 乳幼児への肺炎球菌ワクチン接種は、任意接種である。
5 定期接種としてのＢ型肝炎ワクチン接種は、母子感染予防を目的としている。

よく出るポイント ◆ 主なワクチンのまとめ①

BCG	結核の生ワクチンで、日本では管針法で行われており、接種後１か月後に赤くはれてしばらくするとかさぶた状になる。１歳までに接種する
DPT-IPV	ジフテリア、百日咳、破傷風、ポリオの４種混合ワクチンで、不活化ワクチンである。３〜８週間隔で３回接種して基礎免疫をつけ、１年後に追加接種してⅠ期となり、Ⅱ期では、ジフテリア、破傷風のDT２種混合を１回接種する
ヒブワクチン	ヘモフィルス・インフルエンザ菌b型による髄膜炎や喉頭蓋炎を予防する不活化ワクチンである。生後２か月から４〜８週間隔で３回、３回目から７か月以上あけて４回目を接種する

A 32

正解 2

A ○ 予防接種は、人体の免疫力を活用して感染した時に発症しないようにすることができる。

B ○ ワクチンにはいくつかの種類があり、望ましい接種年齢や間隔、回数が定められている。

C ○ **生ワクチン**の他に病原体を死滅化した「**不活化ワクチン**」がある。

D ○ 定期接種は**公費負担**があり、任意接種は**自己負担**となる。

E × 「予防接種法」で定められた予防接種は、「**勧奨接種**」であり、義務接種ではない。

A 33

正解 2

1 × 水痘ワクチンは、**2014（平成26）年**10月より定期接種となった。

2 ○ MRワクチンは、1期は1歳の誕生日から2歳までで、2期は、**5歳以上7歳未満の小学校就学前の1年間**である。

3 × インフルエンザワクチンは、65歳以上の高齢者や60歳以上の障害者以外は、**任意接種**である。

4 × 乳幼児の肺炎球菌ワクチンは、**定期接種**である。

5 × B型肝炎ワクチンは、2016（平成28）年より乳幼児に定期接種となったが、これは**水平感染予防**である。母子感染予防（垂直感染予防）ではなく、**個体から個体への感染予防（水平感染予防）**を目的としている。

✏ よく出るポイント　◆主なワクチンのまとめ②

肺炎球菌ワクチン	肺炎球菌による髄膜炎、肺炎を予防するワクチンである。4週間間隔で3回、生後12〜15か月目に4回目を接種する
MRワクチン	麻疹と風疹の混合生ワクチンで、1歳以上2歳未満と小学校に上がる前の1年の間の2回接種を行う
水痘（水ぼうそう）ワクチン	2014（平成26）年9月以前は任意接種だったが、その後定期接種となり、1歳以上3歳未満の間に3か月以上の間隔をおいて2回接種する
B型肝炎ワクチン	2016（平成28）年10月より定期接種となる。4週間間隔で2回接種し20〜24週後に3回目を接種する
ムンプスワクチン（おたふくかぜワクチン）	任意の生ワクチンであり、1歳以上に接種する
ロタウイルスワクチン	生後6か月までに経口で投与する生ワクチンである。2020（令和2）年10月より定期接種となった。1価ワクチンは2回、5価ワクチンは3回接種する。接種後はワクチンが便に排泄されるので、免疫がない子どもが感染しないように、便の取り扱いに注意する
インフルエンザワクチン	毎年流行するインフルエンザの株を予測したインフルエンザワクチンを接種する。13歳未満では2回接種する。2015（平成27）年度からA型2種、B型2種の計4種混合のワクチンになっている

次の文は、乳幼児の感染症と予防接種の知識に関する記述である。適切な記述の組み合わせを一つ選びなさい。

平成28年（前期）問19

A ロタウイルス胃腸炎の予防ワクチンは、生後6か月から接種する。
B 保育所で、はしか、おたふくかぜ、水ぼうそうにかかった子どもがいる場合には、予防接種を受ける時に担当医に報告するよう保護者に伝える。
C 予防接種を受けた後、当日の入浴はさけるようにする。
D 四種混合ワクチンは、ジフテリア・百日咳・ポリオ・破傷風の生ワクチンである。
E はしか、風疹のワクチン（MRワクチン）は、1歳以降に接種を開始する。

（組み合わせ）
1　A　B
2　B　D
3　B　E
4　C　D
5　C　E

加点のポイント ◆感染症と出席停止期間

病名	基準
インフルエンザ	発症した後、5日を経過し、かつ解熱後2日（幼児は3日）を経過するまで
百日咳	特有の咳が消失するまで、または、5日間の適正な抗菌性物質製剤による治療が終了するまで
麻疹	解熱後3日を経過するまで
風疹	発疹が消失するまで
水痘	すべての発疹が痂皮化するまで
流行性耳下腺炎	耳下腺、顎下腺、舌下腺の腫脹が発現した後、5日を経過し、かつ全身状態が良好になるまで
咽頭結膜熱	主要症状消退後、2日経過するまで
結核・髄膜炎菌性髄膜炎	病状により学校医、その他の医師において感染のおそれがないと認められるまで

A **34**

正解 3

A × ロタウイルスワクチンは、**生後6週**より接種でき、**生後6～8か月**より後には接種できない。

B ○ はしか、おたふくかぜ、水ぼうそうは潜伏期間が**2～3週間**のため、感染していることに気がつかず予防接種を受けた場合、受けた後に発症することがある。そのため、発症している子どもと接触した時には担当医にそのことを伝える必要がある。

C × 予防接種の後に入浴してもよい。

D × 四種混合ワクチンは、**不活化ワクチン**である。

E ○ はしか、風疹ワクチンは**生ワクチン**なので、母親にはしか、風疹の抗体がある時には、受動免疫で子どもに母親の抗体が移行し、1歳以下の子どもにワクチン接種すると自分の抗体が十分できないことがある。そのため、はしか、風疹、おたふくかぜ、水ぼうそうの予防接種は受動免疫の影響がなくなる1歳以降に接種する。

7

子どもの保健

✏ **よく出るポイント** ◆ **予防接種とワクチンについて**

予防接種には、弱毒化したウイルスや細菌を接種する**生ワクチン**やウイルスや細菌を殺したものを接種する**不活化ワクチン**がある。予防接種の意義を理解して積極的に受けるよう努力を義務づけ、自治体から費用の援助がある**定期接種**と、接種する時は有料となり、個人の意思で受ける**任意接種**に分けられる。
定期接種としては、BCG、ポリオ、百日咳、ジフテリア、破傷風、麻疹（はしか）、風疹、日本脳炎、肺炎球菌、インフルエンザ菌b型（ヒブ）、ヒトパピローマウイルス（HPV）の他、2014（平成26）年10月より**水痘（水ぼうそう）**、2016（平成28）年秋よりB型肝炎が追加され、2020（令和2）年10月にロタウイルスが追加された。
任意接種にはインフルエンザ、流行性耳下腺炎（おたふくかぜ：ムンプス）、A型肝炎等がある。
予防接種を行える間隔は、生ワクチン接種後は**27日以上**で、不活化ワクチン接種後は6日以上とされていたが、2020（令和2）年に制限が撤廃された。現在の日本では、生ワクチンは、BCG、麻疹・風疹（MRワクチン）、水痘、ムンプス、ロタウイルスで、それ以外は、不活化ワクチンである。2012（平成24）年9月より、ポリオは**不活化ワクチン**に切り替わった。
接種しなければならないワクチンが増えたので、最近は異なるワクチンを1回の通院で接種する**同時接種**がしばしば行われる。

次の文のうち、「学校保健安全法施行規則」第 19 条における「出席停止の期間の基準」として<u>不適切な記述</u>を一つ選びなさい。

平成29年（後期）問18

1 麻しん　　　　　　　———　解熱した後3日を経過するまで
2 流行性耳下腺炎　　　———　耳下腺、顎下腺又は舌下腺の腫脹が発現した後5日を経過し、かつ、全身状態が良好になるまで
3 インフルエンザ（特定鳥インフルエンザ及び新型インフルエンザ等感染症を除く。）
　　　　　　　　　　　———　発熱した後7日を経過し、かつ、解熱した後2日（幼児も同様に2日）を経過するまで
4 百日咳　　　　　　　———　特有の咳が消失するまで又は5日間の適正な抗菌性物質製剤による治療が終了するまで
5 咽頭結膜熱　　　　　———　主要症状が消退した後2日を経過するまで

⑤ 子どもの健康と安全

次の文は、乳幼児にみられる症状や病気・けがとその看護に関する記述である。適切な記述を一つ選びなさい。

平成26年 問18

1 発疹をともなう感染症としては、はしか、風疹、おたふくかぜ、水ぼうそうなどがある。
2 高熱時には、部屋を十分暖め、厚着をさせて、解熱するまで身体が冷えないようにする。
3 すり傷、切り傷など小さな傷を負ったら、まず、清潔なガーゼなどをあて、ばんそうこうで止める。
4 やけどで、衣服が皮膚に付いている場合は、脱がせてから水などで十分冷やす。
5 アトピー性皮膚炎のかゆみが出た場合には、まず濡らしたタオルや保冷剤で患部を冷やす。

保育所の重大事故における対応として、子どもが意識を失って倒れていた場合、次のうちから適切なものを一つ選びなさい。

令和2年（後期）問5

1 心臓マッサージを大人の場合の倍の速さで行った。
2 胸部に吐物が付着していたが、蘇生を急ぐべきと考え、AEDの電極をそのまま貼った。
3 意識を失って倒れている子どもに駆け寄りながら、大声で人を呼んだ。
4 近くに人がいなかったので、AEDをとりに、その場を離れた。
5 保護者への連絡は状況が落ち着くまで控えた。

A 35　　　　　　　　　　　　　　　　　　　　　　正解　3

1　○　麻しんのように感染性の高い感染症では、症状が消失した後も出席停止期間が定められている。なお、「解熱した後3日」には**解熱した日を含めない**。

2　○　耳下腺、顎下腺、舌下腺の腫脹が残っていても発現から5日経過して、全身状態が良好であれば出席してよい。ただし、片側の腫脹から時間が経過して反対側が腫脹した場合は、後に腫脹してから**5日経過する必要**がある。

3　×　インフルエンザの出席停止期間の基準は、**発症後5日かつ解熱後2日**（幼児は**3日**）である。発症日は日数に入れない。

4　○　咳が長期にわたって残ることがあるが、百日咳に対して適切な抗菌薬による治療が5日間行われていればよい。

5　○　咽頭結膜熱に特有な発熱、眼瞼充血、特有の咽頭発赤などの症状が消えてから2日経過する必要がある。

A 36　　　　　　　　　　　　　　　　　　　　　　正解　5

1　×　設問文の感染症の中の、**おたふくかぜ**では発疹はともなわない。

2　×　高熱時は悪寒がおさまったら、**部屋を涼しくして、薄着**にする。

3　×　すり傷、切り傷では、**止血**を確認してから**汚れ**を洗う。

4　×　やけどで衣服が皮膚に付いている場合は、**服の上から**冷やす。

5　○　アトピー性皮膚炎では、かいたりすると悪化するので**冷やしたり、薬を塗る**。

A 37　　　　　　　　　　　　　　　　　　　　　　正解　3

1　×　心臓マッサージである胸骨圧迫の速度は、**大人と子どもは原則として同じ**である。

2　×　AEDを行う際、皮膚が濡れていると感電する危険があるので、**体を拭いて**から電極を貼る。

3　○　重大事故などで意識を失っていたらできるだけ**大勢の人を集める**。

4　×　近くに人がいなかったとしても、**最低一人**は子どものそばを離れてはいけない。

5　×　保護者への連絡は、**できるだけ早く**行う。

次のうち、保育所や地域における子どもへの虐待防止や虐待対応について、**適切でないもの**を一つ選びなさい。　令和2年（後期）問6

1 虐待を通告した人の個人情報は法律によって守られる。
2 保護者との関係を壊さないことを優先し、通告は控える。
3 子どもへの虐待による死亡は、1歳未満が約半数を占める。
4 社会的に孤立し援助者が少ない場合、虐待は起こりやすい。
5 妊婦健診や乳幼児健診を受診していない場合、子どもを虐待していることが多い。

次の文は、乳幼児の事故への対応に関する記述である。最も不適切な記述を一つ選びなさい。　平成23年 問11

1 子どもが重症の場合では、他の職員に助けをもとめる前に、まず一人で処置をする。
2 5か月位から2歳位までの子どもでは手に触れたものは何でも口に入れようとするので、子どもの手の届く範囲から危険なものは取り除いておく。
3 風呂にふたをすることや子どもが屋外に勝手に出られないようにすることも事故の防止に効果がある。
4 安全な保育環境の整備をはかると同時に安全教育も大切である。
5 事故や災害で怖い体験をした後に、長期にわたって日常生活に障害を及ぼすことがあり、これをPTSD（心的外傷後ストレス障害）という。

次の文は、室内およびその周辺での乳幼児の事故とその予防に関する記述である。適切な記述を○、不適切な記述を×とした場合の正しい組み合わせを一つ選びなさい。　平成26年 問19

A 生後3か月までの乳児では、からだの保護のためやわらかい布団に寝かせるようにする。
B 1歳以降の幼児は、周囲を見ずに屋外に飛び出し、車や自転車との事故をおこすことがあるので、事故に遭わないように大人が気をつけることが唯一の予防方法である。
C まだ寝返りのできない乳児では、世話しやすいようにベッド柵は上げないでおく。
D 乳幼児の誤飲事故の原因は、おもちゃ類が最も多い。
E 家庭での事故を防ぐために、保育所での乳幼児の日常の様子を保護者に伝えることは役に立つ。

（組み合わせ）
	A	B	C	D	E
1	○	×	×	○	○
2	○	×	×	×	○
3	×	○	×	×	×
4	×	×	○	×	○
5	×	×	×	×	○

A 38

正解 2

1 ○ 虐待を通告した人の個人情報は**児童福祉法**で守られている。

2 ✕ 児童虐待防止法では、**児童虐待を受けたと思われる児童**を発見した**すべての国民**に対して、児童相談所等への通告を義務付けている。そのため、保護者との関係は大切だが、子どもの虐待が疑われる時には、通報する必要がある。

3 ○ **1歳未満**の乳児は、自分で訴えたり逃げ出したりできないため虐待による死亡につながることも多い。

4 ○ 虐待予防は、**地域の支え**によって**孤立しないようにすること**が大切である。

5 ○ 妊婦検診、乳幼児健診は受診率が高いため、受診していない場合は、虐待など、家庭状況に問題がないか注意して、家庭に連絡するなどの対応をとる。

A 39

正解 1

1 ✕ 子どもが重症な時には、**できるだけ多くの人を呼んで**助けてもらう。

2 ○ **子どもの目線**で、口に入れたら危ないものを取り除くことが大切である。

3 ○ 風呂の使用後は**水を捨てる**、風呂場の入り口に**鍵をかける**、ドアには子どもの手の届かないところに鍵をかける等の注意をする。

4 ○ 定期的に**交通安全教育**や、**避難訓練**を行うことが大切である。

5 ○ 子どもの場合、特にPTSD（心的外傷後ストレス障害）になりやすいので、**症状が出る前**から対応する。

A 40

正解 5

A ✕ 首のすわっていない子どもをやわらかい布団で寝かせると、うつぶせの時に**窒息する**ことがあり、危険なので**固いマット**にする。

B ✕ **出入り口の鍵を子どもの手が届かない所につける**等の配慮を行う必要がある。

C ✕ 寝返りをしなくても、**手足を動かして転落する**ことがあるので、子どものそばから離れる時には、必ず**柵を上げる**。

D ✕ 乳幼児の誤飲事故では、**たばこ**や**大人用の薬**が多い。

E ○ 乳幼児の行動の特徴を保護者に伝え、**起こしやすい事故について注意をうながすこと**は大切である。

✎ よく出るポイント ◆ 子どもの死亡原因

日本の人口動態統計によると、0歳児では先天異常や周生期の障害による死因が多く、0〜14歳では**不慮の事故**による死亡が死因の第3位以内となっている。したがって、不慮の事故を予防することは子どもの死亡率を減らすためにも重要な課題である。事故の種類の内訳では、2017（平成29）年には0歳児と1〜4歳児では窒息、5〜14歳児では交通事故が最も多い。

7

子どもの保健

301

次の文は、大災害による被災後の子どもの気になる言動や行動とその対応に関する記述である。不適切な記述を一つ選びなさい。 平成26年 問8

1 被災後の乳児には、夜泣き、寝つきがわるい、少しの音にも反応する、表情が乏しくなるなどの行動が見られることがある。
2 被災後の乳児に気になる行動が見られる場合、大人が落ち着いた時間をもち、話しかけたり、スキンシップをとることが大切である。
3 被災後の幼児には、赤ちゃん返り、食欲低下、落ち着きがない、無気力、無感動、無表情、集中力低下、泣きやすい、怒りやすい、突然暴れるなどいつもの子どもと異なった行動が見られることがある。
4 被災後の幼児に気になる行動が見られる場合、子どもの行動の意味を親や家族へも説明し、保育の現場では一緒に遊んだり、抱きしめて「だいじょうぶ」と伝えるとよい。
5 年齢の高い子ども（幼児〜学童）では、周りの事情や状況が理解できるため、暴力的な遊び、フラッシュバックなどが見られることはない。

次の文は、乳幼児の虐待についての記述である。適切な記述を○、不適切な記述を×とした場合の正しい組み合わせを一つ選びなさい。 平成27年 問14改

A 「子ども虐待による死亡事例等の検証結果等について（第15次報告）」（厚生労働省）によると、平成29年度に把握した心中以外の虐待死事例では、3歳未満が7割を超える。
B 「代理人によるミュンヒハウゼン症候群」は、虐待の一つである。
C いわゆる揺さぶられ症候群は、虐待により生じない。
D 愛着に関わる問題は、被虐待乳幼児に起こり得る精神的問題の一つである。
E 被虐待体験は、乳幼児にとって心的外傷になり得る。

（組み合わせ）

	A	B	C	D	E
1	○	○	○	○	×
2	○	○	×	○	○
3	○	×	×	×	○
4	×	○	×	○	×
5	×	×	○	○	○

A 41　　　　正解 5

1 ○ 被災後や事故後は乳児にも **PTSD（心的外傷後ストレス障害）** の影響がみられることがある。
2 ○ 大きい災害後や大事故にあった時には、早期から **PTSDの予防となるような対応を行うこと** が大切である。
3 ○ 幼児は、被災後はよりPTSDを発症しやすくなる。
4 ○ 幼児のPTSDの症状が出た時には、**家族と一緒に対応すること** が大切である。
5 × 年齢の高い子どもでも、災害後には **精神的に不安定** になり、フラッシュバック等がみられるので、配慮が必要である。

A 42　　　　正解 2

A ○ 子どもの虐待死だけでなく、**入院が必要な状態** になる虐待も3歳未満の子どもに多い。
B ○ 「代理人によるミュンヒハウゼン症候群」は、傷害行為で **周囲の関心を引こうとする** ことで、子どもを陰で虐待して、**同情を引こうとする行為** を行うことである。
C × 首がすわってからも、**虐待** により揺さぶられ症候群が発生する。
D ○ 虐待を受けた乳幼児は、対人関係で、異常に馴れ馴れしくなったり、反対によそよそしくなる **愛着障害** を認めることがある。
E ○ 虐待を受けた体験は乳幼児にとって **PTSD** の発症要因となる。

◆児童虐待について
虐待の種類は、数年前まで骨折やあざなど **身体的虐待** が約半数で最も多く、ついで **ネグレクト（育児放棄）**、**心理的虐待**、**性的虐待** の順だったが、最近は **心理的虐待** が最も多い。児童虐待のリスク要因として、保護者の被虐待経験、望まない妊娠、配偶者からの暴力等があり、虐待児のリスク要因として、早産児、障害児であることなどがある。児童にかかわる者は、児童虐待の **早期発見** に努め、発見した時には児童相談所に通告しなければならない。虐待を受けた子どもは、不安や怯え、うつ状態など心理的問題や **反応性愛着障害** を示すことが多く、虐待を行っていた保護者も心理的、経済的問題を抱えていることが多いので、長期にわたったサポートが大切である。

◆PTSD（心的外傷後ストレス障害）とは
心的外傷後ストレス障害（PTSD：Post-Traumatic Stress Disorder）は、災害や事故や大きな怪我、虐待後などに認められる **心理的ストレス状態** のことで、回復するのに時間がかかったり、生活環境の変化への適応に問題があったりする。子どもの場合は特に臆病になって、活発な活動ができなくなったり、夜中にうなされたり、食欲不振や頻尿になったり、幼児がえりすることがしばしばある。症状が出る前から対策をとり、家族などの親しい人とできる限り分離しないこと、子どもの遊びの空間を確保しておくこと等が大切である。

⑥ 保育における保健活動の計画および評価

Q43 次の文は「保育所保育指針」第3章「健康及び安全」の一部である。（ A ）～（ E ）にあてはまる語句の正しい組み合わせを一つ選びなさい。

予想問題

1. 子どもの健康に関する保健計画を全体的な計画に基づいて作成し、（ A ）がそのねらいや内容を踏まえ、一人一人の子どもの健康の保持及び増進に努めていくこと。
2. 感染症やその他の疾病の発生予防に努め、その発生や疑いがある場合には、必要に応じて（ B ）、市町村、保健所等に連絡し、その指示に従うとともに、保護者や全職員に連絡し、予防等について協力を求めること。
3. 子どもの心身の健康状態や疾病等の把握のために、嘱託医等により定期的に（ C ）を行い、その結果を記録し、保育に活用するとともに、（ D ）が子どもの状態を理解し、日常生活に活用できるようにすること。
4. 市町村の支援の下に、地域の関係機関等との日常的な（ E ）を図り、必要な協力が得られるよう努めること。

（組み合わせ）

	A	B	C	D	E
1	看護師や栄養士	嘱託医	健康診断	全職員	協力
2	看護師や栄養士	嘱託医	健康診断	全職員	連絡調整
3	全職員	嘱託医	健康診断	保護者	連携
4	全職員	看護師	健康相談	保護者	連絡
5	嘱託医	看護師や栄養士	健康相談	看護師	協力

Q44 次の文は、母子健康手帳についての記述である。適切な記述の組み合わせを一つ選びなさい。

平成26年 問5

A 母子健康手帳の原形は、昭和17年から始まった妊産婦手帳にみることができる。
B 平成24年度新様式では、乳幼児身体発育曲線が改訂された。
C 平成24年度新様式では、便色の確認の記録（便色カード）の頁が設けられた。
D 平成24年度新様式では、離乳開始前の果汁摂取に関し、それまでの記述が改められた。
E 平成24年度新様式では、省令様式でなくなり、項目の例示はあるが市町村による任意の様式となった。

（組み合わせ）

1 A B C
2 A B E
3 A D E
4 B C D
5 C D E

A 43

正解 3

1 子どもの健康に関する保健計画を全体的な計画に基づいて作成し、（ A.**全職員** ）がそのねらいや内容を踏まえ、一人一人の子どもの健康の保持及び増進に努めていくこと。

2 感染症やその他の疾病の発生予防に努め、その発生や疑いがある場合には、必要に応じて（ B.**嘱託医** ）、市町村、保健所等に連絡し、その指示に従うとともに、保護者や全職員に連絡し、予防等について協力を求めること。

3 子どもの心身の健康状態や疾病等の把握のために、嘱託医等により定期的に（ C.**健康診断** ）を行い、その結果を記録し、保育に活用するとともに、（ D.**保護者** ）が子どもの状態を理解し、日常生活に活用できるようにすること。

4 市町村の支援の下に、地域の関係機関等との日常的な（ E.**連携** ）を図り、必要な協力が得られるよう努めること。

「保育所保育指針」の語句の問題は、しばしば出題されるので、よく読んで理解しておく必要がある。「健康及び安全」に対する実施体制については、組織として、全職員が**協力体制**を組むことや、保護者や地域の関係機関との**連携**が大切である。

A 44

正解 1

A ○ 母子健康手帳の原形は、1942（昭和17）年から始まった妊産婦手帳にみることができる。**1948（昭和23）**年に「**母子手帳**」として様式が定められ、1965（昭和40）年に**母子健康法**に基づき「**母子健康手帳**」に名称が変更された。

B ○ 2012（平成24）年度新様式では、乳幼児身体発育曲線が改訂された。その他、妊産婦の自由記載欄の拡充、**新生児の便色カードの追加**、新生児聴覚検査欄の追加、**任意の予防接種記録**の追加、胎児発育曲線、18歳までの成長曲線等が追加された。

C ○ **先天性胆道閉鎖症**の早期発見のため、便色カードのページが設けられた。

D × 離乳開始前の果汁摂取に関しては、**2008（平成20）**年の改正から変更になった。

E × 母子健康手帳には、**省令様式**と任意様式の両方がある。

加点のポイント ◆主な感染症とその特徴

麻疹（はしか）	空気感染、鼻汁や咳による飛沫感染や接触感染で感染する。潜伏期間は**10日から2週間**で、発熱、咳、目やに等の症状、再発熱してから全身に発疹が広がる。3〜4日後、発疹は色素沈着を残して回復する。肺炎になると重症化することがある
風疹（三日ばしか）	潜伏期間は**2〜3週間**で、発熱と発疹が同時に出現し、頸部リンパ節腫脹を伴う。麻疹より症状は軽く、2〜3日で改善し、発疹は色素沈着を残さない。妊娠初期に罹患すると、胎児が心疾患や白内障、聴力障害を合併する先天性風疹症候群になる可能性がある
突発性発疹	**生まれて初めて発熱した時**に、この疾患であることがしばしばある。ヒトヘルペス6型、7型ウイルスが原因である。突然、38度以上の高熱が3日ほど続いて解熱と同時に体幹を中心に発疹が出る。発熱時は意外と食欲が減らないのに、発疹が出てから下痢になったり、食欲が減ることがある
水痘（水ぼうそう）	空気感染、飛沫感染、接触感染で感染する。潜伏期間は**2〜3週間**で、発熱と同時に発疹が出現し、**水疱**となる。水疱は次第に乾燥して痂皮化するが、同時期にいろいろな段階の発疹が認められるのが特徴である
単純ヘルペス感染症	口腔に感染すると**口唇ヘルペス**、歯肉口内炎になり、食べる時に痛みを伴う。子どもでは発熱して全身感染になることもある
手足口病	A群コクサッキーウイルス、エンテロウイルスによる手、足、口腔に水疱性発疹を認める。発熱は軽度だが、口腔内の発疹が痛みを伴う時には、食事の内容や摂食方法に配慮する
伝染性紅斑（りんご病）	**ヒトパルボウイルス**が原因で、頬部、四肢伸側部にレース状紅斑が出現する。発熱は微熱程度のことが多い
流行性耳下腺炎（おたふくかぜ、ムンプス）	潜伏期間は**2〜3週間**で、有痛性の耳下腺、顎下腺の腫脹を認める。片側のみ腫れることもある。子どもでは微熱のことが多いが、頭痛が強く、嘔吐がある時は、髄膜炎の可能性がある。成人では睾丸炎の合併が問題となる
インフルエンザ	**冬季**に流行し、突然の高熱、関節痛、頭痛で発症する。子どもでは急性脳症の合併が問題となる
咽頭結膜熱（プール熱）	**アデノウイルス**が原因で、主に**夏季**に流行する。発熱、咽頭痛、眼瞼結膜の充血を認める。プールが始まる頃に流行するので、**プール熱**ともいう
ヘルパンギーナ	A群コクサッキーウイルスが原因のことが多く、**夏季**に流行する。高熱と咽頭痛があり、口蓋垂に**水疱**ができる
乳幼児嘔吐下痢症（感染性胃腸炎）	主に**冬季**に流行し、嘔吐や発熱を伴うことが多く、腹痛を訴えることもあり、**食欲不振**となる。便の色が白色となる時はロタウイルスが原因で、白色便にならない嘔吐下痢症では、アデノウイルスやノロウイルスが原因のことが多い。乳児では発熱、嘔吐、下痢が激しく脱水症になりやすい
ブドウ球菌感染症	子どもでは、皮膚に感染して広がる伝染性膿痂疹（とびひ）がしばしばみられる。アトピー性皮膚炎や湿疹がある時に皮膚をかいて広がる。皮膚の炎症をおさえるために抗生剤を服用する。院内感染で注目されているMRSAは、通常の抗生剤に耐性となったブドウ球菌で、免疫の落ちた患者を治療する上で問題となっている
溶連菌感染症	A群溶連菌は、幼児から学童によくみられ、発熱、発疹、咽頭扁桃炎の他に苺舌が特徴的である。全身感染となったものは、猩紅熱というが、子どもでは咽頭痛以外の症状がはっきりしないことがある。感染後、腎炎やリウマチ熱になることがあるので、感染がわかった時には通常より長く**抗生剤**を飲む
百日咳	連続した咳（スタッカート）と笛吹様吸気を繰り返す**レプリーゼ**という症状がある。予防接種をしていない乳児では肺炎になることもある
マイコプラズマ感染症	発熱、咳が続き、しばしば**肺炎**や**中耳炎**になる。胸膜炎になって胸部の痛みを感じる時もある

8

子どもの食と栄養

8章 子どもの食と栄養

①子どもの健康と食生活の意義

Q01 次の表は、3色食品群の食品の分類に関するものである。表中の（ A ）〜（ D ）にあてはまる食品の正しい組み合わせを一つ選びなさい。　平成30年（前期）問7

表

赤のグループ （主に体を作るもとになる）	（ A ） 大豆
黄のグループ （主に体を動かすエネルギーのもとになる）	いも類 （ B ） （ C ）
緑のグループ （主に体の調子を整えるもとになる）	（ D ）

（組み合わせ）

	A	B	C	D
1	米・パン・めん類	魚・肉・卵	油脂	野菜・果物
2	魚・肉・卵	米・パン・めん類	野菜・果物	油脂
3	魚・肉・卵	米・パン・めん類	油脂	野菜・果物
4	油脂	米・パン・めん類	魚・肉・卵	野菜・果物
5	油脂	野菜・果物	米・パン・めん類	魚・肉・卵

Q02 次の文のうち、「食生活指針」（平成28年改定：文部科学省、厚生労働省、農林水産省）の一部として正しいものを〇、誤ったものを×とした場合の正しい組み合わせを一つ選びなさい。　平成29年（後期）問16

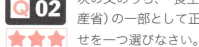

A 適度な運動とバランスのよい食事で、適正体重の維持を。
B 食塩は控えめに、動物性脂肪を中心に摂取を。
C 日本の食文化や地域の産物を活かし、郷土の味の継承を。
D 食料資源を大切に、無駄や廃棄の少ない食生活を。

（組み合わせ）

	A	B	C	D
1	〇	〇	〇	×
2	〇	〇	×	×
3	〇	×	〇	〇
4	×	×	〇	〇
5	×	×	×	〇

A 01
正解 3

A **魚・肉・卵**：3色食品群の食品の分類で赤のグループに属するのは、6つの基礎食品における第1類の**魚・肉・卵・大豆**と第2類の**牛乳・乳製品・小魚**が相当する。

B **米・パン・めん類**：BとCは、3色食品群の食品の分類では黄のグループに属するので、6つの基礎食品における第5類の**パン・米・麺・いも**、第6類の**油脂**の中から相当するものを選ぶ。組み合わせから、Bは米・パン・めん類である。

C **油脂**：BとCは、3色食品群の食品の分類では黄のグループに属し、組み合わせからCは油脂とわかる。食品は、**油・マーガリン・バター・マヨネーズ・生クリーム・ゴマ・アーモンド・くるみ等**が相当する。

D **野菜・果物**：3色食品群の食品の分類で緑のグループに属するのは、6つの基礎食品における第3類の緑黄色野菜と第4類のその他の**野菜・果物**が相当する。

A 02
正解 3

A ○ 食生活指針の10の柱の一つ。普段から体重を量り、食生活に気をつけ意識して身体を動かし、無理な減量はやめる。特に若い女性の**やせ**、高齢者の**低栄養**に気をつける。

B × 「食塩は控えめに、**脂肪は質と量を考えて**」が正解。食塩の多い食品や料理を控える。また、動物、植物、魚由来の脂肪をバランスよく摂り、**飽和脂肪酸**に偏ることがないように気をつけて、必須脂肪酸を摂取する。

C ○ 食生活指針の10の柱の一つ。「和食」をはじめとした日本の食文化を大切に、**地域の産物**や**旬の素材**を使い、**行事食**を取り入れて、食材に関する知識や調理技術を身につけ、受け継がれてきた料理や作法を継承したい。

D ○ 食生活指針の10の柱の一つ。食品を廃棄することなくロスを減らした食生活を目指す。調理や保存を上手にして食べ残しのないように適量を心がけたい。

よく出るポイント ◆ **5大栄養素と6つの基礎食品**

5大栄養素の摂取に大切なのが6つの基礎食品で、栄養素の特徴から、食品を6つの群に分けて考えている。

5大栄養素	炭水化物（糖質）、脂質、たんぱく質、無機質（ミネラル）、ビタミン
6つの基礎食品	1群：魚・肉・卵・大豆・大豆製品　2群：牛乳・乳製品・海藻・小魚 3群：緑黄色野菜　4群：淡色野菜・果物 5群：穀類・いも類・砂糖　6群：油脂類

8 子どもの食と栄養

309

Q 03 次の文は、献立作成・調理の基本に関する記述である。適切な記述を○、不適切な記述を×とした場合の正しい組み合わせを一つ選びなさい。

平成30年(後期)問6

A 主食は、肉、魚、卵、大豆および大豆製品などを主材料とするたんぱく質を多く含む料理が含まれる。
B 主菜には、ごはん、パン、麺、パスタなどを主材料とする料理が含まれる。
C 副菜は、野菜、いも、豆類(大豆を除く)、きのこ、海藻などを主材料とする料理が含まれる。
D 食品の消費期限とは、期限を過ぎたら食べないほうがよい期限である。
E 食品の賞味期限とは、おいしく食べることができる期限であり、この時期を過ぎるとすぐに食べられないということではない。

(組み合わせ)

	A	B	C	D	E
1	○	○	○	×	×
2	○	○	×	○	○
3	○	×	×	×	×
4	×	×	○	○	○
5	×	×	×	○	×

Q 04 次の文は、食生活の現状に関する記述である。適切な記述を○、不適切な記述を×とした場合の正しい組み合わせを一つ選びなさい。

令和2年(後期)問2

A 「平成29年度食料需給表」(農林水産省)によると、平成28年度の日本の食料自給率は供給熱量ベースで50%を上回っている。
B 「平成29年国民健康・栄養調査報告」(厚生労働省)によると、全ての年代で昼食・夕食に比べ、朝食を欠食する割合が高い。
C 「平成29年国民健康・栄養調査報告」(厚生労働省)によると、女性のやせ(BMI<18.5kg/m^2)の割合は、20代が最も高い。
D 「平成29年度食育白書」(農林水産省)によると、週の半分以上、一日の全ての食事を一人で食べている「孤食」の人は約15%である。

(組み合わせ)

	A	B	C	D
1	○	○	○	×
2	○	○	×	×
3	×	○	○	○
4	×	×	○	○
5	×	×	×	○

A 03

正解 4

A × 主食とは、ごはん・パン・麺類などを主材料とする**炭水化物（糖質）**を多く含む料理が含まれる。

B × 主菜には、**肉・魚・卵・大豆**などを主材料とする料理が含まれる。献立作成において、メインディッシュになるのでまず主菜を決めてから副菜を考えることが多い。

C ○ 副菜は、野菜・いも・豆類（大豆を除く）・きのこ・海藻などを主材料にする料理。食事バランスガイドでは**主菜以上に多くの量**を摂取することが望まれる。

D ○ 消費期限とは、日持ちが製造後おおむね**5日以内**の食品に対して食べられる期限を示したもの。弁当・惣菜・調理パンなどが該当する。期限を過ぎたら食べないほうがよい。

E ○ 賞味期限とは、日持ちが比較的長い食品に、**すべての品質が十分に保持**されている期限を示したもの。ハム・調味料などが該当する。期限を過ぎるとすぐに食べられなくなるということではない。

A 04

正解 3

A × 2016（平成28）年度の日本の食料自給率は供給熱量ベースで**38%**であるので誤り。食料自給率の熱量（カロリー）ベースとは、国民に供給されるカロリーに対する国内生産の割合を示す。

B ○ 「平成29年国民健康・栄養調査報告」によると、全ての年代で朝食を欠食する総数の割合は**11.6%**であり、昼食は4%、夕食は0.9%であった。したがって朝食を欠食する割合が高い。

C ○ 女性のやせ（BMI<18.5kg/m^2）の割合は**20代**が最も多く21.7%であった。若年の女性のやせは**骨量の減少**や**低出生体重児出産**のリスクとの関連が示されている。

D ○ 「平成29年度食育白書」によると、週の半分以上、一日の全ての食事を一人で食べる「孤食」の人は約**15%**であった。理由は、「一人で食べたくないが食事の時間が合わないので仕方ない」「一緒に食べる人がいない」が35.5%と31.1%となっている。

よく出るポイント ◆楽しく食べる子どもに～食からはじまる健やかガイド～

それぞれの発達過程における食生活の目標について、厚生労働省が示している内容である。下記の発育・発達過程に応じて食べる力を育んでいくことを大切にしている。

授乳期・離乳期	安心と安らぎの中で食べる意欲の基礎を作る
幼児期	食べる意欲を大切に、食の体験を広げる
学童期	食の体験を深め、食の世界を広げる
思春期	自分らしい食生活を実現し、健やかな食文化の担い手になる

次の文は、「食事バランスガイド」（平成17年：厚生労働省・農林水産省）に関する記述である。適切な記述を○、不適切な記述を×とした場合の正しい組み合わせを一つ選びなさい。

平成29年（後期）問5

A コマのイラストは、食事のバランスが悪くなると倒れてしまうことを表している。
B コマの中では、一日分の料理・食品の例を示している。
C 食事の提供量の単位は、SV（サービング）である。
D 主菜のグループには、ごはん、食パン、うどんなどが含まれる。
E 果物のグループには、お茶や水も含まれる。

（組み合わせ）
	A	B	C	D	E
1	○	○	○	○	○
2	○	○	○	×	×
3	×	○	×	○	○
4	×	×	○	×	○
5	×	×	×	○	×

次の文は、子どものむし歯（う歯）に関する記述である。適切な記述を○、不適切な記述を×とした場合の正しい組み合わせを一つ選びなさい。

平成29年（前期）問16

A むし歯の原因菌は、ミュータンス連鎖球菌である。
B せんべいやクラッカーは、市販菓子の中で、う蝕誘発性が特に高い。
C 乳歯は永久歯に生え変わるので、歯磨きの必要はない。
D むし歯予防に、よく噛むことは重要である。

（組み合わせ）
	A	B	C	D
1	○	○	○	×
2	○	○	×	×
3	○	×	×	○
4	×	○	×	×
5	×	×	×	○

A 05
正解 2

A ○ コマのイラストでは、一日に食べる主食、副菜、主菜、牛乳・乳製品、果物、水分、菓子・嗜好品などすべてのものを示している。どれが欠けてもバランスが悪くなり、コマは倒れて上手く回らなくなる。

B ○ コマに示される数字やイラストは、一日分の料理や食品を示している。一日のトータルで、品数や分量を理解できると栄養バランスがよい食生活を送る目安になる。

C ○ 食事の提供の単位は**一つ**、**二つ**と皿や食器を数えるように使うと理解しやすく、serve（給仕する）の意味から**Serving＝SV**を提供単位として用いる。

D × 主菜のグループは、中心になる**おかず**を示す。肉や魚、卵料理、大豆料理を含む場合が多くなる。ごはん、食パン、うどんなどは**主食**のグループに含まれる。

E × お茶や水は、果物のグループではなく**コマの軸**として表現されている。軸は身体に欠かせない水分を示している。果物は一日二つくらいを目安にする。

A 06
正解 3

A ○ **むし歯の原因菌**はミュータンス連鎖球菌である。この菌は**酸を産生**する力が強く、歯の表面に付着する力も強いので、病原性の高い細菌である。口の中の菌が糖分から酸を作り出し、その酸が歯を溶かす。

B × う蝕誘発性とは、むし歯を作り出す力があることで、ミュータンス連鎖球菌を歯の表面に定着させるために歯垢を作る、酸を作るなどの動きが活発になる状態である。せんべいやクラッカーはキャラメルなどに比べると、う蝕誘発性が特に強いとは言えない。

C × 乳歯の歯磨きの目的は、むし歯予防にあるが、乳歯がむし歯になると噛むことができなくなり、食べ物の消化にも影響する。また、**歯並び**も悪くなるので、**乳歯の歯磨き**は必要である。

D ○ むし歯予防に、**よく噛むこと**は重要で、噛むことによって**唾液**が出るが、唾液には消化を助けるだけでなく、口の中におけるむし歯菌や歯周病菌を殺す役割もある。また歯垢を歯に付きにくくする働きもある。

加点のポイント

◆**食生活指針（文部科学省、厚生労働省、農林水産省、平成28年一部改正）**

どのような食生活を送ることが望ましいかを示した食生活指針を理解しよう。

- ・食事を楽しみましょう
- ・1日の食事のリズムから、健やかな生活リズムを
- ・適度な運動とバランスのよい食事で、適正体重の維持を
- ・主食、主菜、副菜を基本に、食事のバランスを
- ・ごはんなどの穀類をしっかりと
- ・野菜・果物、牛乳・乳製品、豆類、魚なども組み合わせて
- ・食塩は控えめに、脂肪は質と量を考えて
- ・日本の食文化や地域の産物を活かし、郷土の味の継承を
- ・食料資源を大切に、無駄や廃棄の少ない食生活を
- ・「食」に関する理解を深め、食生活を見直してみましょう

8

子どもの食と栄養

次の文は、「平成29年国民健康・栄養調査」(厚生労働省)における子どもの食生活に関する記述である。適切な記述を○、不適切な記述を×とした場合の正しい組み合わせを一つ選びなさい。

令和元年(後期)問2

A 「1－6歳」、「7－14歳」、「15－19歳」の3つの年齢階級別で乳類の摂取量(平均値)を比較すると、男女とも最も多いのは「7－14歳」である。
B 「1－6歳」における脂肪エネルギー比率(％)(平均値)は、男女とも20〜30％の範囲内である。
C 「1－6歳」における炭水化物エネルギー比率(％)(平均値)は、男女とも55％を超えている。
D 「1－6歳」における食塩相当量(g/日)(平均値)は、3g以下である。

(組み合わせ)

	A	B	C	D
1	○	○	○	×
2	○	○	×	○
3	○	×	○	○
4	×	○	○	×
5	×	×	×	○

次の文のうち、健康と食生活に関する記述として、適切な記述を○、不適切な記述を×とした場合の正しい組み合わせを一つ選びなさい。

令和3年(前期)問11

A 「平成30年国民健康・栄養調査報告」(厚生労働省)によると、20歳代女性のやせの割合は約5％である。
B 国民健康づくり運動である「健康日本21(第二次)」では、健康寿命の延伸・健康格差の縮小の実現に関する目標が示されている。
C 「和食」は、ユネスコ無形文化遺産に登録されている。
D 生活習慣病予防対策の一つとして、「食生活指針」(平成28年:文部科学省、厚生労働省、農林水産省)が策定されている。

(組み合わせ)

	A	B	C	D
1	○	○	○	○
2	○	×	×	×
3	×	○	○	○
4	×	○	×	○
5	×	×	○	×

A 07
正解 1

A ○ 乳類の摂取量（平均値）は一人**一日あたり**、男女全体で「1～6歳」は195.8g、「7～14歳」は320.7g、「15～19歳」は154.3gである。男女とも最も多いのは「**7～14歳**」である。

B ○ 「1～6歳」における脂肪エネルギー比率（％）（平均値）は、男性27.7％、女性27.5％で男女全体では**27.6％**である。したがって**20～30％**の範囲内にある。

C ○ 「1～6歳」における炭水化物エネルギー比率（％）（平均値）は、男性58.7％、女性58.8％で男女全体では**58.8％**である。したがって**55％**を超えている。

D × 「1～6歳」における食塩相当量（g/日）（平均値）は、男性5.3g、女性5.2gで男女全体では**5.3g**である。したがって3g以下は誤りである。

A 08
正解 3

A × 「平成30年国民健康・栄養調査報告」によると20～29歳の女性のやせ（BMI18.5未満）の割合は**19.8％**であった。妊娠期に備えて胎児に影響が出ないように、母体の健康な体作りが必要である。

B ○ 「健康日本21（第二次）」における目標である、**健康寿命**の延伸とは日常生活に制限のない期間の延伸であり、健康寿命は平均寿命を**10歳以上**も下回っている。また**健康格差**の縮小とは、都道府県別の健康寿命の差を小さくすることである。

C ○ ユネスコ（国連教育科学文化機関）は2013年に、**和食**は自然を尊重する日本人の心を表現した食文化であり、伝統的な社会慣習として世代を超えて受け継がれていると評価し、**無形文化遺産**に登録した。

D ○ 「**食生活指針**」は、2000（平成12）年に文科省・厚生省（現：厚生労働省）・文部省（現：文部科学省）が共同で作成し、2016（平成28）年に一部改訂された。どのように食生活を組み立てればよいかを示した指針である。生活習慣病やがん、心臓病などの**病気の予防**対策も目的である。

よく出るポイント ◆**試験によく出る指針や調査について**

子どもの健康と食生活の意義では、「楽しく食べる子どもに～食からはじまる健やかガイド」「食生活指針」「食事バランスガイド」「国民健康・栄養調査」等から頻出している。『保育士完全合格テキスト 2023年版』の下巻で詳細についてしっかりと確認しよう。

8
子どもの食と栄養

②栄養に関する基本的知識

次の表は、6つの基礎食品群に関するものである。表中の（ A ）〜（ D ）にあてはまる語句の正しい組み合わせを一つ選びなさい。　令和元年（後期）問5

表

	主な働き	主な栄養素	食品の例
1群	主に体を作るもとになる	たんぱく質	魚、肉、卵、大豆・大豆製品
2群		カルシウム	（ A ）
3群	主に体の調子を整えるもとになる	（ B ）	緑黄色野菜
4群		（ C ）	その他の野菜、果物
5群	主に体を動かすエネルギーのもとになる	糖質性エネルギー	米・パン・めん類
6群		（ D ）	油脂

（組み合わせ）

	A	B	C	D
1	牛乳・乳製品、海藻、小魚	ビタミンE	カロテン	脂肪性エネルギー
2	牛乳・乳製品、海藻、小魚	ビタミンC	カロテン	ビタミンB_1
3	牛乳・乳製品、海藻、小魚	カロテン	ビタミンC	脂肪性エネルギー
4	いも類	カロテン	ビタミンC	脂肪性エネルギー
5	いも類	ビタミンC	ビタミンE	ビタミンB_1

次の文は、たんぱく質に関する記述である。適切な記述を〇、不適切な記述を×とした場合の正しい組み合わせを一つ選びなさい。　平成29年（後期）問1

A 糖質や脂質の摂取量が不足すると、エネルギー源として利用される。
B 構成元素として炭素（C）、水素（H）、酸素（O）のほかに、窒素（N）を約50％含むことを特徴としている。
C 分子内にプラスとマイナスのイオンをもち、体液の酸塩基平衡を調節する。
D アミノ酸が鎖状に多数結合した高分子化合物である。

（組み合わせ）

	A	B	C	D
1	〇	〇	〇	×
2	〇	〇	×	×
3	〇	×	〇	〇
4	×	×	〇	×
5	×	×	×	〇

A 09

正解 3

A **牛乳・乳製品、海藻、小魚**：6つの基礎食品群で第2群は、主に体を作るもとになる働きがあり、主な栄養素は**カルシウム**であるから、食品の例は牛乳・乳製品、海藻、小魚である。

B **カロテン**：6つの基礎食品群で第3群は、主に体の調子を整えるもとになる働きがあり、食品の例が緑黄色野菜であるから、主な栄養素は**カロテン**である。

C **ビタミンC**：6つの基礎食品群で第4群は、主に体の調子を整えるもとになる働きがあり、食品の例がその他の野菜や果物であるから、主な栄養素は**ビタミンC**である。

D **脂肪性エネルギー**：6つの基礎食品群で第6群は、主に体を動かすエネルギーのもとになる働きがあり、食品の例が油脂であるから、主な栄養素は**脂肪性エネルギー**である。

A 10

正解 3

A ○ エネルギー源になる栄養素は、**糖質・脂質・たんぱく質**の3つである。たんぱく質は、細胞の基本成分で、筋肉や臓器の構築材料の他にも体を構成する重要な働きをするが、糖質や脂質の摂取量が不足すると、**たんぱく質**がエネルギー源として利用される。

B × たんぱく質の構成元素は、**炭素（C）**50〜55％、**水素（H）**6.9〜7.3％、**酸素（O）**19〜24％、**窒素（N）**15〜16％である。炭水化物と脂質は炭素・水素・酸素で構成されており、たんぱく質のみが**窒素**を含む。

C ○ たんぱく質には、体液の**酸塩基平衡**を調節する働きがある。**水素イオン濃度（pH）**を一定に保つことで、体調の維持に役立つ。

D ○ 一般に**分子量**が1万以上の化合物のことを**高分子化合物**といい、たんぱく質はそのうちの1つ。天然ゴム・セルロース・合成繊維・プラスチックなども高分子化合物である。

よく出るポイント ◆ **糖質の種類**

炭水化物の中の糖質は、体内で消化酵素の働きにより1gで4kcalのエネルギーを作り出している。

糖質の種類	特徴
単糖類	糖質の最小単位で、糖質が消化酵素によって分解が進むと、単糖類となって体内に吸収される。**ブドウ糖**、**果糖**、**ガラクトース**がある
二糖類	ブドウ糖が2分子結合した**麦芽糖**、ブドウ糖と果糖が結合した**ショ糖**、ブドウ糖とガラクトースが結びついた**乳糖**がある
多糖類	単糖が多数結合した高分子化合物で、水に溶けにくく、甘みのない**でんぷん**や**グリコーゲン**がある

8

子どもの食と栄養

次の文は、糖質に関する記述である。（ A ）〜（ C ）にあてはまる数値および語句の正しい組み合わせを一つ選びなさい。

平成31年（前期）問3

糖質は主要なエネルギー源で、1gあたり（ A ）kcalのエネルギーを供給する。体内では単糖類として吸収され、肝臓に運ばれ、（ B ）に変換される。エネルギー源として利用されなかった糖質は、グリコーゲンや（ C ）として、体内に蓄積される。

（組み合わせ）

	A	B	C
1	4	ブドウ糖	脂肪
2	4	乳糖	脂肪
3	7	ブドウ糖	たんぱく質
4	9	乳糖	たんぱく質
5	9	ブドウ糖	脂肪

次の文は、栄養素の消化に関する記述である。適切な記述の組み合わせを一つ選びなさい。

令和元年（後期）問3

A 二糖類の麦芽糖は、マルターゼによって消化される。
B 食物繊維は、ヒトの消化酵素で消化されない食品中の難消化性成分の総体と定義される。
C 中性脂肪の消化は、主に小腸において膵液中のペプシンによって行われる。
D 糖類は、口腔内において唾液中のリパーゼによって部分的に消化される。

（組み合わせ）
1　A　B
2　A　C
3　B　C
4　B　D
5　C　D

A 11

正解 1

糖質は主要なエネルギー源で、1gあたり（ A.**4** ）kcalのエネルギーを供給する。体内では単糖類として吸収され、肝臓に運ばれ、（ B.**ブドウ糖** ）に変換される。エネルギー源として利用されなかった糖質は、グリコーゲンや（ C.**脂肪** ）として、体内に蓄積される

A 炭水化物は**1gあたり4kcal**のエネルギーを供給する糖質とエネルギー源にならない食物繊維に大別される。糖質は全エネルギーの**50〜65%**を占める。

B 体内では消化酵素の働きで**単糖類**として吸収され、肝臓で**ブドウ糖**に変換される。

C エネルギー源として利用されなかった糖質は**グリコーゲン**として蓄えられ、余剰分は脂肪となる。グリコーゲンはブドウ糖が多数結びついた**多糖類**である。肝臓や筋肉に多い。

A 12

正解 1

A 〇 **糖質**は口腔内で咀嚼（そしゃく）されて唾液と混ざることで分解が始まる。糖が2分子結合した麦芽糖（マルトース）は、小腸において腸液の消化酵素**マルターゼ**によって**単糖類のブドウ糖に分解**される。

B 〇 食物繊維は、炭水化物の多糖類に分類されるが、消化酵素で**消化されず、エネルギー源にならない**。水に溶ける水溶性のものと水に溶けない不溶性のものがあり、体内での働きが異なる。

C ✕ 中性脂肪は膵液の**脂肪分解酵素リパーゼ**の働きで消化され、体内で貯蔵されてエネルギー源になる。ペプシンは**胃液中**に存在する**たんぱく質分解酵素**である。

D ✕ 糖質（糖類含む）は、口腔内において**唾液中の消化酵素アミラーゼ**の働きを受け分解が始まる。**膵臓**で作られるリパーゼは**脂肪分解酵素**である。

加点のポイント

◆日本人の食事摂取基準

厚生労働省から発表されており、国民の健康の維持・増進・生活習慣病の予防と重症化予防を目的として、健康な個人または集団が摂取すべき、エネルギー及び各栄養素の基準が、日本人の食事摂取基準である。5年ごとに改訂されていて、乳児では成長に合わせて詳細な区分設定を必要とするため、エネルギーとたんぱく質は3区分（**0〜5か月・6〜8か月・9〜11か月**）で、他の栄養素は2区分（**0〜5か月・6〜11か月**）で示されている。また、各栄養素の設定指標は、推定平均必要量、推奨量、目安量、耐容上限量、目標量等で示されている。

Q13

次の文は、「日本人の食事摂取基準(2020年版)」の乳児期に関する記述である。適切な記述を○、不適切な記述を×とした場合の正しい組み合わせを一つ選びなさい。

平成28年(後期) 問18改

A 乳児期における食事摂取基準は、目標量が設定されている。
B 乳児期の月齢区分は、0～11か月の1区分に設定されている。
C 乳児の脂質(%エネルギー)の目安量は、他の年齢区分と比較して最大の割合となっている。
D 乳児期における身体活動レベルは、Ⅰ、Ⅱ、Ⅲの3段階となっている。
E 乳児期におけるエネルギー・栄養素は、男女別に設定されている。

(組み合わせ)

	A	B	C	D	E
1	○	○	○	○	×
2	○	×	×	×	○
3	×	○	○	○	×
4	×	○	×	○	○
5	×	×	○	×	○

Q14

次の文は、ビタミンの生理機能に関する記述である。【Ⅰ群】のビタミンと【Ⅱ群】の内容を結びつけた場合の正しい組み合わせを一つ選びなさい。

平成31年(前期) 問2

【Ⅰ群】
A ビタミンK
B ビタミンD
C ビタミンC
D 葉酸

【Ⅱ群】
ア 小腸からのカルシウム吸収を促進し、欠乏すると小児ではくる病、成人では骨軟化症の発症リスクが高まる。
イ 皮膚や細胞のコラーゲンの合成に必須で、欠乏すると血管がもろくなる。
ウ 血液凝固因子の活性化に必要なビタミンで、母乳栄養児は欠乏に陥りやすい。
エ 受胎の前後に十分量を摂取すると、胎児の神経管閉鎖障害のリスクを低減できる。

(組み合わせ)

	A	B	C	D
1	ア	イ	ウ	エ
2	ア	ウ	イ	エ
3	ウ	ア	イ	エ
4	ウ	ア	エ	イ
5	エ	ア	イ	ウ

A 13
正解 5

A × 乳児期における食事摂取基準は、目標量が設定されていない。目標量とは生活習慣病の発症予防を目的として定められたものである。

B × 乳児期の**月齢区分**は、成長に合わせてより詳細な区分設定が必要と考えられた**エネルギーとたんぱく質**について、0〜5（か月）、6〜8（か月）、9〜11（か月）の**3区分**、その他の栄養素については0〜5（か月）、6〜11（か月）の2区分に設定されている。

C ○ 乳児の脂質（％エネルギー）の目安量は、男女とも0〜5（か月）50％、6〜11（か月）40％で、他の年齢区分（1歳以上で男女とも目標量20〜30％）と比較して最大である。

D × 乳児期の**身体活動レベル**は、**Ⅱのみの設定**である。身体活動レベルは、5歳までⅡの「ふつう」レベルで示している。

E ○ 乳児期におけるエネルギー・栄養素は男女別に設定されている。参照体位にも男女差があり、エネルギー摂取量の過不足の評価には、**成長曲線**を用いる。

A 14
正解 3

A ウ ビタミンKは**脂溶性ビタミン**であり、**血液凝固**因子の活性化に必要で、母乳栄養児は欠乏に陥りやすいため乳児にはビタミンKの経口投与が行われる。

B ア ビタミンDはカルシウムやリンの吸収促進・**骨の形成**に関係する**脂溶性ビタミン**である。太陽光を浴びることで皮膚で生成され、食事からも摂取できる。

C イ ビタミンCは**水溶性ビタミン**であり、蓄積ができない。皮膚や細胞のコラーゲンの合成などの働きがあり、欠乏症として**壊血病**があげられる。

D エ 葉酸は妊娠初期において胎児の神経管閉鎖障害リスクを低減する働きを持つ**水溶性ビタミン**である。**妊婦・授乳婦**に葉酸の**付加量**が設定されている。

8

子どもの食と栄養

加点のポイント

◆日本人の食事摂取基準の読み方

推定平均必要量：摂取不足を回避する目的で推定平均必要量が設定された。半数の人が必要量を満たす量とされる。

推奨量：摂取不足を回避する目的で推奨量が設定された。推定平均必要量を補助する目的で、ほとんどの人が充足している量とされる。

目安量：十分な科学的根拠が得られず、推定平均必要量や推定量が設定できない場合の代替指標として目安量があり、摂取不足を回避する目的で設定された。

耐容上限量：過剰摂取による健康被害の回避を目的に耐容上限量が設定された。ビタミンやミネラルなど特定の栄養素に設定されている場合や、一部の年齢階級だけ設定されている場合もある。

目標量：生活習慣病の予防のために、現在の日本人が当面の目標とすべき摂取量として目標量が設定された。飽和脂肪酸・食物繊維・ナトリウム・カリウムに目標量が示され、たんぱく質・脂質・炭水化物では、「エネルギー産生栄養素バランス」として目標量が割合のかたちで示されている。

次の文は、「日本人の食事摂取基準（2020年版）」に関する記述である。適切な記述を○、不適切な記述を×とした場合の正しい組み合わせを一つ選びなさい。

平成29年（後期）問4改

A 栄養素の推定平均必要量とは、当該集団に属するほとんどの人（97〜98％）が充足している量をいう。
B 栄養素の耐容上限量は、生活習慣病の二次予防を目的として設定された。
C 栄養素の目安量は、生活習慣病の一次予防を目的として、日本人が当面の目標とする指標である。
D エネルギーの摂取量及び消費量のバランスの維持を示す指標として、体格（BMI）を採用している。

（組み合わせ）
　　A　B　C　D
1　○　○　○　○
2　○　○　○　×
3　○　×　×　×
4　×　×　○　○
5　×　×　×　○

次の文は、鉄および鉄の不足に関する記述である。適切な記述を○、不適切な記述を×とした場合の正しい組み合わせを一つ選びなさい。

平成26年 問19改

A 「日本人の食事摂取基準（2020年版）」では、鉄は、多量ミネラルのひとつである。
B 鉄は、各種酵素の構成成分である。
C 欠乏によって、貧血や運動機能、認知機能等の低下を招く。
D 水溶性ビタミンであるビタミンCは、鉄の吸収を促進するので、鉄を含む食品と一緒に摂取するとよい。

（組み合わせ）
　　A　B　C　D
1　○　○　○　○
2　○　○　○　×
3　○　×　×　○
4　×　○　○　○
5　×　×　×　○

A 15　正解 5

A ×　推定平均必要量とは、**半数の人が必要量を満たす量**を指す。推定平均必要量を補助する目的で推奨量を設定している。推奨量は**ほとんどの人が充足している量**をいう。

B ×　栄養素の耐容上限量とは、過剰摂取による健康障害の回避の目的で定められている。耐容上限量が示されている栄養素は、ビタミンA・ビタミンD・ビタミンE・ナイアシン・ビタミンB6・葉酸・カルシウム・リン・鉄・亜鉛・銅・マンガン・ヨウ素・セレン・モリブデン・クロムである。

C ×　栄養素の目安量は、推定平均必要量と推奨量が設定できない栄養素に示されている。生活習慣病の発症予防のために現在の日本人が当面の目標とすべき摂取量として目標量が示されている。

D ○　日本人の食事摂取基準では、目標とする体格（BMI）の範囲を、成人期を4つの年齢区分に分けて示している。肥満だけでなく、特に高齢者では、フレイルの予防及び生活習慣病の発症予防を重要としている。

A 16　正解 4

A ×　「日本人の食事摂取基準（2020年版）」では、鉄は、多量ミネラルの一つではない。多量ミネラルとは、カルシウム、リン、カリウム、マグネシウム、ナトリウムであり、鉄は微量ミネラルである。

B ○　鉄は各種酵素の構成成分であるのは適切である。その他に、鉄はいろいろな酵素を活性化したり、酸素の運搬に関与したり、エネルギー産生や神経伝達、コラーゲンの合成等、体内のさまざまな代謝にかかわっている。

C ○　鉄の欠乏によって、**貧血**や運動機能、認知機能等の低下を招くとあるのは適切である。その他に、倦怠感、疲労感、集中力低下、筋力低下、口内炎等の症状を引き起こす。

D ○　**水溶性ビタミン**のビタミンCは、鉄の吸収を促進するので、鉄を含む食品と一緒に摂取するとよい。ビタミンCは、**レモン**、イチゴ、キウイフルーツ、**ピーマン**、ブロッコリー等に多く含まれる。

◆摂取基準が示されている栄養素

基準が示されているのは下記の栄養素である（推定エネルギー必要量は参考表で示されている）。日本人の食事摂取基準に年齢区分別に示されている。全国の対象者における計測値から区分別の参照体位を出して、さらに身体活動レベル別に食事摂取基準値を示している。

> 炭水化物、食物繊維、たんぱく質、脂質、n-6・n-3系脂肪酸、飽和脂肪酸、エネルギー産生栄養素バランス、各脂溶性ビタミン、各水溶性ビタミン、各多量ミネラル（ナトリウム・カリウム・カルシウム・マグネシウム・リン）、各微量ミネラル

次の文は、「日本人の食事摂取基準（2020年版）」（厚生労働省）の小児（1〜17歳）に関する記述である。適切な記述を○、不適切な記述を×とした場合の正しい組み合わせを一つ選びなさい。　令和2年（後期）問5

A 身体活動レベル（PAL）は2区分である。
B 3〜5歳におけるカルシウムの推奨量は、骨塩量増加に伴うカルシウム蓄積量が生涯で最も増加する時期であるため、他の年代に比べて高い。
C 脂質の目標量は、男女で異なる。
D 1〜2歳の基礎代謝基準値は、3〜5歳より高い。

（組み合わせ）
　　A　B　C　D
1　○　○　○　×
2　○　○　×　○
3　○　×　○　○
4　×　○　○　×
5　×　×　×　○

 次の文は、ビタミンと食品に関する記述である。適切な記述を○、不適切な記述を×とした場合の正しい組み合わせを一つ選びなさい。　平成28年（前期）問3

A ビタミンDは、網膜で光を受容する物質の主成分であり、欠乏すると夜盲症を発症する。
B にんじん、ほうれんそうなどの緑黄色野菜は、ビタミンDを豊富に含み、その優れた補給源である。
C ビタミンCは、抗酸化作用を持つとともに、壊血病の予防因子である。
D 「6つの基礎食品」では、ビタミンCを豊富に含む果物は、第4群（類）に分類されている。

（組み合わせ）
　　A　B　C　D
1　○　○　○　×
2　○　×　×　○
3　×　○　○　○
4　×　○　×　×
5　×　×　○　○

A 17

正解 5

A × 日本人の食事摂取基準において小児（1〜17歳）の**身体活動区分は1〜2歳、3〜5歳は1区分**、6歳以上は男女ともに低い・普通・高いの**3区分**に分けて推定エネルギー必要量を示している。

B × **カルシウムの推奨量**について、骨塩量増加に伴うカルシウム蓄積量が生涯で最も増加する時期であるために他の年代よりも高いのは（男女ともに）**12〜14歳**である。

C × 脂質の摂取基準は、総エネルギーに占める脂肪エネルギーの割合で示し、1歳以上は目標量として**20〜30%**としている。これは男女ともに同一値である。

D ○ **1〜2歳の基礎代謝基準値は、3〜5歳より高い**。基礎代謝基準値は、体重1kgあたりの基礎代謝量を示す数値である。年齢が上がると数値は小さくなる。

A 18

正解 5

A × 網膜で光を受容する物質の主成分で、欠乏すると夜盲症を発症するのは**ビタミンA**であり、ビタミンDではない。目の網膜にある**ロドプシン**が光の明暗を感じる物質であり、ビタミンAはその主成分となる。

B × にんじん、ほうれん草などの緑黄色野菜は、**βカロテン**を豊富に含み体内でビタミンAに変換される。ビタミンDではない。ビタミンAは**脂溶性ビタミン**であり、動物性食品に含まれるレチノールが代表で体内での吸収率もよいが、緑黄色野菜は補給源として大切である。

C ○ ビタミンCは、抗酸化作用を持つとともに、欠乏症として壊血病があげられる。ビタミンCは**水溶性**であり、**体内で蓄積できず**、調理によって栄養素の損失が発生しやすいので不足しないように注意する。

D ○ 「6つの基礎食品」では、ビタミンCを豊富に含む果物は**淡色野菜**とともに**第4群**に分類される。第1群は肉・魚・卵・大豆等。第2群は**牛乳・乳製品・海藻・小魚**。第3群は緑黄色野菜。第5群は穀類・いも類・砂糖。第6群は**油脂類**である。

8

子どもの食と栄養

次の文は、妊娠期の栄養と食生活に関する記述である。適切な記述を○、不適切な記述を×とした場合の正しい組み合わせを一つ選びなさい。

平成28年（前期）問12改

A 「日本人の食事摂取基準（2020年版）」では、カルシウムの妊婦付加量は示されていない。
B 「日本人の食事摂取基準（2020年版）」において、たんぱく質（推奨量：g/日）の妊婦（付加量）初期は、＋10とされている。
C 「妊産婦のための食事バランスガイド」（「健やか親子21」推進検討会報告書（平成18年：厚生労働省））において、妊娠初期の主菜の1日分付加量は、＋1である。
D 妊娠中の母親の飲酒は、胎児性アルコール症候群の子どもが生まれる可能性が高まる。

（組み合わせ）

	A	B	C	D
1	○	○	○	○
2	○	○	×	○
3	○	×	×	○
4	×	○	○	○
5	×	×	○	×

 次の文のうち、妊娠中の食事に関する記述として、適切な記述を○、不適切な記述を×とした場合の正しい組み合わせを一つ選びなさい。

令和3年（前期）問10

A サバは、食物連鎖によって水銀を多く含むため、妊娠中に食べる場合は注意が必要である。
B 魚は一般に、良質なたんぱく質や不飽和脂肪酸を多く含むため、妊娠期の栄養バランスに欠かせないものである。
C 妊娠中は、リステリア菌に感染しやすくなるため、ナチュラルチーズや生ハムは避ける。
D ビタミンAは妊娠中に必要量が増すため、妊娠前からレバーやサプリメントの継続的な摂取が望ましい。

（組み合わせ）

	A	B	C	D
1	○	○	○	○
2	○	○	×	○
3	○	×	○	×
4	×	○	○	×
5	×	×	×	○

A 19　　　　　　　　　　　　　　　　　　　　　　　正解　3

A ○　「日本人の食事摂取基準（2020年版）」では、カルシウムの妊婦付加量は示されていない。妊娠中は腸管からのカルシウムの吸収率が著しく上昇して母体に取り込まれるが、母体の尿中への排泄量も増加するために、カルシウムの付加量は設定されていない。

B ×　「日本人の食事摂取基準（2020年版）」において、たんぱく質（推奨量：g／日）の妊婦初期の付加量は0であるが、中期で＋5、後期で＋25、授乳期で＋20である。

C ×　「妊産婦のための食事バランスガイド」において、主菜の一日分の付加量は妊娠中期で**＋1**、妊娠後期と授乳期では**＋1**である。**妊娠初期**では付加量は示されていない。

D ○　妊娠中の母親の飲酒は、**胎盤**を通ってそのまま胎児にアルコールを送る。胎児の未熟な**肝臓**ではアルコールを分解できずに胎児の発育に影響を及ぼす可能性がある。妊娠中にアルコールを飲まなければ防げるので、妊婦は飲酒を避けるようにする。

A 20　　　　　　　　　　　　　　　　　　　　　　　正解　4

A ×　魚の一部には、**食物連鎖**によって水銀を取り込んでいる場合がある。妊娠中は胎児の発育に影響を与える可能性があるので食べる魚の種類と量に気をつける。サバは特に注意が必要ではない。注意が必要な魚としては、**マグロ類**や**キンメダイ**などがある。

B ○　魚は**良質なたんぱく質**や、血管障害の予防やアレルギー反応を抑制する作用があるDHA、EPAを多く含みカルシウム等の栄養素の摂取源である。妊娠期の栄養バランスを整えてくれる食材である。

C ○　**リステリア菌**は乳製品、食肉加工品、魚介類加工品から検出される例が多く、加熱により死滅するが、ナチュラルチーズや生ハムなど加熱しないでそのまま食べる食品が原因となり**食中毒**が発生することがある。妊婦は免疫力が低下しやすいので症状が重くなる可能性がある。

D ×　**ビタミンA**は、上皮細胞・器官の成長や分化に関与するため妊婦にとっても重要だが、**過剰摂取**により先天奇形が増加する報告がある。妊娠前よりレバーやサプリメントの継続摂取は避ける。

✎ よく出るポイント　◆ **食事バランスガイドにおける妊婦・授乳婦の付加量**

［単位：つ(SV)］	主食	副菜	主菜	牛乳・乳製品	果物
妊娠中期（16～28週）		＋1つ	＋1つ		＋1つ
妊娠後期（28週以上）授乳期	＋1つ	＋1つ	＋1つ	＋1つ	＋1つ

（出典：厚生労働省　妊産婦のための食事バランスガイドより）

③子どもの発育・発達と食生活

次の文は、「授乳・離乳の支援ガイド」（2019年改定版：厚生労働省）に示されている「授乳等の支援のポイント」の一部である。（ A ）～（ C ）にあてはまる語句を【語群】から選択した場合の正しい組み合わせを一つ選びなさい。

令和元年（後期）問7

- 特に（ A ）から退院までの間は母親と子どもが終日、一緒にいられるように支援する。
- 授乳を通して、母子・親子のスキンシップが図られるよう、しっかり（ B ）、優しく声かけを行う等暖かいふれあいを重視した支援を行う。
- （ C ）等による授乳への支援が、母親に過度の負担を与えることのないよう、（ C ）等への情報提供を行う。

【語群】

ア	妊娠前	イ	妊娠中	ウ	出産後	エ	寝かせて
オ	抱いて	カ	母親と父親	キ	父親や家族	ク	祖父母

（組み合わせ）

	A	B	C
1	ア	オ	キ
2	イ	エ	ク
3	イ	オ	キ
4	ウ	エ	カ
5	ウ	オ	キ

次の文は、幼児期の咀しゃく機能に関する記述である。適切な記述を○、不適切な記述を×とした場合の正しい組み合わせを一つ選びなさい。

平成28年（後期）問11

A　1歳半頃に奥歯に相当する第一乳臼歯が生え始める。
B　咀しゃく機能は、乳歯の生え揃う頃までに獲得される。
C　上下の奥歯（第二乳臼歯）が生え揃う前から、大人と同じような固さの食べ物を与える。
D　乳歯は生え揃うと、上下10本ずつとなる。

（組み合わせ）

	A	B	C	D
1	○	○	○	○
2	○	○	×	○
3	○	×	○	○
4	×	×	○	×
5	×	×	×	×

A 21

正解 5

・特に（ A.**ウ 出産後** ）から退院までの間は母親と子どもが終日、一緒にいられるように支援する。

・授乳を通して、母子・親子のスキンシップが図られるよう、しっかり（ B.**オ 抱いて** ）、優しく声かけを行う等暖かいふれあいを重視した支援を行う。

・（ C.**キ 父親や家族** ）等による授乳への支援が、母親に過度の負担を与えることのないよう、（ C.**キ 父親や家族** ）等への情報提供を行う。

A ウ 出産後から退院までの間は母親と子どもが終日、一緒にいられるように支援する。子どもが欲しがる時、母親が飲ませたい時にはいつでも授乳できるように支援する。

B オ 授乳を通して、母子・親子のスキンシップが図られるよう、しっかり抱いて、優しく声かけを行うなどの暖かいふれあいを重視した支援を行う。育児用ミルクを用いる場合に重視したい支援である。

C キ 父親や家族等による授乳の支援が、母親に過度の負担を与えることのないよう、父親や家族等への情報提供を行う。母乳の場合も育児用ミルクを用いる場合も重要である。

A 22

正解 2

A ○ **第1乳臼歯**は**12〜18か月頃**に生え始めるとされているので正しい。前中央から4本目で奥歯になる。乳歯の生え始める時期には個体差があるが、第1乳臼歯が前後左右生え揃う頃には、離乳食も進み、完成期になる。

B ○ 個体差はあるが、**乳歯20本**が生え揃うのは**2歳半**位が目安になり、その頃には咀しゃく機能も獲得されてさまざまな食べ物が食べられるようになる。

C × 上下の一番奥の**第2乳臼歯**が生え揃うと、大人と同じような固さの食べ物も咀しゃくできるようになるので、生え揃う前から与えるのは間違いである。

D ○ 乳歯は上下左右に5本ずつで、全部で20本である。前後片側に前中央から乳中切歯、乳側切歯、乳犬歯、第1乳臼歯、第2乳臼歯の順に並ぶ。

8

子どもの食と栄養

加点のポイント ◆**年齢別の食生活**

乳児の授乳期・離乳食期は、厚生労働省の「**授乳・離乳の支援ガイド**」を参考にする。母親の妊娠期や授乳期は、食事バランスガイドにおける「**妊婦・授乳婦の付加量**」や「**日本人の食事摂取基準**」における各栄養素の付加量を参考にする。幼児期・学童期・思春期等の成長期には、それぞれの時期に適した食生活を考える。生活習慣病の予防を考慮した食生活を幼少期から始めて、成人の食生活の基盤を築く。

Q23 ★★★

次の文は、「授乳・離乳の支援ガイド」（平成31年：厚生労働省）Ⅱ-2「離乳の支援」に示されている咀しゃく機能の発達の目安に関する記述である。【Ⅰ群】の月齢と【Ⅱ群】の咀しゃく機能の発達を結びつけた場合の正しい組み合わせを一つ選びなさい。

平成30年（後期）問8改

【Ⅰ群】
A 5、6か月頃（離乳食の開始）
B 7、8か月頃
C 9～11か月頃
D 12～18か月頃

【Ⅱ群】
ア 手づかみ食べで前歯で噛み取る練習をして、一口量を覚える。
イ 口の前の方を使って、食べ物を取り込み、舌と上あごでつぶしていく動きを覚える。
ウ 舌と上あごでつぶせないものを、歯ぐきの上でつぶすことを覚える。
エ 口に入った食べ物を、えん下（飲み込む）反射が出る位置まで送ることを覚える。

（組み合わせ）
	A	B	C	D
1	ア	ウ	エ	イ
2	ウ	ア	エ	イ
3	ウ	イ	エ	ア
4	エ	ア	イ	ウ
5	エ	イ	ウ	ア

Q24 ★★☆

次の文は、学童期及び思春期の栄養と食生活に関する記述である。適切な記述を○、不適切な記述を×とした場合の正しい組み合わせを一つ選びなさい。

平成27年（地域限定）問9改

A 「令和2年度学校保健統計調査」（文部科学省）によると、小学校の女子では、年齢が上がるにつれて、肥満傾向児の出現率が増加する。
B 「令和2年度学校保健統計調査」（文部科学省）によると、小学校の女子では、年齢が上がるにつれて痩身傾向児の出現率が増加する。
C 急速な身体的発育に伴い血液量が増加する時期であり、特に女子では、月経の開始等で鉄の必要量が増す。
D 「日本人の食事摂取基準（2020年版）」において、15～17歳のたんぱく質の食事摂取基準（推奨量：g/日）は、男性女性ともに、18～29歳の量と同じである。

（組み合わせ）
	A	B	C	D
1	○	○	○	○
2	○	○	○	×
3	○	○	×	○
4	×	○	×	×
5	×	×	○	○

A 23

正解 5

A エ 5、6か月頃の離乳食の開始時期は、口に入った食べ物を嚥下反射が出る位置まで舌で運び、飲み込むことを覚える。子どもの様子を見ながら**つぶしがゆ**から一さじずつ始める。

B イ 7、8か月頃は、口の前の方を使って、食べ物を取り込み、舌と上あごでつぶしていく動きを覚える。**一日2回食**となり食事のリズムをつけて、色々な味や舌ざわりを楽しめるように**食品の種類**を増やす。

C ウ 9〜11か月頃は、舌とあごでつぶせないものを、**歯ぐきの上でつぶす**ことを覚える。食事のリズムを大切に、**一日3回食**に進めていく。

D ア 12〜18か月頃は、手づかみ食べで前歯で噛み取る練習をして、一口量を覚えていく。**歯ぐきで噛める**かたさの食品で、一日3回の食事のリズムを覚える。

A 24

正解 2

A ○ 「令和2年度学校保健統計調査」によると、小学校の女子では、年齢が上がるにつれて肥満傾向児の出現率が**増加**している。6歳児では**5.16**％であるが11歳児では**9.36**％であった。

B ○ 「令和2年度学校保健統計調査」によると、小学校の女子では、年齢が上がるにつれて痩身傾向児の出現率が**増加**している。なお、**小学校の男子**においても同様の傾向がみられる。

C ○ 急速な身体的発育に伴い**血液量**が増加する時期であり、特に女子では、**月経**の開始等で鉄の必要量が増す。月経ありでは月経なしに比べて、鉄の**推定平均必要量**も推奨量も増加する。

D × 学童期及び思春期の栄養と食生活に関する記述では、「日本人の食事摂取基準（2020年版）」において、15〜17歳のたんぱく質の食事摂取基準の推奨量は男性65g/日、女性55g/日であり、18〜29歳では男性65g/日、女性50g/日である。

加点のポイント ◆乳幼児期の食事の目安

		生後5、6か月頃	7、8か月頃	9か月〜11か月頃	12か月〜18か月頃
調理形態		**なめらかにすりつぶした状態**	**舌でつぶせる固さ**	**歯ぐきでつぶせる固さ**	**歯ぐきで噛める固さ**
一回あたりの目安量	穀類	**つぶしがゆ**から始める。すりつぶした野菜なども試してみる。慣れてきたら、つぶした豆腐・白身魚・卵黄等を試してみる	全粥50〜80g	全粥90〜軟飯80g	軟飯80〜ご飯80g
	野菜・果物		20〜30g	30〜40g	40〜50g
	魚		10〜15g	15g	15〜20g
	または肉		10〜15g	15g	15〜20g
	または豆腐		30〜40g	45g	50〜55g
	または卵		**卵黄**1個〜全卵1/3個	全卵1/2個	全卵1/2〜2/3個
	または乳製品		50〜70g	80g	100g

（出典：厚生労働省「授乳・離乳の支援ガイド」）

8 子どもの食と栄養

Q25 次の文は、母乳に関する記述である。適切な記述を一つ選びなさい。

令和２年（後期）問７

1 母乳中の糖質は、しょ糖（スクロース）を多く含む。
2 母乳のたんぱく質含量は、普通牛乳より少ない。
3 母乳には、消化吸収のよい飽和脂肪酸が多く含まれている。
4 母乳中のカルシウム量は、普通牛乳より多い。
5 冷凍母乳は免疫物質を保持するため、電子レンジで解凍するとよい。

Q26 次の文は、「平成27年度乳幼児栄養調査結果の概要」（厚生労働省）における幼児期の食生活に関する記述である。適切な記述を〇、不適切な記述を×とした場合の正しい組み合わせを一つ選びなさい。

平成29年（後期）問８

A 「13種類の食物の摂取頻度」（２～６歳児）で、穀類は「毎日２回以上」摂取していると回答した保護者の割合が最も高率であった。
B 「子どもの間食の与え方」（２～６歳児）で、「欲しがるときにあげることが多い」と回答した保護者の割合が最も高率であった。
C 「子どもの食事で特に気をつけていること」（２～６歳児）は、「特にない」と回答した保護者の割合は約５割であった。
D 「現在子どもの食事について困っていること」（２～３歳未満）では、「遊び食べをする」と回答した保護者の割合が最も高率であった。

（組み合わせ）

	A	B	C	D
1	〇	〇	〇	×
2	〇	〇	×	〇
3	〇	〇	×	×
4	〇	×	×	〇
5	×	×	×	〇

A 25

正解 2

1 ✕ 母乳中の糖質は乳糖が**7割**で、乳糖はエネルギー源になる他に、**糖たんぱく質**や無機質の構成成分、脳神経系の構成成分になる。その他はオリゴ糖で腸内の悪玉菌から乳児を守る働きがある。

2 ◯ **母乳のたんぱく質含量は普通牛乳より少なく**、牛乳の3分の1である。しかし、母乳のたんぱく質は**乳児の発育に合わせた組成**になっているので、不足の心配はない。

3 ✕ 母乳に含まれる脂肪酸は、DHAやアラキドン酸が多く不飽和脂肪酸である。必須脂肪酸である多価不飽和脂肪酸であり、消化吸収もよく栄養価も高い。

4 ✕ **母乳中のカルシウム量は、普通牛乳よりも少ない**。しかし、**0〜5か月の乳児**では母乳から必要なカルシウム量は摂取できる。5か月以降は離乳食で補うが、**9か月以降**はたんぱく質が多い**フォローアップミルク**も使える。

5 ✕ 冷凍母乳の解凍は**自然解凍または流水解凍**が適する。その後、**40度前後のぬるま湯**で湯せんして温める。電子レンジのように急激に熱エネルギーを加えると成分が変化する心配がある。

A 26

正解 4

A ◯ 食物の摂取頻度において2〜6歳児保護者の回答では、毎日2回以上摂取しているのは**穀類**の97％が一番高率で、**お茶などの甘くない飲料**84.4％、**牛乳・乳製品**35.8％、**肉**12.2％、果物11.1％、甘味飲料10.9％、**大豆・大豆製品**7.3％、**魚**5.5％などであった。

B ✕ 2〜6歳児の保護者の回答で、子どもの間食の与え方では、**時間を決めてあげることが多い**と回答した者の割合が56.3％と最も高く、甘い飲み物やお菓子を1日に摂る回数は、どの年齢階級も**1回**が多かった。

C ✕ 子どもの食事で特に気をつけていること（2〜6歳児）では、**栄養バランス**72％、**一緒に食べること**69.5％、**食事のマナー**67％の順であり、「特にない」と回答した保護者の割合は1.7％であった。

D ◯ 2〜3歳児の保護者で子どもの食事で困っていることは、**遊び食べをする**41.8％、**むら食い**33.4％、**偏食する**32.1％、**食事より甘い飲み物やお菓子を欲しがる**24.8％、**食べるのに時間がかかる**23.3％の順であった。

8

子どもの食と栄養

次の文は、人工乳および調乳法に関する記述である。適切な記述を○、不適切な記述を×とした場合の正しい組み合わせを一つ選びなさい。

平成28年（後期）問7

A 乳児用調製粉乳を飲んでいる乳児は、生後9か月頃になったらフォローアップミルクに切り替える必要がある。

B 無乳糖乳は、乳糖を除去し、ブドウ糖におきかえた育児用粉乳である。

C アレルギーの治療用に乳児に用いられるアミノ酸混合乳は、アミノ酸が多く配合され、牛乳たんぱく質を含む。

D 調乳の際には、一度沸騰させた後 70℃以上に保った湯を使用し、調乳後2時間以内に使用しなかった乳は廃棄する。

（組み合わせ）

	A	B	C	D
1	○	○	×	○
2	○	×	○	×
3	×	○	○	×
4	×	○	×	○
5	×	×	○	×

次の文は、「授乳・離乳の支援ガイド」（平成31年：厚生労働省）に示されている離乳と離乳の支援に関する記述である。適切な記述を○、不適切な記述を×とした場合の正しい組み合わせを一つ選びなさい。

平成28年（前期）問6改

A 離乳の開始頃の発達の目安として、首のすわりがしっかりしている、支えてやるとすわれる、食物に興味を示す、スプーンなどを口に入れても舌で押し出すことが少なくなる（哺乳反射の減弱）などがあげられる。

B 生後5、6か月頃は、つぶしがゆから始め、すりつぶした野菜やつぶした豆腐・白身魚、全卵などを試してみる。

C 生後9か月～11か月頃は、歯ぐきでつぶせる固さのものを与える。なお、1日3回の離乳食のほかに、母乳は子どもの欲するままに、育児用ミルクは1日2回程度与える。

D ベビーフードを利用するときには、子どもの月齢や固さのあったものを選び、与える前には一口食べて確認する。

（組み合わせ）

	A	B	C	D
1	○	○	○	○
2	○	○	×	○
3	○	×	○	○
4	○	×	×	○
5	×	×	○	×

A 27
正解 4

A × 離乳食が進み、**母乳**や**育児用ミルク**から牛乳に切り替える時期に、消化機能の発達が未熟な場合は、牛乳が摂取できるようになるまでの栄養補給のため**フォローアップミルク**を用いることがあるが、育児用ミルクでも構わない。

B ○ 乳糖を含むミルクによって、下痢や腹痛を起こす乳児のために**無乳糖乳**がある。**乳糖不耐症用のミルク**であり、乳糖の代わりにブドウ糖を加えた育児用粉乳である。

C × **アレルギー症状**がある乳児には、たんぱく質を最小限まで分解したアミノ酸を主成分とする**アミノ酸混合乳**を**医師の指示**にしたがい与える。アミノ酸混合乳は牛乳たんぱく質を全く含まない。

D ○ 調乳では、**70℃以上**に保った湯で十分に粉ミルクを溶かし、人肌に冷ましてから与える。飲み残した場合は、**2時間以上**経過したミルクは**食中毒の危険**があるので処分する。

A 28
正解 3

A ○ 離乳の開始頃の発達の目安として、**首のすわり**がしっかりしている、支えてやると**座れる**、食物に興味を示す、スプーンなどを口に入れても舌で押し出すことが少なくなる（哺乳反射の減弱）等があげられるとある。この時期は生後**5～6**か月頃に当たる。

B × 生後5～6か月頃の離乳食を始める頃は、**つぶしがゆ**から始め、すりつぶした野菜やすりつぶした豆腐、白身魚などを試してみるという点は適切だが、全卵は**7**か月を過ぎた頃からが適する。

C ○ 生後9か月～11か月では、**歯ぐきでつぶせる固さ**のものを与える。食事の内容や回数については、「離乳食は**1日3回**にし、食欲に応じて、離乳食の量を増やす。離乳食の後に母乳又は育児用ミルクを与える。このほかに、授乳のリズムに沿って母乳は**子どもの欲するまま**に、育児用ミルクは**1日2回**程度与える」と記載されている。

D ○ ベビーフードを利用する時には、子どもの月齢や**固さ**の適したものを選び、与える前には一口食べて確認するというのは適切である。温めて与える時には熱すぎないように**温度**を確認することも大切である。

加点の ポイント ◆ **母乳（育児）の利点**

母乳による育児には、次のような利点がある。

1	乳児に最適な成分組成で少ない代謝負担
2	感染症の発症及び重症度の低下
3	小児期の肥満やのちの2型糖尿病の発症リスクの低下
4	産後の母体の回復の促進
5	母子関係の良好な形成

（出典：厚生労働省「授乳・離乳の支援ガイド」2019.3改訂版）

8

子どもの食と栄養

次の文は、幼児期の食生活に関する記述である。適切な記述を○、不適切な記述を×とした場合の正しい組み合わせを一つ選びなさい。　平成28年（前期）問8改

A 穀類の一種である米は、主としてエネルギー源であり、たんぱく質もある程度含んでいるので、幼児の食事では、適量を与えるようにする。
B 授乳・離乳の支援ガイド（平成31年：厚生労働省）では、ベビーフードを利用する時の留意点として、瓶詰やレトルト製品は開封後はすぐに与え、食べ残しは与えないとしている。
C 「平成27年度乳幼児栄養調査」（厚生労働省）によると、2～6歳児で、野菜を毎日食べない子どもは約6割である。
D 「平成27年度乳幼児栄養調査」（厚生労働省）によると、2～6歳児で、果汁などの甘味飲料をほぼ毎日飲んでいるのは、2人に1人となっている。

（組み合わせ）

	A	B	C	D
1	○	○	○	○
2	○	○	×	×
3	○	×	○	○
4	○	×	×	○
5	×	○	○	×

次の文のうち、「授乳・離乳の支援ガイド」（2019年：厚生労働省）に示されているベビーフードを利用する際の留意点に関する記述として適切な記述を○、不適切な記述を×とした場合の正しい組み合わせを一つ選びなさい。
令和3年（前期）問6

A ベビーフードの食材の大きさ、固さ、とろみ、味付け等を、離乳食を手づくりする際の参考にする。
B 不足しがちな鉄分の補給源として、レバーは適さない。
C 主食を主とした製品を使う場合には、野菜やたんぱく質性食品の入ったおかずや、果物を添えるなどの工夫をする。

（組み合わせ）

	A	B	C
1	○	○	○
2	○	×	○
3	○	×	×
4	×	○	○
5	×	×	×

A 29

正解 2

A ○ 米（精白米）100gの中には、**6.2**gほどのたんぱく質が含まれている。炊飯したご飯100gの中には**2.5**gほどのたんぱく質が含まれている。米は**炭水化物**を多く含み、主食として主たるエネルギー源となる。離乳食もつぶしがゆから始めるようにご飯は消化にも問題がなく、幼児期の食生活に米を適量与えるのは適切である。

B ○ 与える前に別の器に移して、小分けをして、冷凍または冷蔵することもできる。食品表示をよく読んで適切な使用に注意する。衛生面の観点から食べ残しや作り置きは与えない。用途に合わせて上手に選択して用いる。

C ✕ 平成27年度乳幼児栄養調査2～6歳では、野菜を毎日2回以上食べるが52%、1回食べるが25%である。

D ✕ 平成27年度乳幼児栄養調査2～6歳では、果汁などの甘味飲料を毎日2回以上飲むが10.9%、1回飲むが20.8%である。

A 30

正解 2

A ○ **ベビーフード**は、子どもの月齢や固さのあったものを選び、与える前には一口食べて確認をする。温めた場合には熱すぎないか温度にも注意する。また食材の大きさ、固さ、とろみ、味付け等を離乳食を手作りする際の参考にする。

B ✕ ベビーフードを利用する際は、不足しがちな**鉄分の補給源**としてレバーなどを取り入れた製品の利用も可能なので、用途に合わせて上手に選択する。ベビーフードの種類は豊富で調理しにくい素材を下ごしらえしたものもある。

C ○ 2回食になったら、ごはんや麺類などの主食、野菜を使った副菜と果物、たんぱく質性食品の入った主菜が揃う食事内容になるように工夫する。また**開封後の保存**には注意し、食べ残しや作りおきは与えない。

④食育の基本と内容

次の文のうち、「第３次食育推進基本計画」（平成28年：農林水産省）に関する記述として、適切な記述を○、不適切な記述を×とした場合の正しい組み合わせを一つ選びなさい。　　令和３年（前期）問13

A 重点課題の一つに、「高齢者世代を中心とした食育の推進」がある。
B 基本的な取組方針の一つに、「食に関する感謝の念と理解」が定められている。
C 食育の推進の目標の一つに、「ゆっくりよく噛んで食べる国民の割合の増加」がある。
D 食育の総合的な促進に関する事項の一つに、「生産者と消費者との交流の促進、環境と調和のとれた農林漁業の活性化等」がある。
E 食育の推進に関する施策を総合的かつ計画的に推進するために必要な事項の一つに、「国による推進計画の作成等とこれに基づく施策の促進」がある。

（組み合わせ）

	A	B	C	D	E
1	○	○	○	×	×
2	○	○	×	○	×
3	○	×	×	○	○
4	×	○	○	○	×
5	×	×	○	○	○

次の文は、保育所における食育に関する記述である。適切な記述を○、不適切な記述を×とした場合の正しい組み合わせを一つ選びなさい。　　平成27年 問14

A 体調不良、食物アレルギー、障害のある子どもなど、一人一人の子どもの心身の状態等に応じ、嘱託医、かかりつけ医等の指示や協力の下に適切に対応する。
B 栄養士が配置されている場合は、専門性を生かした対応を図る。
C 自然の恵みとしての食材や調理する人への感謝の気持ちが育つように、子どもと調理員との関わりや、調理室など食に関わる保育環境に配慮する。
D 食育の基本となる目標と内容を保育の場で具体化するには、養護と教育を一体として展開する必要がある。

（組み合わせ）

	A	B	C	D
1	○	○	○	○
2	○	○	×	×
3	○	×	○	○
4	×	○	×	×
5	×	×	×	○

A 31

正解 4

A × 「第3次食育推進基本計画」の重点課題の一つに、「**若い世代を中心**とした食育の推進」がある。「高齢者世代を中心」という記述は間違い。若い世代が自分自身で取り組む食育の推進、次世代に伝えつなげる食育の推進を目指す。

B ○ 基本的な取り組み方針は7つあり「食に関する感謝の念と理解」はその中の一つ。世界の食糧事情をみると、約8億人が飢餓や栄養不足で苦しんでいるのが実態である。この状況を理解し感謝の念を持ち**食品ロス**に取り組む大切さを理解する。

C ○ 「第3次食育推進基本計画」の目標の一つに、「ゆっくりよく噛んで食べる国民の割合の増加」がある。健康な食生活を送るためには口腔機能が発達し、維持されることが大切で、**健康寿命の延伸**に向け噛み方や食べる速さに着目した食育が重要である。

D ○ 食を生み出す場として**農林漁業に関する理解**が必要である。生産者と消費者との顔が見える関係の構築や生産・食品の製造・流通の現場への理解は食育を進めていくうえで重要である。

E × 総合的かつ計画的に食育を推進するために必要な事項の一つは、**地方公共団体**による推進計画の作成等とこれに基づく施策の促進であり、国によるものではないので誤りである。

A 32

正解 1

A ○ 保育所では保護者との連携を十分にして、**毎日の乳幼児の体調を確認すること**が大切であるが、特に食物アレルギーや障害のある乳幼児では、嘱託医やかかりつけ医の指示を仰いで、十分な注意を払う。

B ○ 栄養士の専門性を活用して、乳幼児に対する食育のみならず、保護者に対しても**食育の幅が広がるような取り組み**を考えたい。

C ○ 調理室から聞こえてくる調理の音や匂いに接し、乳幼児が食に興味を持ち、食品の入手方法や調理法に関心を持ち、**感謝の念を持って食事をする環境作り**は食育に大切である。

D ○ 保育所における食育では、養護的側面と教育的側面が切り離せるものではなく、**実際の保育**の中で、毎日の生活や遊びを通して、食育の実践が行われている。こうした中で乳幼児期の子どもの**心とからだの成長**が進み、将来への土台が構築されていく。

加点のポイント

◆ 食育のポイント

食育基本法が2005（平成17）年に制定され、保育所は食育推進の拠点の一つとなることが求められている。また、以下の指針や「保育所保育指針」の中に示されている、食育の推進における基本、計画、環境に関する内容も理解しておこう。

■楽しく食べる子どもに〜保育所における食育に関する指針〜（厚生労働省発表 食育の5項目）

1 食と健康（自らが健康で安全な生活を作り出す力を養う）
2 食と人間関係（自立心を育て、人と関わる力を養う）
3 食と文化（食を通じてさまざまな文化を理解し、作り出す力を養う）
4 いのちの育ちと食（食を通じて、命を大切にする力を養う）
5 料理と食（調理に目を向けて、素材や調理に関心を持つ力を養う）

次の文は、「保育所保育指針」第3章「健康及び安全」の2「食育の推進」の一部である。（ A ）～（ D ）にあてはまる語句の正しい組み合わせを一つ選びなさい。

令和元年（後期）問16

・保育所における食育は、健康な生活の基本としての「（ A ）」の育成に向け、その基礎を培うことを目標とすること。
・子どもが自らの感覚や体験を通して、（ B ）としての食材や食の循環・環境への意識、調理する人への感謝の気持ちが育つように、子どもと調理員等との関わりや、調理室など食に関わる保育環境に配慮すること。
・保護者や地域の多様な関係者との（ C ）の下で、食に関する取組が進められること。
・体調不良、食物アレルギー、障害のある子どもなど、一人一人の子どもの心身の状態等に応じ、嘱託医、かかりつけ医等の（ D ）の下に適切に対応すること。

（組み合わせ）

	A	B	C	D
1	連携及び協働	食を営む力	指示や協力	自然の恵み
2	連携及び協働	食を営む力	協議	指示や協力
3	連携及び協働	自然の恵み	協議	指示や協力
4	食を営む力	自然の恵み	指示や協力	連携及び協働
5	食を営む力	自然の恵み	連携及び協働	指示や協力

次の文は、保育所における食育に関する記述である。適切な記述を〇、不適切な記述を×とした場合の正しい組み合わせを一つ選びなさい。

平成25年 問14

A 食育の実践においては、養護と教育を一体として総合的に展開していくことが求められる。
B 乳幼児を対象とする食育においては、発育・発達に応じた内容とする。
C 子どもと調理員との関わりや、調理室など食に関わる保育環境に配慮する。
D 栄養士が配置されている場合は、専門性を生かした対応を図る。

（組み合わせ）

	A	B	C	D
1	〇	〇	〇	〇
2	〇	〇	×	〇
3	×	〇	〇	×
4	×	〇	×	〇
5	×	×	〇	×

A 33

正解 5

- 保育所における食育は、健康な生活の基本としての「（ A.**食を営む力** ）」の育成に向け、その基礎を培うことを目標とすること。
- 子どもが自らの感覚や体験を通して、（ B.**自然の恵み** ）としての食材や食の循環・環境への意識、調理する人への感謝の気持ちが育つように、子どもと調理員等との関わりや、調理室など食に関わる保育環境に配慮すること。
- 保護者や地域の多様な関係者との（ C.**連携及び協働** ）の下で、食に関する取組が進められること。
- 体調不良、食物アレルギー、障害のある子どもなど、一人一人の子どもの心身の状態等に応じ、嘱託医、かかりつけ医等の（ D.**指示や協力** ）の下に適切に対応すること。

A **食を営む力**：保育所における食育は健康な生活の基本として、食を営む力の育成に向けて、その基礎を培うことを目標にしている。生活と遊びの中で**食事を楽しみ合う子ども**に成長していくことを期待している。

B **自然の恵み**：子どもが自らの感覚や体験を通して、自然の恵みとしての食材や調理する人への**感謝の気持ち**が育つように食に関わる保育環境を整備する食育を目指す。

C **連携及び協働**：保護者や地域の多様な関係者との連携及び協働のもとで、食に関する取り組みが進められることが大切である。地域の関係機関等との日常的な連携を図り、必要な協力が得られるように努めることを目指す。

D **指示や協力**：一人ひとりの子どもの心身の状態などに応じ、嘱託医、かかりつけ医などの指示や協力のもとに適切に対応する。**栄養士**が配置されている場合は、**専門性を生かした対応**を図ること。

A 34

正解 1

A ○ 「**食育の実践**においては、養護と教育を一体として総合的に展開していくことが求められる」とあるのは適切である。**保育所**における養護と教育は切り離せるものではなく、また独立して実践はできない。

B ○ 「乳幼児を対象とする食育においては、発育・発達に応じた内容とする」とあるのは適切である。**乳幼児期**の体格、理解度、情緒等の発育、発達は**個人差**が著しく、同じ年齢でも月齢によっても差が大きい。

C ○ 「子どもと調理員との関わりや、調理室など食に関わる保育環境に配慮する」とあるのは適切である。**食に興味を示しやすい環境づくり**は大切で、食を楽しむきっかけを提供したい。

D ○ 「栄養士が配置されている場合は、**専門性**を生かした対応を図る」とあるのは適切である。**栄養士**が持つ知識を乳幼児や保護者に伝えられる機会を作りたい。

⑤家庭や児童福祉施設における食事と栄養

Q35 ★★☆

次の文は、「食品による子供の窒息事故に御注意ください！－6歳以下の子供の窒息死事故が多数発生しています－」（平成29年3月：消費者庁）における食品の窒息事故についての記述である。適切な記述を○、不適切な記述を×とした場合の正しい組み合わせを一つ選びなさい。

平成29年（後期）問10

A 窒息死事故の原因となった食品の中で判明している食品として多いものには、菓子類、果実類、パン類などがある。
B 食品による子供の窒息事故を予防するポイントの一つとして、「食品を小さく切り、食べやすい大きさにして与える」があげられている。
C 食事の介助をする際の注意の一つとして、「ゆっくり落ち着いて食べることができるよう子供の意思に合ったタイミングで与える」があげられている。
D ピーナッツなどの硬い豆・ナッツ類は、1歳から食べさせるようにする。

（組み合わせ）

	A	B	C	D
1	○	○	○	×
2	○	○	×	○
3	○	×	○	○
4	×	○	×	×
5	×	×	×	○

Q36 ★★☆

次のうち、献立作成および調理の基本に関する記述として、適切な記述を○、不適切な記述を×とした場合の正しい組み合わせを一つ選びなさい。

令和3年（後期）問4

A 献立は、一般にご飯と汁物（スープ類）に主菜と副菜1～2品をそろえると、充実した内容で、栄養的にも優れた献立となる。
B 主菜には、肉、魚、卵、大豆および大豆製品などを主材料とするたんぱく質を多く含む料理が含まれる。
C 副菜には、野菜、いも、きのこ、海藻などを主材料とする料理などが含まれる。
D 汁物の食塩の基準濃度は、一般に4～5％である。

（組み合わせ）

	A	B	C	D
1	○	○	○	×
2	○	○	×	×
3	○	×	○	×
4	×	○	×	○
5	×	×	○	×

A 35 　　　　　　　　　　　　　　　　　　　　　　　　　　　　　正解　1

A ○ **菓子類**ではマシュマロ・ゼリー・団子など、**果実類**ではりんご・ぶどうなど、**パン類**ではホットドッグ・菓子パンなどの窒息事故の事例が多い。その他の事例には焼肉・唐揚げ・餅・寿司・チーズ・そうめんなどがある。

B ○ 子どもの窒息事故死は6歳以下の子どもに特に多く、**食品を小さく切り、食べやすい大きさ**にして与え、**よく噛んで食べさせる**ように指導する。お茶や水でのどを湿らせ、ゆっくりかみ砕いて飲み込む習慣をつける。

C ○ 子どもが話をしながら、遊びながら、歩きながら、また寝転んだまま食べないように注意を払う。また、**眠くなっていないか**を注意して、ゆっくり落ち着いて、**子供の意思にあったタイミング**で食べることに集中できるように環境を整える。

D × ピーナッツなどの硬い豆・ナッツ類は**細かく砕いても、気管支に入りやすいので3歳頃**までは食べさせないようにする。年長の子が乳幼児にとって危険な食品を与えないように注意することも必要である。

A 36 　　　　　　　　　　　　　　　　　　　　　　　　　　　　　正解　1

A ○ 一日に必要な栄養素をまんべんなく摂取するには、**偏りのない献立**を考える必要がある。基本となる**一汁三菜**の考え方に沿って献立を構成すると栄養的にも充実する。

B ○ **主菜**はメインのおかずとなるが、肉・魚・卵・大豆および大豆製品などを主材料とする**たんぱく質**を多く含む食品で構成する。主菜の献立を決めて、不足する栄養素を副菜で補う。

C ○ **副菜**は、**野菜・いも・きのこ・海藻**などを主材料として、主菜との組み合わせがマッチする献立を構成する。主菜・副菜で栄養の偏りがないようにバランスをとる。

D × **汁物の食塩**の基準濃度は、一般に**0.8%**である。塩分制限を必要とする人は特に薄い味付けを工夫する必要がある。出汁を濃い目にとるなどして工夫する。

✏ よく出るポイント　◆ ビタミンのまとめ

ビタミンは代謝の調節や体の発育・活動を正常に保つ、エネルギー代謝を助けるなど、欠かせない栄養素で、体内で作り出すことはできないので食品から摂取する。脂溶性ビタミンと水溶性ビタミンに大別され、ビタミンそれぞれに働きが異なる。

脂溶性ビタミン：ビタミンA、ビタミンD、ビタミンE、ビタミンK

水溶性ビタミン：ビタミンB_1、ビタミンB_2、ビタミンB_6、ビタミンB_{12}、ビタミンC、ナイアシン、葉酸、パントテン酸、ビオチン

どのビタミンも摂取不足では欠乏症が発生する。また、βカロテン（緑黄色野菜に多い）のように体内でビタミンAに変換されるビタミンも存在している。

次の文は、「家庭でできる食中毒予防の6つのポイント」(厚生労働省)に関する記述である。不適切な記述を一つ選びなさい。

令和元年(後期) 問17

1 表示のある食品は、消費期限などを確認し、購入する。
2 冷蔵庫内は、15℃以下に維持することが目安である。
3 購入した肉・魚は、水分のもれがないように、ビニール袋などにそれぞれ分けて包み、持ち帰る。
4 残った食品は早く冷えるように浅い容器に小分けして保存する。
5 食中毒予防の三原則は、食中毒菌を「付けない、増やさない、やっつける(殺す)」である。

次の文のうち、「保育所におけるアレルギー対応ガイドライン」(2019年:厚生労働省)に関する記述として、適切な記述を〇、不適切な記述を×とした場合の正しい組み合わせを一つ選びなさい。

令和3年(前期) 問17

A 魚卵、果物、ナッツ類、ピーナッツ、甲殻類は、幼児期以降に新規発症する傾向がある。
B アレルギー食は、別献立で作った方が、作業効率が良い。
C 加工食品は、納入のたびに使用材料を確認する。
D 小麦アレルギーの場合、基本的に醤油も除去する。
E 新規の食物は、家庭において可能であれば2回以上、何ら症状が誘発されないことを確認した上で、給食として提供することが理想的である。

(組み合わせ)

	A	B	C	D	E
1	○	○	○	○	×
2	○	○	○	×	×
3	○	×	○	×	○
4	×	○	○	×	○
5	×	×	×	×	○

A 37

正解 2

1 ○ **消費期限**は、製造後、日持ちが**おおむね5日以内**の食品に、食べられる期限を示す。弁当・総菜・調理パンなどがある。消費期限内に食べる予定の食品を購入する。

2 ✕ 食中毒予防では、冷蔵庫内の温度は10℃以下、冷凍庫はマイナス15℃以下に維持することが目安。細菌の多くは10℃以下では**増殖がゆっくり**となり、マイナス15℃以下では**増殖が停止**する。

3 ○ 購入した肉・魚は水分のもれがないように、ビニール袋に入れて持ち帰り、すぐに冷蔵庫に入れる。冷蔵庫内の他の食品に肉汁などがかからないように清潔な容器を用いる工夫をするとよい。

4 ○ 残った食品は**浅い容器に小分けして保存**した方が早く冷える。時間が経ち過ぎた食品は廃棄する。残った食品を温めなおす時は**75℃以上**で十分に加熱する。

5 ○ 食品は鮮度のよいものを選び、消費期限に注意し保存方法に気を配る。台所の衛生管理を徹底し、手洗いを励行する。食中毒予防の三原則は食中毒菌を**「付けない」「増やさない」「やっつける（殺す）」**である。

A 38

正解 3

A ○ **食物アレルギー**の有症率は、乳幼児期が最も高いが成長とともに治癒することが多い。乳幼児期は鶏卵・牛乳・小麦が主なアレルゲンであるが、食生活の幅が広がる幼児期以降に新たな食品に対して発症することもある。

B ✕ 保育所におけるアレルギー食は、原因物質を**完全除去**するという考え方で統一する。アレルギー症状を誘発するリスクの少ない食物は使わずに、原因物質の**完全除去**という基本理念で、アレルギーのない子どもと共通メニューを目指す。食器の色を変えるなど配膳ミスを避ける工夫をすることも大切である。

C ○ 加工食品は、**原材料の確認の取れない**ものは使用しない。原材料が変わることもあるので納入のたびに確認をする。製造業者・納品業者に対して食物アレルギーについての問題意識の共有を行う。

D ✕ 醤油は原材料に小麦が使われているが、醤油が生成される発酵過程で小麦たんぱく質は**完全に分解される**ので、小麦アレルギーであっても醤油の摂取はできる。

E ○ **新規の食べ物**は、家庭において可能であれば2回以上、保育所で提供する以上の量を食べて食物アレルギー症状が出ないことを確認してもらう。保育所で「初めて食べる」ことを避ける。

⑥特別な配慮を要する子どもの食と栄養

 次の文は、食物アレルギーに関する記述である。適切な記述を〇、不適切な記述を×とした場合の正しい組み合わせを一つ選びなさい。　平成29年(後期)問19

A 乳児期の食物アレルギーの原因食物は、鶏卵、牛乳、小麦が多い。
B アレルギー反応を起こす抗原をアレルゲンという。
C 食物アレルギーにより引き起こされる症状には、皮膚症状、消化器症状、呼吸器症状などがある。
D 食物アレルギーにより、多臓器にわたる症状を呈した場合をアナフィラキシーという。
E 「食品表示法」によりアレルギー表示が義務づけられている食品は、卵、乳、小麦、大豆、そばの5品目である。

（組み合わせ）

	A	B	C	D	E
1	〇	〇	〇	〇	×
2	〇	×	〇	×	〇
3	×	〇	×	〇	〇
4	×	〇	×	〇	×
5	×	×	〇	×	〇

 次の文は、疾病および体調不良の子どもへの食事の留意点に関する記述である。不適切な記述を一つ選びなさい。　平成31年(前期)問18

1 消化のよいものを与えるとよい。
2 野菜スープの上ずみ、みそ汁の上ずみ、重湯などは消化管に対する負担が少ない。
3 肉類は、脂肪の多い牛肉が適している。
4 脱水症を予防するために、水分を補給する。
5 嘔吐がある場合には、様子を見ながら母乳は与えてよい。

A 39

正解 1

A ○ 乳児期の食物アレルギーの原因物質として、**鶏卵・牛乳（乳製品）・小麦**の３つが多い。これらの食品はさまざまな加工食品に含まれるので、アレルギーを持つ乳児の保護者は、微量であっても摂取を避けるように気をつける。

B ○ アレルギー反応を起こす抗原をアレルゲンという。症例が多くアレルギー症状が比較的強い７品目を**特定原材料**といい、これに準ずるアレルゲンを20品目定めている。

C ○ 食物アレルギーにより引き起こされる症状は、蕁麻疹・紅斑・むくみ等の**皮膚症状**、腹痛・下痢・嘔吐などの**消化器症状**、咳・喘息発作などの**呼吸器症状**や鼻炎・結膜炎などがある。さらに重症になると**血圧が低下**するなどアナフィラキシーショック症状が起こる。

D ○ 食物アレルギーにより、短時間で激しい症状が現れることを**アナフィラキシー**といい、命にかかわる事態もある。症状が複数同時に現れたり、治ったと思っても再び症状が出ることもある。

E × 食品表示法により、アレルギー表示が義務品目として求められている特定原材料は**卵・乳・小麦・そば・落花生・えび・かに**の**７品目**である。他に推奨品目が20品目ある。

A 40

正解 3

1 ○ 体調不良の子どもへの食事では、**消化のよい物**を与えるとよい。消化の悪い食品には、たけのこ、きのこ、海藻類などがある。

2 ○ **消化管に負担が少ない食事**がよい。ゆっくりよく噛んで食べるように教える。冷たいものは一気に飲まないように気を付ける。

3 × 脂肪の多い肉類は、消化の悪い食品の一つである。**油分の少ない食材**を選び、小さく切り柔らかく調理する。

4 ○ 脱水症は、強いのどの渇きや食欲減退、さらには意識障害が現れるなど危険であるため、水分補給に効果的な**電解質飲料**を与える。

5 ○ 嘔吐がある場合も脱水症にならないように、**水分補給**が大切である。母乳を飲むことができる場合には与えて水分を補う。

Q41 次の食品のうち、摂食機能の発達に遅れがある子どもが飲み込みやすい食品として、適切なものを○、不適切なものを×とした場合の正しい組み合わせを一つ選びなさい。　令和3年（前期）問19

★★★

A　プリン
B　かゆ
C　食パン
D　ヨーグルト
E　たけのこ

（組み合わせ）

	A	B	C	D	E
1	○	○	○	○	×
2	○	○	×	○	×
3	○	×	×	×	○
4	×	○	○	○	×
5	×	×	×	×	○

Q42 次の文のうち、不適切な記述を一つ選びなさい。　令和2年（後期）問19

★★★

1　下痢の時には、食物繊維を多く含む料理を与える。
2　乳児は、胃の形状から嘔吐しやすい。
3　嘔吐後に、吐き気がなければ、様子を見ながら経口補水液などの水分を少量ずつ摂らせる。
4　脱水症の症状として、排尿間隔が長くなり、尿量が減る等がある。
5　嘔吐物の処理に使用した物（手袋、マスク、エプロン、雑巾等）は、ビニール袋に密閉して、廃棄する。

A 41

正解 2

A ○ 摂食機能の発達に遅れがある子どもには、**プリン**はのど越しがよく飲み込みやすい。卵と牛乳を使用するのでたんぱく質も摂取でき栄養価も高い。

B ○ **粥**は、水分が多く飲み込みやすい食品である。糖質の摂取によりエネルギー源になる。離乳食の初期から使われるように消化もよい。摂食機能の状態に応じて粥の固さを変えて対応するとよい。

C × 摂食機能に遅れのある子どもは、食パンは飲み込みにくい。牛乳やスープなどに食パンを浸して、十分に水分を吸収した状態のパンを食べさせる等の工夫が必要。パサパサする食品はのどに詰まる危険がある。

D ○ **ヨーグルト**は柔らかく、なめらかで水分もあるので舌でまとめてのどに運ぶことができる。摂食機能の発達に遅れがあっても飲み込みやすい食品である。

E × たけのこは、飲み込みにくい食品である。細かく刻んでも固形物の形状が変わらないのでのどを通りにくい。フードプロセッサーなどを使ってすりつぶして**ペースト**状にすると飲み込みやすくなる。

A 42

正解 1

1 × 食物繊維には、腸壁を刺激して排便を促す働きもあり、下痢の時には適さない。経口補水液などで水分補給ができたら、重湯や煮込みうどん等を少しずつ与えて様子をみる。

2 ○ 乳児の胃は**とっくりのような形**をしているうえに入口のしまりが弱く、げっぷと一緒に乳汁を嘔吐しやすい。これを**溢乳**という。大人の胃は水平であるのに対し乳児は垂直であるのも原因である。

3 ○ 嘔吐が続く時は、水分も吐いてしまうことがあるので吐き気が収まったら**経口補水液**などの水分を摂る。電解質の補給や維持に必要な成分を含むので体の回復に適する。

4 ○ 脱水症状が現れると、**尿量が減り、排尿間隔が長くなる**。体重の2%相当の水分が失われるとのどの渇きや食欲減退、さらには**意識障害**が起こることもある。

5 ○ 嘔吐した場合には、食中毒が原因の可能性もあり、嘔吐物の中に**ウイルスや菌**が含まれている場合もある。**二次感染**を防ぐためにも処理に使用した物は、ビニール袋に**密閉し廃棄**する。

次の文は、子どもの疾病や症状と食生活に関する記述である。適切な記述を○、不適切な記述を×とした場合の正しい組み合わせを一つ選びなさい。

平成28年（前期）問18

A 口内炎では、食事の調味はうす味とし、酸味、香辛料は避けて、体温程度で与える。
B 下痢の際は、脂肪の多い食品や料理は控えるようにする。
C 便秘の場合、食欲不振の有無を確認するとともに、腸の蠕動運動を促す食物繊維の多い食物を与えるようにする。
D 吐き気や嘔吐がある場合は、それらが治まってから水分の補給を行う。少量の水分を与え、嘔吐しないことを確認し、少しずつ増量する。

（組み合わせ）

	A	B	C	D
1	○	○	○	○
2	○	○	×	○
3	○	×	○	○
4	×	○	×	○
5	×	×	○	×

次のうち、障害のある子どもの食事に関する記述として、適切な記述を○、不適切な記述を×とした場合の正しい組み合わせを一つ選びなさい。

令和3年（後期）問17

A スプーンのボール部の幅は、口の幅より大きいものを選ぶとよい。
B カットコップは、傾けても鼻にあたりにくく、飲みやすく工夫されている。
C 食器は、縁の立ち上がっているものの方がすくいやすい。
D 食事の援助をする場合は、子どもと同じ目の高さで行うことが基本である。

（組み合わせ）

	A	B	C	D
1	○	○	○	○
2	○	○	×	×
3	○	×	×	×
4	×	○	○	○
5	×	×	○	○

A 43

正解 1

A ○ 口内炎では、食事の調味はうす味とし、酸味、香辛料は避けて、体温程度で与えることは適切である。酸味や香辛料は**炎症部分を刺激して痛みを伴い食べにくい**。また熱いものや冷たいものも避ける。

B ○ 下痢の際は、脂肪の多い食品や料理は控えるようにするのは適切である。下痢の時には消化のよいものを摂取するとよい。スープやみそ汁、果物などは水分と一緒に**カリウム**や**ナトリウム**が摂取でき、脱水の心配を減らせる。脂肪の多いものは消化が悪い。

C ○ 便秘の場合、食欲不振の有無を確認するとともに、腸の蠕動運動を促す**食物繊維**の多い食物を与えるようにするのは適切である。特に不溶性食物繊維は**豆類**や**野菜**に多く、腸壁を刺激して蠕動運動を活発にする。

D ○ 吐き気や嘔吐のある場合は、それらが治まってから水分の補給を行う。**水分の摂取だけでも吐き気や嘔吐を起こす場合もある**ので、少量の水分を与え、嘔吐しないことを確認し、少しずつ増量する。

A 44

正解 4

A × 障害のある子どもの食事介助では、子どもが食べやすい食器を用意することも重要である。スプーンを使って舌の上に食品を運ぶ動作から考えて、**口の幅より小さいスプーンの幅**を選ぶ。

B ○ **カットコップ**とは、コップの飲み口が一部へこんでいる形状であるので、傾けても鼻にあたりにくい。一般のコップでは、傾けると鼻にあたるだけでなく、中身も見えにくいため飲む量がわからない。

C ○ 平らな皿は、食品をすくいにくい。**縁が立ち上がっている食器**におかずを入れると、縁を利用してスプーンの背でまとめてすくいやすくなる。

D ○ 座位で食事が難しい場合でも、頭を高くして口に入れた食品がのどを通りやすい体勢を維持できるように、環境を整える必要がある。同時に**子どもと同じ目の高さ**で食事援助を行う。

加点のポイント ◆ 3大栄養素の消化の流れのイメージ（産生されるエネルギー量）

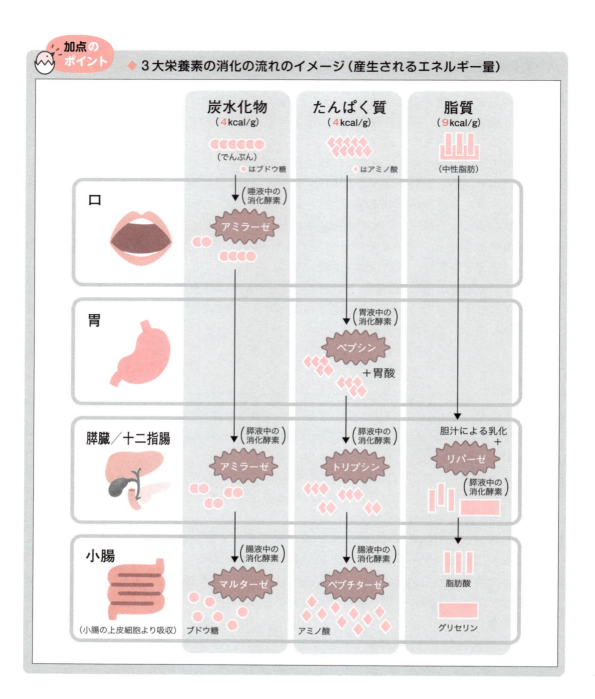

9

保育実習理論

9章 保育実習理論

①保育所における保育と実習／保育者論

Q01 ★★★

次の文は、「保育所保育指針」の第1章及び第2章の一部である。文中の（　）の中に「遊び」という言葉を入れたとき、正しい記述となるものを○、誤った記述となるものを×とした場合の正しい組み合わせを一つ選びなさい。

令和元年（後期）問14

A 保育所は、その目的を達成するために、保育に関する専門性を有する職員が、家庭との緊密な連携の下に、子どもの状況や発達過程を踏まえ、保育所における（　）を通して、養護及び教育を一体的に行うことを特性としている。

B 子どもが自発的・意欲的に関われるような環境を構成し、子どもの主体的な活動や子ども相互の関わりを大切にすること。特に、乳幼児期にふさわしい体験が得られるように、生活や（　）を通して総合的に保育すること。

C 障害のある子どもの保育については、一人一人の子どもの発達過程や障害の状態を把握し、適切な環境の下で、障害のある子どもが他の子どもとの（　）を通して共に成長できるよう、指導計画の中に位置付けること。

D 幼児期において自然のもつ意味は大きく、自然の大きさ、美しさ、不思議さなどに直接触れる（　）を通して、子どもの心が安らぎ、豊かな感情、好奇心、思考力、表現力の基礎が培われることを踏まえ、子どもが自然との関わりを深めることができるよう工夫すること。

（組み合わせ）

	A	B	C	D
1	○	×	○	×
2	○	×	×	○
3	×	○	○	×
4	×	○	×	×
5	×	×	○	○

Q02 ★★☆

次の文のうち、「保育所保育指針」の第4章「子育て支援」2「保育所を利用している保護者に対する子育て支援」の一部として、（a）～（d）の下線部分が、正しいものを○、誤ったものを×とした場合の正しい組み合わせを一つ選びなさい。

令和元年（後期）問16

保護者の就労と子育ての（ a　両立等 ）を支援するため、保護者の（ b　多様化 ）した保育の需要に応じ、病児保育事業など多様な事業を実施する場合には、保護者の状況に配慮するとともに、子どもの（ c　主体性 ）が尊重されるよう努め、子どもの生活の（ d　特殊性 ）を考慮すること。

（組み合わせ）

	a	b	c	d
1	○	○	○	×
2	○	○	×	○
3	○	○	×	×
4	×	×	○	○
5	×	×	○	×

354

A 01

正解 4

A × 第1章「総則」1「保育所保育に関する基本原則」(1)「保育所の役割」イでは、保育所は、その目的を達成するために、保育に関する専門性を有する職員が、家庭との緊密な連携の下に、**子どもの状況や発達過程**を踏まえ、**保育所における（環境）を通して、養護及び教育を一体的に行う**ことを特性としている。

保育の基本は、環境を通して行うことであり、環境は、人的環境、物的環境、自然や社会の事象を指す。「遊び」では、「養護と教育を一体的に行う」という箇所が適切ではないということからも、回答することができる。

B ○ 乳幼児期にふさわしい体験が得られるように、**生活や（遊び）を通して総合的に保育する**ことが求められている。第1章「総則」1「保育所保育に関する基本原則」(3)「保育の方法」オの内容であり正しい。

C × 第1章「総則」3「保育の計画及び評価」(2)「指導計画の作成」キに、「障害のある子どもの保育については、**一人一人の子どもの発達過程や障害の状態を把握し**、適切な環境の下で、障害のある子どもが他の子どもとの（生活）を通して共に成長できるよう、指導計画の中に位置付けること」と記載されている。障害のある子どもと他の子どもがともに過ごし、成長していける場面は「遊び」だけではない。

D × 第2章「保育の内容」3「3歳以上児の保育に関するねらい及び内容」(2)ねらい及び内容ウ「環境」(ウ)「内容の取扱い」②に「幼児期において自然のもつ意味は大きく、自然の大きさ、美しさ、不思議さなどに直接触れる（体験）を通して、子どもの心が安らぎ、**豊かな感情、好奇心、思考力、表現力**の基礎が培われることを踏まえ、子どもが自然との関わりを深めることができるよう工夫すること」と記載されている。

A 02

正解 3

保護者の就労と子育ての（ a.**両立等** ）を支援するため、保護者の（ b.**多様化** ）した保育の需要に応じ、病児保育事業など多様な事業を実施する場合には、保護者の状況に配慮するとともに、子どもの（ c.**福祉** ）が尊重されるよう努め、子どもの生活の（ d.**連続性** ）を考慮すること。

第4章「子育て支援」2「保育所を利用している保護者に対する子育て支援」(2)「保護者の状況に配慮した個別の支援」アの文章である。なお、生活の連続性という言葉は、保育所保育指針のなかで複数回登場しており、「**指導計画の作成**」「**家庭及び地域社会との連携**」においても子どもの生活の連続性に配慮するよう記載されている。

次の【事例】を読んで、【設問】に答えなさい。　平成29年（後期）問14

【事例】
保育所に勤務している保育士Ｋさんは、保育所内外の研修の重要性が高まる中、「望ましい研修像」について考えている。

【設問】
次の文のうち、「保育所保育指針」第５章「職員の資質向上」に照らして、「望ましい研修像」として適切な記述を○、不適切な記述を×とした場合の正しい組み合わせを一つ選びなさい。

A 職員の意欲が向上し主体性が尊重されること。
B 一人一人の学びの深まりにつながっていること。
C 職員間の連携が密であること。
D 日々の保育実践に生きるものであること。

（組み合わせ）
	A	B	C	D
1	○	○	○	○
2	○	×	○	○
3	○	×	×	○
4	×	○	○	×
5	×	○	×	○

次のうち、「保育所保育指針」第２章「保育の内容」２「１歳以上３歳未満児の保育に関わるねらい及び内容」の一部として、正しいものを○、誤ったものを×とした場合の正しい組み合わせを一つ選びなさい。　令和３年（後期）問18

A 健康な心と体を育て、自ら健康で安全な生活をつくり出す力を養う。
B 他の人々と親しみ、支え合って生活するために、自立心を育て、人と関わる力を養う。
C 周囲の様々な環境に責任感をもって関わり、それらを生活に取り入れていこうとする力を養う。
D 経験したことや考えたことなどを自分なりの言葉で表現し、相手の話す言葉を聞こうとする意欲や態度を育て、言葉に対する感覚や言葉で表現する力を養う。
E 感じたことや考えたことを自分なりに表現することを通して、豊かな感性や表現する力を養い、創造性を豊かにする。

（組み合わせ）
	A	B	C	D	E
1	○	○	○	×	×
2	○	○	×	○	○
3	○	×	○	×	○
4	×	×	○	×	×
5	×	×	×	○	○

A 03　　正解 1

A ○ 保育の質を向上させるためには、日常的に職員同士が**主体的**に学び合う姿勢と環境が必要である。また職場内での研修を充実させていく必要がある。

B ○ 各職員は、自己評価にもとづく課題を踏まえ、**それぞれの職位や職務内容等に応じて**、各職員が必要な知識及び技能を身につけられるようにする必要がある。

C ○ 職員は、保育の課題等に対して共通理解を深め、また研修で得た知識及び技能を**他の職員と共有すること**で、保育所全体としての保育実践の質、専門性を向上させていくことができる。そのためには、職員間の連携を密にしておかなければならない。

D ○ 保育の質や職員の専門性の向上を図るためには、職場内での研修だけでなく、**外部研修に参加する機会**も確保しておく必要がある。

A 04　　正解 2

A、B、D、Eはそれぞれ、「保育所保育指針」第2章「保育の内容」2「1歳以上3歳未満児の保育に関わるねらい及び内容」における　**ア　健康**、**イ　人間関係**、**エ　言葉**、**オ　表現**である。**ウ　環境**は、「周囲の様々な環境に**好奇心や探究心**をもって関わり、それらを生活に取り入れていこうとする力を養う」であり、Cは誤りである。よって、選択肢**2**が正解となる。

◆ 指導計画とは

全体的な計画にもとづいて保育目標や保育方針を具体化する実践計画である。

「指導計画」は具体的なねらいと内容、環境構成、予想される活動、保育士等の援助、家庭との連携等で構成される。作成にあたっては、子ども一人ひとりの発達過程や状況を十分に踏まえ、子どもの**発達過程**を見通し、生活の**連続性**、**季節**の変化等を考慮し、子どもの実態に即した具体的なねらい及び内容を設定することが大切である。また、「指導計画」は、1年間の子どもの生活や発達を見通した**長期的**な指導計画と、より具体的な子どもの日々の生活に即した**短期的**な指導計画とに分かれる。長期的な計画は、1年間をさらにいくつかの期（年・期・月）に分け、子どもの発達やそれぞれの時期にふさわしい保育内容を計画する。短期計画（週・日）では、長期的な計画との関連性や連続性が尊重されることも理解しておく必要がある。

Q05 次の文は、「保育所保育指針」第1章「総則」3「保育の計画及び評価」（2）「指導計画の作成」の一部である。（ A ）～（ C ）にあてはまる語句の正しい組み合わせを一つ選びなさい。

令和2年（後期）問18

- 3歳未満児については、一人一人の子どもの生育歴、心身の発達、活動の実態等に即して、（ A ）な計画を作成すること。
- 3歳以上児については、個の成長と、子ども相互の関係や（ B ）な活動が促されるよう配慮すること。
- 異年齢で構成される組やグループでの保育においては、一人一人の子どもの生活や経験、発達過程などを把握し、適切な援助や（ C ）ができるよう配慮すること。

（組み合わせ）

	A	B	C
1	個別的	並行的	環境構成
2	総合的	並行的	指導計画
3	個別的	協同的	環境構成
4	総合的	協同的	指導計画
5	個別的	並行的	指導計画

Q06 次の文のうち、「保育所児童保育要録」に関する記述として、適切な記述を○、不適切な記述を×とした場合の正しい組み合わせを一つ選びなさい。

令和3年（前期）問18

A 保育所児童保育要録の送付については、入所時や懇談会などを通して、保護者に周知しておくことが望ましい。

B 子どもの就学に際して、作成した保育所児童保育要録の抄本又は写しを地方自治体の長に送付する。

C 保育所児童保育要録の作成にあたっては、保護者との信頼関係を基盤として、保護者の思いを踏まえつつ記載する。

D 保育所児童保育要録は、最終年度の子どもについて作成する。

（組み合わせ）

	A	B	C	D
1	○	○	○	×
2	○	○	×	×
3	○	×	○	○
4	×	×	○	○
5	×	×	×	×

A 05

正解 3

・3歳未満児については、一人一人の子どもの生育歴、心身の発達、活動の実態等に即して、（ A.**個別的** ）な計画を作成すること。

・3歳以上児については、個の成長と、子ども相互の関係や（ B.**協同的** ）な活動が促されるよう配慮すること。

・異年齢で構成される組やグループでの保育においては、一人一人の子どもの生活や経験、発達過程などを把握し、適切な援助や（ C.**環境構成** ）ができるよう配慮すること。

A 3歳未満児は、特に心身の発育・発達が顕著な時期であると同時に、その**個人差**も大きいため、一人ひとりの子どもの状態に即した保育が展開できるよう**個別的**な指導計画を作成することが必要である。

B 3歳以上児は、個を大切にする保育を基盤として、**集団**において安心して自己を発揮できるようにする。また協同して遊びを展開していく経験を通して、**仲間意識**を高めていくことから、**協同的**な活動が促されるよう配慮することが必要である。

C 異年齢の編成の場合は、子どもの**発達差**が大きいため、個々の子どもの状態を把握したうえで、保育のねらいや内容をもった適切な援助や**環境構成**が必要である。

A 06

正解 3

A ○ 保育所児童保育要録の送付については、入所時や懇談会などを通して、**保護者に周知しておく**ことが望ましい。また、個人情報保護や情報開示のあり方にも注意が必要である。

B × 市町村の支援の下に、保育所児童保育要録の抄本または写しを就学先の**小学校の校長に送付する**ことになっている。

C ○ 保育所児童保育要録は、保護者との信頼関係を基盤として、**保護者の思いを踏まえつつ記載する**。また、保育所では作成した保育所児童保育要録の原本等について、その子どもが**小学校を卒業するまでの間保存する**ことが望ましい。

D ○ 保育所児童保育要録は、**最終年度の子どもについて作成する**こと、また作成にあたっては、施設長の責任の下、**担当の保育士が記載する**こととなっている。また、保育所児童保育要録は国の定型があるのではなく、**各市区町村**が、地域の実情等を踏まえ、様式を作成することになっている。

よく出るポイント ◆ 保育所保育指針第2章「保育の内容」について

保育所保育指針第2章は頻出項目のため、しっかり覚えておこう。

実際の保育は、「養護」と「教育」が**一体**となって展開される。「養護」とは、子どもの「**生命**の保持」と「**情緒の安定**」のために保育士等が行う援助や関わりのことである。また、「教育」とは「子どもが健やかに成長し、その活動がより豊かに展開されるための**発達の援助**」のことである。「養護」と「教育」はそれぞれ「ねらい」と「内容」によって構成される。特に、「乳児保育に関わるねらい及び内容」においては、その発達時期の特徴から「身体的発達に関する視点」「社会的発達に関する視点」「精神的発達に関する視点」がある。それぞれの「ねらい」と「内容」は、保育所保育指針第2章「保育の内容」をよく読んでしっかり確認しよう。

②児童福祉施設における保育と実習

次の文は、児童養護施設での実習における事前指導で、実習指導担当者が実習生に説明した内容である。適切な記述を○、不適切な記述を×とした場合の正しい組み合わせを一つ選びなさい。

平成29年（後期）問19

A 実習で知り得た入所児の個人情報は、福祉現場の理解を深めてもらうため、家族や友人に話しても構わない。
B 実習記録には、大学等での事後指導で振り返りができるように、利用者名を実名で記述しなければならない。
C 福祉現場の具体的な状況を広く一般に知ってもらうために、実名を伏せればSNS（ソーシャル・ネットワーキング・サービス）に利用者の写真を掲載してもよい。
D 入所児から携帯番号などの個人連絡先について教えてほしいと求められた場合は、可能な限り応じるようにする。

（組み合わせ）

	A	B	C	D
1	○	○	○	×
2	○	○	×	○
3	○	×	○	×
4	×	○	×	○
5	×	×	×	×

次の【事例】を読んで、【設問】に答えなさい。

令和元年（後期）問19

【事例】
母子生活支援施設で実習をしているＰさん（21歳、女性）は、実習指導を担当する職員からＱさん（20歳、女性）とＷちゃん（1歳6か月、男児）の母子の自立支援計画の作成をするよう指示された。
Ｑさんは外国で生まれ育ち、3年前に就労目的で日本にやってきた。職場で日本人の男性と知り合い、結婚し、Ｗちゃんを出産したが、その直後から夫はＱさんに対して暴力を振るうようになった。そのため、ＱさんはＷちゃんを連れて逃げだし、DV被害者を対象としたシェルターに保護された。その後、現在の母子生活支援施設に入所して1か月が経った。Ｑさんは日本語での日常会話や簡単な読み書きしかできない。Ｗちゃんは元気に施設の近くにある保育所に通っており、新しい生活に慣れてきた。しかしＱさんは、身近に相談できる友人がいないため、将来の生活に対して漠然と不安を感じている。Ｗちゃんのためには夫のもとに戻った方がよいのではないかと考えたり、怖いので戻りたくないと考えたり、混乱している状況である。また、現在のところ、夫との離婚は考えていない。

【設問】
次のうち、Ｐさんが作成する自立支援計画の1か月以内の取り組みの内容として、最も適切な記述を一つ選びなさい。

1 本人の意向を尊重し、夫との関係修復を目標とする。
2 養育の負担を減らすため、Ｗちゃんを児童養護施設に措置し、Ｑさんは日本語の修得を目指す。
3 DVによるＱさんの心理的被害への治療に取り組む。
4 Ｗちゃんに適切な養育環境を提供するため、里親委託を目指す。
5 夫との関係を断ち切るために、Ｑさんと夫との離婚調停を進める。

A 07

正解 5

A × 「児童福祉施設の設備及び運営に関する基準」第14条の2には、児童福祉施設職員が**業務上知り得た利用者またはその家族の秘密を正当な理由がなく漏らしてはならない**と定められており、実習生の家族であっても秘密は守らなければならない。

B × 実習記録は、個人が特定される表現を取らず、**イニシャル等で、実習施設内において指導担当者と実習生が共通理解できる表現で行うこと**が原則である。大学での事後指導では、性別、年齢等の**振り返りの場で共有する必要のある範囲**でわかればよく、特定に結びつく個人情報は記録しないことになっている。

C × 実習で知り得た個人情報は「**守秘義務**」がある。福祉現場の現状を広く**一般に知ってもらう役割**は実習生にはない。また、施設には、被虐待児など親から逃れて生活している子どももおり、**映像の流出は子どもの安全を脅かす**ことになりかねず、一切認められない。

D × 入所児童から連絡先を求められることはよくあることだが、実習生は、その子どもについて責任を持つ立場にない。その子のためにと思って教えたとしても、施設を飛び出して連絡してきた子どもに責任を持つことはできず、**結果として無責任な行為**となる。絶対に教えてはならないことを自覚する必要がある。

A 08

正解 3

1 × Qさんの意向は定まっておらず、Wちゃんのために夫のもとに戻った方がよいと考えたり、怖いので戻りたくないと考えたりと混乱している状態である。そのような状況で、職員の側から夫との関係修復を目的とした支援をするのは適切ではない。

2 × 母子関係に問題は見られず、Wちゃんも保育所に通って慣れてきているため適切ではない。

3 ○ 心理的な問題を抱える入所者に対して、その問題の治療に取り組むことは適切な対応といえる。

4 × 母子関係に問題は生じていないため、母子を引き離す必要性がない。

5 × Qさんは、夫との離婚は考えていないため適切ではない。

次の【事例】を読んで、【設問】に答えなさい。　　令和元年（後期）問20

【事例】
T保育士は、児童養護施設で勤めはじめて2か月の新任である。T保育士が担当するM君（9歳）は、N君（7歳）に対して怒鳴って言うことをきかせようとしたり、N君の持ち物を壊したりすることが多くある。T保育士はその都度、注意するが、M君は全く素直に応じることがなく、反発する。ある時、こうした反抗的な態度に対してT保育士はとても腹を立て、声を荒げた。その様子を見ていた主任保育士はT保育士に対するスーパービジョンの際、「専門職としてあなた自身が自らの感情を自覚し理解する必要があるのではないか」と述べた。

【設問】
次のうち、主任保育士の発言が示唆している内容を、バイスティックの7原則にあてはめた場合の最も適切なものを一つ選びなさい。

1　個別化
2　受容
3　意図的な感情の表出
4　統制された情緒的関与
5　自己決定

次の【事例】を読んで、【設問】に答えなさい。　　平成27年（地域限定）問18

【事例】
Fさん（20歳代、女性）は、児童養護施設で保育士として働いています。担当しているグループホームのGちゃん（小学5年生、女児）が小学校から帰宅したので「おかえり。今日は早かったね。」と声をかけたところ、いつも明るく返事をしてくれるGちゃんが、その日はFさんをちらりと見ただけで、何も答えずに自分の部屋に入ってしまいました。

【設問】
この出来事の後、Fさんが保育士として取るべき対応として、最も適切でないものを一つ選びなさい。

1　Gちゃんが示した行動の理由について考える。
2　いつも通りの対応を続け、しばらく様子をみる。
3　グループホームのリーダーをしている保育士にこの出来事を伝え、相談する。
4　挨拶は基本的な生活習慣として大切であることをGちゃんに伝える。
5　Gちゃんの態度は相手を傷つけることだと知ってもらうために、Gちゃんのことを無視する。

A 09

正解 4

1 × **個別化**とは、クライエントの問題は一人ひとり違っており、同じ問題は存在しないとする考え方のことである。たくさんの相談支援を経験すると、クライエントの抱える問題をパターンに当てはめて一律に対応しがちであるが、個別化の観点にたち、「問題」をみるのではなく「クライエント本人」をみる視点が大切である。

2 × **受容**とは、クライエントを否定せず、理解しようとすることである。

3 × **意図的な感情の表出**とは、クライエントが抑え込んでいる不安や怒りなどの感情表現を自由に表出できるようにすることである。負の感情であっても自分の感情を表現できる環境をつくることで、クライエントの心の壁を取り除きやすくなる。

4 ○ **統制された情緒的関与**とは、クライエントの感情に呑まれないようにすることである。Ｔ保育士には、受容の態度を示すだけでなく、クライエントの感情に過度に影響を受けないように、自らの感情を自覚しコントロールすることが求められている。よって、最も適切な選択肢といえる。

5 × **自己決定**とは、問題解決に向けて行動を決定するのはクライエントであるということである。

A 10

正解 5

1 ○ Ｇちゃんの様子がいつもと違うのには、必ず理由がある。学校で何かあったと思われることから、Ｇちゃんの気持ちや心理状況を思いやり、**どんな理由があるのか**を考え、対応についても考えることが大切である。

2 ○ Ｇちゃんの気持ちや心理状況を思いやり、いつもと同じ対応をしながら様子を見て、Ｇちゃんのその後の**様子から理由や気持ちを考えること**は必要である。ただし、様子を見たままでは不適切な対応になるので、しばらく様子を見たうえで具体的な対応を行うことが適切である。

3 ○ Ｇちゃんの朝の登校時（Ｆさんが勤務外の場合もある）などに、原因がある可能性もあるので、**自分だけで判断せずに**リーダーに相談し、他の職員と情報を共有して適切な対応を見つけていくことが大切である。

4 ○ 理由を聞いたり、本人の気持ちを聞いたりして、**Ｇちゃんと一緒に出来事を振り返って考えること**が重要である。そのうえで、基本的な挨拶の大切さを伝える。挨拶の大切さだけを伝えるのでは不十分ではあるが、不適切とはいえない。

5 × 子どもの行動には、**子どもなりの理由がある**。子どもの気持ちを理解することが、その行動を子ども本人が是正するうえで重要になってくる。無視は不適切な対応であるとともに、子どもが素直に言動を振り返って改めることにつながらず逆効果である。

次の文は、ある児童福祉施設に関する記述である。（ A ）〜（ D ）にあてはまる語句を【語群】から選択した場合の正しい組み合わせを一つ選びなさい。

平成28年（前期）問18改

（ A ）は、保護者の養育を受けられない乳幼児を養育する施設である。乳幼児の基本的な養育機能に加え、（ B ）・病児・障害児などに対応できる専門的養育機能を持つ。短期の利用は（ C ）支援が中心的な役割であり、長期の在所は乳幼児の養育のみならず、保護者支援、退所後のアフターケアを含む（ D ）支援の役割が重要となる。

【語群】

ア 子育て	イ 親子再統合	ウ 児童養護施設	エ 被虐待児	オ 更生
カ 自立	キ 乳児院	ク 非行少年	ケ 児童心理治療施設	

（組み合わせ）

	A	B	C	D
1	ウ	ク	ア	カ
2	キ	エ	ア	イ
3	キ	エ	オ	カ
4	ケ	エ	カ	イ
5	ケ	ク	カ	オ

次の文のうち、適切な記述を○、不適切な記述を×とした場合の正しい組み合わせを一つ選びなさい。

平成27年 問20

A 児童養護施設は、保護者のない児童等環境上養護を要する児童を入所させ、養護し、あわせて退所した者に対する相談等自立のための援助を行うことを目的とする施設である。
B 乳児院の入所対象は、原則として乳児であるが、特に必要のある場合には幼児を入所させることができる。
C 母子生活支援施設の入所対象は、中学校就学前の児童とその母である。
D 児童自立支援施設の入所対象は、義務教育終了後の15歳〜20歳未満の児童である。

（組み合わせ）

	A	B	C	D
1	○	○	○	×
2	○	○	×	×
3	○	×	○	×
4	×	○	×	○
5	×	×	○	○

364

A 11

正解 2

（ A.**キ 乳児院** ）は、保護者の養育を受けられない乳幼児を養育する施設である。乳幼児の基本的な養育機能に加え、（ B.**エ 被虐待児** ）・病児・障害児などに対応できる専門的養育機能を持つ。短期の利用は（ C.**ア 子育て** ）支援が中心的な役割であり、長期の在所は乳幼児の養育のみならず、保護者支援、退所後のアフターケアを含む（ D.**イ 親子再統合** ）支援の役割が重要となる。

乳児院は、乳幼児の**短期入所**も多い。一時保護所は乳児を預かれないため、一時的な入所も含めて子育て支援としての役割は大きくなっている。また、乳児院は実親のもとに親子再統合が難しい場合に、**里親委託**も進めていく役割を持っている。親子再統合では、計画的に親の支援を行い、親を支えながら親の子育ての力を大きくしていくことに取り組み、退所後も計画的に**アフターケア**を行っていく役割を持つ。設問文は、「乳児院運営指針」の総論の4「対象児童（1）子どもと保護者の特徴と背景」の文章を要約して作成されたと考えられる。

A 12

正解 2

A ○ 児童養護施設は、**児童福祉法**第41条に、「保護者のない児童、虐待されている児童、その他環境上養護を必要とする児童を入所させて、これを**養護**し、あわせて退所した者に対する相談その他の**自立**のための援助を行うことを目的とする」と明記されている。

B ○ 乳児院の入所は原則として乳児であるが、2004（平成16）年の**児童福祉法**改正によって、「保健上、安定した生活環境の確保その他の理由により特に必要のある場合には、幼児を含む」とされた。同様に**児童養護施設**も入所は原則として幼児以上だが、乳児も入所させることができる。

C × 母子生活支援施設の入所対象は、児童福祉法第38条に「配偶者のない女子又はこれに準ずる事情にある女子及びその者の監護すべき**児童**」となっているが、児童福祉法における児童の定義は**18歳未満**である。また、女子は母親に限らず、祖母や叔母、姉等の場合でも入所できる。

D × 児童自立支援施設の入所対象年齢は、18歳未満である。2018（平成30）年の**児童養護施設入所児童等調査**では、小学生が13.7％、中学生が78.2％、中学生以上は7.6％が入所している。なお、中学卒業から22歳に達する年度の末日まで生活できる施設には、児童福祉法第6条の3で規定される「**児童自立生活援助事業**」として住居を提供して、自立のための相談援助を行う「**自立援助ホーム**」がある。

次の【事例】を読んで、【設問】に答えなさい。　平成31年（前期）問20

【事例】
児童発達支援センターで実習をしているUさん（学生、女性）は、軽度の知的障害がある子どもたちのクラスに配属された。子どもたちと音楽にあわせて体を動かす活動をしている際、Yちゃん（5歳、女児）が突然Iくん（5歳、男児）の頭を強くたたき始めた。

【設問】
次の文のうち、実習生UさんのYちゃんへの対応として、最も適切な記述を一つ選びなさい。

1　Yちゃんをさらに興奮させないように、そのまま様子を見る。
2　Iくんの被害を食い止めるために、「私を代わりにたたいて」と伝え、気が済むまでたたかせる。
3　Yちゃんのたたく行為を制止し、興奮を静めるように努め、興奮が収まった後にYちゃんと一緒に振り返りをする。
4　Yちゃんのたたく行為を制止し、大きな声で叱り、何が悪かったかを説明させる。
5　Yちゃんのおしりを軽く1回たたき、たたかれると嫌な気持ちになることを伝える。

次の【事例】を読んで、【設問】に答えなさい。　平成28年（前期）問19

【事例】
Fさん（学生、男性）は、児童養護施設で実習をしています。配属先の寮舎で生活するG君（小学4年生、男児）は、毎朝、Fさんの背中をげんこつで殴りながら「おはよう」と挨拶をします。G君に悪気はなく、むしろFさんに対して好意を抱いているようですが、Fさんはとても痛いのでやめてほしいと思っています。

【設問】
保育士をめざす実習生Fさんが取るべき対応として、最も適切でないものを一つ選びなさい。

1　G君に殴るのをやめるように伝える。
2　担当職員にその出来事を話し、指示を仰ぐ。
3　G君がなぜ殴るのかについて考察する。
4　G君のFさんに対する好意の表れと捉え、そのまま我慢する。
5　G君になぜ殴るのかについて質問する。

A 13 　　　正解 3

1 ×　Ｉくんの安全をまずは確保する必要があるため、まずはたたく行為を静止する。

2 ×　代わりに実習生をたたかせても、人をたたくことはいけないということをＹちゃんに伝えることはできない。

3 ○　たたく行為を静止した後、興奮が収まるのをまってからたたく行為についてＹちゃんと振り返りを行うのは適切である。

4 ×　大きな声で感情的に怖がらせても、なぜいけないのか子どもは理解できない。

5 ×　Ｙちゃんに教えるためといえども、子どもに暴力をふるってはいけない。

A 14 　　　正解 4

1 ○　Ｇ君には、悪気がないようなので、Ｆさんが痛くて困っているということが伝わっていないと思われる。**本人に直接「痛いのでやめてね」と伝えること**は大事である。

2 ○　担当職員に出来事を伝えて指示を仰ぐことは適切といえる。Ｇ君の**性格**や**能力**、人とのコミュニケーション力などを理解して対応するためにも職員の助言は重要である。

3 ○　Ｇ君が**なぜ殴ってくるのか**を考察することは大事である。Ｇ君の思いを正確に受け止めないと、不適切な対応を行いＧ君の気持ちを傷つけてしまうこともある。**職員の助言**を得て考察することが大事である。

4 ×　Ｇ君の好意の表れと思ってそのまま我慢すると、**行為がエスカレートする可能性**が高くなる。エスカレートした段階では大きな問題となり、Ｆさんも G 君の気持ちを大きく傷つけてしまう可能性がある。

5 ○　Ｇ君に、なぜ殴るのかを質問するのは不適切ではない。Ｇ君が好意を持って、**関係づくりの方法**として行っている可能性があることから、その好意を十分に受け止める姿勢をもって聞くことが必要である。

9

保育実習理論

加点のポイント

◆ **子どもを理解するためのポイント**

① 子どもの言動には必ず子どもなりの理由がある。子どもの声に耳を傾け、寄り添い、ともに考えること。

② 子どもの施設入所に至った経緯を正確に把握すること。

③ 子どもにとって最も大きな関心ごとである親・家族の状況を把握すること。

④ 子どもの得意を見つけること、子どものよい面を見つけて評価すること。

⑤ 職員及び関係機関、関係者で情報を共有し、子どもへの理解を深めること。

【事例】
児童養護施設で保育士をしている I さんは、担当している F 君（7歳、男児）が、職員が不在の時に限って年下の子どもに威圧的な態度をとることについて主任保育士に助言を求めた。主任保育士からは、F 君の威圧的な態度の背景について情報を収集し、分析するよう指示を受けた。

【設問】
次のうち、主任保育士の I さんに対する指示内容を示す相談援助の専門用語として最も適切なものを一つ選びなさい。

1 インテーク
2 アセスメント
3 プランニング
4 インターベンション
5 モニタリング

A 15　　　　　　　　　　　　　　　　　　　　　　　　　　　正解 2

1 ×　インテークとは、児童相談所において、施設入所等の必要が確認された後に行われる利用者と援助者の**初めての面談**である。その子の状況に応じて施設入所が適切に行われ、入所後の生活が安全・安心に進められるように、入所に向けて適切な説明と準備を行い、子どもと職員との関わり等を行っていく一連の取り組みを行う。

2 ○　アセスメントは、児童に関するさまざまな情報を**収集し、分析**することである。**児童のニーズ**を見つけ出して、適切な支援計画を立てるために行う。児童相談所の児童票は、児童福祉司が収集した情報であり、社会的診断、医学的診断、心理学的診断、行動診断などがある。よって、アセスメントがあてはまり正解である。

3 ×　プランニングは、計画を立てることである。さまざまな計画があるが、代表的なものは「**児童自立支援計画書**」があり、子どもの最善の利益のために必要な支援計画を立案することや施設の生活や行事などの計画を立てることである。

4 ×　インターベンションは、「**危機介入**」と訳される。例えば、子どもの虐待の場合に**親子関係に介入**して児童を救い出すための方法をいう。インターベンションでは、適切な介入のあり方を常に検討、実践して高めていくことが求められている。

5 ×　モニタリングは、計画書にもとづいて、**実施した支援の状況を点検**することである。社会的養護ではアセスメントを取って児童自立支援計画書のプランニングとモニタリングをすることが重要ということになる。そして、再アセスメントを行って計画の見直しをし、実施して、把握、評価というサイクルを運用していくことが重要である。

◆新しい社会的養育ビジョン

安全・安心の養育
・明るく衛生的な住環境と心身の発達に適切な食事、季節に応じた適切な衣類を**保障**する。 ・子どもの**心情**を理解し、寄り添い、困った時には安心して相談できるよう関わる。 ・他児による危害や虐待を行う親等による危害から子どもを守る。
個の尊重と個別化・一貫性のある養育
・集団の**一律対応**を行わず、**一人ひとりを尊重**して、子どもそれぞれに応じた援助を個別に行う（**個別化**）。 ・可能な限り同一の保育者による援助を継続し、また、職員の関わりを統一して**一貫性のある養育**を行う。
親子関係の尊重と**家庭関係**調整の推進
・親子の状況に応じて、適切な関係を援助し、**親子再統合**を推進する。
地域の児童及び子育て家庭の支援の推進
・2003（平成15）年の**児童福祉法改正**で、児童福祉施設の地域における役割が明記された。子ども虐待等の増加で、地域における**要保護児童**及び援助を必要とする家庭への支援が重要となったからである。施設に入所する子どもの保育・保護・生活に支障のない範囲で行うことになっている。
家庭と同様の養育環境、できる限り良好な家庭的環境での養育
・大規模な施設養護ではなく、家庭と同様の養育環境（**里親養育**）で継続的に、できる限り良好な家庭的環境（**小規模グループケア・グループホームでの家庭的養護**）での養育を保障していくことが重要な課題とされている。

【事例】

児童養護施設で実習をしているTさんは、配属先のホームのK君（7歳男児）の「どうせ僕なんていてもいなくても同じだし」といった自身を否定的に捉える発言が気になり、実習担当のL保育士に対応について助言を求めた。L保育士は児童の理解を深め、支援の方法について学ぶ良い機会と考え、K君の生い立ちについて説明した。

K君は両親と3人で暮らしていたが、K君が4歳の時に母が家を出た。会社員の父は一人でK君をどう育てて良いか分からず、仕事の間は家に鍵を閉めて「静かに待っていろ」と言い、日中部屋に閉じ込めておくようになった。近隣の人からの通報でK君は保護され、児童養護施設への措置が決定された。父は施設入所時に面会に訪れたが、その後はK君の面会に来ていない。K君自身はお父さんと暮らしたいと考えている。

L保育士は以上のようなK君の生い立ちについて説明した後、「Tさんだったら、この情報からどのような自立支援計画を立案するかな？」と問いかけた。

【設問】

次のうち、K君の自立支援計画に掲げる支援方針の記述として<u>最も不適切な記述</u>を一つ選びなさい。

1 K君が自身を否定的に捉える発言をしたのは、生い立ちの中で両親から大切にされたと認識できなかったことが一因であると考え、自己肯定感をはぐくめるような支援計画を立てる。
2 K君が父と再び暮らすことを支援方針の一つに挙げる。
3 K君を里親委託することを支援方針の一つに挙げる。
4 施設での集団生活を通して、一人で自活するための力を養うことを短期目標に挙げる。
5 短期目標の具体的な取り組みとして、父の生活状況を把握し、K君の日頃の様子を父に連絡すると共に、K君に会いに来てくれるように働きかけることにする。

A 16　　　　　　　　　　　　　　　　　　　　　　　　　正解 4

1 ○ 最も大切にしてくれるはずの両親からネグレクト状態に置かれたK君は、自己肯定感が乏しく、さまざまなことに積極的に取り組めなくなっていると考えられ、自己肯定感を高める取り組みとして、小さな成功体験を重ねられるような計画を立てることが大切であり適切である。

2 ○ K君がお父さんと暮らしたいと考えているので、その希望が実現できるように援助すべきである。**家庭支援専門相談員**や**児童相談所**と連携して、父親への働きかけと援助を行うことは最も適切な計画といえる。

3 ○ 里親委託は、父との生活が困難である場合には、次に有効な方針と考えることができる。父親が養育の意思も能力もない場合は、長く施設で生活するよりも里親委託が望ましく適切である。

4 × 「年齢に応じた生活の自立」は必要だが、7歳のK君に「1人で自活するための力」は現段階では不要であり、その前に、大切なことは、施設で安心して生活できることである。親子関係や家庭生活を無視した計画は不適切である。

5 ○ 短期目標としては、まず、父親との関係を進めていくことであり、父親への働きかけを行い、親子関係を調整していくことが最も重要であり適切である。

③音楽に関する技術

Q17 次の曲の伴奏部分として、A～Cにあてはまるものの正しい組み合わせを一つ選びなさい。

平成30年(後期) 問1

（組み合わせ）

	A	B	C
1	ア	エ	イ
2	イ	ア	ウ
3	イ	ウ	ア
4	ウ	エ	ア
5	エ	イ	エ

A 17

正解 **2**

このような問題の解き方のコツは、以下の❶〜❸の順に考えていくことである。
❶まず何調か調べ、❷スリーコード（主要3和音）を書き出す。❸A〜Cのメロディーからどの伴奏部分があてはまるか考えていく。

この設問では

❶♭がひとつなので、ヘ長調。

❷ヘ長調で使われるコードは、主に、次の表のⅠ、Ⅳ、Ⅴであり、Ⅰの和音はF（ファ・ラ・ド）、Ⅳの和音は♭B（♭シ・レ・ファ）、Ⅴの和音はC（ド・ミ・ソ）となる。伴奏部分をみてみると、アはファ・ラとドなのでⅠ、イはド・ミとソなのでⅤ、ウはⅣとⅠ、エはⅠとⅣの和音が使われていることがわかる。

ヘ長調 （コードで考えると下から始まる）	Ⅰ	Ⅱ	Ⅲ	Ⅳ	Ⅴ	Ⅵ	Ⅶ
	F	Gm	Am	♭B	C	Dm	Edim

※一般にⅢやⅦは使わない。
　Ⅰ、Ⅳ、Ⅴ（Ⅴ₇）には機能があり、Ⅰ-Ⅳ-Ⅰ、Ⅰ-Ⅴ-Ⅰ、Ⅰ-Ⅳ-Ⅴ-Ⅰと、進行にルールがある。
※T（トニック）Ⅰ、D（ドミナント）Ⅴ、S（サブドミナント）Ⅳ。

❸Aのメロディーはソとラ、Bのメロディーはド・ラ、Cのメロディーは1拍めにレ、2拍目にファが使われている。

Aはソを含む和音（ド・ミ・ソ）があてはまり「イ」、

Bはラ・ドを含む和音（ファ・ラ・ド）があてはまり「ア」、

Cはレを含む和音（ファ・♭シ・レ）とファを含む和音（ファ・ラ・ド）があてはまり「ウ」と考えられ、正答は **2** となる。

よく出るポイント　◆♭の数と調の判定

次の曲の伴奏部分として、A～Cにあてはまるものの正しい組み合わせを一つ選びなさい。

平成31年（前期）問1

（組み合わせ）

	A	B	C
1	ア	イ	エ
2	ア	ウ	イ
3	イ	ア	ウ
4	ウ	エ	ア
5	エ	イ	ウ

A 18

正解 3

この曲は「こぎつね」ハ長調。
スリーコード（主要3和音）はⅠの和音 **C**（**ド・ミ・ソ**）、Ⅳの和音 **F**（**ファ・ラ・ド**）、Ⅴの和音 **G**（**ソ・シ・レ**）と **G7**（**ソ・シ・レ・ファ**）となる。

伴奏ア〜エの構成されている音をみていくと、アはドとミ・ソなのでⅠ、
イはドとファ・ラでⅣ、ウはシとレ・ソでⅤ、エはレとファ・ラのⅡの和音が使われていることがわかる。

A〜Cのメロディーからどの伴奏部分があてはまるか考えていくと
Aのメロディーはラ・ファ・ド、Bのメロディーはソ、Cのメロディーはソ、ファが使われている。
Aはファ・ラ・ドを含む和音があてはまり「**イ**」。
Bはソを含む和音（ド・ミ・ソ）と（ソ・シ・レ）があてはまる。ここで曲の切れ目や雰囲気（メロディーがつながっているか、落ち着いているかなど）を考えると、Ⅰの和音の「**ア**」があてはまる。
Cはファを含む和音（レ・ファ・ラ）とⅤの和音 G7（ソ・シ・レ・ファ）が考えられる。次の小節へのつながりを考えるとⅤの和音の「**ウ**」と考えられ、正答は **3** である。

9 保育実習理論

よく出るポイント　◆ダ・カーポ（D.C.）とダル・セーニョ（D.S.）

● *D.C.*（Da Capo）ダ・カーポ
曲の始めに戻って *Fine* または 𝄐（フェルマータ）のところで終わる記号のことをいう。

演奏順 アイウエアイ

● *D.S.*（Dal Segno）ダル・セーニョ
曲の途中にある 𝄋 **の記号に戻ってから** *Fine* または 𝄐 のところで終わる記号のことをいう。

演奏順 アイウエオイウ

次のA〜Dを意味する音楽用語を【語群】から選択した場合の正しい組み合わせを一つ選びなさい。

平成31年（前期）問2

A だんだん強く
B 甘くやわらかに
C 愛らしく
D 少しずつ

【語群】

| ア | adagio | イ | amabile | ウ | poco a poco | エ | crescendo |
| オ | andante | カ | molto | キ | decresc. | ク | dolce |

（組み合わせ）

	A	B	C	D
1	ア	カ	イ	オ
2	エ	イ	ア	カ
3	エ	ク	イ	ウ
4	キ	カ	ア	ウ
5	キ	ク	オ	ア

次のA〜Dを意味する音楽用語を【語群】から選んだ場合の正しい組み合わせを一つ選びなさい。

令和3年（後期）問2

A moderato
B tempo primo
C allegretto
D a tempo

【語群】

ア	ゆったりと	イ	最初の速さで
ウ	もとの速さで	エ	やや速く
オ	楽しく	カ	中ぐらいの速さで
キ	好きな速さで	ク	とても速く

（組み合わせ）

	A	B	C	D
1	ア	ウ	ク	オ
2	カ	イ	エ	ウ
3	カ	ウ	ク	イ
4	キ	イ	エ	ウ
5	キ	ク	カ	イ

A 19

正解 3

A エ crescendo（だんだん強く）

B ク dolce（甘くやわらかに）

C イ amabile（愛らしく）

D ウ poco a poco（少しずつ）

語群にあるその他の音楽用語の意味は次の通りである。
ア adagio（ゆるやかに）、**オ andante**（歩く速さで）、**カ molto**（きわめて）、**キ decresc.**（だんだん弱く）

A 20

正解 2

A カ moderato（モデラート）は、**中ぐらいの速さで**という意味である。

B イ tempo primo（テンポプリモ）は、**最初の速さで**という意味である。

C エ allegretto（アレグレット）は、**やや速く**という意味である。

D ウ a tempo（ア テンポ）は、**もとの速さで**という意味である。

9

保育実習理論

よく出るポイント ◆**速度をあらわす記号**

最も遅いもの	grave	グラーヴェ	重々しくゆっくりと
	largo	ラルゴ	幅広くゆるやかに
	lento	レント	ゆるやかに
	adagio	アダージョ	ゆるやかに
	andante	アンダンテ	ゆっくり歩くような速さで
	andantino	アンダンティーノ	アンダンテよりやや速く
	moderato	モデラート	中くらいの速さ
	allegro moderato	アレグロモデラート	やや快速に
	allegretto	アレグレット	やや快速に
	allegro	アレグロ	快速に
	vivace	ヴィヴァーチェ	活発に速く
最も速いもの	presto	プレスト	急速に

377

次のコードネームにあてはまる鍵盤の位置として正しい組み合わせを一つ選びなさい。

平成31年（前期）問3

		ア	イ	ウ
E7	:	②⑧⑩	⑩⑬⑳	⑤⑩⑭
B♭	:	④⑦⑪	⑪⑯⑳	⑪⑰⑳
Gm	:	④⑦⑬	⑪⑬⑰	⑬⑯⑳
C♯dim	:	⑦⑩⑬	②⑦⑩	⑩⑭⑲

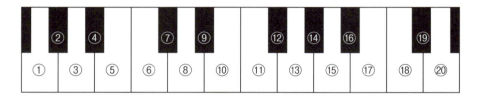

（組み合わせ）

	E7	B♭	Gm	C♯dim
1	ア	イ	ウ	ア
2	ア	ウ	イ	イ
3	イ	イ	ウ	イ
4	ウ	ア	ア	ウ
5	ウ	ウ	イ	ウ

よく出るポイント ◆ 部分的な速度の変化があるもの

accelerando（略して accel.）	アッチェレランド	だんだん速くする
ritardando（略して rit.）	リタルダンド	だんだんゆっくりにする
rallentando（略して rall.）	ラレンタンド	だんだんゆっくりにする
piumosso	ピウ・モッソ	今までより速く
menomosso	メノ・モッソ	今までより遅く

A 21

正解 **1**

E₇ はミ・♯ソ・（シ）・レで構成→**ア**

B♭ は♭シ・レ・ファで構成→**イ**

Gm はソ・♭シ・レで構成→**ウ**

C♯dim は♯ド・ミ・ソで構成→**ア**

ア、イ、ウ、アとなり、正答は **1** である。

①メジャーコードは基準の音から**長**3度＋**短**3度

②マイナーコードは基準の音から**短**3度＋**長**3度

③ディミニッシュコードは基準の音から**短**3度＋**短**3度（マイナーコードより狭い）

④オーギュメントコードは基準の音から**長**3度＋**長**3度（メジャーコードより広い）

コードC（ド・ミ・ソ）をもとに表にすると

コード	読み方	根音（基準の音）からの音程（距離）	構成された音	和音の種類
C	シーメジャー	長3度＋短3度	ド・ミ・ソ	長3和音
Cm	シーマイナー	短3度＋長3度	ド・♭ミ・ソ	短3和音
Cdim	シーディミニッシュ	短3度＋短3度	ド・♭ミ・♭ソ	減3和音
Caug	シーオーギュメント	長3度＋長3度	ド・ミ・♯ソ	増3和音

セブンスコードはメジャーやマイナーコードに短7度が加わる。

コード	読み方	根音（基準の音）からの音程（距離）	構成された音
C₇	シーセブン	メジャーコードに短7度	ド・ミ・ソ・♭シ
Cm₇	シーマイナーセブン	マイナーコードに短7度	ド・♭ミ・ソ・♭シ

あわせてメジャーセブンスコード（メジャーやマイナーコードに長7度が加わる）も覚えよう。

コード	読み方	根音（基準の音）からの音程（距離）	構成された音
C maj₇／CM₇	シーメジャーセブン	メジャーコードに長7度	ド・ミ・ソ・シ
C m（maj₇）／CmM₇	シーマイナーメジャーセブン	マイナーコードに長7度	ド・♭ミ・ソ・シ

> 🐣 **加点のポイント**　◆**長調についてのまとめ**
>
> | ♯の数 | 1 | 2 | 3 | 4 | 5 | 6 | 7 |
> |---|---|---|---|---|---|---|---|
> | 付く順番 | ファ | ド | ソ | レ | ラ | ミ | シ |
> | 調の名前 | ト長調 | ニ長調 | イ長調 | ホ長調 | ロ長調 | 嬰ヘ長調 | 嬰ハ長調 |
>
> ※嬰は♯のこと。♯が6つ付く調はファにも♯が付くので「ヘ長調」ではなく「嬰ヘ長調」
>
> | ♭の数 | 1 | 2 | 3 | 4 | 5 | 6 | 7 |
> |---|---|---|---|---|---|---|---|
> | 付く順番 | シ | ミ | ラ | レ | ソ | ド | ファ |
> | 調の名前 | ヘ長調 | 変ロ長調 | 変ホ長調 | 変イ長調 | 変ニ長調 | 変ト長調 | 変ハ長調 |
>
> ※変は♭のこと。♭が2つ付く調はシ（ロ）にも♭が付くので「ロ長調」ではなく「変ロ長調」

次の楽譜からマイナーコードを抽出した正しい組み合わせを一つ選びなさい。

令和3年（後期）問3

（組み合わせ）
1　①　②　④
2　①　③　④
3　③　④　⑤
4　③　⑤　⑥
5　④　⑤　⑥

 次の曲を4歳児クラスで歌ってみたところ、一番低い音が不安定で歌いにくそうであった。そこで完全5度上の調に移調することにした。その場合、A、B、Cの音は、鍵盤の①から⑳のどこを弾くか、正しい組み合わせを一つ選びなさい。

平成28年（前期）問4

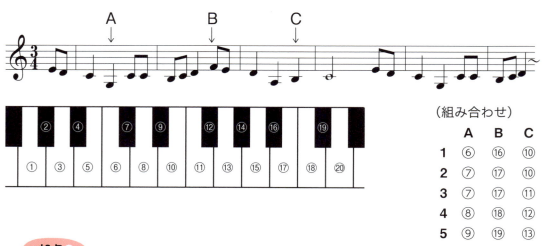

（組み合わせ）

	A	B	C
1	⑥	⑯	⑩
2	⑦	⑰	⑩
3	⑦	⑰	⑪
4	⑧	⑱	⑫
5	⑨	⑲	⑬

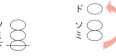 ◆和音の転回

和音は構成する音の順番が入れ替わる場合がある。そのような和音は、基本形に対して「転回形」と呼ぶ。
転回形の和音の機能は基本的には変わらないので、出題された和音が転回形の時は基本形に戻すと考えやすい。

ハ長調のIの和音で考えると、

【基本形】　【第1転回形】　【第2転回形】

【第1転回形】では、根音の「ド」が転回（移動）して一番上の音になる。
【第2転回形】では、「ミ」が転回して一番上の音になる。いずれの場合も、【基本形】の「ドミソ」に戻すと考えやすくなる。

A 22

正解 2

マイナーコードは、短三和音（根音＋**短三度**＋**長三度**の重なりで構成）である。
①から⑥を見ていくと、
①ド（根音）＋♭ミ（根音から数えて短三度）＋ソ（♭ミから数えて長三度）のCm

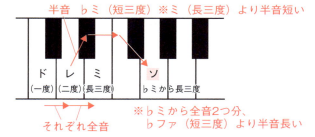

② は転回して根音が一番上にあるので、戻して考える。ド（根音）＋ミ（根音から数えて長三度）＋ソ（ミから数えて短三度）のC
③も転回して根音が一番上にあるので、戻して考える。ラ（根音）＋ド（根音から数えて短三度）＋ミ（ドから数えて長三度）のAm
④レ（根音）＋ファ（根音から数えて短三度）＋ラ（ファから数えて長三度）のDm
⑤♭ミ（根音）＋ソ（根音から数えて長三度）＋♭シ（ソから数えて短三度）のE♭
⑥も転回して第3音が一番上にあるので、戻して考える。ファ、ラ、ドとなる。ファ（根音）＋ラ（根音から数えて長三度）＋ド（ラから数えて短三度）のF

①③④がマイナーコードとなり、正答は**2**である

A 23

正解 4

移調とは1つの曲全体をそっくり別の調に移すことである。まず、書かれている音符をすべて完全5度上げて書き移す。次にこの曲が何調かを考える必要がある。原曲が**ハ長調**であるので、完全5度上は**ト長調**となる。

Aはソのため①、Bはファのため⑪、Cはシのため⑤となるが、これを完全5度上に移調すると、Aは**レ**となるため⑧、Bは**ド**となるため⑱、Cは**♯ファ**となるため⑫である。よって正解は**4**となる。

次の曲を4歳児クラスで歌ってみたところ、最高音が歌いにくそうであった。そこで長2度下げて歌うことにした。その場合、下記のコードはどのように変えたらよいか。正しい組み合わせを一つ選びなさい。　　令和3年（後期）問4

（組み合わせ）
　　　　D　　G　　A₇
1　　B　　E　　F♯₇
2　　B　　E♭　F₇
3　　C　　F♯　G₇
4　　C　　F　　G₇
5　　C♯　F　　G₇

次の文のうち、不適切な記述を一つ選びなさい。　　令和3年（後期）問6

1　音楽用語のdecresc.とdim.は、同じ意味である。
2　日本のわらべうたは、すべて2音でできている。
3　小林純一は、「手をたたきましょう」の作詞者である。
4　サクソフォーンは、木管楽器である。
5　ピアノの楽譜でイ長調の調号は、♯（シャープ）が3つである。

A 24

正解 4

この曲は「豆まき」である。

シャープが２つあるので**二長調**（しから始まる調）であることがわかる。

二長調から長２度下の調はレの長２度下、ドから始まる「**ハ長調**」となる。つまり**ハ長調**に移調したこととなる。

コードネームも、それぞれ長２度下を考えればよい。

D（レ）⇒C（ド）、G（ソ）⇒F（ファ）、A₇（ラ）⇒G₇（ソ）となり、正答は**4**である。

A 25

正解 2

1 ○ decresc. と dim. はともに**だんだん弱く**という意味をもつ音楽記号である。

2 × わらべうたは、２つの音を使ってできた曲が多いが、「かごめかごめ」などのように４音で構成された曲も存在する。

3 ○ 「手をたたきましょう」の作詞者は**小林純一**である。

4 ○ サクソフォーンは唇の振動によって音を出す楽器（**金管楽器**）ではなく、リードを使って音を出す**木管楽器**に分類される。

5 ○ 設問文の通りであり正しい。

加点のポイント ◆**楽曲とリズム**

2拍子の曲	マーチ（行進曲）	行進の伴奏 ※マーチは４拍子の場合もある
	ポルカ	ボヘミア発祥の軽快な舞曲
	フラメンコ	スペインのアンダルシア地方の音楽。歌と踊りとギターの三者が一体化しているのが特徴
	チャチャチャ	中南米の踊りのリズムを持った現代舞曲
3拍子の曲	ワルツ	ドイツ発祥の優美な舞曲。曲の速さもゆるやかなものと軽快なものがある
	ボレロ	スペイン発祥。生き生きとしたリズムを持つ舞曲
	メヌエット	フランス発祥の上品で優雅な舞曲
4拍子の曲	タンゴ	アルゼンチン発祥の舞踏音楽

Q26 次のリズムは、ある曲の歌いはじめの部分である。それは次のうちのどれか、一つ選びなさい。　平成31年（前期）問5

1　ぞうさん（作詞：まど・みちお　作曲：團伊玖磨）
2　ありさんのおはなし（作詞：都築益世　作曲：渡辺茂）
3　海（作詞：林柳波　作曲：井上武士）
4　おかあさん（作詞：田中ナナ　作曲：中田喜直）
5　こいのぼり（作詞：近藤宮子　作曲者不明）

Q27 次の文のうち、適切な記述を○、不適切な記述を×とした場合の正しい組み合わせを一つ選びなさい。　令和2年（後期）問6

A　コダーイシステムは、アメリカで生まれた教育法である。
B　大中恩は、「犬のおまわりさん」を作曲した。
C　マラカスは打楽器の仲間である。
D　イ長調の調号は、シャープが2つである。

（組み合わせ）

	A	B	C	D
1	○	○	○	×
2	○	○	×	○
3	○	×	×	○
4	×	○	○	×
5	×	×	○	○

A 26　正解 5

この曲は **5「こいのぼり」** である。

1の「ぞうさん」の歌い出しは以下の通りである。

2の「ありさんのおはなし」の歌い出しは以下の通りである。

3の「海」の歌い出しは以下の通りである。

4の「おかあさん」の歌い出しは以下の通りである。

A 27　正解 4

- A ×　コダーイは **ハンガリー** の作曲家。コダーイシステム（コダーイメソッド）は自国のわらべうたを使用するのが特徴である。
- B ○　大中恩は **「犬のおまわりさん」** を作曲した。
- C ○　マラカスは **打楽器** の仲間である。
- D ×　イ長調の調号はシャープが3つある。シャープ2つはニ長調である。

よく出るポイント　◆リズム譜の問題で選択肢にあげられた曲

実際に出題されたことのある曲を以下にまとめた。歌詞とリズムを確認しておこう。

令和元年（後期）	犬のおまわりさん、さんぽ、一年生になったら、小鳥のうた、雪
平成31年（前期）	ぞうさん、ありさんのおはなし、海、おかあさん、こいのぼり
平成30年（後期）	大きなたいこ、たき火、とんぼのめがね、たなばたさま、ちいさい秋みつけた
平成28年（後期）	春が来た、やぎさんゆうびん、バスごっこ、どんぐりころころ、まつぼっくり

Q28 次の文のうち、適切な記述を〇、不適切な記述を×とした場合の正しい組み合わせを一つ選びなさい。

平成31年（前期）問6

A ワルツは、4拍子の曲である。
B カンツォーネは、イタリアのポピュラー・ソングである。
C 声明は「しょうみょう」と読み、日本の仏教音楽の一つである。
D ニ長調の階名「シ」は、音名「ハ」である。

（組み合わせ）

	A	B	C	D
1	〇	×	〇	〇
2	〇	×	×	×
3	×	〇	〇	〇
4	×	〇	〇	×
5	×	×	×	×

加点のポイント

◆曲想を表す用語

a capella	アカペッラ	教会風に、無伴奏で
agitato	アジタート	せきこんで、激しく
alla marcia	アッラ　マルチャ	行進曲風に
amabile	アマービレ	愛らしく
animato	アニマート	元気に
appassionato	アパッショナート	情熱的に
brillante	ブリランテ	華やかに
cantabile	カンタービレ	歌うように
comodo	コモド	気楽に
con brio	コンブリオ	生き生きと
con moto	コンモート	動きをつけて
dolce	ドルチェ	甘く柔らかに
fine	フィーネ	終わり
espressivo	エスプレッシーヴォ	表情豊かに
grazioso	グラツィオーソ	優雅に
legato	レガート	なめらかに
leggiero	レッジェーロ	軽く
maestoso	マエストーソ	荘厳に
marcato	マルカート	はっきりと
risoluto	リゾルート	決然と
scherzando	スケルツァンド	おどけて
simile	シーミレ	前と同様に、続けて
tranquillo	トランクイッロ	静かに

A 28　　正解 **4**

A ✕　ワルツは**3**拍子の曲である。

B ○　カンツォーネはイタリア語で「**歌**」の意味である。しかし日本では主にイタリアの大衆歌曲（ポピュラー・ソング）を指すことが多い。同じようにシャンソンはフランス語で「歌」の意味でフランス語圏では歌全般を意味しているが、日本ではフランスの歌謡曲全般をシャンソンと呼んでいる。

C ○　声明（しょうみょう）は仏教の法要・儀式の際に唱える声楽曲のこと。宮・商・角・微・羽（ド・レ・ファ・ソ・ラ）という5つの音からなり、宗派や使われる場面により音階が異なる。声明はインドや中国から入ってきた学問や経典を合わせたもので、口伝えで習得されてきた。そのため日本語の歌詞によるわかりやすい声明が求められるようになり「講式」という形式の声明が成立した。講式は平曲（平家物語の本文を琵琶の伴奏で語る演奏）・謡曲（能の声楽にあたる部分）など邦楽の発展に大きな影響を及ぼした。

D ✕　ニ長調の階名「シ」は音階の7番目の音で「嬰ハ」ある。

ニ長調	1	2	3	4	5	6	7
階名	ド	レ	ミ	ファ	ソ	ラ	シ
音名	ニ	ホ	嬰ヘ	ト	イ	ロ	嬰ハ

✏ よく出るポイント　◆ **西洋の音楽家まとめ**

音楽家達は曲の形式で時代をバロックや古典、ロマン派などに分けられる。

時代	人名	国	通称	背景・代表作
バロック	J.S.バッハ	ドイツ	音楽の父	教会音楽
	ヘンデル	ドイツ	音楽の母	「水上の音楽」
古典	ハイドン	オーストリア	交響曲の父	ソナタ形式の確立。交響曲第94番「驚愕」
	モーツァルト	オーストリア	神童	古典派音楽様式の確立。オペラ「フィガロの結婚」「魔笛」
	ベートーヴェン	ドイツ	楽聖	古典派音楽の大成。交響曲第5番「運命」ピアノソナタ「月光」等
ロマン派	シューベルト	オーストリア	歌曲王	600以上の歌曲を残す。「野ばら」「魔王」「ます」（ピアノ5重奏曲）
	ショパン	ポーランド	ピアノの詩人	「英雄ポロネーズ」「子犬のワルツ」
	リスト	ハンガリー	ピアノの魔術師	超絶技巧を持つピアノの名人。「ハンガリー狂詩曲」
	J.シュトラウス2世	オーストリア	ワルツ王	ワルツ「美しく青きドナウ」、オペレッタ「こうもり」

次のA〜Dを意味する音楽用語を【語群】から選択した場合の正しい組み合わせを一つ選びなさい。

平成29年（後期）問2

A さいしょの速さで
B すぐに遅く
C 音と音のあいだを切れ目なくつなぐ
D おわり

【語群】

ア	tempo primo	イ	tempo rubato	ウ	ritenuto
エ	ritardando	オ	legato	カ	lento
キ	ff	ク	Fine		

（組み合わせ）

	A	B	C	D
1	ア	ウ	オ	キ
2	ア	ウ	オ	ク
3	ア	エ	カ	ク
4	イ	エ	オ	ク
5	イ	エ	カ	キ

次のコードネームにあてはまる鍵盤の位置として正しい組み合わせを一つ選びなさい。

平成29年（後期）問3

	ア	イ	ウ
A₇ :	⑥⑬⑮	⑦⑨⑬	⑦⑬⑮
B♭ :	⑦⑪⑯	⑧⑪⑰	⑪⑯⑳
G maj₇ :	①⑤⑪	⑪⑬⑯	⑫⑬⑰
D aug :	⑧⑪⑯	⑧⑫⑯	⑫⑮⑳

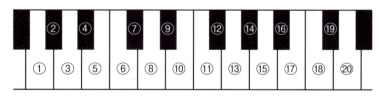

（組み合わせ）

	A₇	B♭	G maj₇	D aug
1	ア	イ	ウ	ア
2	イ	ア	ア	ウ
3	イ	ア	イ	ア
4	ウ	イ	ア	ウ
5	ウ	ウ	ウ	イ

A **29**

正解 **2**

A ア tempo primo（テンポ プリモ）は「最初の速さで」という意味である。

B ウ ritenuto（リテヌート）は「急に速度をゆるめて」という意味である。

C オ legato（レガート）は「音をつなげて音の間を切れ目なく演奏する」という意味である。

D ク Fine（フィーネ）は「曲のおわり」という意味である。

その他、イのtempo rubato（テンポ ルバート）は「**自由な速さで**」、エのritardando（リタルダンド）は「**だんだんゆっくり**」、カのlento（レント）は「**ゆっくりと、遅く**」、キのff（フォルティッシモ、fortissimoの略語）は「**とても強く**」でpp（pianissimo ピアニッシモ　**とても弱く**）とあわせて覚えたい。

A **30**

正解 **5**

A 7（エーセブン）の構成音は　ラ・♯ド・（ミ）・ソであり、選択肢**ウ**が正しい。

B ♭（ビーフラット）の構成音は　♭シ・レ・ファであり、選択肢**ウ**が正しい。

G maj 7（ジーメジャーセブン）の構成音は　ソ・シ・（レ）・♯ファであり、選択肢**ウ**が正しい。

D aug（ディーオーギュメント）の構成音は　レ・♯ファ・♯ラであり、選択肢**イ**が正しい。

メジャーセブンスコードとセブンスコードは構成音が異なるので注意。

※メジャーセブンスコードは4つの音からなり、根音（一番下にある音）から数えて長7度の音程の音がメジャーセブンスの音になる。

Gmaj7（ジーメジャーセブンス）	G7（ジーセブン）
♯ファ　レ　シ　（根音）ソ　　←根音から長7度	ファ　レ　シ　（根音）ソ　　←根音から短7度
表記：GM7　G△7　Gmaj7　など	表記　　G7

Gmaj7は長3和音＋長3度　　　　　　　　　　G7は長3和音＋短3度

オーギュメントとは増3和音のこと。増3和音は根音から長3度ずつ音を重ねて構成されるので、ここではレ（根音）→♯ファ→♯ラ。

Daug（ディーオーギュメント）増3和音	D（ディー、ディーメジャー）長3和音
（第5音）♯ラ　　長3度 （第3音）♯ファ　長3度 （根音）レ	（第5音）ラ　　短3度 （第3音）♯ファ　長3度 （根音）レ

Q31 次の文のうち、適切な記述を○、不適切な記述を×とした場合の正しい組み合わせを一つ選びなさい。

平成29年（後期）問6

A 中村雨紅作詞による「夕焼け小焼け」の作曲者は、成田為三である。
B 祭囃子は、祭りの時に演奏される音楽の一つである。
C 標準的なグランドピアノの鍵盤は、88鍵である。
D ヘ長調の階名「ファ」は、音名「変ロ」である。

（組み合わせ）

	A	B	C	D
1	○	○	○	×
2	○	×	○	×
3	×	○	○	○
4	×	○	×	×
5	×	×	×	○

よく出るポイント ◆ 主な童謡の作詞者・作曲者

童謡の曲名	作詞	作曲
かなりや	西條八十（さいじょうやそ）	成田為三（なりたためぞう）
赤い鳥小鳥	北原白秋（きたはらはくしゅう）	成田為三
里ごころ	北原白秋	中山晋平（なかやましんぺい）
青い眼の人形	野口雨情（のぐちうじょう）	本居長世（もとおりながよ）
十五夜お月さん	野口雨情	本居長世
七つの子	野口雨情	本居長世
赤い靴	野口雨情	本居長世
シャボン玉	野口雨情	中山晋平
てるてる坊主	浅原鏡村	中山晋平
肩たたき	西條八十	中山晋平
赤とんぼ	三木露風	山田耕筰
くつがなる	清水かつら	弘田龍太郎

（つづく）

A 31 正解 3

A × 中村雨紅作詞による「夕焼け小焼け」の作曲者は、成田為三ではなく、**草川信**である。草川信は大正・昭和時代の作曲家・バイオリニストで成田為三とは大学の同級生。大正10年に雑誌「**赤い鳥**」に参加。代表作「夕焼け小焼け」の他に「汽車ポッポ（作詞：富原薫）」「揺り籠のうた（作詞：北原白秋）」「どこかで春が（作詞：百田宗治）」「みどりのそよ風（作詞：清水かつら）」などを発表した。

B ○ 祭囃子は、祭りの時に演奏される音楽の一つである。

C ○ 標準的なグランドピアノの鍵盤は、88鍵である。

D ○ ヘ長調の階名「ファ」は、音名「変ロ」である。ヘ長調はヘから始まり、ロに♭がつく。順にヘ・ト・イ・変ロ・ハ・ニ・ホとなり、階名「ファ」は数えて4番目なので「変ロ」である。

9

保育実習理論

童謡の曲名	作詞	作曲
うれしいひなまつり	山野三郎（サトウハチロー）	河村光陽
ちいさい秋みつけた	サトウハチロー	中田喜直
夏の思い出	江間章子	中田喜直
かわいいかくれんぼ	サトウハチロー	中田喜直
どんぐりころころ	青木存義	梁田　貞
ゆりかごの歌	北原白秋	草川信
夕焼け小焼け	中村雨紅	草川信
さっちゃん	阪田寛夫	大中恩
いぬのおまわりさん	さとうよしみ	大中恩
おつかいありさん	関根榮一	團伊玖磨
ぞうさん	まどみちお	團伊玖磨
おはなしゆびさん	香山美子	湯山昭
あめふりくまのこ	鶴見正夫	湯山昭

④造形に関する技術

Q32 ★★★ 次の【Ⅰ群】の図は、子どもの描画表現の発達段階の特徴を示したものである。次の【Ⅰ群】の図と【Ⅱ群】の語句を結び付けた場合の正しい組み合わせを一つ選びなさい。

平成26年 問8

【Ⅰ群】

A  B C 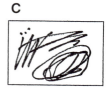 D  E

【Ⅱ群】

ア 頭足人
イ アニミズム的表現
ウ 基底線
エ スクリブル
オ レントゲン画

（組み合わせ）

	A	B	C	D	E
1	ア	ウ	オ	イ	エ
2	ア	オ	エ	イ	ウ
3	ア	オ	エ	ウ	イ
4	イ	ウ	エ	オ	ア
5	オ	ウ	イ	ア	エ

よく出るポイント ◆幼児期の描画表現の発達過程

発達段階	別名	時期	描き方の特徴
なぐりがき期	錯画期・乱画期	1～2歳半	無意識の表現。むやみにこすりつけるようにして描く。手の運動の発達により、点、縦線、横線、波線、渦巻き円形など次第に描線が変わる。この描線のことを、**なぐりがき（スクリブル）**という
象徴期	命名期・記号期・意味づけ期	2～3歳半	渦巻きのように描いていた円から、**1つの円を描ける**ようになる。**描いたものに意味（名前）をつける**
前図式期	カタログ期	3～5歳	そのものらしい形が現れる。人物でも木でも**一定の図式で表現**され、頭に浮かぶままに**羅列的断片的な空間概念**で描く。からだを描かず頭から直接手足が出る**頭足人**がみられる
図式期	知的リアリズム期	4～9歳	見えるものを描くのではなく、**知っていること**を描く（知的リアリズム）。次第にある目的を持って、あるいは実在のものとの関係において記憶を再生させ、**覚え書きのような図式**で表現する

A 32

正解 3

A ア 　**頭足人**は**3〜5歳**の前図式期の発達段階でみられる絵で、**顔から手足が出ているのが特徴**である。

B オ 　**レントゲン画**は**4〜9歳**の図式期の発達段階でみられる絵で、**見えないものが透けたように描かれている**のが特徴である。

C エ 　**スクリブル**は**1〜2歳半**のなぐりがき期（錯画期）の発達段階でみられる絵で、無意識に**点や渦巻き、円形等を描いている**のが特徴である。

D ウ 　**基底線**は**4〜9歳**の図式期の発達段階でみられる絵で、**画面の位置関係を表す線**が特徴である。設問の図の場合は地面の線が基底線となる。

E イ 　**アニミズム的表現**は、前図式期や図式期の発達段階でみられる絵で、動植物や太陽を**擬人化**し目や口を描くことが特徴である。

🖍 よく出るポイント ◆ 図式期の描画の特徴

表現名	別名	描き方の特徴
並列表現		花や人物を**基底線の上に並べた**ように描く
アニミズム表現	擬人化表現	動物や太陽、花などを**擬人化**し目や口を描く
レントゲン表現	透視表現	車の中や家の中など見えないものを**透けたように**描く
拡大表現		自分の興味・関心のあるものを**拡大**して描く
展開表現	転倒式描法	道をはさんだ両側の家が倒れたように描くなど、ものを**展開図のように**描く
積み上げ式表現		遠近の表現がうまくできないので、ものを上に**積み上げた**ように描いて**遠くを表す**
視点移動表現	多視点表現	横から見たところと上から見たところなど、**多視点から見たものを一緒に**描く

次のA～Dの文は、「積み木遊び」における発達の特徴的行動を示している。これらの発達の変化として早く現れる順に並べた場合の最も適切な組み合わせを一つ選びなさい。

平成30年(後期)問8

A 積み木を組み合わせて、家などを作るようになる。
B 見通しや構想を持って友達と共同しながら、町などを作るようになる。
C 一つの積み木を見立てて車として遊んだり、象徴的に意味付けしたりする。
D 積み木をもてあそんだり、積み木同士をぶつけたりして音などを楽しんでいる。

1　A→B→C→D
2　B→A→C→D
3　C→B→D→A
4　C→D→A→B
5　D→C→A→B

次の【事例】を読んで、【設問】に答えなさい。

平成31年(前期)問9

【事例】
新任のF保育士(以下F)と主任のV保育士(以下V)が、劇の発表会のための背景画を描きながら会話しています。使用する大きな紙と、描くための「赤」と「青」と「黄」の3色の絵の具が用意されています。
F：木に実っているミカンを描くために、「黄」に（ A ）を加えて「橙」を作りました。
V：そうですね。いい感じになりましたね。
F：次に、紫色のパンジーを描きたいのですが、「赤」に何色を加えると「紫」になりますか？
V：「赤」に（ B ）を加えていくと「紫」に近い色ができますよ。
F：背景の木々の「緑」は、「青」と（ C ）を混ぜるとできますね。
V：そうですね。厳密な「緑」にはなりませんが、近い色はできます。
　　色彩理論では、「緑みの青」、「赤紫」、「黄」の3色を「（ D ）の三原色」と言います。この三原色を用いると、様々な色を作ることができますよ。

【設問】
（ A ）～（ D ）にあてはまる語句の正しい組み合わせを一つ選びなさい。

（組み合わせ）

	A	B	C	D
1	青	黄	赤	光
2	青	青	黄	色料
3	青	黄	赤	色料
4	赤	青	黄	色料
5	赤	黄	赤	光

394

A 33

正解 5

A 3番目 つくる表現の発達過程「つくりあそび期」（３〜９歳）。「○○をつくりたい」と**目的**を持ってつくるようになり、それを達成させるために**工夫**をするようになる。

B 4番目 「つくりあそび期」の発展。さらに細かく見通しや構想を持ってつくるようになるだけでなく、**仲間と協力**してつくれるようになる。

C 2番目 つくる表現の発達過程「意味づけ期」（２〜３歳半頃）。できた形を**何かに見立てて名前をつけて**遊ぶ。意識的に並べる、積む等の遊びがみられる。

D 1番目 つくる表現の発達過程「もてあそび期」（１〜２歳半頃）。いろいろな物に触れて**素材の感触**を楽しむ。触れる→握る→たたきつけるなど行為そのものを楽しむ。

A 34

正解 4

Ｆ：木に実っているミカンを描くために、「黄」に（ Ａ.**赤** ）を加えて「橙」を作りました。

Ｖ：そうですね。いい感じになりましたね。

Ｆ：次に、紫色のパンジーを描きたいのですが、「赤」に何色を加えると「紫」になりますか？

Ｖ：「赤」に（ Ｂ.**青** ）を加えていくと「紫」に近い色ができますよ。

Ｆ：背景の木々の「緑」は、「青」と（ Ｃ.**黄** ）を混ぜるとできますね。

Ｖ：そうですね。厳密な「緑」にはなりませんが、近い色はできます。

　色彩理論では、「緑みの青」、「赤紫」、「黄」の３色を「（ Ｄ.**色料** ）の三原色」と言います。この三原色を用いると、様々な色を作ることができますよ。

A 赤 絵の具の混色では、黄に赤を加えると橙になる。

B 青 赤に青を加えると紫になる。

C 黄 青に黄を加えると緑になる。

D 色料 **色料の三原色**は、「赤、青、黄」という場合もあるが、厳密にいえば「C」シアン、「M」マゼンタ、「Y」イエローのことで、シアンは**「緑みの青」**、マゼンタは**「赤紫」**、イエローは**「黄」**のことである。

9

保育実習理論

次の【事例】を読んで、【設問】に答えなさい。 令和３年（後期）問9

【事例】
Ｊ保育所では、Ｋ保育士とＬ保育士が、絵の具の色について話をしています。

Ｋ：この絵は赤と青緑の色が、印象的ですね。
Ｌ：色相環だと（　Ａ　）に位置する色で、（　Ｂ　）と言います。
Ｋ：黄と（　Ｃ　）も（　Ａ　）ですね。
Ｌ：こうした位置関係にある絵の具を混ぜ合わせると（　Ｄ　）色になります。

【設問】
（　Ａ　）～（　Ｄ　）にあてはまる語句の正しい組み合わせを一つ選びなさい。

（組み合わせ）

	A	B	C	D
1	隣	混合色	緑	明るい
2	反対	無彩色	青紫	にごった
3	近く	補色	橙	澄んだ
4	反対	補色	青紫	にごった
5	隣	混合色	黄緑	明るい

次の【Ⅰ群】の色の対比に関する事例と、【Ⅱ群】の語句を結びつけた場合の最も適切な組み合わせを一つ選びなさい。 平成26年 問9

【Ⅰ群】
Ａ　青緑色の背景の舞台に飾った、赤いチューリップがとても目立った。
Ｂ　展覧会のポスターで、黒い画用紙と白い画用紙に同じ色のグレーの絵の具で文字を書いたときに、黒の画用紙のグレーの方が明るく見えた。
Ｃ　黄色いレモンを緑の青菜の上に置いたら、レモンが少し赤みがかって見えた。
Ｄ　ピンク色のイチゴムースの上にある赤いイチゴがとても鮮やかに感じた。

【Ⅱ群】
ア　明度対比
イ　彩度対比
ウ　色相対比
エ　補色対比

（組み合わせ）

	A	B	C	D
1	ア	イ	ウ	エ
2	イ	ア	エ	ウ
3	イ	ウ	エ	ア
4	エ	ア	ウ	イ
5	エ	ウ	イ	ア

A 35

正解 4

K：この絵は赤と青緑の色が、印象的ですね。

L：色相環だと（ A.**反対** ）に位置する色で、（ B.**補色** ）と言います。

K：黄と（ C.**青紫** ）も（ A.**反対** ）ですね。

L：こうした位置関係にある絵の具を混ぜ合わせると（ D.**にごった** ）色になります。

なお、選択肢中に出てきた無彩色とは、白、黒、灰などの色味を持たない色のことをいう。

A 36

正解 4

A エ 補色対比は、補色同士が並ぶとお互いを引き立て、本来の色より**鮮やかに見える**現象である。青緑と赤は補色の関係であるから補色対比となる。

B ア 明度対比は、同じ明度の色でも**明るい色**の中では暗く、**暗い色**の中では明るく見える現象である。設問文では同じグレーの絵の具でも、明るい白の画用紙の中では暗く、暗い黒の画用紙の中では明るく見えたとあるので、明度対比となる。

C ウ 色相対比は、同じ色相の色でも、周りの色の**色相**の違いにより、色みが違って見える現象である。黄色は緑の中に置くと黄色が**赤みがかって**見える。

D イ 彩度対比は、同じ彩度の色でも、彩度の**低い色**の中では鮮やかに見え、彩度の**高い色**の中ではくすんで見える現象である。同じ赤のイチゴでも無彩色の白が混ざっている彩度の低いピンクのムースの上では鮮やかに見える。

9

保育実習理論

🖊 **よく出るポイント** ◆**画材の種類と特性**

名称	主成分	形状	特徴
クレヨン	ロウと顔料	先が尖っていて細い	主成分にロウが含まれているので硬く、線描きに適している。また、混色ができないのでスクラッチ等の技法に適している
パス（オイルパステル）	油脂と顔料	先が平らで太い	主成分に油脂が含まれているので柔らかく、ぬり絵など広い面を塗ることに適している。混色が可能
コンテ	顔料と水性樹脂など	直方体	鉛筆とソフトパステルの中間ぐらいの硬さ。こすってぼかすことができる。形をいかして角や面を使って描くことができる。完成後は定着液をかける
パステル（ソフトパステル）	顔料と水性樹脂など	直方体や円柱	さらさらと粉っぽく固着力が低いため完成後は**定着液**などで色を定着させる必要がある。ぼかすことができる。混色に限りがあるので色数が多い
鉛筆	黒鉛（炭素）と粘土	細く長い先端を削りとがらせる	細く硬い。鉛筆の種類はいろいろあるが、Hが多くなるほど芯が硬くて薄くなり、Bが多くなるほど芯が柔らかく濃くなる

397

Q37 平面構成をする際の構成美の要素の一つである「グラデーション」について、適切な記述を一つ選びなさい。　平成23年 問10

1　2つ以上の要素がつりあった状態
2　比例、比率、割合
3　上下、左右、放射などの対称
4　同じもののくり返し
5　段階的に変化すること

Q38 次の【事例】を読んで、【設問】に答えなさい。　平成27年 問10

【事例】　新任保育士（以下S）と主任保育士（以下N）が版遊びについて話し合っています。

【設問】　（ A ）〜（ D ）にあてはまる語句の適切な組み合わせを一つ選びなさい。

N：型押し遊びは、いろいろな物体に絵の具をつけて、紙に押し付けて形を写す最も原初的な版画です。
S：（ A ）や野菜スタンプも型押し遊びですね。
N：そうですね。版画の種類には凸版、凹版、孔版、平版があります。紙を貼り重ね、その上にインクをつけて刷る紙版画は（ B ）です。
S：先日テーブルの上にビニールを敷いてフィンガーペインティングをして遊びました。その作品の上に紙をのせ、写し取って楽しみました。
N：これも版画の仲間で、（ C ）といえますね。初めての版画体験として楽しめますね。
S：身近なところに版遊びはあるのですね。
N：（ D ）は凹凸のある面に紙を当てて、鉛筆やクレヨンなどの描画材を使って凹凸の模様を写しだします。これも版画の仲間と言えます。

（組み合わせ）

	A	B	C	D
1	手形	凸版	孔版	フロッタージュ
2	スクラッチ	平版	孔版	ドリッピング
3	手形	凸版	平版	フロッタージュ
4	スクラッチ	凹版	平版	ドリッピング
5	手形	平版	凹版	ドリッピング

A 37
正解 5

1 ✕ 設問文は、**バランス（均衡）**の説明である。

2 ✕ 設問文は、**プロポーション（比率）**の説明である。

3 ✕ 設問文は、**シンメトリー（相称）**の説明である。

4 ✕ 設問文は、**リピテーション（繰り返し）**の説明である。

5 ○ グラデーション（階調）は形や色が**一定の割合でだんだん変化していく**構成美の要素である。

A 38
正解 3

A **手形**　　「**手形**」が正しい。手形や野菜スタンプ等の型押し遊びのことを**スタンピング**という。

B **凸版**　　「**凸版**」が正しい。紙版画の他に、**木版画**や**スチレン版画**でも凸版が用いられる。

C **平版**　　「**平版**」が正しい。フィンガーペインティングや**デカルコマニー**等の、平らなものに色が付いているところと付いていないところを作って紙に写すのは平版である。

D **フロッタージュ**　　「**フロッタージュ**」が正しい。凹凸のあるところに紙をおいて、鉛筆等で模様をこすって映し出す方法をフロッタージュという。別名「**こすりだし**」ともいう。

加点のポイント　◆**構成美の要素**

名称	別名	説明
ハーモニー	調和	よく似た性質を持った形や色を組み合わせて安定している構成
バランス	均衡	複数の類似形態によって釣り合いが取れている構成
シンメトリー	相称	1点や直線を境にして上下、左右が対称で統一感のある構成
コントラスト	対照	性質が違うものが組み合わされ、強い感じを出す構成
リズム	律動	同じ形や色の繰り返しと規則的な流れによって、動きの感じを表す構成
グラデーション	階調	形や色が一定の割合でだんだん変化していく構成
リピテーション	繰り返し	同じ形や色を規則的に連続して繰り返す構成
ムーブメント	動勢	流れや動きの方向性を持ち、躍動感が感じられる構成
アクセント	強調	一部に変化をつけ、全体をひきしめる構成
プロポーション	比率	大きさや形の割合（比率）のこと

9 保育実習理論

次のA~Dは、それぞれ技法（モダンテクニック）を用いて作成された図版である。その表現技法の名称として正しい組み合わせを一つ選びなさい。　平成24年 問9

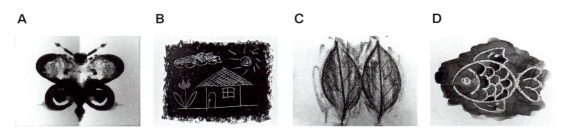

（組み合わせ）

	A	B	C	D
1	デカルコマニー	スクラッチ	フロッタージュ	バチック
2	デカルコマニー	バチック	フロッタージュ	スクラッチ
3	フロッタージュ	スクラッチ	デカルコマニー	バチック
4	フロッタージュ	バチック	デカルコマニー	スクラッチ
5	フロッタージュ	スクラッチ	バチック	デカルコマニー

次の文のうち、一般的な紙の性質や使用上の留意点に関する記述として、適切な記述を○、不適切な記述を×とした場合の正しい組み合わせを一つ選びなさい。

　令和3年（前期）問11

A 新聞紙は紙目がないので、どこから引っ張ってもジグザグに破れる性質がある。
B ドーサが引いてある和紙はにじみにくいので、絵の具を使ったにじみ遊びには適さない。
C トレーシングペーパーとは、不透明な色紙のことである。
D 段ボール紙は水に強く、濡れても丈夫なので屋外の制作活動に適している。

（組み合わせ）

	A	B	C	D
1	○	○	×	×
2	×	○	○	×
3	×	○	×	×
4	×	×	○	×
5	×	×	×	○

A 39　　　　　　　　　　　　　　　　　　　正解　1

A デカルコマニー　　二つ折りにした紙の**片方の面においた色を折り合わせて**写しとる技法である。

B スクラッチ　下地にクレヨンの明るい色を塗って、その上に暗い色（クレヨンの黒）を重ねて塗り、画面を釘などの先の尖ったものでひっかいて描いて**下地の色を出す**技法である。

C フロッタージュ　　ものの**表面の凹凸の上に紙**を置いて鉛筆、コンテ、クレヨンなどでこすり、写しとる技法である。

D バチック　　クレヨンで線や絵を描き、その上から多めの水で溶いた**水彩絵の具**で彩色して下のクレヨンの絵を浮き上がらせる技法である。

A 40　　　　　　　　　　　　　　　　　　　正解　3

A ✕ 新聞紙は縦に目が入っていて、縦方向に裂くときれいに裂くことができる。

B 〇 礬水引きとは、和紙に膠とミョウバンを混合した水溶液（礬水）を引いて**にじみ止め**を行うことである。

C ✕ トレーシングペーパーとは、**複写（トレース）するための薄い半透明の紙**のことである。

D ✕ 段ボールは紙なので**水に弱い**という性質がある。

💡加点のポイント　◆絵画遊びの技法

名称	別名	説明
デカルコマニー	合わせ絵	二つ折りした紙の片方の面においた色を折り合わせて写しとる技法
ドリッピング	たらし絵・吹き流し	紙の上に多めの水で溶いた水彩絵の具をたっぷり落とし、紙面を傾けてたらしたり、直接口やストローで吹いて流したりする技法
スパッタリング	飛び散らし	絵の具の付いたブラシで網をこすり、霧吹きのような効果を出す技法（ブラッシングともいう）や、絵の具の付いた筆自体を振って散らす技法
バチック	はじき絵	クレヨンで線や絵を描き、その上から多めの水で溶いた水彩絵の具で彩色して下のクレヨンの絵を浮き上がらせる技法
フロッタージュ	こすりだし	ものの表面の凹凸の上に紙を置いて鉛筆、コンテ、クレヨンなどでこすり、写しとる技法
スクラッチ	ひっかき絵	下地にクレヨンの明るい色を塗って、その上に暗い色（クレヨンの黒）を重ねて塗り、画面を釘などの先の尖ったものでひっかいて描いて下地の色を出す技法
コラージュ	貼り絵	紙や布などを使ってつくる貼り絵
フィンガーペインティング	指絵の具	できた絵を重要視するのではなく自由に感触を楽しんだり、指で絵の具をなすりつける行為そのものを楽しむ造形遊びの一つ。子どもの心が開放される
マーブリング	墨流し	水の表面に作った色模様を紙に写しとる技法
ステンシル		下絵を切りぬいた版を作り、その版の孔（穴）の形に絵の具やインクをタンポなどを使って刷りこみ、紙に写しとる技法
スタンピング	型押し	ものに直接絵の具やインクをつけて、紙に押し当てて型を写しとる技法
折り染め		障子紙などコーティングされていない、色水を吸いやすい紙を折って色水につける技法。角を揃えて規則正しく山折り谷折りするときれいな模様になる。乾いた紙に色水をつけるとはっきりした模様になり、あらかじめ紙を湿らせておくとぼかしの効果が出る

9 保育実習理論

401

次の文は、描画材の使い方に関する記述である。適切な記述を〇、不適切な記述を×とした場合の正しい組み合わせを一つ選びなさい。　平成29年（後期）問10

A クレヨンを使用したはじき絵を描く際に、水彩絵の具の色がよくはじくように、絵の具に水を混ぜないで描いた。
B 油性フェルトペンで描く際に、テーブルが汚れないように古い新聞紙を厚めに敷いた。
C ペットボトルに色を塗る際に、指でこすっても落ちないように水性フェルトペンを用いた。
D 雨にぬれても色が落ちないように、木の手作りおもちゃにアクリル絵の具で色を塗った。
E コンテで絵を描いた後、消えないように定着スプレーをかけた。

（組み合わせ）

	A	B	C	D	E
1	〇	〇	〇	〇	×
2	〇	〇	〇	×	×
3	×	〇	〇	×	×
4	×	〇	×	〇	〇
5	×	×	×	×	〇

次の【事例】を読んで、【設問】に答えなさい。　平成30年（後期）問11

【事例】
S保育所の5歳児クラスでは、粘土で動物を作りました。新任のI保育士（以下I）と主任のJ保育士（以下J）が、使用した粘土について話をしています。

I：この前は、焼成することができる（ ア ）を使って、色々な動物を作りましたね。
J：そうでしたね。（ ア ）は子どもでも扱いやすく、（ イ ）を加えて練ることによって柔らかくなり（ ウ ）を保つことができますからね。
I：柔らかくなりすぎた時はどうしたらよいですか。
J：粘土を（ エ ）置いておく、あるいは（ オ ）製の粘土板の上で練ってもよいでしょう。

【設問】
（ ア ）〜（ オ ）にあてはまる語句の正しい組み合わせを一つ選びなさい。

（組み合わせ）

	ア	イ	ウ	エ	オ
1	油粘土	油	可塑性	かたまりにして	木
2	土粘土	水	可塑性	平らに広げて	木
3	小麦粉粘土	塩	柔軟性	かたまりにして	プラスチック
4	土粘土	水	流動性	かたまりにして	プラスチック
5	油粘土	油	流動性	平らに広げて	プラスチック

A 41

正解 4

A × 絵画遊びの技法「**バチック（はじき絵）**」の説明。バチックをする際は、クレヨンで描いた絵がはじくように、**絵の具を多めの水で溶く**のがよい。

B ○ 油性フェルトペンは、紙ににじみやすく裏写りしやすい。

C × 水性フェルトペンでは、ペットボトル等プラスチックに描いても落ちてしまう。油性フェルトペンで描くとよい。

D ○ アクリル絵の具は、水性絵の具なので水に溶かして使うが、乾くと耐水性になるため雨に濡れても落ちないので、木や石などに描くのに適している。

E ○ コンテは粉っぽいので、こすってぼかすことができるが、その分、紙から取れやすい。描いた後は定着液をかけて紙から取れないようにする。

A 42

正解 2

ア 土粘土 　　土粘土は焼成することができる。

イ 水 　　土粘土は水を加えて練ることにより柔らかくなる。

ウ 可塑性 　　可塑性とは力を加えると簡単に変形して元に戻らないこと。土粘土は可塑性に優れている。

エ 平らに広げて 　　粘土が柔らかくなりすぎた場合は、空気に触れてほどよい堅さになるまで乾燥させるのがよい。早く乾燥させるために平らに広げる。

オ 木 　　土粘土で使う粘土板は吸水性のある木製のものがよい。

加点のポイント ◆ **主な紙の種類**

和紙	半紙		昔の手すき和紙の寸法を半分に切った大きさの和紙のこと。主に墨を使って描く際に使う
	障子紙		障子に使う紙であるが、安くて丈夫なので折染めや絵を描く際に使う
	花紙		半紙より薄手の色のついた紙で、飾りに使う花を作るなどに使う
洋紙	新聞紙		可塑性に優れているので幼児が造形しやすい。縦の方向に破りやすい
	画用紙		描画や工作など造形活動全般に使う
	ケント紙		表面がなめらか。ポスターカラーなど厚塗りの場合や工作などにも使う
	模造紙		大判の薄めの洋紙。大きいものを描く際に使う
板紙	白板紙	白ボール紙	表面が白く加工され裏面は古紙（鼠色）のボール紙。工作に使いやすい。裏に方眼があるタイプを工作用紙と呼ぶ
		マニラボール紙	上質の白ボール紙
	黄色板紙（黄ボール紙）		昔のボール紙。わらなどが原料なので黄土色をしている。和紙や洋紙に比べて強度のある板紙ではあるが、段ボール等よりもろい
	色板紙（色ボール紙）		白ボール紙やマニラボール紙に色がついているもの。カラー工作用紙などともいう
	段ボール	片段ボール	片面が波状で片面が板状の段ボールのこと
		段ボール	両面が板状で中に波状の段ボールをはさんでいるタイプの段ボールのこと

403

⑤言語に関する技術

次の【Ⅰ群】の絵本と【Ⅱ群】の作者を結びつけた場合の正しい組み合わせを一つ選びなさい。

平成28年（前期）問13

【Ⅰ群】
A 『おつきさまこんばんは』
B 『からすのパンやさん』
C 『キャベツくん』
D 『おばけのてんぷら』
E 『わたしのワンピース』

【Ⅱ群】
ア にしまき　かやこ
イ 長　新太
ウ 林　明子
エ かこ　さとし
オ せな　けいこ

（組み合わせ）

	A	B	C	D	E
1	ア	イ	ウ	エ	オ
2	ア	エ	イ	ウ	オ
3	ウ	イ	エ	オ	ア
4	ウ	エ	イ	オ	ア
5	ウ	オ	エ	ア	イ

次の文は、「保育所保育指針」第1章「総則」4「幼児教育を行う施設として共有すべき事項」（2）「幼児期の終わりまでに育ってほしい姿」のケ「言葉による伝え合い」の一部である。（　A　）～（　C　）にあてはまる語句の正しい組み合わせを一つ選びなさい。

平成31年（前期）問14

保育士等や友達と（　A　）を通わせる中で、絵本や物語などに親しみながら、（　B　）言葉や表現を身に付け、（　C　）や考えたことなどを言葉で伝えたり、相手の話を注意して聞いたりし、言葉による伝え合いを楽しむようになる。

（組み合わせ）

	A	B	C
1	気持ち	豊かな	遊んだこと
2	心	豊かな	遊んだこと
3	気持ち	正しい	経験したこと
4	心	豊かな	経験したこと
5	気持ち	正しい	遊んだこと

A 43

正解 4

A ウ 『おつきさまこんばんは』は、林明子の作品である。林明子の作品には他に、『**はじめてのおつかい**』『**こんとあき**』『**おふろだいすき**』等がある。

B エ 『からすのパンやさん』は、かこさとしの作品である。かこさとしの作品には他に、『**だるまちゃんとてんぐちゃん**』『**ははのはなし**』『**どろぼうがっこう**』等がある。

C イ 『キャベツくん』は、長新太の作品である。長新太の作品には他に、『**ごろごろにゃーん**』『**ゴムあたまポンたろう**』『**ぼくのくれよん**』等がある。

D オ 『おばけのてんぷら』は、せなけいこの作品である。せなけいこの作品には他に、『**いやだいやだ**』『**ねないこだれだ**』『**あーんあん**』等がある。

E ア 『わたしのワンピース』は、にしまきかやこの作品である。にしまきかやこの作品には他に、『**まこちゃんのおたんじょうび**』『**えのすきなねこさん**』『**ちいさなきいろいかさ**』等がある。

A 44

正解 4

保育士等や友達と（　A.**心**　）を通わせる中で、絵本や物語などに親しみながら、（　B.**豊かな**　）言葉や表現を身に付け、（　C.**経験したこと**　）や考えたことなどを言葉で伝えたり、相手の話を注意して聞いたりし、言葉による伝え合いを楽しむようになる。

2017（平成29）年の改訂で加わった**幼児期の終わりまでに育ってほしい10の姿**のうち「言葉による伝え合い」についての内容である。

次の文のうち、絵本の読み聞かせをする際の留意事項として、適切な記述を○、不適切な記述を×とした場合の正しい組み合わせを一つ選びなさい。

令和3年（前期）問14

A 子どもが絵本の世界を楽しめるように、保育士は絵本のストーリーや展開をよく理解しておく。

B 絵本を読む時の読み手の背景は、子どもが絵本に集中できるようにシンプルな背景が良い。

C 絵本は、表紙や裏表紙にも物語が含まれることがあることを理解しておく。

D 絵本を読み終えたら、子どもが絵本の内容を正確に記憶できているかが重要であるため、直ちに質問して確認する。

（組み合わせ）

	A	B	C	D
1	○	○	○	×
2	○	○	×	○
3	○	×	○	×
4	×	×	○	×
5	×	×	×	○

加点のポイント

◆ 乳幼児期の言葉の発達過程

喃語期	3か月〜11か月	「クー」「クク」というような「クーイング」や「ア・エ・ウ」などの音や「ブー」などの喃語を自発的に発する。だんだん話しかけられている言葉がわかるようになる。9か月頃から簡単な言葉が理解でき、自分の意思や欲求を身振りなどで伝えようとする
片言期	1歳〜1歳半	発音しやすい音に意味が結合して、「マンマ」、「ワンワン」などの一語文が増加する。情緒の表現がはっきりしてくる
命名期	1歳半〜2歳	物の名前を言う。「イヤ」などの拒否を表す言葉を盛んに使う。二語文が出現し、「マンマ、ホチイ」などの欲求表現が可能になる
羅列期	2歳〜2歳半	語彙の増加に伴い、知っている単語を並べて羅列したような表現が増える。「これ何？」という質問が増加する
模倣期	2歳半〜3歳	人の言葉を模倣する。自分のしたいこと、してほしいことを言葉で言う
成熟期	3歳〜4歳	話言葉の基礎ができ、他者との伝え合いができるようになる。「なぜ？」「どうして？」の質問や「これがいい」と選択することなどが増加する
多弁期	4歳〜5歳	生活空間や経験の広がりに伴い語彙も増え、文法力・理解力・表現力がつき、すらすら話せるようになる。たくさんおしゃべりする
適応期	5歳〜	自己中心的なおしゃべりから、話している相手との対話が可能となる。経験したことを思い出して話せる

A 45

正解 **1**

A ○ 子どもに絵本を読み聞かせる前には**必ず先に読んでストーリーや展開を理解しておく**ことが大切である。

B ○ 絵本の絵やお話に集中できるよう、いろいろな物が目に留まらないようにしたり、落ち着いた色の壁面の前に座るなど、読み手の**周りの環境を整えておくこと**が大切である。

C ○ 絵本の表紙や裏表紙にもお話に関係のある絵が含まれていることがあるので、読み聞かせる前に**表紙**を、読み終わった後に**裏表紙**を見せるとよい。

D × お話が終わった後も絵本の世界に入った子ども一人ひとりが心の中にある**余韻に浸る時間**を壊さないようにすることが大切である。

9

保育実習理論

よく出るポイント ◆ **いろいろな表現遊びの素材**

素話（すばなし）	絵本や紙芝居などを使わず語ってお話をする
紙芝居	紙の絵を見せながら演じ手が語ってお話をする
ペープサート	紙人形劇のこと。人や動物の絵を描いた紙に棒をつけたものを動かして演じる。表と裏で別の絵（顔の表情が変わるなど）が描いてある物を動かしながらお話を展開する
パネルシアター	パネル布（ネル地）を貼った板が舞台。絵が描いてあるPペーパー（不織布）を付けたりはがしたりしてお話を展開する。Pペーパーにはポスターカラーなどの絵の具で色を付ける
エプロンシアター	エプロンが舞台。演じ手がエプロンをつけて人形を使ってお話を展開する。ポケットやマジックテープなどのしかけにより、人形がいくつも出てきたり、エプロンにくっついたりする
オペレッタ	小さいオペラという意味。「音楽劇」「歌芝居」といわれる、主に幼稚園や小学校の発表会などで上演される創作オペレッタのこと。簡単な歌や踊りを入れた劇のことで、幼児にも親しみやすく演じやすい
人形劇	マリオネットやパペットなどの人形を使ってお話を展開する
影絵	影をスクリーンに投影するもの。紙や木で人や動物の形を作ったり、手で影を作ったりする。紙などで作った場合は穴をあけて色セロファンなどを通せばいろいろな色を付けることができる。割りピンなどで手足などの関節が動くように作ることもある

平成26年 問16

【事例】
2歳児クラスのPちゃんは最近語彙が増えて、たくさんお話をするようになった。今日は担当保育士Qに対して、「バチュ　バチュ　のったよ　ママと」と話してくれた。保育士Qは、Pちゃんの成長をとてもうれしく思った。さらによりよいコミュニケーションを図り、また同時に、言葉の発達を促すために、保育士としての関わりを考えている。

【設問】
保育士の関わりとして適切なものを○、不適切なものを×とした場合の正しい組み合わせを一つ選びなさい。

A 「バチュ　バチュ　のったのね　ママと　よかったね」とPちゃんに言葉をかえす。
B 発音の間違いをPちゃんに指摘し気付かせ、すぐに言いなおしをさせる。
C 「バス　バス　のったのね　ママと　よかったね」とPちゃんに言葉をかえす。

（組み合わせ）
	A	B	C
1	○	○	○
2	○	○	×
3	○	×	×
4	×	○	○
5	×	×	○

加点のポイント　◆絵本の種類と著者名①

日本の絵本

作品名	著者名
「いないいないばあ」「いいおかお」「もうねんね」	松谷みよ子 作／瀬川康男 絵
「ぐりとぐら」「ぐりとぐらのおきゃくさま」「ぐりとぐらのえんそく」「ぐりとぐらのかいすいよく」	中川李枝子 作／山脇百合子 絵
「ねないこだれだ」「にんじん」「いやだ いやだ」「もじゃ もじゃ」	せなけいこ
「きんぎょがにげた」「まどから おくりもの」「みんなうんち」	五味太郎
「しろくまちゃんのほっとけーき」	若山憲
「からすのパンやさん」「だるまちゃんとてんぐちゃん」「ははははのはなし」	加古里子（かこさとし）
「ぐるんぱのようちえん」	西内ミナミ 作／堀内誠一 絵
「はじめてのおつかい」	筒井頼子 作／林明子 絵
「こんとあき」「おつきさま こんばんは」	林明子
「おしいれのぼうけん」	古田足日 作／田畑精一 絵
「100万回生きたねこ」	佐野洋子
「しょうぼうじどうしゃじぷた」	渡辺茂男 作／山本忠敬 絵

（つづく）

A 46

正解 5

A × 話しかけてきたことにかえすことは大切だが、間違った言葉のまま使うのではなく、**正しい言葉でかえし、自然に言葉を正しく身に付けられるように配慮**する。

B × ２歳児は発音が間違っていて当たり前なので無理に指摘して**言いなおしをさせたりしない。話したいという意欲を育てる**ことが大切である。

C ○ その子の気持ちに共感し、言葉をかえすことで話すことを楽しみ**自分から話したくなるような心を育てる**。

作品名	著者名
「がたん ごとん がたん ごとん」	安西水丸
「くだもの」	平山和子
「わたしのワンピース」	西巻茅子
「11ぴきのねこ」	馬場のぼる
「ぞうくんのさんぽ」	中野弘隆
「14ひきのあさごはん」	いわむらかずお
「うずらちゃんのかくれんぼ」	きもとももこ
「モチモチの木」「花さき山」	斉藤隆介 作／滝平二郎 絵
「もこ もこ もこ」	谷川俊太郎 作／元永定正 絵
「ねずみくんのチョッキ」	なかえよしを
「キャベツくん」「ごろごろにゃーん」「ゴムあたまポンたろう」「ぼくのくれよん」	長新太
「わたしのワンピース」「えのすきなねこさん」	にしまきかやこ
「たべたのだあれ」「きんぎょがにげた」「いっぽんばしわたる」	五味太郎

Q47 次の【Ⅰ群】の記述と【Ⅱ群】の発達過程を結びつけた場合の適切な組み合わせを一つ選びなさい。

平成25年 問14

【Ⅰ群】

A 簡単な言葉がわかるようになる時期であるので、保育士と一緒に身近なものの絵本を見る。

B 想像力が豊かになる時期であるので、絵本や童話などを読み聞かせてもらい、イメージを広げる。

C 語彙が著しく増加し、自分の意思や欲求を言葉で表出できるようになる時期であるので、絵本や紙芝居を楽しんで見たり聞いたりする。

【Ⅱ群】

ア おおむね6か月から1歳3か月未満
イ おおむね2歳
ウ おおむね4歳

（組み合わせ）

	A	B	C
1	ア	イ	ウ
2	ア	ウ	イ
3	イ	ア	ウ
4	イ	ウ	ア
5	ウ	イ	ア

A 47

正解 **2**

A ア 大人から自分に向けられた気持ちや簡単な言葉がわかるようになるのは、**おおむね6か月から1歳3か月未満**である。この時期になると保育士と一緒に身近な物の絵本を見ることができる。

B ウ 想像力が豊かになるのは、**おおむね4歳**の発達過程である。この時期には絵本や童話などを読み聞かせてもらい、イメージを広げることができる。

C イ 語彙が著しく増加し、自分の意志や欲求を言葉で表出できるようになる時期は、**おおむね2歳**の発達過程である。この時期には絵本や紙芝居を楽しんで見たり聞いたりすることができる。

9
保育実習理論

加点のポイント

◆**絵本の種類と著者名②**

海外の絵本

作品名	著者名
「はらぺこあおむし」	エリック・カール
「三びきのやぎのがらがらどん」	マーシャ・ブラウン
「しろいうさぎとくろいうさぎ」	ガース・ウィリアムズ
「うさこちゃんとどうぶつえん」「ゆきのひのうさこちゃん」	ディック・ブルーナ
「どろんこハリー」	ジーン・ジオン 作/マーガレット・ブロイ・グレアム 絵
「ちいさいおうち」「いたずらきかんしゃちゅうちゅう」	バージニア・リーバートン
「ひとまねこざる」	ハンス・アウグスト・レイ 作/マーガレット・レイ 絵
「かいじゅうたちのいるところ」	モーリス・センダック
「ふたりはともだち」	アーノルド・ローベル
「もりのなか」	マリー・ホール・エッツ

民話をもとにした絵本

作品名	著者名
「てぶくろ」(ウクライナ民話)	エウゲーニー・M・ラチョフ
「おおきなかぶ」(ロシア民話)	A・トルストイ 再話/佐藤忠良 絵
「スーホの白い馬」(モンゴル民話)	大塚勇三 再話/赤羽末吉 絵
「おおかみと七ひきのこやぎ」(グリム童話)	フェリクス・ホフマン 画

MEMO

本試験問題

保育士試験

2022（令和4）年 前期

保育士試験問題
2022（令和4）年 前期

保 育 の 心 理 学

問題1 次の文は、子どもの社会性の発達に関する記述である。【Ⅰ群】の記述と、【Ⅱ群】の人物を結びつけた場合の正しい組み合わせを一つ選びなさい。

【Ⅰ群】

A 子どもの道徳的判断は、行動の規準が自分本位に決定され、社会的慣習を考慮しない水準から、他者の期待や社会的慣習に基づいて行動する水準に移行し、さらにそれらを超えて道徳的価値と自己の良心によって行動する水準に至るとした。

B 向社会的行動の判断の理由づけは、自分の快楽に結びついた理由づけから、相手の立場に立った共感的な理由づけを経て、強く内面化された価値観に基づいた理由づけへと発達するとした。

C 子どもの道徳的判断は、「コップがあると知らずにコップを15個割った」場合と「お菓子を盗み食いしようとしてコップを1個割った」場合とでは、被害の大きい前者を悪いと判断する結果論的判断から、悪い意図のある後者を悪いと判断する動機論的判断へと発達するとした。

【Ⅱ群】

ア アイゼンバーグ（Eisenberg, N.）

イ コールバーグ（Kohlberg, L.）

ウ ピアジェ（Piaget, J.）

（組み合わせ）

	A	B	C
1	ア	イ	ウ
2	ア	ウ	イ
3	イ	ア	ウ
4	イ	ウ	ア
5	ウ	イ	ア

問題2 次のうち、運動発達に関する記述として、適切なものを○、不適切なものを×とした場合の正しい組み合わせを一つ選びなさい。

A ギブソン（Gibson, J.J.）は、人間が運動するためには知覚が必要であり、知覚するためには運動が必要であると述べた。

B 運動発達には「頭部から脚部へ」「末梢から中枢へ」「粗大運動から微細運動へ」という方向性がある。

C 物をつかむ運動の発達は、手の内側（親指の側）から外側（小指の側）に向かって進む。

D 最初の移動運動である寝返りが達成されると、探索行動が活発になる。

（組み合わせ）

	A	B	C	D
1	○	○	○	○
2	○	×	○	×
3	○	×	×	○
4	×	○	○	×
5	×	×	×	×

問題3 次のうち、ピアジェ（Piaget, J.）の理論の前操作期に関する記述として、適切なものを○、不適切なものを×とした場合の正しい組み合わせを一つ選びなさい。

A 太いコップに入っていた水を細長いコップに入れ替えて水位が前より高くなっても、水の量は変わらないと判断する。

B 水や風のような無生物にも生命があり、精神や意識を持つと考える。

C 積み木を車に見立てて走らせて遊ぶなど、あるものによって別のものを表象する。

D 子どもの前におもちゃを置き、そのおもちゃに布をかけて見えなくすると、おもちゃに対する関心は失われる。

（組み合わせ）

	A	B	C	D
1	○	○	×	○
2	○	×	○	×
3	×	○	○	×
4	×	×	×	○
5	×	×	×	×

問題4 次の文は、子どもの読み書きに関する記述である。（ A ）～（ D ）にあてはまる語句を【語群】から選択した場合の正しい組み合わせを一つ選びなさい。

（ A ）とは読み書き能力、識字力のことであり、萌芽的（ A ）とは実際に読み書きができるようになる前の子どもが遊びの中で示す、あたかも読み書きができるように振る舞う様々な活動をさす。読み書きができるようになるには（ B ）が必要となる。例えば、「くるま」の真ん中の音を取ると何になるかと聞かれて、「くま」と答えることができるのは（ B ）の表れである。（ B ）の発達は（ C ）などの遊びを経験することによって促進される。日本語を母語とする子どもの場合、平仮名のそれぞれの文字が（ D ）に対応していることに気づくと急激に他の文字も読めるようになる。

【語群】

ア 音節	イ しりとり	ウ リテラシー	エ 音韻意識	オ 意味
カ 音声理解	キ ナラティブ	ク 統語	ケ ままごと	

（組み合わせ）

	A	B	C	D
1	ウ	エ	イ	ア
2	ウ	カ	ケ	ク
3	カ	エ	ケ	オ
4	キ	カ	イ	ア
5	キ	ク	イ	オ

問題5 次の文は、原因帰属に関する記述である。（　A　）～（　D　）にあてはまる語句の正しい組み合わせを一つ選びなさい。

　同じように成功や失敗を経験したとしても、成功または失敗の原因をどのように捉えるかによってその後の動機づけが異なる。（　A　）はある出来事の原因を何に求めるかという原因帰属について、統制の位置と（　B　）という2つの次元から説明しようとした。一般に、失敗の原因を（　C　）に帰属させると動機づけが高まるといわれているが、行動しても期待した結果が得られない状態が続くと「何をやっても無駄だ」とやる気をなくしてしまうこともある。これを（　D　）は学習性無力感と呼んだ。

（組み合わせ）

	A	B	C	D
1	ワイナー (Weiner, B.)	安定性	運	セリグマン (Seligman, M.E.P.)
2	ワイナー (Weiner, B.)	安定性	努力	セリグマン (Seligman, M.E.P.)
3	セリグマン (Seligman, M.E.P.)	安定性	能力	ワイナー (Weiner, B.)
4	セリグマン (Seligman, M.E.P.)	可塑性	努力	ワイナー (Weiner, B.)
5	セリグマン (Seligman, M.E.P.)	可塑性	能力	ワイナー (Weiner, B.)

問題6 次のうち、子どもの発達を促す関わりについての記述として、適切なものの組み合わせを一つ選びなさい。

A 「イヌ」という言葉をまだ知らない子どもが「ワンワン」と言った時に、「そうね、イヌがいるね」と言う。

B 数の認識が育っていないので、計算問題に取り組ませる。

C 子どもが自分で衣類の着脱をしようとしている時に、保育士が衣類を着替えさせる。

D 子どもがおもちゃを貸してほしいことを他児に伝えられない時に、保育士が子どもと一緒に「かして」と他児に言いに行く。

（組み合わせ）

1	A	C
2	A	D
3	B	C
4	B	D
5	C	D

問題7 次の文は、子どもの認知に関する記述である。（　A　）～（　D　）にあてはまる語句を【語群】から選択した場合の正しい組み合わせを一つ選びなさい。

　目標を達成するために、自分の遂行している認知過程の状態や方略を評価し、行動の調節や統制を行う過程は（　A　）と呼ばれる。この（　A　）および（　A　）に伴う感覚・感情、評価や調節に使用するために認識された知識を総称して（　B　）と呼ぶ。（　B　）の発達は、（　C　）頃から始まり、次第に自分の思考を振り返ることが可能となる。こうした力は学校教育における学習で求められ、例えば、自分で検算して間違いを見いだすことができるようになると、計算することが面白くなるといった（　D　）に結びついていく。

【語群】

ア　モニタリング	イ　メタ・コミュニケーション	ウ　内発的動機づけ
エ　メタ認知	オ　外発的動機づけ	カ　モデリング
キ　学童期後半	ク　幼児期後半	

（組み合わせ）

	A	B	C	D
1	ア	イ	ク	オ
2	ア	エ	ク	ウ
3	カ	イ	キ	ウ
4	カ	イ	ク	オ
5	カ	エ	キ	イ

問題8 次の文は、思春期に関する記述である。（　A　）〜（　D　）にあてはまる語句を【語群】から選択した場合の正しい組み合わせを一つ選びなさい。

　思春期は心身ともに大きな変貌を遂げる時期であり、特に近年では発達加速現象と呼ばれるように身体的発達が促進されており、第二次性徴の発現が低年齢化する（　A　）がみられる。思春期における養育者からの（　B　）分離の過程では、周囲の大人や社会に対して反抗的な行動が現れることがあり、この時期を（　C　）反抗期という。反抗が起こる理由の一つとして、養育者などの周囲の大人からの自立と（　D　）という気持ちが共存することがあげられる。子どもと養育者は、「個」対「個」としての新たな関係を模索し、構築する時期である。

【語群】

ア	成熟前傾現象	イ	心理的	ウ	成長加速現象	エ	社会的
オ	第一次	カ	依存	キ	拡散	ク	第二次

（組み合わせ）

	A	B	C	D
1	ア	イ	ク	カ
2	ア	エ	オ	キ
3	ウ	イ	ク	カ
4	ウ	エ	オ	キ
5	ウ	エ	ク	キ

問題9 次の文は、高齢期に関する記述である。下線部（a）〜（d）に該当する用語を【語群】から選択した場合の正しい組み合わせを一つ選びなさい。

　高齢期には、（a）人が生きていくことそのものに関わる問題についての賢さ、聡明さといった人生上の問題に対して実践的に役立つ知識が増すことがある。そこでは、人間や社会についての豊富な知識に裏打ちされた柔軟で明確な見識を持ちあわせていることが条件になる。

　また高齢期では、（b）加齢による衰えがありつつも、歳をとってもこうでありたいという自分を保持しながら「上手に歳をとる」といった加齢への向き合い方が重要になる。

　バルテス（Baltes, P.B.）らは、こうした加齢変化に伴い自分の行動を制御する方略についての理論を提唱した。具体的には、（c）自分の生活をより安全にするために、加齢による機能低下を見越して運転免許証の返納を決断する、そして、（d）車を運転しないことにより買い物が不自由になるため、宅配サービスを利用するというように、新たな生活スタイルを作り上げて最適化を図る。それによりこれまでとは変わらない行動が維持されていくのである。

【語群】

ア	センス・オブ・ワンダー	イ	ライフサイクル	ウ	喪失
エ	サクセスフル・エイジング	オ	補償	カ	選択
キ	英知（wisdom）	ク	転移		

（組み合わせ）

	a	b	c	d
1	ア	イ	カ	ウ
2	エ	ア	ウ	ク
3	エ	イ	ク	オ
4	キ	エ	ウ	ク
5	キ	エ	カ	オ

問題10 次の文は、ブロンフェンブレンナー（Bronfenbrenner, U.）が提唱した人の発達を取り巻く環境に関する記述である。（　A　）～（　D　）にあてはまる用語を【語群】から選択した場合の正しい組み合わせを一つ選びなさい。

　ブロンフェンブレンナーは、（　A　）を提唱した。保育所に通っている子どもが直接経験する環境である（　B　）は、主に保育所と家庭である。この保育所と家庭は相互に関係しあい、（　C　）として機能する。例えば、子どもの父親の職場において、残業が当たり前で、定時には帰りづらいという雰囲気があると、父親の帰宅はいつも遅く、子どもが父親と過ごす時間が短くなるなど、父親の職場は間接的に子どもに影響するので、（　D　）といえる。

【語群】

ア　正統的周辺参加論	イ　生態学的システム論	ウ　クロノシステム
エ　マクロシステム	オ　マイクロシステム	カ　メゾシステム
キ　エクソシステム		

（組み合わせ）

	A	B	C	D
1	ア	エ	オ	キ
2	ア	オ	キ	エ
3	イ	オ	カ	キ
4	イ	カ	エ	ウ
5	イ	キ	カ	オ

問題11 次の【事例】を読んで、【設問】に答えなさい。

【事例】

　4歳児クラスの担当保育士は動物の描かれたカードを紙袋に入れて持っている。保育士が「すべてのヒントを聞いてから手を挙げて答える」というルールを確認してから、「私は誰でしょう」のクイズが始まる。「ヒント1、私は動物です」「ヒント2、私は海ではなく陸に住んでいます」「ヒント3、私のからだの色は白と黒です」「ヒント4、私は笹の葉が大好きでよく食べます」。子どもたちはヒント1、ヒント2の段階からありとあらゆる知っている動物の名前を口に出してしまう。保育士は「ライオンかな、キリンかなと思っても、声を出さないで頭の中にしまっておこうね」と言うが、ヒント3の段階でも「しまうま！」「パンダ！」と叫んでいる子どもがいる。保育士は「しーっ！　今の言葉も頭にしまっておこうね」と言う。最後のヒントでほとんどの子どもが分かるが、それを言葉に出さないのは難しい。

【設問】

　次のうち、下線部の子どもの姿を説明する記述として、適切なものを○、不適切なものを×とした場合の正しい組み合わせを一つ選びなさい。

A　社会的比較を行っている。

B 短期記憶を使用している。

C 自己抑制を行っている。

D 意味記憶に含まれる情報を検索している。

（組み合わせ）

	A	B	C	D
1	○	○	○	×
2	○	×	×	○
3	×	○	○	×
4	×	○	×	○
5	×	×	×	×

問題12 次のうち、子育てに関する記述として、適切なものを○、不適切なものを× とした場合の正しい組み合わせを一つ選びなさい。

A 育児不安とは、親が育児に自信をなくし、育児の相談相手がいない孤立感や、何となくイライラするなど、育児へのネガティブな感情や育児困難な状態であることをいう。育児ノイローゼや育児ストレスという表現も用いられる。

B 産後うつ病は、いわゆるマタニティブルーズといわれるものであり、出産後急激に女性ホルモンが減少することによって情緒不安定になり、訳もなく涙が出る、不安感や抑うつ感などの精神症状や不眠などを示す一過性の症状である。

C 養護性（ナーチュランス）とは、「小さくて弱いものを見ると慈しみ育もうという気持ち」になる心の働きをいう。養護性は性別に限らず誰もが持っている特性である。

D 親準備性とは、まだ乳幼児を育てた経験のない思春期・青年期の人に対する、子育てに関する知識や技能、子どもへの関心、親になる楽しみなど、親になるための心理的な準備状態や態度などをいう。

（組み合わせ）

	A	B	C	D
1	○	○	×	×
2	○	×	○	○
3	○	×	○	×
4	×	○	×	○
5	×	×	○	○

問題13 次の文は、ヒトの出生時の特徴に関する記述である。（ A ）～（ D ）にあてはまる語句の正しい組み合わせを一つ選びなさい。

（ A ）は、被毛の有無や感覚器官の発達の度合いとともに、成体とほぼ同様の姿勢保持・移動運動様式を備えて出生する、ヒト以外の霊長類も含めた高等哺乳類の出生を（ B ）とした。これに対して、ヒトは高等哺乳類でありながら（ C ）の種を想起させる未熟な発育・発達のまま出生するため、（ A ）はヒトの出生を（ D ）と特徴づけた。

（組み合わせ）

	A	B	C	D
1	ローレンツ（Lorenz, K.）	就巣性	離巣性	二次的離巣性
2	ローレンツ（Lorenz, K.）	離巣性	就巣性	二次的就巣性
3	ポルトマン（Portmann, A.）	就巣性	離巣性	二次的就巣性
4	ポルトマン（Portmann, A.）	就巣性	離巣性	二次的離巣性
5	ポルトマン（Portmann, A.）	離巣性	就巣性	二次的就巣性

2022年（前期）試験 ― 問題　保育の心理学

419

問題14 次の文は、子ども同士の関わりについての記述である。下線部（a）〜（d）に関連の深い語句を【語群】から選択した場合の最も適切な組み合わせを一つ選びなさい。

2〜3歳頃では、（a）近くで同じような遊びをしていても、互いのやりとりはみられないことが多い。活発にやりとりして遊ぶようになると、（b）自分がやりたいことと仲間のやりたいこととのぶつかり合いを経験することになる。その後、4〜5歳になると、（c）相手の立場に立って、自分とは異なる相手の気持ちや考えを徐々に理解できるようになっていく。

したがって、保育士は子ども相互の気持ちや想いをつなぎ、子どもが（d）自分自身の気持ちをコントロールする力を身につけるように配慮する必要がある。

【語群】

ア　連合遊び	イ　対人拮抗	ウ　役割取得	エ　対人調整力	オ　並行遊び
カ　対人葛藤	キ　共感	ク　自己調整力		

（組み合わせ）

	a	b	c	d
1	ア	イ	キ	エ
2	ア	カ	ウ	エ
3	オ	イ	ウ	ク
4	オ	イ	キ	エ
5	オ	カ	ウ	ク

問題15 次のうち、年度途中で新入所児を迎えた時の保育に関する記述として、適切なものを○、不適切なものを×とした場合の正しい組み合わせを一つ選びなさい。

A 入所時において、子どもは心の拠りどころとなる保護者からも、慣れ親しんだ家庭からも離れ、保育士等や他児と慣れない場所で生活することになる。保育士等は、こうした子どもの不安な思いを理解して、様々な保育士等が関わることで、人間関係を広げるよう努めることが大切である。

B 入所時の子どもが自分の居場所を見いだし、好きな遊具で遊ぶなど、環境にじっくりと関わることができるよう援助することが大切である。

C 既に入所している子どもは保育所の生活になじんでいるので、新しい友達との出会いに不安を持つことはなく、環境の変化による動揺はみられない。

D 保育士等は、既に入所している子どもと入所してきた子どもの双方と関わりながら、子ども同士が安定した関係を築けるように援助していくことが必要である。

（組み合わせ）

	A	B	C	D
1	○	○	○	×
2	○	○	×	○
3	○	×	○	×
4	×	○	×	○
5	×	×	×	○

問題16 次のうち、「少子化社会対策大綱」（令和2年5月29日　閣議決定）に関する記述として、適切なものを○、不適切なものを×とした場合の正しい組み合わせを一つ選びなさい。

A 結婚は個人の自由な意思決定に基づくものであるので、地方公共団体が、出会いの機会・場の提供、結婚に関する相談・支援や支援者の養成、ライフプランニング支援などの総合的な結婚支援をすることはない。

420

B 妊娠・出産への支援では、不妊治療への経済的負担軽減を図るための助成金、また、妊娠期から子育て期にわたるまでの様々なニーズに対して、切れ目のない支援体制の充実に取り組む。

C 男女ともに仕事と子育てを両立できる環境の整備として、就労希望者の潜在的な保育ニーズに対応し、就労しながら子育てをしたい家庭を支えるための待機児童解消、男性の家事・育児参画の促進を推進する。

D 地域社会による子育て支援としては、国が全国一律に子育て家庭に共通の困難やニーズを把握し、子ども・子育て支援の充実を図る。また、保護者の就労形態や就労の有無に応じた多様な保育・子育て支援を提供する。

（組み合わせ）

	A	B	C	D
1	○	○	○	×
2	○	○	×	○
3	○	×	×	○
4	×	○	○	×
5	×	×	×	○

問題17 次のうち、子どもの生活や遊びに関する記述として、適切なものを○、不適切なものを×とした場合の正しい組み合わせを一つ選びなさい。

A 日常の出来事について時間的・空間的に系列化された知識はワーキングメモリと呼ばれ、それにより筋や流れのある遊びができるようになる。

B ひとり遊びは幼児期前期に多くみられるが、5歳児でもひとり遊びをしているからといって発達が遅れているとは限らない。

C 子どもたちが集団に適応していく過程では、例えば、クラス対抗のリレーで力を合わせ、集団のルールに従うなど、自分は集団の一員であるという帰属意識を持つようになる。

D 他の子どもたちとの様々なやりとりを通して、状況を理解して相手の気持ちを考えることは、心の理論の獲得につながる。

（組み合わせ）

	A	B	C	D
1	○	○	○	×
2	○	×	○	×
3	○	×	×	×
4	×	○	○	○
5	×	×	×	○

問題18 次の【図】は、厚生労働省委託調査「平成30年度　仕事と育児等の両立に関する実態把握のための調査研究事業報告書 労働者アンケート調査結果」における「末子妊娠判明当時の仕事を辞めた理由」「仕事と育児の両立の難しさで辞めた理由」について示したものである。以下の【設問】に答えなさい。

【図】 第1-1-24図　末子妊娠判明当時の仕事を辞めた理由

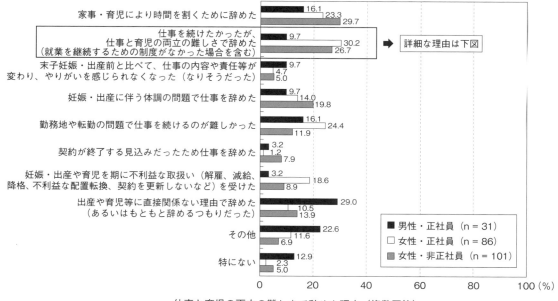

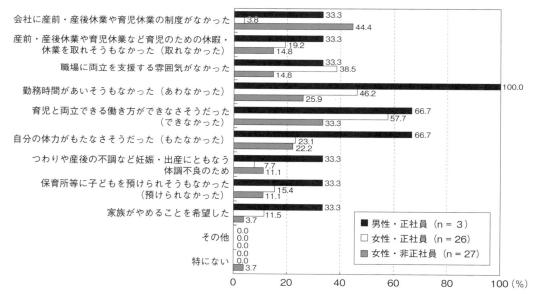

資料：厚生労働省委託調査「平成30年度　仕事と育児等の両立に関する実態把握のための調査研究事業報告書 労働者アンケート調査結果」（複数回答）（2019年）
注：「非正社員」は有期契約社員・職員

【設問】

次のうち、【図】を説明する文として、適切なものを○、不適切なものを×とした場合の正しい組み合わせを一つ選びなさい。

A 末子の妊娠判明当時に仕事を辞めた女性にその理由を尋ねたところ、正社員、非正社員でも、上位3位まで、その理由は同じ項目である。

B 「仕事を続けたかったが、仕事と育児の両立の難しさで辞めた」と回答した女性にその理由を尋ねたところ、正社員では、「職場に両立を支援する雰囲気がなかった」が最も多い。

C 「仕事を続けたかったが、仕事と育児の両立の難しさで辞めた」と回答した女性にその理由を尋ねたところ、非正社員では、「会社に産前・産後休業や育児休業の制度がなかった」が最も多い。

（組み合わせ）

	A	B	C
1	○	○	○
2	○	○	×
3	○	×	×
4	×	○	○
5	×	×	○

問題19 次のうち、乳幼児期から児童期の心的外傷（トラウマ）体験についての記述として、適切な記述を○、不適切な記述を×とした場合の正しい組み合わせを一つ選びなさい。

A 1歳児は、トラウマの反応を示しはするが、心的外傷後ストレス障害（PTSD）を発症することはない。

B 夫婦間暴力の目撃は、乳幼児にとって心的外傷になりうる。

C 乳幼児期には、トラウマの内容として、性的虐待は含まれない。

D 乳幼児期において、注意欠如は、トラウマ後の反応としてはみられないため、これがみられれば心的外傷後の反応である可能性は低い。

E 乳幼児期に虐待をうけ、トラウマ反応がある場合、それは心理的、行動上の反応であるが、脳の機能的、器質的問題がその時点で進行している可能性はない。

（組み合わせ）

	A	B	C	D	E
1	○	○	○	○	×
2	○	○	×	○	○
3	○	×	○	○	○
4	×	○	×	×	×
5	×	×	×	×	×

問題20 次のうち、障害を持つ子どもの家族への支援に関する記述として、適切な記述を○、不適切な記述を×とした場合の正しい組み合わせを一つ選びなさい。

A 医師が障害の診断を告知した後の支援方針の策定に際しては、教育、福祉等の医療以外の領域の専門家の関与が必要である。

B 家族の障害受容については、エリザベス・キューブラー・ロス等のステージ理論にあてはまらず、障害の肯定と否定を繰り返すこともある。

C 主たる養育者である母親の障害受容の程度については、子どもの障害の程度の強さが最も関与する。

D 障害の状態や方針にかかわる正確な情報提供は、障害受容には関与しない。

E 障害受容をしない家族に対して、支援者が怒りなどの陰性感情を抱くことがある。

（組み合わせ）

	A	B	C	D	E
1	○	○	×	○	×
2	○	○	×	×	○
3	○	×	○	○	×
4	×	○	×	×	○
5	×	×	○	○	○

保 育 原 理

問題1　次の表は、「保育所保育指針」第１章「総則」（２）「養護に関わるねらい及び内容」の一部である。表中の（　A　）～（　C　）にあてはまる記述をア～オから選択した場合の正しい組み合わせを一つ選びなさい。

表

生命の保持（ねらい）	情緒の安定（ねらい）
①　（　A　） ②　一人一人の子どもが、健康で安全に過ごせるようにする。 ③　（　C　） ④　一人一人の子どもの健康増進が、積極的に図られるようにする。	①　一人一人の子どもが、安定感をもって過ごせるようにする。 ②　（　B　） ③　一人一人の子どもが、周囲から主体として受け止められ、主体として育ち、自分を肯定する気持ちが育まれていくようにする。 ④　一人一人の子どもがくつろいで共に過ごし、心身の疲れが癒されるようにする。

ア　一人一人の子どもが、自分の気持ちを安心して表すことができるようにする。

イ　一人一人の子どもが、快適に生活できるようにする。

ウ　一人一人の子どもの生理的欲求が、十分に満たされるようにする。

エ　一人一人の発育に応じて、はう、立つ、歩くなど、十分に体を動かす。

オ　一人一人の生活リズムに応じて、安全な環境の下で十分に午睡をする。

（組み合わせ）

	A	B	C
1	ア	イ	エ
2	ア	ウ	オ
3	イ	ア	ウ
4	イ	エ	ア
5	ウ	エ	イ

問題2　次の文は、保育士を目指している学生Ａ～Ｄが、保育の環境について述べた意見である。「保育所保育指針」第１章「総則」（４）「保育の環境」に照らして、適切な記述を○、不適切な記述を×とした場合の正しい組み合わせを一つ選びなさい。

A　「保育の環境は、保育士等や子どもなどの人的環境、施設や遊具などの物的環境、更には自然や社会の事象などがあり、これらが相互に関連し合い、子どもの生活が豊かなものとなるように、計画的に環境を構成し工夫することが大切だと思うよ。」

B　「保育所は生活の場であるとともに学びの場でもあるため、親しみとくつろぎの場であることよりも規律やマナーを守ることを一番に考えるべきだよね。」

C　「保育士等は、保育所の設備や環境を整えたり、保育所の保健的環境や安全の確保などに努めて、子どもの活動が豊かに展開されるようにするべきだよね。」

D　「子ども自らが環境に関わったり、子どもが自発的に活動して様々な経験を積んでいくことより保育士等が計画する環境に関わらせることが大切だと思うよ。」

（組み合わせ）

	A	B	C	D
1	○	○	○	×
2	○	×	○	×
3	○	×	×	○
4	×	○	○	○
5	×	×	○	×

問題3 次のうち、日本の保育制度の変遷に関する記述として、適切な記述を○、不適切な記述を×とした場合の正しい組み合わせを一つ選びなさい。

A 1999（平成11）年、文部省と厚生省の幼児教育に関わる担当局長の連名による通知においてはじめて、「保育所のもつ機能のうち、教育に関するものは、幼稚園教育要領に準ずることが望ましいこと」とされた。

B 2008（平成20）年、「保育所保育指針」は大臣告示として改定され、規範性を有する基準としての性格が明確になった。

C 2017（平成29）年の「保育所保育指針」改定で、教育に関わる側面のねらい及び内容に関して、「幼稚園教育要領」、「幼保連携型認定こども園教育・保育要領」との整合性を図った。

D 2012（平成24）年の子ども・子育て支援新制度により、保育所が幼児教育を行う施設として位置づけられた。

（組み合わせ）

	A	B	C	D
1	○	○	○	×
2	○	×	○	○
3	×	○	○	×
4	×	○	×	○
5	×	×	○	×

問題4 次のうち、「保育所保育指針」第1章「総則」（4）「保育内容等の評価」の一部として、正しいものを○、誤ったものを×とした場合の正しい組み合わせを一つ選びなさい。

A 保育士等は、保育の計画や保育の記録を通して、自らの保育実践を振り返るとともに自己評価を行い、必ずその結果を公表しなければならない。

B 保育士等は、その年に明らかになった課題は年度内に解決するように努めなければならない。

C 保育士等は、専門性の向上や保育の質の向上のため自らの振り返りを重視し、職員相互の話し合い等は個人情報の観点から避けるよう留意すること。

D 保育士等による自己評価に当たっては、子どもの活動内容やその結果だけでなく、子どもの心の育ちや意欲、取り組む過程などにも十分配慮するよう留意すること。

（組み合わせ）

	A	B	C	D
1	○	○	×	×
2	○	×	○	×
3	○	×	×	○
4	×	○	×	×
5	×	×	×	○

問題5 次のうち、障害児保育についての記述として、「保育所保育指針」第1章「総則」（2）「指導計画の作成」に照らして、適切な記述を○、不適切な記述を×とした場合の正しい組み合わせを一つ選びなさい。

A 保育所は、全ての子どもが、日々の生活や遊びを通して共に育ち合う場であるため、一人一人の子どもが安心して生活できる保育環境となるよう、障害や様々な発達上の課題など、状況に応じて適切に配慮する必要がある。

B 保育所では、障害のある子どもに対して一人一人ていねいな保育を行うために、クラス等の指導計画とは切り離して、個別の指導計画を作成する方がよい。

C 障害や発達上の課題のある子どもの理解と援助は、子どもの保護者や家庭との連携が大切であり、連携を通して保護者が保育所を信頼し、子どもについての共通理解の下に協力し合う関係を形成する。

D 障害のある子どもの就学にあたっては、就学に向けた支援の資料を作成するなど、保育所や児童発達支援センター等の関係機関で行われてきた支援が就学以降も継続していくよう留意する。

（組み合わせ）

	A	B	C	D
1	○	○	○	×
2	○	○	×	○
3	○	×	○	○
4	×	○	×	×
5	×	×	○	×

問題6 次の【Ⅰ群】の記述と、【Ⅱ群】の語句を結びつけた場合の正しい組み合わせを一つ選びなさい。

【Ⅰ群】

A 保育の目標をより具体化したものであり、子どもが保育所において、安定した生活を送り、充実した活動ができるように、保育を通じて育みたい資質・能力を、子どもの生活する姿から捉えたもの

B 子どもの生活やその状況に応じて保育士等が適切に行う事項と、保育士等が援助して子どもが環境に関わって経験する事項を示したもの

C 子どもが健やかに成長し、その活動がより豊かに展開されるための発達の援助

D 子どもの生命の保持及び情緒の安定を図るために保育士等が行う援助や関わり

【Ⅱ群】

ア 養護

イ 内容

ウ 領域

エ ねらい

オ 教育

（組み合わせ）

	A	B	C	D
1	ア	イ	ウ	オ
2	ア	ウ	イ	オ
3	エ	イ	オ	ア
4	エ	ウ	イ	ア
5	エ	ウ	オ	ア

問題7 次のうち、「保育所保育指針」第２章「保育の内容」に照らして、１歳以上３歳未満児の保育についての記述として、**不適切な記述**を一つ選びなさい。

1 自らの体を動かそうとする意欲が育つように、毎日決まった時間に必ず体を動かすようにすること。

2 この時期は自己と他者との違いの認識がまだ十分でないことから、子どもの自我の育ちを見守るとともに、保育士等の仲立ちにより他の子どもと多様な関わりがもてるようにすること。

3 身近な生き物との関わりについては、子どもが命を感じ、生命の尊さに気付く経験へとつながるものであることから、そうした気付きを促すような関わりとなるようにすること。

4 この時期は、大きく言葉の習得が進むことから、それぞれの子どもの発達の状況に応じて、遊びや関わりの工夫をすること。

5 身近な自然や身の回りの事物に関わる中で、発見や心が動く経験が得られるよう、諸感覚を働かせることを楽しむ遊びや素材を用意するなど保育の環境を整えること。

問題8 次の文は、「保育所保育指針」第２章「保育の内容」の３「３歳以上児の保育に関するねらい及び内容」の一部である。（　Ａ　）～（　Ｅ　）にあてはまる語句を【語群】から選択した場合の正しい組み合わせを一つ選びなさい。

　この時期においては、（　Ａ　）の発達により、基本的な動作が一通りできるようになるとともに、基本的な生活習慣もほぼ自立できるようになる。理解する（　Ｂ　）が急激に増加し、知的興味や関心も高まってくる。仲間と遊び、仲間の中の一人という自覚が生じ、集団的な遊びや（　Ｃ　）な活動も見られるようになる。これらの発達の特徴を踏まえて、この時期の保育においては、（　Ｄ　）の成長と（　Ｅ　）としての活動の充実が図られるようにしなければならない。

【語群】

ア	運動機能	イ	競争的	ウ	個	エ	認知機能	オ	人間
カ	語彙数	キ	自我	ク	集団	ケ	事象	コ	協同的

（組み合わせ）

	A	B	C	D	E
1	ア	カ	コ	ウ	ク
2	ア	ケ	イ	ウ	オ
3	ア	ケ	イ	キ	オ
4	エ	カ	コ	キ	ク
5	エ	ケ	コ	キ	ク

問題9 次のうち、障害や発達上の課題が見られる子どもの保育に関わる条約や法律に関する記述として、適切な記述を○、不適切な記述を×とした場合の正しい組み合わせを一つ選びなさい。

A 「障害を理由とする差別の解消の推進に関する法律」は、障害がある者にとって日常生活又は社会生活を営む上で障壁となるような段差などの建築物における障害物のみを社会的障壁と定義し、その除去のための合理的配慮について規定している。

B 「子ども・子育て支援法」は、保護者が子育てについての第一義的責任を有するので、子どもの発達上の課題に関する保護者の要望があったときのみ、社会のあらゆる分野における全ての構成員が、子ども・子育て支援における各々の役割を果たさなければならないと規定している。

C 「障害者の権利に関する条約」は、障害者の社会への完全かつ効果的な参加及び包容を原則としている。

D 「発達障害者支援法」は、保育所での保育において他の児童と別に生活することを通じて、発達障害児の健全な発達が図られるよう適切な配慮をするものと規定している。

（組み合わせ）

	A	B	C	D
1	○	○	○	×
2	○	○	×	○
3	○	×	×	×
4	×	○	×	○
5	×	×	○	×

問題10 次のうち、「保育所保育指針」第2章「保育の内容」の4「保育の実施に関して留意すべき事項」の一部として、正しいものを○、誤ったものを×とした場合の正しい組み合わせを一つ選びなさい。

A 子どもの心身の発達及び活動の実態などの個人差を踏まえるとともに、一人一人の子どもの気持ちを受け止め、援助すること。

B 子どもが自ら周囲に働きかけ、試行錯誤しつつ自分の力で行う活動を見守るだけでなく、子どもに対して、保育士等が積極的に援助を行うこと。

C 子どもの入所時の保育に当たっては、できるだけ子ども全体に公平・平等になるように同じ対応をし、子どもが安定感を得て、次第に保育所の生活になじんでいくようにすること。

D 子どもの国籍や文化の違いを認め、互いに尊重する心を育てるようにすること。

E 子どもの性差や個人差にも留意しつつ、性別などによる固定的な意識を植え付けることがないようにすること。

（組み合わせ）

	A	B	C	D	E
1	○	○	○	×	○
2	○	○	×	○	×
3	○	×	×	○	○
4	×	×	○	○	×
5	×	×	○	×	×

問題11 次の文は、「保育所保育指針」第4章「子育て支援」（1）「地域に開かれた子育て支援」の一部である。（ A ）～（ D ）にあてはまる語句の正しい組み合わせを一つ選びなさい。

・保育所は、児童福祉法第48条の4の規定に基づき、その行う保育に支障がない限りにおいて、（ A ）や当該保育所の体制等を踏まえ、地域の保護者等に対して、保育所保育の（ B ）を生かした子育て支援を積極的に行うよう努めること。

・地域の子どもに対する（ C ）事業などの活動を行う際には、一人一人の子どもの心身の状態などを考慮するとともに、（ D ）との関連に配慮するなど、柔軟に活動を展開できるようにすること。

（組み合わせ）

	A	B	C	D
1	地域の実情	専門性	一時預かり	日常の保育
2	社会的状況	専門性	一時預かり	家庭の環境
3	地域の実情	技術	一時預かり	日常の保育
4	地域の実情	技術	園庭開放	家庭の環境
5	社会的状況	専門性	園庭開放	日常の保育

問題12 次の文は、「保育所保育指針」第5章「職員の資質向上」の一部である。（a）～（e）の下線部分が正しいものを○、誤ったものを×とした場合の正しい組み合わせを一つ選びなさい。

　子どもの最善の利益を考慮し、（a）環境に配慮した保育を行うためには、職員一人一人の（b）倫理観、人間性並びに保育所職員としての職務及び責任の理解と自覚が基盤となる。

　各職員は、（c）自己評価に基づく課題等を踏まえ、保育所内外の（d）研究等を通じて、保育士・看護師・調理員・栄養士等、それぞれの職務内容に応じた専門性を高めるため、必要な知識及び（e）技術の修得、維持及び向上に努めなければならない。

（組み合わせ）

	a	b	c	d	e
1	○	○	○	○	×
2	○	×	×	○	○
3	○	×	×	×	○
4	×	○	○	×	○
5	×	×	○	○	×

問題13 次の【Ⅰ群】の記述と、【Ⅱ群】の語句を結びつけた場合の正しい組み合わせを一つ選びなさい。

【Ⅰ群】

A 児童は、人として尊ばれる。児童は、社会の一員として重んぜられる。児童は、よい環境のなかで育てられる。

B 乳児又は幼児の保護者は、みずからすすんで、育児についての正しい理解を深め、乳児又は幼児の健康の保持及び増進に努めなければならない。

C 締約国は、すべての児童が生命に対する固有の権利を有することを認める。

【Ⅱ群】

ア 母子保健法

イ 児童憲章

ウ 子ども・子育て支援法

エ 児童の権利に関する条約

（組み合わせ）

	A	B	C
1	ア	エ	イ
2	イ	ア	エ
3	イ	ウ	エ
4	ウ	イ	エ
5	エ	ア	イ

問題14 次のうち、「児童福祉法」に規定されている各種事業に関する説明として、適切な記述を○、不適切な記述を×とした場合の正しい組み合わせを一つ選びなさい。

A 一時預かり事業とは、家庭において保育を受けることが一時的に困難となった乳児又は幼児について、主として昼間において、保育所、認定こども園などにおいて、一時的に預かり、必要な保護を行う事業をいう。

B 地域子育て支援拠点事業とは、乳児又は幼児及びその保護者が相互の交流を行う場所を開設し、子育てについての相談、情報の提供、助言その他の援助を行う事業をいう。

C 居宅訪問事業とは、保育を必要とする乳児・幼児について、その居宅においてベビーシッターによる保育を行う事業をいう。

D 院内保育事業とは、疾病にかかっている保育を必要とする乳児・幼児について、保育所、認定こども園、病院、診療所などにおいて、保育を行う事業をいう。

(組み合わせ)

	A	B	C	D
1	○	○	×	×
2	○	×	○	×
3	×	○	○	×
4	×	○	×	○
5	×	×	○	○

問題15 次の【Ⅰ群】の記述と、【Ⅱ群】の人物を結びつけた場合の正しい組み合わせを一つ選びなさい。

【Ⅰ群】

A 華族女学校附属幼稚園に勤めていたが、貧しい子どもたちを対象とする幼児教育の必要性を感じ、森島峰とともに二葉幼稚園を設立した。

B リズミカルな歌曲に動作を振り付けた「律動遊戯」と童謡などに動作を振り付けた「律動的表情遊戯」を創作した。

C 東京女子師範学校附属幼稚園の創設時の主任保姆として保姆たちの指導にあたり、日本の幼稚園教育の基礎を築いた。

D 恩物中心主義の保育を批判し、著書『幼稚園保育法』(明治37年)において、幼児の自己活動を重視するとともに遊戯の価値を論じた。

【Ⅱ群】

ア 松野クララ

イ 土川五郎

ウ 東基吉

エ 野口幽香

オ 倉橋惣三

(組み合わせ)

	A	B	C	D
1	ア	イ	エ	ウ
2	ア	ウ	エ	オ
3	エ	イ	ア	ウ
4	エ	イ	ア	オ
5	エ	ウ	ア	イ

問題16 次の【Ⅰ群】の記述と、【Ⅱ群】の人物を結びつけた場合の正しい組み合わせを一つ選びなさい。

【Ⅰ群】

A フランスの思想家で、主著とされる小説で人間は自然本性的に善良であることを根本原理として、教育の目的も方法もともに自然でなくてはならないと主張し、多くの教育者に影響を与えた。

B イタリアの医師で、「子どもの家」を創設し、環境を整え、子どもをよく観察したうえでその自

由な自己活動を尊重し援助することを重視した教育法を実践した。

C イギリスの実業家で、1816年に自ら経営する紡績工場の中に幼児の自発的で自由な活動を重視する幼児学校を創設した。

D アメリカの心理学者で、人間の健康的な側面を重視した人間性心理学を確立し、自己実現の欲求を健康な人間の理想の最終的な段階とする5つの階層的欲求理論を論じた。

【Ⅱ群】

ア オーエン（Owen, R.）

イ フレーベル（Fröbel, F.W.）

ウ マズロー（Maslow, A.H.）

エ ルソー（Rousseau, J.-J.）

オ モンテッソーリ（Montessori, M.）

（組み合わせ）

	A	B	C	D
1	イ	ア	ウ	エ
2	イ	オ	ア	ウ
3	エ	ア	ウ	イ
4	エ	オ	ア	イ
5	エ	オ	ア	ウ

問題17 次のA～Dは、子どもの権利に関する記述である。これらを年代の古い順に並べた場合の正しい組み合わせを一つ選びなさい。

A 国際連合総会において「世界人権宣言」が採択された。

B 「国際人権規約」が発効した。

C 国際連盟総会で児童の権利に関する「ジュネーヴ宣言」が採択された。

D 国際連合総会で「児童の権利に関する条約」が採択された。

（組み合わせ）

1　A→B→D→C
2　A→D→C→B
3　B→A→D→C
4　C→A→B→D
5　C→D→A→B

問題18 次の【事例】を読んで、【設問】に答えなさい。

【事例】

　5歳児クラスのK君には、同じ保育所の2歳児クラスに通う妹がいる。K君の母親は、保育所に着くと、まず1階にあるK君のクラスの入り口となっているテラスに行き、K君に「支度をしていてね」と伝えてから、2階にある妹のクラスに向かう。妹の支度を終えると、母親はK君の様子を見にくる。

　5歳児クラスの子どもは登園してくると、保育室でタオルをかけるなど支度をして、どんどん園庭などで遊び始める。K君は、母親が妹のクラスでの支度を終えてK君の様子を見にくるまで、テラスに上がることなく、ずっと園庭に立っている。母親は、K君のところに戻ってくると「K君、早くお支度はじめていてよ」と声をかける。K君はやっと動き、支度を始める。母親がくるまでは朝の支度を始めないという様子がここ最近続いている。

【設問】

担当保育士の対応として、「保育所保育指針」に照らして、適切な記述を○、不適切な記述を×とした場合の正しい組み合わせを一つ選びなさい。

A K君の朝の支度や遊び始めるのが遅くても、保育として何か問題があるわけではないので、特に何もしない。

B 自分のことを自分で取り組んでいない姿は5歳児として問題なので、母親がくるのを待たずに、朝の支度に取りかかるよう毎朝声をかけていく。

C 母親が自分のところにくるのを待っていたいK君の気持ちを認め、「お母さんが来たら支度をするのね」と声をかけ、そのまま様子を見守っていく。

D 日々の保育の様子から、K君は母親に支度に付き合ってほしい気持ちがあるのではないかと考え、母親の思いを聞く。

E K君が朝、保育室にはりきって入ってきたくなるよう好きなことを探し、一緒にやろうと声をかける。

（組み合わせ）

	A	B	C	D	E
1	○	○	○	×	○
2	○	○	×	○	×
3	○	×	○	×	○
4	×	×	○	○	○
5	×	×	×	○	×

問題19 次の【事例】を読んで、【設問】に答えなさい。

【事例】

R保育所の2歳児クラスの子どもたちは、午前中にホールでリズム遊びや歌唱の活動をしていたが、給食の時間となったので、活動を終了し、2歳児の保育室へ移動が始まった。ホールから1列になって廊下を移動し始めた時に調理室から給食のいい匂いが漂ってきて、S君は思わず「ご飯だ、ご飯だぁ〜」と楽しげに口ずさみ踊るように走り始めた。その時、傍らにいた担当保育士がS君の腕をつかみ、顔を近づけ「廊下で歌ったり走ったりしちゃいけないって言ったよね？」と強く言った。S君は驚いて表情を曇らせ、その後はうつむきながら歩いて保育室に入った。

【設問】

その日の夕方、担当保育士はこの場面における自分のS君への対応について振り返りを行った。担当保育士の自己評価として「保育所保育指針」に照らして、適切な記述を○、不適切な記述を×とした場合の正しい組み合わせを一つ選びなさい。

A あの時の自分は、S君に保育所でのきまりを伝えなければという思いが先に立っていたが、そのことでS君の楽しい気持ちを寸断させてしまったかもしれない。

B 2歳児は、生活のきまりに関する理解が十分ではなく、怪我につながりやすい。S君はそのときは驚いたかもしれないが、すぐに忘れるだろうから、対応として間違いはないだろう。

C その場で強く言うのではなく、S君の気持ちに共感しつつ日々の保育の中で繰り返し言葉をかけ、S君が自分できまりに気づけるような対応がより適切だったのかもしれない。

D 今後の対応としては、安全面への配慮の重要性という視点とともに、子どもの自尊心を尊重することにも留意していこう。

（組み合わせ）

	A	B	C	E
1	○	○	×	○
2	○	×	○	○
3	○	×	○	×
4	×	○	×	○
5	×	×	○	×

問題20 次の表は、令和２年４月の年齢区分別の保育所等利用児童数および待機児童数を示したものである。この表を説明した記述として、正しいものを一つ選びなさい。ただし、ここでいう「保育所等」は、従来の保育所に加え、平成27年４月に施行した子ども・子育て支援新制度において新たに位置づけられた幼保連携型認定こども園等の特定教育・保育施設と特定地域型保育事業（うち２号・３号認定）を含むものとする。

表　年齢区分別の保育所等利用児童数および待機児童数

		利用児童数	待機児童数
低年齢児（０～２歳）		1,109,650人　（40.5％）	10,830人　（87.1％）
	うち０歳児	151,362人　　（5.5％）	1,227人　　（9.9％）
	うち１・２歳児	958,288人　（35.0％）	9,603人　（77.2％）
３歳以上児		1,627,709人　（59.5％）	1,609人　（12.9％）
全年齢児計		2,737,359人（100.0％）	12,439人（100.0％）

出典：厚生労働省「保育所等関連状況取りまとめ（令和２年４月１日）」

1 利用児童数は、低年齢児（０～２歳）よりも３歳以上児の方が少ない。

2 待機児童数は、３歳以上児が最も多い。

3 待機児童数は、１万２千人を上回っているが、そのうち低年齢児（０～２歳）が９割以上を占めている。

4 利用児童数の割合は、低年齢児（０～２歳）が４割を超えており、待機児童数は低年齢児（０～２歳）が３歳以上児よりも多くなっている。

5 利用児童数の割合は、３歳以上児が約６割であるが、待機児童数の割合は３歳以上児が低年齢児（０～２歳）よりも多くなっている。

子 ど も 家 庭 福 祉

問題1 次の文は、「児童福祉法」第1条である。（　A　）・（　B　）にあてはまる語句の正しい組み合わせを一つ選びなさい。

　全て児童は、（　A　）の精神にのつとり、適切に養育されること、その生活を保障されること、愛され、保護されること、その心身の健やかな成長及び発達並びにその自立が図られることその他の（　B　）を等しく保障される権利を有する。

（組み合わせ）

	A	B
1	日本国憲法	福祉
2	日本国憲法	機会
3	児童の権利に関する条約	教育
4	児童の権利に関する条約	福祉
5	児童憲章	機会

問題2 次のA～Dの子ども家庭福祉に関する法律を年代の古い順に並べた場合の正しい組み合わせを一つ選びなさい。

A 母子福祉法

B 児童福祉法

C 母子保健法

D 児童手当法

（組み合わせ）
1　A→B→C→D
2　B→A→C→D
3　B→D→A→C
4　B→D→C→A
5　C→B→D→A

問題3 次のうち、「少子化社会対策大綱」（概要）（令和2年5月29日閣議決定）に関する記述として、適切な記述を○、不適切な記述を×とした場合の正しい組み合わせを一つ選びなさい。

A 「希望出生率2.3」の実現を目指している。

B 希望する時期に結婚でき、かつ希望するタイミングで希望する数の子どもを持てる社会をつくることを基本的な目標としている。

C 多様化する子育て家庭の様々なニーズにこたえるため、多子世帯、多胎児を育てる家庭に対する支援を行う。

（組み合わせ）

	A	B	C
1	○	○	○
2	○	○	×
3	○	×	○
4	○	×	×
5	×	○	○

問題4 次のうち、「児童の権利に関する条約」の一部として、誤ったものを一つ選びなさい。

1 締約国は、いかなる場合も児童がその父母の意思に反してその父母から分離されないことを確保する。

2 児童に関するすべての措置をとるに当たっては、公的若しくは私的な社会福祉施設、裁判所、行政当局又は立法機関のいずれによって行われるものであっても、児童の最善の利益が主として考慮されるものとする。

3 締約国は、自己の意見を形成する能力のある児童がその児童に影響を及ぼすすべての事項について自由に自己の意見を表明する権利を確保する。

4 締約国は、休息及び余暇についての児童の権利並びに児童がその年齢に適した遊び及びレクリエーションの活動を行い並びに文化的な生活及び芸術に自由に参加する権利を認める。

5 締約国は、学校の規律が児童の人間の尊厳に適合する方法で及びこの条約に従って運用されることを確保するためのすべての適当な措置をとる。

問題5 次のうち、「児童福祉法」に規定される被措置児童等虐待に関する記述として、適切な記述を○、不適切な記述を×とした場合の正しい組み合わせを一つ選びなさい。

A 里親は「児童虐待の防止等に関する法律」による「保護者」となることから、里親が行う虐待については被措置児童等虐待に該当しない。

B 被措置児童等虐待を受けた被措置児童等がその旨を届け出ることができる先として、都道府県児童福祉審議会は含まれない。

C 都道府県が被措置児童等虐待の通告を受けたときは、速やかに、当該被措置児童等の状況を把握し事実を確認するための措置をとる。

（組み合わせ）

	A	B	C
1	○	○	○
2	○	○	×
3	○	×	○
4	×	○	×
5	×	×	○

問題6 次のうち、「児童福祉法」第11条に規定される都道府県の業務として、誤ったものを一つ選びなさい。

1 児童及びその家庭につき、必要な調査並びに医学的、心理学的、教育学的、社会学的及び精神保健上の判定を行う

2 里親につき、その相談に応じ、必要な情報の提供、助言、研修その他の援助を行う

3 児童委員のうちから、主任児童委員を指名する

4 里親に関する普及啓発を行う

5 児童に関する家庭その他からの相談のうち、専門的な知識及び技術を必要とするものに応ずる

問題7 次のうち、市区町村子ども家庭総合支援拠点に関する記述として、適切な記述を○、不適切な記述を×とした場合の正しい組み合わせを一つ選びなさい。

A 細かな個人情報の取り扱いが求められることから、支援拠点の実施主体を民間に委託することはできない。

B 支援にあたっては、子どもの自立を保障する観点から、妊娠期（胎児期）から子どもの社会的自立に至るまでの包括的・継続的な支援に努めることが求められている。

C 支援計画の作成にあたっては、可能な限り子ども、保護者及び妊婦の意見や参加を求め、保護者に左右されずに子どもの意見を聞く配慮が必要である。

（組み合わせ）

	A	B	C
1	○	○	○
2	○	○	×
3	○	×	○
4	×	○	○
5	×	×	○

問題8 次の【Ⅰ群】の施設名と、【Ⅱ群】の説明を結びつけた場合の正しい組み合わせを一つ選びなさい。

【Ⅰ群】

A 母子生活支援施設

B 助産施設

C 母子・父子福祉センター

D 婦人保護施設

【Ⅱ群】

ア 無料又は低額な料金で、母子家庭等に対して、各種の相談に応ずるとともに、生活指導及び生業の指導を行う等母子家庭等の福祉のための便宜を総合的に供与することを目的とする施設

イ 配偶者のない女子又はこれに準ずる事情にある女子及びその者の監護すべき児童を入所させて、これらの者を保護するとともに、これらの者の自立の促進のためにその生活を支援することを目的とする施設

ウ 保健上必要があるにもかかわらず、経済的理由により、入院助産を受けることが難しい妊産婦を入所させて、助産を受けさせることを目的とする施設

エ 「売春防止法」に基づき都道府県や社会福祉法人が設置し、また、「配偶者からの暴力の防止及び被害者の保護等に関する法律」に基づく保護も行う施設

（組み合わせ）

	A	B	C	D
1	ア	イ	エ	ウ
2	イ	ア	ウ	エ
3	イ	ウ	ア	エ
4	ウ	イ	エ	ア
5	エ	ア	イ	ウ

問題9 次のうち、「児童福祉法」第13条第3項に規定される児童福祉司の任用資格として、正しいものを○、誤ったものを×とした場合の正しい組み合わせを一つ選びなさい。

A 公認心理師

B 医師

C 社会福祉士

D 精神保健福祉士

（組み合わせ）

	A	B	C	D
1	○	○	○	○
2	○	×	○	×
3	×	○	○	○
4	×	○	×	○
5	×	×	○	×

問題10　次のうち、放課後児童健全育成事業に関する記述として、適切な記述を○、不適切な記述を×とした場合の正しい組み合わせを一つ選びなさい。

A　「児童福祉法」によると、放課後児童健全育成事業とは、小学校に就学している児童であって、その保護者が労働等により昼間家庭にいないものに、授業の終了後に児童厚生施設等の施設を利用して適切な遊び及び生活の場を与えて、その健全な育成を図る事業をいう。

B　「児童福祉法」によると、市町村は放課後児童健全育成事業の設備及び運営について、条例で基準を定めなければならないとされ、その基準は、児童の身体的、精神的及び社会的な発達のために必要な水準を確保するものでなければならないとされている。

C　「令和2年（2020年）　放課後児童健全育成事業（放課後児童クラブ）の実施状況」（厚生労働省）によると、2015（平成27）年に比べて2018（平成30）年は待機児童数が1.6倍となっている。

D　「放課後児童健全育成事業の設備及び運営に関する基準」（平成26年厚生労働省令第63号）第10条第3項によると、放課後児童支援員は保育士か社会福祉士でなければならないとされている。

（組み合わせ）

	A	B	C	D
1	○	○	○	×
2	○	○	×	×
3	○	×	○	○
4	×	○	×	×
5	×	×	×	○

問題11　次のうち、多様な保育事業に関する記述として、適切な記述を○、不適切な記述を×とした場合の正しい組み合わせを一つ選びなさい。

A　「夜間保育所の設置認可等について」（平成12年　厚生省）によると、開所時間は原則として概ね11時間とし、おおよそ午後10時までとすることとされている。

B　厚生労働省によると、2019（平成31）年4月1日現在、全国に設置されている夜間保育所は79か所となっており、2014（平成26）年4月1日現在に比べて10か所以上増加した。

C　延長保育事業には、都道府県及び市町村以外の者が設置する保育所又は認定こども園など適切に事業が実施できる施設等で実施される一般型と、利用児童の居宅において実施する訪問型がある。

D　厚生労働省によると、2018（平成30）年度の病児保育事業実施か所数は、2014（平成26）年度に比べて1,000か所以上増加した。

E　企業主導型保育事業は、企業が従業員の働き方に応じた柔軟な保育サービスを提供するために設置する保育施設であり、全企業に設置義務が課されている。

（組み合わせ）

	A	B	C	D	E
1	○	○	×	○	×
2	○	×	○	○	×
3	×	○	○	×	×
4	×	○	×	○	○
5	×	○	×	×	○

問題12 次のうち、「体罰等によらない子育てのために～みんなで育児を支える社会に～」（令和２年　厚生労働省）についての記述として、適切な記述を○、不適切な記述を×とした場合の正しい組み合わせを一つ選びなさい。

A 2019（令和元）年６月に「児童虐待防止対策の強化を図るための児童福祉法等の一部を改正する法律」が成立し、体罰が許されないものであることが法定化され、2020（令和２）年４月１日から施行された。

B 体罰のない社会を実現していくためには、一人一人が意識を変えていくとともに、子育て中の保護者に対する支援も含めて社会全体で取り組んでいかなくてはならない。

C しつけのためだと親が思っても、身体に何らかの苦痛を引き起こす場合は、どんなに軽いものであっても体罰に該当する。

D 子どもを保護するための行為（道に飛び出しそうな子どもの手をつかむ等）や、第三者に被害を及ぼすような行為を制止する行為（他の子どもに暴力を振るうのを制止する等）等であっても、体罰に該当する。

（組み合わせ）

	A	B	C	D
1	○	○	○	×
2	○	○	×	○
3	○	×	○	×
4	×	○	○	○
5	×	○	×	○

問題13 次の【Ⅰ群】の施設名と、【Ⅱ群】の説明を結びつけた場合の正しい組み合わせを一つ選びなさい。

【Ⅰ群】

A 児童養護施設

B 児童心理治療施設

C 自立援助ホーム

D 児童自立支援施設

【Ⅱ群】

ア 不良行為をなし、又はなすおそれのある児童及び家庭環境その他の環境上の理由により生活指導等を要する児童を入所させ、又は保護者の下から通わせて、個々の児童の状況に応じて必要な指導を行い、その自立を支援し、あわせて退所した者について相談その他の援助を行う。

イ 家庭環境、学校における交友関係その他の環境上の理由により社会生活への適応が困難となった児童を、短期間、入所させ、又は保護者の下から通わせて、社会生活に適応するために必要な心理に関する治療及び生活指導を主として行い、あわせて退所した者について相談その他の援助を行う。

ウ 措置解除、義務教育を終了した児童等に対して、共同生活を営むべき住居において、相談その他の日常生活上の援助及び生活指導並びに就業の支援を行う。

エ 保護者のない児童、虐待されている児童その他環境上養護を要する児童を入所させて、これを養護し、あわせて退所した者に対する相談その他の自立のための援助を行う。

（組み合わせ）

	A	B	C	D
1	ア	イ	エ	ウ
2	イ	ア	ウ	エ
3	イ	ア	エ	ウ
4	エ	イ	ア	ウ
5	エ	イ	ウ	ア

問題14 次の【Ⅰ群】の障害児支援と、【Ⅱ群】の説明を結びつけた場合の正しい組み合わせを一つ選びなさい。

【Ⅰ群】

A 保育所等訪問支援

B 医療型児童発達支援

C 児童発達支援

D 放課後等デイサービス

E 居宅訪問型児童発達支援

【Ⅱ群】

ア 授業の終了後又は休校日に、児童発達支援センター等の施設に通わせ、生活能力向上のための必要な訓練、社会との交流促進などの支援を行う。

イ 日常生活における基本的な動作の指導、知識技能の付与、集団生活への適応訓練などの支援を行う。

ウ 日常生活における基本的な動作の指導、知識技能の付与、集団生活への適応訓練などの支援及び治療を行う。

エ 重度の障害等により外出が著しく困難な障害児の居宅を訪問して発達支援を行う。

オ 保育所、乳児院・児童養護施設等を訪問し、障害児に対して、障害児以外の児童との集団生活への適応のための専門的な支援などを行う。

（組み合わせ）

	A	B	C	D	E
1	ア	ウ	イ	オ	エ
2	イ	ウ	ア	エ	オ
3	ウ	イ	オ	ア	エ
4	オ	イ	ウ	エ	ア
5	オ	ウ	イ	ア	エ

問題15 次の文は、「子どもの貧困対策の推進に関する法律」第2条の一部である。（　A　）～（　D　）にあてはまる語句の正しい組み合わせを一つ選びなさい。

・子どもの貧困対策は、社会のあらゆる分野において、子どもの年齢及び発達の程度に応じて、その（　A　）が尊重され、その最善の利益が優先して考慮され、子どもが心身ともに健やかに育成されることを旨として、推進されなければならない。

- 子どもの貧困対策は、子ども等に対する（　B　）、生活の安定に資するための支援、職業生活の安定と向上に資するための就労の支援、経済的支援等の施策を、子どもの現在及び将来がその生まれ育った環境によって左右されることのない社会を実現することを旨として、子ども等の生活及び取り巻く環境の状況に応じて（　C　）かつ早期に講ずることにより、推進されなければならない。
- 子どもの貧困対策は、子どもの貧困の背景に様々な（　D　）な要因があることを踏まえ、推進されなければならない。

（組み合わせ）

	A	B	C	D
1	意見	教育の支援	選択的	家庭的
2	意見	遊びの支援	選択的	社会的
3	意見	教育の支援	包括的	社会的
4	人権	遊びの支援	包括的	家庭的
5	人権	教育の支援	選択的	家庭的

問題16 次の図は、子供の大学等進学率について示したものである。（　A　）～（　C　）にあてはまる事項の正しい組み合わせを一つ選びなさい。

図　子供の大学等※進学率の推移　　　　　　　　　　　　　　　※専修学校等を含む

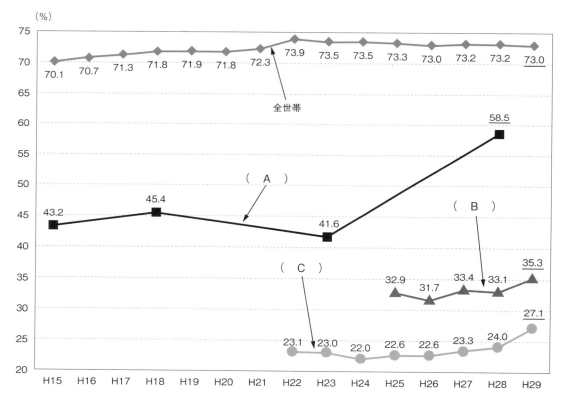

出典：「子供の貧困に関する指標の推移」（平成30年　内閣府）

ア　生活保護世帯
イ　ひとり親家庭
ウ　児童養護施設

（組み合わせ）

	A	B	C
1	ア	イ	ウ
2	ア	ウ	イ
3	イ	ア	ウ
4	イ	ウ	ア
5	ウ	ア	イ

問題17 次のうち、子ども・若者支援地域協議会に関する記述として、適切な記述を○、不適切な記述を×とした場合の正しい組み合わせを一つ選びなさい。

A 運営は、構成機関の代表者で組織される代表者会議、実務者によって組織し進行管理等を担う実務者会議、個別のケースを担当者レベルで検討する個別ケース検討会議の三層構造としなければならない。

B 支援の対象となる「子ども・若者」の対象年齢は20歳代までを想定している。

C 支援の対象は、修学及び就業のいずれもしていない子ども・若者その他の子ども・若者であって、社会生活を円滑に営む上での困難を有するものである。

D 複数の市町村が共同で設置することが認められている。

（組み合わせ）

	A	B	C	D
1	○	○	○	×
2	○	○	×	×
3	×	○	○	○
4	×	×	○	○
5	×	×	×	○

問題18 次の【Ⅰ群】の記述と、【Ⅱ群】の用語を結びつけた場合の正しい組み合わせを一つ選びなさい。

【Ⅰ群】

A 親の妊娠から子どもが就学するまでの間、幅広い育児支援サービスを提供するもので、フィンランドで始まった。

B 経済的困窮等を抱えている就学前の子どもとその家庭を対象とした早期介入施策の総称であり、イギリスにおいて1999年に当時のブレア政権によって開始された。

C 子どもの権利が守られているかどうか行政から独立した立場で監視、子どもの権利の保護・促進のための法制度等の提案・勧告、子どもからのものを含む苦情申立て等への救済の提供、子どもの権利の教育啓発などを行う機関で、ノルウェーで初めて設置された。

【Ⅱ群】

ア シュア・スタート

イ ネウボラ

ウ 子どもオンブズパーソン

（組み合わせ）

	A	B	C
1	ア	イ	ウ
2	ア	ウ	イ
3	イ	ア	ウ
4	イ	ウ	ア
5	ウ	ア	イ

問題19 次の【事例】を読んで、【設問】に答えなさい。

【事例】

Y保育所のX保育士は4歳児クラスの担当保育士である。このクラスのZ君は、落ち着きがなく急に保育室から飛び出したり、すぐにかっとなって他児をたたいたり、順番を守らず割り込んだりする姿がよく見られる。X保育士はZ君の対応に苦慮しながらも、同僚と協力してZ君が落ち着いて保育所での活動に取り組めるように工夫している。ある日、Z君の母親がX保育士に「Zはうちでは落ち着きがないし、すぐにかっとなって私や弟をたたくし、外出すると急に走り出して人や自転車にぶつかりそうになって目が離せません。どうしたらいいのでしょうか」と相談してきた。

【設問】

次のうち、X保育士の対応として、適切な記述を○、不適切な記述を×とした場合の正しい組み合わせを一つ選びなさい。

A 「○○な時は□□と声をかけると落ち着きますよ」と保育所での保育士の関わり方や環境構成の工夫を母親に伝える。

B 母親の不安や大変さを受け止めつつ、具体的にどのような時に、どのようなことで困っているのかを質問する。

C 「保育所でも同じような姿が見られて困っています。お母さんがしっかりと躾をしてください」と諭す。

D 「Z君は発達障害ですので、すぐに専門機関に行くべきです」と専門機関の受診を提案する。

（組み合わせ）

	A	B	C	D
1	○	○	○	○
2	○	○	○	×
3	○	○	×	×
4	○	×	×	×
5	×	×	○	○

問題20 次の【事例】を読んで、【設問】に答えなさい。

【事例】

T市にあるP保育所は、地域子育て支援として電話による子育て相談を行っている。ある日、「身近な子育ての話し相手や子育て仲間、子育てに関する情報がほしい」と相談された。対応したQ保育士が詳しく話を聞くと、電話をかけてきたRさんは1歳1か月の子どもを育てていること、夫の転勤で県外からT市に引っ越してきたばかりで誰も知り合いがいないことが分かった。

【設問】

次のうち、Q保育士がRさんに利用を勧める事業として、最も適切なものを一つ選びなさい。

1 一時預かり事業

2 子育て短期支援事業

3 子育て援助活動支援事業

4 地域子育て支援拠点事業

5 乳児家庭全戸訪問事業

社 会 福 祉

問題1 次のうち、第二次世界大戦後につくられた日本の社会福祉の法律として、正しいものを一つ選びなさい。

1 救護法

2 健康保険法

3 母子保護法

4 児童福祉法

5 少年教護法

問題2 次の【Ⅰ群】の児童福祉に関する法律名と、【Ⅱ群】のその規定内容を結びつけた場合の正しい組み合わせを一つ選びなさい。

【Ⅰ群】

A 児童手当法

B 母子保健法

C 児童扶養手当法

D 児童福祉法

【Ⅱ群】

ア 児童福祉を推進していく機関・施設等について、児童福祉審議会、市町村・都道府県の業務、児童相談所、児童福祉司、児童委員、保育士、児童福祉施設、里親などが規定されている。

イ ひとり親家庭の家庭生活の安定のために支給される手当について規定している。

ウ 健康診査、妊娠の届け出、母子健康手帳、養育医療などが規定されている。

エ 家庭生活の安定および子どもの健全育成のために支給される手当について規定している。

（組み合わせ）

	A	B	C	D
1	ア	イ	エ	ウ
2	イ	ア	ウ	エ
3	イ	ウ	エ	ア
4	エ	イ	ウ	ア
5	エ	ウ	イ	ア

問題3 次の文は、「日本の将来推計人口（平成29年推計）」（国立社会保障・人口問題研究所）および「平成29（2017）年人口動態統計（確定数）」（厚生労働省）に基づく、日本の人口動態に関する記述である。（　A　）～（　C　）にあてはまる語句の正しい組み合わせを一つ選びなさい。

　日本の総人口は2010（平成22）年が増加のピークで、その後は減少している。この状況には（　A　）だけでなく、（　B　）が影響を与えている。これまで様々な対策が講じられてきたが、（　C　）は2016（平成28）年には1.44と低く、人口減少の状況は続いている。

443

（組み合わせ）

	A	B	C
1	老年人口の増加	年少人口の増加	合計特殊出生率
2	老年人口の増加	年少人口の増加	高齢化率
3	老年人口の増加	出生数の減少	合計特殊出生率
4	生産年齢人口の増加	出生数の減少	合計特殊出生率
5	生産年齢人口の増加	年少人口の増加	高齢化率

問題4 次のうち、「地域福祉・在宅福祉の推進」に関する記述として、適切な記述を○、不適切な記述を×とした場合の正しい組み合わせを一つ選びなさい。

A 在宅福祉では、ノーマライゼーションを具体化するために、今後は施設福祉との連携をしないことが求められている。

B 地域福祉を推進するためには、ボランティアや住民など多様な民間団体の参加が不可欠である。

C 「保育所保育指針」の中で、保育所には、業務として地域の子育て家庭への支援に積極的に取り組むことが求められており、地域福祉推進の役割を担うものとされている。

D 「社会福祉法」では、その目的に地域福祉の推進を図ることがあげられている。

（組み合わせ）

	A	B	C	D
1	○	○	×	×
2	○	×	×	×
3	×	○	○	○
4	×	○	×	○
5	×	×	○	○

問題5 次のうち、保育と相談援助に関する記述として、適切な記述を○、不適切な記述を×とした場合の正しい組み合わせを一つ選びなさい。

A 「保育所保育指針解説」では、保育士等は援助の内容によって、ソーシャルワークやカウンセリング等の知識や技術を援用することが有効であるとされている。

B 「保育所保育指針」では、保護者の気持ちを受け止めること、保護者の自己決定を尊重すること、知り得た事柄の秘密を保持することが、子育て支援の基本的事項として示されている。

C 「保育所保育指針解説」では、保育所における子育て支援について、地域において子育て家庭に関するソーシャルワークの中核を担う機関と連携をとる必要があり、そのためにソーシャルワークの基本的な姿勢や知識、技術を理解し、支援を展開することが望ましいとされている。

（組み合わせ）

	A	B	C
1	○	○	○
2	○	○	×
3	○	×	○
4	×	○	○
5	×	×	○

問題6 次の社会福祉施策と、その根拠となる法律の組み合わせとして、適切な組み合わせを一つ選びなさい。

　　　　　　＜施策＞　　　　　　　　　＜根拠法＞

A 要介護認定 ——————— 「老人福祉法」

B 幼児に対する保健指導 ─── 「母子保健法」

C 教育扶助の給付 ───── 「児童福祉法」

D 特定健康診査 ────── 「高齢者の医療の確保に関する法律」

（組み合わせ）

	A	B
1	A	B
2	A	D
3	B	C
4	B	D
5	C	D

問題7 次のうち、「社会福祉法」における第一種社会福祉事業に定められているものとして、適切なものを○、不適切なものを×とした場合の正しい組み合わせを一つ選びなさい。

A 保育所

B 共同募金

C 児童養護施設

D 婦人保護施設

E 児童家庭支援センター

（組み合わせ）

	A	B	C	D	E
1	○	×	○	○	×
2	○	×	○	×	○
3	×	○	○	○	×
4	×	○	×	○	○
5	×	×	×	○	○

問題8 次のうち、婦人相談所に関する記述として、<u>不適切な記述</u>を一つ選びなさい。

1 「売春防止法」に基づいて設置されている。

2 都道府県と市町村に設置が義務付けられている。

3 配偶者暴力相談支援センターとしても機能する場合がある。

4 婦人相談員が配置される。

5 婦人相談所は、母子の保護および生活支援にあたり、母子生活支援施設と連携することがある。

問題9 次のうち、国民年金制度に関する記述として、適切な記述を○、不適切な記述を×とした場合の正しい組み合わせを一つ選びなさい。

A 20歳になれば、学生であっても被保険者となる。

B 老齢基礎年金の支給開始年齢は、75歳と規定されている。

C 第2号被保険者の被扶養配偶者は、第1号被保険者である。

（組み合わせ）

	A	B	C
1	○	○	○
2	○	○	×
3	○	×	×
4	×	○	○
5	×	×	○

問題10 次のうち、介護保険制度に関する記述として、適切な記述を一つ選びなさい。

1 要介護認定・要支援認定は、都道府県が行う。

2 第2号被保険者とは、市町村の区域内に住所を有する65歳以上の者である。

3 要介護認定・要支援認定には、有効期間がある。

4 介護認定審査会には、民生委員の参加が規定されている。

5 保険者は国である。

問題11 次のうち、相談援助の展開過程の説明として、適切な記述を○、不適切な記述を×とした場合の正しい組み合わせを一つ選びなさい。

A インテークとは、利用者が生活する上で何に困っているのか、求めているニーズや支援などについて明らかにすることである。

B プランニングとは、アセスメントに基づき、問題解決に向けての目標を設定し、実際の支援を誰が、いつまでに、どのように行うのかなどの具体的な支援内容を計画することである。

C モニタリングとは、プランニングを元に、実際に問題解決に向けて支援を行う段階である。

D エバリュエーションとは、支援計画やそれに基づく支援の最終的な評価を行う段階である。

（組み合わせ）

	A	B	C	D
1	○	○	×	×
2	○	×	○	×
3	○	×	×	○
4	×	○	×	○
5	×	×	○	○

問題12 次の文は、コノプカ（Konopka, G.）のグループワークの定義である。（ A ）～（ C ）にあてはまる語句を【語群】から選択した場合の正しい組み合わせを一つ選びなさい。

グループワークは、（ A ）なグループ経験を通じて、（ B ）の社会的に機能する力を高め、また個人、集団、地域社会の諸問題に、より効率的に、より（ C ）に対処しうるよう、人々を援助するものである。

【語群】

ア 自発的 イ 意図的 ウ 個人 エ 集団 オ 弾力的 カ 効果的

（組み合わせ）

	A	B	C
1	ア	ウ	オ
2	ア	エ	イ
3	イ	ウ	カ
4	イ	エ	カ
5	カ	ウ	オ

問題13 次のうち、相談援助の方法・技術等に関する記述として、適切な記述を○、不適切な記述を×とした場合の正しい組み合わせを一つ選びなさい。

A アドボカシーとは、行政や議会などに個人や集団、地域住民の福祉ニーズに適合するような社会福祉制度やサービスの改善、整備、創設等を促す方法である。

B アウトリーチとは、地域の関係機関・施設や関係者等が相互に連携するネットワークづくりを行

う方法である。

C ケアマネジメントとは、社会福祉サービスが効果的に機能するために、社会福祉施設や機関の合理的・効果的な管理運営方法やサービス提供方法の開発を行うことをいう。

（組み合わせ）

	A	B	C
1	○	○	○
2	○	○	×
3	○	×	○
4	×	×	○
5	×	×	×

問題14 次のうち、ケアカンファレンスを開催するにあたって留意すべき点として、適切な記述を○、不適切な記述を×とした場合の正しい組み合わせを一つ選びなさい。

A 事実確認として、いつ、どこで、誰が、誰に、何を、どの程度、どの頻度で起きているのか、問題の発生状況の事実と関係者の推察を区別し、正確に状況を確認する。

B 状況を悪化させていることに関連のある否定的な事柄の有無を確認する。

C 良好な事柄として利用者の資質、家族の資質、関係者の協力、問題解決の実績について確認する。

D 利用者の特徴、家族の特徴、問題が発生している場面での交流・対処パターンを理解し、数年後の利用者と家族の生活まで想定して、支援目標を検討していく。

（組み合わせ）

	A	B	C	D
1	○	○	○	○
2	○	○	○	×
3	○	○	×	○
4	○	×	○	○
5	×	○	○	○

問題15 次のうち、ソーシャルワークの理論に関する記述として、適切な記述を○、不適切な記述を×とした場合の正しい組み合わせを一つ選びなさい。

A パールマン（Perlman, H.H.）は、「状況の中の人」という視点から、心理社会的アプローチを確立した。

B ホリス（Hollis, F.）は、診断主義アプローチと機能主義アプローチを折衷し、問題解決アプローチを示した。

C ジャーメイン（Germain, C.B.）とギッターマン（Gitterman, A.）は、利用者の適応能力の向上と利用者を取り巻く環境の改善を行い、生活の変容を試みるエコロジカルアプローチを体系化した。

（組み合わせ）

	A	B	C
1	○	○	○
2	○	○	×
3	○	×	○
4	×	○	○
5	×	×	○

問題16 次のうち、福祉サービス第三者評価事業に関する記述として、適切な記述を○、不適切な記述を×とした場合の正しい組み合わせを一つ選びなさい。

A 児童養護施設等の社会的養護関係施設については、福祉サービス第三者評価を受けることが義務

447

付けられている。

B 福祉サービス第三者評価事業の普及促進等は、国の責務となっている。

C 福祉サービス第三者評価を受けた結果は、市町村が公表することになっている。

D 福祉サービス第三者評価事業とは、公正・中立な福祉事務所が専門的・客観的立場から福祉サービスについて評価を行う仕組みのことである。

（組み合わせ）

	A	B	C	D
1	○	○	○	×
2	○	○	×	×
3	○	×	○	×
4	×	○	×	○
5	×	×	○	○

問題17 次のうち、福祉サービス利用援助事業（日常生活自立支援事業）に関する記述として、適切な記述を○、不適切な記述を×とした場合の正しい組み合わせを一つ選びなさい。

A 「社会福祉法」によって定められている。

B 第1種社会福祉事業として位置づけられている。

C 事業の実施主体は、都道府県と指定都市の社会福祉協議会である。

D 利用にあたっては、利用希望者が住所地の福祉事務所に申し込むことになっている。

（組み合わせ）

	A	B	C	D
1	○	○	×	×
2	○	×	○	×
3	×	○	×	○
4	×	×	○	×
5	×	×	×	○

問題18 次の文は、「障害者基本法」第3条の一部である。（　A　）～（　C　）にあてはまる語句の正しい組み合わせを一つ選びなさい。

・全て障害者は、社会を構成する一員として（　A　）その他あらゆる分野の活動に参加する機会が確保されること。

・全て障害者は、可能な限り、どこで誰と生活するかについての（　B　）が確保され、地域社会において他の人々と共生することを妨げられないこと。

・全て障害者は、可能な限り、言語（手話を含む。）その他の（　C　）のための手段についての選択の機会が確保されるとともに、情報の取得又は利用のための手段についての選択の機会の拡大が図られること。

（組み合わせ）

	A	B	C
1	生活、経営、環境	決定の機会	伝達方法
2	地域、金融、文明	先決の機会	情報伝達
3	労働、政治、教育	自己決定	意見表明
4	社会、経済、文化	選択の機会	意思疎通
5	集団、営利、風習	選択の自由	相互理解

問題19　次のセンター名と、このことが定められている法律名の組み合わせとして、適切なものを○、不適切なものを×とした場合の正しい組み合わせを一つ選びなさい。

　　　　＜センター名＞　　　　　　　　　＜法律名＞

A　児童発達支援センター　──────「児童福祉法」

B　基幹相談支援センター　──────「介護保険法」

C　障害者就業・生活支援センター　───「身体障害者福祉法」

D　精神保健福祉センター　──────「精神保健及び精神障害者福祉に関する法律」

（組み合わせ）

	A	B	C	D
1	○	×	×	○
2	○	×	×	×
3	×	○	○	○
4	×	○	×	×
5	×	×	×	○

問題20　次の会議名と、このことが定められている法律名の組み合わせとして、適切なものを○、不適切なものを×とした場合の正しい組み合わせを一つ選びなさい。

　　　　＜会議名＞　　　　　　　　　＜法律名＞

A　高齢社会対策会議　─────「老人福祉法」

B　子ども・子育て会議　────「子ども・子育て支援法」

C　子どもの貧困対策会議　───「子ども・若者育成支援推進法」

D　少子化社会対策会議　───「少子化社会対策基本法」

（組み合わせ）

	A	B	C	D
1	○	○	×	○
2	○	×	○	○
3	○	×	○	×
4	×	○	○	○
5	×	○	×	○

教 育 原 理

問題1 　次の条文が示されている法令はどれか。正しいものを一つ選びなさい。

　幼稚園は、義務教育及びその後の教育の基礎を培うものとして、幼児を保育し、幼児の健やかな成長のために適当な環境を与えて、その心身の発達を助長することを目的とする。

1 　日本国憲法
2 　児童福祉法
3 　教育基本法
4 　学校教育法
5 　子ども・子育て支援法

問題2 　次の文は、「教育基本法」第4条の一部である。（　A　）～（　C　）にあてはまる語句の正しい組み合わせを一つ選びなさい。

　すべて国民は、ひとしく、その能力に応じた教育を受ける機会を与えられなければならず、人種（　A　）、性別、社会的身分、（　B　）的地位又は門地によって、教育上差別されない。

・国及び地方公共団体は、（　C　）のある者が、その（　C　）の状態に応じ、十分な教育を受けられるよう、教育上必要な支援を講じなければならない。

・国及び地方公共団体は、能力があるにもかかわらず、（　B　）的理由によって修学が困難な者に対して、奨学の措置を講じなければならない。

（組み合わせ）

	A	B	C
1	信条	経済	資質
2	宗教	階層	資質
3	信条	経済	障害
4	宗教	経済	障害
5	信条	階層	障害

問題3 　次の文章の著者は誰か。正しいものを一つ選びなさい。

　われわれが経験から学ぶということ、そして書物或は他の人々の言説が経験に関連のあるものであってはじめてそれらのものから学ぶということは、たんなる言葉のうえだけのことではない。しかるに、学校はこれまで生活の日常の諸条件および諸動機からはなはだしく切離され、孤立させられていて、子どもたちが訓練を受けるために差し向けられる当のこの場所が、およそこの世で、経験を──その名に値いするあらゆる訓練の母である経験を得ることが最も困難な場所となっている。

1 　ルソー（Rousseau, J.-J.）

2 　ペスタロッチ（Pestalozzi, J.H.）

3 　モンテッソーリ（Montessori, M.）

4 　デューイ（Dewey, J.）

5 　ブルーナー（Bruner, J.S.）

問題4 　次の【Ⅰ群】の記述と、【Ⅱ群】の人物を結びつけた場合の正しい組み合わせを一つ選びなさい。

【Ⅰ群】

A 　一般の庶民にも開かれた教育機関である綜芸種智院を設立し、総合的な人間教育をめざした。

B 　町人社会における実践哲学である石門心学を創始した。子どもの教育の可能性、子どもの善性を

説く大人の役割についても言及した。

【Ⅱ群】

ア 石田梅岩

イ 最澄

ウ 大原幽学

エ 空海

オ 広瀬淡窓

（組み合わせ）

	A	B
1	ア	エ
2	イ	ア
3	ウ	オ
4	エ	ア
5	エ	ウ

問題5 次のうち、「幼稚園教育要領」第1章「総則」第4「指導計画の作成と幼児理解に基づいた評価」の一部として、<u>誤ったもの</u>を一つ選びなさい。

1 指導の過程を振り返りながら幼児の理解を進め、幼児一人一人のよさや可能性などを把握し、指導の改善に生かすようにすること。その際、他の幼児との比較や一定の基準に対する達成度についての評定によって捉えるものではないことに留意すること。

2 幼児の行う具体的な活動は、生活の流れの中で様々に変化するものであることに留意し、幼児が望ましい方向に向かって自ら活動を展開していくことができるよう必要な援助をすること。

3 幼児期は直接的な体験が重要であることを踏まえ、視聴覚教材やコンピュータなど情報機器を使用しないようにすること。

4 言語に関する能力の発達と思考力等の発達が関連していることを踏まえ、幼稚園生活全体を通して、幼児の発達を踏まえた言語環境を整え、言語活動の充実を図ること。

5 幼児が次の活動への期待や意欲をもつことができるよう、幼児の実態を踏まえながら、教師や他の幼児と共に遊びや生活の中で見通しをもったり、振り返ったりするよう工夫すること。

問題6 次の文は、「小学校学習指導要領」（平成29年告示）に示された「教育課程の編成」の一部である。（　A　）～（　C　）にあてはまる語句を【語群】から選択した場合の正しい組み合わせを一つ選びなさい。

　低学年における教育全体において、例えば（　A　）において育成する自立し生活を豊かにしていくための資質・能力が、他教科等の学習においても生かされるようにするなど、教科等間の関連を積極的に図り、（　B　）及び中学年以降の教育との円滑な接続が図られるよう工夫すること。特に、小学校入学当初においては、幼児期において自発的な活動としての（　C　）を通して育まれてきたことが、各教科等における学習に円滑に接続されるよう、（　A　）を中心に、合科的・関連的な指導や弾力的な時間割の設定など、指導の工夫や指導計画の作成を行うこと。

【語群】

ア	総合的な学習の時間	イ	生活科	ウ	幼児期の教育
エ	スタートプログラム	オ	自然体験	カ	遊び

（組み合わせ）
	A	B	C
1	ア	ウ	オ
2	ア	ウ	カ
3	ア	エ	オ
4	イ	ウ	カ
5	イ	エ	カ

問題7 次の文は、日本における明治期の教育についての記述である。（　A　）・（　B　）にあてはまる語句の正しい組み合わせを一つ選びなさい。

　明治維新後、近代教育制度が確立されていった。1871（明治4）年に文部省が創設され、1872（明治5）年には学区制度と単線型の学校制度を構想した（　A　）が公布された。その後、初代文部大臣となった（　B　）は、国民教育制度の確立に力を注ぎ、特に初等教育の普及と教員養成の充実を図った。

（組み合わせ）
	A	B
1	教育令	西村茂樹
2	教育令	森有礼
3	学制	伊藤博文
4	学制	西村茂樹
5	学制	森有礼

問題8 次のうち、「子ども・子育て支援法」第7条において定められる「教育・保育施設」として、あてはまるものを○、あてはまらないものを×とした場合の正しい組み合わせを一つ選びなさい。

A 幼稚園

B 保育所

C 認定こども園

D 小規模保育

E 地域子育て支援センター

（組み合わせ）
	A	B	C	D	E
1	○	○	○	○	○
2	○	○	○	×	×
3	○	×	×	○	×
4	×	○	×	×	×
5	×	×	×	○	○

問題9 次のうち、「持続可能な開発目標（SDGs）と日本の取組」（外務省）の一部として、正しいものを○、誤ったものを×とした場合の正しい組み合わせを一つ選びなさい。

A すべての人に包摂的かつ公正な質の高い教育を確保し、初等教育レベルの学力を獲得する

B ジェンダー平等を達成し、すべての女性及び女児のエンパワーメントを行う

C あらゆる年齢のすべての人々の健康的な生活を確保し、福祉を促進する

（組み合わせ）

	A	B	C
1	○	○	○
2	○	○	×
3	○	×	○
4	×	○	○
5	×	×	○

問題10 次の文は、「子供の貧困対策に関する大綱～日本の将来を担う子供たちを誰一人取り残すことがない社会に向けて～」（令和元年　内閣府）の一部である。（　A　）・（　B　）にあてはまる語句の正しい組み合わせを一つ選びなさい。

　子ども・子育て支援新制度に基づき、職員の配置や処遇改善等を通じた、幼児教育・保育・子育て支援の更なる質の向上を推進する。保育士等の専門性を高め、（　A　）が図られるよう、保育士等の給与状況を把握し、施策の効果を検証しながら更なる処遇改善に取り組む。

　また、各地方公共団体への「幼児教育センター」の設置や「幼児教育アドバイザー」の育成・配置等、公私の別や施設種を超えて幼児教育を推進する体制を構築し、幼児教育施設の教職員等への研修の充実や小学校教育との接続の推進を図る。

　さらに幼稚園教諭・保育士等による専門性を生かした子育て支援の取組を推進するとともに、子育てに悩みや不安を抱える保護者など、地域における保護者に対する（　B　）を充実するため、（　B　）チーム等による学習機会の提供や情報提供、相談対応、地域の居場所づくり、訪問型家庭教育支援等の取組を推進する。

（組み合わせ）

	A	B
1	研修の充実	家庭教育支援
2	保育の質向上	社会進出支援
3	保育の質向上	家庭教育支援
4	キャリアアップ	社会進出支援
5	キャリアアップ	家庭教育支援

社会的養護

問題1 次の【図】は、「社会的養育の推進に向けて」(令和2年10月 厚生労働省)における「家庭と同様の環境における養育の推進」である。図中の(A)～(D)の語句が正しいものを○、誤ったものを×とした場合の正しい組み合わせを一つ選びなさい。

【図】

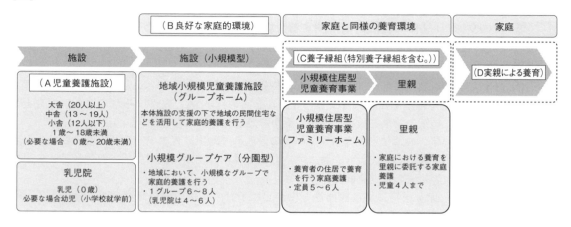

(組み合わせ)
	A	B	C	D
1	○	○	○	○
2	○	○	×	×
3	○	×	○	×
4	×	×	○	○
5	×	×	×	×

問題2 次の文のうち、「児童養護施設入所児童等調査の概要(平成30年2月1日現在)」(厚生労働省)における、児童養護施設の入所児童の状況に関する記述として、適切なものを一つ選びなさい。

1 6歳未満で入所した児童が約8割である。
2 児童の平均在所期間は、10年を超えている。
3 児童の入所経路では、「家庭から」が約6割である。
4 心身の状況において障害等を有する児童は、約7割である。
5 虐待を受けた経験がある児童のうち、心理的虐待は約6割である。

問題3 次のうち、「里親及びファミリーホーム養育指針」(平成24年3月 厚生労働省)における「家庭養護」の要件として、(A)～(C)の語句が正しいものを○、誤ったものを×とした場合の正しい組み合わせを一つ選びなさい。

・(A 一貫かつ継続)した特定の養育者の確保
・特定の養育者との生活基盤の共有
・同居する人たちとの生活の共有
・生活の(B 柔軟性)
・(C 地域社会)に存在

(組み合わせ)

	A	B	C
1	○	○	○
2	○	○	×
3	○	×	○
4	×	×	○
5	×	×	×

問題4 次の文は、「児童養護施設運営ハンドブック」（平成26年　厚生労働省）の一部である。（　A　）～（　C　）にあてはまる語句の正しい組み合わせを一つ選びなさい。

　記録は、子どもや家族の状況がそこに反映するのみならず、職員のその子どものとらえ方や家族に対しての思いも表現されます。（　A　）にとらえ記録していくよう心がけても、そこにはその職員の（　B　）が反映されてきます。そうした記録の内容を振り返ることにより、子どもの理解の仕方や自分の（　B　）、こだわりがどこにあるのかを知り、子どもへの関わりに活かすことが求められます。その一方で、記録は養育を（　C　）いくための重要な資料です。子どもの問題行動についての記述も大切ですが、子どもの変化への気づきや成長を感じたエピソードなども重要な情報であることも忘れてはなりません。

(組み合わせ)

	A	B	C
1	主観的	価値観	決定して
2	主観的	習慣	引き継いで
3	客観的	価値観	引き継いで
4	客観的	習慣	引き継いで
5	客観的	価値観	決定して

問題5 次のA～Dの事項を年代の古い順に並べた場合の正しい組み合わせを一つ選びなさい。

A 「社会的養護の課題と将来像」（児童養護施設等の社会的養護の課題に関する検討委員会・社会保障審議会児童部会社会的養護専門委員会）

B 「新しい社会的養育ビジョン」（新たな社会的養育の在り方に関する検討会）

C 「児童の権利に関する条約」（国連）

D 「児童の代替的養護に関する指針」（国連）

　　＊C、Dについては国連総会採択時

(組み合わせ)

1　A→B→C→D
2　A→B→D→C
3　C→A→B→D
4　C→D→A→B
5　D→C→A→B

問題6 次の文のうち、アタッチメントに関する記述として、適切なものの組み合わせを一つ選びなさい。

A 回避型のアタッチメントでは、養育者との分離時や再会時に、固まったり近づいたと思ったら離

れたり、一貫性がない傾向がみられる。

B 養育者の子どもに対する感受性、応答性、一貫性が保たれていることが重要である。

C 無秩序型のアタッチメントでは、養育者と分離後、一貫して再会してもあまり気にしていないような傾向がみられる。

D 養育者にアタッチメントへの理解があることにより、子どもの表面的な行動に惑わされることが少なくなる。

（組み合わせ）

1　A　　B
2　A　　C
3　B　　C
4　B　　D
5　C　　D

問題7 次のうち、乳児院に配置される職員として、**不適切なもの**を一つ選びなさい。

1　保育士

2　少年を指導する職員

3　家庭支援専門相談員

4　里親支援専門相談員

5　看護師

問題8 次の文のうち、社会的養護に関わる相談援助の知識・技術に関する記述として、最も適切なものを一つ選びなさい。

1　入所児童の言動や家族の状況について情報を収集し、その全体像を把握し、現状を評価する取り組みをエンパワメントという。

2　入所児童数人で一つの目標に取り組み、その際に生じる相互関係を通して問題解決を図る取り組みを生活場面面接という。

3　子どもが本来持つ力に着目し、それを発揮しやすい環境を整えることをアセスメントという。

4　ティータイムなど、施設生活の中で職員が意図的に面接場面を設けることをインテークという。

5　子どもが永続的かつ恒久的に生活できる家庭環境で、心身の健康が保障された生活を実現するための援助計画をパーマネンシー・プランニングという。

問題9 次の【事例】を読んで、【設問】に答えなさい。

【事例】

　F君（14歳）は、父親から虐待を受け、地域小規模児童養護施設で生活している。F君は、共に生活しているG君（4歳）に対して、攻撃的な行動が目立つようになった。ある日、F君は、H保育士がいる前で「お前（G君）、親が来たからって、いい気になってるんじゃねえぞ」と怒鳴りつけた。

　G君はF君の発言に恐怖を感じている様子が伺えた。

　H保育士は、最近、G君が家族との面会があるたびに、F君のこうした攻撃的言動がみられていること、またF君の家族との面会が最近ないという情報を把握していた。

【設問】

　次のうち、H保育士のF君への対応として、適切な記述を○、不適切な記述を×とした場合の正しい組み合わせを一つ選びなさい。

A F君が家族の面会がない喪失感を抱えていると考え、その感情に寄り添う。

B F君の家族関係の調整を家庭支援専門相談員と協議して行う。

C F君への自省を求めるために、攻撃的な行動が間違いであると強く叱責する。

D F君への刺激を低減するために、G君の面会を控えるようにする。

（組み合わせ）

	A	B	C	D
1	○	○	○	×
2	○	○	×	×
3	○	×	○	×
4	×	×	○	○
5	×	×	×	○

問題10 次の【事例】を読んで、【設問】に答えなさい。

【事例】

　Lさん（20代、女性）とその娘のMちゃん（4歳、女児）は、2年前から母子生活支援施設で暮らしている。Lさんの元夫からのDVが理由である。母子ともに入所当初、情緒的に混乱している様子がみられた。しかしLさんは、母子支援員との信頼関係の構築や、離婚の手続きが完了したこと、心療内科通院による治療により、最近は落ち着いた暮らしができている。半年前から始めた事務の仕事にも慣れ、安定した収入が得られる見通しが立ち、Lさんから退所の意向が示された。ただしMちゃんは今でも、大人の男性を怖がったり、大きな音に対して過敏に反応して泣き出したりするなど、情緒的に不安定な面がある。

【設問】

　次のうち、Lさんを担当する母子支援員の対応として、適切な記述を○、不適切な記述を×とした場合の正しい組み合わせを一つ選びなさい。

A 母子生活支援施設の退所に際しては、児童相談所の措置解除の手続きが必要であることをLさんに伝える。

B 退所後のアフターケアが効果的に行われるよう、退所後の支援計画を作成する。

C 必要に応じて、退所後に生活する地域の関係機関や団体とネットワークを形成する。

D Mちゃんの情緒面が心配であるため、退所を思いとどまるように指導する。

（組み合わせ）

	A	B	C	D
1	○	○	×	○
2	○	×	○	×
3	×	○	○	×
4	×	○	×	○
5	×	×	○	×

子どもの保健

問題1　次の文は、「保育所保育指針」第4章「子育て支援」1「保育所における子育て支援に関する基本的事項」の一部である。（　A　）～（　E　）にあてはまる語句を【語群】から選択した場合の正しい組み合わせを一つ選びなさい。

・保護者に対する子育て支援を行う際には、各地域や家庭の実態等を踏まえるとともに、保護者の気持ちを受け止め、相互の（　A　）を基本に、保護者の（　B　）を尊重すること。

・子どもの（　C　）に反しない限りにおいて、保護者や子どもの（　D　）を保護し、知り得た事柄の（　E　）を保持すること。

【語群】

ア	理解	イ	自己決定	ウ	守秘義務	エ	信頼関係	オ	利益
カ	個人情報	キ	プライバシー	ク	主体性	ケ	秘密		

（組み合わせ）

	A	B	C	D	E
1	ア	イ	オ	カ	ウ
2	ア	オ	ク	カ	ケ
3	ア	オ	ク	キ	ウ
4	エ	イ	オ	キ	ケ
5	エ	イ	ク	キ	ケ

問題2　次のうち、「保育所保育指針」第1章「総則」2「養護に関する基本的事項」ア「生命の保持」に関する記述として、適切なものを○、不適切なものを×とした場合の正しい組み合わせを一つ選びなさい。

A　子どもの生命を守り、子どもが快適に、そして健康で安全に過ごすことができるようにする。

B　子どもの生理的欲求が十分に満たされ、健康増進が積極的に図られるようにする。

C　一人一人の子どもの健康状態や発育及び発達状態を把握する。

D　子どもの生活や発達過程等にふさわしい生活リズムをつくるために、保育所での生活に合わせ、家庭での生活リズムを変えるよう指示することが大切である。

（組み合わせ）

	A	B	C	D
1	○	○	○	○
2	○	○	○	×
3	○	×	○	×
4	×	○	×	×
5	×	×	○	○

問題3　虐待は子どもの心身に深刻な影響を及ぼす。その影響についての記述として、適切なものを○、不適切なものを×とした場合の正しい組み合わせを一つ選びなさい。

A　身体的影響には、成長ホルモンの抑制による成長不全を呈することもある。

B　知的発達面への影響には、養育者が子どもの知的発達に必要なやりとりを行わない、年齢や発達レベルにそぐわない過大な要求をするなどにより、知的発達を阻害してしまうことがある。

C 心理的影響として、対人関係の障害、低い自己評価、行動コントロールの問題などがある。

（組み合わせ）

	A	B	C
1	○	○	○
2	○	○	×
3	○	×	×
4	×	×	○
5	×	×	×

問題4 次のうち、子どもの生理機能の発達に関する記述として、適切なものを○、不適切なものを×とした場合の正しい組み合わせを一つ選びなさい。

A 子どもの年齢が低いほど、新陳代謝はおだやかであるので、脈拍数は多く体温は高めである。

B 乳幼児は成人と比べ、体重あたりの必要水分量や不感蒸泄量が多いため、脱水になりやすい。

C 胎児循環には卵円孔や動脈管が存在するが、肺呼吸の開始とともに心臓・血管系の解剖学的変化が生じる。

D 乳児の呼吸は幼児に比べて深くゆっくりである。

E 体温には日内変動があるが、乳幼児期では不鮮明で、年長児になって鮮明となってくる。

（組み合わせ）

	A	B	C	D	E
1	○	○	○	×	×
2	○	○	×	×	○
3	○	×	×	○	○
4	×	○	○	×	○
5	×	○	○	×	×

問題5 次のうち、「保育所における感染症対策ガイドライン（2018年改訂版）」（厚生労働省）における子どもが登園を控えるべき状況として、適切な記述を○、不適切な記述を×とした場合の正しい組み合わせを一つ選びなさい。

A 今朝の体温が37.2℃でいつもより高めであるが、食欲があり機嫌も良い。

B 昨夜の体温は38.5℃で解熱剤を1回服用し、今朝の体温は36.8℃で平熱である。

C 伝染性膿痂疹と診断され、掻き壊して浸出液が多くガーゼで覆いきれずにいる。

D 夜間は咳のために起き、ゼーゼーという音が聞こえていたが、今朝は動いても咳はない。

E 昨日から嘔吐と下痢が数回あり、今朝は食欲がなく水分もあまり欲しがらない。

（組み合わせ）

	A	B	C	D	E
1	○	○	○	○	○
2	○	×	×	○	○
3	×	○	○	×	○
4	×	×	○	○	×
5	×	×	×	×	×

問題6 次の【Ⅰ群】の感染症と、【Ⅱ群】の内容を結びつけた場合の正しい組み合わせを一つ選びなさい。

【Ⅰ群】

A 水痘

B 溶連菌感染症

C 伝染性紅斑

D 風しん

E 咽頭結膜熱

【Ⅱ群】

ア 秋から春にかけて流行し、両頬に赤い発しんがみられ、手足にレース様の紅斑ができる。妊娠前半期に感染すると胎児に影響を及ぼす。

イ 軽い発熱とともに発しんが表れ、最初は小紅斑で、やがて丘疹となり水疱ができる。いろいろな状態の発しんが同時にみられる。痂皮になると感染性はないものと考えられる。

ウ 急に39℃の発熱があり、目の結膜が赤くなり目やにが出て、喉の痛みを訴える。年間を通じて発生するが、夏季に多い。

エ 発熱があり、のどの痛みを訴える。手足、顔に発しんがみられ、舌がイチゴのように赤く腫れる。

オ 発熱があり、顔や首のまわりに発しんが表れ、頸部のリンパ節が腫れる。妊娠初期に感染すると胎児に影響を及ぼす。

（組み合わせ）

	A	B	C	D	E
1	ア	ウ	オ	エ	イ
2	イ	ウ	オ	ア	エ
3	イ	エ	ア	オ	ウ
4	ウ	エ	ア	オ	イ
5	オ	エ	ア	イ	ウ

問題7 次の文は、ノロウイルスに関する記述である。（ **A** ）〜（ **C** ）にあてはまる語句の正しい組み合わせを一つ選びなさい。

ノロウイルスは、熱や薬品への抵抗性が非常に強いことが予防を困難にしています。活性を失わせるためには、（ **A** ）℃以上で90秒以上の加熱又は（ **B** ）による消毒が有効です。（ **B** ）は、揮発性で、（ **C** ）が発生するため、窓を開けて換気します。

（組み合わせ）

	A	B	C
1	85	逆性石鹸	硝酸ガス
2	85	逆性石鹸	塩素ガス
3	85	次亜塩素酸ナトリウム	塩素ガス
4	60	次亜塩素酸ナトリウム	硝酸ガス
5	60	次亜塩素酸ナトリウム	塩素ガス

問題8 次のうち、子どもの紫外線対策に関する記述として、適切なものを○、不適切なものを×とした場合の正しい組み合わせを一つ選びなさい。

A 毎晩その日の汚れを落とすように、日焼け止めも落とす。

B 日焼け止めは、二度塗りすることで終日効果が保たれる。

C 子どもは新陳代謝が盛んなので、紫外線の影響は翌年には消える。

D 日焼け止めの効果や特徴は、商品によって異なる。

（組み合わせ）

	A	B	C	D
1	○	○	×	×
2	○	×	○	×
3	○	×	×	○
4	×	○	○	×
5	×	○	×	○

問題9 次のうち、子どもたちによく見られる水いぼ（伝染性軟属腫）に関する記述として、適切なものを○、不適切なものを×とした場合の正しい組み合わせを一つ選びなさい。

A 病原体は伝染性軟属腫菌である。

B 水を介して感染するので、プールは禁止とする。

C 水いぼを左右から押すと、中央から白色の粥状の物質が排出され、この中に病原体が存在する。

D 自然経過で治癒することもある。

（組み合わせ）

	A	B	C	D
1	○	○	○	○
2	○	○	×	×
3	○	×	○	×
4	×	×	○	○
5	×	×	×	×

問題10 次のうち、保育所での事故防止対策として、適切なものを○、不適切なものを×とした場合の正しい組み合わせを一つ選びなさい。

A 十分な監視体制の確保ができない場合は、プール活動の中止も選択肢とする。

B 普段食べている食材は、窒息の心配はないので、安心して与えて良い。

C 食物アレルギーの子ども用の代替食は、子どもの心情を配慮して、他児のものと見た目が変わらないように工夫する。

D 食事介助をする際には、汁物などの水分を適切に与える。

（組み合わせ）

	A	B	C	D
1	○	○	×	×
2	○	×	○	×
3	○	×	×	○
4	×	○	○	×
5	×	○	×	○

問題11 次のうち、幼児期の言語の問題に関する記述として、適切な記述を○、不適切な記述を×とした場合の正しい組み合わせを一つ選びなさい。

A 3歳時点での発話が、単語5～6語で、二語文の表出がみられない場合には、言語発達の遅れを疑う。

B 選択性緘黙は、言語能力が正常であるにもかかわらず、家庭、保育所等どのような場面でも話をしない。

C 吃音は、大半は6歳までにみられる。

D 幼児期に吃音がある場合、成人になって言語能力が低い状態が続く。

E 音声チック症では、わいせつな言葉や社会的に受け入れられない言葉を発することがある。

（組み合わせ）

	A	B	C	D	E
1	○	○	○	×	○
2	○	○	×	○	×
3	○	×	○	×	○
4	×	○	×	○	○
5	×	×	○	×	×

問題12 次のうち、子どもの身体症状として、適切な記述を○、不適切な記述を×とした場合の正しい組み合わせを一つ選びなさい。

A 感染症とは考えられない咳が続いている場合、音声チック症の可能性を考慮すべきである。

B 行動障害としての抜毛症は、子どもが容姿を気にして恥ずかしいと思うようになることにより解消することが多い。

C 夜尿への対処としては、夜間の排尿誘導が推奨される。

D DSM-5では、吃音も神経発達症の一部と考えられている。

E 身体の痛みは、精神的な要因によっては起こりえない。

（組み合わせ）

	A	B	C	D	E
1	○	○	○	○	○
2	○	×	×	○	×
3	×	○	○	×	×
4	×	○	×	×	○
5	×	×	×	○	○

問題13 次の【事例】を読んで、【設問】に答えなさい。

【事例】

　5歳の男児。思い通りにならないとかんしゃくがひどく、他児とのトラブルを起こしがちで、言葉の遅れもありそうなことを心配した両親に連れられ、児童精神科を受診したところ、自閉スペクトラム症（ASD）と診断された。病院で施行された発達検査でIQは95で、結果には検査項目により大きな凸凹があったと説明された。

【設問】

　次のうち、この男児に関する記述として、適切な記述を○、不適切な記述を×とした場合の正しい組み合わせを一つ選びなさい。

A かんしゃくを起こさないように本人の思い通りにさせる。

B IQが95と正常域にあるので、特別な配慮は必要ない。

C かんしゃくに対しては本人に負けないような大きな声でその場で事情を説明する。

D 一日のスケジュールがわかるような絵を描いて説明する。

E 友達とトラブルが多いので、仲良くするように指導する。

（組み合わせ）

	A	B	C	D	E
1	○	○	○	○	○
2	○	○	○	×	×
3	×	×	×	○	○
4	×	×	×	○	×
5	×	×	×	×	×

問題14 次の【事例】を読んで、【設問】に答えなさい。

【事例】

　5歳の女児。3歳までの保健所の乳幼児健診では、発育発達の問題を指摘されたことはない。3歳から保育所に入所し、これまで保育中の日常の生活や友人関係に問題はなかった。5歳になった頃から保育所の遊具や玩具を「汚い」と言い、遊具や玩具に誰かが触れていないかと保育士に繰り返し確認したり、頻繁に手を洗ったりするようになった。明らかに不安で落ち着かない様子となり、友人とも遊ばなくなった。

【設問】

　次のうち、この女児に関する記述として、適切な記述を○、不適切な記述を×とした場合の正しい組み合わせを一つ選びなさい。

A 自閉スペクトラム症（ASD）を発症したと考えられる。

B 保育室の玩具を新しい物に交換することが望ましい。

C 手洗いや確認することは無意味であることを説明して、制止するように指導する。

（組み合わせ）

	A	B	C
1	○	○	×
2	○	×	○
3	×	○	×
4	×	×	○
5	×	×	×

問題15 次の【事例】を読んで、【設問】に答えなさい。

【事例】

　2歳児のS君は、保育所に入所してから40日目だが、児童相談所からネグレクトを受けている可能性があり、観察を求められている。保育所でのS君は、笑顔が全くなく、時として機嫌が悪そうに泣くが、保育士がなだめようとしても、無視をするか、押し返すなどの拒否的行動をした。

【設問】

　担当保育士による、S君に対する配慮として、適切な記述を○、不適切な記述を×とした場合の正しい組み合わせを一つ選びなさい。

A 母親が迎えに来た時のS君と母親の行動、様子をよく観察する。

B まだ入所40日であり、場所見知り・人見知りが強い可能性が高いため、S君の行動は特に注意してモニターする必要はない。

C S君に関する保育所での行動の特徴を、児童相談所にできるだけ早く報告する。

D できるだけ1人の保育士がS君の保育を行うように配慮する。

（組み合わせ）

	A	B	C	D
1	○	○	○	○
2	○	○	×	×
3	○	×	○	○
4	×	○	○	×
5	×	×	×	×

問題16 次のうち、保育所等での衛生管理に関する記述として、適切なものを○、不適切なものを×とした場合の正しい組み合わせを一つ選びなさい。

A 学校環境衛生基準によると教室の音は、窓を閉めている状態で等価騒音レベルがLAeq50dB以下であることが望ましいとされている。目安としては「普通に会話できる」状態である。

B 糞便や嘔吐で汚れたぬいぐるみ、布類は、汚れを落とし、0.02%（200ppm）の次亜塩素酸ナトリウム液に十分に浸し、水洗いする。

C 蚊の発生予防対策として、水が溜まるような空き容器や植木鉢の皿、廃棄物等を撤去するなど、蚊の幼虫（ボウフラ）が生息する水場をなくすようにする。

D 保育室内のドアノブや手すりの消毒は、0.02%（200ppm）の次亜塩素酸ナトリウムか、濃度70%〜80%の消毒用エタノールを状況に応じて使用する。

（組み合わせ）

	A	B	C	D
1	○	○	○	○
2	○	○	○	×
3	○	×	○	×
4	×	○	×	○
5	×	×	×	×

問題17 次のうち、保育所等における災害への備えに関する記述として、適切なものの組み合わせを一つ選びなさい。

A 施設の安全点検は、定期的に行う。

B 消防設備や火気使用設備は、消防署が行うため、保育所での点検は必要ない。

C 施設の出入り口や廊下、非常階段等の近くには物を置かない。

D 「児童福祉施設の設備及び運営に関する基準」（昭和23年厚生省令第63号）では、保育所に対し、特に消防計画の作成について述べていない。

（組み合わせ）

1	A	B
2	A	C
3	A	D
4	B	C
5	C	D

問題18 次のうち、心肺蘇生に関する記述として、適切なものを○、不適切なものを×とした場合の正しい組み合わせを一つ選びなさい。

A 胸骨圧迫50回に対して人工呼吸を2回行う。

B 布団の上では行わない。

C 呼吸が回復した場合は、AEDの電極パッドを外し、AEDの電源を切る。

D 小児用電極パッドがない時は、大人用電極パッドを、それが重ならないように使用する。

（組み合わせ）

	A	B	C	D
1	○	○	×	×
2	○	×	○	×
3	○	×	×	○
4	×	○	×	○
5	×	×	○	○

問題19 **2020（令和2）年1月に世界的な流行（パンデミック）が明らかとなった新型コロナウイルス（SARS-Cov-2）感染症（COVID-19）について、厚生労働省は「新型コロナウイルス感染症の"いま"についての10の知識（2020年10月時点）」を示している。保育者が自らの感染防止について留意しなければならない事柄の記述として、適切なものを○、不適切なものを×とした場合の正しい組み合わせを一つ選びなさい。**

A 大人数や長時間におよぶ飲食は、短時間の食事に比べて、感染リスクが高まる。

B マスクなしに近距離で会話をすることは、感染リスクが高まる。

C 狭い空間での共同生活は、長時間にわたり閉鎖空間が共有されるため、感染リスクが高まる。

D 仕事での休憩時間に入った時など、居場所が切り替わると、感染リスクが高まることがある。

（組み合わせ）

	A	B	C	D
1	○	○	○	○
2	○	○	×	×
3	○	×	×	○
4	×	○	○	×
5	×	×	○	×

問題20 **次のうち、慢性疾患のある子どもや医療的ケアを必要とする子どもを保育所等で受け入れる場合の、適切なものの組み合わせを一つ選びなさい。**

A 心臓の働きを強めたり、血圧を上げたり、気管・気管支など気管を拡張する作用のある「エピペン®」は保育所では使用してはならない。

B 保育所等において医療的ケア児の受け入れが推進されているが、医療的ケア児には歩ける子どもも重症心身障害児も含まれており、個別的配慮が必要である。

C 車いすで過ごす子どもが入所した時に段差解消スロープを設置することは、合理的配慮の一つである。

D 慢性疾患の子どもの薬を預かる時は、保護者に医師名、薬の種類、服用方法等を具体的に記載した与薬依頼票を持参させる。

E 認定特定行為業務従事者である保育士等が医療的ケアを行う場合には、事前に保護者に具体的な内容や留意点、準備すべきこと等について確認し、主治医には事後に報告する。

（組み合わせ）

1	A	B	C
2	A	C	E
3	A	D	E
4	B	C	D
5	B	C	E

子 ど も の 食 と 栄 養

問題1 次のうち、「平成27年度乳幼児栄養調査結果の概要」（厚生労働省）における「乳幼児の栄養方法や食事に関する状況」（回答者：0～2歳児の保護者）に関する記述として、不適切なものを一つ選びなさい。

1 離乳食の開始時期は、「4か月」と回答した者の割合が最も高かった。

2 授乳期の栄養方法は10年前に比べ、母乳栄養の割合が増加し、生後1か月では50％を超えていた。

3 妊娠中に「母乳で育てたい」と思った者の割合は90％を超えていた。

4 授乳について困ったこと（総数）では、「母乳が足りているかどうかわからない」と回答した者の割合が最も高かった。

5 離乳食について、約75％の保護者が何らかの困りごとを抱えていた。

問題2 次のうち、ミネラルに関する記述として、適切な記述を○、不適切な記述を×とした場合の正しい組み合わせを一つ選びなさい。

A マグネシウムの過剰症として、下痢があげられる。

B カリウムは、浸透圧の調節に関わり、野菜類に多く含まれる。

C ナトリウムの欠乏症として、胃がんがあげられる。

D カルシウムは、骨ごと食べられる小魚に多く含まれる。

E 鉄の過剰症として、貧血があげられる。

（組み合わせ）

	A	B	C	D	E
1	○	○	○	○	○
2	○	○	×	○	×
3	×	○	○	×	×
4	×	×	○	○	○
5	×	×	×	×	○

問題3 次のうち、脂質に関する記述として、適切な記述を○、不適切な記述を×とした場合の正しい組み合わせを一つ選びなさい。

A 脂質を構成する脂肪酸は、窒素を含む。

B エネルギー源として利用され、1gあたり9kcalを供給する。

C 魚油に多く含まれる多価不飽和脂肪酸は、動脈硬化と血栓を防ぐ作用がある。

D リノール酸は、飽和脂肪酸である。

（組み合わせ）

	A	B	C	D
1	○	○	○	×
2	○	○	×	○
3	○	×	×	○
4	×	○	○	×
5	×	×	○	○

問題4 次のうち、調理の基本に関する記述として、適切な記述を○、不適切な記述を×とした場合の正しい組み合わせを一つ選びなさい。

A 焼く、揚げる、炒めるなど水を利用しない加熱操作を湿式加熱という。

B 電子レンジ加熱は、紫外線により食品中の水分を振動させ、その摩擦によって加熱する方法である。

C 計量スプーンの小さじ1は、調味料の重量15gを量りとることができる。

D 手指に化膿している傷があると、化膿創に存在する細菌による食中毒を起こす可能性がある。

（組み合わせ）

	A	B	C	D
1	○	○	○	×
2	○	×	×	×
3	×	○	○	×
4	×	○	×	○
5	×	×	×	○

問題5 次の【Ⅰ群】の郷土料理と、【Ⅱ群】の都道府県を結びつけた場合の正しい組み合わせを一つ選びなさい。

【Ⅰ群】

A 深川めし

B せんべい汁

C ほうとう

D がめ煮

【Ⅱ群】

ア 山梨県

イ 福岡県

ウ 青森県

エ 東京都

（組み合わせ）

	A	B	C	D
1	ア	ウ	イ	エ
2	ア	エ	ウ	イ
3	ウ	ア	イ	エ
4	エ	イ	ア	ウ
5	エ	ウ	ア	イ

問題6 次のうち、乳児用調製乳に関する記述として、適切な記述の組み合わせを一つ選びなさい。

A 「特定保健用食品」とは、乳児、幼児、妊産婦、病者等を対象に、発育、健康の保持・回復等の特別の用途に適する旨を表示して販売されるものであり、乳児用調製乳は「特定保健用食品」に位置づけられている。

B 乳児用調製液状乳（液体ミルク）は、未開封であれば常温保存が可能である。

C 無乳糖乳は、乳児用調製粉乳から乳糖を除去し、ガラクトースにおきかえた育児用粉乳である。

D 「授乳・離乳の支援ガイド」（2019年：厚生労働省）では、「フォローアップミルクは母乳代替食品ではなく、離乳が順調に進んでいる場合は、摂取する必要はない」としている。

（組み合わせ）

1　A　B
2　A　D
3　B　C
4　B　D
5　C　D

問題7　次の文は、「授乳・離乳の支援ガイド」（2019年：厚生労働省）の離乳の支援に関する記述である。（　A　）～（　D　）にあてはまる語句の正しい組み合わせを一つ選びなさい。

・離乳後期は、（　A　）固さのものを与える。離乳食は1日（　B　）回にし、食欲に応じて、離乳食の量を増やす。食べているときの口唇は、（　C　）の動きとなる。

・蜂蜜は、乳児ボツリヌス症を引き起こすリスクがあるため、（　D　）を過ぎるまでは与えない。

（組み合わせ）

	A	B	C	D
1	舌でつぶせる	2	左右対称	1歳
2	舌でつぶせる	3	左右非対称	2歳
3	歯ぐきでつぶせる	2	左右対称	2歳
4	歯ぐきでつぶせる	3	左右非対称	1歳
5	歯ぐきで噛める	3	左右対称	1歳

問題8　次のうち、幼児期の間食に関する記述として、適切な記述を○、不適切な記述を×とした場合の正しい組み合わせを一つ選びなさい。

A　食事とは別のものと考え、市販のお菓子や甘い飲み物を与える。

B　幼児の生活に休息を与え、気分転換の場となる役割を果たす。

C　1日の摂取エネルギーの40％程度を、1日1回与える。

D　むし歯予防のためにも時間を決めて、規則的に与える。

（組み合わせ）

	A	B	C	D
1	○	○	○	×
2	○	×	○	○
3	×	○	○	×
4	×	○	×	○
5	×	○	×	×

問題9　次の文は、食物繊維に関する記述である。（　A　）～（　C　）にあてはまる語句を【語群】から選択した場合の正しい組み合わせを一つ選びなさい。

　食物繊維は、ヒトの消化酵素で消化（　A　）成分である。食物繊維は水溶性食物繊維と（　B　）食物繊維に分類される。「日本人の食事摂取基準（2020年版）」（厚生労働省）において、食物繊維は3歳以上で（　C　）が示されている。

【語群】

ア されやすい	イ されにくい	ウ 不溶性	エ 脂溶性
オ 目標量	カ 目安量		

（組み合わせ）

	A	B	C
1	ア	ウ	オ
2	ア	エ	カ
3	イ	ウ	オ
4	イ	ウ	カ
5	イ	エ	カ

問題10 次のうち、生涯発達における食生活に関する記述として、適切なものの組み合わせを一つ選びなさい。

A 成人では、腹囲とBMIで内臓脂肪蓄積の有無を判定し、それに加え、脂質異常、高血圧、高血糖の有無を調べて3項目のうち2項目以上該当した場合に、メタボリックシンドロームと判定する。

B 高齢期における過剰栄養は身体機能低下を誘導し、フレイル（虚弱）を引き起こす。

C 「令和元年国民健康・栄養調査結果の概要」（厚生労働省）によると、20歳以上の者における食塩摂取量の平均値は、減少傾向にあるものの、男女ともに食事摂取基準の目標量を超えて摂取している。

D 「令和元年国民健康・栄養調査結果の概要」（厚生労働省）によると、20歳以上の者における野菜摂取量の平均値は、男女とも20～40歳代が高く、「健康日本21（第二次）」（厚生労働省）の目標値350gを超えている。

（組み合わせ）

1	A	B
2	A	C
3	B	C
4	B	D
5	C	D

問題11 次の文は、「妊娠前からはじめる妊産婦のための食生活指針～妊娠前から、健康なからだづくりを～解説要領」（令和3年：厚生労働省）の一部である。（　A　）～（　C　）にあてはまる語句の正しい組み合わせを一つ選びなさい。

・不足しがちな（　A　）を、「副菜」でたっぷりと

・鉄や（　B　）を多く含む食品を組み合わせて摂取に努める必要があります。

・（　B　）は、胎児の先天異常である（　C　）の予防のため、妊娠前から充分に摂取していることが大切です。

（組み合わせ）

	A	B	C
1	ビタミン・ミネラル	葉酸	神経管閉鎖障害
2	ビタミン・ミネラル	カルシウム	神経管閉鎖障害
3	ビタミン	葉酸	貧血
4	ミネラル	カルシウム	骨粗しょう症
5	ビタミン	カルシウム	貧血

469

問題12 次のうち、「楽しく食べる子どもに～保育所における食育に関する指針～」（平成16年：厚生労働省）に記載されている３歳以上児の食育のねらい及び内容の組み合わせとして、正しいものを一つ選びなさい。

	＜ねらい＞	＜内容＞
1	食と人間関係 ———	自分たちで育てた野菜を食べる。
2	食と文化 ———	食材の色、形、香りなどに興味を持つ。
3	食と健康 ———	保育所生活における食事の仕方を知り、自分たちで場を整える。
4	いのちの育ちと食 ——	同じ料理を食べたり、分け合って食事することを喜ぶ。
5	料理と食 ———	食事にあった食具（スプーンや箸など）の使い方を身につける。

問題13 次の文は、「保育所保育指針」第３章「健康及び安全」の２「食育の推進」の一部である。（　Ａ　）～（　Ｄ　）にあてはまる語句の正しい組み合わせを一つ選びなさい。

体調不良、（　Ａ　）、障害のある子どもなど、一人一人の子どもの（　Ｂ　）の状態等に応じ、嘱託医、（　Ｃ　）等の指示や協力の下に適切に対応すること。（　Ｄ　）が配置されている場合は、専門性を生かした対応を図ること。

（組み合わせ）

	A	B	C	D
1	食物アレルギー	心身	かかりつけ医	栄養士
2	食物アレルギー	精神	看護師	栄養士
3	摂食障害	心身	かかりつけ医	保健師
4	摂食障害	心身	看護師	保健師
5	肥満	精神	栄養士	保健師

問題14 次のうち、緑黄色野菜に関する記述として、適切な記述を一つ選びなさい。

1 プロビタミンＤともいわれるカロテンは、緑黄色野菜に多く含まれる。

2 「日本食品標準成分表2020年版（八訂）」（文部科学省）において、トマト、ほうれん草、きゅうり、かぼちゃは緑黄色野菜である。

3 「日本食品標準成分表2020年版（八訂）」（文部科学省）において、大根は白い根の部分が緑黄色野菜、葉がその他の野菜類に分類される。

4 「令和元年国民健康・栄養調査結果の概要」（厚生労働省）によると、20歳以上の全ての年代において男女ともに、１日の野菜摂取量の平均値は緑黄色野菜がその他の野菜類より多い。

5 「６つの基礎食品群」において、緑黄色野菜は第３群に分類されている。

問題15 次のうち、「食品による子どもの窒息・誤嚥事故に注意！」（令和３年１月：消費者庁）の窒息・誤嚥事故防止に関する記述として、適切な記述を○、不適切な記述を×とした場合の正しい組み合わせを一つ選びなさい。

A 豆やナッツ類など、硬くてかみ砕く必要のある食品は５歳以下の子どもには食べさせない。

B 乳幼児に豆やナッツ類を与える場合は、小さく砕いて与える。

C ミニトマトやブドウ等の球状の食品を乳幼児に与える場合は、４等分する、調理して軟らかくするなどして、よく噛んで食べさせる。

D 食べているときは、姿勢をよくし、食べることに集中させる。

E 節分の豆まきは個包装されたものを使用するなど工夫して行い、子どもが拾って口に入れないように、後片付けを徹底する。

（組み合わせ）

	A	B	C	D	E
1	○	○	○	○	○
2	○	×	○	○	○
3	×	○	○	○	○
4	×	○	○	○	×
5	×	×	×	×	○

問題16 次の文は、食物アレルギーに関する記述である。（　A　）～（　C　）にあてはまる語句を【語群】から選択した場合の正しい組み合わせを一つ選びなさい。

・鶏卵アレルギーは（　A　）のアレルゲンが主原因であり、オボムコイド以外は加熱や調理条件によってアレルゲン性は（　B　）。

・牛乳アレルギーの場合、飲用乳の代替には、豆乳を用いることができるが、豆乳は牛乳と比較して、（　C　）含有量が少ないことに留意する。

【語群】

ア　卵黄	イ　卵白	ウ　低下する	エ　上昇する	オ　変化しない
カ　カリウム	キ　カルシウム	ク　鉄		

（組み合わせ）

	A	B	C
1	ア	ウ	カ
2	ア	オ	ク
3	イ	ウ	キ
4	イ	エ	キ
5	イ	オ	ク

問題17 次のうち、「保育所におけるアレルギー対応ガイドライン」（2019年：厚生労働省）における食物アレルギーに関する記述として、適切な記述を○、不適切な記述を×とした場合の正しい組み合わせを一つ選びなさい。

A 離乳開始前の子どもが入園し、食物アレルギー未発症、食物未摂取という場合も多くあるため、保育所で初めて食べる食物がないように保護者と十分に連携する。

B 保育所における食物アレルギー対応の基本は、子どもが安全に保育所生活を送るという観点から、原因食品の「完全除去」か「解除」の両極で対応を進めるべきである。

C 除去していた食品を解除する際には、保護者からの口頭での申し出でよい。

D 原因物質を食べるだけでなく、吸い込むことや触れることも食物アレルギー発症の原因となるため、食事以外での食材を使用する時（小麦粉粘土等を使った遊び、豆まきなど）は、それぞれの子どもに応じた配慮が必要である。

（組み合わせ）

	A	B	C	D
1	○	○	○	×
2	○	○	×	○
3	○	×	×	○
4	×	○	×	○
5	×	×	○	×

問題18 次のうち、体調不良の子どもの食事に関する記述として、適切な記述を○、不適切な記述を×とした場合の正しい組み合わせを一つ選びなさい。

A 消化のよい豆腐や白身魚などを与える。

B 水分補給には、白湯、ほうじ茶や、小児用電解質液等を用いる。

C 油を使った料理は控えるようにする。

D 味つけは薄味とする。

（組み合わせ）

	A	B	C	D
1	○	○	○	○
2	○	○	×	○
3	○	×	○	○
4	×	○	×	○
5	×	×	○	×

問題19 次のうち、「授乳・離乳の支援ガイド」（2019年：厚生労働省）に示されている離乳に関する記述として、適切な記述を○、不適切な記述を×とした場合の正しい組み合わせを一つ選びなさい。

A 離乳を開始したら、母乳や育児用ミルクは与えない。

B 生後7～8か月頃からは、舌でつぶせる固さのものを与える。

C 離乳完了期には、手づかみ食べにより、自分で食べる楽しみを増やしていく。

D 離乳が進むにつれて、卵は卵白から全卵に進めていく。

（組み合わせ）

	A	B	C	D
1	○	○	×	○
2	○	×	○	○
3	○	×	×	×
4	×	○	○	○
5	×	○	○	×

問題20 次のうち、学童期・思春期の心身の発達と食生活に関する記述として、適切な記述を○、不適切な記述を×とした場合の正しい組み合わせを一つ選びなさい。

A ローレル指数は、学童期の体格を評価するのに用いられることがある。

B 思春期の過度な食事制限により、カルシウムの摂取不足が起こると、将来の骨粗しょう症の原因となる場合がある。

C 「日本人の食事摂取基準（2020年版）」（厚生労働省）では、推定エネルギー必要量は、成長期では男女ともに15～17歳が最大である。

D 「日本人の食事摂取基準（2020年版）」（厚生労働省）では、学童期の年齢区分は、6～7歳、8～9歳、10～11歳の3区分である。

（組み合わせ）

	A	B	C	D
1	○	○	○	×
2	○	○	×	○
3	×	○	○	×
4	×	×	○	○
5	×	×	○	×

保育実習理論

問題1 次の曲の伴奏部分として、A～Dにあてはまるものの正しい組み合わせを一つ選びなさい。

（組み合わせ）

	A	B	C	D
1	ア	ウ	エ	イ
2	イ	ア	ウ	イ
3	ウ	イ	エ	ア
4	エ	イ	ア	エ
5	エ	ウ	ア	ウ

問題2 次のA～Dを意味する音楽用語を【語群】から選択した場合の正しい組み合わせを一つ選びなさい。

A とても強く
B 速く
C 急に
D だんだん速く

【語群】

ア allargando	イ subito	ウ accelerando	エ accent
オ crescendo	カ ff	キ a tempo	ク allegro

（組み合わせ）

	A	B	C	D
1	ウ	エ	イ	キ
2	ウ	オ	キ	ア
3	オ	エ	カ	ク
4	カ	ウ	ア	エ
5	カ	ク	イ	ウ

問題3　次の楽譜からメジャーコードを抽出した正しい組み合わせを一つ選びなさい。

（組み合わせ）
1　①　②　⑤
2　①　③　⑥
3　②　④　⑤
4　②　⑤　⑥
5　③　④　⑥

問題4　次の曲を4歳児クラスで歌ってみたところ、最低音が歌いにくそうであった。そこで完全4度上げて歌うことにした。その場合、下記のコード（G、D₇、C）は何のコードに変えたらよいか。正しい組み合わせを一つ選びなさい。

（組み合わせ）

	G	D₇	C
1	D	G₇	A
2	D	A₇	G
3	C	F₇	A
4	C	G₇	F
5	A	E₇	D

問題5　次のリズム譜は、「ぞうさん」（作詞：まど・みちお、作曲：團伊玖磨）の歌いはじめの2小節である。続く2小節　A　のリズムを次の1〜5より一つ選びなさい。

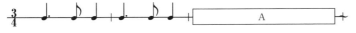

問題６ 次の曲は、本居長世作曲「七つの子」の冒頭の４小節である。これに関するＡ～Ｄのうち、適切な記述を○、不適切な記述を×とした場合の正しい組み合わせを一つ選びなさい。

A この曲は３拍子である。
B この曲の作詞者は、野口雨情である。
C 上記のアとイの音程は、長３度である。
D この曲の調性は、イ長調である。

（組み合わせ）
	A	B	C	D
1	○	○	×	×
2	○	×	○	○
3	×	○	×	○
4	×	○	×	×
5	×	×	○	×

問題７ 次の文は、「保育所保育指針」第１章「総則」４「幼児教育を行う施設として共有すべき事項」（２）「幼児期の終わりまでに育ってほしい姿」コ「豊かな感性と表現」の一部である。（　Ａ　）～（　Ｄ　）にあてはまる語句の正しい組み合わせを一つ選びなさい。

（　Ａ　）出来事などに触れ感性を働かせる中で、様々な（　Ｂ　）の特徴や表現の仕方などに気付き、（　Ｃ　）や考えたことを自分で表現したり、友達同士で表現する過程を楽しんだりし、表現する（　Ｄ　）を味わい、意欲をもつようになる。

（組み合わせ）
	A	B	C	D
1	身近な	事象	想像したこと	感動
2	心を動かす	素材	想像したこと	感動
3	身近な	事象	感じたこと	感動
4	心を動かす	素材	感じたこと	喜び
5	身近な	事象	感じたこと	喜び

問題８ 次のＡ～Ｄは、様々な混色の事例を示している。事例の説明として、適切な記述を○、不適切な記述を×とした場合の正しい組み合わせを一つ選びなさい。

A 舞台で使用する白いスクリーン上に、スポットライトの「赤」と「緑」と「青」を重ねると、色合いがなくなった。
B 近くで見ると「赤」と「青」の糸で織られた緞帳（どんちょう）が、遠くで見たとき「緑」に見えた。
C 絵の具の「赤」と「緑」を混ぜ合わせると、明るい「黄」になった。
D 絵の具の三原色を混ぜ合わせると、濁った暗い色になった。

（組み合わせ）
	A	B	C	D
1	○	○	○	○
2	○	○	○	×
3	○	×	×	○
4	○	×	×	×
5	×	○	○	○

問題9 次の【事例】を読んで、【設問】に答えなさい。

【事例】
　F君（5歳、男児）は、「はじき絵」（バチック）の技法でヒマワリを描こうとしています。最初に黄色のクレヨンで花弁を描き、茶色のクレヨンで中央の部分を描きました。その上から水色の水彩絵の具を塗りましたが、クレヨンで描いたところがほとんどはじかず、F君がもう一枚「はじき絵」の技法で描きたいと言いました。

【設問】
　次のうち、クレヨンで描いたところがきちんとはじくためのアドバイスとして、適切な記述を○、不適切な記述を×とした場合の正しい組み合わせを一つ選びなさい。

A　力を入れてクレヨンを濃く塗る。

B　クレヨンをもっと薄く塗る。

C　多めの水で薄めた水彩絵の具を塗る。

D　水を入れずに濃い水彩絵の具を塗る。

（組み合わせ）

	A	B	C	D
1	○	○	○	○
2	○	○	×	○
3	○	×	○	×
4	×	○	×	×
5	×	×	○	×

問題10 次の文は、子どもたちが遊びや工作などで使う粘土の説明である。（　A　）〜（　D　）にあてはまる語句の正しい組み合わせを一つ選びなさい。

　粘土には土粘土、油粘土、小麦粉粘土などのほかに紙粘土がある。紙粘土は紙の主な原料である（　A　）に、（　B　）等を混ぜて作られ、乾燥すると軽く硬くなる。このほかに、微小中空球樹脂というプラスチック製の非常に細かな粉を混ぜた（　C　）粘土もあり、（　D　）、絵の具を練りこんだ着色も容易なため、子どもたちのごっこ遊びの道具作りや、自由な造形に適している。

（組み合わせ）

	A	B	C	D
1	でんぷん粉	のり	軽い	伸びやすく
2	かたくり粉	サラダ油	重い	伸びにくく
3	パルプ	のり	軽い	伸びやすく
4	かたくり粉	洗剤	重い	伸びにくく
5	パルプ	サラダ油	軽い	伸びやすく

問題11 次の文は、5歳児クラスの保育に関する記述である。（　A　）〜（　C　）にあてはまる語句の適切な組み合わせを一つ選びなさい。

　クラスの中で、広告紙を端から（　A　）棒状のものを作る遊びを楽しんでいる姿がみられた。そこで保育士は、画用紙に描いた絵を切り抜いて棒に固定した（　B　）を用いた遊びへと発展を促した。すると、これまで広告紙という（　C　）から棒を作る経験がなかった子どもも、棒作りに挑戦し、作り方を教え合う姿がみられたので、子どもたちとともに表現活動に取り組んだところ、お話を演じて（　B　）の表現を体験する機会となった。

（組み合わせ）

	A	B	C
1	丸めて	パネルシアター	原料
2	ちぎって	ペープサート	基材
3	ちぎって	パネルシアター	素材
4	丸めて	ペープサート	素材
5	ちぎって	パネルシアター	原料

問題12 次の文は、郷土玩具に関する記述である。（　A　）～（　C　）にあてはまる語句の正しい組み合わせを一つ選びなさい。

　郷土玩具である「赤べこ」は（　A　）技法によって制作されており、（　B　）を用いた仕組みで首が動くようになっている。（　A　）は保育現場でも実践できる造形技法であり、型になるものと（　C　）があれば（　A　）の制作やその技法を応用した表現を楽しむことができる。

（組み合わせ）

	A	B	C
1	木彫り	ゴムの引っ張り	木と絵の具
2	張り子	つり合い	紙と糊
3	切り紙	空気の圧力	紙と糊
4	木彫り	つり合い	紙と糊
5	張り子	ゴムの引っ張り	木と絵の具

問題13 次の文は、「保育所保育指針」第1章「総則」（3）「指導計画の展開」の一部である。（　A　）～（　C　）にあてはまる語句の正しい組み合わせを一つ選びなさい。

・施設長、保育士など、（　A　）職員による適切な役割分担と協力体制を整えること。

・保育士等は、子どもの実態や子どもを取り巻く状況の変化などに即して保育の過程を（　B　）するとともに、これらを踏まえ、指導計画に基づく保育の内容の見直しを行い、（　C　）を図ること。

（組み合わせ）

	A	B	C
1	全	可視化	改善
2	特定の	記録	再評価
3	全	可視化	再評価
4	特定の	可視化	再評価
5	全	記録	改善

問題14 次の【事例】を読んで、【設問】に答えなさい。

【事例】

　S保育所では、4歳児クラスと5歳児クラスの交流を目的に、地域にある動物園へ遠足に行くことを予定している。遠足に行くにあたって、保育士等が事前の打ち合わせを行った。

【設問】

　次のうち、遠足を行う際の準備として、適切なものを○、不適切なものを×とした場合の正しい組み合わせを一つ選びなさい。

A　動物園のホームページなどを調べ、事前に実地の下見を行うメンバーを決める。

B　動物園の園内で、4歳児クラスと5歳児クラスの子どもたちがともに楽しめる活動を計画する。

C　引率する保育士や職員のみではなく、保育所に残る保育士や職員に遠足の目的や行程を知らせる。

D 引率する保育士や職員のみではなく、保護者に遠足の目的や行程を知らせる。

（組み合わせ）

	A	B	C	D
1	○	○	○	○
2	○	○	×	×
3	○	×	○	○
4	×	○	○	×
5	×	×	×	○

問題15　次の【事例】を読んで、【設問】に答えなさい。

【事例】

　大学生のMさんは、保育所実習を行う準備を進めている。Mさんは、まず保育所実習で学ぶべきことの要点をノートに整理しておくことで、実習をする目標が明確になると考えた。

【設問】

　次のうち、Mさんが実習で学ぶべきことをまとめた内容として、適切なものを○、不適切なものを×とした場合の正しい組み合わせを一つ選びなさい。

A 保育所の役割や機能を具体的に理解する。

B 観察や子どもとの関わりを通して子どもへの理解を深める。

C 学んできた保育に関わる科目の内容を踏まえ、子どもの保育及び保護者への支援について総合的に理解する。

D 保育の計画・観察・記録及び自己評価等について主観的に理解する。

（組み合わせ）

	A	B	C	D
1	○	○	○	○
2	○	○	○	×
3	○	×	×	○
4	×	○	×	×
5	×	×	○	×

問題16　次のうち、「保育所保育指針」に関する記述として、適切なものを○、不適切なものを×とした場合の正しい組み合わせを一つ選びなさい。

A 「教育課程」という用語の記載はない。

B 「カリキュラム・マネジメント」という用語の記載はない。

C 「保育教諭」という用語の記載はない。

（組み合わせ）

	A	B	C
1	○	○	○
2	○	○	×
3	○	×	×
4	×	○	○
5	×	×	×

問題17 次の【事例】を読んで、【設問】に答えなさい。

【事例】

　H保育所の保育士として、4月に2年目となるP保育士は、保育士としての専門性を高め、生涯にわたって成長し、保育士として働き続けたいと考えている。

【設問】

　次のうち、P保育士の行動として、適切なものを○、不適切なものを×とした場合の正しい組み合わせを一つ選びなさい。

A 日々の保育の内容や実践の方法について振り返る。

B 自分自身のキャリアを考え、自らの職位や職務に合った能力を身につけるための研修を受ける。

C 保育士と看護師、調理員、栄養士等は、それぞれ異なる専門性をもっているので、職務内容には関与せず、個別に保育の質の向上に取り組む。

（組み合わせ）

	A	B	C
1	○	○	×
2	○	×	×
3	×	○	○
4	×	○	×
5	×	×	○

問題18 次の【事例】を読んで、【設問】に答えなさい。

【事例】

　K保育士は、5歳児クラスを担当している。「保育所保育指針」を読み返していたところ、第2章「保育の内容」3「3歳以上児の保育に関するねらい及び内容」エ「言葉」には「子どもが生活の中で、言葉の響きやリズム、新しい言葉や表現などに触れ、これらを使う楽しさを味わえるようにすること。その際、絵本や物語に親しんだり、言葉遊びなどをしたりすることを通して、言葉が豊かになるようにすること。」という記載があった。そこで、クラスの子どもと一緒に「回文」を探して、言葉遊びを楽しむことにした。

【設問】

　次の言葉遊びのうち、「回文」の例として、正しいものを一つ選びなさい。

1　イチゴ　ゴリラ　ラッパ　パイナップル　…
2　さよなら　さんかく　また　きて　しかく
3　なまむぎ　なまごめ　なまたまご
4　たけやぶやけた
5　ちゅう　ちゅう　たこかいな

問題19 次の【事例】を読んで、【設問】に答えなさい。

【事例】

　児童養護施設での実習初日を終えたSさん（大学生、女性）は、その日の振り返りで施設の実習担当保育士に次の内容を話した。Tさん（16歳、女児）が帰宅した際に、Sさんと目が合ったものの、無視する様子がみられたので、Sさんは挨拶をせず、その後も自分から話しかけることはなかった。保育士がその理由を聞くと、Sさんは、「Tさんがあからさまに私と距離をとろうとしていたので、話しかけられたくないのだと判断しました」と答えた。

【設問】

　次のうち、実習担当保育士の実習生への対応として、適切な記述を○、不適切な記述を×とした場合の正しい組み合わせを一つ選びなさい。

A　「Ｔさんは本当に無視したのかな？」と、Ｓさん自身の解釈を振り返るように促す。

B　「あなたはＴさんの気持ちを尊重したのね」と、ＳさんがＴさんに話しかけなかったことを評価する。

C　「あなたがその時に『はじめまして、実習生のＳです』と自己紹介したら、Ｔさんはどう感じたかな？」と、Ｔさんへの理解を深めるための質問をする。

（組み合わせ）

	A	B	C
1	○	○	×
2	○	×	○
3	×	○	○
4	×	○	×
5	×	×	○

問題20　次の【事例】を読んで、【設問】に答えなさい。

【事例】

　Ｑさん（14歳、女児）は10歳の時に両親からのネグレクトを理由に児童相談所に保護され、里親委託となった。４年間、Ｐさん（50代、女性）が養育里親として養育している。Ｐさんは、Ｑさんとの信頼関係が十分に形成されていると考えていたが、最近、Ｐさんに対して「どうせ親じゃないんだから、ほっといて」といった発言など、反抗的な態度を示すことが多い。また、無断外泊などを行うようになっている。Ｐさんは、Ｑさんの養育に自信をなくしている。Ｐさんの夫はＰさんに対して「そんなに大変ならやめればいい」と伝えた。Ｐさんは困り果てて、担当の里親支援専門相談員に相談した。

【設問】

　次のうち、里親支援専門相談員の対応として、最も適切な記述の組み合わせを一つ選びなさい。

A　Ｑさんの素行の悪さを理由に、委託解除を検討する。

B　Ｑさんが何らかの葛藤や困難を抱えていると考え、Ｑさん本人から話を聞く。

C　Ｐさん夫妻がＱさんの状況をどのようにとらえているのか考えを夫婦で共有してもらうとともに、協力して養育に取り組むよう促す。

D　Ｐさんには里親としての能力がないと判断し、研修の受講を提案する。

（組み合わせ）

1　A　B
2　A　C
3　B　C
4　B　D
5　C　D

保育士試験

2022（令和4）年 前期
〈正答・解説〉

科目	問題番号	正答番号
① 保育の心理学	問題 1	3
	問題 2	3
	問題 3	3
	問題 4	1
	問題 5	2
	問題 6	2
	問題 7	2
	問題 8	1
	問題 9	5
	問題 10	3
	問題 11	4
	問題 12	2
	問題 13	5
	問題 14	5
	問題 15	4
	問題 16	4
	問題 17	4
	問題 18	5
	問題 19	4
	問題 20	2
② 保育原理	問題 1	3
	問題 2	2
	問題 3	3
	問題 4	5
	問題 5	3

科目	問題番号	正答番号
② 保育原理	問題 6	3
	問題 7	1
	問題 8	1
	問題 9	5
	問題 10	3
	問題 11	1
	問題 12	4
	問題 13	2
	問題 14	1
	問題 15	3
	問題 16	5
	問題 17	4
	問題 18	4
	問題 19	2
	問題 20	4
③ 子ども家庭福祉	問題 1	4
	問題 2	2
	問題 3	5
	問題 4	1
	問題 5	5
	問題 6	3
	問題 7	4
	問題 8	3
	問題 9	1
	問題 10	2

科目	問題番号	正答番号
③ 子ども家庭福祉	問題 11	2
	問題 12	1
	問題 13	5
	問題 14	5
	問題 15	3
	問題 16	3
	問題 17	4
	問題 18	3
	問題 19	3
	問題 20	4
④ 社会福祉	問題 1	4
	問題 2	5
	問題 3	3
	問題 4	3
	問題 5	1
	問題 6	4
	問題 7	3
	問題 8	2
	問題 9	3
	問題 10	3
	問題 11	4
	問題 12	3
	問題 13	5
	問題 14	1
	問題 15	5

科目	問題番号	正答番号
④ 社会福祉	問題 16	2
	問題 17	2
	問題 18	4
	問題 19	1
	問題 20	5
⑤ 教育原理	問題 1	4
	問題 2	3
	問題 3	4
	問題 4	4
	問題 5	3
	問題 6	4
	問題 7	5
	問題 8	2
	問題 9	4
	問題 10	5
⑥ 社会的養護	問題 1	1
	問題 2	3
	問題 3	1
	問題 4	3
	問題 5	4
	問題 6	4
	問題 7	2
	問題 8	5
	問題 9	2
	問題 10	3
⑦ 子どもの保健	問題 1	4
	問題 2	2
	問題 3	1
	問題 4	4
	問題 5	3

科目	問題番号	正答番号
⑦ 子どもの保健	問題 6	3
	問題 7	3
	問題 8	3
	問題 9	4
	問題 10	3
	問題 11	3
	問題 12	2
	問題 13	4
	問題 14	5
	問題 15	3
	問題 16	1
	問題 17	2
	問題 18	4
	問題 19	1
	問題 20	4
⑧ 子どもの食と栄養	問題 1	1
	問題 2	2
	問題 3	4
	問題 4	5
	問題 5	5
	問題 6	4
	問題 7	4
	問題 8	4
	問題 9	3
	問題 10	2
	問題 11	1
	問題 12	3
	問題 13	1
	問題 14	5
	問題 15	2

科目	問題番号	正答番号
⑧ 子どもの食と栄養	問題 16	3
	問題 17	2
	問題 18	1
	問題 19	5
	問題 20	2
⑨ 保育実習理論	問題 1	5
	問題 2	5
	問題 3	4
	問題 4	4
	問題 5	5
	問題 6	4
	問題 7	4
	問題 8	3
	問題 9	3
	問題 10	3
	問題 11	4
	問題 12	2
	問題 13	5
	問題 14	1
	問題 15	2
	問題 16	1
	問題 17	1
	問題 18	4
	問題 19	2
	問題 20	3

保育の心理学

問題1 　　正答 3

A イ 道徳性の発達理論を唱えたのはコールバーグである。コールバーグの道徳性の発達段階では、子どもの道徳的判断は、前慣習的段階から慣習的段階、脱慣習的段階へと移行するとした。

B ア 向社会的行動の判断の理由づけについて研究したのはアイゼンバーグである。向社会的行動の判断の発達段階では、快楽主義的で実際的な傾向から共感的志向を経て強く内面化された段階へ移行するとした。

C ウ ピアジェは、規則や罰、権威、道徳的な罪、非行、平等、人々の間の相互性についての物語を子どもに話して聞かせ、子どもの道徳性の発達過程を明らかにした。6〜7歳までの子どもは結果論的道徳判断をし、9歳頃になると動機論的道徳判断をするようになる。

問題2 　　正答 3

A ○ ギブソンは、知覚システム論において、人間が運動するためには知覚が必要であり、知覚するためには運動が必要であると述べた。

B × 運動発達の方向性は、頭部から脚部へ、身体の中枢部から末梢部へ、粗大運動から微細運動へと発達する。

C × 物をつかむ運動の発達は外側（小指の側）から手の内側（親指の側）に向かって進む。そのため4か月くらいで小指と掌で物をつかむようになり、その後、8か月以降に親指と人差し指で物をつかむようになる。

D ○ 個人差があるが、5〜6か月ごろに寝返りができるようになると、乳児の視野が広がり、探索活動が活発になる。

問題3 　　正答 3

A × 「太いコップに入っていた水を細長いコップに入れ替えて水位が前より高くなった様子を見せる」というピアジェの課題では、前操作期の子どもは見かけにとらわれて細長いコップの方が多いと答える。これは保存性の未発達によるものである。

B ○ 水や風のような無生物にも生命があり、精神や意識を持つという考えはアニミズムであり、前操作期の子どもの思考の特徴の一つである。

C ○ 前操作期の子どもは積み木を車に見立てて走らせて遊ぶなど、表象（頭の中のイメージ）を用いた遊びが多くみられる。

D × 前操作期の子どもは、目の前にあるおもちゃに布をかけて見えなくなっても、その存在自体が消滅したわけではないという対象の永続性の理解ができている。

問題4 　　正答 1

A ウ リテラシーとは、読み書き能力や識字力のことをさす。萌芽的リテラシーとは読み書きができるようになる前の子どもが遊びの中で読み書きができるようになる準備段階の様々な活動のことをいう。

B エ 音韻意識とは、言葉の連続音を文字コードの単位に分割し、対応させる意識である。例えば、「くるま」は、「く」「る」「ま」という3つの音でできているということがわかることである。

C イ 音韻意識は、しりとり、なぞなぞ、反対ことば、逆さま読みなどのことば遊びを経験することで促進される。このようなことば遊びが見られるようになるのは4歳児ころからである。

D ア 日本語の平仮名のそれぞれの文字は音節に対応している。例えば、「あ」という平仮名は、アという音に対応していることがわかってくると他の文字も読めるようになってくる。

問題5 　　正答 2

A ワイナー ワイナーは、学業達成場面における達成欲求（動機）と原因帰属との関係を分析した。

B 安定性 ワイナーは、原因帰属について、統制の位置と安定性の2次元から説明し、統制（内的統制・外的統制）と安定性（安定・不安定）の組み合わせによって4タイプに分類した。

C 努力 一般的に、努力不足に失敗の原因を帰属させれば達成欲求を高められると考えられている。

D セリグマン　セリグマンは、回避不可能な状況でイヌに電気ショックを与えると無気力状態に陥るという実験から、このような無気力状態を学習性無力感と呼んだ。

問題6　正答 2

A ○　「イヌ」という言葉を知らない子どもが「ワンワン」と言ったときに、「そうね、イヌがいるね」と周囲の大人が正しい言葉のモデルを示すことによって子どもの言葉の発達を促すことができる。

B ✕　幼児期の終わりまでに育ってほしい10の姿の中にも「数量や図形、標識や文字などへの関心・感覚」があるように、数の認識が育っていない段階では、計算問題に取り組ませるのではなく、まずは数に対する興味や関心を促すような関わりを行う。保育士は、遊びの中で数を数える経験を楽しめるように支えていくことが大切である。

C ✕　子どもが自分で衣類の着脱をしようとしているのは自立心の表れである。保育士は子どもが自分でできるよう見守りながら必要に応じて援助する。

D ○　子どもがおもちゃを貸してほしいことを他児に伝えられないときには、保育士は他児との間を仲介する。そして、必要に応じて、その子どもの気持ちを代弁する。

問題7　正答 2

A ア　目標を達成するために、自分の遂行している認知過程の状態や方略（達成確率を高めるための意識的な工夫）を評価して、行動の調節や統制を行う過程をモニタリングという。

B エ　モニタリングに伴う感覚・感情、評価や行動の調節に使用するために認識された知識を総称してメタ認知という。

C ク　メタ認知の発達は、幼児期後半頃から始まり、次第に自分の思考を振り返ることが可能となる。

D ウ　メタ認知のような自分の思考を振り返る力は学校教育における学習で求められるようになり、自分で新しい知識を学ぶことが楽しくて勉強するといった内発的動機づけに結びつく。

問題8　正答 1

A ア　発達加速現象には、ふたつの側面があり、身長や体重などの量的側面が加速する現象を成長加速現象、初潮や精通などの第二次性徴の発現が低年齢化する現象を成熟前傾現象という。

B イ　思春期は、小学校高学年の発達の特徴の一つであり、家族からの精神的分離や自立を示す心理的分離が見られる。

C ク　思春期の心理的分離の過程において、周囲の大人や社会に対して反抗的な行動が現れることがあり、幼児期の反抗期の次に起こるという意味で第二次反抗期と呼ばれる。

D カ　第二次反抗期が現れる理由の一つには、養育者など周囲の大人からの自立と依存という気持ちが共存することがあげられる。

問題9　正答 5

a キ　人が生きていくことそのものに関わる問題についての賢さ、聡明さといった人生上の問題に対して実践的に役立つ知識のことを英知という。

b エ　加齢による衰えがありつつも、それを自覚し受容しながら、加齢に対して適応的に向き合う過程をサクセスフル・エイジングという。

c カ　バルテスの高齢者の制御方略の理論において、加齢による機能低下を見越し、現在の状況に合わせて行動を変化させることを選択という。

d オ　バルテスの高齢者の制御方略の理論において、加齢によりできなくなったことやしなくなったことを他者の協力や機器等を活用しながら生活の最適化を図ることを補償という。

問題10　正答 3

A イ　ブロンフェンブレンナーは、子どもを取り巻く環境を重層的にとらえる生態学的システム論を提唱した。

B オ　生態学的システム論では、人に直接関係する最小限の要素をマイクロシステムとしており、保育所に通っ

485

ている子どもが直接関係するのは主に保育所と家庭である。

C カ 生態学的システム論では、複数の要素間の関係をメゾシステムとしており、これは保育所と家庭が相互に関係しあい機能することなどである。

D キ 生態学的システム論では、直接関係しないが影響を与えるものをエクソシステムとしており、これは、保護者の職場環境が子どもにも間接的に影響を及ぼすことなどである。

問題11 　正答　4

A ✕ 社会的比較とは、周囲の人々と自分を比較することで、自分の社会における位置を確かめることをいうため誤りである。

B ○ 4歳頃になると、短期記憶の容量が増え始める。短期記憶の容量が増えると、陸に住む白と黒の動物などのように、ヒントを組み合わせて正解を考えることができるようになってくる。

C ✕ 自分の考えを頭の中にしまうことができず外言化しているため、自己抑制を行っているとはいえない。

D ○ 意味記憶とは、言葉の意味や概念、科学的知識、歴史的事実のような世界の事象に関する知識を指すが、ここでは4歳児が自分の意味記憶の中からシマウマやパンダなどの情報を検索している。

問題12 　正答　2

A ○ 育児不安は育児ノイローゼや育児ストレスともいわれ、親が育児に自信をなくし、育児の相談相手がいない孤独感やなんとなくイライラするなど、育児へのネガティブな感情や育児困難な状態をいう。

B ✕ 産後うつ病とは、出産後数か月以内に発生するうつ病である。抑うつ気分や過度の不安、興味または喜びの喪失、不眠、気力の減退などが2週間以上続くため、一過性のマタニティブルーズとは区別されている。

C ○ 養護性とは、小さくて弱いものを見ると慈しみ育もうという気持ちになる心の働きをいう。性別に限らず誰もが持っている特性である。

D ○ 親準備性とは、まだ乳幼児を育てた経験のない思春期・青年期の人に対する、子育てに関する知識や技能、子どもへの関心、親になる楽しみなど、親になるための心理的な準備状態や態度などをいう。

問題13 　正答　5

A ポルトマン ポルトマンは、人間が生理的な状態で生まれてくることを生理的早産と命名した。

B 離巣性 離巣性とは、比較的長い妊娠期間を経て脳が発達した状態で生まれ、子どもがすぐに親と同じような行動がとれるなどの特徴を持つ。比較的高等な哺乳動物がこれに該当する。

C 就巣性 就巣性とは、妊娠期間が比較的短く脳が未成熟で生まれてくること、多数の子どもが一度に生まれること、身体的にも未成熟の状態であることなどの特徴を持つ。比較的下等な哺乳動物がこれに該当する。

D 二次的就巣性 人間は高等哺乳動物であるため、離巣性に属しているはずであるが、感覚器官はよく発達しているものの、運動能力が未熟な状態で生まれてくる。これを二次的就巣性という。

問題14 　正答　5

a オ 並行遊びとは、子どもたちが近くで同じような遊びをしていても、互いのやり取りが見られない遊びである。

b カ 遊びにおける対人葛藤には、子ども自身がやりたいことと仲間がやりたいこととのぶつかり合いなどがある。

c ウ 役割取得とは、相手の立場に立って、自分とは異なる相手の気持ちや考えを理解できることである。

d ク 自己調整力とは、自分自身の気持ちをコントロールする力のことであり、自己主張と自己抑制を含む。

問題15 　正答　4

A ✕ 年度途中で入所してきた子どもは、慣れない場所で生活する不安な思いを抱えていることを理解して、特定の保育士等が関わることで、安心感を得られるように配慮するようにする。

B ○ 年度途中で入所してきた子どもに対しては、子どもが自分の居場所を見いだし、好きな遊具で遊ぶなど、

環境にじっくり関わることができることが大切である。

C ✕ すでに入所している子どもも全員が保育所の生活になじんでいるわけではなく、新しい友達との出会いに不安を感じたり、環境の変化に動揺することもある。

D ○ 保育士等は、すでに入所している子どもと入所してきた子どもの双方と関わりながら、子ども同士が安定した関係を築けるように援助していくことが必要である。

問題16 　　正答 4

A ✕ 地方公共団体が、出会いの機会・場の提供、結婚に関する相談・支援や支援者の養成、ライフプランニング支援など、結婚を希望する者への総合的な結婚支援を行う。

B ○ 妊娠・出産への支援では、不妊治療への経済的負担軽減を図るための助成金、また、妊娠期から子育て期にわたるまでの様々なニーズに対して、切れ目のない支援体制の充実に取り組む。

C ○ 男女ともに仕事と子育てを両立できる環境の整備として、就労希望者の潜在的な保育ニーズに対応し、就労しながら子育てをしたい家庭を支えるための待機児童解消、男性の家事・育児参画の促進を推進する。

D ✕ 保護者の就業形態や就業の有無等にかかわらず、子育て家庭の多様なニーズに対応する、多様な保育・子育て支援を提供し、地域の実情に応じてそれらの充実を図る。

問題17 　　正答 4

A ✕ 日常の出来事について時間的・空間的に系列化された知識はスクリプトと呼ばれ、それにより筋や流れのある遊びができるようになる。

B ○ ひとり遊びは幼児期前期に多くみられるが、5歳児でもひとり遊びをしているからといって発達が遅れているとは限らない。

C ○ 帰属意識とは、ある集団に属している、またはその集団の一員であるという意識や感覚のことである。子どもたちは、集団のルールに従うなど、自分は集団の一員であるという帰属意識を持つようになる。

D ○ 他者の心の動きを類推したり、他者が自分とは違う信念を持っているということを理解したりする機能のことを心の理論という。

問題18 　　正答 5

A ✕ 末子の妊娠判明当時に仕事を辞めた女性の理由として、正社員、非正社員によって上位3位までの理由は異なり、正社員では「仕事を続けたかったが、仕事と育児の両立の難しさで辞めた」が最も多く、非正社員では「家事・育児により時間を割くために辞めた」が最も多かった。

B ✕ 「仕事を続けたかったが、仕事と育児の両立の難しさで辞めた」と回答した女性の理由として、正社員では「育児と両立できる働き方ができなさそうだった」が最も多い。

C ○ 「仕事を続けたかったが、仕事と育児の両立の難しさで辞めた」と回答した女性の理由として、非正社員では、「会社に産前・産後休業や育児休業の制度がなかった」が最も多い。

問題19 　　正答 4

A ✕ 精神障害の国際的な診断基準であるDSM-5におけるPTSDの診断基準によると、6歳以下の子どもも心的外傷後ストレス障害（PTSD）を発症することが記載されている。

B ○ 夫婦間暴力の目撃は、乳幼児にとって心的外傷になりうる。また、心理的虐待にも分類されている。

C ✕ DSM-5におけるPTSDの診断基準によると、6歳以下の子どもにおいて性的暴力（虐待）も含まれるとされている。

D ✕ DSM-5におけるPTSDの診断基準によると、6歳以下の子どもにおいて、集中困難（注意欠如）はトラウマ後の反応に含まれ、これがみられれば心的外傷後の反応である可能性もある。

E ✕ 乳幼児期に虐待をうけ、トラウマ反応がある場合、それは脳の機能的、器質的問題がその時点で進行している可能性がある。

| 問題20 | 正答 2 |

A ○ 医師が障害の診断を告知した後の支援方針の策定に際しては、教育、福祉等の医療以外の領域の専門家の関与が必要である。

B ○ 家族の障害受容については、エリザベス・キュブラー・ロス等のステージ理論、つまり、ショック期、否認期、混乱期、努力期、受容期のプロセスにあてはまらず、障害の肯定と否定を繰り返すこともある。

C ✕ 主たる養育者である母親の障害受容の程度については、子どもの障害の程度の強さが最も関与する訳ではない。障害の種類によって障害受容の過程に違いがみられたという研究結果もある。

D ✕ 障害の状態や方針にかかわる正確な情報提供は、障害受容に関与する。

E ○ 障害受容をしない家族に対して、支援者が怒りなどの陰性感情（ネガティブな感情）を抱くことがある。

保育原理

| 問題1 | 正答 3 |

A イ 生命の保持の主なねらいは、「子ども一人一人の生きることそのものを保障すること」である（保育所保育指針解説）。ここは「生命の保持」のねらいの最初であり、「生活」全体が快適であることがねらいとして挙げられている。

B ア 情緒の安定は「一人一人の子どもが、保育士等に受け止められながら、安定感をもって過ごし、自分の気持ちを安心して表すことができること」を子どもの心の成長の基盤として位置付けている。

C ウ 快適な生活を送り、健康の増進が図られるようにするためには、「食べる」「寝る」「排泄する」などの生理的欲求が満たされることは必然の条件である。オの「午睡」もその一部だが、ここは「生命の保持」のために必要な全体的な生理的欲求の方が適切と考えられる。

| 問題2 | 正答 2 |

保育で「環境」と考えられるものについては、人的環境、物的環境、自然や社会の事象で設問のAの記述の通り。特に保育士や子どもなども人的環境として捉えることは注意しておきたい。また子どもが過ごしやすくあること、子どもが主体的にかかわって遊びを展開させていくことができるように環境構成を工夫する必要が求められるため、子どもの生活より規律・マナーを優先させるBや、子どもの自発性より保育士の計画を優先するDは誤った考えとなる。

| 問題3 | 正答 3 |

A ✕ 設問の文章は、1963（昭和38）年の「幼稚園と保育所の関係について」の内容である。

B ○ 正しい。2008（平成20）年度の改定から規範的な基準となっている。

C ○ 正しい。第2章の保育内容に関する部分では、「保育士」「幼稚園教諭」「保育教諭」等の文言を除いてはほぼ完全に一致させられている。

D ✕ 2015（平成27）年の子ども・子育て支援新制度の内容である。なお、保育所保育指針では2018（平成30）年の改定で保育所が幼児教育を行う施設であると位置づけられ、保育所でも3歳以上児は幼児教育を行うことが明確化された。

| 問題4 | 正答 5 |

A ✕ 保育士等の自己評価は公表することまでは求められていない。なお保育所の自己評価においても、公表は「努めなければならない」という努力目標である。

B ✕ 保育の課題が年度内など短期間に解決できるものとは想定されておらず、保育所の自己評価においても「期あるいは単年度から数年度の間で」とされている。

C ✕ 職員相互の話し合いはむしろ求められている内容である。「保育士等の学び合い」により意識していなかった良いところや特色、課題に気付いたりすることで、保育所の同僚性や専門性を高めることにつながる。

D ○ 保育所保育指針の記述にみられる内容である。保育では子どもにみられる結果よりも、そのプロセスが重視されることを覚えておきたい。

問題5　　　　　　正答　3

A ○ 保育所保育指針解説では「保育所は、全ての子どもが、日々の生活や遊びを通して共に育ち合う場である。そのため、一人一人の子どもが安心して生活できる保育環境となるよう、障害や様々な発達上の課題など、状況に応じて適切に配慮する必要がある」とされている。

B ✕ ここで重要なことは、障害のある子どもの保育も指導計画の中に位置づけられるということ、また個別の指導計画は必要に応じて作成されること、かつクラス等の指導計画と関連づけておくこと、である。

C ○ もとよりこのような連携が重要であることはいうまでもない。このときに留意したいのは、困難な状況だけでなく子どもの得意なこと等も含めて、生活の状況を伝え合うことである。

D ○ 障害のある子どもの保育では、児童発達支援センター等や医療機関と連携し、互いの専門性を生かして支援することが必要である。また就学に際しては関係機関が協議し、支援が継続されていくことが求められる。

問題6　　　　　　正答　3

A エ 保育の「ねらい」は少しわかりにくいが到達目標ではないため、「できるようになる」「わかる」とはされていない。「育みたい資質・能力を、子どもの生活する姿から捉えたもの」という視点のようなものである。

B イ 内容は、ねらいを実現するために行うもので、保育士、子ども双方の事項が含まれる。

C オ 本文は保育所保育指針における「教育」の定義である。保育における「教育」は教えたり、認知能力を上げるための取り組みを中心としていないことに留意したい。

D ア 養護の内容が「生命の保持」「情緒の安定」であることは必ず覚えておきたい。

問題7　　　　　　正答　1

1 ✕ 「毎日決まった時間に必ず体を動かすようにすること」は求められていない。子どもの自発的な活動が、保育の基本である。

2 ○ 1歳以上3歳未満児の「人間関係」の内容の取扱いにみられる文言である。保育士等の仲立ちにより、他の子どもとの関わり方を少しずつ身につける時期である。

3 ○ 1歳以上3歳未満児の「環境」の内容の取扱いにみられる文言である。「身近な生き物に気づき、親しみをもつ」という内容とも関連する。

4 ○ 1歳以上3歳未満児の「言葉」の内容の取扱いにみられる文言である。この時期は一語文から二語文へと進み、さらに体験した出来事や絵本の内容などを記憶して再現できるようにもなっていく時期である。

5 ○ 1歳以上3歳未満児の「表現」の内容の取扱いにみられる文言である。

問題8　　　　　　正答　1

本文は「3歳以上児の保育に関するねらい及び内容」の「基本的事項」アに該当する部分であり、3歳以上児の育ちの概要が記されている。年長児に近づくにつれ、大人に近い動作ができるようになることや言葉の発達、そして1歳以上3歳未満児ではあいまいだった他者との関係が明確になり、集団的な遊びが見られる時期である。この時期には、一人ひとりの「個」としての育ち、そして「集団」としての育ち、さらには「個と集団の関係」にも留意して保育を行うことが大切である。

問題9　　　　　　正答　5

A ✕ 「障害を理由とする差別の解消の推進に関する法律（障害者差別解消法）」では、社会的障壁とは建築物における所外物に限られず「日常生活又は社会生活を営む上で障壁となるような社会における事物、制度、慣行、観念その他一切のもの」と定義されている。

B ✕ 「子ども・子育て支援法」では、第2条で「子ども・子育て支援は、父母その他の保護者が子育てについての第一義的責任を有する」という基本的認識のもとに「家庭、学校、地域、職域その他の社会のあらゆる分野における全ての構成員が、各々の役割を果たすとともに、相互に協力して行われなければならない」とされている。要望があったときのみとはされていない。

C ○ 「障害者の権利に関する条約」は2006年に国連で採択され、2007年に日本も署名、2008年に発効した。ここでは第3条に「一般原則」として「社会に完全かつ効果的に参加し、及び社会に受け入れられること」記されている。

D ✕ 「発達障害者支援法」の保育に関する条文（第7条）では、「発達障害児の健全な発達が他の児童と共に生活することを通じて図られるよう適切な配慮をするものとする」とされている。

問題10　　　　　　　　　　　　　　　　　　　　　　　　　　　　　　　　　　　正答　3

A ○　正しい。乳幼児期の子どもの発達が心身共に個人差が大きいことに配慮し、子どもの活動における個人差に配慮するとともに、一人ひとりの子どものその時々の気持ちに配慮することが必要である。

B ✕　援助はしすぎても、逆に不足してもよくない。保育士等は、子どもの気持ちを受け止めながら、自分で行うことの充実感が味わえるように、行動を見守り、適切に援助することが必要とされている。

C ✕　乳幼児期の個人差が大きいことを踏まえ、公平な対応ではなく個別的な対応が求められる。

D ○　正しい。「保育所では、外国籍の子どもをはじめ、様々な文化を背景にもつ子どもが共に生活している。保育士等はそれぞれの文化の多様性を尊重し、多文化共生の保育を進めていくことが求められる」とされている。

E ○　正しい。保育所において性別をもとに「こうあるべき」という固定的なイメージを植え付けないようにすることが求められる。

問題11　　　　　　　　　　　　　　　　　　　　　　　　　　　　　　　　　　　正答　1

A 地域の実情　保育所は地域の保護者に対する子育て支援の役割も担うが、通常業務である保育に支障をきたさない範囲で、地域の実情や各保育所の特徴を踏まえて行うことが重要であるとされている。

B 専門性　地域における子育て支援でも、保育所の特性を生かした専門的なかかわり（基本的な生活習慣の自立、遊び）や、保護者に対する具体的な助言や行動見本の提示なども行われる。

C 一時預かり　地域の実情に応じた子育て支援の一環として、一時預かりや休日保育などが行われるが、生活リズムが家庭と異なったり、なじみない人とのかかわりなども生じることから、日常の保育との関連にも配慮する必要がある。

D 日常の保育　Cの解説の通りである。

問題12　　　　　　　　　　　　　　　　　　　　　　　　　　　　　　　　　　　正答　4

4が正解である。
環境は保育にとって重要なものではあるが、「環境に配慮した保育」ではなく「環境を通した保育を行う」といわれる。また「子ども最善の利益」とのかかわりからもここは「環境」ではなく「人権」が正しい。また保育にかかわる職員は単に知識や技術だけではなく、子どもの人権を尊重する「倫理観」「人間性」が求められる。もちろん、専門性を高める知識や技術は必要であるが、研究ではなく保育所内外の研修を通じてそれらは修得・維持される。

問題13　　　　　　　　　　　　　　　　　　　　　　　　　　　　　　　　　　　正答　2

A イ　児童憲章の冒頭にある文章である。児童憲章は1951（昭和26）年に「日本国憲法の精神にしたがい、児童に対する正しい観念を確立し、すべての児童の幸福をはかるため」に定められた。

B ア　母子保健法の内容。第4条で乳児または幼児の保護者に育児についての正しい理解が求められるほか、第3条では母性に対して、妊娠、出産または育児についての正しい理解が求められている。

C エ　「締約国」とあることから、条約であることがわかる。「児童の権利に関する条約」は1989年に国連総会で採択、1990年に発効、日本は1994年に批准している。

問題14　　　　　　　　　　　　　　　　　　　　　　　　　　　　　　　　　　　正答　1

A ○　正しい。児童福祉法第6条の3の2の⑦の規定である。

B ○　正しい。同じく、⑥の規定である。

C ✕　居宅訪問型保育事業とは、以下の2つである。ベビーシッターではなく、市町村長が行う研修を修了した家庭的保育者が保育を行う。

> 1　保育を必要とする乳児・幼児であつて満三歳未満のものについて、当該保育を必要とする乳児・幼児の居宅において家庭的保育者による保育を行う事業
> 2　満三歳以上の幼児に係る保育の体制の整備の状況その他の地域の事情を勘案して、保育が必要と認められる児童であつて満三歳以上のものについて、当該保育が必要と認められる児童の居宅において家庭的保育者による保育を行う事業

D ✕ 児童福祉法に「院内保育事業」というものは規定されていない。Dの文章は児童福祉法で規定されている「病児保育事業」に近いものである。

問題15　正答　3

A エ フレーベルを理想として貧しい子どもたちのための幼稚園（二葉幼稚園）を設立し、後にそれが保育園へと展開していく。この基礎を作ったのが、森島峰と、野口幽香である。

B イ 子どもに適した遊戯として「律動的遊戯」「律動的表情遊戯」を創作した土川五郎は、倉橋惣三とも交流があった。

C ア 松野クララはドイツ人であり、日本人の松野氏と結婚して来日、ドイツで学んだフレーベルの理論を東京女子師範学校で講じるとともに、附属幼稚園で保母の指導にあたった。

D ウ 東基吉は東京女子師範学校附属幼稚園の批評係となり、恩物中心主義の保育を批判した。しかし、一方でフレーベルの遊びについての理論は支持していた。

問題16　正答　5

A エ ルソーは『エミール』において自然主義、消極主義といわれる教育の方法について述べている。

B オ モンテッソーリはもともと医師としてキャリアをスタートさせたが、知的障害を持つ子どもの治療を行うにあたって、医学において治療されるものではなく、教育によって改善されるものだと考えたといわれる。ローマに「子どもの家」を開設、障害を持つ子どものための保育方法を障害のない子どもにも用いた。

C ア オーエンはイギリスの工場経営者で「性格形成学院」と呼ばれる幼児学校を創設した。

D ウ マズローは欲求の階層を①生理的欲求、②安全の欲求、③愛情の欲求、④自尊の欲求、⑤自己実現の欲求とした。

問題17　正答　4

正解はC→A→B→Dである。
世界人権宣言は1948年採択、国際人権規約は1966年に採択、1976年発効（日本の批准は1979年）、児童の権利に関する「ジュネーヴ宣言」は1924年に採択（発表は1923年）、児童の権利に関する条約は1989年に採択（日本は1994年に批准）である。

問題18　正答　4

A ✕ 支度や遊び始めが遅いという事象だけではなく、その背景として2歳児の妹の世話に先に向かう母親との関係があることが予想される。保育士としては何もしないのではなく、K君の育ちにつながるアプローチを検討すべきである。保育所保育指針における養護「情緒の安定」の内容①では「一人一人の子どもの置かれている状態や発達過程などを的確に把握し、子どもの欲求を適切に満たしながら、応答的な触れ合いや言葉がけを行う」とあり、このケースではこの内容を基本としたかかわりが求められる。

B ✕ Aの解説の「情緒の安定」の内容を踏まえると、「自分で取り組んでいない」ことそのもののみを問題とせず、その背景も見据えた適切なかかわりが必要である。

C ○ 保育士がK君に無理に支度をさせようとはせず、K君が母親を待って動きたい、という思いを代弁し、慎重にかかわろうとしていることがわかる。K君の置かれた状況を把握することが必要である。

D ○ K君の思い、母親の思いをそれぞれヒアリングするとともにK君の姿について共有し、母親とともにK君の育ちを支えていく取り組みをすすめていることがうかがえる。保育所保育指針では保護者の意向を踏まえた保育を行うことも求められており、母親から話を聞くことも必要な対応である。

E ○ K君が母親への思いのみにとらわれず、気持ちを切り替えて前向きにその日の保育所での生活に取り組めるような試みであるといえる。「情緒の安定」の内容③では、「保育士等との信頼関係を基盤に、一人一人の子どもが主体的に活動し、自発性や探索意欲などを高めるとともに、自分への自信をもつことができるよう成長の過程を見守り、適切に働きかける」とある。K君の気持ちを受け止めるとともに、適切な働きかけにおいてK君が主体的に活動できるように働きかけていくことも求められる。

問題19　　　　　　　正答　2

A ○ このケースでは「情緒の安定」として「一人一人の子どもが、保育士等に受け止められながら、安定感をもって過ごし、自分の気持ちを安心して表すことができることは、子どもの心の成長の基盤になる」という解説を基盤に考えていく必要がある。もとより「廊下で歌ったり走ったりしない」という規範が意味を持つことはいうまでもないが、子どもが2歳であることも考慮する必要がある。自分の気持ちと行動をまだ十分にコントロールできない2歳児には不適切な対応であったと反省することは必要と考えられる。

B ✕ 2歳児が長期的な記憶を保つことが難しいとしても、保育者との信頼関係の構築や、安心して気持ちを表すことができるようにするためには、その時々の対応が重要である。忘れやすいことを理由に誤った対応をしていいとは考えられない。

C ○ S君の成長とともに主体的な気付きを促すかかわりは適切であると考えられる。

D ○ 「自尊心」という言葉そのものは保育所保育指針にはほぼ出てこないが、「情緒の安定」を考慮してもこのような対応は必要だと考えられる。

問題20　　　　　　　正答　4

1 ✕ 低年齢児は110万9,650人、3歳以上児は162万7,709人である。

2 ✕ 1・2歳児が最も多い。

3 ✕ 低年齢児の待機児童数に占める割合は87.1%で、9割（90%）をわずかに下回る。

4 ○ 低年齢児の利用児童数に占める割合は40.5%であり、4割（40%）をわずかに超える。待機児童数は低年齢児1万830人、3歳以上児1,609人で低年齢児の方がかなり多い。

5 ✕ 利用児童数のうち3歳以上児の割合は約6割（59.5%）であるが、待機児童数は選択肢4の解説のように、低年齢児の方が多い。

子ども家庭福祉

問題1　　　　　　　正答　4

A 児童の権利に関する条約

B 福祉

児童福祉法第1条の条文である。第2条第1項、第2項、第3項も確認しておきたい。

> 第2条
> 1　全て国民は、児童が良好な環境において生まれ、かつ、社会のあらゆる分野において、児童の年齢及び発達の程度に応じて、その意見が尊重され、その最善の利益が優先して考慮され、心身ともに健やかに育成されるよう努めなければならない。
> 2　児童の保護者は、児童を心身ともに健やかに育成することについて第一義的責任を負う。
> 3　国及び地方公共団体は、児童の保護者とともに、児童を心身ともに健やかに育成する責任を負う。

問題2　　　　　　　正答　2

A 母子福祉法は、1964（昭和39）年に公布された。その後、1981（昭和56）年には「母子及び寡婦福祉法」へ改められた。さらに2014（平成26）年には「母子及び父子並びに寡婦福祉法」へと改められた。

B 児童福祉法は、1947（昭和22）年に公布された。

C 母子保健法は、1965（昭和40）年に公布された。

D 児童手当法は、1971（昭和46）年に公布された。

以上のことからB→A→C→Dとなり、2が正しい。

問題3　　　　　　　正答　5

A ✕ 「希望出生率1.8」の実現を目指しているため、Aは間違いである。

B ○ 「国民が結婚、妊娠・出産、子育てに希望を見出せるとともに、男女が互いの生き方を尊重しつつ、主体的な選択により、希望する時期に結婚でき、かつ、希望するタイミングで希望する数の子供を持てる社会をつくる」ことを基本目標として掲げている。Bは正しい。

C ○ 基本的な考え方として、「多様化する子育て家庭のニーズに応える」ため、「多子世帯、多胎児を育てる家庭に対する支援」を掲げている。Cは正しい。

問題4　　　正答　1

1 ✕ 締約国は、第3条第2項において、「児童の福祉に必要な保護及び養護を確保する」ことを約束している。児童の最善の利益を考慮した結果、父母と分離される場合もある。1は間違いである。

2 ○ 第3条第1項の内容である。

3 ○ 第12条第1項の内容である。

4 ○ 第31条第1項の内容である。

5 ○ 第28条第2項の内容である。

問題5　　　正答　5

A ✕ 児童福祉法第33条の10により、里親が行う虐待は被措置児童等虐待にあたる。またその他、乳児院、児童養護施設、障害児入所施設、児童心理治療施設や児童自立支援施設の長、児童相談所の所長、その他職員等による虐待も、被措置児童等虐待にあたる。Aは間違いである。

B ✕ 届け出先として、都道府県児童福祉審議会も含まれる。また児童相談所、都道府県の行政機関にも届け出ることができる。Bは間違いである。

C ○ 通告を受けたら、都道府県は速やかに、状況を把握し事実を確認するための措置をとる。

問題6　　　正答　3

民生委員及び、児童委員、主任児童委員は、都道府県知事（指定都市、中核市の長を含む）の推薦によって厚生労働大臣がこれを委嘱し、または指名することになっている。3は間違いである。その他の選択肢は、正しい。

問題7　　　正答　4

A ✕ 市区町村が適切かつ確実に業務を行うことができると認めた社会福祉法人等にその一部を委託することができることになっている。Aは間違いである。

B ○ Bは正しい。

C ○ Cは正しい。子どもの権利を守るための支援方針や支援の内容を具体的に実施していくための支援計画であることから、保護者に左右されずに子どもの意見を聞く配慮が必要である。

問題8　　　正答　3

A イ 母子生活支援施設は、児童福祉法第38条に規定された施設である。説明はイが正しい。

B ウ 助産施設は、児童福祉法第36条に規定された施設である。説明はウが正しい。

C ア 母子・父子福祉センターは、母子及び父子並びに寡婦福祉法第39条に規定された施設である。第39条には「無料又は低額な料金で、母子家庭等に対して、レクリエーションその他休養のための便宜を供与することを目的とする施設」として、母子・福祉休養ホームも規定されている。母子・父子福祉センターの説明はアが正しい。

D エ 婦人保護施設は売春防止法36条に規定された施設であり、もともと売春を行うおそれのある女子を収容保護する施設であった。しかし、「配偶者からの暴力の防止及び被害者の保護等に関する法律」に基づき、配偶者からの暴力の被害者も保護することが明確化された。説明はエが正しい。

問題9　　　正答　1

いずれも児童福祉士の任用資格として認められており、1が正しい。
なお、児童福祉司の業務内容は、「児童相談所長の命を受けて、児童の保護その他児童の福祉に関する事項について、相談に応じ、専門的技術に基づいて必要な指導を行う等児童の福祉増進に努める」ことである。また、都道府県は、設置する児童相談所に、児童福祉司を置かなければならない。

| 問題 10 | 正答 2 |

A ○ 放課後児童健全育成事業の事業内容の説明は設問文Aの通りである。

B ○ 放課後児童健全育成事業の設備や運営基準についての説明は設問文Bの通りである。

C × 2015（平成27）年の待機児童数は、1万6,941人、2018（平成30）年は1万7,279人となっており、約1.0倍である。そのため、Cは間違いである。なお、2021（令和3）年の実施状況によると、待機児童数は1万3,416人であり、前年度から減少している。

D × 放課後児童支援員の資格要件は、保育士、社会福祉士以外に、高等学校卒業者等で、2年以上児童福祉事業に従事した者や教育職員免許状を有する者、等が規定されている。Dは間違いである。

| 問題 11 | 正答 2 |

1 ○ Aは正しい。

2 × 2019（平成31）年4月1日現在の夜間保育所の設置数は79か所であり、2014（平成26）年4月1日現在の設置数は85か所である。Bは間違いである。

3 ○ Cは正しい。

4 ○ 2018（平成30）年度の病児保育事業実施箇所数は3,130か所であり、2014（平成26）年度は1,782か所である。1,348か所増加していることから、Dは正しい。

5 × 企業主導型保育事業は、2016（平成28）年度に内閣府が開始した企業向けの助成制度であるが、設置義務が課されていないため、Eは間違いである。

| 問題 12 | 正答 1 |

A ○ 保護者であってもしつけの際に体罰を行ってはならないことが明記された。

B ○ 体罰のない社会を実現するためには、保護者だけでなく、社会全体の支援が必要である。

C ○ 保護者が「しつけ」と称して暴力・虐待を行い、死亡に至る等の重篤な結果につながるものもある。そのため身体に何らかの苦痛を引き起こす場合は、どんなに軽いものであっても体罰となる。Cは正しい。

D × 罰を与えることを目的としない、子どもを保護するための行為や、第三者に被害を及ぼすような行為を制止する行為等は、体罰には該当しないため、Dは間違いである。

| 問題 13 | 正答 5 |

施設名とそれに対する説明文の対応は選択肢5（A：エ、B：イ、C：ウ、D：ア）の通りである。なお、社会的養護を必要としている児童は約4万2千人（令和4年3月31日、厚生労働省）である。児童虐待の増加に伴い、児童虐待防止対策の一層の強化とともに、虐待を受けた子どもへの対応として、社会的養護の量、質の拡充が必要とされている。

| 問題 14 | 正答 5 |

A〜Eは児童福祉法第6条の2の2に規定された障害児通所支援であり、その内容は選択肢5（A：オ、B：ウ、C：イ、D：ア、E：エ））の通りである。

| 問題 15 | 正答 3 |

A 意見

B 教育の支援

C 包括的

D 社会的

設問文の通り、これは「子どもの貧困対策の推進に関する法律」第2条の一部である。

問題16　正答 **3**

A イ

B ア

C ウ

大学進学率は低い方から、児童養護施設、生活保護世帯、ひとり親家庭の順となっている。生活保護世帯、児童養護施設、ひとり親家庭の子どもの大学等進学率について、全世帯と比べて大きな差がある。また、生活保護世帯、児童養護施設は、大学・短期大学よりも専修学校・各種学校に進学する割合が高くなっている。

問題17　正答 **4**

A ✕　運営は、説明文のような三層構造にすることが理想だが、設置主体によって事情が異なるため一律に考える必要はない。そのためAは間違いである。

B ✕　「子ども・若者」の対象年齢は、30歳代までが想定されているため、Bは間違いである。

C ◯　Cは正しい。ひきこもりや若年無業者だけでなく、不登校など様々な困難を有する子ども・若者等も幅広く含んでいる。

D ◯　Dは正しい。協議会の設置主体は、都道府県及び市町村のほか、特別地方公共団体である特別区や地方公共団体の組合（一部事務組合や広域連合）も含まれる。

問題18　正答 **3**

A イ　これは、フィンランド語で「助言の場」を指すネウボラの説明である。

B ア　これは、イギリスのシュア・スタートプログラムの説明である。

C ウ　これは、1981年にノルウェーで制度化された子どもオンブズパーソンの説明である。

問題19　正答 **3**

A ◯　Aは正しい。保育所での関わり方や環境構成の工夫を保護者にも情報共有することは大切である。

B ◯　Bは正しい。保護者からの相談を受けたときは、まずその気持ちを受容・共感し、保護者の困り感がどの点にあるのかを把握することが大切である。

C ✕　保育所における保育は、保護者とともに子どもを育てていくことが必要であり、保護者の気持ちに寄り添いながら家庭との連携を密にして行うことが大切である。そのため、Cは間違いである。

D ✕　児童の心身機能の発達は出生前、出生時の健康状態や発育、発達状態、生育環境や個人差等の影響も大きいことから、安易に予測や判断することは控えるべきである。そのためDは間違いである。

問題20　正答 **4**

1 ✕　「一時預かり事業」は、保育所等を利用していない家庭で、突発的な事情などにより、一時的に家庭での保育が困難となる場合に、児童を一時的に預けることができる事業である。

2 ✕　「子育て短期支援事業」は、保護者の疾病やその他の理由で、家庭において児童を養育することが一時的に困難で、母子を保護することが必要な場合等に、児童養護施設等において一定期間、養育・保護を行う事業である。

3 ✕　「子育て援助活動支援事業」は、児童の預かりを希望する子育て世帯と子育て支援を希望する地域住民の相互援助活動を推進する事業である。ファミリー・サポート・センター事業ともいう。

4 ◯　「地域子育て支援拠点事業」は、地域に子育て親子の交流等を促進する場所を設置し、子育てについての相談、情報の提供、その他の援助を行う事業である。Rさんは、子育て仲間や子育て情報を希望していることから、4が正しい。

5 ✕　「乳児家庭全戸訪問事業」は、生後4か月までの乳児のいるすべての家庭を訪問し、子育てに関する情報の提供や乳児、その保護者の心身の状況、養育環境の把握を行い、相談に応じ、助言その他の援助を行う事業である。

社会福祉

問題1　正答　4

1 ✕ 救護法は1929（昭和4）年に制定された。

2 ✕ 健康保険法は1921（大正10）年に制定された。

3 ✕ 母子保護法は1937（昭和12）年に制定された。

4 ◯ 児童福祉法は1947（昭和22）年に制定された。

5 ✕ 少年教護法は1933（昭和8）年に制定された。

問題2　正答　5

A エ 児童手当法第1条に「家庭等における生活の安定に寄与するとともに、次代の社会を担う児童の健やかな成長に資することを目的とする」と示されている。

B ウ 母子保健法第1条に「母性並びに乳児及び幼児に対する保健指導、健康診査、医療その他の措置を講じ、もつて国民保健の向上に寄与することを目的とする」と示されている。

C イ 児童扶養手当法第1条に「父又は母と生計を同じくしていない児童が育成される家庭の生活の安定と自立の促進に寄与するため」と示されている。

D ア 児童福祉法は、設問にあるように児童福祉審議会、市町村・都道府県の業務、児童相談所、児童福祉司、児童委員、保育士、児童福祉施設、里親などを規定している。

問題3　正答　3

A 老年人口の増加

B 出生数の減少

C 合計特殊出生率

国立社会保障・人口問題研究所は、「平成27年国勢調査」の確定数が公表されたことを受けて、これを出発点とする新たな全国将来人口推計（日本の将来推計人口）を行っている。日本の将来推計人口とは、全国の将来の出生、死亡、ならびに国際人口移動について仮定を設け、これらに基づいてわが国の将来の人口規模ならびに男女・年齢構成の推移について推計を行ったものとされている。

問題4　正答　3

1 ✕ 在宅福祉では、地域住民と施設福祉など社会福祉関係者などが相互に協力・連携しながら地域福祉の推進に努めている。

2 ◯ 設問の通り、地域福祉の推進にはボランティアや住民など多様な民間団体の参加は不可欠といえる。

3 ◯ 保育所保育指針には、地域の子育て家庭に対する支援等を行う役割を担うものであると示されている。

4 ◯ 社会福祉法第1条に「福祉サービスの利用者の利益の保護及び地域における社会福祉の推進を図る」と示されている。

問題5　正答　1

A ◯ 保育所保育指針解説で「内容によっては、それらの知識や技術に加えて、ソーシャルワークやカウンセリング等の知識や技術を援用することが有効なケースもある」と示されている。

B ◯ 保育所保育指針第4章「子育て支援」では、1「保育所における子育て支援に関する基本事項」(1)「保育所の特性を生かした子育て支援」として、保護者の気持ちを受け止めること、保護者の自己決定を尊重すること、知り得た事柄の秘密を保持することなどが示されている。

C ◯ 保育所保育指針解説 (2)「子育て支援に関して留意すべき事項」に「地域において子どもや子育て家庭に関するソーシャルワークの中核を担う機関と、必要に応じて連携をとりながら行われるものである。そのため、ソーシャルワークの基本的な姿勢や知識、技術等についても理解を深めた上で、支援を展開していくことが望ましい」と示されている。

問題6　　　　正答　4

A ✕ 要介護認定の根拠となる法律は介護保険法である。

B ○ 幼児に対する保健指導の根拠となる法律は母子保健法である。

C ✕ 教育扶助の給付の根拠となる法律は生活保護法である。

D ○ 特定健康診査の根拠となる法律は高齢者の医療の確保に関する法律である。

問題7　　　　正答　3

A ✕ 保育所は第二種社会福祉事業である。

B ○ 共同募金は第一種社会福祉事業である。過去の試験でもよく問われている内容なので、確実に覚えておきたい。

C ○ 児童養護施設は第一種社会福祉事業である。入所が必要な福祉施設は第一種社会福祉事業であることを押さえておくと覚えやすい。

D ○ 婦人保護施設は第一種社会福祉事業である。

E ✕ 児童家庭支援センターは第二種社会福祉事業である。

問題8　　　　正答　2

1 ○ 婦人相談所は売春防止法第34条に基づき各都道府県に必ず1つ設置されている。

2 ✕ 婦人相談所は売春防止法第34条に基づき各都道府県に設置されている。

3 ○ 婦人相談所は、配偶者暴力相談支援センターの機能を担う施設として位置づけられている。

4 ○ 設問文は正しい。婦人相談員は、「売春防止法第35条に基づき、都道府県知事（指定都市の長を含む）から委嘱され、要保護女子につき、その発見に努め、相談に応じ、必要な指導を行うもの」となっている。

5 ○ 婦人相談所ガイドライン（厚生労働省）でも、婦人相談所の業務は、多くのケースで他機関との連携を必要とされている。その中に母子生活支援施設も含まれると理解することができる。

問題9　　　　正答　3

A ○ 設問の通り正しい。国民年金法第7条国民年金の被保険者は日本国内に住所を有する20歳以上60歳未満と規定され、また、第8条では、資格取得の時期として20歳に達したとき、と規定されている。なお、学生については、申請により在学中の保険料の納付が猶予される「学生納付特例制度」が設けられている。

B ✕ 老齢基礎年金の支給開始年齢は原則、65歳である。しかし、60歳から65歳までの間に受給開始時期を繰り上げる「繰上げ受給」や、66歳から75歳までの間に受給開始時期を繰り下げる「繰下げ受給」の制度もある。

C ✕ 第2号被保険者の被扶養配偶者は第3号被保険者である。

問題10　　　　正答　3

1 ✕ 要介護認定・要支援認定は認定調査として市町村が行う。また、審査判定業務のため市町村に介護認定審査会を置くこととなっている。

2 ✕ 介護保険の第2号被保険者とは、40歳以上65歳未満の健保組合、全国健康保険協会、市町村国保などの医療保険加入者である。設問の内容は第一号被保険者のものである。

3 ○ 要介護認定・要支援認定は、初回認定が原則として6か月間、継続認定が原則として12か月となっている。その他、介護認定審査会の意見に基づき必要と認める場合、有効期間を原則よりも短く、または長く定めることがある。

4 ✕ 介護認定審査会は保健、医療、福祉に関する学識経験者によって構成される合議体であり、民生委員の参加は規定されていない。

5 ✕ 介護保険制度の保険者は全国の市町村および特別区（東京23区）である。

問題11		正答	4

A ✕ インテークとは、課題や問題を抱える人と最初の面接や相談をすることである。

B 〇 設問の通り正しい。アセスメントに基づき、問題解決に向けての支援計画等を行うことである。

C ✕ モニタリングとは、利用者への支援計画に基づく支援（サービス）が行われた状況（結果など）を確認することである。

D 〇 設問の通り正しい。支援計画やそれに基づく支援の最終的な評価を行うことである。

問題12		正答	3

A 意図的

B 個人

C 効果的

G.コイルによって、グループワークが理論化・体系化され、1935年にアメリカの全国社会事業会議（NCSW）がグループワーク部会を設置し、グループワークがソーシャルワークの一つに認められている。コノプカはグループワークの14の基本原則を整理している。

問題13		正答	5

A ✕ アドボカシーとは、社会改善を促したり政策提言を行ったりすることである。また、社会的に弱い立場の人たちの権利擁護や主張の代弁の意味もある。

B ✕ アウトリーチとは、本来支援が必要であっても支援が行き届いていない、あるいは、声を上げることができない人に対して、支援者が直接出向き積極的に働きかけることである。

C ✕ ケアマネジメントとは、介護や支援が必要な人に対して、その人の生活状態や心身の状況を踏まえて、その人が望む生活が送れるように支援する仕組みである。介護保険制度でケアマネジメントが導入された。

問題14		正答	1

A 〇 設問の通り正しい。事実確認や関係者の情報共有、課題の検討などさまざまな話し合いが行われる。

B 〇 設問の通り正しい。状況確認では、問題状況などの把握や問題が悪化している時など否定的なことについても確認する。

C 〇 設問の通り正しい。家族関係や間柄など問題解決に向けての検討なども行う。

D 〇 設問の通り正しい。支援目標は今の問題解決だけでなく、将来の生活なども視野に入れた支援を検討する。

問題15		正答	5

A ✕ パールマンは「4つのP」として人、問題、場所、過程など個人を取り巻く環境に着目した問題解決アプローチを提唱している。

B ✕ ホリスは、「状況の中にある人」の視点から人と環境の関係について、個人の人格が社会環境によって形成される過程を指摘した心理社会的アプローチをまとめている。

C 〇 設問の通り正しい。ジャーメインとギッターマンは生態学視点を基盤としている。

問題16		正答	2

A 〇 設問の通り正しい。児童養護施設、乳児院、母子生活支援施設など社会的養護関係施設は3年に1度の受審が義務化されている。

B 〇 福祉サービス第三者評価事業の普及促進等は、国の責務である。

C ✕ 福祉サービス第三者評価の結果の公表は、市町村ではなく、福祉サービス第三者評価事業の推進組織が実施する。

D ✕ 都道府県における福祉サービス第三者評価事業の推進組織は、都道府県、都道府県社会福祉協議会、公益法人または都道府県が適当と認める団体が評価する仕組みである。

問題17　　　正答　2

A ○ 設問の通り正しい。社会福祉法第2節「福祉サービスの利用の援助等」に規定されている。

B × 福祉サービス利用援助事業は第二種社会福祉事業である。

C ○ 設問の通り正しい。社会福祉法第81条に規定されている。

D × 福祉サービス利用援助事業は、市町村社会福祉協議会に申し込むことになっている。

問題18　　　正答　4

A 社会、経済、文化

B 選択の機会

C 意思疎通

障害者基本法は、障害のある人の法律や制度について基本的な考え方を示している。同法第1条に「すべての国民が、障害の有無にかかわらず、等しく基本的人権を享有するかけがえのない個人として尊重されること、障害の有無によって分け隔てなく人格と個性を尊重しながら共生する社会を実現するために、障害者の自立及び社会参加の支援等のための施策に関し、基本原則を定め、及び国、地方公共団体等の責務を明らかにするとともに、障害者の自立及び社会参加の支援等のための施策の基本となる事項を定めること等により、障害者の自立及び社会参加の支援等のための施策を総合的かつ計画的に推進することを目的とする」と規定されている。

問題19　　　正答　1

A ○ 正しい。児童福祉法第43条に規定されている。

B × 基幹相談支援センターは障害者支援を行う施設で、全国の市町村に設置されている。障害者総合支援法第77条の2で規定されている。

C × 障害者就業・生活支援センターは、障害者の雇用の促進等に関する法律第4節「障害者就業・生活支援センター」に規定されている。

D ○ 正しい。精神保健及び精神障害者福祉に関する法律第2章「精神保健福祉センター」に規定されている。

問題20　　　正答　5

A × 高齢社会対策会議の設置については、高齢社会対策基本法第15条に規定されている。

B ○ 正しい。子ども・子育て会議の設置については、子ども・子育て支援法第72条に規定されている。

C × 子どもの貧困対策会議の設置については、子どもの貧困対策の推進に関する法律第15条に規定されている。

D ○ 正しい。少子化社会対策会議の設置については、少子化社会対策基本法第18条に規定されている。

教育原理

問題1　　　正答　4

「幼稚園は、義務教育及びその後の教育の基礎を培うものとして、幼児を保育し、幼児の健やかな成長のために適当な環境を与えて、その心身の発達を助長することを目的とする」と定めているのは、「学校教育法」第22条である。よって、4が正しい。

問題2　　　正答　3

「教育基本法」第4条において、「すべて国民は、ひとしく、その能力に応じた教育を受ける機会を与えられなければならず、人種、（信条）、性別、社会的身分、（経済）的地位又は門地によって、教育上差別されない」と定められている。

また、同条第2項において、「国及び地方公共団体は、（障害）のある者が、その（障害）の状態に応じ、十分な教育を受けられるよう、教育上必要な支援を講じなければならない」と定められている。さらに同条第3項において、「国及び地方公共団体は、能力があるにもかかわらず、（経済）的理由によって修学が困難な者に対して、奨学の措

置を講じなければならない」と定められている。

よって、3が正しい。

問題3 　　　　　　　　　　　　　　　　　　　　　　　　　　　　　　正答　4

1 ×　ルソーは、子どもは「小さなおとな」ではなく独自の発達段階があり、価値のある人間であると考えた人物（子どもの発見）であるため、問題文とは合致しない。

2 ×　ペスタロッチは、コメニウスの直観教授を発展させ、教育は子どもにはじめから備わっている諸能力を内部から発展させる（生活が陶冶する）と考えた人物であり、問題文とは合致しない。

3 ×　モンテッソーリは、「子どもの家」の指導を引き受けた女性医師であり、その実践報告「モンテッソーリ・メソッド」で著名な人物であり、問題文とは合致しない。

4 ○　デューイは、学習者自らの生活経験から問題を発見し、実践的に解決する作業を通して知識を修得していく「問題解決学習」を提唱した人物であり、問題文に合致する。

5 ×　ブルーナーは、「発見学習」を提唱した人物であり、問題文とは合致しない。

問題4 　　　　　　　　　　　　　　　　　　　　　　　　　　　　　　正答　4

A 空海　「一般の庶民にも開かれた教育機関である綜芸種智院を設立し、総合的な人間教育をめざした」人物は、空海である。

B 石田梅岩　「町人社会における実践哲学である石門心学を創始し」、「子どもの教育の可能性、子どもの善性を説く大人の役割について言及」した人物は、石田梅岩である。

なお、最澄（767～822年）は、767年に近江国（現在の滋賀県）に生まれ、804年に遣唐使の一人として中国に渡り、天台宗を学んだ。翌年に帰国した後は、比叡山延暦寺を建立するなど、天台宗を日本に広める活動を展開していった（天台宗の開祖）。

大原幽学（1797～1858年）は、江戸時代の農政学者で、幕末にかけて農民の教化と農村改革運動を展開（先祖株組合＝現在の農業協同組合にあたるものを世界で初めて創設）した人物である。

広瀬淡窓（1782～1856年）は、江戸時代の儒学者で、豊後国日田郡（現在の大分県）に生まれ、入門時に年齢、学歴、身分の三つを問わないとする「三奪の法」や、月ごとの成績によって等級を分ける「月旦評」など独自の取り組みを展開した私塾・咸宜園を開いた人物である。

問題5 　　　　　　　　　　　　　　　　　　　　　　　　　　　　　　正答　3

1 ○　正しい。「幼稚園教育要領」第1章「総則」、第4「指導計画の作成と幼児理解に基づいた評価」、4「幼児理解に基づいた評価の実施」の（1）で述べられている。

2 ○　正しい。「幼稚園教育要領」第1章「総則」、第4「指導計画の作成と幼児理解に基づいた評価」、2「指導計画の作成上の基本的事項」の（2）ウで述べられている。

3 ×　「幼稚園教育要領」第1章「総則」、第4「指導計画の作成と幼児理解に基づいた評価」、3「指導計画の作成上の留意事項」の（6）において、「幼児期は直接的な体験が重要であることを踏まえ、視聴覚教材やコンピュータなど情報機器を活用する際には、幼稚園生活では得難い体験を補完するなど、幼児の体験との関連を考慮すること」と述べられている。

4 ○　正しい。「幼稚園教育要領」第1章「総則」、第4「指導計画の作成と幼児理解に基づいた評価」、3「指導計画の作成上の留意事項」の（3）で述べられている。

5 ○　正しい。「幼稚園教育要領」第1章「総則」、第4「指導計画の作成と幼児理解に基づいた評価」、3「指導計画の作成上の留意事項」の（4）で述べられている。

問題6 　　　　　　　　　　　　　　　　　　　　　　　　　　　　　　正答　4

A 生活科

B 幼児期の教育

C 遊び

「小学校学習指導要領」では、「低学年における教育全体において、例えば（生活科）において育成する自立し生活を豊かにしていくための資質・能力が、他教科等の学習においても生かされるようにするなど、教科等間の関連を

積極的に図り、（幼児期の教育）及び中学年以降の教育との円滑な接続が図られるよう工夫すること。特に、小学校入学当初においては、幼児期において自発的な活動としての（遊び）を通して育まれてきたことが、各教科等における学習に円滑に接続されるよう、（生活科）を中心に、合科的・関連的な指導や弾力的な時間割の設定など、指導の工夫や指導計画の作成を行うこと」と述べられている。

問題7　正答　5

A 学制

B 森有礼

1872（明治5）年に交付され、学区制度と単線型の学校制度を構想したのは「学制」である。「教育令」は、1879（明治12）年に公布されたもので、全国画一的で中央集権的な「学制」と比べて、教育の権限を大幅に地方に委譲する内容だった。

なお、伊藤博文（1841〜1909年）は、吉田松陰に師事し、高杉晋作らとともに尊王攘夷運動に挺身した。1885（明治18）年に内閣制度を創設し、初代内閣総理大臣に就任した人物である。

西村茂樹（1828〜1902年）は、少年期より儒学・砲術を学び、1873（明治6）年に文部省に出仕し、編書課長として教科書や辞書の編纂に携わった。『日本道徳論』などを発表し、儒教中心・皇室尊重の国民道徳の普及に努めた。

問題8　正答　2

A ○　「子ども・子育て支援法」第7条において、幼稚園は「教育・保育施設」とされている。

B ○　「子ども・子育て支援法」第7条において、保育所は「教育・保育施設」とされている。

C ○　「子ども・子育て支援法」第7条において、認定こども園は「教育・保育施設」とされている。

D ✕　「子ども・子育て支援法」第7条において、小規模保育は「教育・保育施設」とされていない。

E ✕　「子ども・子育て支援法」第7条において、地域子育て支援センターは「教育・保育施設」とされていない。

問題9　正答　4

A ✕　「質の高い教育をみんなに」は、SDGsの目標（4）として掲げられているが、正しくは「すべての人に包括的かつ公平で質の高い教育を提供し、生涯学習の機会を促進する」である。「初等教育レベルの学力を獲得する」という部分が誤りである。

B ○　正しい。SDGsの目標（5　ジェンダー平等を実現しよう）である。

C ○　正しい。SDGsの目標（3　すべての人に健康と福祉を）である。

問題10　正答　5

A キャリアアップ

B 家庭教育支援

日本の子どもの貧困率は13.5％で7人に1人が貧困状態にあり、2013（平成25）年に「子どもの貧困対策の推進に関する法律」が制定され、翌年には「子供の貧困対策に関する大綱」が閣議決定された。2019（令和元）年には、新たに「子供の貧困対策に関する大綱〜日本の将来を担う子供たちを誰一人取り残すことがない社会に向けて〜」が閣議決定され、子どもの教育や生活等への経済的支援が掲げられた。

社会的養護

問題1　正答　1

この図は、2016（平成28）年の児童福祉法改正で、国・地方公共団体の責任として「家庭と同様の環境における養育の推進」が示されたときに使われた図である。その中で、養子縁組、小規模住居型児童養育事業、里親は、家庭と同様の養育環境とされている。施設（小規模型）は、良好な家庭的環境として位置付けられている。よって、選択肢1が正しい。

問題2	正答 3

1 ✕ この調査結果によると、6歳未満で入所した児童は50.2%である。

2 ✕ この調査結果によると、児童の平均在所期間は、5.2年である。

3 ◯ この調査結果によると、児童の入所経路は、家庭からが62.1%である。

4 ✕ この調査結果によると、障害等を有する児童は、36.7%である。

5 ✕ この調査結果によると、虐待を受けた経験がある児童は65.6%で、その中で心理的虐待は26.8%、身体的虐待は41.1%、性的虐待は4.5%、ネグレクトは63.0%である。

問題3	正答 1

「里親及びファミリーホーム養育指針」では、家庭養護の要件が5つ提示されている。その5つとは、①一貫かつ継続した特定の養育者の確保、②特定の養育者との生活基盤の共有、③同居する人たちとの生活の共有、④生活の柔軟性、⑤地域社会に存在、である。よって、1が正しい。

問題4	正答 3

児童養護施設運営ハンドブックは、運営指針の解説書として作成されている。総論と各論に分けられ、各論は、①養育・支援、②家族への支援、③自立支援計画、記録、④権利養護、⑤事故防止と安全対策、⑥関係機関連携・地域支援、⑦職員の資質向上、⑧施設の運営から構成されている。問題に引用されているのは、「3. 自立支援計画、記録」の「2）子どもの養育・支援に関する適切な記録」の85ページの内容である。記録は他の職員に事実を伝える大切な役割があるため、客観的に記述される必要がある。そのためにも、支援者は自身の価値観や特性など自己覚知に努めることが求められる。よって、3が正しい。

問題5	正答 4

C 「児童の権利に関する条約」（国連）は、1989年に国連で採択され、日本は1994年に批准した。

D 「児童の代替的養護に関する指針」（国連）は、2009年に出された。

A 「社会的養護の課題と将来像」（児童養護施設等の社会的養護の課題に関する検討委員会・社会保障審議会児童部会社会的養護専門委員会）は、2011年に発表された報告書である。

B 「新しい社会的養育ビジョン」（新たな社会的養育の在り方に関する検討会）は、2017年に公表された。

よって、C→D→A→Bとなり、正解は4である。

問題6	正答 4

アタッチメントとは、特定の人と結ぶ情緒的な関係性のことである。回避型アタッチメントの場合、人と距離をとる傾向があるので、養育者と分離後、一貫して再会してもあまり気にしていないような傾向がみられる。無秩序型アタッチメントの場合、養育者との分離時や再会時に、固まったり近づいたと思ったら離れたり、一貫性がない傾向がみられる。よって、正解は4である。

問題7	正答 2

1 ◯ 乳児院での保育士配置は義務ではないが、看護師の代わりに保育士または児童指導員を置くことができる。この問いは、「配置される職員」と義務的配置だけを指していないので、適切な解答となる。

2 ✕ 少年を指導する職員は、母子生活支援施設に配置されている。

3 ◯ 家庭支援専門相談員は義務的配置である。

4 ◯ 里親支援専門相談員は2012（平成24）年の児童家庭福祉局長通知にて配置が通達されている。

5 ◯ 看護師は義務的配置である。

問題8　　　　正答　5

1 ✕　この説明文は、アセスメントについての記述である。

2 ✕　この説明文は、グループワークについての記述である。

3 ✕　この説明文は、エンパワメントについての記述である。

4 ✕　この説明文は、生活場面面接についての記述である。

5 ◯　この説明文は、パーマネンシー・プランニングについての記述である。

問題9　　　　正答　2

F君の行動だけを捉えて、強く叱責するのではなく、攻撃的な行動をとるようになった原因を考えることが大切である。自分の家族が面会にきてくれない悲しさから発せられているものであることを理解し、H保育士はF君の感情に寄り添うことが求められる。また、なぜ面会が最近なくなっているか状況を把握する必要があるため、家庭支援専門相談員と協議することも求められる。よって、正解は2である。

問題10　　　　正答　3

A ✕　母子生活支援施設は利用契約方式のため、児童相談所の措置解除手続きの必要はない。

B ◯　自立した生活への支援として、退所後の支援計画を作成する必要がある。

C ◯　退所後に生活する地域において、この母子を見守ることができるようにネットワーク作りを行う必要がある。

D ✕　Lさんの現在の状況や母子関係から判断して、退所に適切な時期であると考えられるため、退所を思いとどまるように指導することは誤りである。しかし、Mちゃんの情緒面に関しては、関係機関と連携して、心理的ケアを始める必要がある。

子どもの保健

問題1　　　　正答　4

A エ　信頼関係

B イ　自己決定

C オ　利益

D キ　プライバシー

E ケ　秘密

保護者との相互の信頼関係が基本である。保護者と子どものプライバシーを保護する。知り得た事柄の秘密を保持する。また、子どもの利益に反しないことが必要である。

問題2　　　　正答　2

A ◯　子どもの生命を守り、子どもが快適に、健康で安全に過ごすことができるようにすることは大切である。

B ◯　子どもの生理的欲求が十分に満たされ、健康増進が積極的に図られるようにすることは大切である。

C ◯　一人ひとりの子どもの健康状態や発育及び発達状態を把握することは大切である。

D ✕　子どもの生活リズムを整えることは大切だが、保育所の生活に合わせて、家庭での生活リズムを変えるよう指示する必要はない。

問題3　　　　正答　1

A ◯　虐待によって身長が伸びないなどの成長不全が見られることがある。

B ◯　虐待によって、知的発達の阻害が起こることがある。

C ◯　虐待によって、対人関係の障害、低い自己評価、行動コントロールの問題が起こることがある。

| 問題4 | 正答 | 4 |

A ✕ 子どもの年齢が低いほど、新陳代謝は高い。

B ○ 乳幼児は成人に比べ、体重あたりの必要水分量や不感蒸泄量（ふかんじょうせつりょう）は多く、脱水になりやすい。

C ○ 出生後の肺呼吸の開始とともに、胎児循環（胎児に特有な血液の流れ）にある卵円孔は閉鎖し、動脈管は閉じる。

D ✕ 乳児の呼吸は、幼児に比べると速い。

E ○ 体温には日内変動があり、夕方の方が高くなるが、乳幼児でははっきりしないこともある。

| 問題5 | 正答 | 3 |

1 ✕ 子どもの場合、体温が高めでも、37.5℃以下で食欲があって機嫌が良ければ問題ない。

2 ○ 前の晩に熱が出て解熱剤を使ったときは、朝の体温が平熱でも登園は控えてもらう。

3 ○ 伝染性膿痂疹（のうかしん）の浸出液（しんしゅつえき）が多く、ガーゼで覆い切れていない時は、他者への感染の恐れがあるため、登園を控えてもらう。

4 ✕ ゼーゼーという音が聞こえていたという文言から、咳の原因は他者への感染の恐れがない喘息等であると考えられる。前の夜に咳が出ていても朝になって動いても咳がなければ問題ない。

5 ○ 昨日に嘔吐と下痢があって、今朝の食欲が回復していなければ、登園を控えてもらう。

| 問題6 | 正答 | 3 |

A イ 水痘では水疱が見られる。

B エ 溶連菌感染症は春先が多く、イチゴ舌が見られる。

C ア 伝染性紅斑では、手足にレース様の紅斑が見られる。

D オ 風しんでは、水疱はない。また、妊娠時に風しんにかかると、先天性風しん症候群を起こす場合がある。そのため、妊娠前の女性や風しんのワクチンを接種していない男性等に風しんワクチンの接種を検討するよう呼びかけられている。

E ウ 咽頭結膜熱では、発しんはない。夏季に多く見られ、プール熱とも呼ばれる。

| 問題7 | 正答 | 3 |

A 85 ノロウイルスを死滅させるためには、85℃以上で90秒以上加熱する。

B 次亜塩素酸ナトリウム 逆性石鹸ではノロウイルスは死滅しない。また、逆性石鹸ではガスは発生しない。

C 塩素ガス 次亜塩素酸ナトリウムで発生するのは塩素ガスである。

| 問題8 | 正答 | 3 |

A ○ 日焼け止めは、毎晩落とすことが大切である。

B ✕ 日焼け止めは、二度塗りしたからといって終日効果があるとは限らない。

C ✕ 子どもは新陳代謝は盛んだが、紫外線の影響は何年か経ってからも現れる。

D ○ 日焼け止めの効果や特徴は、商品によって異なる。肌への負担や防水性など、目的に合わせた日焼け止めを選ぶとよい。

| 問題9 | 正答 | 4 |

A ✕ 水いぼの病原体はポックスウイルスである。

B ✕ 「保育所における感染症対策ガイドライン」においても、プールの水では感染しないので、プールに入っても構わないと明記されている。ただし、タオルの共有等を行うと他者への感染の可能性がある。

C ○ 水いぼの中の白色の物質に病原体がいるので、引っ掻いたりしたときに、他の皮膚に付着しないようにする。

D ○ 水いぼは、自然治癒することが多い。

問題10　　　　　　　　　　　　　　　　　　　　　　　　　　　　正答　3

A ○ プールは、十分な監視体制ができない時は、行ってはならない。

B ✕ 普段食べている物でも食べ物の大きさが大きかったり口に詰め込んだりすると窒息することがある。

C ✕ 食物アレルギーがある子ども用の代替食は、他の子どもの食事と混同しないような配慮が必要である。

D ○ 食事の際には、汁物などを適当に与える。

問題11　　　　　　　　　　　　　　　　　　　　　　　　　　　　正答　3

A ○ 3歳の時点で二語文が出ないときには、言語発達遅延を疑う。

B ✕ 選択的緘黙は、家庭など慣れている人には会話をすることができる。

C ○ 吃音は6歳すぎまで見られる場合が多い。

D ✕ 幼児期に吃音があっても大人になってからの言語能力には関係ない。

E ○ 音声チック症では、設問文の内容の他、咳払い、鼻すすりなどが見られる。

問題12　　　　　　　　　　　　　　　　　　　　　　　　　　　　正答　2

A ○ 音声チック症で咳が長く続くこともある。

B ✕ 抜毛症は容姿を気にしたからといって解消するものではない。

C ✕ 夜尿症は夜間の排尿誘導をすると固定化するので、推奨されない。

D ○ 精神障害の国際的な診断基準を提供しているDSM-5では、吃音も神経発達症の一部と考えられている。

E ✕ 身体の痛みは、精神的な要因によっても起こる。

問題13　　　　　　　　　　　　　　　　　　　　　　　　　　　　正答　4

A ✕ 本人の思い通りにばかりさせていると集団生活をすることができず、かんしゃくを起こすことが治らなくなる。

B ✕ IQが正常域でも集団生活がうまくできないことに対する配慮が必要である。

C ✕ 言葉での説明では納得が得られないことが多いので、大きな声で説明することは適さない。

D ○ 絵に描いて説明すると理解を得られやすい。

E ✕ 友達と仲良くするよう指導するだけではうまくいかず、どういう行動をとったらよいか具体的に指導する。

問題14　　　　　　　　　　　　　　　　　　　　　　　　　　　　正答　5

A ✕ 過去に発達の問題を指摘されたことがなく、対人関係にも問題がみられないことから、自閉スペクトラム症ではなく、不安神経症と考えられる。

B ✕ 保育室の玩具を新しいものに交換しても症状は改善と考えられる。

C ✕ 説明して制止しても改善と考えられる。

問題15　　　　　　　　　　　　　　　　　　　　　　　　　　　　正答　3

A ○ ネグレクトを受けている可能性があるという情報があるので、母親とS君の行動はよく観察する必要がある。

B ✕ 児童相談所から観察を求められており、気になる行動があるので、特に注意してモニターする必要がある。

C ○ 気になる行動は、児童相談所に報告して連携する必要がある。

D ○ できるだけ同じ保育士が保育を行って、本人の安心が得られるようにするとともに丁寧な行動観察が必要である。

問題16　　　　　　　　　　　　　　　　　　　　　　　　　　　　正答　1

A ○ 教室の音は、「普通に会話できる」状態が許容騒音範囲である。

B ○ 汚物で汚れた布類は、汚れを除いたのち、薄めた次亜塩素酸ナトリウムに浸す。

C ○ 蚊の発生予防は、水場をなくすことが大切である。

D ○ 保育室内のドアノブなどは、次亜塩素酸ナトリウムかエタノールで拭き掃除をする。

問題17	正答 2

A ○ 保育所保育指針の第3章「健康及び安全」において、「防火設備、避難経路等の安全性が確保されるよう、定期的にこれらの安全点検を行うこと」と記載されている。

B ✕ Aの解説の通り、消防設備や火気使用設備は保育所でも点検が必要である。

C ○ 避難経路になりうる場所に、避難を妨げるような物は置かないようにする。

D ✕ 「児童福祉施設の設備及び運営に関する基準」では、保育所に対し消防計画の作成について書かれている。

問題18	正答 4

A ✕ 胸骨圧迫30回に対し、人工呼吸を2回行う。

B ○ 胸骨圧迫を行うときは、背中に硬い板を入れるか、床の上で行う。

C ✕ 呼吸が回復してもAEDが必要になることがあるので、電源は切らない。

D ○ 小児用の電極パットがないときは、大人用の電極パットを用いることができる。

問題19	正答 1

A ○ 大人数における長時間に及ぶ飲食では感染リスクが高まるので控える。

B ○ マスクなしで近距離で15分以上会話すると濃厚接触者となり感染リスクが高まる。

C ○ 狭い空間での共同生活では、感染リスクが高まるので、定期的な空気の入れ替え、換気が必要である。

D ○ 居場所が切り替わったときに、注意する視点が変わったり、前にその居場所を使用していた人も入れ替わるので感染リスクが高まることがある。

問題20	正答 4

A ✕ 「エピペン」は、アナフィラキシーを起こしたことがある子どもがいる場合は、あらかじめ用意しておき、保育所でも使用しなければならない時がある。

B ○ 医療ケア児といっても、心身の状態や必要なケアは様々であり、個別的配慮が必要になる。

C ○ 段差解消スロープの設置は、車いすで過ごす子どもの障壁を取り除くことにつながると考えられ、合理的配慮といえる。

D ○ 慢性疾患の子どもを預かる際には、与薬依頼票を入手し服薬の情報を把握しておくことが大切である。

E ✕ 医療的ケアを行う場合、主治医には事前に連絡する。

子どもの食と栄養

問題1	正答 1

1 ✕ 離乳食の開始時期は、「6か月」と回答した者の割合は44.9%で最も高かった。次いで生後5か月と回答した者の割合が高く、40.7%であった。

2 ○ 授乳期の栄養方法は母乳の栄養の割合が増加し、生後1か月では51.3%、生後3か月では54.7%であった。混合栄養を含めると母乳を与えている割合は生後1か月で96.5%、生後3か月で89.8%であった。

3 ○ 妊娠中に、ぜひ母乳で育てたいと思った割合は43%、母乳が出れば母乳で育てたいと思った割合は50.4%であり、合わせると「母乳で育てたい」と思った者の割合は90%を超えていた。

4 ○ 授乳について困ったことでは、「母乳が足りているかどうかわからない」と回答した者は、母乳栄養で31.2%、混合栄養で53.8%と最も高かった。次いで「母乳が不足気味」という回答が多かった。

5 ○ 離乳食で約75%の保護者が困りごとを抱えていた。一番多かったのは「作るのが負担、大変」で33.5%、

次いで「モグモグカミカミが少ない」で28.9%、「食べる量が少ない」21.8%の順であった。

問題2 　　　　　　　　　　　　　　　　　　　　　　　　　　　　　　　正答 2

A ○ 通常はマグネシウムを摂り過ぎた場合は、過剰分は尿中に排出されるが、食事以外のサプリメント等で過剰に摂取すると下痢を引き起こす。マグネシウムには骨の形成・筋肉収縮・神経系の機能維持等の働きもある。

B ○ カリウムは浸透圧の維持、筋肉の機能維持、神経の興奮・伝達に関与する働きがある他に、腎臓でナトリウムの再吸収を抑制して、尿中への排泄を促進する働きがある。

C × ナトリウムの欠乏症としては、食欲減退や脱力感が挙げられる。ナトリウムは摂りすぎに注意するように気を付けるが、運動の後などで汗が多量に出たときには、塩分補給が必要な場合もある。

D ○ カルシウムは骨や歯の形成や神経の興奮伝導に関わる重要な栄養素であり、不足するとくる病や骨粗しょう症等の原因になる。日本人に不足しがちな栄養素である。牛乳や骨ごと食べられる小魚に多く含まれる。

E × 通常の食生活において鉄の過剰摂取はほとんどないが、サプリメントや鉄分を強化した食品の摂り過ぎにより、便秘・胃腸障害が起こることがある。幼児では鉄剤やサプリメントの誤飲で急性鉄中毒を起こすことがある。

問題3 　　　　　　　　　　　　　　　　　　　　　　　　　　　　　　　正答 4

A × 脂質は炭素・水素・酸素から構成されて水には溶けない化合物である。脂質は中性脂肪・リン脂質・脂肪酸などからなる。窒素を含むのはたんぱく質である。

B ○ エネルギー源になる栄養素は、糖質・たんぱく質・脂質の3種があり、糖質とたんぱく質が1gあたり4kalに対し、脂質は1gあたり9kalのエネルギーに変換される。効率の良いエネルギー源である。

C ○ 多価不飽和脂肪酸の一つである魚油には、エイコサペンタエン酸（EPA）とドコサヘキサエン酸（DHA）があり、動脈硬化や血栓を防ぐ作用があるので注目されている。

D × リノール酸は植物油に多く含まれる不飽和脂肪酸で、必須脂肪酸である。人間の体内で作ることができないので食物から摂取する。不足すると皮膚障害が起こる。また血中コレステロールを上げにくいという特徴がある。

問題4 　　　　　　　　　　　　　　　　　　　　　　　　　　　　　　　正答 5

A × 焼く・揚げる・炒めるなど水を利用しない加熱操作を乾式加熱という。対して茹でる・煮る・蒸す・炊くなど水を媒体に熱を伝える操作を湿式加熱という。

B × 電子レンジは紫外線ではなく電波によって加熱する。食品に含まれる水の分子にマイクロ波を照射することで、水の分子が振動し摩擦熱で食品が温められる。

C × 計量スプーンの小さじ1は体積5cc（ml）をはかることができる。物質により体積5ccの重量は異なるので、調味料などの体積を量るときに使う。大さじ1は、体積15ccである。

D ○ 手指に化膿している傷があると、化膿創に存在するブドウ球菌によって食中毒が起こる可能性がある。ブドウ球菌は自然界に広く分布し、健康な人の皮膚やのどにも存在するが傷口には多数存在する。

問題5 　　　　　　　　　　　　　　　　　　　　　　　　　　　　　　　正答 5

A エ 深川めしは東京都深川の郷土料理である。アサリ・ハマグリ・アオヤギなどの貝類とネギなどの野菜を煮込んだ汁物を米飯にかけたり、炊き込んだりして食べる。

B ウ せんべい汁は青森県八戸市で古くから愛されている郷土料理である。ごぼう・人参・長ネギ・鶏もも肉・干しシイタケなどと南部せんべいを入れる。

C ア ほうとうは山梨県の郷土料理である。小麦粉を練り平らに切ったほうとう麺をたっぷりの具材とともにみそ仕立ての汁で煮込む。打ち粉を付けたまま煮込むので、汁は粘性があり、冷めにくく身体が温まる。

D イ がめ煮とは福岡県の郷土料理である。がめり込む（寄せ集める）という方言があるが、筑前煮に似ている。鶏肉・大根・里いも・人参・ごぼう・レンコン・干しシイタケ・こんにゃくなどの煮込み料理である。

問題6 正答 4

A ✕ 乳児用調整乳は「特定用途食品」に区分されて、消費者庁の許可を得て販売される。「特定保健用食品」ではない。双方の違いを理解したい。

B ○ 液体ミルクは、未開封であれば常温保存が可能である。販売各社により期間は異なり6〜18か月の長期保存ができる。そのまま使用できる利点がある。開封後は保存期間が短いので注意する。

C ✕ 無乳糖乳は、乳児用調整粉乳から乳糖を除去して、ブドウ糖に置き換えた育児用粉乳である。乳糖不耐症などの乳児に用いる。他の栄養素は変わりなく含んでいる。医師の指示があれば市販のものを購入できる。

D ○ フォローアップミルクは、9か月以降に育児用ミルクから牛乳に切り替える時期に、乳児・幼児用ミルクとして用いるが、離乳が順調に進んでいる場合は、用いる必要はない。

問題7 正答 4

A 歯ぐきでつぶせる 離乳後期とは9〜11か月頃になる。全粥から軟飯、柔らかく煮た野菜や煮魚、柔らかく細かくした肉、豆腐、全卵2分の1くらいが食べられるようになる。

B 3 離乳食後期になると1日3回食に進めて生活のリズムを作れるように工夫するとよい。家族と一緒にテーブルを囲むなど共食を通じて食の楽しい体験を積み重ねる。

C 左右非対称 離乳食後期はカミカミ期という表現もされるようにカミカミしているように見えるが、歯ぐきでつぶしているので、口唇の端が横に動くなど左右非対称の動きとなる。

D 1歳 はちみつの中にはボツリヌス菌が混入している場合があるが、乳児は消化管の発達がまだ未熟なため、1歳未満でははちみつの摂取を控える。

問題8 正答 4

A ✕ 幼児期は身体の大きさに対してエネルギーや栄養素の必要量が多いが、胃袋が小さく消化機能が未熟なため不足分を間食で補う必要がある。したがって間食も栄養価を考える。

B ○ 幼児の間食は、生活に休息を与え、気分転換の場となる役割をもつ。子どもにとっても楽しみな時間であり、食に対する興味関心を高め、精神的安定感や社会性を育む働きもある。

C ✕ 幼児期の間食は1日の摂取エネルギーの10〜20%程度にとどめる。1〜2歳は午前午後で合計2回、3〜5歳は午後1回与えるのが望ましい。

D ○ 幼児の間食は時間を決めて、規則的に与えるとよい。甘い物を少なくして栄養価のある物を選んで間食を与えている場合には虫歯になる幼児が少ない。

問題9 正答 3

A イ 食物繊維は、ヒトの消化酵素で消化されにくい成分である。摂取が足りないと、便秘・痔・腸内環境の悪化が起こりやすく、摂りすぎると下痢や鉄・カルシウム・亜鉛の吸収が妨げられる。

B ウ 食物繊維は、水溶性食物繊維と不溶性食物繊維に分別される。水溶性食物繊維は食後の血糖値の上昇を抑え、血液中のコレステロール上昇を抑制する。不溶性食物繊維は、便秘改善や腸内の有害物質の対外排出に働く。

C オ 「日本人の食事摂取基準（2020年版）」において食物繊維は3歳以上で目標量が示されている。小児期の食習慣が成人後の循環器疾患に影響する可能性を考慮して設定されている。

問題10 正答 2

A ○ 成人で腹囲が男性85cm以上、女性90cm以上、内臓脂肪蓄積100m^{2}以上相当であり、脂質異常・高血圧・高血糖の3項目のうち2項目以上が該当した場合にメタボリックシンドロームと判定される。動脈硬化のリスクを高める。

B ✕ 高齢期における過剰栄養は、メタボリックシンドロームに相当するようであれば、健康上好ましくないので気を付けなければいけないが、身体機能低下を誘導して、フレイルを引き起こすことはない。

C ○ 令和元年国民健康・栄養調査結果の概要によると、20歳以上の者における食塩摂取量の平均値は減少傾向にあるが、全体平均では男性10.9g、女性9.3gで目標量の8gを超えて摂取している。

D × 令和元年国民健康・栄養調査結果の概要によると、20歳以上の者における野菜摂取量の平均値は、男性は70歳以上が一番多く322.9g、女性は60〜69歳が一番多く309.8gであり、目標値350gを超えていない。

問題11　　　　　　　　　　　　　　　　　　　　　　　　　　　正答 **1**

A ビタミン・ミネラル　　生体機能を調節・維持する働きのあるビタミンやミネラルは不足しがちである。すべての栄養素をバランスよく摂取するためには、副菜で補う必要がある。

B 葉酸　　妊娠時には胎児の成長に伴い鉄分が不足する傾向にあり、貧血症状に注意が必要である。同様に葉酸も胎児の身体づくりに欠かせない栄養素であるので非妊娠時よりも付加量を加えて摂取する必要がある。

C 神経管閉鎖障害　　妊娠初期に脳や脊髄などのもととなる神経管がうまく形成されず、きちんと管にならないことが原因で起こる障害のことである。妊娠前から葉酸をしっかり摂取することでリスクが低減できる。

問題12　　　　　　　　　　　　　　　　　　　　　　　　　　　正答 **3**

1 × 食と人間関係―自立心を育て、人と関わる力を養う。身近な人と一緒に食べる楽しみを味わい、愛情や信頼感を持ち、食事に必要な基本的な習慣や態度を身につける。

2 × 食と文化―食を通じて人々が築き継承してきた様々な文化を理解し、つくり出す力を養う。いろいろな料理に出会い、発見を楽しみ、郷土への関心を持つ。食習慣、マナーを身につける。

3 ○ 食と健康―自らが健康で安全な生活を作り出す力を養う。できるだけ多くの種類の食べ物や料理を味わい、自分の体に必要な食品の種類や働きに気づいて摂取しようとする。

4 × いのちの育ちと食―食を通じて命を大切にする力を養う。自然の恵みと働くことの大切さを知り、感謝の気持ちを持って食事を味わい、全ての命を大切にする心を持ち、食材に対する感覚を豊かにする。

5 × 料理と食―料理に目を向けて、素材や調理に関心を持つ力を養う。身近な食材を使って調理を楽しみ、食事の準備から片付けまでの食事づくりに関わる中で食事にふさわしい環境を考える。

問題13　　　　　　　　　　　　　　　　　　　　　　　　　　　正答 **1**

A 食物アレルギー　　保育所には、その日によって体調不良の子が登園することもある。また、様々な食物アレルギーを持つ子もいる。また障害のある子も登園していて、一人ひとりの状況を把握する必要がある。

B 心身　　一人の子どもの心身の状態は毎日違うので、保護者からの連絡帳の記載や朝の体温を確認して、一人ひとりのその日の体調を把握することは重要である。体調の確認は保育所で安全に楽しく過ごす基本である。

C かかりつけ医　　かかりつけ医は一人の子どもの病歴や飲んだ薬などをカルテに記録しており、子どもの特性を把握している。必要なときには指示や協力を求めたい。

D 栄養士　　保育所の給食は外部委託の場合もあるが、栄養士が配置されている場合は、専門性を生かした食育などにも対応を図る。子どもたちが食を楽しみ、食に関心を高めることで心身の成長につなげたい。

問題14　　　　　　　　　　　　　　　　　　　　　　　　　　　正答 **5**

1 × プロビタミンとは生体内でビタミンに変わる物質のことをいう。問題文では、プロビタミンDではなくプロビタミンAが正しい。プロビタミンAであるβカロテンは効率よくビタミンAに変わり、ほうれん草や人参に多く含まれる。

2 × 日本食品標準成分表2020年版において、トマト・ほうれん草・かぼちゃは緑黄色野菜であるが、きゅうりはその他の野菜類に含まれている。

3 × 日本食品標準成分表2020年版において、大根は、白い根の部分はその他の野菜類に含まれ、葉の部分は緑黄色野菜に含まれている。

4 × 令和元年国民健康・栄養調査の概要(厚生労働省)によると、20歳以上のすべての年代において男女ともに、一日の野菜摂取量の平均値はその他の野菜の方が緑黄色野菜よりも多い。

509

5 ○ カロテンを含む緑黄色野菜は、6つの基礎食品群においては第3群に分類される。第1群はたんぱく質、第2群はカルシウム、第4群はビタミンC、第5群は糖質性エネルギー、第6群は脂肪性エネルギーを多く含む。

問題15	正答	2

A ○ 豆やナッツ類などの食品は、奥歯が生え揃わない幼児は噛み砕く力が十分でないために、のどや気管に詰まらせて、窒息や誤嚥のリスクがある。統計的に5歳以下の幼児に事故が多い。

B × 子どもに豆やナッツ類を与える場合に小さく砕いた場合でも気管に入り込んでしまうと、肺炎や気管支炎になるリスクがある。

C ○ 子どもにミニトマトやブドウ等の球状の食品を丸ごと食べさせた場合にのどに詰まって窒息するリスクがあるので、4等分する、調理して軟らかくするなどしてよく噛んで食べさせる。

D ○ 食べているときは、姿勢をよくする。物を口に入れたまま走ったり、笑ったり、泣いたり、声を出したりすると食べ物が詰まって窒息や誤嚥のリスクがあるので、食べることに集中させる。

E ○ 節分の豆まきは、日本の季節行事として慣習化しているが、自宅でも保育所でも幼児が誤って豆を口に入れて窒息や誤嚥をすることがないように、個包装の物を用いるなど工夫する。

問題16	正答	3

A イ 卵白 乳幼児に多い食物アレルギーの代表が卵・牛乳・小麦だが、鶏卵アレルギーは卵白のアレルゲンが主原因である。したがって、離乳食においては卵黄から始めて全卵へと進める。

B ウ 低下する オボムコイドとは、卵アレルギーを起こす卵たんぱく質成分の一つでアレルゲン活性が強く、加熱や消化酵素の影響を受けにくい。オボムコイド以外のたんぱく質は、加熱や調理条件によってアレルゲン性は低下する。

C キ カルシウム 牛乳アレルギーの場合に代替に豆乳を用いることができるが、カルシウムの含有量は牛乳は豆乳の3.5倍、鉄分の含有量は豆乳は牛乳の60倍である。

問題17	正答	2

A ○ 各家庭において離乳食を始めたら、食物アレルギーのアレルゲンとされる食品を一つずつ確認して、保護者は保育園などの施設と情報を共有しなければならない。アレルゲンとなる食物で未摂取の物があった場合には保護者は施設に伝えなければならない。

B ○ 保育所においては、食物アレルギーのある子どもの食事は、アレルゲンとなる食品の「完全除去」を基本とする。したがって、アレルゲンの「除去食」を配膳する。

C × 食物アレルギーのある子どもにおいて、年齢が進むにつれてアレルギーが改善される場合もある。除去していた食品を解除する場合には、文書を添えて保育所などの施設に申し入れる。口頭での申し出は止める。

D ○ 遊び道具や教材の中にも、アレルゲンを含む食材の使用がないか細心の注意を払い、食物アレルギーのある子どもが発症することがないようにそれぞれの子どもに応じた配慮が必要である。

問題18	正答	1

A ○ 体調不良のときには、消化の良いものを与える。豆腐や白身魚は適する。他にも食物繊維の少ない食品や脂肪の少ない食品を選び、小さく切って柔らかく煮て与えると良い。

B ○ 体調不良のときでも、水分補給を心がけなければならない。発熱・嘔吐・下痢などの症状がある場合や、食欲がない場合など水分が不足して脱水症状を起こす場合がある。脱水で失われやすいミネラル分を含み身体に吸収されやすい電解質液が良いが、白湯やほうじ茶などでも良い。

C ○ 体調不良のときには、消化器官に負担をかけないように油を使った料理は控えるようにする。脂肪分が少ない食品を選び、消化の良い料理を工夫する。

D ○ 香辛料を用いたり、甘味、塩味、酸味などが強いと、胃酸の分泌を高めるので体調不良の子どもの食事には適さない。味付けは、薄味とする。

| 問題19 | 正答 | 5 |

A ✕ 厚生労働省出典の「授乳・離乳の支援ガイド」によると、生後5〜6か月頃に離乳食を始めて、母乳やミルクは乳児が飲みたいだけ与えると示している。

B ○ 生後7〜8か月頃には、舌と上あごで食べ物を潰すことができるようになるので、その機能にふさわしい固さの離乳食を用意すると良い。

C ○ 生後12〜18か月は離乳食の完了期となるが、この頃には手づかみ食べが始まり、自分の手で食べ物を口に運び食べる楽しみを増やしていくようになる。

D ✕ 乳児の食物アレルギーの割合の多い卵は、卵白のたんぱく質にアレルゲンがあるので、離乳食では卵黄から摂取を始めて徐々に量を増やしながら全卵へと進めていく。

| 問題20 | 正答 | 2 |

A ○ ローレル指数は学童期の体格を評価するのに用いられ、体重(kg)÷身長(cm)^3×10で求める。

B ○ 骨量は成長期に増加し、20歳頃に最大骨量に達する。したがって思春期にカルシウムの摂取量が不足するような食生活を送ると、将来の骨粗しょう症の原因になる場合がある。

C ✕ 推定エネルギー必要量は、男性では15〜17歳が最大であるが、女性では12〜14歳が最大となる。

D ○ 日本人の食事摂取基準では、学童期の年齢区分を6〜7歳、8〜9歳、10〜11歳の3区分に定めている。

保育実習理論

| 問題1 | 正答 | 5 |

この曲は「思い出のアルバム」（作詞：増子とし、作曲：本多鉄磨）で、ハ長調の曲である。

ハ長調の主要三和音（主に使う和音）は、

ウ（ド・ミ・ソ）のC　Ｉの和音（始まりや終わりにも使用される安定した響き）

エ（ド・ファ・ラ）のF　Ⅳの和音（Ⅴの和音を装飾するはたらきがある（Ⅳの和音の次にⅤの和音へ進行することが多い）。

ア（シ・ファ・ソ）のG7（ソ・シ・レ・ファで構成、第5音レを省略している）
セブンスでもⅤの和音（Ⅴの和音は不安定で緊張感のある和音。Ⅴの和音の次はＩの和音に進行する）となる。ちなみにイは（ラ・ド・ミ）で構成されたⅥの和音。

A〜Dのメロディーからどの伴奏があてはまるか考えていくと、
Aはエ（メロディーのド・ラを含む和音）、
Bはウ（メロディーのソを含む和音）、
Cはア（メロディーのファ・レがある和音）、
Dはウ（イも考えられるが、前の小節Ⅴ和音とのつながりを考えるとウ）があてはまる。

Cア　Ⅴの和音　⇒Dウ　Ｉの和音の進行が望ましい。
よって正答は5である。

| 問題2 | 正答 | 5 |

A カ ff　　　　ff（フォルテッシモ）は「とても強く」を意味する音楽用語である。

B ク allegro　allegro（アレグロ）は「速く」を意味する音楽用語である。

C イ subito　subito（スビト）は「急に」を意味する音楽用語である。

D ウ accelerando　accelerando（アッチェレランド）は「だんだん速く」を意味する音楽用語である。

その他の音楽用語は次のような意味である。
allargando（アラルガンド）：強くしながらだんだん遅く
accent（アクセント）：めだたせて、強調して
crescendo（クレッシェンド）：だんだん強く
a tempo（ア　テンポ）：もとの速さで

511

| 問題3 | 正答 4 |

メジャーコードは、長三和音（根音＋長三度＋短三度の重なりで構成）である。

①から⑥を見ていくと、
① ラ（根音）＋ド（根音から数えて短三度）＋ミ（ドから数えて長三度）のAm
② ♭ミ（根音）＋ソ（根音から数えて長三度）＋♭シ（ソから数えて短三度）のE♭
③ ド（根音）＋ミ（根音から数えて長三度）＋♯ソ（ミから数えて三度）の増三和音　Caug
④ 転回して根音が一番上にあるので、戻して考える
　　レ（根音）＋ファ（根音から数えて短三度）＋ラ（ファから数えて長三度）のDm
⑤ 転回して根音が一番上にあるので、戻して考える
　　レ（根音）＋♯ファ（根音から数えて長三度）＋ラ（♯ファから数えて短三度）のD
⑥ 転回して根音が一番上にあるので、戻して考える
　　♭シ（根音）＋レ（根音から数えて長三度）＋ファ（レから数えて短三度）のB

②⑤⑥がメジャーコードとなり、正答は4である。

| 問題4 | 正答 4 |

この曲は「とんぼのめがね」である。
シャープが1つあるト長調から完全4度上の調は、ドから始まる「ハ長調」であり、ハ長調に移調したこととなる。
コードネームも、それぞれ完全4度上を考えればよい。
G（ソ）⇒C（ド）、D₇（レ）⇒G₇（ソ）、C（ド）⇒F（ファ）となり正答は4である。

| 問題5 | 正答 5 |

「おはながながいのね」の歌詞に合うリズムは1と5が考えられる。この曲は3拍子（1小節に4分音符が3つ入る）なので、正答は5である。なお、1のリズムは2拍子である。
この問題は歌いだしのリズム譜を選ぶ形で出題されている。歌詞とリズムの理解、拍子の感覚が求められている。

| 問題6 | 正答 4 |

この曲は「七つの子」（作詞：野口雨情、作曲：本居長世）である。♯が1つなのでト長調だとわかる。

A ✕ 各小節をみると、4分音符が4つ分入っているので、4拍子であることがわかる。

B ○ 野口雨情作詞、本居長世作曲の童謡は他に「赤い靴」「十五夜お月さん」「青い眼の人形」などがある。

C ✕ 長3度は鍵盤5つ分の距離がある。アのシとイのレの音程はシ・ド・♯ド・レと、鍵盤4つとなり、短3度である。音程は距離としてとらえ、黒鍵も数えることに注意したい。

D ✕ ♯が1つなのでト長調だとわかる。♯の調の場合、最後についている♯をチェック（ここではファ）すると2度上の音が調の主音（ここではファの2度上なのでソ）とわかる。主音を日本音名に直し、調号（♯や♭）がついているか確認する。ソの日本音名はトなので、この曲はト長調。ちなみにイ長調は♯が3つ（ファ・ド・ソ）ついた調である。

| 問題7 | 正答 4 |

A 心を動かす

B 素材

C 感じたこと

D 喜び

保育所保育指針の問題については、その場で考えて正解を導き出すことはなかなか難しいので、本書等で過去に出題された箇所をしっかりと押さえることが大切である。

| 問題8 | 正答 3 |

A ○ 光の三原色である「赤」「緑」「青」を重ねると「白」になる。

B ✕ 2色以上の色を細かい点にして並べたとき視覚の中で混合して見える効果（並置混合）のことを説明してい

る。「赤」と「青」を混合すると「紫」になる。

C ✕ 光の「赤」と「緑」を混ぜると明るい「黄」になるが、絵の具の「赤」と「緑」を混ぜると暗い「茶」になる。

D 〇 絵の具の三原色は、混ぜれば混ぜるほど暗い色になる。これを「減算混合」という。

問題9		正答	3

A 〇 「はじき絵」（バチック）は、クレヨンのロウやパスの油の成分が水をはじくという特性を生かした技法である。うまくはじくには、クレヨンを濃く塗るとよい。

B ✕ クレヨンが薄いとロウを十分に紙につけることができずうまく水をはじかない。

C 〇 絵の具を溶く水の量が多いとクレヨンが水をうまくはじく。

D ✕ 水を入れないで絵の具のまま塗ると、はじく水がないのでうまくいかない。

問題10		正答	3

A パルプ 紙粘土の主原料は紙（パルプ）である。

B のり 紙粘土は紙（パルプ）を主原料に水や糊を混ぜて作られる。

C 軽い 樹脂粘土の中の微小中空球樹脂でできた粘土は非常に軽いという特徴があり、別名、軽量粘土などともいう。

D 伸びやすく 微小中空球樹脂でできた粘土は、樹脂粘土の仲間なので紙粘土などに比べるとキメが細かく伸びるという特性がある。

問題11		正答	4

A 丸めて 広告紙や新聞紙など紙は、くるくる巻いて丸めると棒状になる。

B ペープサート 人や動物の絵を描いた紙を棒につけたものを動かして演じる紙人形劇のことを「ペープサート」という。

C 素材 素材とは造形表現活動の際のもとになる材料のことである。幼児の造形表現では、素材の持っている特性を生かして表現活動を行うことが大切である。ここでは、広告紙という素材の特性を生かして棒を作った。

問題12		正答	2

A 張り子 「赤べこ」は、福島の会津地方の張り子の郷土玩具である。

B つり合い 赤べこの首は中に重りが入っていて、その首を胴体に差し込み、糸で吊ってバランスをとっている（赤べこは張り子であり、張り子は紙と糊でできていることを知っていれば消去法でBは答えられる）。

C 紙と糊 「張り子」は、型に紙を糊で何枚も張り重ね、乾いてから中の型を抜き取って作るか、もしくは木や竹組みの上に紙を何枚も張り重ねて作ったもののことである。

問題13		正答	5

A 全 保育所は様々な年齢や状況の子どもたちがともに生活する場であるため、職員全体の協力体制が不可欠である。また、職員の勤務体制や専門性・職種が異なっていることから、適切な役割分担やそれぞれが組織の一員としての自覚を持てるように、必要に応じて指導計画に職員相互の連携体制を盛り込むことが必要である。

B 記録 「保育の過程」とは、保育実践を振り返り、評価し、見直し、改善する一連の流れのことである。毎日の保育実践を振り返り、記録することで気づかなかったことや無意識にしていたことに気づくことができる。そしてその記録が評価、見直し、改善につながる資料となるため、記録をとることは大切である。

C 改善 Bの解説文と同様である。

問題14　正答　1

A ○ 遠足等、日常的に行かない場所や、前回訪れた際から間隔が空いた場所に行く場合、事前の下見を行う必要がある。

B ○ 遠足の目的が4歳児クラスと5歳児クラスの交流であるため、いずれの年齢のクラスの子どもたちも楽しめる活動計画が必要である。

C ○ 事前に、出発時刻や目的地、ねらい、行程（時刻、経路、所要時間）、子どもの人数、引率者等について記載した計画を作成し、保育所等に残る職員とも共有しておく必要がある。

D ○ 保護者にも遠足の目的や行程を知らせ、緊急時に備えた連絡体制や協力体制を整えておく必要がある。

問題15　正答　2

保育実習の目標は、①保育所、児童福祉施設等の役割や機能を具体的に理解する、②観察や子どもとの関わりを通して子どもへの理解を深める、③既習の教科目の内容を踏まえ、子どもの保育及び保護者への支援について総合的に理解する、④保育の計画・観察・記録及び自己評価等について具体的に理解する、⑤保育士の業務内容や職業倫理について具体的に理解する、という以上の5点である。そのため、Dは間違いである。

問題16　正答　1

「教育課程」「カリキュラム・マネジメント」は幼稚園教育要領、幼保連携型認定こども園教育・保育要領に記載されている用語である。また「保育教諭」は、幼保連携型認定こども園教育・保育要領に記載されている用語である。いずれも保育所保育指針には記載されていないため、すべて正しい。

問題17　正答　1

A ○ 保育士の専門性を高めるためには、保育の内容や実践の方法を振り返り、自己評価を行い、自分の課題を見つけることが大切である。

B ○ 保育士の専門性を高めるためには、自己評価に基づいた課題を踏まえ、必要な知識及び技術を修得し、維持及び向上するため、保育所内外の研修を受けることが大切である。

C × 職員は自らの専門性の向上を図るとともに、研修等で得た知識及び技能を他の職員と共有し、保育所全体で保育実践の質及び専門性の向上につなげることが大切である。そのためCは間違いである。

問題18　正答　4

1 × 前の語の最後の音で始まる新しい語でつなげていく「しりとり」なので不正解である。

2 × 前の言葉から連想される言葉をつなげていく「言葉遊び歌」なので不正解である。

3 × 急いで言いにくい「早口言葉」の文句なので不正解である。

4 ○ 「回文」とは、上から読んでも下から読んでも同じ言葉になる文句のことである。この他に、「しんぶんし」「うたうたう」「たいやきやいた」などがある。

5 × 「2、4、6、8、10」と2単位ずつ数を数えるときに使う「数え歌」なので不正解である。

問題19　正答　2

実習担当保育士は、Sさんのことを評価したり責めたり否定するのではなく、Sさんが自分自身でとった行動を客観的に振り返ったり、Tさんの立場に立って考えられるように促すことが必要である。よって、正解は2である。

問題20　正答　3

里親支援専門相談員は、QさんとPさん夫妻それぞれに寄り添いながら話を聞き、状況を把握することが必要である。そこから明らかになった課題に対して、調整等行うことが求められる。委託解除は、双方の心に傷を残す可能性が高いため、手を尽くしたけれどもどうしても関係性の改善が難しい場合などに用いられるものである。よって、正解は3である。

著者プロフィール

■白川 佳子（しらかわ よしこ）
科目「保育の心理学」担当。共立女子大学にて「教育心理学」「教育相談の理論と方法」「発達障害心理学」などの教鞭をとる。専門は発達心理学。保幼小接続についての研究をしている。共立女子大学家政学部教授。

■柴田 賢一（しばた けんいち）
科目「保育原理」担当。常葉大学にて「保育内容総論Ⅰ」「教育原理」「教育学」「教育実習指導」を担当。神戸大学大学院総合人間科学研究科博士課程後期課程修了。常葉大学保育学部保育学科教授。

■香﨑 智郁代（こうざき ちかよ）
科目「子ども家庭福祉」「保育実習理論- 保育所における保育と実習／保育者論」担当。九州ルーテル学院大学において幼稚園教育実習、保育実習関連科目の教鞭をとる。九州ルーテル学院大学人文学部人文学科こども専攻保育コース准教授。

■永野 典詞（ながの てんじ）
科目「社会福祉」担当。九州ルーテル学院大学において社会福祉、子ども家庭福祉などの社会福祉関連科目の教鞭をとる。九州ルーテル学院大学人文学部人文学科こども専攻保育コース教授。

■釜田 史（かまた ふみと）
科目「教育原理」担当。愛知教育大学教育学部准教授。

■田中 真衣（たなか まい）
科目「社会的養護」「保育実習理論-児童福祉施設における保育と実習」担当。白梅学園大学准教授。子ども虐待予防のための「SomLic ペアレント・トレーニング」を開発し、全国の保育士等を対象にファシリテーター養成を主催している。

■小林 美由紀（こばやし みゆき）
科目「子どもの保健」担当。小児科医。白梅学園大学で「子どもの保健」「子どもの保健と安全」、白梅学園大学大学院で「生態学的発達学」「小児保健演習」の教鞭をとる。白梅学園大学子ども学部、白梅学園大学大学院子ども学研究科教授。

■三澤 幸江（みさわ さちえ）
科目「子どもの食と栄養」担当。日本女子大学家政学部、聖徳大学、星美学園短期大学、駒沢女子短期大学、群馬大学、国際医療福祉大学等元非常勤講師。

■笹氣 真歩（ささき まほ）
科目「保育実習理論- 音楽に関する技術」担当。こどもから大人までクラシック音楽を楽しめる参加型コンサートを行う「ドレミファピアチェーレ」を設立。オペラ・クラシック音楽をわかりやすく伝える活動を行っている。仙台オペラ協会所属。きらら音楽学院講師。リトミック研究センター宮城第一支局チーフ指導者。学校法人仙台医健・スポーツ専門学校、弘徳学園東北こども福祉専門学院非常勤講師。共著に『テーブルリトミック』（笹氣出版印刷）がある。

■松村 弘美（まつむら ひろみ）
科目「保育実習理論- 造形に関する技術・言語に関する技術」担当。プランニング開・アトリエ自遊楽校http://p-kai.com。アトリエ自遊楽校で子どもの造形・表現活動に携わっている。学校法人三幸学園非常勤講師。

Book Design	ハヤカワデザイン　早川いくを　高瀬はるか
カバー・本文イラスト	はった あい
本文デザイン・DTP	BUCH⁺

■購入者特典データのご案内

保育士完全合格アプリ　1科目（社会福祉）無料ダウンロード

『保育士 完全合格問題集 2023年版』の内容がアプリになります！スマホで勉強できるので、スキマ時間を活用しての学習に、ぜひ、お役立てください。

＜購入者特典ご利用の手順＞

Step1　アプリのダウンロード
ご利用のスマートフォンに合わせて、以下のQRコードからアプリのダウンロードをお願いいたします。なお、アプリのダウンロードは無料です。

Android
スマートフォン
をご使用の方

iPhone を
ご使用の方

Step2　特典コードの入力
①アプリ中の「ダウンロード」ボタンを選択してください。
②「書籍購入者特典（特典コードの入力）」欄に376ページQ19【語群】アの英字（6文字）を入力すると、『保育士 完全合格問題集2023年版』の「社会福祉」の項目がダウンロードできるようになります。

Step3　ダウンロードした科目を学習する
①TOPページに戻り、「学習を始める」ボタンを選択してください。
②『保育士 完全合格問題集 2023年版』、「社会福祉」の順に選択すると、学習を開始できます。

※アプリ版は2022年12月頃の公開予定です。購入者特典につきましても2022年12月予定のアプリ公開後にご利用いただけます。
※購入者特典データに関する権利は著者および株式会社翔泳社が所有しています。許可なく配布したり、Webサイトに転載することはできません。
※購入者特典データの提供は予告なく終了することがあります。あらかじめご了承ください。
※購入者特典データの記載内容は、2022年7月現在の法令等に基づいています。

福祉教科書
保育士 完全合格問題集 2023年版

2022年　9月21日　初版第1刷発行

著　　者	保育士試験対策委員会
発 行 人	佐々木 幹夫
発 行 所	株式会社 翔泳社（https://www.shoeisha.co.jp）
印刷・製本	日経印刷 株式会社

©2022 tenji nagano, chikayo kouzaki, yoshiko shirakawa, miyuki kobayashi, sachie misawa, kenichi shibata, fumito kamata, mai tanaka, maho sasaki, hiromi matsumura

本書は著作権法上の保護を受けています。本書の一部または全部について（ソフトウェアおよびプログラムを含む）、株式会社 翔泳社から文書による許諾を得ずに、いかなる方法においても無断で複写、複製することは禁じられています。

本書へのお問い合わせについては、xxページに記載の内容をお読みください。

造本には細心の注意を払っておりますが、万一、乱丁（ページの順序違い）や落丁（ページの抜け）がございましたら、お取り替えいたします。03-5362-3705までご連絡ください。

JASRAC（出）2206623-201

ISBN978-4-7981-7688-8　　　　　　　　　　　　　　　　　　　　　　　　　Printed in Japan